U0901044

2015

连云港统计年鉴

LIANYUNGANG STATISTICAL YEARBOOK

连 云 港 市 统 计 局
国家统计局连云港调查队
编

中国统计出版社
China Statistics Press

图书在版编目(CIP)数据

连云港统计年鉴. 2015 / 连云港市统计局，国家统计局连云港调查队编. — 北京 : 中国统计出版社，2015.8

ISBN 978-7-5037-7490-4

Ⅰ. ①连… Ⅱ. ①连… ②国… Ⅲ. ①统计资料—连云港市—2015—年鉴 Ⅳ. ①C832.533-54

中国版本图书馆 CIP 数据核字(2015)第 166363 号

连云港统计年鉴-2015

作　　者 / 连云港市统计局　国家统计局连云港调查队
责任编辑 / 陈越月
装帧设计 / 孙静文
出版发行 / 中国统计出版社
地　　址 / 北京市丰台区西三环南路甲 6 号
邮政编码 / 100073
电　　话 / 邮购(010)63376909　书店(010)68783171
网　　址 / http://csp.stats.gov.cn
印　　刷 / 连云港淮盐印刷有限公司
经　　销 / 新华书店
开　　本 / 890mm×1240mm　1/16
字　　数 / 2160 千字
印　　张 / 71
版　　别 / 2015 年 8 月第 1 版
版　　次 / 2015 年 8 月第 1 次印刷
定　　价 / 350 元

如有印装差错，由本社发行部调换。

《连云港统计年鉴——2015》编委会

《连云港统计年鉴——2015》编辑部

主　编：孙　明

副主编：曹应江　祁建球　于卫军　刘　军　孟祥春
曹　霞　郭增先　吴传松　朱绍兵　佟新宇

编　辑：马清涛　王寿坤　王　丽　方　华　卢立国
石　力　朱鹏程　刘从鸿　刘　丝　刘继富
刘　振　刘　辉　孙立秋　李相波　李　沛
李福建　李珊珊　汪洪艳　宋红玲　张二勤
张　虹　张洪炜　张　峰　张婷婷　邵东方
周明珏　范成涛　荀维能　赵晓丽　胡伶捷
徐云鹏　徐红卫　晁桂芳　钱　琨　黄同秋
葛部昌　蒋永俊　谢陈祥　曾献东　樊玉祥
薛艳丽

编 者 说 明

一、《连云港统计年鉴-2015》是一本信息密集的资料工具书。本书通过大量统计数据真实的记录了2014年连云港市经济、科技、社会各方面的发展进程变化,是各级领导、理论研究工作者和国内外企业家、投资者必备的工具书,是社会各界人士了解、认识连云港的重要窗口。本年鉴在往年年鉴的基础上作了进一步调整和改进。版本在编辑、内容结构、指标数据等方面与前几年保持了连贯性。

二、本年鉴的内容包括:(1)文稿部分:连云港市2014年国民经济和社会发展统计公报;(2)本市统计资料部分:综合、人口与劳动、农业、工业、运输与邮电、固定资产投资和建筑业、国内商业、对外经济、财政金融和保险、人民生活和物价、科教文卫、民政和司法、城建与环保等;(3)相关区域统计资料部分:省内各市及各县、淮海经济区各市、沿海开放城市主要指标数据。

三、本年鉴辑入的统计数字以2014年为主,为方便读者使用,主要指标还列有1978年党的十一届三中全会以来主要年份的统计数据。因2014年连云港市区划有比较大的变动(原新浦、海州两区合并成新的海州区,原赣榆县撤县设区),本年鉴相应的按新区划进行了数据调整。读者在使用以往历史资料时,凡与本年鉴有出入的,均以本年鉴为准。

四、在《年鉴》编辑过程中,得到了有关部门和人员的大力支持。对此,深表谢意。由于水平有限,时间仓促,难免有不足之处,欢迎读者批评指正,以便进一步改进统计年鉴的编辑工作。

目　　录

八、国内商业

九、对外经济

十、财政、金融和保险

十一、人民生活与物价

连云港市2014年国民经济和社会发展统计公报

连云港市统计局　　国家统计局连云港调查队

（2015年3月10日）

2014年面对复杂多变的宏观经济形势，全市上下全面深入贯彻落实党的十八届三中、四中全会精神，积极实施“十二五”规划和沿海开发战略，抢抓“一带一路”建设重大机遇，扎实做好“稳增长、调结构、促改革、重生态、惠民生、防风险”各项工作，改革发展取得了较好成绩，主要经济指标保持合理区间，城乡面貌发生了新变化，群众生活得到了新改善，和谐社会建设迈出了新步伐。

一、综　合

经济运行总体平稳。2014年在经济运行新常态下，全市经济运行总体平稳，GDP总量达到1965.89亿元，可比价同比增长10.2%，总量较上年增加180.47亿元。人均GDP突破44000元，达到44277元，较上年增加3293元，同比增长9.6%，其中市区人均GDP达到52035元。三次产业结构调整为13.3：45.3：41.4。

图1 地区生产总值（亿元）

二、农林牧渔业

农业生产形势较好。2014年实现农林牧渔业增加值277.51亿元，同比增长3.6%。粮食生产丰产丰收。粮食面积稳中有增，播种面积为752.73万亩，比上年增加4.71万亩；粮食总产为359.33万吨，比上年增加4.6万吨。其中，夏粮面积363.48万亩，比上年增加2.99万亩；夏粮亩产393公斤，比上年增加11公斤；夏粮总产142.89万吨，比上年增加5.03万吨。秋粮面积为389.25万亩，比上年增加1.72万亩；秋粮亩产为556公斤，比上年减少4公斤；秋粮总产为216.44万吨，比上年减少0.43万吨。

图2　粮食总产量（万吨）

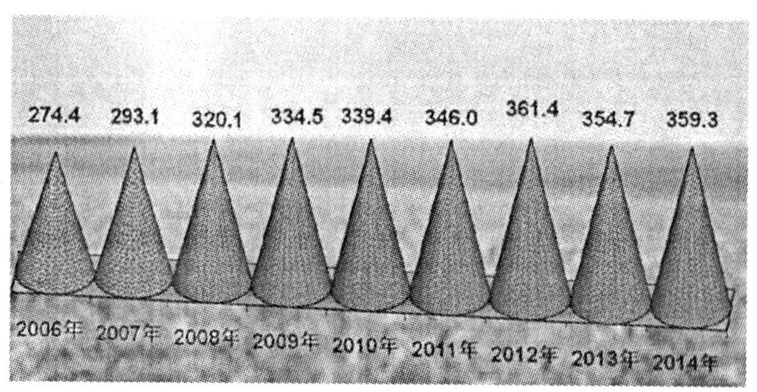

农业产业化步伐加快。全市把发展壮大农业龙头企业作为加快农业产业化发展的关键举措，着力打造一批自主创新能力强、加工水平高、带动农民增收作用大的农业产业化龙头企业，着力培育一批产品竞争力强、市场占有率高的知名品牌，在优质粮油、特色养殖、蔬菜食用菌、林果花卉等领域形成一批科技水平高、上中下游相互承接的产业体系。2014 年新认定市级农业龙头企业 49 家，全市共拥有市级以上农业龙头企业 205 家，其中国家级 2 家，省级龙头企业 37 家，市级 166 家。

高效设施农业扩面增效。2014 年全市大力发展各类设施栽培，重点发展蔬菜园艺、规模畜禽、特色水产、优质粮油、花卉苗木等“五大特色农业”。全年新增设施农业面积 11 万亩，累计达到 104 万亩，占比达 17.7%。建成了海州、灌南、赣榆三个“菜篮子”工程永久性蔬菜基地。新增省级现代农业园区 2 家，总数达 10 家，居全省第二位。

三、工业和建筑业

工业经济增长稳定。工业经济抢抓沿海开发战略机遇，充分利用创新优势、品牌优势、区位优势实现优先发展。2014 年全市规模以上工业增加值 989.77 亿元，同比增长 12.4%，增幅居全省第四位，高于全省平均水平 2.5 个百分点；工业用电 110.44 亿千瓦时，同比增长 24.5%，增幅位居全省首位，高于全省平均水平 22.4 个百分点。项目建设取得显著成效，宏创药业、亚邦产业园等 124 个亿元以上工业项目开工建设，珠江钢管、虹港石化、益海特种油等 108 个亿元以上工业项目建成投产，100 个市级新增长点项目拉动全市产值增长 10 个百分点，对工业增长贡献率达 65.0%。经济效益不断提高，工业应税销售收入 1845.70 亿元，同比增长 14.9%。收益性、流动性、安全性和成长性四类企业效益指标进位明显，全市工业企业平均资产报酬率 11.8%，全省第四位，平均资产周转率 166%，全省第六位，平均资产负债率 55.8%，全省第七位，平均利润增长率 16.8%，全省第五位。新增规模以上工业企业 245 家，全市销售收入过百亿企业达 5 家，其中新海石化、镔鑫特钢产值过 200 亿元。实施亿元以上技改项目 117 个，完成工业技改投资 605 亿元，工业设备投入增速全省第一。

图 3 规模以上工业增加值（亿元）

重点企业运行良好。全市产值20强工业企业产值1922.34亿元，同比增长19.5%，占规模以上工业总产值的39.9%，对全市规模以上工业产值增速贡献率达到49.1%，拉动规模以上工业产值增长7.5个百分点。其中亚新钢铁新增产值90亿元以上，新海石化新增35亿元以上，镔鑫特钢新增25亿元以上，分别同比增长146.3%、18.5%、16.3%，有力支撑了全市工业经济的平稳运行。

建筑产业平稳增长。建筑业总产值583.3亿元，同比增长5.0%。其中，建筑工程产值573.3亿元，同比增长6.9%，比重为总产值的98.3%；安装工程产值8.2亿元，同比下降36.4%。在省外完成的建筑业总产值237.8亿元，同比增长6.7%。

四、固定资产投资

投资总量实现突破。2014全市固定资产投资高位运行，投资总量突破2000亿元大关，达到2090亿元，同比增长23.6%，规模以上投资1716.60亿元，同比增长23.1%，增速快于全省平均水平7.6个百分点，居全省第二位。其中投资项目1527.30亿元，占固定资产投资额的88.9%；房地产开发投资189.30亿元，占固定资产投资额的11.1%。

图4 全社会固定资产投资（亿元）

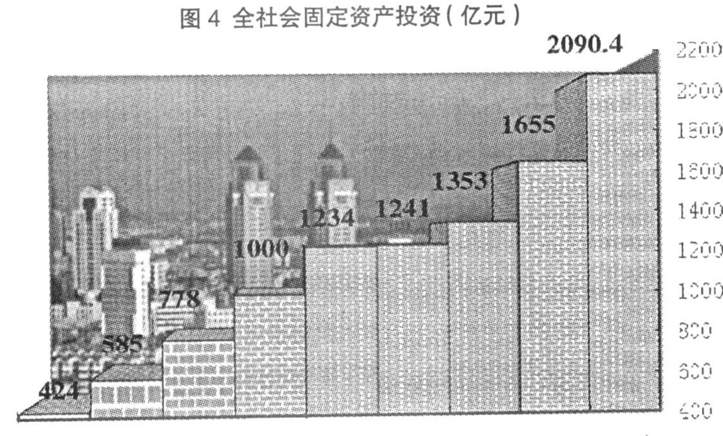

工业重点项目推进顺利。全市工业投资1040.24亿元，同比增长22.5%。工业技改投资549.40亿元，同比增长26.7%，较上年提高3.2个百分点，高于规模以上工业投资4.2个百分点。全市在建亿元以上重点项目266个，计划总投资1699亿元，完成投资513.70亿元，占工业投资的56.3%，其中投资40亿元的虹港石化年产150万吨TPA、投资10亿元的太平洋石英、投资15亿元的镔鑫特钢余热余压利用等6个重大项目竣工试生产。

新兴产业投资不断加快。2014年全市战略性新兴产业投资352.4亿元，同比增长26.3%，占工业投资的38.6%，占比高于上年3.4个百分点。其中，新能源、新医药、新材料、高端装备制造业分别完成投资64.3亿元、55.2亿元、76.3亿元、93.4亿元，分别增长24.8%、26.5%、24.2%、25.6%。石化、冶金等"两基"行业分别完成投资140.8亿元、72.3亿元，分别增长23.0%、24.1%。高耗能行业投资405.2亿元，同比增长16.6%，增速较上年回落6.1个百分点。

五、交通运输和信息通讯业

港口运输保持稳定。2014年连云港港克服货源紧张和港际竞争带来的巨大压力，同心协力，攻坚克难，不断加大市场开拓力度，港口货物吞吐量达到2.10亿吨，同比增长4.2%。外贸吞吐量达1.10亿吨，同比增长4.1%。内贸吞吐量9972万吨，同比增长4.2%。集装箱运量501万标箱，铁水联运量21.6万标箱，过境集装箱量9.55万标箱。

图 5 港口吞吐量（万吨）

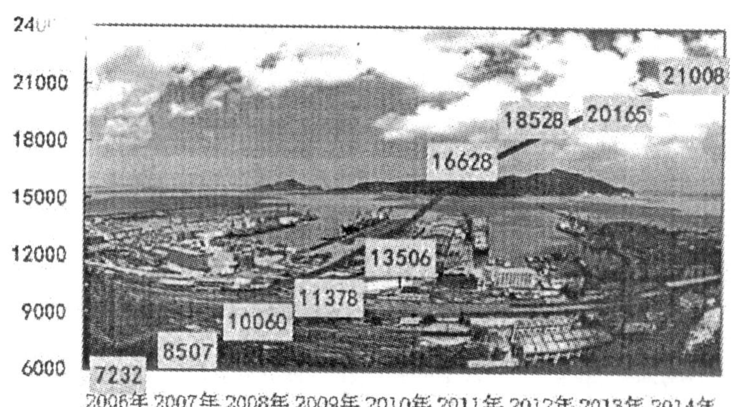

交通运输平稳运行。2014 年全市地方交通客运量 5497 万人次，其中公路客运量 5451 万人次，同比增长 1.3%；水运客运量 46 万人次，同比增长 20.5%。地方公路全年旅客周转量 35.50 亿人公里，同比增长 1.4%。地方公路货运量 8045 万吨，同比增长 6.5%，地方公路货运周转量 148 亿吨公里，同比增长 8.1%。全年地方水路货运量 1648 万吨，同比增长 2.0%，地方水运货运周转量 79.31 亿吨公里，同比增长 1.0%。民航机场旅客吞吐量达到 57 万人次，同比增长 0.9%，民航机场货邮行吞吐量 4007 吨，同比增长 1.8%。

表 1 2014 年交通运输业主要指标情况表

指　　标	单　位	总　量	增长%
公　路			
客运量	万人次	5451	1.3
旅客周转量	亿人公里	35.50	1.4
货运量	万吨	8045	6.5
货物周转量	亿吨公里	148.00	8.1
水　运			
客运吞吐量	万人次	46.10	20.5
旅客周转量	亿人公里	1.71	13.9
货运量	万吨	1648	2.0
货物周转量	亿吨公里	79.31	1.0
机　场			
起降架次	架次	6978	-19.5
旅客吞吐量	万人次	56.86	0.9
货物吞吐量	吨	4007	1.8

邮政通讯业务总量继续扩大。2014 年全市邮政通讯业务收入达到 37.89 亿元，同比增长 2.9%。快递业务发展突飞猛进。全市邮政速递业务收入 7.33 亿元，同比增长 31.6%，其中快递业务收入 3.50 亿元，同比增长 48.8%，较全部邮政业务收入增速快 17.2 个百分点。移动产品更新加快，互联网业务发展加速。截至 2014 年末，全市电话用户数达到 518.24 万户，较年初增长为 1.5%。其中移动电话用户数 429.62 万户，较年初增长 4.0%。互联网用户年末达到 318.54 万户，较年初增加达到 51.0 万户，增长19.1%。

其中固定宽带接入用户数为82.69万户，较年初增加14.97万户，增长22.1%。

六、国内贸易和市场物价

消费品市场保持良好的发展势头。2014年全市社会消费品零售额740.47亿元，同比增长13.0%，居全省第三位。其中批发业57.56亿元，同比增长19.3%，零售业619.78亿元，同比增长12.1%，住宿业8.21亿元，同比增长4.7%，餐饮业54.93亿元，同比增长17.3%。

图6 社会消费品零售额（亿元）

出行类商品贡献率较高。石油及制品类、汽车类商品零售额同比分别增长33.3%、6.6%，拉动限额以上批零业零售额增长7.9个、1.4个百分点，贡献率达46.8%和8.3%。房地产相关商品保持较快增长。建筑及装潢材料类、家具类、五金电料类同比分别增长37.5%、36.2%和19.8%，三者合计拉动限额以上批零业零售额增长1.3个百分点。

物价水平温和运行。2014年各月城市居民消费价格总指数累计上涨率基本稳定在2.4%，全年城市居民消费价格总指数上涨2.4%。其中食品类、衣着类、家庭设备用品及维修服务类、医疗保健和个人用品类、娱乐教育文化用品及服务类、居住类分别上涨3.9、4.5、2.1、1.1、2.4、1.7个百分点。烟酒类、交通和通信类分别下降1.8和0.2个百分点。全市工业生产者出厂价格指数同比为99.8，较年初下降2.1个百分点，较1-11月份下降0.5个百分点；工业生产者购进价格指数同比为96.9，较年初提高3.9个百分点，和1-11月份持平。

表2 2014年城市价格指数情况表

指　　标	市区(上年累计为100)
居民消费价格总指数	102.4
# 食品	103.9
烟酒及用品	98.2
衣着	104.5
家庭设备用品及维修服务	102.1
医疗保健和个人用品	101.1
交通和通讯	99.8
娱乐教育文化用品及服务	102.4
居住	101.7

七、对外经济

开放型经济增长较快。全年引进内联到位资金 948.70 亿元，同比增长 23.6%；实际利用外资 9.54 亿美元，同比增长 18.6%，增幅居全省第二位。外贸进出口总额 80.30 亿美元，增速由年初的 5.7%持续增长到全年的 20.9%，增幅全省第一，其中对俄罗斯、中亚五国出口分别增长 26.8%和 67.3%。新核准境外投资项目 21 个。全市开发园区完成业务总收入 5900 亿元，同比增长 14%。获批全国首批进境粮食指定口岸。获准实施启运港退税政策。开展口岸查验“三互”、“三个一”改革。全面启动长三角通关一体化及苏北五市检验检疫一体化工作，徐圩港区实现口岸临时开放。

图 7　对外贸易（亿美元）

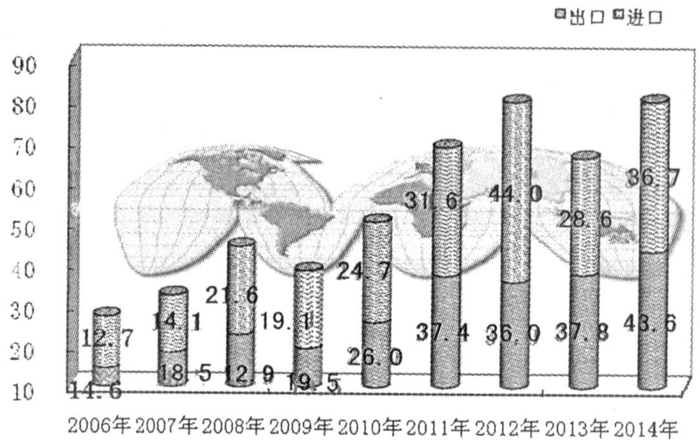

八、财政、金融和保险业

财政税收稳步增长。2014 年全市公共财政预算收入 261.77 亿元，同比增长 12.2%，居全省第六位，税收占比 81.5%。从收入结构看，税收收入 213.42 亿元，比上年增收 24.62 亿元，增长 13.0%；非税收入 48.35 亿元，增长 8.6%。从地区完成情况看，三县公共财政预算收入 107.91 亿元，比上年增收 13.72 亿元，增长 14.6%，税收占比 85.8%。市区公共预算收入 153.86 亿元，增长 10.6%，税收占比 78.5%。公共财政预算支出 375.36 亿元，增长 2.9%，用于民生支出超过七成，其中教育支出 67.36 亿元，增长 10.3%。公共财政预算收入占 GDP 比重为 13.3%。

图 8　公共财政预算收入（亿元）

金融信贷稳健运行。2014年末金融机构存款余额1887.31亿元,比年初增加177.37亿元,同比增长10.4%。其中,企事业单位存款874.43亿元,比年初增加61.34亿元;居民储蓄存款953.41亿元,比年初增加102.47亿元。金融机构贷款余额为1607.41亿元,比年初增加181.92亿元,同比增长12.8%。

保险市场稳定增长。2014 年全市保险费总收入49.52亿元,同比增长12.4%,较全省平均水平低4.0个百分点,居全省第十位。其中人身保险保费总收入26.82亿元,占全部保险费总收入的比重达54.2%,同比增长7.1%;各类财产保险保费收入17.36亿元,占全部保险费收入的比重35.1%,同比增长10.8%;健康险收入4.05亿元,同比增长79.4%;意外险收入1.29亿元,同比增长18.7%。保险赔付支出比例稳定,财产保险支出占比过半。各类保险赔付支出17.17亿元,同比增长9.4%,其中财产险赔付支出9.36亿元,占全市保险赔付支出的比重达54.5%。全市保险赔付率34.7%。

九、科技和社会保障事业

科技创新能力不断提升。2014年全市科技进步贡献率达51%,全社会研发支出占地区生产总值比重达1.7%,万人有效发明专利拥有量达2.76件,高新技术产业产值1904.3亿元,国家级高新技术企业总数达140家。市科创城被确定为国家级科技企业孵化器,中科院能动中心开始气化炉试验。医药产业创新能力全国领先,在全国新批的5个创新药中恒瑞、豪森各获1个,豪森荣获国家科技进步二等奖和中国专利金奖。创成国家级海外智力工作基地。全年引进高层次人才1020名,截至2014年底,全市人才总量64.9万人,其中高层次人才3.16万人。

社会保障不断强化。2014年城镇职工五项保险参保率稳定在95%以上,城镇居民医保覆盖率达96%,城镇职工、城乡居民合规住院费用报销比例达80%和70%。实现企业退休人员养老金“十连调”和城乡居民保险基础养老金“三连调”,新增失地农民全部进保。新开工各类保障性住房5738套,首个公租房小区竣工。养老服务体系不断完善,建成区域性养老服务中心49个,城市社区居家养老服务中心实现全覆盖。全面落实城乡低保、困难居民医疗救助自然增长机制,近7万名残疾人得到相应保障。

富民工程加快实施。加大就业创业扶持力度,2014年完成各类职业技能和创业培训29.3万人次,新增城镇就业7.6万人、农村劳动力转移就业3.6万人,下岗失业人员再就业1.9万人,城镇登记失业率2.4%。促进重点群体就业,高校毕业生总体就业率稳定在90%以上,零就业、零转移家庭保持动态为零。推进创业型城市建设,强化小微企业政策扶持,全市新设立企业数、注册资本金分别增长18.6%和128.2%。深入开展石梁河库区等片区集中扶贫开发,100个村、12万人实现脱贫。

十、教育卫生和文化宣传事业

教育事业持续健康快速发展。教育现代化建设稳步推进。2014年全市新增交互式多媒体终端和普通多媒体2370套、学生用计算机2200台、e学习电子书包专用室32个,生机比达8.5:1。高等教育发展层次不断提升。大学科技园通过省级认定,20个研究生校外实践基地挂牌成立。在连高校新增国家战略新兴产业相关专业5个、省高校优势学科二期建设项目1个、省重点实验室1个,3本教材获省重点立项建设。教师队伍综合素质继续提高。全市获得全国模范教师、优秀教师和优秀教育工作者10名、江苏省优秀教育工作者22名、江苏省最美乡村教师1名。教育保障力度进一步加大。2014年共争取省补各类专项资金4.07亿元。全市发放各级各类教育助学金7503万元,补助家庭经济困难学生7万名。

卫生工作取得积极进展。公立医院改革进一步深化,推进非公立医疗机构发展,2014年全市非公立医疗卫生机构520所,占全市医疗卫生机构总数的20.1%。基本药物制度不断完善,全市109家政府办基层医疗卫生机构全部实施基本药物制度。新农合保障水平持续提升,全市共有337.07万人参合,参合率为99.87%,人均筹资标准400元。公共卫生工作水平进一步提升,市、县(区)疾控体系建设达标率为

85%,新增无害化卫生厕所3.5万座。食品安全与卫生监督工作不断加强,食品安全风险监测各类食品2854份,对4项食品安全标准进行跟踪评价。

文化事业繁荣发展。抢抓"一带一路"建设机遇,2014年策划举办女子民族乐团"中国梦·?丝路情"巡演,赴丝绸之路经济带7省12市演出16场。发起举办首届"丝绸之路"全国艺术摄影大展,展出17个城市300余件作品,59家国家级媒体进行了报道。公共文化服务体系建设取得新进展。新图书馆、音乐厅主体封顶,新发展有线电视用户3万3千户,入户率达93.9%。完成15个乡镇广播电视站达标建设。出台《重点群众文艺团队扶持办法》,登记发展文化志愿者2000余名。组织开展文化惠民活动2.26万场次。文化产业发展取得新成绩。首次尝试市场化运作,成功举办第六届文化产品博览会。制定文化产业发展三年行动计划,确定30多个重点实施项目。7个项目获省文化产业引导资金630万,3家企业获评省重点文化科技企业。

十一、城市建设和环境保护

城市布局进一步优化。2014年顺利完成赣榆、海州区划调整,行政区划与功能组团关系逐步理顺。全市城镇化率提高到57.13%。主城区功能日益完善。城区基础设施配套得到加强,一批城市综合体和历史文化街区建成营业。交通路网得到优化,海滨大道、环云台山大道基本贯通,打通科苑路、运河路等5条"断头路",完成人民路、大港路等14条主次干道改造。市区新辟公交线路7条,优化调整12条。完成旧城改造550万平方米,拆除违法建筑6.6万平方米。

生态建设成效显著。2014年水污染防治、大气污染治理等生态环境整治成效显著。市区空气质量优良率为69.4%,PM2.5浓度值为61.2微克/立方米,在全省排名第2位;88个水质监测断面中,水质达到Ⅲ类及以上断面占56.8%,劣Ⅴ类占12.5%。地表水水质达标率为83.9%,较上年提高7.2个百分点。强力推进化工园区专项整治,关闭化工企业34家、责令整治187家。整治燃煤小锅炉103台,淘汰老旧机动车1.1万辆。秸秆综禁工作扎实有效。积极开展海洋生态修复工程,秦山岛一期工程完工,港口航道生态修复全面实施。市级森林防火指挥中心建成投用。绿化造林28.8万亩,林木覆盖率达28.6%。

水利建设突出民生。改善水质,服务民生。经过三年不懈努力,投入资金20亿元,开挖蔷薇湖,新辟沭新渠,引得活水来,城区饮用水水质得到明显改善,百万居民喝上了更加干净的水;在农村偏僻地区实施自来水进村入户工程,建管网,净水源,去年又有43万农民喝上了安全的自来水。

居住环境得到改善。2014年投入2.1亿元,整治市区14个低洼易涝片区、1167条120公里背街小巷,雨季没有再发生大面积积水,30万群众直接受益。改造老旧小区60个。大力实施棚户区改造,完成建筑面积48万平方米,5300户居民喜迁新居。初步完成1800个村庄环境综合整治,农村居民生产生活环境不断改善。

十二、人口及人民生活

人口规模有序扩大。2014年年末户籍总人口526.52万人,比上年增加6.34万人,其中市区219.07万人。常住总人口445.17万人,较上年增加2.34万人,其中市区206.64万人。常住人口出生率11.76‰,自然增长率4.83‰。城镇化水平提升。2014年末全市城市化率为57.13%,比上年提高1.41个百分点。

居民收入增长较快。2014年全市居民人均可支配收入17798元,增长10.5%,增速居全省第二位。城镇居民人均可支配收入23595元,增长9.9%,增幅居全省第二位。其中工资性收入12893元,增长10.3%;经营净收入4833元,增长8.3%;财产性收入1847元,增长12.8%;转移性收入4022元,增长9.4%。城镇居民人均消费16016元,增长7.6%。农村居民人均可支配收入11698元,增长11.8%,增幅居全省第二位,其中工资性收入5392元,增长11.2%;家庭经营收入4235元,增长11.9%;财产性收入

146元,增长 19.7%;转移性收入 1925 元,增长 12.6%。农村居民人均消费支出 8282 元,增长 11.1%。

图9 居民人均收入(元)

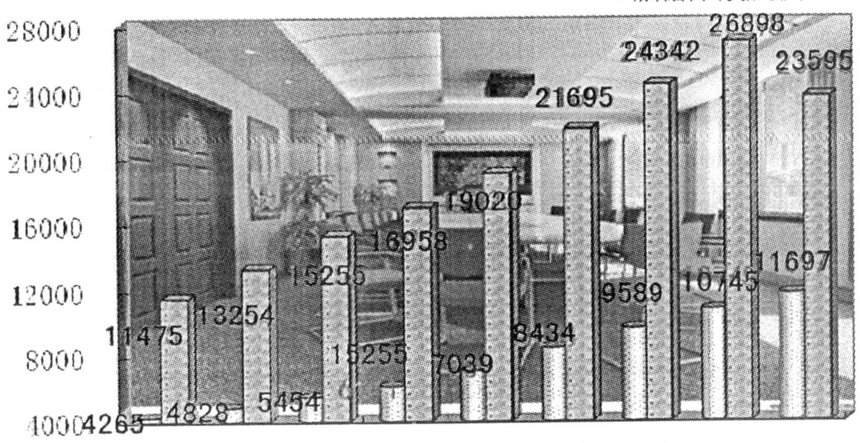

注:1、公报中地区生产总值和各产业增加值绝对值按现行价格计算,增长速度按可比价格计算。

2、公报中部分数据为初步统计数,正式统计数据以《连云港统计年鉴》为准。

1

全市行政区划

表 1-1

地区	乡人民政府	镇人民政府	街道办事处	村民委员会	居民委员会
全市	**13**	**48**	**28**	**1432**	245
一、市区	1	19	26	561	194
连云区	1		12	20	26
海州区		4	14	87	102
赣榆区		15		427	42
开发区				16	20
云台山风景区				9	3
徐圩新区				2	1
二、三县	12	29	2	871	51
东海县	6	11	2	345	15
灌云县	5	8		302	22
灌南县	1	10		224	14

全市土地面积现状

表 1-2

(2014 年)

单位:平方公里

地区	全市	市区	赣榆区	东海县	灌云县	灌南县
土地总面积	**7615**	**1498**	**1514**	**2037**	**1538**	**1028**
1.农用地	5163.96	542.57	979.49	1578.19	1338.01	725.37
#耕地	3924.86	310.41	702.30	1224.82	1100.04	587.29
园林	158.46	17.37	46.48	87.07	4.06	3.49
林地	146.89	109.39	5.05	27.66	4.79	
2. 建设用地	1732.11	489.93	364.36	367.71	345.59	164.51
#居民及工矿用地	1390.96	422.15	297.00	229.99	284.11	157.72
交通运输用地	111.14	44.16	18.07	28.48	15.74	4.70
水利设施用地	230.00	23.63	49.30	109.24	45.74	2.10
3.未利用地	719.22	167.32	170.23	90.76	156.39	134.52

全市乡、镇、街道办事处概况

表 1-3　　(2014 年)

地　　区	个数(个)	名　　称
连 云 区:街道办事处	8	墟沟、连云、云山、板桥、连岛、海州湾、宿城、高公岛
乡	1	前三岛
海 州 区:街道办事处	13	朐阳、浦西、新东、新南、路南、新海、南城、花果山、新浦、海州、幸福路洪门、宁海
镇	4	锦屏、浦南、新坝、板浦
赣 榆 区:镇	15	青口、柘汪、石桥、金山、黑林、厉庄、海头、塔山、赣马、班庄、城头、城西、宋庄、沙河、墩尚
市开发区:街道办事处	3	中云、猴嘴、朝阳
云台山风景区:街道办事处	1	云台
徐圩新区:街道办事处	1	徐圩
东 海 县: 街道办事处	2	牛山、石榴
乡	6	驼峰、李埝、山左口、石湖、曲阳、张湾
镇	11	白塔埠、黄川、石梁河、青湖、温泉、双店、桃林、洪庄、安峰、房山、平明
灌 云 县: 乡	5	图河、东王集、侍庄、小伊、南岗
镇	8	伊山、杨集、燕尾港、同兴、四队、圩丰、龙苴、下车
灌 南 县: 乡	1	李集
镇	10	新安、堆沟港、田楼、北陈集、张店、三口、孟兴庄、汤沟、百禄、新集

国民经济主要指标

表 1–4

指　　标	单 位	2000	2005	2010	2011	2012	2013	2014
一、人　　口								
年末常住人口	万人	456.99	454.40	439.71	438.61	440.69	442.83	445.17
年末户籍人口	万人	455.61	472.18	497.73	505.18	510.99	520.18	526.52
二、从业人员数	万人	208.04	227.60	302.08	308.18	249.20	250.2	251.10
# 在岗职工人数	万人	40.71	31.90	30.61	33.09	33.48	43.84	44.47
三、地区生产总值(当年价)	亿元	249.07	495.64	1193.31	1410.52	1603.42	1810.49	1965.89
第一产业	亿元	69.82	101.31	182.60	204.11	232.4	245.26	261.98
第二产业	亿元	94.28	209.77	545.07	654.28	736.14	816.46	889.68
# 工业	亿元	73.95	166.77	431.84	517.82	583.31	647.01	706.89
第三产业	亿元	84.97	184.56	465.64	552.13	634.88	748.77	814.23
四、农业总产值(当年价)	亿元	140.71	174.02	322.80	376.53	426.24	474.24	507.39
粮食产量	万吨	207.03	248.00	339.36	345.99	361.35	354.73	359.33
五、规模以上工业								
工业总产值(当年价)	亿元	229.18	342.87	1936.28	2630.52	3413.38	4101.08	4862.74
产品销售收入	亿元	205.85	327.16	1905.48	2601.68	3346.45	4083.66	4812.14
利税总额	亿元	15.73	34.26	252.91	300.03	423.96	509.36	612.90
利润总额	亿元	7.34	19.16	165.82	190.10	273.20	316.09	372.28
六、能源消耗								
单位 GDP 能耗	吨标准煤/万元		0.94	0.83	0.82	1.33	0.864	0.837
单位 GDP 电耗	千瓦时/万元		894.80	870.11	769.34	763.45	794.82	842.21
单位工业增加值能耗	吨标准煤/万元		3.00	1.164	1.238	0.974	0.904	0.774
全社会用电量	亿千瓦时	24.20	40.80	83.52	103.71	115.97	134.94	157.51
# 工业	亿千瓦时	15.20	27.43	53.99	69.84	75.91	88.73	110.44

表 1-4 续表 1

指　　标	单 位	2000	2005	2010	2011	2012	2013	2014
七、运输和邮电								
全社会客运量	万人	5034	7936	13481	14428	15948	5419	5467
全社会货运量	万吨	3629	5628	13937	12901	14832	9169	10089
沿海港口货物吞吐量	万吨	2708.2	6016	13506	16628	18528	20165	21008
集装箱运量	万标箱	12.01	100.5	387.1	485.2	502	548.77	500.54
邮电通讯业务收入	亿元	9.57	15.93	27.04	29.72	34.24	36.88	37.99
八、固定资产投资								
全社会固定资产投资总额	亿元	127.83	323.60	1234.25	1240.93	1519.94	1664.77	2090.36
# 规模以上投资	亿元	78.15	282.33	1093.93	1043.19	1280.88	1350.12	1716.57
房地产投资	亿元	6.59	35.36	132.36	164.65	162.23	174.07	189.28
九、内外贸易								
社会消费品零售总额	亿元	106.57	182.08	430.65	500.23	575.49	655.57	740.47
外贸进出口总额	亿美元	4.85	20.39	50.76	69.00	80.04	66.41	80.30
# 外贸出口总额	亿美元	3.88	9.32	26.01	37.36	36.03	37.84	43.55
实际利用外资金额	亿美元	1.74	2.75	11.01	6.10	7.34	8.70	9.54
十、财　　政								
财政总收入	亿元	17.21	56.28	352.58	462.41	564.74	595.65	579.86
# 公共财政预算收入	亿元	9.48	24.59	141.39	180.08	208.94	233.30	261.77
财政支出	亿元	18.43	59.00	352.03	468.38	600.06	673.03	596.67

表1–4续表2

指　　标	单　位	2000	2005	2010	2011	2012	2013	2014
十一、金　　融								
年末金融机构存款余款	亿元	192.89	437.38	1243.81	1388.69	1503.66	1709.93	1887.31
年末金融机构贷款余款	亿元	151.70	311.00	946.26	1088.17	1196.58	1425.50	1607.42
保费收入	亿元	4.30	11.76	33.42	35.17	38.99	44.06	49.52
#财产险	亿元	1.37	2.90	9.32	10.92	15.52	15.67	22.70
赔款支出	亿元	1.11	2.08	7.68	9.27	11.52	15.70	17.17
#财产险	亿元	0.99	1.72	4.13	5.30	7.01	8.72	10.79
十二、物　　价								
居民消费价格指数	上年=100	101.2	102.0	103.5	104.9	102.3	102.2	102.4
十三、教　　育								
各类学校在校学生	万人	92.19	89.07	74.81	72.66	72.56	69.13	68.38
#高等学校	万人	1.62	2.75	3.45	3.39	3.38	3.76	3.80
中等专业学校	万人	1.70	2.64	5.32	4.81	5.06	4.30	3.63
普通中学	万人	23.95	39.61	30.91	28.61	26.85	23.15	22.53
小　　学	万人	63.47	41.14	32.71	33.60	35.00	35.52	38.42
十四、卫　　生								
卫生机构数	个	670	923	831	2666	2619	2616	2702
床 位 数	张	7952	9057	12249	12991	16504	17500	18061
卫生技术人员	万人	1.21	1.18	1.58	1.72	1.90	2.05	2.19
十五、人民生活								
在岗职工平均工资	元	6646	15043	33843	38817	44124	46250	50189
居民人均可支配收入	元							17798
居民人均消费性支出	元							12247
城乡居民储蓄存款	亿元	114.37	250.13	538.24	629.42	732.79	850.95	953.41

国民经济主要比例(比重)关系

表 1-5　　　　　　　　　　　　　　　　　　　　　　　　　　　　单位:%

项　　　　目	2000	2005	2010	2011	2012	2013	2014
一、从业人员中一、二、三产业比例							
第一产业	58.1	43.8	30.5	28.6	33.3	32.7	31.6
第二产业	20.3	26.1	31.7	32.7	31.2	31.3	32.2
第三产业	21.6	30.1	37.8	38.7	35.5	36.0	36.2
二、地区生产总值中一、二、三产业比例							
第一产业	28.0	20.5	15.3	14.5	14.5	13.7	13.3
第二产业	37.9	42.3	45.7	46.4	45.9	45.2	45.3
第三产业	34.1	37.2	39.0	39.1	39.6	41.1	41.4
三、固定资产投资与 GDP 之比	51.3	71.0	103.4	88.0	94.8	93.2	106.3
社会消费品零售总额与 GDP 之比	42.8	39.9	36.1	35.5	35.9	36.7	37.7
四、外贸依存度	15.7	36.1	28.6	31.6	31.4	23.0	24.9
出口依存度	12.6	16.5	14.7	17.1	14.1	13.1	13.5
五、财政收入占 GDP 比重	6.9	12.3	29.5	32.8	35.2	33.4	29.5
金融贷存比	78.6	71.1	76.1	78.4	79.6	83.4	85.2
六、工业增加值占 GDP 比重	29.7	33.6	36.2	36.7	36.4	36.0	36.0
七、全体居民恩格尔系数						32.9	32.4
城镇居民恩格尔系数	38.7	38.6	39.1	38.1	37.1	36.5	32.3
农村居民恩格尔系数	45.9	46.1	40.9	36.7	36.4	35.4	32.7
八、农林牧渔业总产值中农林牧渔业比例							
农　　业	59.8	48.9	50.0	48.0	47.5	48.0	47.3
林　　业	1.7	1.8	3.3	3.1	3.0	2.8	2.8
牧　　业	17.2	20.8	23.0	24.5	23.6	21.5	20.8
渔　　业	21.3	24.6	19.4	20.1	21.5	22.3	23.5
九、粮食与经济作物播种面积比例							
粮食作物	73.8	79.2	82.0	81.1	80.1	79.4	79.4
经济作物	25.6	20.7	18.0	18.8	19.9	20.6	20.6
其他作物	0.6	0.1	0.0	0.1	0.0	0.0	0.0

连 云 港 的 一 天

表1-6

指 标	单 位	2000	2005	2010	2011	2012	2013	2014
一、全市每天创造的财富								
地区生产总值(当年价)	万元	6824	12492	32693	38644	43929	48916	53860
农业总产值(当年价)	万元	3855	4768	8844	10316	11678	12993	13901
财政收入	万元	470	1542	9660	12669	15472	16319	15887
发电量	万度	715	1401	5512	5626	5756	7265	7348
原盐	吨	2712	2096	1465	2198	2152	2402	2389
布	万米	2.52	1.32	4.61	4.31	16.99	23.28	18.96
磷矿石(折30%)	吨	383	278	275	268	293	280	227
纯碱	吨	2686	3771	3660	3904	3623	3478	3870
化肥(折纯)	吨	661	516	202	242	257	234	234
水泥	吨	1330	2441	9553	8145	15702	24437	33236
啤酒	千升	161	222	216	197	196	189	201
二、每天其他经济活动								
全社会货运量	万吨	9.94	15.42	38.18	35.35	40.64	25.12	27.64
全社会客运量	万人	13.79	21.74	36.93	39.53	43.69	14.85	14.98
固定资产投资额	万元	3493	8865	33815	33998	41642	45610	57270
邮电通讯业务收入	万元	262.2	436.6	740.7	814.3	937.9	1010.4	1040.8
社会消费品零售额	万元	2611	4988	11799	13705	15767	17961	20287
三、每天人口变动和婚姻								
出生人数	人	211	172	188	183	263	299	267
死亡人数	人	62	66	120	42	99	51	78
结婚对数	对	80.6	82.6	161	174	184	182	168
离婚对数	对	2.8	8.2	17.8	20.7	23.1	27.2	30.1

社会经济主要指标年人均水平

表1-7

指　　　　标	单 位	2000	2005	2010	2011	2012	2013	2014
一、地区生产总值(当年价格)	元	5450	10873	26987	32119	36470	40984	44277
二、农业总产值(当年价格)	元	3078	3818	7300	8574	9695	10735	11428
三、财政收入	元	377	1235	7974	10529	12845	13484	13060
财政支出	元	403	1294	7961	10665	13648	15235	13439
四、粮食产量	公斤	591	544	767	788	822	803	809
五、社会消费品零售总额	元	2332	3994	9739	11391	13090	14840	16677
六、每千人拥有固定电话机数	部	132.6	307.3	250.5	237.3	235.1	214.3	199.1
每千人拥有移动电话机数	部	44.3	163.8	697.5	837.7	869.6	935.4	973.7
七、教　　育								
每万人拥有各类专业技术人员	人	217.7	301.9	481.7	494.4	608.1	648.0	734.0
每万人拥有高校在校学生	人	35.4	60.4	78.5	77.2	76.8	84.9	85.5
八、卫　　生								
每万人拥有卫生机构床位数	张	15.4	18.2	24.6	28.6	35.6	38.7	39.7
每万人拥有医生	人	11.7	11.5	12.6	14.6	16.6	17.3	18.1
九、人民生活								
在岗职工平均工资	元	6646	15043	33843	38817	44124	46250	50189
居民人均可支配收入	元							17798
#城镇居民人均可支配收入	元	6456	10006	19020	21695	24342	26898	23595
农村居民人均可支配收入	元	2597	3869	7039	8434	9589	10317	11698
居民人均消费性支出	元							12247
#城镇居民人均消费性支出	元	4735	7213	12293	14110	15615	17172	16016
农村居民人均消费性支出	元	1541	2574	4766	5498	6210	6932	8282
城乡居民储蓄	元	2503	5487	12172	14350	16628	19216	21417
城市居民住房总使用面积	平方米	19.05	23.81	25.47	24.42	24.49	24.68	
城市居民人均日生活用水量	升	192.40	159.27	103.34	113.11	118.68	119.33	119.0
城乡居民人均日生活用电量	度	0.26	0.41	0.96	1.05	1.27	1.48	1.44

注:按常住人口计算。

按地区分社会经济主要指标

表 1-8　　(2014 年)

地　　区	全市	市区	连云区	海州区	赣榆区	开发区	东海县	灌云县	灌南县
一、人口及土地面积									
年末户籍人口(万人)	526.52	219.07	13.33	74.22	119.27	7.87	121.95	104.06	81.44
年末常住人口(万人)	445.17	206.64	14.79	83.64	95.68	8.14	95.87	79.79	62.87
从业人员(万人)	251.10	109.87	7.83	40.63	57.6	3.81	56.72	47.98	36.53
第一产业	79.40	26.73	0.39	7.39	18.73	0.22	18.81	18.65	15.21
第二产业	80.90	39.10	2.18	12.5	22.15	2.27	17.86	12.95	10.99
第三产业	90.80	44.04	5.26	20.74	16.72	1.32	20.05	16.38	10.33
土地面积(平方公里)	7615	3012	518	701	1514	279	2037	1538	1028
二、地区生产总值(当年价、亿元)	1965.89	1072.34	106.26	263.20	426.87	255.24	359.32	274.98	259.25
第一产业	261.98	103.16	4.65	16.78	62.2	0.54	56.95	55.12	44.75
第二产业	889.68	473.50	43.31	79.88	212.19	213.62	163.13	125.50	128.76
#工业	706.89	390.98	36.09	61.32	166.62	205.00	140.75	94.52	110.64
第三产业	814.23	495.68	58.30	166.54	152.48	41.08	139.24	94.36	85.74
三、固定资产投资									
全社会固定资产投资(亿元)	2090.36	1241.74	205.47	286.14	324.66	237.04	291.28	280.36	276.97
#规模以上	1716.57	1089.62	188.57	244.03	254.84	223.08	233.54	198.41	195.00
房地产	189.28	128.05	9.90	76.33	23.19	15.44	29.72	13.35	18.15
四、财政、金融									
财政总收入(亿元)	579.86	356.56	22.29	49.96	76.60	70.71	78.85	82.94	61.52
#公共财政预算收入	261.77	153.86	13.91	32.47	40.17	40.22	37.20	35.59	35.12
财政支出(亿元)	596.67	328.45	17.85	32.06	95.68	34.01	100.18	97.74	70.29
年末金融机构存款余款(亿元)	1887.31	1327.56			247.28		244.74	189.51	125.50
#城乡居民储蓄	953.41	585.48			164.58		164.93	119.01	83.99
年末金融机构贷款余款(亿元)	1607.42	1183.14			205.10		181.51	135.81	106.95

表 1-8 续表 1 (2014 年)

地　　区	全 市	市 区	连云区	海州区	赣榆区	开发区	东海县	灌云县	灌南县
五、规模以上工业									
工业总产值(当年价、亿元)	4862.74	2930.97	96.71	180.66	1290.83	1096.78	814.02	538.88	578.87
利税总额(亿元)	612.90	401.65	5.17	17.11	151.11	153.87	87.82	51.91	71.51
利润总额	372.28	242.11	3.05	10.83	89.13	92.34	55.41	36.07	38.69
六、农　　业									
农业总产值(当年价、亿元)	507.39	201.43	9.38	34.37	142.20	1.23	113.18	109.09	83.69
粮食总产量(万吨)	359.33	102.55			56.98		111.91	81.75	63.11
棉花总产量(吨)	1719	1570			575			109	40
油料总产量(吨)	113930	63133			63020		48035	736	2026
七、邮电通信、电力									
邮电通讯业务收入(万元)	379896	216217			69884		73572	50702	39405
固定电话用户(万户)	88.64	52.21			18.43		15.88	11.44	9.12
移动电话用户(万户)	433.46	237.97			86.57		84.43	61.85	49.22
全社会用电量(亿千瓦时)	57.51	95.45			35.76		20.40	10.46	31.20
# 工业	110.44	66.61			26.93		12.76	5.04	26.04
八、批发零售贸易、外经									
社会消费品零售总额(亿元)	740.47	433.90	57.59	222.66	139.57	14.09	136.03	101.00	69.53
进出口总额(亿美元)	80.30	72.48	18.04	12.29	6.28	35.66	3.65	1.84	2.34
# 出口总额	43.55	37.03	8.11	10.18	4.15	14.54	2.90	1.60	2.03
新签协议(合同)(个)	166	114	16	19	33	39	31	16	5
协议外资金额(万美元)	151455	119749	14493	12945	28528	46666	16321	11333	4052
实际利用外资(万美元)	95437	76756	8318	12249	15365	35051	11534	6907	240

表 1-8 续表 2　　　　　　　　　　(2014 年)

地　　区	全市	市区	连云区	海州区	赣榆区	开发区	东海县	灌云县	灌南县
九、教育、科技、卫生									
初中毕业升学率(%)	96.5	97.2			96.7		96.5	96.0	96.3
各类专业技术人员数(人)	326763	239005	7882	37683	47152		49627	20727	17404
卫生机构数(个)	2702	1370	180	471	719		550	414	368
#医院、卫生院	159	76	8	31	37		29	28	26
卫生机构床位数(张)	18061	10029	1136	6001	2892		2823	2439	2770
#医院、卫生院	16533	8711	860	5039	2812		2643	2409	2770
卫生技术人员(人)	21896	13413	1885	7710	3818		3201	2559	2723
#医院、卫生院	16435	9654	1037	5392	3225		2521	2187	2073
#执业医师(含助理医师)	8065	5017	790	2826	1401		1140	888	1020
十、人民生活									
在岗职工人数(人)	444659	310195			93099		51755	48629	34080
在岗职工平均工资(元)	50189	53610			44389		43658	42804	45568
居民人均可支配收入(元)	17798	24653			16912		16835	14713	14618
#城镇居民人均可支配收入(元)	23595	27057			23004		23151	19486	20805
农村居民人均可支配收入(元)	11698	12650			12378		12171	10864	10442
居民人均消费性支出(元)	12247	16219			11087		11825	9546	9819
#城镇居民人均消费性支出(元)	16016	17695			14245		16504	12093	13569
农村居民人均消费性支出(元)	8282	8849			8737		8370	7492	7288
十一、社会治安									
刑事案件立案数(件)	3536	1786			699		802	514	434
犯罪人数(人)	4044	1842			590		939	729	534
民事案件发案数(件)	42784	25953			11341		7577	5036	4218
交通事故(起)	400	183			89		76	71	61
火灾事故(起)	2230	974			234		447	411	398

全市主要年份全面建设小康社会指标

表 1-9

指　　　　　　　标	单位	2005	2010	2011	2012	2013	2014
一、经济发展							
1、人均地区生产总值	元	10873	26987	32119	36470	40416	44277
2、二、三产业增加值占 GDP 比重	%	79.5	84.7	85.5	85.5	85.5	86.7
3、城市化水平	%	37.2	51.8	53.2	54.4	55.7	57.1
4、城镇登记失业率	%	4.1	2.9	2.5	2.4	2.3	2.4
二、生活水平							
5、居民收入							
(1)城镇居民人均可支配收入	元	10006	15790	18483	20816	22985	23595
(2)农村居民人均纯收入	元	3869	7039	8434	9589	10745	11698
6、居民住房							
(1)城镇人均住房建筑面积	m^2	31.8	35.8	36.9	37.4	39.1	45.3
(2)农村人均钢筋、砖木结构住房面积	m^2	24.5	35.3	41.3	41.3	43.0	47.9
7、居民出行							
(1)农村行政村通灰黑公路(或航道)比重	%	100.0	100.0	100.0	100.0	100.0	100.0
(2)城镇人均拥有道路面积	m^2	13.7	21.3	20.4	20.1	20.3	20.6
8、居民信息化普及程度							
(1)百户家庭电话拥有量	部	169.4	270.5	271.8	281.5	290.9	295.4
(2)百户家庭电脑拥有量	台	14.6	44.4	58.3	64.8	70.8	64.1
9、居民文教娱乐服务支出占家庭消费支出比重	%	14.5	13.6	15.9	16.7	17.1	17.0
10、恩格尔系数	%	43.2	39.1	37.2	36.6	36.0	32.5
三、社会发展							
11、R&D 经费支出占 GDP 比重	%	0.55	1.17	1.25	1.40	1.53	1.61
12、高中阶段教育毛入学率	%	45.4	96.9	96.0	96.9	96.9	97.0
13、卫生服务体系健全率	%	77.7	100.0	100.0	100.0	100.0	100.0
14、社会保障							
(1)城镇劳动保障三大保险各自覆盖面	%	91.8	95.1	96.0	96.1	96.5	96.6
(2)新型农村合作医疗覆盖面	%	91.3	99.1	99.5	99.9	99.9	99.9
15、人民群众对社会治安的满意率	%	97.1	98.6	91.0	93.7	95.1	93.5
16、城乡村(居)民依法自治							
(1)城镇社区居委会依法自治达标率	%	92.0	98.1	96.0	93.3	93.4	96.8
(2)农村村委会依法自治达标率	%	95.0	97.8	95.5	95.3	95.2	96.9
四、生态环境							
17、绿化水平							
(1)城市绿化覆盖率	%	37.1	38.0	38.9	39.6	39.6	40.1
(2)森林覆盖率	%	14.7	22.2	23.5	24.5	25.4	26.0
18、环境质量综合指数	分	86.6	84.0	85.7	83.9	83.8	80.1

注:本表历史数据未根据相关资料做相应调整。

全面建设小康社会进程测算表

表 1-10

指标	代码	单位	目标值	2014年实现值	比上年增减值	年均应完成进度		时序进度情况	
						按省定时间	按自定时间	按省定时间	按自定时间
一、经济发展									
1、人均地区生产总值	1	元	≥24000	44277	3293	—	—	√	√
2、二、三产业增加值占 GDP 比重	2	%	≥92	86.7	0.2	2.8	5.5	△	△
3、城市化水平	3	%	55	57.1	1.4	—	—	√	√
4、城镇登记失业率	4	%	<5	2.4	0.1	—	—	√	√
二、生活水平									
5、居民收入									
(1)城镇居民人均可支配收入	5	元	≥16000	23595	2134	—	—	√	√
(2)农村居民人均纯收入	6	元	≥8000	11698	1233	—	—	√	√
6、居民住房									
(1)城镇人均住房建筑面积	7	m^2	30	45.3	1.4	—	—	√	√
(2)农村人均钢筋、砖木结构住房面积	8	m^2	40	47.9	2.9	—	—	√	√
7、居民出行									
(1)农村行政村通灰黑公路(或航道)比重	9	%	100	100	0.0	—	—	√	√
(2)城镇人均拥有道路面积	10	m^2	12	20.6	0.3	—	—	√	√
8、居民信息化普及程度									
(1)百户家庭电话拥有量	11	部	200	295.4	12.4	—	—	√	√
(2)百户家庭电脑拥有量	12	台	40	64.1	11.6	—	—	√	√
9、居民文教娱乐服务支出占家庭消费支出比重	13	%	18	17.0	-0.2	0.4	0.8	△	△
10、恩格尔系数	14	%	<40	32.5	-0.5	—	—	√	√
三、社会发展									
11、R&D 经费支出占 GDP 比重	15	%	≥1.5	1.61	0.08	—	—	√	√
12、高中阶段教育毛入学率	16	%	≥90	97.0	0.1	—	—	√	√
13、卫生服务体系健全率	17	%	≥90	100.0	0.0	—	—	√	√
14、社会保障									
(1)城镇劳动保障三大保险各自覆盖面	18	%	≥95	96.6	0.1	—	—	√	√
# 城镇基本养老保险		%	≥95	96.6	0.1	—	—	√	√
城镇失业保险		%	≥95	97.6	0.0	—	—	√	√
城镇基本医疗保险		%	≥95	95.5	0.0	—	—	√	√
(2)新型农村合作医疗覆盖面	19	%	≥85	99.9	0.0	—	—	√	√
15、人民群众对社会治安的满意率	20	%	90	93.5	-1.6	—	—	√	√
16、城乡村(居)民依法自治									
(1)城镇社区居委会依法自治达标率	21	%	90	96.8	3.4	—	—	√	√
(2)农村村委会依法自治达标率	22	%	95	96.9	1.7	—	—	√	√
四、生态环境									
17、绿化水平									
(1)城市绿化覆盖率	23	%	40	40.1	0.5	0.2	0.4	√	√
(2)森林覆盖率	24	%	20	26.0	0.6	—	—	√	√
18、环境质量综合指数	25	分	80	80.1	-3.7	—	—	√	√

注:1、表中"—"表示该指标上年总体已达到目标值;空白表示因缺少上年数据或报告年份超过达标年份,没有进度数据;"√"表示当年达到时序进度,总体达标视同当年达到时序进度;"△"表 示未达到时序进度。

2、连云港市省定与市自定实现目标时间分别为 2015 年和 2014 年。

全市主要年份地区生产总值

表 1-11　　（当年价格）　　单位：亿元

年　份	地区生产总值	第一产业	第二产业	#工业	第三产业	人均地区生产总值(元)
1978	10.45	4.81	3.84	3.45	1.79	321
1979	11.49	5.47	4.04	3.61	1.98	351
1980	12.56	6.04	4.35	3.86	2.17	381
1981	14.18	7.02	4.74	4.23	2.42	424
1982	17.99	9.41	5.36	4.65	3.22	527
1983	20.26	10.33	6.12	4.98	3.82	585
1984	23.62	11.73	7.01	5.58	4.87	673
1985	29.64	13.78	8.74	6.97	7.12	833
1986	35.43	17.07	10.24	7.96	8.12	981
1987	39.52	18.54	11.78	9.24	9.19	1075
1988	46.20	20.87	13.45	10.93	11.87	1231
1989	49.05	22.13	14.00	11.74	12.93	1280
1990	55.19	25.45	14.70	12.18	15.03	1391
1991	59.51	26.26	15.88	13.07	17.37	1456
1992	68.92	26.62	20.99	17.75	21.31	1660
1993	86.26	32.50	28.58	24.38	25.18	2058
1994	110.61	42.25	35.47	30.68	32.89	2620
1995	139.29	54.14	43.09	35.67	42.06	3240
1996	169.52	63.18	51.17	42.13	55.17	3939
1997	195.86	68.35	62.38	50.21	65.13	4501
1998	216.51	71.91	73.87	58.75	70.73	4916
1999	232.24	74.44	81.11	63.49	76.69	5209
2000	249.07	69.82	94.28	73.95	84.97	5512
2001	269.29	73.86	101.66	78.23	93.77	5884
2002	296.84	77.58	113.41	86.04	105.85	6427
2003	332.75	81.00	129.81	96.55	121.94	7141
2004(旧行业)	391.52	86.34	163.00	120.08	142.18	8551
2004(新行业)	391.52	89.27	163.00	120.08	139.25	8551
2005	495.64	101.31	209.77	166.77	184.56	10873
2006	594.96	112.71	265.82	212.26	216.43	13149
2007	700.54	126.64	318.71	258.57	255.19	15611
2008	825.83	142.30	378.49	303.70	305.04	18505
2009	941.13	154.46	435.61	341.75	351.06	21144
2010	1193.31	182.60	545.07	431.84	465.64	26987
2011	1410.52	204.11	654.28	517.82	552.13	32119
2012	1603.42	232.40	736.14	583.31	634.88	36470
2013	1810.49	245.26	816.46	647.01	748.77	40984
2014	1965.89	261.98	889.68	706.89	814.23	44277

全市主要年份地区生产总值指数

表1-12

（按可比价格计算，1978年=100）

年份	地区生产总值	第一产业	第二产业	#工业	第三产业	人均地区生产总值
1978	100.00	100.00	100.00	100.00	100.00	100.00
1979	110.00	113.00	104.20	104.50	109.10	109.40
1980	118.00	122.30	112.00	111.10	112.90	116.60
1981	132.90	140.20	122.70	122.30	124.60	129.30
1982	157.10	162.10	140.20	136.70	164.40	149.80
1983	173.10	170.70	161.90	148.60	194.80	162.60
1984	193.20	180.80	184.20	165.20	242.30	179.20
1985	219.10	181.60	224.80	201.90	323.30	200.50
1986	242.90	208.40	244.20	213.00	344.30	219.00
1987	257.50	220.70	265.70	234.70	356.70	228.10
1988	258.40	211.70	280.10	251.10	368.90	224.10
1989	258.20	217.40	279.80	262.20	351.00	219.30
1990	280.90	226.00	315.00	292.20	399.10	230.70
1991	300.20	242.60	328.70	305.00	434.00	239.00
1992	335.50	243.60	410.60	411.00	509.50	263.10
1993	362.68	252.61	473.83	472.24	543.64	281.85
1994	408.01	271.31	558.65	554.41	615.94	314.90
1995	453.71	290.03	642.45	630.92	691.70	347.31
1996	514.05	323.09	716.33	693.38	815.52	389.32
1997	584.47	345.38	855.29	817.49	937.03	437.64
1998	661.63	369.21	1046.02	998.16	1021.36	489.47
1999	722.50	393.95	1170.50	1107.96	1105.11	528.06
2000	785.35	390.80	1349.59	1281.90	1206.78	566.06
2001	845.04	413.86	1461.60	1367.79	1305.74	601.49
2002	911.80	432.48	1584.38	1466.27	1437.62	643.26
2003	1007.54	449.78	1814.11	1687.68	1594.32	704.37
2004(旧行业)	1147.58	475.87	2138.84	1999.90	1838.25	814.96
2004(新行业)	1147.58	485.31	2138.84	1999.90	1812.74	814.96
2005	1310.54	501.33	2564.47	2389.88	2082.84	933.94
2006	1508.43	531.41	3056.85	2853.52	2401.51	1083.37
2007	1736.20	563.29	3613.19	3395.69	2785.75	1257.79
2008	1963.65	595.96	4137.11	3949.19	3200.83	1431.37
2009	2230.70	619.80	4794.91	4537.61	3687.35	1630.33
2010	2534.08	651.41	5605.25	5345.31	4177.77	1865.10
2011	2863.51	677.47	6479.67	6270.05	4737.59	2120.61
2012	3227.18	716.08	7406.26	7235.63	5367.69	2387.81
2013	3607.98	732.55	8369.07	8241.39	6076.23	2655.25
2014	3976.00	756.73	9331.52	9296.29	6714.23	2910.15

全市主要年份地区生产总值构成

表 1-13　　(当年价格)　　单位:%

年份	地区生产总值	第一产业	第二产业	#工业	第三产业
1978	100	46.1	36.8	33.0	17.1
1979	100	47.6	35.2	31.5	17.2
1980	100	48.1	34.6	22.8	17.3
1981	100	49.5	33.5	29.8	17.0
1982	100	52.3	29.8	25.8	17.9
1983	100	51.0	30.2	24.6	18.8
1984	100	49.7	29.7	23.6	20.6
1985	100	46.5	29.5	23.5	24.0
1986	100	48.2	28.9	22.5	22.9
1987	100	46.9	29.8	23.4	23.3
1988	100	45.2	29.1	23.7	25.7
1989	100	45.1	28.6	23.9	26.3
1990	100	46.1	26.6	22.1	27.3
1991	100	44.1	26.7	22.0	29.2
1992	100	38.6	30.5	25.8	30.9
1993	100	37.7	33.1	28.3	29.2
1994	100	38.2	32.1	27.7	29.7
1995	100	38.9	30.9	25.6	30.2
1996	100	37.3	30.2	24.9	32.5
1997	100	34.9	31.8	25.6	33.3
1998	100	33.2	34.1	27.1	32.7
1999	100	32.1	34.9	27.3	33.0
2000	100	28.0	37.9	29.7	34.1
2001	100	27.4	37.8	29.1	34.8
2002	100	26.1	38.2	29.0	35.7
2003	100	24.3	39.0	29.0	36.7
2004(旧行业)	100	22.1	41.6	30.7	36.3
2004(新行业)	100	22.8	41.6	30.7	35.6
2005	100	20.5	42.3	33.6	37.2
2006	100	18.9	44.7	35.7	36.4
2007	100	18.1	45.5	36.9	36.4
2008	100	17.2	45.8	36.8	37.0
2009	100	16.4	46.3	36.3	37.3
2010	100	15.3	45.7	36.2	39.0
2011	100	14.5	46.4	36.7	39.1
2012	100	14.5	45.9	36.4	39.6
2013	100	13.5	45.1	35.7	41.4
2014	100	13.3	45.3	36.0	41.4

主要年份分地区生产总值

表 1-14　　(当年价格)　　单位:亿元

年份	全市	市区	# 赣榆区	东海县	灌云县	灌南县
1978	10.45	6.11	2.16	1.89	1.60	0.85
1979	11.49	6.63	2.46	2.09	1.86	0.92
1980	12.56	7.12	2.72	2.50	1.90	1.04
1981	14.18	7.87	3.03	3.08	2.17	1.07
1982	17.99	9.40	3.61	3.73	3.23	1.63
1983	20.26	11.11	4.36	4.23	3.31	1.61
1984	23.62	12.67	4.79	5.17	3.78	1.99
1985	29.64	16.82	6.13	6.40	4.31	2.11
1986	35.43	19.88	7.64	7.65	5.06	2.84
1987	39.52	21.74	8.16	7.76	6.25	3.78
1988	46.20	25.11	8.86	8.60	7.79	4.69
1989	49.05	27.46	9.47	9.07	8.30	4.21
1990	55.19	29.14	10.39	10.47	10.53	5.05
1991	59.51	32.07	10.93	10.96	10.72	5.76
1992	68.92	39.73	12.87	12.22	10.16	6.81
1993	86.26	49.67	16.33	17.15	10.46	8.98
1994	110.61	57.47	21.70	26.38	14.63	12.13
1995	139.29	70.52	28.82	34.94	20.69	13.14
1996	169.52	92.06	36.44	38.13	23.89	15.44
1997	195.86	107.99	40.54	42.33	27.29	18.25
1998	216.51	119.46	44.38	47.38	28.86	20.81
1999	232.24	129.07	46.99	49.40	31.04	22.73
2000	249.07	148.13	49.39	51.04	27.89	22.01
2001	269.29	158.26	54.21	55.42	31.72	23.89
2002	296.84	176.17	59.58	59.69	34.56	26.42
2003	332.75	208.45	60.66	58.28	36.92	29.10
2004	391.52	249.08	64.01	67.08	40.95	34.41
2005	495.64	291.62	74.80	77.82	46.48	40.05
2006	594.96	329.69	91.82	92.73	55.93	49.03
2007	700.54	387.98	113.34	114.06	69.98	62.53
2008	825.83	498.34	153.89	137.23	100.41	89.85
2009	941.13	551.98	182.44	162.69	119.36	107.10
2010	1193.31	660.46	223.07	200.14	150.13	140.08
2011	1410.52	790.3	283.07	245.67	192.22	182.33
2012	1603.42	895.36	331.36	277.3	220.29	210.47
2013	1810.49	1003.5	376.41	320.17	250.92	235.90
2014	1965.89	1072.34	426.87	359.32	274.98	259.25

社会总产出、地区生产总值

表 1-15　　(2014 年)　　单位:亿元

指　　标	全　市	市　区	东海县	灌云县	灌南县
一、社会总产出	**6601.77**	**3601.09**	**1599.00**	**1224.81**	**845.62**
第一产业	479.23	188.71	103.31	100.64	79.84
第二产业	4505.75	2398.02	869.07	814.04	600.78
#工 业	3840.46	2124.15	787.61	627.88	535.60
第三产业	1616.79	984.26	626.62	310.13	165.00
二、地区生产总值	**1965.89**	**1072.34**	**359.32**	**274.98**	**259.25**
第一产业	261.98	103.16	56.95	55.12	44.75
第二产业	889.68	473.50	163.13	125.50	128.76
#工 业	706.89	390.98	140.75	94.52	110.64
第三产业	814.23	495.68	139.24	94.36	85.74
三、人均地区生产总值(元)	**44277**	**52035**	**37580**	**34532**	**41364**
四、地区生产总值(%)	**100**	**100**	**100**	**100**	**100**
第一产业	13.3	9.6	15.8	20.0	17.3
第二产业	45.3	44.2	45.4	45.7	49.7
#工 业	36.0	36.5	39.2	34.4	42.7
第三产业	41.4	46.2	38.8	34.3	33.1

表 1-15 续表　　(2014 年)　　单位:亿元

指　　标	市　区	连云区	海州区	赣榆区	开发区
一、社会总产出	**3601.09**	**694.66**	**754.00**	**1381.21**	**857.14**
第一产业	188.71	9.34	31.60	97.37	0.99
第二产业	2398.02	162.44	328.47	1043.21	1081.87
#工 业	2124.15	134.04	268.72	900.45	1113.74
第三产业	984.26	522.88	393.93	240.63	81.57
二、地区生产总值	**1072.34**	**106.26**	**263.20**	**426.87**	**255.24**
第一产业	103.16	4.65	16.78	62.20	0.54
第二产业	473.50	43.31	79.88	212.19	213.62
#工 业	390.98	36.09	61.32	166.62	205.00
第三产业	495.68	58.30	166.54	152.48	41.08
三、人均地区生产总值(元)	**52035**	**71992**	**31566**	**44717**	**315111**
四、地区生产总值(%)	**100**	**100.0**	**100.0**	**100.0**	**100.0**
第一产业	9.6	4.4	6.4	14.6	0.2
第二产业	44.2	40.8	30.3	49.7	83.7
#工 业	36.5	34.0	23.3	39.0	80.3
第三产业	46.2	54.8	63.3	35.7	16.1

全市居民消费水平

表 1-16

项　　　　目	2000	2003	2004	2005	2006	2007
一、当年价格居民消费水平(元)	**2336**	**3482**	**3903**	**4679**	**5080**	**5621**
农村居民	1701	2038	2351	2892	3000	3367
城镇居民	4653	6129	6630	7598	8460	9037
二、居民年平均人口(万人)	**451.88**	**465.93**	**458.78**	**455.84**	**452.46**	**448.75**
农村居民	354.73	301.53	292.33	282.72	280.12	270.38
城镇居民	97.15	164.40	166.45	173.12	172.34	178.37

表 1-16 续表

项　　　　目	2008	2009	2010	2011	2012	2013	2014
一、当年价格居民消费水平(元)	**6673**	**7867**	**9869**	**11646**	**13128**	**14688**	**15882**
农村居民	3835	4757	6070	7202	7999	9178	9213
城镇居民	10715	12035	14055	15675	17541	19190	21031
二、居民年平均人口(万人)	**446.27**	**445.11**	**442.18**	**439.16**	**439.65**	**441.76**	**444.00**
农村居民	262.19	254.94	231.80	208.82	203.33	198.63	193.46
城镇居民	184.08	190.17	210.38	230.34	236.32	243.13	250.54

注:2004 年以后为常住人口。

全市地区生产总值构成项目

表 1-17　　(2014 年)　　单位:亿元

行业	地区生产总值	劳动者报酬	生产税净额	固定资产折旧	营业盈余
地区生产总值	**1965.89**	**842.25**	**316.84**	**265.92**	**540.88**
农、林、牧、渔业	277.51	224.23	1.21	16.98	35.09
农业	146.81	118.62	1.21	8.98	18.00
林业	7.40	5.98		0.45	0.97
牧业	46.41	37.50		2.84	6.07
渔业	61.36	49.58		3.76	8.02
农、林、牧、渔服务业	15.53	12.55		0.95	2.03
工业	706.89	121.40	189.68	104.11	291.70
采矿业	12.78	4.38	3.58	2.27	2.55
# 开采辅助活动	1.21	0.09	0.39	0.23	0.50
制造业	628.78	109.32	178.68	81.58	259.20
# 金属制品、机械和设备修理业					
电力、燃气及水的生产和供应业	65.33	7.70	7.42	20.26	29.95
建筑业	184.00	120.71	24.03	3.93	35.33
房屋建筑业	134.12	92.09	16.43	1.78	23.82
土木工程建筑业	35.91	20.49	5.46	1.83	8.13
建筑安装业	5.22	3.27	0.80	0.13	1.02
建筑装饰和其他建筑业	8.75	4.86	1.34	0.19	2.36
批发和零售业	184.56	73.68	38.01	10.09	62.78
批发业	113.18	45.18	23.31	6.19	38.50
零售业	71.38	28.50	14.70	3.90	24.28
交通运输、仓储和邮政业	93.77	57.41	12.27	21.46	2.63
铁路运输业	17.11	9.37	2.47	3.37	1.9
道路运输业	38.89	23.7	5.61	8.72	0.86
水上运输业	7.64	4.02	0.95	2.61	0.06
航空运输业	0.03	0.06	0	0.23	−0.26
管道运输业					
装卸搬运和运输代理业	24.8	17	3.13	4.85	−0.18
仓储业	2.79	1.13	0.05	1.11	0.5
邮政业	2.51	2.13	0.06	0.57	−0.25

表 1-17 续表　　　　　　　　(2014 年)　　　　　　　　单位:亿元

行　　业	地区生产总　值	劳动者报酬	生产税净额	固定资产折　旧	营业盈余
住宿和餐饮业	24.80	15.36	7.68	1.47	0.29
住宿业	5.30	3.29	1.64	0.31	0.06
餐饮业	19.50	12.07	6.04	1.16	0.23
信息传输、软件和信息技术服务业	25.36	4.25	1.93	10.36	8.82
电信、广播电视和卫星传输服务	23.17	2.88	1.61	10.28	8.40
互联网和相关服务	0.08	0.03	0.01	0.01	0.03
软件和信息技术服务业	2.11	1.34	0.31	0.07	0.39
金融业	81.45	24.50	10.98	3.39	42.58
货币金融服务	66.88	19.73	6.55	2.82	37.78
资本市场服务	7.68	0.52	3.73	0.21	3.22
保险业	6.53	4.16	0.63	0.28	1.46
其他金融业	0.36	0.09	0.07	0.08	0.12
房地产业	114.10	7.59	21.47	51.37	33.67
房地产开发经营业	60.64	4.94	21.06	1.34	33.30
物业管理业	2.20	1.65	0.24	0.11	0.20
房地产中介服务业	0.72	0.50	0.08	0.03	0.11
自有房地产经营活动	49.84			49.84	
其他房地产业	0.70	0.50	0.09	0.05	0.06
租赁和商务服务业	46.47	12.67	5.77	10.84	17.19
租赁业	2.59	1.51	0.54	0.28	0.26
商务服务业	43.88	11.16	5.23	10.56	16.93
科学研究和技术服务业	12.33	6.40	0.57	2.33	3.03
水利、环境和公共设施管理业	10.7	5.14	0.27	4.05	1.24
居民服务、修理和其他服务业	8.63	6.27	1.84	0.26	0.26
教育	73.55	64.33	0.18	7.59	1.45
卫生和社会工作	30.22	24.82	0.09	2.94	2.37
文化、体育和娱乐业	5.77	3.89	0.43	0.88	0.57
公共管理、社会保障和社会组织	85.78	69.6	0.43	13.87	1.88
第一产业	261.98	211.68	1.21	16.03	33.06
第二产业	889.68	242.02	213.32	107.81	326.53
第三产业	814.23	388.55	102.31	142.08	181.29

表 1-17 续表 2　　(2013 年)　　单位:亿元

行业	地区生产总值	劳动者报酬	生产税净额	固定资产折旧	营业盈余
地区生产总值	**1810.49**	**769.92**	**277.84**	**238.50**	**524.23**
农、林、牧、渔业	259.17	209.21	-0.40	15.71	34.65
农业	139.70	112.87	-0.40	8.47	18.76
林业	7.20	5.80		0.44	0.96
牧业	45.19	36.44		2.74	6.01
渔业	53.17	42.88		3.22	7.07
农、林、牧、渔服务业	13.91	11.22		0.84	1.85
工业	647.01	111.05	158.19	89.94	287.83
采矿业	14.28	4.43	2.09	2.15	5.61
# 开采辅助活动					
制造业	564.52	98.09	163.30	65.42	237.71
# 金属制品、机械和设备修理业					
电力、燃气及水的生产和供应业	68.21	8.53	-7.20	22.37	44.51
建筑业	169.45	111.17	22.12	3.62	32.54
房屋建筑业	123.51	84.81	15.13	1.64	21.93
土木工程建筑业	33.07	18.87	5.03	1.69	7.48
建筑安装业	4.81	3.01	0.73	0.12	0.95
建筑装饰和其他建筑业	8.06	4.48	1.23	0.17	2.18
批发和零售业	166.18	66.34	34.23	9.08	56.53
批发业	102.01	40.72	21.01	5.57	34.71
零售业	64.17	25.62	13.22	3.51	21.82
交通运输、仓储和邮政业	89.54	55.09	11.71	20.49	2.25
铁路运输业	16.34	8.96	2.36	3.22	1.8
道路运输业	37.13	22.9	5.36	8.32	0.55
水上运输业	7.3	3.84	0.9	2.49	0.07
航空运输业	0.03	0.06	0	0.23	-0.26
管道运输业					
装卸搬运和运输代理业	23.68	16.23	2.99	4.63	-0.17
仓储业	2.66	1.07	0.04	1.06	0.49
邮政业	2.4	2.03	0.06	0.54	-0.23

表 1-17 续表 3　　(2013 年)　　单位:亿元

行业	地区生产总值	劳动者报酬	生产税净额	固定资产折旧	营业盈余
住宿和餐饮业	21.80	13.50	6.75	1.29	0.26
住宿业	4.79	2.97	1.48	0.28	0.06
餐饮业	17.01	10.53	5.27	1.01	0.20
信息传输、软件和信息技术服务业	24.16	4.11	1.83	9.87	8.35
电信、广播电视和卫星传输服务	22.07	2.79	1.53	9.79	7.96
互联网和相关服务	0.08	0.04	0.01	0.01	0.02
软件和信息技术服务业	2.01	1.28	0.29	0.07	0.37
金融业	72.52	21.82	9.77	3.01	37.92
货币金融服务	59.55	17.57	5.83	2.51	33.64
资本市场服务	6.84	0.47	3.32	0.18	2.87
保险业	5.81	3.70	0.56	0.25	1.30
其他金融业	0.32	0.08	0.06	0.07	0.11
房地产业	123.39	9.02	25.63	48.50	40.24
房地产开发经营业	72.40	5.90	25.14	1.60	39.76
物业管理业	2.63	1.94	0.29	0.13	0.27
房地产中介服务业	0.86	0.60	0.09	0.04	0.13
自有房地产经营活动	46.67			46.67	
其他房地产业	0.83	0.58	0.11	0.06	0.08
租赁和商务服务业	38.52	10.50	4.79	8.99	14.24
租赁业	2.15	1.25	0.45	0.23	0.22
商务服务业	36.37	9.25	4.34	8.76	14.02
科学研究和技术服务业	10.78	5.60	0.50	2.04	2.64
水利、环境和公共设施管理业	9.35	4.5	0.23	3.54	1.08
居民服务、修理和其他服务业	7.16	5.22	1.52	0.2	0.22
教育	64.29	56.23	0.16	6.64	1.26
卫生和社会工作	26.42	21.7	0.07	2.57	2.08
文化、体育和娱乐业	4.78	3.22	0.36	0.73	0.47
公共管理、社会保障和社会组织	75.97	61.64	0.38	12.28	1.67
第一产业	245.26	197.99	-0.4	14.87	32.8
第二产业	816.46	222.22	180.31	93.56	320.37
第三产业	748.77	349.71	97.93	130.07	171.06

按支出法计算的地区生产总值

表 1-18 (当年价格) 单位:亿元

指标	2014	2013
地区生产总值	**1965.89**	**1810.49**
一、最终消费支出	**879.17**	**807.83**
(一)居民消费支出	705.14	648.87
1、城镇居民	526.91	466.56
食品烟酒	167.33	154.60
衣着	48.38	45.59
居住(含自有住房服务)	67.78	60.02
生活用品及服务	35.27	32.06
交通和通信	65.04	59.05
教育文化娱乐	61.54	55.06
医疗保健	30.17	27.38
银行中介服务	8.25	8.78
保险服务	20.51	2.75
其他商品和服务	22.64	21.27
2、农村居民	178.23	182.31
食品烟酒	51.43	55.72
衣着	10.02	10.81
居住(含自有住房服务)	47.93	47.64
生活用品及服务	10.17	10.25
交通和通信	13.03	14.36
教育文化娱乐	27.91	29.62
医疗保健	8.03	8.57
银行中介服务	2.28	2.38
保险服务	5.30	0.69
其他商品和服务	2.13	2.27
((二)政府消费支出	174.03	158.96
二、资本形成总额	**1087.72**	**1018.62**
固定资本形成总额	991.83	936.45
存货变动	95.89	82.17
三、货物和服务净流出	**-1**	**-15.96**

2

人口与劳动

主 要 年 份 人 口 数

表 2-1

年 份	年末人口(万人)						年平均人口(万人)
	全 市	市 区	#赣榆区	东海县	灌云县	灌南县	
1978	323.20	113.29	77.38	79.74	77.80	52.37	321.35
1979	324.15	114.41	77.68	80.44	77.03	52.27	323.68
1980	327.84	115.63	77.93	81.40	77.97	52.84	326.00
1981	334.02	117.86	78.90	83.02	79.30	53.84	330.93
1982	340.91	120.21	80.16	84.83	80.83	55.04	337.47
1983	347.84	126.26	81.02	85.88	79.85	55.85	344.38
1984	353.05	128.33	81.75	86.84	81.08	56.80	350.45
1985	358.24	130.68	82.87	88.13	81.82	57.61	355.65
1986	363.89	133.16	84.07	89.39	82.72	58.62	361.07
1987	371.68	136.25	85.78	91.33	84.14	59.96	367.79
1988	378.86	139.39	87.52	92.84	85.50	61.13	375.27
1989	387.52	142.50	89.63	95.09	87.45	62.48	383.19
1990	405.05	149.36	95.10	100.20	90.72	64.77	396.29
1991	412.40	151.95	96.77	102.03	92.24	66.18	408.73
1992	417.54	154.29	97.27	103.67	92.66	66.92	414.97
1993	420.41	155.16	98.24	104.33	93.72	67.20	418.98
1994	423.72	157.08	99.04	104.72	94.43	67.49	422.07
1995	427.78	159.15	99.89	105.43	95.04	68.16	425.75
1996	432.96	161.21	100.89	107.07	96.30	68.39	430.37
1997	437.25	163.11	101.58	107.67	97.08	69.40	435.11
1998	443.53	165.26	102.56	109.18	99.13	69.96	440.39
1999	448.15	167.76	103.66	110.00	100.08	70.31	445.84
2000	455.61	169.88	104.88	112.69	101.77	71.26	451.88
2001	459.64	172.10	105.83	113.39	102.47	71.66	457.62
2002	464.03	174.22	106.83	113.97	103.61	72.23	461.83
2003	467.83	176.24	107.91	114.35	104.53	72.71	465.93
2004	468.81	176.35	107.09	114.43	104.61	73.42	468.32
2005	472.18	177.86	107.69	115.26	105.05	74.01	470.50
2006	479.42	179.14	108.18	117.34	107.50	75.45	475.80
2007	482.23	180.51	108.96	118.48	109.10	74.14	480.83
2008	488.25	190.83	109.95	111.79	110.35	75.28	485.24
2009	490.64	199.49	110.80	113.16	101.52	76.47	489.45
2010	497.73	206.21	112.62	115.10	100.26	76.16	494.19
2011	505.18	209.60	114.07	116.24	101.82	77.52	501.45
2012	510.99	212.23	115.58	118.02	102.01	78.73	508.09
2013	520.18	216.06	117.85	120.20	103.58	80.34	515.59
2014	526.52	219.07	119.27	121.95	104.06	81.44	523.35

注:本节除注明外均是户籍人口;2008 年,岗埠农场、浦南镇由东海县划归新浦区;2009 年,板浦镇由灌云县划归海州区。2014 年赣榆撤县设区。

主要年份人口构成

表2-2

年　份	年末总人口(万人)	男	女	出生人口(人)	死亡人口(人)	自然增长人口(人)
1978	323.20	163.43	159.77	34963	15746	19217
1979	324.15	163.84	160.31	45962	15116	30846
1980	327.84	165.78	162.06	50203	15583	34621
1981	334.02	169.07	164.95	72407	16315	56093
1982	340.91	172.90	168.01	63511	16435	47076
1983	347.84	176.86	170.98	52689	17839	34851
1984	353.05	180.33	172.72	43455	16962	26494
1985	358.24	183.53	174.71	55516	17640	37876
1986	363.89	186.62	177.27	56001	17295	38706
1987	371.68	190.93	180.75	57522	16881	40640
1988	378.86	194.85	184.01	76818	18576	58242
1989	387.52	199.55	187.97	77864	17627	60237
1990	405.05	207.90	197.15	84765	19378	65387
1991	412.40	212.15	200.25	88448	20109	68339
1992	417.54	214.86	202.68	56394	20002	36393
1993	420.41	216.43	203.98	55011	20488	34524
1994	423.72	218.12	205.60	53560	20344	33217
1995	427.78	220.21	207.57	56284	20138	36146
1996	432.96	222.97	209.99	56809	19324	37485
1997	437.25	224.52	212.73	55171	20319	34852
1998	443.53	229.23	214.30	60994	20258	40736
1999	448.15	231.89	216.26	55596	18948	36648
2000	455.61	235.69	219.92	77362	22504	54858
2001	459.64	237.27	222.37	52979	19705	33274
2002	464.03	239.19	224.83	54070	18993	35077
2003	467.83	241.56	226.27	49220	21064	28156
2004	468.81	243.53	225.28	74212	31953	42259
2005	472.18	244.70	227.48	62898	24156	38742
2006	479.42	248.34	231.08	57070	23852	33218
2007	482.23	250.25	231.98	65142	64637	505
2008	488.25	253.53	234.72	56906	31697	25209
2009	490.64	255.65	234.99	61557	37613	23944
2010	497.73	259.34	238.39	68558	43738	24820
2011	505.18	263.29	241.89	66820	15499	51321
2012	510.99	266.62	244.37	95884	35962	59922
2013	520.18	271.36	248.82	109189	18561	90628
2014	526.52	274.75	251.76	97562	28522	69040

市区主要年份年末人口情况

表 2-3

年份	总户数（万户）	总人口（万人）	户均人数（人）	人口密度（人/平方公里）
1949	3.63	15.80	4.35	213.5
1952	4.18	18.31	4.38	247.4
1957	4.72	22.47	4.76	303.6
1962	5.48	24.24	4.42	327.6
1965	5.49	27.23	4.96	368.0
1970	6.35	30.22	4.76	408.4
1975	7.47	34.08	4.56	460.5
1978	8.78	35.91	4.09	485.3
1979	9.32	36.73	3.94	496.4
1980	9.83	37.70	3.84	509.5
1981	10.63	38.96	3.67	526.5
1982	10.97	40.05	3.65	482.5
1983	12.79	45.24	3.54	479.3
1984	13.45	46.58	3.46	493.5
1985	14.12	47.81	3.39	506.6
1986	14.45	49.09	3.40	520.1
1987	15.08	50.47	3.35	534.7
1988	15.74	51.87	3.29	549.5
1989	16.97	52.87	3.12	560.2
1990	16.48	54.26	3.29	574.8
1991	16.98	55.18	3.25	584.6
1992	17.69	57.02	3.22	604.1
1993	17.64	56.92	3.23	603.0
1994	17.83	58.04	3.25	614.9
1995	18.08	59.26	3.28	627.9
1996	18.28	60.32	3.30	639.1
1997	18.83	61.53	3.27	651.9
1998	19.25	62.70	3.26	664.3
1999	19.57	64.10	3.27	679.2
2000	19.95	65.00	3.26	688.7
2001	20.42	66.27	3.25	702.2
2002	20.91	67.39	3.22	714.0
2003	21.20	68.33	3.22	723.9
2004	21.62	69.26	3.20	733.8
2005	22.00	70.17	3.19	743.4
2006	22.28	70.96	3.18	751.8
2007	22.54	71.56	3.18	758.1
2008	25.06	80.88	3.23	699.7
2009	27.29	88.69	3.25	767.3
2010	28.84	93.59	3.25	759.0
2011	29.40	95.53	3.25	796.1
2012	29.57	96.65	3.27	805.5
2013	29.09	98.21	3.38	818.5
2014	64.81	219.07	3.38	727.3

注:2014 年,市区包含赣榆区。

年末总人口数及构成

表 2-4

(2014 年)

地　区	年末总人口	男		女	
		人数(人)	比重(%)	人数(人)	比重(%)
全　市	**5265188**	**2747539**	**52.18**	**2517649**	**47.82**
市　区	2190723	1135445	51.83	1055278	48.17
连云区	255789	130614	51.06	125175	48.94
海州区	742224	377237	50.83	364987	49.17
赣榆区	1192710	627594	52.62	565116	47.38
县小计	3074465	1612094	52.43	2006726	47.40
东海县	1219481	634800	52.05	584681	47.95
灌云县	1040585	546039	52.47	494546	47.53
灌南县	814399	431255	52.95	383144	47.05

总户数、平均人口及人口密度

表 2-5

(2014 年)

地　区	年末总户数(户)	平均每户人数(人)	年平均人口(人)	人口密度(人/平方公里)
全　市	**1407524**	**3.74**	**5233501**	**691.42**
市　区	648129	3.38	2175656	727.33
连云区	83031	3.08	255253	320.94
赣榆区	222497	3.34	734786	1058.81
海州区	342601	3.48	1185618	787.79
县小计	759395	4.05	3057845	667.93
东海县	289492	4.21	1210745	598.67
灌云县	262896	3.96	1038186	676.58
灌南县	207007	3.93	808914	792.22

人口自然变动情况

表 2–6 （2014 年）

地区	出生(含往年补报)		死亡		自然增长	
	人数(人)	出生率(‰)	人数(人)	死亡率(‰)	人数(人)	自然增长率(‰)
全市	**97562**	**18.64**	**28522**	**5.45**	**69040**	**13.19**
市区	37547	17.26	9574	4.40	27973	12.86
连云区	3567	13.97	1686	6.61	1881	7.36
海州区	11939	16.25	3110	4.23	8829	12.02
赣榆区	22041	18.59	4778	4.03	17263	14.56
县小计	60015	19.63	18948	6.20	41067	13.43
东海县	25897	21.39	6739	5.57	19158	15.82
灌云县	18476	17.80	9186	8.85	9290	8.95
灌南县	15642	19.34	3023	3.74	12619	15.60

人口机械变动情况

表 2–7 （2014 年） 单位：人

地区	迁入人口	#省外迁入	迁出人口	#迁往省外	机械增长人口
全市	**28622**	**8774**	**31447**	**8604**	**–2825**
市区	17096	4503	12502	5110	4594
连云区	2485	733	1216	490	1269
赣榆区	9557	1701	5193	2043	4364
海州区	5054	2069	6093	2577	–1039
县小计	11526	4271	18945	3494	–7419
东海县	4085	1611	5552	1710	–1467
灌云县	3850	1371	8223	990	–4373
灌南县	3591	1289	5170	794	–1579

计 划 生 育 情 况

表 2-8 (2014 年) 单位：人

	计划生育率（%）	当年出生率（‰）	育龄妇女人数	已婚育龄妇女人数	现家庭有一孩的妇女人数	独生子女率（%）
全 市	**92.00**	**13.70**	**1384172**	**983651**	**592881**	**60.27**
市 区	93.00	13.60	570335	400651	271279	67.71
赣榆区	91.50	13.70	319817	222864	140401	63.00
海州区	97.00	13.40	184293	128419	95946	74.71
连云区	97.00	13.30	32614	23634	19008	80.43
开发区	96.50	13.60	16128	11910	8773	73.66
徐圩新区	96.50	13.60	9848	7351	3536	48.10
云台山景区	96.50	13.60	7635	6473	3615	55.85
县小计	91.00	13.80	813837	583000	321602	55.16
东 海 县	91.50	13.80	318621	209407	124082	59.25
灌 云 县	91.00	13.80	283945	210102	115242	54.85
灌 南 县	91.00	13.70	211271	163491	82278	50.33

表 2-8 续表 (2014 年) 单位：人

地 区	有效领证人数	女性初婚人数	晚婚率（%）	应落实措施的人数	累计已采取各种节育措施人数	节育率（%）
全 市	**388747**	**44404**	**51.75**	**885318**	**883726**	**89.84**
市 区	178788	17142	60.58	359575	358454	89.47
赣榆区	103697	9439	65.62	197599	197492	88.62
海州区	63435	4667	58.95	117314	116431	90.66
连云区	5338	584	82.53	21314	21213	89.76
开发区	4776	301	83.72	10628	10628	89.24
徐圩新区	681	1968	34.71	6800	6799	92.49
云台山景区	861	183	12.02	5920	5891	91.01
县 小 计	209959	27262	46.19	525743	525272	90.10
东 海 县	49927	10153	54.59	186419	186099	88.87
灌 云 县	84641	10285	41.87	190083	190083	90.47
灌 南 县	75391	6824	40.21	149241	149090	91.19

分县区年末常住人口

表 2-9　　单位:万人

	2005年	2006年	2007年	2008年	2009年	2010年	2011年	2012年	2013年	2014年
连云港市	454.40	450.52	446.98	445.56	444.65	439.71	438.61	440.69	442.83	445.17
市　区	181.51	181.38	181.31	189.86	197.00	203.76	203.61	204.55	205.52	206.64
连云区						26.73	26.83	27.04	27.16	27.32
其中:开发区						7.92	7.95	8.03	8.06	8.14
其中:连云区						14.51	14.56	14.66	14.73	14.79
其中:徐圩区						4.3	4.32	4.35	4.37	4.39
新浦区						58.78	58.99	59.29	59.6	
海州区						23.12	23.23	23.41	23.52	83.64
赣榆区	101.80	100.63	99.34	97.76	97.18	95.13	94.56	94.81	95.24	95.68
东海县	108.49	107.33	106.03	98.64	98.06	95.35	94.76	94.96	95.36	95.87
灌云县	98.53	97.10	95.84	94.30	87.20	78.32	78.31	78.99	79.47	79.79
灌南县	65.87	64.71	63.80	62.76	62.39	62.28	61.93	62.19	62.48	62.87

主要年份城镇化水平

表 2-10　　单位:%

年　份	连云港市	市区	连云区	新浦区	海州区	赣榆区	东海县	灌云县	灌南县
1953	9.96								
1964	11.97								
1982	11.83								
1990	17.42					3.78	3.49	6.26	4.72
2000	28.02					19.6	18.62	19.15	13.63
2003	34.50					32.27	23.03	24.51	22.79
2004	36.28	57.45				34.22	24.89	26.39	24.72
2005	37.18	52.65				31.24	28.34	26.26	25.46
2006	39.00	54.15				33.39	30.20	28.22	27.35
2007	40.50	55.36				35.00	31.75	29.78	28.93
2008	42.00	55.68				36.52	33.25	31.29	30.47
2009	43.45	54.94				38.22	34.95	33.89	33.87
2010	51.75	65.84	87.55	86.07	81.52	43.50	41.85	39.18	39.15
2011	53.15	66.97	88.06	86.64	82.03	45.09	43.43	40.80	40.75
2012	54.35	67.01	86.30	84.91	81.71	46.68	45.02	42.31	42.26
2013	55.72	68.01	86.73	85.36	82.14	48.33	46.67	44.02	43.97
2014	57.13	69.26	87.92		85.54	49.83	48.17	45.62	45.57

注:2005 年起使用最新城乡划分标准。

主要年份从业人员数

表2-11　　　　单位:万人

年　份	从业人员合　计	职工人数	国有经济	集体经济	其他经济	城镇私营企业从业人员和个体劳动者	乡　村劳动者	其　他从业人员
1978	142.03	28.31	19.38	8.93		0.08	113.64	
1979	141.20	28.90	19.44	9.46		0.09	112.21	
1980	146.02	30.34	20.23	10.11		0.16	115.52	
1981	149.40	31.65	21.61	10.04		0.39	117.36	
1982	155.15	33.47	23.00	10.47		0.52	121.16	
1983	159.56	33.18	22.88	10.30		0.88	125.50	
1984	166.89	34.54	22.80	11.71	0.03	1.75	130.60	
1985	174.75	36.32	23.96	12.33	0.03	1.82	136.61	
1986	182.00	37.75	25.25	12.46	0.04	1.48	142.77	
1987	189.07	39.56	26.92	12.50	0.14	1.74	147.77	
1988	194.17	40.40	27.99	12.23	0.18	1.95	151.82	
1989	199.96	41.01	28.21	12.45	0.35	1.84	157.11	
1990	205.54	42.02	28.71	12.93	0.38	1.94	161.58	
1991	214.31	43.28	29.65	13.12	0.51	1.82	169.21	
1992	216.92	43.63	30.54	12.52	0.57	2.32	170.97	
1993	221.23	45.48	32.19	12.40	0.89	6.15	169.41	0.19
1994	223.16	44.44	31.52	11.58	1.34	8.42	170.17	0.13
1995	222.92	44.84	32.42	10.99	1.61	10.04	167.95	0.09
1996	221.10	45.06	32.42	10.76	1.88	8.03	167.82	0.19
1997	218.94	44.76	32.74	10.20	1.82	7.26	166.73	0.19
1998	219.78	44.18	31.86	9.36	2.96	8.32	166.40	0.88
(新口径)	212.45	36.85	24.62	6.98	5.24	8.32	166.40	0.88
1999	209.61	34.72	23.69	5.95	5.08	6.91	166.88	1.10
2000	208.40	31.94	22.57	5.28	4.10	7.19	168.26	1.01
2001	208.03	29.64	21.22	4.12	4.30	8.34	169.14	0.91
2002	208.19	27.78	18.96	3.62	5.21	8.21	164.75	1.17
2003	209.19	26.84	17.47	3.27	6.1	9.18	165.32	1.32
2004	214.55	26.66	15.79	2.74	8.13	10.05	167.17	1.24
2005	227.60	27.97	15.75	2.43	9.79	13.28	168.24	0.78
2006	241.74	28.91	15.82	2.52	10.58	18.80	170.03	1.5
2007	272.91	29.84	15.91	2.56	11.37	25.34	170.54	1.81
2008	276.10	29.86	15.22	2.08	12.57	28.58	170.6	2.66
2009	290.26	30.19	16.11	1.98	15.21	33.21	170.71	3.11
2010	302.08	30.61	15.49	1.70	13.42	36.21	170.79	3.39
2011	308.18	33.09	15.81	1.64	15.64	39.18	170.90	2.07
2012	249.2	33.48	16.10	1.67	15.71	41.82	171.00	2.02
2013	250.20	43.84	15.38	2.31	26.15	39.28	171.20	3.31
2014	251.10	44.47	15.24	2.01	27.21	44.05	171.50	3.76

注:1998年后数据中不含离开本单位仍保留劳动关系的职工。

主要年份分三次产业从业人员数

表 2-12　　单位:万人

年　份	第一产业	第二产业	工　业	建筑业	第三产业	交通仓储邮电通信业	批发零售贸易餐饮业
1978	111.72	13.29	11.67	1.62	17.02	2.91	4.16
1979	110.72	13.60	11.94	1.65	16.88	2.64	4.32
1980	114.44	14.61	12.77	1.84	16.97	3.13	4.48
1981	115.99	15.64	13.68	1.96	17.77	2.87	5.04
1982	118.17	19.56	16.60	2.96	17.42	3.12	5.36
1983	120.74	20.53	17.04	3.49	18.29	3.85	5.84
1984	122.51	23.61	18.46	5.15	20.77	4.32	6.52
1985	118.46	31.92	24.58	7.34	24.37	5.13	7.06
1986	121.31	35.25	36.30	8.95	25.43	5.77	7.59
1987	124.27	37.00	26.56	10.44	27.80	6.90	8.29
1988	126.99	38.10	27.39	10.79	29.00	7.06	8.82
1989	134.30	36.44	25.69	10.75	29.22	6.86	8.91
1990	138.01	37.14	26.12	11.02	30.39	7.02	9.32
1991	146.02	37.11	26.19	10.92	31.18	7.11	9.68
1992	144.44	38.95	26.85	12.10	33.53	7.38	10.68
1993	140.78	42.91	29.25	13.66	37.54	7.81	12.60
1994	137.42	43.38	30.09	13.29	42.36	8.27	14.46
1995	133.21	45.32	31.65	13.66	44.39	7.57	14.83
1996	132.13	46.38	32.35	14.03	42.59	7.82	13.80
1997	122.62	48.90	32.92	15.98	47.42	8.86	14.48
1998	122.35	48.78	31.97	16.81	48.65	9.05	14.89
(新口径)	122.07	43.98	27.48	16.50	46.40	8.60	13.26
1999	121.83	42.50	25.39	17.11	45.28	7.80	12.94
2000	121.38	42.49	23.99	18.50	45.54	8.06	12.36
2001	118.19	41.47	23.26	18.21	48.37	7.99	12.56
2002	111.11	43.58	25.01	18.57	53.50	8.24	15.01
2003	105.85	47.04	26.64	20.4	56.3	7.68	14.17
2004	103.15	50.32	28.99	21.33	61.08	8.07	13.65
2005	99.68	59.45	34.81	24.64	68.47	8.26	15.15
2006	95.24	71.70	41.97	29.73	74.80	8.87	18.71
2007	93.35	80.52	51.82	28.7	99.04	10.17	20.66
2008	92.81	82.58	54.08	28.5	100.71	10.70	21.56
2009	92.64	91.90	60.84	31.06	105.72	10.90	22.43
2010	92.02	95.85	63.12	32.73	114.21	11.10	23.20
2011	88.02	100.81	66.38	34.43	119.35	11.53	23.70
2012	83.00	77.70			88.50		
2013	81.80	78.30			90.10		
2014	79.40	80.90			90.98		

注:1998 年后数据中不含离开本单位仍保留劳动关系的职工。

主要年份职工人数

表 2-13　　　　单位:万人

年　份	全　市	市　区	#赣榆区	东海县	灌云县	灌南县
1978	28.31	13.64	2.42	3.84	6.25	2.16
1979	28.90	14.61	2.63	3.78	5.82	2.06
1980	30.34	15.62	2.81	3.97	5.83	2.11
1981	31.65	16.56	3.00	4.05	5.84	2.20
1982	33.47	17.66	3.11	4.19	6.22	2.29
1983	33.18	17.59	3.07	4.04	6.00	2.48
1984	34.54	18.47	3.21	4.26	6.11	2.49
1985	36.32	19.41	3.45	4.71	5.94	2.81
1986	37.74	20.18	3.52	4.89	6.30	2.85
1987	39.56	21.51	3.66	4.86	6.40	3.13
1988	40.40	22.05	3.86	4.89	6.32	3.28
1989	41.01	22.36	4.10	4.86	6.42	3.27
1990	42.02	22.70	4.31	5.06	6.50	3.45
1991	43.28	23.13	4.61	5.27	6.63	3.64
1992	43.63	23.17	4.64	5.44	6.68	3.70
1993	45.48	24.23	4.82	5.51	7.01	3.91
1994	44.44	23.26	4.77	5.48	7.00	3.93
1995	44.84	23.51	4.67	5.70	7.04	3.92
1996	45.06	23.36	5.02	5.72	6.93	4.03
1997	44.76	23.00	5.18	5.70	6.93	3.95
1998	44.18	22.84	5.07	5.66	6.84	3.77
1999	43.18	22.08	4.99	5.48	6.94	3.69
2000	40.71	19.95	4.95	5.31	6.73	3.77
2001	37.66	18.39	4.31	5.07	6.04	3.85
2002	34.75	17.38	3.83	4.26	5.49	3.79
2003	32.38	16.13	3.57	3.81	5.20	3.67
2004	31.22	15.61	3.58	3.82	4.92	3.29
2005	31.90	16.10	3.50	4.08	4.92	3.30
2006	31.53	15.68	3.72	4.35	4.98	2.78
2007	29.84	13.93	3.58	4.74	4.51	3.08
2008	29.86	15.17	3.46	3.70	4.35	3.18
2009	30.19	15.81	3.44	3.83	3.93	3.18
2010	30.61	15.98	3.55	3.94	3.82	3.32
2011	33.09	19.06	3.58	4.01	3.01	3.43
2012	33.48	19.32	3.74	3.89	3.07	3.45
2013	43.84	21.39	9.14	5.02	4.96	3.33
2014	44.47	31.02	9.31	5.18	4.86	3.41

注:1998 年后数据中不含离开本单位仍保留劳动关系的职工。

主要年份职工年平均工资

表 2–14　　　　单位:元

年　份	合　计	国有单位	集体单位	其他单位
1978	487	522	415	
1979	525	567	438	
1980	610	666	496	
1981	615	665	509	
1982	643	690	541	
1983	696	738	599	
1984	854	919	722	867
1985	1038	1120	974	1467
1986	1181	1277	984	1750
1987	1293	1403	1058	1583
1988	1536	1682	1207	1856
1989	1625	1783	1270	1558
1990	1838	2059	1357	1608
1991	1966	2168	1518	1863
1992	2255	2506	1667	1822
1993	2811	3075	2120	2896
1994	3891	4351	3663	3519
1995	4663	5114	3411	4313
1996	5175	5697	3740	4470
1997	5578	6144	3883	5100
1998	6547	7105	4694	6436
1999	7083	7556	5009	7367
2000	8006	8543	5382	8432
2001	8982	9522	5716	9587
2002	10075	10663	6389	10553
2003	11262	11719	7005	12257
2004	12713	13754	7367	12512
2005	15043	16512	9112	14161
2006	17760	19683	11700	16337
2007	21482	24066	14584	19353
2008	26596	29621	19024	24186
2009	29548	32497	22539	26990
2010	33843	37386	25286	30832
2011	38817	43526	30788	34861
2012	44124	49535	37499	39248
2013	46250	54063	38775	42263
2014	50189	57754	41561	49198

注:1. 1998 年后数据中不含离开本单位仍保留劳动关系的职工。

2. 2014 年全市和市区从业人员、在岗职工平均工资均为调整数,下同。

城镇非私营单位从业人员数

表2-15　　(2014年)　　单位:人

指标	全市	市区	#赣榆区	东海县	灌云县	灌南县
总计	**482236**	**340477**	**101046**	**54424**	**51944**	**35391**
一、按企业、事业、机关分:						
企业	352871	266588	76064	31552	34590	20141
事业	95911	54385	19375	17201	12658	11667
机关	32908	19091	5427	5671	4571	3575
二、按国民经济行业分:						
1、农、林、牧、渔业	8920	5935	88	1721	1260	4
2、采掘业	6988	6460			528	
3、制造业	116741	75126	8551	13509	16116	11990
4、电力、燃气及水的生产和供应业	8661	7758	390	356	400	147
5、建筑业	110927	91964	59640	5872	11376	1715
6、批发和零售业	13632	10056	935	1262	1269	1045
7、交通运输、仓储和邮政业	30761	26423	677	1503	1922	913
8、住宿和餐饮业	2501	1975	230	428	98	
9、信息传输、计算机服务和软件业	5778	4351	427	882	122	423
10、金融业	17273	12485	1537	1647	1780	1361
11、房地产业	4917	3931	547	234	678	74
12、租赁和商务服务业	17405	14063	1552	2443	423	476
13、科学研究、技术服务和地质勘查业	8120	6494	1932	1404	147	75
14、水利、环境和公共设施管理业	8378	5317	575	1151	952	958
15、居民服务和其他服务业	1893	262	48	878	73	680
16、教育	50573	26739	11359	10994	6994	5846
17、卫生、社会保障和社会福利业	24000	14297	4135	3746	2904	3053
18、文化、体育和娱乐业	2068	1691	350	129	48	200
19、公共管理和社会组织	42700	25150	8073	6265	4854	6431

城镇非私营单位女性从业人员数

表 2–16　　(2014 年)　　单位:人

指标	全市	市区	#赣榆区	东海县	灌云县	灌南县
总计	**148407**	**99115**	**20921**	**20679**	**16056**	**12557**
一、按企业、事业、机关分:						
企业	97153	68817	10929	12190	9280	6866
事业	43094	25150	8370	7587	5647	4710
机关	7889	4899	1504	902	1108	980
二、按国民经济行业分:						
1、农、林、牧、渔业	3379	2447	16	443	489	
2、采掘业	1282	1242			40	
3、制造业	45094	28421	4363	6958	5804	3911
4、电力、燃气及水的生产和供应业	3439	3089	132	150	138	62
5、建筑业	7404	5630	2849	563	971	240
6、批发和零售业	5870	4267	420	600	491	512
7、交通运输、仓储和邮政业	6386	5204	214	512	426	244
8、住宿和餐饮业	1689	1330	150	297	62	
9、信息传输、计算机服务和软件业	2894	2503	98	248	28	115
10、金融业	8493	6059	1067	830	907	697
11、房地产业	1948	1650	231	61	211	26
12、租赁和商务服务业	5981	4843	818	967	140	31
13、科学研究、技术服务和地质勘查业	2075	1666	645	359	32	18
14、水利、环境和公共设施管理业	2148	1492	127	244	288	124
15、居民服务和其他服务业	344	70	8	193	10	71
16、教育	24356	13281	5352	5250	3258	2567
17、卫生、社会保障和社会福利业	14339	8853	2345	1858	1703	1925
18、文化、体育和娱乐业	793	648	129	48	11	86
19、公共管理和社会组织	10493	6420	1957	1098	1047	1928

在岗职工人数

表 2–17　　(2014 年)　　单位:人

指标	全市	市区	#赣榆区	东海县	灌云县	灌南县
总计	**444659**	**310195**	**93099**	**51755**	**48629**	**34080**
一、按企业、事业、机关分:						
企业	321045	240667	70409	29572	31623	19183
事业	91167	50720	17274	16702	12381	11364
机关	31924	18395	5236	5481	4523	3525
二、按国民经济行业分:						
1、农、林、牧、渔业	8082	5098	88	1721	1259	4
2、采掘业	5734	5206			528	
3、制造业	114370	73135	8453	13380	16020	11835
4、电力、燃气及水的生产和供应业	8631	7728	369	356	400	147
5、建筑业	94234	78301	55184	4850	9388	1695
6、批发和零售业	13312	9826	896	1232	1259	995
7、交通运输、仓储和邮政业	30238	26079	677	1421	1852	886
8、住宿和餐饮业	2491	1965	230	428	98	
9、信息传输、计算机服务和软件业	4471	3046	427	880	122	423
10、金融业	10424	7722	631	1034	997	671
11、房地产业	4794	3846	547	228	654	66
12、租赁和商务服务业	16059	12737	1547	2433	413	476
13、科学研究、技术服务和地质勘查业	7817	6198	1734	1397	147	75
14、水利、环境和公共设施管理业	8196	5185	542	1124	929	958
15、居民服务和其他服务业	1859	237	34	869	73	680
16、教育	49076	25651	10893	10757	6956	5712
17、卫生、社会保障和社会福利业	22452	13342	3549	3459	2680	2971
18、文化、体育和娱乐业	2001	1636	330	117	48	200
19、公共管理和社会组织	40418	23257	6968	6069	4806	6286

从 业 人 员 平 均 工 资

表2-18　　(2014年)　　单位:元

指　　标	全市	市区	#赣榆区	东海县	灌云县	灌南县
总　　计	**48810**	**52290**	**42946**	**42967**	**42409**	**44853**
一、按企业、事业、机关分.						
企　　业	48114	50656	41864	39899	39239	44732
事　　业	53977	60434	46112	46713	45662	43703
机　　关	60987	67673	43951	48377	57932	49339
二、按国民经济行业分:						
1、农、林、牧、渔业	36663	28419	20818	44981	64439	29500
2、采掘业	41428	42376			29446	
3、制造业	47940	53032	54469	36944	35552	45488
4、电力、燃气及水的生产和供应业	106084	113902	43307	36572	38820	39565
5、建筑业	42176	42142	39454	40846	43704	37483
6、批发和零售业	41346	44067	33828	35392	30742	36210
7、交通运输、仓储和邮政业	54544	56198	51456	49493	37120	53606
8、住宿和餐饮业	33720	33559	31422	37788	19755	
9、信息传输、计算机服务和软件业	50166	52509	37449	45935	59082	31807
10、金融业	63695	68145	48348	54613	54733	45118
11、房地产业	47817	49073	43733	44253	42302	45138
12、租赁和商务服务业	39011	40860	38200	32652	33371	22374
13、科学研究、技术服务和地质勘查业	68208	75195	40610	41693	41497	31787
14、水利、环境和公共设施管理业	35067	38919	28657	32293	30753	21366
15、居民服务和其他服务业	53497	46164	42458	55088	60356	53538
16、教育	56700	63997	51336	46824	49551	50535
17、卫生、社会保障和社会福利业	54553	58660	47178	50120	47209	47586
18、文化、体育和娱乐业	53894	56331	29031	40977	44542	44084
19、公共管理和社会组织	56887	63763	39314	48345	48410	44759

在岗职工平均工资

表 2-19 (2014 年) 单位:元

指标	全市	市区	#赣榆区	东海县	灌云县	灌南县
总计	50189	53610	44389	43658	42804	45568
一、按企业、事业、机关分:						
企业	49787	52872	42837	40474	39375	45614
事业	55430	62873	49358	47486	46087	44178
机关	62021	69179	44604	49052	58250	49853
二、按国民经济行业分:						
1、农、林、牧、渔业	38359	29725	20818	44981	64433	29500
2、采掘业	43951	45383			29446	
3、制造业	48126	53440	54530	36963	35580	45325
4、电力、燃气及水的生产和供应业	106379	114261	44722	36572	38820	39565
5、建筑业	43478	43751	40249	42756	43089	37684
6、批发和零售业	41779	44584	34793	35647	30762	36657
7、交通运输、仓储和邮政业	55069	56677	51456	50240	37370	54589
8、住宿和餐饮业	33725	33564	31422	37788	19755	
9、信息传输、计算机服务和软件业	56532	62701	37449	45995	59082	31807
10、金融业	87971	92434	71195	68589	85858	69719
11、房地产业	47933	49379	43733	44667	41082	44903
12、租赁和商务服务业	40320	42691	38270	32677	33578	22374
13、科学研究、技术服务和地质勘查业	69743	77444	42296	41749	41497	31787
14、水利、环境和公共设施管理业	35400	39370	29097	32571	31197	21366
15、居民服务和其他服务业	54004	47937	48324	55498	60356	53538
16、教育	57699	65653	52610	47448	49737	51073
17、卫生、社会保障和社会福利业	56091	60264	49947	52446	48745	48109
18、文化、体育和娱乐业	54964	57474	29952	43145	44542	44084
19、公共管理和社会组织	58794	67102	43360	48970	48625	45355

其他单位从业人员数、平均工资

表 2-20　(2014 年)

指标	全市	市区	#赣榆区	东海县	灌云县	灌南县
一、从业人员(人)	**294428**	**225925**	**68734**	**23666**	**28323**	**16514**
(一)内资	235391	186606	65368	10500	24862	13423
1、股份合作	2480	2047	155	415	18	
2、联营	164	164				
其中:国有联营	164	164				
集体联营						
3、有限责任公司	168764	129740	39987	6891	20773	11360
其中:国有独资	34975	32702	1826	728	593	952
4、股份有限公司	58779	51713	22921	2191	3791	1084
5、其他	5204	2942	2305	1003	280	979
其中;私营单位						
(二)港、澳、台商投资	19596	10965	1133	6440	799	1392
(三)外商投资	39441	28354	2233	6726	2662	1699
二、平均工资(元)	47768	50025	42209	39953	38700	46068
(一)内资	47754	49117	42160	44287	40123	47492
1、股份合作	68266	70869	54039	57475	20111	
2、联营	34220	34220				
其中:国有联营	34220	34220				
集体联营						
3、有限责任公司	47043	48613	45787	43752	39335	47351
其中:国有独资	47331	47581	36886	41839	35568	50505
4、股份有限公司	49107	49948	37020	43678	44409	37682
5、其他	45136	41061	42477	43692	42840	59286
其中;私营单位						
(二)港、澳、台商投资	41102	44932	36882	38042	28564	31576
(三)外商投资	51256	57605	46093	35443	28347	46360

各行业从业人员数和从业人员平均工资

表 2-21

(2014 年)

指标	从业人员数(人)				从业人员平均工资(元)			
	合计	国有单位	集体单位	其他单位	合计	国有单位	集体单位	其他单位
总计	**482236**	**162949**	**24859**	**294428**	**48810**	**55865**	**40567**	**47768**
(一)农、林、牧、渔业	8920	8720	4	196	36663	36866	29500	27571
1.农业	8167	7971		196	36586	36803		27571
2.林业	583	583			37484	37484		
3.畜牧业	128	128			36875	36875		
4.渔业	17	13	4		36176	38231	29500	
5.农、林、牧、渔服务业	25	25			42280	42280		
(二)采矿业	6988	801		6187	41428	38803		41757
1.煤炭开采和洗选业	801	801			38803	38803		
5.非金属矿采选业	5916			5916	42135			42135
6、开采辅助活动	271			271	33261			33261
(三)制造业	116741	2486	924	113331	47940	58712	38049	47756
1.农副食品加工业	5692	127		5565	41095	22891		41508
2.食品制造业	2674	15	42	2617	40966	25800	73833	40511
3.饮料制造业	2082		89	1993	42661		34798	43014
5.纺织业	3090			3090	34001			34001
6.纺织服装、鞋、帽制造业	6314		6	6308	32137		23571	32147
7.皮革毛皮羽毛绒及其制品业	2568			2568	32181			32181
8.木材加工及木竹藤棕草制品业	1404			1404	32785			32785
9.家具制造业	333		16	317	31280		28688	31404
10. 造纸及纸制品业	318			318	31091			31091
11.印刷业和记录媒介的复制	472	32	16	424	31938	32406	22500	32252
12.文教体育用品制造业	2299		6	2293	34169		30000	34180
13.石油加工、炼焦及核燃料加工业	1970		33	1937	78308		17667	79340
14.化学原料及化学制品制造业	20931	2153	104	18674	51963	63388	25824	50631
15.医药制造业	25895			25895	54284			54284
16.化学纤维制造业	679			679	40900			40900
17.橡胶制品业	1474	2	128	1344	39568	43000	26344	40805

表 2–21 续表 1　　　　　　　　(2014 年)

指　　　标	从业人员数(人)				从业人员平均工资(元)			
	合计	国有单位	集体单位	其他单位	合计	国有单位	集体单位	其他单位
18、非金属矿物制品业	8008	145	320	7543	43895	24331	49321	44041
19、黑色金属冶炼和压延加工业	4182			4182	52976			52976
20、有色金属冶炼和压延加工业	930			930	59585			59585
21、金属制品业	2311			2311	57666			57666
22、通用设备制造业	5273		45	5228	52440		19022	52782
23、专用设备制造业	5064		92	4972	43753		44663	43737
24、汽车制造业	338			338	37119			37119
25、铁路、船舶、航空航天和其他运输设备制造业	1056			1056	38974			38974
26、电气机械及器材制造业	5842		7	5835	53468		27000	53499
27、计算机、通信和其他电子设备制造业	4758			4758	50578			50578
28、仪器仪表制造业	412	12		400	25734	25846		25731
29、其他制造业	23		20	3	16739		15650	24000
30、废弃资源综合利用业	349			349	30739			30739
(四)、电力、热力、燃气及水生产和供应业	8661	2599	400	5662	106084	124535	58394	100508
1、电力、热力生产和供应业	6985	2030	381	4574	120687	147694	60082	112876
2、燃气生产和供应业	280	72		208	42441	36931		44357
3、水的生产和供应业	1396	497	19	880	44780	35644	23579	50411
(五)、建筑业	110927	10417	11154	89356	42176	52277	38108	41387
1、房屋建筑业	76537	1271	7904	67362	40827	45806	36941	41311
2、土木工程建筑业	27041	8382	2924	15735	44796	53517	40990	40752
3、建筑安装业	3600			3600	44548			44548
4、建筑装饰和其他建筑业	3749	764	326	2659	43547	49087	40526	42398
(六)、批发和零售业	13632	3185	405	10042	41346	49872	32455	38877
1、批发业	6903	2781	231	3891	47998	52815	35404	45225
2、零售业	6729	404	174	6151	34191	29308	28471	34699
(七)、交通运输、仓储和邮政业	30761	3198	2465	25098	54544	52516	50313	55231
2、道路运输业	6412	690	537	5185	37689	51052	50123	34547
3、水上运输业	13818	87	63	13668	56763	42713	66111	56813

表 2-21 续表 2

(2014 年)

指标	从业人员数(人)				从业人员平均工资(元)			
	合计	国有单位	集体单位	其他单位	合计	国有单位	集体单位	其他单位
4、航空运输业	507	456	51		73388	76153	50020	
6、装卸搬运和其他运输代理业	7937	264	1660	6013	65099	73645	48865	68945
7、仓储业	571	193	146	232	63236	58269	59039	70578
8、邮政业	1516	1508	8		42748	42668	56111	
(八)、住宿和餐饮业	2501	633	49	1819	33720	33354	22245	34149
1、住宿业	1962	509	32	1421	32720	34866	27906	32058
2、餐饮业	539	124	17	398	37171	26882	11588	41021
(九)、信息传输、软件和信息技术服务业	5778	1174		4604	50166	40371		52607
1、电信、广播电视和卫星传输服务业	4330	1174		3156	55517	40371		60986
2、互联网和相关服务	1347			1347	28982			28982
3、软件和信息技术服务业	101			101	100535			100535
(十)、金融业	17273	3322	1374	12577	63695	80323	63118	59279
1、货币金融服务业	8523	3178	1374	3971	91626	81178	63118	109880
2、资本市场服务业	149			149	108176			108176
3、保险业	8542	114		8428	34610	59736		34274
4、其他金融业	59	30		29	41810	64655		18966
(十一)、房地产业	4917	887		4030	47817	46349		48148
其中:(1)房地产开发经营	2758	380		2378	57789	41637		60363
(2)物业管理	1818	186		1632	29342	31660		29062
(3)房地产中介服务	51	42		9	62765	50500		120000
(十二)、租赁和商务服务业	17405	2754	2192	12459	39011	32100	24152	43294
1、租赁业	538	396		142	33688	32982		35650
2、商务服务业	16867	2358	2192	12317	39180	31951	24152	43382
(十三)、科学研究、技术服务业	8120	4348	6	3766	68208	81130	22000	52877
1、研究和试验发展	1913	1907	6		118192	118502	22000	
2、专业技术服务业	4089	1811		2278	57851	53274		61709
3、科技推广和应用服务业	2118	630		1488	43227	50742		39970
(十四)、水利、环境和公共设施管理业	8378	7400	562	416	35067	34647	27133	53033

表2-21续表3 (2014年)

指标	从业人员数(人)				从业人员平均工资(元)			
	合计	国有单位	集体单位	其他单位	合计	国有单位	集体单位	其他单位
1、水利管理业	2901	2828		73	41831	40504		88650
2、生态保护和环境治理业	59	59			66508	66508		
3、公共设施管理业	5418	4513	562	343	31123	30594	27133	44702
(十五)、居民服务、修理和其他服务业	1893	237	68	1588	53497	52511	32456	54547
1、居民服务业	1091	220	34	837	50787	54159	41353	50278
2、机动车、电子产品和日用产品修理业	148	17	34	97	41264	31176	23559	49237
3、其他服务业	654			654	60693			60693
(十六)、教育	50573	49011	259	1303	56700	57166	39201	42292
其中:1、初等教育	19133	19054	79		52010	51894	81676	
2、中等教育	24518	23717		801	58077	58423		47590
3、高等教育	4196	4032		164	79336	81155		34220
(十七)、卫生和社会工作	24000	17236	4915	1849	54553	57023	44806	57926
1、卫生	23732	16971	4912	1849	54485	56964	44808	57926
2、社会工作	268	265	3		60627	60852	41333	
(十八)、文化、体育和娱乐业	2068	1848	82	138	53894	56465	36329	30051
1、新闻和出版业	296	296			50798	50798		
2、广播、电影、电视和影视录音制作业	921	889		32	62536	63354		39875
3、文化艺术业	627	521	73	33	47174	50958	36959	10030
4、体育	81	72	9		37519	38306	31222	
5、娱乐业	143	70		73	43401	52507		34795
(十九)、公共管理、社会保障和社会组织	42700	42693		7	56887	56891		35857
其中:(1)中国共产党机关	909	909			73370	73370		
(2)国家机构	40878	40878			56428	56428		
(3)人民政协、民主党派	218	218			72843	72843		
(4)社会保障	168	168			46082	46082		
(5)群众团体、社会团体和其他成员组织	527	520		7	62103	62458		35857

3

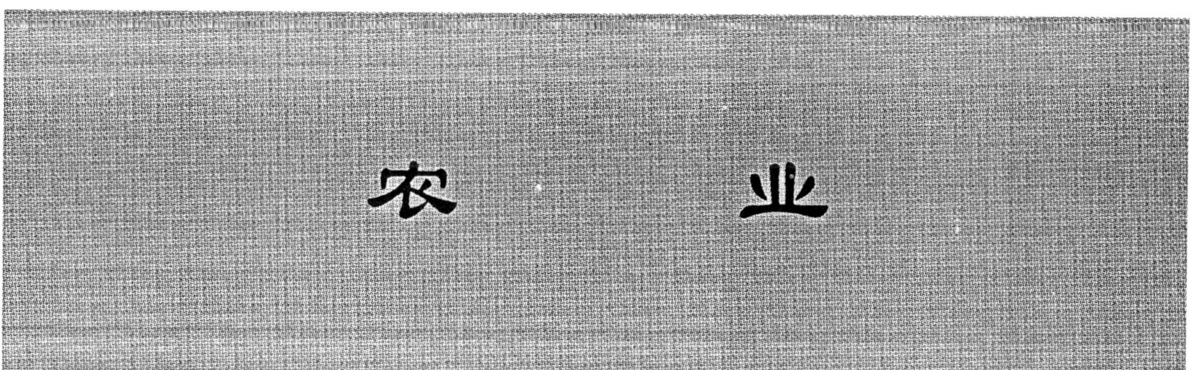

农业

农村基本情况

表3-1 (2014年)

指标	单位	全市	市区	赣榆区	东海县	灌云县	灌南县
一、农村基层组织							
乡镇个数	个	61	20	15	17	13	11
#镇政府	个	48	19	15	11	8	10
村民小组	个	11872	3454	2537	2990	3318	2110
二、乡村户数 人口							
乡村户数	万户	89.85	33.47	24.72	22.29	19.41	14.68
乡村人口	万人	356.41	125.78	92.97	91.03	80.88	58.72
三、乡村劳动力	万人	174.5	61.63	43.37	44.07	38.01	30.79
(一)按性别分							
男劳动力	万人	93.9	34.24	24.43	23.69	19.75	16.22
女劳动力	万人	80.6	27.39	18.94	20.38	18.26	14.57
(二)按行业分							
农林牧渔业	万人	80.34	26.47	18.92	19.37	18.6	15.9
#种植业	万人	68	20.02	14.02	17.15	16.03	14.8
工业	万人	30.28	11.85	8.1	7.77	6.4	4.26
建筑业	万人	30.58	13.31	10.69	8.62	4.34	4.31
交通运输 仓储 邮电业	万人	7.6	2.32	1.5	2.25	1.16	1.87
信息服务业	万人	0.77	0.3	0.18	0.29	0.12	0.06
批发零售贸易 餐饮业	万人	8.3	3.32	1.68	1.97	1.44	1.57
住宿餐饮业	万人	3.65	1.1	0.51	0.73	0.76	1.06
金融保险业	万人	0.59	0.25	0.11	0.17	0.08	0.09
其他非农行业	万人	12.39	2.71	1.68	2.9	5.11	1.67

主要年份农林牧渔业总产值

表 3-2　　(当年价格)　　单位:万元

年　份	全　市	市　区		东海县	灌云县	灌南县
			# 赣榆区			
1978	54752	5788	14754	14630	12868	6712
1980	69437	6311	18371	18804	18050	7901
1981	98649	6676	28375	30912	19874	12812
1983	139201	10436	34155	44552	32183	17875
1984	165967	11957	43290	53826	37647	19246
1985	205903	14009	58070	70883	41682	21259
1986	239075	12875	68413	84207	47933	25648
1987	267056	14124	76785	85798	57990	32359
1988	336100	21701	84436	117814	73260	38889
1989	360760	31171	94456	119863	78797	36473
1990	402461	30896	101537	120770	104844	44378
1991	418029	33271	104388	124195	105034	51141
1992	439509	33589	122078	129349	98948	55545
1993	539101	38782	165053	163725	98909	72632
1994	942010	61628	269782	290021	195750	124829
1995	1113436	87251	385452	378980	293513	153240
1996	1233118	105380	361463	324198	297404	144673
1997	1443301	118638	399831	390212	350176	184444
1998	1504006	126281	414089	405489	356969	201178
1999	1529595	132126	387783	413839	382566	213281
2000	1407111	135339	386509	397354	304125	183784
2001	1490493	130587	424048	417542	320125	198191
2002	1554817	136474	431268	438423	337048	211604
2003	1511573	148448	397343	394325	358578	212879
2004	1643084	160540	404372	453551	394180	230441
2005	1740161	175581	464544	478436	381885	239715
2006	1800246	186001	478679	482773	403096	249697
2007	1962994	182671	516986	528125	459417	275795
2008	2305389	266233	647889	532747	544860	313660
2009	2841647	322916	759478	647575	653548	458130
2010	3228001	355589	844979	731116	752220	544097
2011	3765336	459811	1023000	844367	804956	633202
2012	4262364	534034	1167266	953437	908537	699090
2013	4742442	561697	1317855	1063106	1018157	781627
2014	5073931	4931380	1422040	1131831	1090880	836890

主要年份农林牧渔业总产值指数

表 3–3

(1978 年为 100)

年　　份	全　市	市　区	# 赣榆区	东海县	灌云县	灌南县
1978	100	100	100	100	100	100
1980	127.0	118.1	125.6	127.5	141.9	117.8
1981	136.7	126.2	128.6	144.2	155.2	121.9
1983	167.2	113.2	162.1	172.8	207.6	169.5
1984	196.1	134.3	198.2	195.9	247.8	184.8
1985	216.8	115.0	223.7	232.7	266.7	201.2
1986	236.6	141.7	239.1	250.8	294.1	218.1
1987	245.4	129.0	247.6	263.6	303.4	239.3
1988	257.2	134.3	265.5	274.8	309.8	253.8
1989	256.1	132.8	269.0	267.1	309.5	257.1
1990	261.4	139.1	276.4	265.9	326.0	256.5
1991	281.7	171.5	283.4	276.4	368.6	285.0
1992	292.7	179.1	295.9	289.2	374.1	299.7
1993	323.2	180.9	365.6	338.5	334.0	329.3
1994	394.8	206.9	429.6	412.9	444.5	404.4
1995	464.9	248.5	501.4	477.2	561.5	449.6
1996	441.4	293.0	480.5	429.9	554.8	382.7
1997	507.3	331.5	511.7	470.5	679.6	527.8
1998	535.3	363.2	525.9	496.1	703.1	592.6
1999	566.6	390.3	536.4	518.2	769.3	646.2
2000	534.8	394.9	533.6	509.2	650.5	582.1
2001	567.3	394.6	555.7	535.6	707.6	650.6
2002	595.3	414.0	564.9	565.4	746.7	708.1
2003	598.7	456.3	547.9	544.2	795.8	693.6
2004	641.3	475.3	551.5	587.5	907.7	755.1
2005	679.2	519.8	633.6	619.7	879.4	785.5
2006	706.9	526.3	701.2	611.4	936.8	790.5
2007	737.2	483.1	733.3	683.8	925.7	867.4
2008	789.5	510.2	777.3	712.5	992.4	932.5
2009	844.6	534.4	822	770.4	1067.5	994.5
2010	889.4	543	859	794.3	1133.7	1069.1
2011	928.6	521	902.1	828.9	1194.9	1121.1
2012	974.1	559	936.4	871.2	1257	1153.6
2013	1004.3	544	973.9	901.7	1312.3	1198.6
2014	1043.5	563	1013.8	934.2	1366.1	1246.5

主要年份农林牧渔业总产值

表 3-4 （当年价格） 单位：万元

年份	合计	农业产值	林业产值	牧业产值	渔业产值
1978	54752	45456	481	5875	2940
1980	69437	57112	580	7909	3836
1981	98649	78119	1097	14384	5049
1983	139201	110272	1853	18682	8394
1984	165967	127492	2363	26962	9150
1985	205903	151739	3072	37817	13275
1986	239075	181729	4350	39732	13264
1987	267056	201258	4251	41692	19855
1988	336100	233464	4314	68449	29873
1989	360760	247719	3799	71372	37870
1990	402461	275400	5034	80609	41418
1991	418029	281380	5112	83624	47913
1992	439509	281768	7800	90046	59895
1993	539101	327136	10139	124082	77744
1994	942010	562923	11119	244498	123470
1995	1113436	736373	17730	156715	202618
1996	1233118	806859	16140	170757	239362
1997	1443301	895356	19192	250351	278402
1998	1504006	903202	20046	266244	314514
1999	1529595	965446	20935	238280	304934
2000	1407111	841946	23637	241560	299968
2001	1490493	899086	22009	241896	327502
2002	1554817	883158	24939	254036	392684
2003	1511573	703840	25147	282470	376108
2004	1643084	844677	22934	326294	387037
2005	1740161	850837	31312	362399	428483
2006	1800246	901392	34962	336565	451929
2007	1962994	945853	57232	432829	449128
2008	2305389	1092055	70360	529626	520312
2009	2841647	1331508	89755	686841	605465
2010	3228001	1613708	106090	740941	626788
2011	3765336	1807058	115487	920835	757024
2012	4262364	2024439	126239	1007966	915298
2013	4742442	2275794	134096	1021415	1058412
2014	5073931	2402144	140787	1057214	1192225

主要年份农林牧渔业总产值指数

表 3-5

(1978=100)

年　　份	农林牧渔业总产值指数	农业产值	林业产值	牧业产值	渔业产值
1978	100	100	100	100	100
1980	112.9	115.5	94.1	114.2	99.4
1981	127.0	124.9	120.2	135.1	129.0
1983	136.7	134.3	99.9	151.1	136.6
1984	196.1	193.3	118.3	235.5	171.7
1985	216.8	211.7	155.1	284.1	165.6
1986	236.6	230.1	181.4	292.0	208.2
1987	245.4	247.2	176.7	257.1	230.8
1988	257.2	248.3	178.0	320.6	235.8
1989	256.1	249.8	145.2	309.9	237.6
1990	261.4	250.5	173.3	327.3	248.9
1991	281.7	265.6	157.6	344.6	309.5
1992	292.7	268.6	187.6	376.9	333.5
1993	323.2	284.6	232.6	464.6	382.7
1994	394.8	341.8	289.5	587.9	472.3
1995	464.9	381.1	336.5	738.4	615.0
1996	441.4	404.0	319.7	408.9	741.7
1997	507.3	454.4	869.8	526.5	831.4
1998	535.3	468.5	908.4	576.9	911.0
1999	566.6	502.7	925.0	578.7	971.9
2000	534.8	455.1	1093.2	597.2	941.7
2001	567.3	491.8	1082.8	605.4	991.4
2002	595.3	497.1	1251.4	637.1	1137.0
2003	598.7	449.2	1360.9	683.7	1147.8
2004	641.3	506.7	1269.2	697.5	1235.4
2005	679.2	510.4	1732.9	774.7	1367.7
2006	706.9	528.0	1732.3	710.3	1544.7
2007	737.2	566.8	1737.2	803.9	1470.5
2008	789.5	603.6	2001.3	845.7	1586.7
2009	844.6	635	2228	944	1646.5
2010	889.4	675	2533.2	993.1	1671.2
2011	928.6	697.3	2577.2	1043.3	1755.2
2012	974.1	730.1	2682.9	1077.7	1862.3
2013	1004.3	749.1	2715.1	1060.3	1957.3
2014	1043.5	762.6	2753.1	1093.2	2110

主要年份主要农产品产量

表3-6

年份	粮食（万吨）	棉花（万吨）	油料（万吨）	肉类总产量（万吨）	猪牛羊禽	禽蛋（万吨）	水产品（万吨）
1978	120.24	0.62	5.49	4.42	3.42	0.93	5.68
1980	137.21	0.50	5.74	4.94	4.02	0.98	5.95
1981	144.90	1.26	6.60	5.32	4.45	1.05	5.73
1983	198.98	2.42	9.70	6.94	5.74	2.07	5.99
1984	207.33	2.77	10.93	7.46	6.42	2.29	6.51
1985	212.57	2.48	14.23	8.25	7.07	3.10	6.61
1986	223.83	1.98	15.08	8.54	7.26	3.65	8.06
1987	223.52	2.41	14.78	8.73	6.97	3.40	8.19
1988	218.46	3.12	15.09	9.84	8.05	4.64	8.15
1989	225.31	3.51	12.58	10.26	8.29	3.78	8.98
1990	233.38	2.28	12.73	10.64	8.60	4.24	10.01
1991	243.64	3.82	12.89	11.21	8.80	4.51	10.86
1992	240.17	3.22	10.53	13.66	10.76	4.90	12.68
1993	227.17	3.06	12.04	15.80	12.34	5.70	14.62
1994	235.08	4.31	13.83	18.90	14.67	7.72	17.20
1995	256.86	5.19	12.94	22.82	18.00	9.62	22.70
1996	269.72	5.14	12.56	24.95	18.49	11.52	26.59
1997	280.04	5.05	12.03	26.28	20.13	11.85	28.49
1998	251.93	5.60	12.48	15.97	12.80	8.72	32.36
1999	280.98	3.96	12.72	16.99	13.00	8.42	34.28
2000	207.03	2.73	14.85	18.47	15.10	8.52	34.80
2001	226.34	5.02	16.78	18.70	15.67	11.56	37.71
2002	230.64	4.10	15.31	19.10	16.10	11.96	39.80
2003	203.47	3.00	10.92	19.57	16.50	12.58	39.91
2004	260.29	4.82	13.52	21.48	17.62	11.42	44.67
2005	248.00	1.89	10.30	22.55	18.51	11.76	49.03
2006	274.38	2.11	9.99	19.05	18.73	14.80	52.66
2007	293.09	1.17	8.19	17.44	17.17	10.30	55.16
2008	320.12	0.73	10.78	20.49	19.22	10.95	54.41
2009	334.54	0.37	11.46	23.91	23.19	12.75	58.00
2010	339.36	0.39	11.17	27.85	27.05	12.88	61.00
2011	345.98	0.39	11.64	29.47	28.69	12.76	65.20
2012	361.35	0.28	11.78	30.60	29.91	13.51	70.00
2013	354.73	0.28	12.11	29.72	29.03	11.17	75.05
2014	359.33	0.17	11.39	30.67	29.95	11.05	

农　业　总　产　值

表 3-7　　(2014 年)(当年价格)　　单位:万元

县　　区	合　计	农　业	林　业	牧　业	渔　业	农林牧渔服务业
合　　计	**5073931**	**2402144**	**140787**	**1057214**	**1192225**	**281561**
市　　区	2014330	698885	51523	305949	894493	63480
连　云　区	93785	5777	2224	1373	83961	450
海　州　区	343686	219443	8746	61559	26328	27610
赣　榆　区	1422040	440180	39399	197763	721947	22751
开　发　区	12268	6552	489	3382	920	925
东　海　县	1131831	649047	43710	237078	106937	95059
灌　云　县	1090880	544590	26650	306700	128442	84498
灌　南　县	836890	509622	18904	207487	62353	38524

农　业　总　产　值　构　成

表 3-8　　(2014 年)(当年价格)　　单位:%

县　　区	合　计	农　业	林　业	牧　业	渔　业	农林牧渔服务业
合　　计	**100**	**47.3**	**2.8**	**20.8**	**23.5**	**5.5**
市　　区	100	34.7	2.6	15.2	44.4	3.2
连　云　区	100	6.2	2.4	1.5	89.5	0.5
海　州　区	100	63.8	2.5	17.9	7.7	8.0
赣　榆　区	100	31.0	2.8	13.9	50.8	1.6
开　发　区	100	53.4	4.0	27.6	7.5	7.5
东　海　县	100	57.3	3.9	20.9	9.4	8.4
灌　云　县	100	49.9	2.4	28.1	11.8	7.7
灌　南　县	100	60.9	2.3	24.8	7.5	4.6

农　业　增　加　值

表 3-9　　　　(2014 年)(当年价格)　　　　单位:万元

指　　标	总产值	中间消耗	中间物资消耗	对非物资生产部门劳务支出	增加值	增加值率(%)
总　　计	**5073931**	**2298955**	**2172604**	**302491**	**2774976**	**54.7**
农　　业	2402144	934017	934017	189432	1468127	61.1
林　　业	140787	66756	66756	8185	74031	52.6
牧　　业	1057214	593125	593125	42266	464089	43.9
渔　　业	1192225	578706	578706	62608	613519	51.5
农林牧渔服务业	281561	126351			155210	55.1

分地区农业增加值

表 3-10　　　　(2014 年)(当年价格)　　　　单位:万元

地　　区	总　计	农　业	林　业	牧　业	渔　业	农林牧渔服务业
合　　计	**2774976**	**1468127**	**74031**	**464089**	**613519**	**155210**
市　　区	1067684	412169	25357	143420	450588	36150
连云区	48676	3342	1023	549	43492	270
海州区	181740	131323	4300	19090	13170	13857
赣榆区	751688	264108	19424	103133	351372	13651
开发区	8096	4569	320	1740	542	925
东海县	646699	397605	25121	106791	59903	57279
灌云县	602858	344806	11371	125342	69770	51569
灌南县	457735	313547	12182	88536	33258	10212

农业总产值分项情况

表 3–11　　(2014 年)　　单位:万元

指　标	按现行价格计算
农业总产值	5073931
一 、农业产值	2402144
1、谷物及其他作物	1054208
2、蔬菜及园艺作物	1096685
3、水果、坚果、饮料和香料作物	250210
4、中药材	1041
二 、林业产值	140787
三 、牧业产值	1057214
牲畜饲养	226497
猪的饲养	540085
家禽	258778
狩猎和捕捉动物	
其他畜牧业	28908
四 、渔业产值	1192225
海水产品	693118
淡水产品	499107
五、农林牧渔服务业产值	281561

农 作 物 播 种 面 积

表 3-12　　(2014 年)　　单位：千公顷

指　　标	全　市	市　区	# 赣榆区	东海县	灌云县	灌南县
农作物播种面积	**631.98**	**183.21**	**106.61**	**203.93**	**135.32**	**109.52**
一 、粮食作物	501.8	144.0	79.2	158.5	112.5	86.8
1.夏收粮食	242.3	70.0	39.1	76.3	51.3	44.7
# 小　　麦	237.8	66.4	36.3	76.2	51.0	44.2
2.秋收粮食	259.5	74.0	40.0	82.1	61.2	42.1
# 稻　　谷	205.5	59.1	28.4	64.1	46.3	36.0
玉　　米	40.6	10.3	7.8	14.2	12.2	3.9
豆　　类	7.2	2.6	1.9	0.8	2.3	1.5
薯　　类	6.2	2.1	2.0	3.0	0.4	0.7
二、油料作物	24.54	13.03	12.97	10.33	0.29	0.89
1.花　　生	23.45	12.97	12.97	10.33	0.09	0.06
2.油 菜 籽	1.04	0.06			0.18	0.80
3.芝　　麻	0.05				0.02	0.03
三、棉　　花	1.25	1.14	0.32		0.09	0.02
四 、麻　　类						
五 、糖　　料						
六、烟　　叶	0.02			0.02		
七 、药　　材	0.73	0.05	0.05	0.58		
八、蔬 菜 类	87.06	21.18	12.66	23.67	21.39	20.82
九、瓜 果 类(果用瓜)	16.29	3.77	1.43	10.60	1.03	0.89
十、其他农作物	0.27	0.01	0.01	0.25		0.01

农 作 物 总 产 量 和 单 产

表 3-13　　　　(2014 年)

指　　标	全　市	市　区	# 赣榆区	东海县	灌云县	灌南县
一、农作物总产量(吨)						
( )粮食作物	3593303	1025548	569784	1119148	817461	631141
1.夏收粮食	1428873	407445	223937	448129	306138	267161
# 小　麦	1402816	386287	207854	447681	304191	264657
2.秋收粮食	2164430	618103	345847	671019	511323	363980
# 稻　谷	1837869	519881	266521	551575	431041	335371
玉　米	259944	72232	56000	95073	71863	20776
豆　类	19874	8711	6735	2247	5658	3258
薯　类(干品)	46738	17279	16591	22124	2760	4575
(二) 油料作物	113930	63133	63020	48035	736	2026
# 花　生	111455	63020	63020	48035	290	110
油 菜 籽	2430	113			413	1904
(三)棉 花(皮 棉)	1719	1570	575		109	40
二、农作物单产(公斤/公顷)						
(一) 粮食作物	7161	7120	7197	7062	7265	7272
1.夏收粮食	5897	5821	5721	5871	5966	5982
# 小　麦	5899	5818	5720	5872	5970	5982
2.秋收粮食	8341	8353	8640	8169	8354	8639
# 稻　谷	8943	8797	9401	8600	9310	9315
玉　米	6407	7013	7170	6700	5876	5369
豆　类	2756	3350	3564	2774	2482	2143
薯　类(干品)	7526	8228	8379	7350	6900	6182
(二) 油料作物	4643	4845	4859	4650	2538	2276
# 花　生	4753	4859	4859	4650	3222	1833
油 菜 籽	2337	1883			2294	2380
(三)棉 花(皮 棉)	1375		1797		1211	2000

畜牧业生产情况

表3-14 (2014年)

指标	单位	全市	市区	#赣榆区	东海县	灌云县	灌南县
一、年末存栏头数							
1、大牲畜	万头	7.00	0.40	1.49	3.40	1.38	0.33
#牛	万头	6.36	0.40	1.40	2.96	1.34	0.26
驴	万头	0.49	0.00	0.05	0.40	0.01	0.03
2、生猪	万头	158.28	7.70	37.91	38.10	27.83	46.74
其中:能繁母猪	万头	20.03	2.07	4.40	3.66	2.55	7.35
3、羊	万只	18.04	1.08	5.88	4.28	5.43	1.37
4、家禽	万只	1256.83	162.49	342.64	317.77	247.42	186.51
二、畜产品总产量							
1、猪牛羊出栏数							
生猪	万头	300.50	33.06	71.40	73.38	52.51	70.15
牛	万头	10.89	0.29	2.43	3.51	4.20	0.46
羊	万只	39.48	2.47	12.53	10.03	13.06	1.39
2、肉类及其他总产量	吨	306687	44216	75374	80456	51603	55038
①大牲畜肉产量	吨	20186	546	4544	6978	6996	1122
#牛肉产量	吨	20045	546	4544	6937	6936	1082
②猪肉产量	吨	221415	23209	54536	57889	36375	49406
③羊肉产量	吨	6336	336	1804	2033	1959	204
④禽肉产量	吨	51715	20057	10132	11881	5825	3820
⑤兔肉产量	吨	2424	57	158	1275	448	486
⑥其他肉产量	吨	4611	11	4200	400		
3、奶类产量	吨	21090	9651	773	4924	5266	476
4、绵羊毛产量	公斤	14417			13000	1417	
5、蜂蜜产量	吨	200			28	161	11
6、禽蛋产量	吨	110484	8660	16690	47301	26098	11735

乡（镇）基本情况

表 3-15 （2014 年）

乡　镇	年末总人口（人）	年末耕地面积（公顷）	城镇建成区面积（公顷）	全社会固定资产投资完成额（万元）	各类科技人员（人）
海州区					
锦屏镇	30815	2061	42	71950	580
浦南镇	57739	5460	555	135000	670
新坝镇	30886	4484	140	57000	500
板浦镇	67812	4917	390	90100	1600
赣榆区					
青口镇	207520	2222	1500	398100	2930
柘汪镇	56510	2010	450	260000	133
石桥镇	58573	3958	183	261825	1205
金山镇	50855	3584	226	93400	782
黑林镇	46256	2615	210	47253	497
厉庄镇	37765	2901	129	60896	635
海头镇	85558	2912	540	317060	1262
塔山镇	63841	5025	115	112101	1128
赣马镇	85281	4550	160	134329	1285
班庄镇	100748	8435	525	233000	1372
城头镇	82344	6448	521	128242	1422
城西镇	48661	3113	252	56820	1168
宋庄镇	33072	1501	213	73425	524
沙河镇	124686	7055	410	145560	1876
墩尚镇	77789	4438	560	154707	1196

表 3-15 续表 1　　　　　　　　　(2014 年)

乡　　镇	年末总人口(人)	年末耕地面积(公顷)	城镇建成区面积(公顷)	全社会固定资产投资完成额(万元)	各类科技人员(人)
东海县					
牛山街道办事处	165893	2091	2756	390120	2877
石榴街道办事处	59126	4810	680	125000	1496
白塔埠镇	60927	6053	390	125000	1030
黄川镇	62451	4665	119	48342	473
石梁河镇	63695	3496	539	135200	484
青湖镇	61584	6131	315	51803	663
温泉镇	50674	4055	178	80000	615
双店镇	52080	7000	360	54800	53
桃林镇	74456	9551	475	143900	1024
洪庄镇	34122	4450	325	48000	298
安峰镇	69336	7488	436	132405	1042
房山镇	74215	9211	268	138961	1355
平明镇	74744	10160	286	120244	1862
驼峰乡	59915	6688	538	120000	788
李埝乡	36196	2892	220	36170	378
山左口乡	46725	4571	217	51730	414
石湖乡	26751	4019	157	53478	288
曲阳乡	38830	3967	360	51500	335
张湾乡	33253	5821	305	82001	401
灌云县					
伊山镇	159084	3874	785	118256	4802

表 3-15 续表 2　　　　　　　　　　　　　　　　　　　(2014 年)

乡　　镇	年末总人口(人)	年末耕地面积(公顷)	城镇建成区面积(公顷)	全社会固定资产投资完成额(万元)	各类科技人员(人)
杨集镇	121294	9529	61	132695	1635
燕尾港镇	14269	78	1056	50039	147
同兴镇	82458	8849	305	196567	916
四队镇	70533	5989	431	162521	839
圩丰镇	47397	5114	148	34147	426
龙苴镇	85980	8535	180	185372	816
下车镇	96213	8154	536	154962	1722
图河乡	62910	4026	160	26700	342
东王集乡	66271	5653	135	112133	680
侍庄乡	53567	2400	216	173275	482
小伊乡	65148	5454	55	88426	535
南岗乡	109257	9678	180	169347	1895
灌南县					
新安镇	201689	7624	1830	255892	3596
堆沟港镇	90471	6332	1344	92291	1589
田楼镇	74376	5764	94	103748	1270
北陈集镇	40076	3437	56	7630	492
张店镇	39152	3791	28	9680	449
三口镇	62117	5517	214	58964	663
孟兴庄镇	63985	4853	55	27761	755
汤沟镇	30364	2006	255	22104	655
百禄镇	65532	6323	31	46105	959
新集镇	72368	8127	135	24565	1138
李集乡	74372	5053	235	29018	708

表 3-15 续表 3　　　　　　　　　　(2014 年)

乡　镇	乡（镇）村企业（个）	企业实交税金总额（万元）	粮食产量（吨）	棉花产量（吨）	肉类总产量（吨）	水产品产量（吨）
海州区						
锦屏镇	209	2502	24735	12	2350	999
浦南镇	118	3500	65926		5220	6680
新坝镇	103	1376	60846	35	3224	2197
板浦镇	1112	7051	58676	7	4817	886
赣榆区						
青口镇	1567	22760	29742	66	1948	68400
柘汪镇	398	21000	22658		5540	99460
石桥镇	202	9718	22914		7824	73156
金山镇	565	10214	28015		8026	614
黑林镇	687	537	21085		3257	850
厉庄镇	74	1811	17234		2566	2778
海头镇	361	27280	27422		4220	71120
塔山镇	570	1735	42142		2815	2631
赣马镇	1239	3523	62032		10078	2486
班庄镇	428	5632	42149		6862	6965
城头镇	452	4732	59322		11895	2214
城西镇	282	1033	33914	51	2012	2400
宋庄镇	162	1176	17993	167	342	26745
沙河镇	1584	5438	82640	2	5841	2175
墩尚镇	488	3822	62767	272	3903	62866

表 3-15 续表 4

(2014 年)

乡　　镇	乡（镇）村企业（个）	企业实交税金总额（万元）	粮食产量（吨）	棉花产量（吨）	肉类总产量（吨）	水产品产量（吨）
东海县						
牛山街道办事处	3925	16928	34025		5056	2521
石榴街道办事处	393	6274	37266		6923	855
白塔埠镇	463	11163	70623		3967	1476
黄川镇	302	6341	55501		8342	543
石梁河镇	312	7786	33682		7863	9865
青湖镇	102	1625	48356		6595	1850
温泉镇	423	765	32261		3725	2331
双店镇	113	2260	43315		9510	1780
桃林镇	621	3592	55165		9912	2994
洪庄镇	75	825	36385		3650	1584
安峰镇	802	8415	75625		14595	6425
房山镇	486	3707	93330		9125	7215
平明镇	448	8448	143176		5684	2884
驼峰乡	739	7229	76762		7862	4550
李埝乡	242	4800	12695		10398	298
山左口乡	119	9674	32136		5314	1298
石湖乡	141	1077	38409		3365	1701
曲阳乡	698	1490	36035		3110	2150
张湾乡	61	1079	69833		4588	3012
灌云县						
伊山镇	2282	35244	55369	7	7213	927

表3-15续表5　　(2014年)

乡　　镇	乡（镇）村企　　业（个）	企业实交税金总额（万元）	粮食产量（吨）	棉花产量（吨）	肉类总产量（吨）	水产品产量（吨）
杨集镇	130	2615	90650	52	14102	3467
燕尾港镇	79	10117	1296	112	506	10089
同兴镇	565	5210	93850	410	9860	2230
四队镇	576	5536	62523	81	8961	4706
圩丰镇	192	5936	69761	18	5688	3713
龙苴镇	637	4103	98972		15408	2114
下车镇	453	6307	102851	1	13080	2850
图河乡	392	2850	74595	24	6986	1820
东王集乡	479	2823	68997		8693	738
侍庄乡	560	5750	32000		907	1221
小伊乡	201	604	66654	136	5087	2654
南岗乡	349	14012	96034	87	13487	582
灌南县						
新安镇	186	7865	83492		5958	2203
堆沟港镇	441	14582	93630		8041	10880
田楼镇	322	3418	73405		9822	2026
北陈集镇	46	614	35913		5850	820
张店镇	47	1112	31155		2100	1188
三口镇	148	3422	61598		4728	3856
孟兴庄镇	111	2465	47857	4	9206	3990
汤沟镇	142	1300	20132		365	98
百禄镇	178	3565	58864	5	8523	3012
新集镇	408	2435	84573	6	10256	3085
李集乡	171	2162	51718		9008	2734

表 3-15 续表 6　　　　（2014 年）

乡　　镇	地区生产总值（万元）	人均地区生产总值（元）	财政收入（万元）	农民人均纯收入（元）
海 州 区				
锦 屏 镇	82378	26733	5300	14014
浦 南 镇	81859	14177	14525	15500
新 坝 镇	54013	17488	2414	12584
板 浦 镇	76100	11222	11843	13853
赣 榆 区				
青 口 镇	606006	29202	101166	22323
柘 汪 镇	852013	150772	57445	18404
石 桥 镇	188164	32125	12032	16305
金 山 镇	141890	27901	13242	14351
黑 林 镇	61374	13268	3025	8927
厉 庄 镇	96398	25526	4411	12794
海 头 镇	304726	35616	44198	22855
塔 山 镇	79321	12425	7059	14377
赣 马 镇	275243	32275	13759	22232
班 庄 镇	179116	17779	6552	11910
城 头 镇	169985	20643	8468	14473
城 西 镇	90545	18607	4832	15599
宋 庄 镇	82384	24910	4752	18790
沙 河 镇	168450	13510	7135	12178
墩 尚 镇	291470	37469	12362	19035

表 3-15 续表 7　　　　　　　　　　　　(2014 年)

乡　　镇	地区生产总值 (万元)	人均地区生产总值 (元)	财政收入 (万元)	农民人均纯收入 (元)
东 海 县				
牛山街道办事处	644779	38867	36228	16817
石榴街道办事处	255735	43253	11756	13744
白塔埠镇	221476	36351	13570	14262
黄 川 镇	134156	21482	6615	14851
石梁河镇	126515	19863	9186	11787
青 湖 镇	98689	16025	6025	13516
温 泉 镇	178443	35214	16540	13590
双 店 镇	101139	19420	4658	14240
桃 林 镇	233606	31375	10644	11672
洪 庄 镇	75778	22208	4676	11669
安 峰 镇	201793	29104	16726	13367
房 山 镇	231499	31193	11926	13320
平 明 镇	260750	34886	19725	14303
驼 峰 乡	172857	28850	8195	14849
李 埝 乡	87385	24142	4075	9686
山左口乡	127933	27380	6620	10246
石 湖 乡	92020	34399	6758	12880
曲 阳 乡	95443	24580	4293	11736
张 湾 乡	82650	24855	4015	14078
灌 云 县				
伊 山 镇	443126	27855	28070	12543

表 3-15 续表 8　　(2013 年)

乡　　镇	地区生产总值(万元)	人均地区生产总值(元)	财政收入(万元)	农民人均纯收入(元)
杨集镇	253476	20898	21795	10520
燕尾港镇	75376	52825	25072	12766
同兴镇	184448	22369	12845	10240
四队镇	139649	19799	8863	12223
圩丰镇	118044	24905	6603	11608
龙苴镇	195895	22784	10742	9789
下车镇	216770	22530	13419	12055
图河乡	127100	20203	6461	12792
东王集乡	88974	13426	8667	13250
侍庄乡	128755	24036	77000	11102
小伊乡	120348	18473	4391	10003
南岗乡	173806	15908	14877	10580
灌南县				
新安镇	538950	26722	47391	13046
堆沟港镇	391352	43257	45380	14299
田楼镇	228302	30696	27929	11675
北陈集镇	74851	18677	11701	10060
张店镇	133052	33983	12035	10017
三口镇	191110	30766	16503	11040
孟兴庄镇	173741	27153	14771	12544
汤沟镇	131002	43144	16415	11102
百禄镇	148108	22601	16085	11080
新集镇	215952	29841	24582	12178
李集乡	176301	23705	19275	13150

4

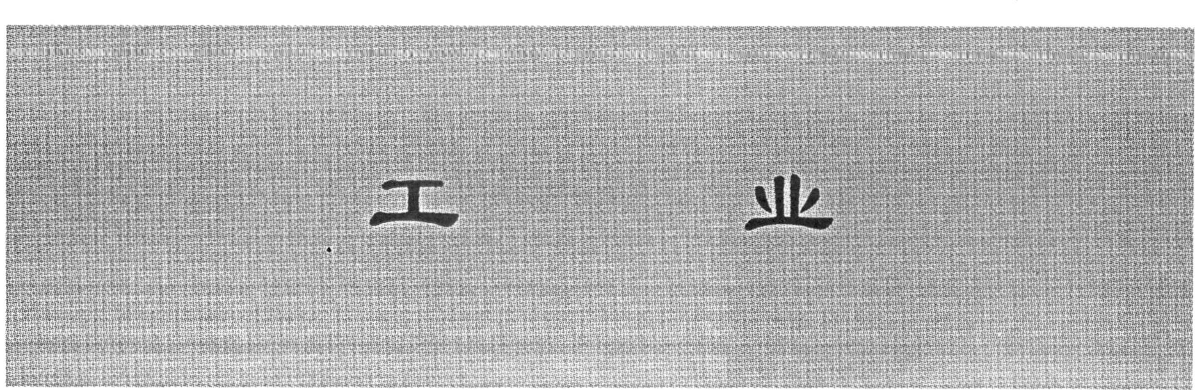

工业

全市及分县规模以上工业企业单位数

表 4-1　　(2014 年)　　单位:个

年　　份	全　市	市　区	东海县	灌云县	灌南县
总　　计	**1649**	**752**	**463**	**263**	**171**
一、按登记注册类型分组:					
内资企业	1440	621	418	251	150
国有企业	5	3	2		
中央企业	1	1			
地方企业	4	2	2		
集体企业	3	2		1	
股份合作企业	1	1			
联营企业					
国有联营企业					
集体联营企业					
国有与集体联营企业					
其他联营企业					
有限责任公司	234	71	8	125	30
国有独资公司	10	8		2	
其他有限责任公司	224	63	8	123	30
股份有限公司	22	14	1	6	1
私营企业	1171	526	407	119	119
私营独资企业	127	42	67	15	3
私营合作企业	1	0	1	0	0
私营有限责任公司	1008	469	328	98	113
私营股份有限公司	35	15	11	6	3
其他企业	4	4			
港、澳、台商投资企业	69	36	18	4	11
合资经营企业(港或澳、台资)	27	19	5	0	3
合作经营企业(港或澳、台资)	0	0	0	0	0
港澳台商独资经营企业	38	13	13	4	8
港澳台商投资股份有限公司	4	4			
其他港澳台商投资企业					
外商投资企业	140	95	27	8	10
中外合资经营企业	64	41	13	2	8
中外合作经营企业					
外资企业	72	52	12	6	2
外商投资股份有限公司	4	2	2		

表 4-1 续表　　(2014 年)　　单位:个

指　　标	全　市	市　区	东海县	灌云县	灌南县
二、按经济组织类型分组					
独资企业	245	112	94	26	13
国有企业	5	3	2		
集体企业	3	2		1	
私营独资企业	127	42	67	15	3
港澳台商独资经营企业	38	13	13	4	8
外资企业	72	52	12	6	2
合作、合伙企业	6	5	1		
股份合作企业	1	1			
国有联营企业					
集体联营企业					
国有与集体联营企业					
其他联营企业					
私营合伙企业	1		1		
合作经营企业(港或澳、台资)					
中外合作经营企业					
其他企业(内资)	4	4			
其他港澳台商投资企业					
其他外商投资企业					
股份有限公司	65	35	14	12	4
股份有限公司(内资)	22	14	1	6	1
私营股份有限公司	35	15	11	6	3
港澳台商投资股份有限公司	4	4			
外商投资股份有限公司	4	2	2		
有限责任公司	1333	600	354	225	154
国有独资公司	10	8		2	
私营有限责任公司	1008	469	328	98	113
合资经营企业(港或澳、台资)	27	19	5	0	3
中外合资经营企业	64	41	13	2	8
其他有限责任公司	224	63	8	123	30
三、在总计中:亏损企业	154	96	10	2	46
在总计中:国有控股企业	44	37	2	3	2
在总计中:农村工业	9		5		4
在总计中:轻工业	673	339	180	113	41
重工业	976	413	283	150	130
在总计中:大型企业	27	20	2	1	4
中型企业	118	63	27	15	13
小型企业	1441	633	430	238	140
微型企业	63	36	4	9	14

全市及分县规模以上工业总产值

表 4-2　　(2014 年)　　单位:万元

指　　标	全　市	市　区	东海县	灌云县	灌南县
总　　计	**48627389**	**29309704**	**8140188**	**5388790**	**5788707**
一、按登记注册类型分组:					
内资企业	37805273	19968132	6948290	5241594	5647257
国有企业	181869	168506	13363		
中央企业	145590	145590			
地方企业	36279	22916	13363		
集体企业	37904	34742		3162	
股份合作企业	9902	9902			
联营企业					
国有联营企业					
集体联营企业					
国有与集体联营企业					
其他联营企业					
有限责任公司	10510182	6331556	93897	2179133	1905597
国有独资公司	293766	202924		90842	
其他有限责任公司	10216416	6128633	93897	2088290	1905597
股份有限公司	1648938	1482298	64882	84710	17047
私营企业	25379936	11904585	6776149	2974589	3724613
私营独资企业	2215646	797132	1292250	117476	8789
私营合作企业	42451		42451		
私营有限责任公司	22018808	10600260	5191988	2526695	3699866
私营股份有限公司	1103030	507194	249461	330418	15958
其他企业	36544	36544			
港、澳、台商投资企业	2063589	1251892	740477	34129	37091
合资经营企业(港或澳、台资)	623423	264033	342243		17148
合作经营企业(港或澳、台资)					
港澳台商独资经营企业	598915	146608	398235	34129	19943
港澳台商投资股份有限公司	841251	841251			
其他港澳台商投资企业					
外商投资企业	8758527	8089681	451420	113066	104360
中外合资经营企业	4285045	3938187	218914	51045	76900
中外合作经营企业					
外资企业	3531348	3219917	221950	62022	27460
外商投资股份有限公司	942134	931577	10556		

表4-2续　　　　　　　　　　　　　　　(2014年)　　　　　　　　　　　　　　　单位:万元

指　　　　标	全　市	市　区	东海县	灌云县	灌南县
二、按经济组织类型分组					
独资企业	6565681	4366904	1925797	216789	56192
国有企业	181869	168506	13363		
集体企业	37904	34742		3162	
私营独资企业	2215646	797132	1292250	117476	8789
港澳台商独资经营企业	598915	146608	398235	34129	19943
外资企业	3531348	3219917	221950	62022	27460
合作、合伙企业	88896	46445	42451		
股份合作企业	9902	9902			
国有联营企业					
集体联营企业					
国有与集体联营企业					
其他联营企业					
私营合伙企业	42451		42451		
合作经营企业(港或澳、台资)					
中外合作经营企业					
其他企业(内资)	36544	36544			
其他港澳台商投资企业					
其他外商投资企业					
股份有限公司	4535352	3762320	324899	415128	33005
股份有限公司(内资)	1648938	1482298	64882	84710	17047
私营股份有限公司	1103030	507194	249461	330418	15958
港澳台商投资股份有限公司	841251	841251			
外商投资股份有限公司	942134	931577	10556		
有限责任公司	37437459	21134035	5847041	4756872	5699511
国有独资公司	293766	202924		90842	
私营有限责任公司	22018808	10600260	5191988	2526695	3699866
合资经营企业(港或澳、台资)	623423	264033	342243		17148
中外合资经营企业	4285045	3938187	218914	51045	76900
其他有限责任公司	10216416	6128633	93897	2088290	1905597
三、在总计中:亏损企业	1387979	911387	183669	11354	281570
在总计中:国有控股企业	3244008	3108302	13363	94773	27570
在总计中:农村工业	263398		237253		26145
在总计中:轻工业	14379731	9111572	3119011	1768113	381036
重工业	34247658	20198133	5021177	3620676	5407672
在总计中:大型企业	18082320	13528870	217540	520096	3815814
中型企业	10854546	7782144	1084823	1179810	807769
小型企业	19270944	7653426	6825516	3661755	1130246
微型企业	419579	345264	12308	27129	34879

主要工业产品产量

表 4-3　　(2014 年)

产品名称	单位	全市	市区	东海县	灌云县	灌南县
磷矿石(折含五氧化二磷 30%)	吨	82916	82916			
原盐	吨	871987	871987			
小麦粉	吨	556361		556361		
大米	吨	1070374	238103	807215	20016	5040
饲料	吨	462841	321066	141775		
其中:配合饲料	吨	206613	157180	49433		
混合饲料	吨	23058	23058			
精制食用植物油	吨	412685	370299	42386		
鲜、冷藏肉	吨	80837	31994	48842.6		
糖果	吨	18132	18132			
浮制品	吨	7694	7694			
液体乳	吨	7694.44	7694			
冷冻饮品	吨	339.8			339.8	
食品添加剂	吨	15935	15935			
发酵酒精(折 96 度,商品量)	千升	626450	423388	109494		93568
饮料酒	千升	84707	73371	360		10976
其中:白酒(折 65 度,商品量)	千升	10976				10976
啤酒	千升	73371	73371			
纱	吨	17651	9691		4981	2979
棉纱	吨	16566	9586		4981	1999
棉混纺纱	吨	105	105			
化学纤维纱	吨	980				980

表 4-3 续表 1　　　　(2014 年)

产品名称	单位	全市	市区	东海县	灌云县	灌南县
布	万米	6920	6920			
其中:棉布	万米	3268	3268			
棉混纺布	万米	3652	3652			
印染布	万米	2691			2691	
毛机织物(呢绒)	万米	1382	1382			
蚕丝	吨	148.1	141			7
无纺布(无纺织物)	吨	12514.3		12514		
服装	万件	8614	3202	4947	383	82
梭织服装	万件	7419	3202	3911	306	
西服套装	万件	172	172			
针织服装	万件	1194		1036	77	82
人造板	立方米	1581009	607771	511889	171491	289858
其中:胶合板	立方米	941073	411783	299869	51288	178133
纤维板	立方米	619503	175555	212020	120203	111725
刨花板	立方米	20433	20433			
家具	件	34636	34636			
其中:木质家具	件	34636	34636			
机制纸及纸板(外购原纸加工除外)	吨	101320	74842		26478	
包装用纸及纸板	吨	26478			26478	
其中:箱纸板	吨	26478			26478	
纸制品	吨	39815		28793	11022	
其中:瓦楞纸箱	吨	39815		28793	11022	

表 4-3 续表 2 (2014 年)

产品名称	单位	全市	市区	东海县	灌云县	灌南县
单色印刷品	令	4354	4354			
多色印刷品	对开色令	159026	159026			
原油加工量	吨	2843973	2843973			
汽油	吨	211125	211125			
柴油	吨	702753	702753			
燃料油	吨	721187	721187			
石脑油	吨	227928	227928			
液化石油气	吨	322279	322279			
石油焦	吨	581320	581320			
硫酸(折 100%)	吨	56501	56501			
盐酸(氯化氢,含量 31%)	吨	11735	11735			
烧碱(折 100%)	吨	508801	508801			
其中:离子膜法烧碱(折 100%)	吨	133227	133227			
纯碱(碳酸钠)	吨	1412411	1412411			
冰乙酸(冰醋酸)	吨	1381	1381			
合成氨(无水氨)	吨	98222	98222			
农用氮、磷、钾化学肥料(折纯)	吨	85550	85550			
氮肥(折含氮 100%)	吨	76128	76128			
磷肥(折五氧化二磷 100%)	吨	9422	9422			
化学农药原药(折有效成分 100%)	吨	5886	3728	1400	758	
其中:杀虫剂(杀螨剂)原药	吨	2654	1254	1400		

表 4-3 续表 3　　　　　　　　　　(2014 年)

产　品　名　称	单位	全　市	市　区	东海县	灌云县	灌南县
初级形态塑料	吨	9640	9640			
多晶硅	千克	119360	119360			
化学药品原药	吨	26449	26104		345	
中成药	吨	1580	1580			
化学纤维用浆粕	吨	80450	80450			
化学纤维	吨	9945	9945			
合成纤维	吨	9945	9945			
丙纶纤维	吨	730	730			
氨纶纤维	吨	9215	9215			
塑料制品	吨	18127	15410		2717	
其中:塑料薄膜	吨	12152	12152			
水泥	吨	12130969.65	3945543	8185427		
商品混凝土	立方米	2039708.56	1931493		108216	
水泥混凝土排水管	千米	61	61			
水泥混凝土电杆	根	27454	0	27454		
预应力混凝土桩	米	2587690	2587690			
平板玻璃	重量箱	6573328	0	6573328		
玻璃包装容器	吨	7015	7015			
耐火材料制品	吨	109	109			
石墨及炭素制品	吨	64149	0	64149		
粗钢	吨	10232977	1911030			8321947
铸铁件	吨	670701	665737			4964
铸钢件	吨	78132	78132			

表 4–3 续表 4　　　　　　　　　　　　　(2014 年)

产　品　名　称	单位	全　市	市　区	东海县	灌云县	灌南县
钢材	吨	10201675	2321924			7879751
棒材	吨	34949	34949			
钢筋	吨	2174946	2174946			
线材(盘条)	吨	836114				836114
焊接钢管	吨	112029	112029			
其他钢材	吨	7043637				7043637
用外购国产钢材再加工生产钢材	吨	114000	112029			1971
用外购钢材再加工生产钢材	吨	114000	112029			1971
铁合金	吨	542669	488458		54211	
十种有色金属	吨	3401				3401
精炼铜(电解铜)	吨	3401				3401
黄金	千克	107				107
单一稀土金属	千克	48439		48439		
铜材	吨	11249			9960	1289
铝材	吨	6094		6094		
金属集装箱	立方米	6425175	6425175			
铸造机械	台	79				79
齿轮	吨	716			716	
矿山专用设备	吨	2371		2371		
模具	套	413	413			
民用钢质船舶	载重吨	1757526			234900	1522626
钢质机动货船	载重吨	1757526			234900	1522626
高压开关板	面	971	971			
低压开关板	面	1045	1045			
通信及电子网络用电缆	对千米	18368	18368			
太阳能电池(光伏电池)	千瓦	576671	576671			
太阳能热水器	平方米	35495		35495		
电光源	万只	60447		60447		
半导体分立器件	万只	110293	110293			
电子元件	万只	448	448			
印制电路板	平方米	576549		576549		
发电量	万千瓦小时	2681857	2565079	9900	106878	
其中:火力发电量	万千瓦小时	888330	888330			
核能发电量	万千瓦小时	1676749	1676749			
风力发电量	万千瓦小时	106878			106878	
自来水生产量	万立方米	8124	7455			669

历年主要工业产品产量

表4–4

指　　标	单位	2007	2008	2009	2010	2011	2012	2013	2014
原　煤	万吨	63.03	61.52	62.53	4.5367				
原　盐	万吨	0.00	55.89	55.96	53.49	80.23	78.54	87.67	87.19
纱	万吨	1.82	2.95	2.38	2.20	2.17	1.76	2	1.77
布	万米	112	1187	1424	1683	1573	6201	8497	6919
机制纸及纸板	万吨	0.63	7.63	5.49	4.78	4.02	4.36	5.31	10.13
磷矿石(折30%)	万吨	0.00	9.04	9.72	10.04	9.79	10.69	10.22	8.29
硫　酸	万吨	18.69	11.96	15.31	20.68	16.83	11.38	7.88	5.70
纯　碱	万吨	169.10	169.47	152.73	133.61	142.49	132.24	126.93	141.24
农用化肥	万吨	16.11	16.09	14.01	7.36	8.85	9.40	9	8.60
水　泥	万吨	201.60	226.01	344.49	348.70	297.30	573.11	891.94	1213.09
变压器	万千伏安							0.00	
啤　酒	万千升	12.35	9.10	6.77	7.90	7.21	7.15	6.89	7.40
发电量	亿度	148.54	189.37	185.14	201.18	205.36	210.09	265.18	268.19

规模以上工业企业主要经济效益指标

表4–5　　(2014年)　　单位:%

指　　标	总资产贡献率	资　产负债率	成本费用利润率	产　品销售率
总　　计	**22.97**	**53.63**	**8.41**	**98.44**
一、按登记注册类型分组:				
内资企业	22.29	54.59	8.45	98.11
国有企业	6.68	21.26	1.08	100.02
中央企业	4.58	13.70	–0.71	99.89
地方企业	14.02	47.73	8.71	100.53
集体企业	32.29	67.26	7.67	97.91
股份合作企业	29.80	45.41	6.30	100.02
联营企业				
国有联营企业				
集体联营企业				
国有与集体联营企业				
其他联营企业				
有限责任公司	15.37	65.23	8.89	98.02
国有独资公司	2.52	67.89	1.03	90.31
其他有限责任公司	16.81	64.93	9.15	98.24
股份有限公司	17.98	39.60	21.66	91.58
私营企业	30.58	47.82	7.63	98.56
私营独资企业	53.39	35.46	8.22	98.79
私营合作企业	70.46	83.55	9.25	99.21
私营有限责任公司	29.00	49.06	7.51	98.46
私营股份有限公司	37.00	34.85	8.89	100.09
其他企业	42.32	42.30	11.10	100.00
港、澳、台商投资企业	18.72	41.79	10.86	99.55
合资经营企业(港或澳、台资)	13.88	37.89	6.19	98.83
合作经营企业(港或澳、台资)	0.00	0.00	0.00	0.00
港澳台商独资经营企业	8.18	40.87	3.88	101.12
港澳台商投资股份有限公司	29.51	44.66	20.73	98.95
其他港澳台商投资企业				
外商投资企业	28.91	53.51	7.69	99.58
中外合资经营企业	28.38	61.59	6.58	99.47
中外合作经营企业				
外资企业	20.61	49.45	4.92	99.73
外商投资股份有限公司	50.94	41.66	28.59	99.56

表 4-5 续表 1　　(2014 年)　　单位:%

指　　标	总资产贡献率	资产负债率	成本费用利润率	产品销售率
二、按经济组织类型分组				
独资企业	23.09	43.81	5.76	99.54
国有企业	6.68	21.26	1.08	100.02
集体企业	32.29	67.26	7.67	97.91
私营独资企业	53.39	35.46	8.22	98.79
港澳台商独资经营企业	8.18	40.87	3.88	101.12
外资企业	20.61	49.45	4.92	99.73
合作、合伙企业	49.80	55.75	9.66	99.62
股份合作企业	29.80	45.41	6.30	100.02
国有联营企业				
集体联营企业				
国有与集体联营企业				
其他联营企业				
私营合伙企业	70.46	83.55	9.25	99.21
合作经营企业(港或澳、台资)				
中外合作经营企业				
其他企业(内资)	42.32	42.30	11.10	100.00
其他港澳台商投资企业				
其他外商投资企业				
股份有限公司	26.84	40.36	19.32	96.67
股份有限公司(内资)	17.98	39.60	21.66	91.58
私营股份有限公司	37.00	34.85	8.89	100.09
港澳台商投资股份有限公司	29.51	44.66	20.73	98.95
外商投资股份有限公司	50.94	41.66	28.59	99.56
有限责任公司	22.15	57.54	7.75	98.46
国有独资公司	2.52	67.89	1.03	90.31
私营有限责任公司	29.00	49.06	7.51	98.46
合资经营企业(港或澳、台资)	13.88	37.89	6.19	98.83
中外合资经营企业	28.38	61.59	6.58	99.47
其他有限责任公司	16.81	64.93	9.15	98.24
三、在总计中:亏损企业	**-1.45**	**61.60**	**-5.20**	**98.76**
在总计中:国有控股企业	9.50	71.18	12.65	99.23
在总计中:农村工业	19.80	23.56	8.35	98.06
在总计中:轻工业	30.12	43.82	11.60	97.55
重工业	20.22	57.39	7.16	98.81
在总计中:大型企业	20.49	56.71	9.91	98.15
中型企业	25.31	51.18	7.40	98.91
小型企业	26.27	49.42	7.69	98.42
微型企业	10.70	62.91	4.96	99.38

表 4-5 续表 2　　(2014 年)　　单位:%

指　　标	总资产贡献率	资　产负债率	成本费用利润率	产　品销售率
四、按行业分组				
有色金属矿采选业	-10.79	107.22	-5.13	100.00
非金属矿采选业	6.52	60.54	6.23	95.95
其他采矿业	18.21	77.78	12.98	100.00
农副食品加工业	29.27	50.91	7.47	99.67
食品制造业	18.86	49.96	6.69	98.89
酒、饮料和精制茶制造业	30.23	54.01	11.01	100.83
纺织业	18.08	39.21	5.91	98.45
纺织服装、服饰业	55.02	33.80	9.72	99.39
皮革、毛皮、羽毛及其制品和制鞋业	22.17	46.88	5.48	98.71
木材加工和木、竹、藤、棕、草制品业	22.93	54.86	5.28	98.20
家具制造业	22.45	46.83	10.92	100.00
造纸和纸制品业	21.21	40.55	8.73	98.27
印刷和记录媒介复制业	47.07	49.78	8.20	100.26
文教、工美、体育和娱乐用品制造业	37.62	35.06	8.59	98.47
石油加工、炼焦和核燃料加工业	23.99	48.86	3.48	98.31
化学原料和化学制品制造业	18.03	58.00	6.08	97.93
医药制造业	36.13	35.62	22.63	94.26
化学纤维制造业	15.58	47.51	4.22	97.25
橡胶和塑料制品业	21.81	35.57	8.01	98.63
非金属矿物制品业	27.42	47.26	7.66	98.18
黑色金属冶炼和压延加工业	29.72	50.76	6.01	99.42
有色金属冶炼和压延加工业	42.53	47.16	4.52	101.13
金属制品业	45.28	32.10	8.70	98.50
通用设备制造业	14.57	58.41	7.86	101.98
专用设备制造业	17.98	46.20	8.45	98.42
汽车制造业	38.96	30.86	8.77	99.68
铁路、船舶、航空航天和其他运输设备制造业	32.50	48.59	7.33	99.04
电气机械和器材制造业	16.46	42.67	8.03	98.46
计算机、通信和其他电子设备制造业	33.50	47.25	6.97	97.56
仪器仪表制造业	8.54	55.85	5.42	100.43
其他制造业	49.03	43.17	7.09	98.28
废弃资源综合利用业	15.49	58.37	7.26	97.20
电力、热力生产和供应业	10.29	76.55	34.91	99.93
燃气生产和供应业	35.87	47.42	12.20	99.02
水的生产和供应业	3.75	62.82	13.44	99.11

规模以上工业企业主要经济指标

表 4–6　　(2014 年)　　单位:万元

指　标	企　业		工　业	工业销售
	单位数（个）	#亏损企业	总产值	产　值
总　计	**1649**	**154**	**48627389**	**47867541**
一、按登记注册类型分组:				
内资企业	1440	102	37805273	37091235
国有企业	5	1	181869	181900
中央企业	1	1	145590	145430
地方企业	4		36279	36470
集体企业	3		37904	37111
股份合作企业	1		9902	9903
联营企业				
国有联营企业				
集体联营企业				
国有与集体联营企业				
其他联营企业				
有限责任公司	234	27	10510182	10302017
国有独资公司	10	4	293766	265313
其他有限责任公司	224	23	10216416	10036704
股份有限公司	22	1	1648938	1510045
私营企业	1171	73	25379936	25013715
私营独资企业	127	2	2215646	2188727
私营合作企业	1	0	42451	42115
私营有限责任公司	1008	68	22018808	21678899
私营股份有限公司	35	3	1103030	1103974
其他企业	4	0	36544	36544
港、澳、台商投资企业	69	20	2063589	2054213
合资经营企业(港或澳、台资)	27	9	623423	616155
合作经营企业(港或澳、台资)				
港澳台商独资经营企业	38	10	598915	605617
港澳台商投资股份有限公司	4	1	841251	832442
其他港澳台商投资企业				
外商投资企业	140	32	8758527	8722093
中外合资经营企业	64	16	4285045	4262309
中外合作经营企业				
外资企业	72	16	3531348	3521806
外商投资股份有限公司	4		942134	937978

表 4-6 续表 1　　(2014 年)　　单位:万元

指标	企业		工业总产值	工业销售产值
	单位数(个)	#亏损企业		
二、按经济组织类型分组				
独资企业	245	29	6565681	6535160
国有企业	5	1	181869	181900
集体企业	3	0	37904	37111
私营独资企业	127	2	2215646	2188727
港澳台商独资经营企业	38	10	598915	605617
外资企业	72	16	3531348	3521806
合作、合伙企业	6		88896	88563
股份合作企业	1		9902	9903
国有联营企业				
集体联营企业				
国有与集体联营企业				
其他联营企业				
私营合伙企业	1		42451	42115
合作经营企业(港或澳、台资)				
中外合作经营企业				
其他企业(内资)	4		36544	36544
其他港澳台商投资企业				
其他外商投资企业				
股份有限公司	65	5	4535352	4384438
股份有限公司(内资)	22	1	1648938	1510045
私营股份有限公司	35	3	1103030	1103974
港澳台商投资股份有限公司	4	1	841251	832442
外商投资股份有限公司	4		942134	937978
有限责任公司	1333	120	37437459	36859380
国有独资公司	10	4	293766	265313
私营有限责任公司	1008	68	22018808	21678899
合资经营企业(港或澳、台资)	27	9	623423	616155
中外合资经营企业	64	16	4285045	4262309
其他有限责任公司	224	23	10216416	10036704
三、在总计中:亏损企业	**154**	**154**	**1387979**	**1370762**
在总计中:国有控股企业	44	12	3244008	3218915
在总计中:农村工业	9	2	263398	258276
在总计中:轻工业	673	59	14379731	14027860
重工业	976	95	34247658	33839681
在总计中:大型企业	27	1	18082320	17747156
中型企业	118	13	10854546	10736100
小型企业	1441	123	19270944	18967295
微型企业	63	17	419579	416991

表 4-6 续表 2　　(2014 年)　　单位:万元

指　　标	企业 单位数（个）	企业 #亏损企业	工业总产值	工业销售产值
四、按行业分组	**1649**	**154**	**48627389**	**47867541**
有色金属矿采选业	3	1	59259	59259
非金属矿采选业	19		477856	458527
其他采矿业	1		43585	43585
农副食品加工业	167	17	3734806	3722392
食品制造业	29	3	312581	309125
酒、饮料和精制茶制造业	20	2	552868	557450
纺织业	35	4	373384	367613
纺织服装、服饰业	93	5	1015241	1009086
皮革、毛皮、羽毛及其制品和制鞋业	17	1	189760	187308
木材加工和木、竹、藤、棕、草制品业	51	12	644534	632930
家具制造业	11	1	73865	73868
造纸和纸制品业	18		157662	154941
印刷和记录媒介复制业	43	5	469475	470679
文教、工美、体育和娱乐用品制造业	48	3	499054	491408
石油加工、炼焦和核燃料加工业	4	0	2347821	2308238
化学原料和化学制品制造业	273	36	8310471	8138056
医药制造业	61	5	4202108	3960764
化学纤维制造业	7	3	213624	207754
橡胶和塑料制品业	38	3	393197	387816
非金属矿物制品业	278	10	4801511	4714046
黑色金属冶炼和压延加工业	49	8	7723033	7677975
有色金属冶炼和压延加工业	22	7	1345384	1360599
金属制品业	64	5	1860277	1832317
通用设备制造业	38	2	1058640	1079599
专用设备制造业	77	6	1371194	1349547
汽车制造业	19	1	498749	497161
铁路、船舶、航空航天和其他运输设备制造业	13		1298799	1286321
电气机械和器材制造业	77	5	1869102	1840304
计算机、通信和其他电子设备制造业	30	4	1280322	1249054
仪器仪表制造业	4		42282	42463
其他制造业	5		73451	72191
废弃资源综合利用业	13	3	233484	226943
电力、热力生产和供应业	13	1	985719	985028
燃气生产和供应业	4		88543	87674
水的生产和供应业	5	1	25750	25522

表4-6续表3　　(2014年)　　单位:万元

指　　标	资　产 合　计	流动资产 合　计	应收帐款 净　额	产成品 存　货	固定资产 净　值
总　　计	**28484407**	**11633551**	**3054977**	**2630402**	**12232538**
一、按登记注册类型分组:					
内资企业	22794774	8439672	2198363	2045342	10305457
国有企业	138991	42962	6354	10701	94140
中央企业	108082	31403	4472	8831	76679
地方企业	30909	11559	1882	1870	17461
集体企业	11865	10523	525	323	1250
股份合作企业	2733	1909	699	554	824
联营企业					
国有联营企业					
集体联营企业					
国有与集体联营企业					
其他联营企业					
有限责任公司	10208246	3571829	1054955	918372	4377158
国有独资公司	1029500	446395	22721	89366	267050
其他有限责任公司	9178746	3125434	1032234	829005	4110108
股份有限公司	2418951	1031854	235599	92867	720637
私营企业	10000555	3774686	897927	1021462	5104777
私营独资企业	493831	159603	49197	27588	271955
私营合作企业	7513	3848	1055	1168	3666
私营有限责任公司	9077710	3417968	815264	937276	4650094
私营股份有限公司	421501	193267	32412	55430	179061
其他企业	13433	5909	2305	1062	6672
港、澳、台商投资企业	1815599	1071391	381573	136446	489881
合资经营企业(港或澳、台资)	435045	201806	54911	42563	188426
合作经营企业(港或澳、台资)					
港澳台商独资经营企业	599147	270412	131597	28002	188123
港澳台商投资股份有限公司	781406	599173	195065	65880	113332
其他港澳台商投资企业					
外商投资企业	3874035	2122488	475041	448614	1437201
中外合资经营企业	1696390	1016540	152068	203222	539065
中外合作经营企业					
外资企业	1551853	666267	220798	174306	768299
外商投资股份有限公司	625792	439680	102176	71087	129836

表 4-6 续表 4 (2014 年) 单位:万元

指标	资产合计	流动资产合计	应收帐款净额	产成品存货	固定资产净值
二、按经济组织类型分组					
独资企业	2795687	1149767	408471	240921	1323767
国有企业	138991	42962	6354	10701	94140
集体企业	11865	10523	525	323	1250
私营独资企业	493831	159603	49197	27588	271955
港澳台商独资经营企业	599147	270412	131597	28002	188123
外资企业	1551853	666267	220798	174306	768299
合作、合伙企业	23679	11666	4059	2785	11162
股份合作企业	2733	1909	699	554	824
国有联营企业					
集体联营企业					
国有与集体联营企业					
其他联营企业					
私营合伙企业	7513	3848	1055	1168	3666
合作经营企业(港或澳、台资)					
中外合作经营企业					
其他企业(内资)	13433	5909	2305	1062	6672
其他港澳台商投资企业					
其他外商投资企业					
股份有限公司	4247649	2263975	565251	285264	1142866
股份有限公司(内资)	2418951	1031854	235599	92867	720637
私营股份有限公司	421501	193267	32412	55430	179061
港澳台商投资股份有限公司	781406	599173	195065	65880	113332
外商投资股份有限公司	625792	439680	102176	71087	129836
有限责任公司	21417392	8208143	2077197	2101432	9754743
国有独资公司	1029500	446395	22721	89366	267050
私营有限责任公司	9077710	3417968	815264	937276	4650094
合资经营企业(港或澳、台资)	435045	201806	54911	42563	188426
中外合资经营企业	1696390	1016540	152068	203222	539065
其他有限责任公司	9178746	3125434	1032234	829005	4110108
三、在总计中:亏损企业	**1927375**	**887889**	**240167**	**236581**	**600204**
在总计中:国有控股企业	7526045	1974432	548322	548138	3309145
在总计中:农村工业	153747	63882	15268	13081	77558
在总计中:轻工业	7894439	4330840	1108796	714974	2541578
重工业	20589968	7302711	1946181	1915427	9690960
在总计中:大型企业	14587112	5788467	1581180	1169033	5904399
中型企业	5371711	2239877	523162	607094	2287522
小型企业	8225193	3420537	903515	815264	3961652
微型企业	300391	184671	47120	39010	78965

表 4-6 续表 5　　(2014 年)　　单位:万元

指　　标	资　产 合　计	流动资产 合　计	应收帐款 净　额	产成品 存　货	固定资产 净　值
四、按行业分组	**28484407**	**11633551**	**3054977**	**2630402**	**12232538**
有色金属矿采选业	28154	17122	8149	1128	10502
非金属矿采选业	890401	420032	15596	70067	206744
其他采矿业	43108	18802	7743	6184	24306
农副食品加工业	1468669	813326	162590	137453	510778
食品制造业	153476	79659	18563	21044	60030
酒、饮料和精制茶制造业	334218	140592	21488	52406	105857
纺织业	174660	80849	19887	26296	80123
纺织服装、服饰业	266988	96499	24917	28600	149312
皮革、毛皮、羽毛及其制品和制鞋业	86865	52400	21091	13281	28377
木材加工和木、竹、藤、棕、草制品业	240433	124710	29681	32718	97254
家具制造业	53055	13359	3326	3971	22526
造纸和纸制品业	68869	29983	5893	6568	30288
印刷和记录媒介复制业	135883	61462	13861	11569	58306
文教、工美、体育和娱乐用品制造业	160907	46824	9068	13720	107367
石油加工、炼焦和核燃料加工业	849111	343633	59920	147250	505016
化学原料和化学制品制造业	4452572	1776057	364489	483090	2162055
医药制造业	3202614	2249241	686687	255809	672597
化学纤维制造业	106575	28677	10119	7813	58110
橡胶和塑料制品业	194450	84477	24458	24888	100717
非金属矿物制品业	2041732	797302	242649	129683	982817
黑色金属冶炼和压延加工业	3075876	932607	283527	259223	1721468
有色金属冶炼和压延加工业	317913	186548	57541	55353	103868
金属制品业	518393	196483	40413	44309	290315
通用设备制造业	837236	571391	277279	155942	177259
专用设备制造业	975169	586635	139228	194121	257033
汽车制造业	142546	46696	8410	11529	81236
铁路、船舶、航空航天和其他运输设备制造业	482065	208677	63088	44846	251717
电气机械和器材制造业	1354850	576463	193363	70563	451299
计算机、通信和其他电子设备制造业	452966	253087	92874	50931	147464
仪器仪表制造业	29487	22815	1595	3321	2797
其他制造业	18442	9166	3680	462	8811
废弃资源综合利用业	119304	58949	11898	22552	47753
电力、热力生产和供应业	5013048	659644	124573	237888	2592176
燃气生产和供应业	33518	12326	5822	854	19801
水的生产和供应业	160859	37059	1513	4973	106461

表 4-6 续表 6　　(2014 年)　　单位:万元

指　　标	负债合计	所有者权益合计	主营业务收入	主营业务成本	主营业务税金及附加
总　　计	**15275096**	**13195178**	**48121352**	**39735461**	**431069**
一、按登记注册类型分组:					
内资企业	12443581	10343726	37045019	30719335	377066
国有企业	29556	109435	181425	156137	1217
中央企业	14802	93280	145383	125056	1062
地方企业	14754	16155	36042	31081	155
集体企业	7980	3885	33863	28790	402
股份合作企业	1241	1492	9903	7522	74
联营企业					
国有联营企业					
集体联营企业					
国有与集体联营企业					
其他联营企业					
有限责任公司	6659071	3549176	10167237	8455463	101767
国有独资公司	698964	330537	281162	223778	2729
其他有限责任公司	5960107	3218639	9886075	8231686	99038
股份有限公司	957828	1461122	1517734	738699	17281
私营企业	4782223	5210865	25098314	21305158	255799
私营独资企业	175098	318733	2179535	1874237	24877
私营合作企业	6278	1236	42115	37121	632
私营有限责任公司	4453948	4616295	21786277	18494467	208002
私营股份有限公司	146899	274602	1090386	899334	22289
其他企业	5682	7751	36544	27566	527
港、澳、台商投资企业	758663	1056936	2051830	1456299	14532
合资经营企业(港或澳、台资)	164830	270215	610292	540174	3086
合作经营企业(港或澳、台资)					
港澳台商独资经营企业	244849	354299	599028	542100	1982
港澳台商投资股份有限公司	348984	432422	842510	374025	9465
其他港澳台商投资企业					
外商投资企业	2072852	1794517	9024502	7559827	39470
中外合资经营企业	1044823	651295	4439054	4004248	17121
中外合作经营企业					
外资企业	767326	778133	3683120	3353842	8553
外商投资股份有限公司	260703	365089	902328	201737	13797

表 4-6 续表 7　　(2014 年)　　单位:万元

指　　标	负债合计	所有者权益合计	主　营业务收入	主　营业务成本	主营业务税金及附加
二、按经济组织类型分组					
独资企业	1224809	1564484	6676971	5955107	37030
国有企业	29556	109435	181425	156137	1217
集体企业	7980	3885	33863	28790	402
私营独资企业	175098	318733	2179535	1874237	24877
港澳台商独资经营企业	244849	354299	599028	542100	1982
外资企业	767326	778133	3683120	3353842	8553
合作、合伙企业	13201	10479	88563	72208	1233
股份合作企业	1241	1492	9903	7522	74
国有联营企业					
集体联营企业					
国有与集体联营企业					
其他联营企业					
私营合伙企业	6278	1236	42115	37121	632
合作经营企业(港或澳、台资)					
中外合作经营企业					
其他企业(内资)	5682	7751	36544	27566	527
其他港澳台商投资企业					
其他外商投资企业					
股份有限公司	1714414	2533235	4352959	2213795	62831
股份有限公司(内资)	957828	1461122	1517734	738699	17281
私营股份有限公司	146899	274602	1090386	899334	22289
港澳台商投资股份有限公司	348984	432422	842510	374025	9465
外商投资股份有限公司	260703	365089	902328	201737	13797
有限责任公司	12322672	9086980	37002860	31494352	329976
国有独资公司	698964	330537	281162	223778	2729
私营有限责任公司	4453948	4616295	21786277	18494467	208002
合资经营企业(港或澳、台资)	164830	270215	610292	540174	3086
中外合资经营企业	1044823	651295	4439054	4004248	17121
其他有限责任公司	5960107	3218639	9886075	8231686	99038
三、在总计中:亏损企业	**1187273**	**738763**	**1366963**	**1294704**	**5316**
在总计中:国有控股企业	5356758	2169288	3218024	2563099	18464
在总计中:农村工业	36218	117529	254938	224020	1517
在总计中:轻工业	3459287	4437946	14013894	10278606	153396
重工业	11815809	8757232	34107458	29456855	277673
在总计中:大型企业	8272480	6314632	17853349	13785901	158600
中型企业	2749027	2622684	11035263	9543274	97419
小型企业	4064608	4144828	18813617	16029102	172669
微型企业	188981	113035	419122	377184	2381

表 4-6 续表 8　　(2014 年)　　单位:万元

指　　标	负债合计	所有者权益合计	主　营业务收入	主　营业务成本	主营业务税金及附加
四、按行业分组	**15275096**	**13195178**	**48121352**	**39735461**	**431069**
有色金属矿采选业	30186	-2032	58766	60622	29
非金属矿采选业	539077	351324	473244	386152	4842
其他采矿业	33527	9580	43585	34472	353
农副食品加工业	747745	719505	3809700	3351090	22489
食品制造业	76669	76807	308681	261728	2334
酒、饮料和精制茶制造业	180523	163155	558530	441131	26548
纺织业	68487	106173	364884	322298	2306
纺织服装、服饰业	90244	176744	1001375	815788	12163
皮革、毛皮、羽毛及其制品和制鞋业	40724	46141	184230	159777	1242
木材加工和木、竹、藤、棕、草制品业	131908	108525	640376	568159	5486
家具制造业	24843	28212	74022	57369	879
造纸和纸制品业	27926	40943	134242	111944	1348
印刷和记录媒介复制业	67643	68240	465765	382007	5278
文教、工美、体育和娱乐用品制造业	56417	104218	492990	410391	5883
石油加工、炼焦和核燃料加工业	414866	434245	2335595	2125247	24568
化学原料和化学制品制造业	2582703	1868699	8213429	7181009	54765
医药制造业	1140801	2061813	3395892	1638809	49790
化学纤维制造业	50631	50970	210551	192907	389
橡胶和塑料制品业	69165	125285	384026	321079	3783
非金属矿物制品业	965000	1071392	4685453	4094175	36922
黑色金属冶炼和压延加工业	1561321	1514555	7758503	6718462	76505
有色金属冶炼和压延加工业	149918	167996	1406463	1270413	11053
金属制品业	166394	351999	1886753	1609206	12719
通用设备制造业	489057	348179	995300	811351	11124
专用设备制造业	450541	515521	1364121	1151375	7011
汽车制造业	43987	97249	497444	422952	4878
铁路、船舶、航空航天和其他运输设备制造业	234222	247842	1292239	1116470	9086
电气机械和器材制造业	578099	776751	1832451	1574273	15091
计算机、通信和其他电子设备制造业	214045	238921	1301156	1114419	6418
仪器仪表制造业	16469	13018	32947	26354	111
其他制造业	7962	10480	71272	59312	862
废弃资源综合利用业	69640	49664	223275	194882	1542
电力、热力生产和供应业	3837417	1175631	1005974	657869	12436
燃气生产和供应业	15895	17623	91768	74627	705
水的生产和供应业	101045	59814	26353	17342	130

表 4-6 续表 9　　(2014 年)　　单位:万元

指　　标	营业费用	管理费用	财务费用	利息支出	利润总额
总　　计	**2129428**	**1737315**	**500222**	**466120**	**3722791**
一、按登记注册类型分组:					
内资企业	1390472	1342400	443231	410395	2874273
国有企业	5700	16430	-3	5	1946
中央企业	5089	14662	-114	-114	-1029
地方企业	611	1768	111	119	2975
集体企业	806	1149	179	36	2372
股份合作企业	842	807	77	77	582
联营企业					
国有联营企业					
集体联营企业					
国有与集体联营企业					
其他联营企业					
有限责任公司	319211	408408	147819	155875	834546
国有独资公司	19485	36447	13721	13165	3068
其他有限责任公司	299726	371960	134098	142710	831479
股份有限公司	298936	179172	11760	23869	266493
私营企业	762343	734908	282708	229893	1764735
私营独资企业	51707	40257	23536	20534	163616
私营合作企业	337	293	222	222	3512
私营有限责任公司	675242	661408	244827	197305	1510330
私营股份有限公司	35058	32951	14124	11833	87277
其他企业	2635	1527	692	641	3598
港、澳、台商投资企业	259367	125980	10566	12670	204179
合资经营企业(港或澳、台资)	12532	14596	6148	6518	35491
合作经营企业(港或澳、台资)					
港澳台商独资经营企业	10538	18539	7791	5298	23558
港澳台商投资股份有限公司	236297	92845	-3373	855	145131
其他港澳台商投资企业					
外商投资企业	479588	268935	46425	43056	644339
中外合资经营企业	62746	60462	27162	24497	273815
中外合作经营企业					
外资企业	49093	85355	23815	17715	173786
外商投资股份有限公司	367750	123119	-4552	844	196738

表 4-6 续表 10　　(2014 年)　　单位:万元

指标	营业费用	管理费用	财务费用	利息支出	利润总额
二、按经济组织类型分组					
独资企业	117844	161730	55318	43588	365278
国有企业	5700	16430	-3	5	1946
集体企业	806	1149	179	36	2372
私营独资企业	51707	40257	23536	20534	163616
港澳台商独资经营企业	10538	18539	7791	5298	23558
外资企业	49093	85355	23815	17715	173786
合作、合伙企业	3813	2626	990	939	7692
股份合作企业	842	807	77	77	582
国有联营企业					
集体联营企业					
国有与集体联营企业					
其他联营企业					
私营合伙企业	337	293	222	222	3512
合作经营企业(港或澳、台资)					
中外合作经营企业					
其他企业(内资)	2635	1527	692	641	3598
股份有限公司					
股份有限公司(内资)					
私营股份有限公司	938040	428087	17958	37400	695639
港澳台商投资股份有限公司	298936	179172	11760	23869	266493
外商投资股份有限公司	35058	32951	14124	11833	87277
有限责任公司	236297	92845	-3373	855	145131
国有独资公司	367750	123119	-4552	844	196738
私营有限责任公司	1069730	1144873	425956	384194	2654182
合资经营企业(港或澳、台资)	19485	36447	13721	13165	3068
中外合资经营企业	675242	661408	244827	197305	1510330
其他有限责任公司	12532	14596	6148	6518	35491
其他港澳台商投资企业	62746	60462	27162	24497	273815
其他外商投资企业	299726	371960	134098	142710	831479
三、在总计中:亏损企业	**42005**	**80034**	**23526**	**20459**	**-75407**
在总计中:国有控股企业	79214	150119	113094	133053	373441
在总计中:农村工业	3641	4058	2259	1836	19541
在总计中:轻工业	1320811	733446	110693	105427	1445197
重工业	808617	1003869	389529	360694	2277594
在总计中:大型企业	1372599	858580	163803	200595	1609847
中型企业	238151	312257	112045	96028	760242
小型企业	511247	558200	220432	166898	1332990
微型企业	7431	8278	3942	2600	19712

表 4–6 续表 11　　(2014 年)　　单位:万元

指　　标	营业费用	管理费用	财务费用	利息支出	利润总额
四、按行业分组	**2129428**	**1737315**	**500222**	**466120**	**3722791**
有色金属矿采选业	696	356	229	170	-3175
非金属矿采选业	24165	36908	10074	8564	28772
其他采矿业	436	2808	548	371	4968
农副食品加工业	83943	56472	34102	25232	263569
食品制造业	12763	11283	1817	1430	19296
酒、饮料和精制茶制造业	16532	14287	8295	7784	52912
纺织业	9238	10277	3156	2194	20442
纺织服装、服饰业	37554	30021	17618	14226	87625
皮革、毛皮、羽毛及其制品和制鞋业	4563	6902	2812	2403	9546
木材加工和木、竹、藤、棕、草制品业	14216	13982	8365	6374	31938
家具制造业	3838	2899	1769	1354	7197
造纸和纸制品业	4966	4216	1168	347	10679
印刷和记录媒介复制业	17864	14762	11043	10254	34908
文教、工美、体育和娱乐用品制造业	17287	14757	6377	3477	38561
石油加工、炼焦和核燃料加工业	18548	69916	19551	19078	77766
化学原料和化学制品制造业	162235	280871	78853	63024	471995
医药制造业	1049900	453821	-364	12712	711609
化学纤维制造业	1522	5238	2086	1996	8509
橡胶和塑料制品业	15231	14263	3811	2646	28516
非金属矿物制品业	83133	94907	46093	37854	332977
黑色金属冶炼和压延加工业	280346	194554	58585	51516	436153
有色金属冶炼和压延加工业	27524	28090	9367	7952	60331
金属制品业	49665	46035	17457	9889	149783
通用设备制造业	39157	43033	13785	12371	73089
专用设备制造业	34857	53695	14380	10060	106056
汽车制造业	15350	11055	3267	5357	39685
铁路、船舶、航空航天和其他运输设备制造业	22563	52129	6836	6532	87883
电气机械和器材制造业	41481	51691	15337	17323	135717
计算机、通信和其他电子设备制造业	23758	61823	10608	9541	84500
仪器仪表制造业	986	3426	127	112	1673
其他制造业	3215	1916	1309	1164	4660
废弃资源综合利用业	4519	5749	1545	1008	15064
电力、热力生产和供应业	364	37795	89208	111053	275599
燃气生产和供应业	3992	2811	283	224	10042
水的生产和供应业	3024	4569	724	530	3947

表4-6续表12　　(2014年)　　单位:万元

指　　标	亏损企业亏损总额	利税总额	本年应交增值税
总　　计	**75407**	**6128950**	**1972431**
一、按登记注册类型分组:			
内资企业	40657	4699229	1445618
国有企业	1029	9302	6078
中央企业	1029	5069	5027
地方企业		4233	1051
集体企业		3815	1041
股份合作企业		738	81
联营企业			
国有联营企业			
集体联营企业			
国有与集体联营企业			
其他联营企业			
有限责任公司	15857	1415881	478234
国有独资公司	6484	12880	7018
其他有限责任公司	9373	1403001	471216
股份有限公司	316	425491	141717
私营企业	23455	2838958	817547
私营独资企业	367	245789	57282
私营合作企业		5072	929
私营有限责任公司	22436	2442848	723695
私营股份有限公司	653	145248	35642
其他企业		5044	919
港、澳、台商投资企业	7150	333226	114320
合资经营企业(港或澳、台资)	3036	54861	16284
合作经营企业(港或澳、台资)			
港澳台商独资经营企业	3198	44047	18312
港澳台商投资股份有限公司	917	234319	79723
其他港澳台商投资企业			
外商投资企业	27599	1096495	412493
中外合资经营企业	7120	469018	178076
中外合作经营企业			
外资企业	20479	303961	121437
外商投资股份有限公司		323516	112981

表 4-6 续表 13 (2014 年) 单位:万元

指 标	亏损企业亏损总额	利税总额	本年应交增值税
二、按经济组织类型分组			
独资企业	25073	606914	204149
国有企业	1029	9302	6078
集体企业		3815	1041
私营独资企业	367	245789	57282
港澳台商独资经营企业	3198	44047	18312
外资企业	20479	303961	121437
合作、合伙企业		10854	1929
股份合作企业		738	81
国有联营企业			
集体联营企业			
国有与集体联营企业			
其他联营企业			
私营合伙企业		5072	929
合作经营企业(港或澳、台资)			
中外合作经营企业			
其他企业(内资)		5044	919
股份有限公司			
股份有限公司(内资)			
私营股份有限公司	1886	1128573	370064
港澳台商投资股份有限公司	316	425491	141717
外商投资股份有限公司	653	145248	35642
有限责任公司	917	234319	79723
国有独资公司		323516	112981
私营有限责任公司	48449	4382608	1396288
合资经营企业(港或澳、台资)	6484	12880	7018
中外合资经营企业	22436	2442848	723695
其他有限责任公司	3036	54861	16284
其他港澳台商投资企业	7120	469018	178076
其他外商投资企业	9373	1403001	471216
三、在总计中:亏损企业	**75407**	**-47189**	**22865**
在总计中:国有控股企业	12600	584669	191427
在总计中:农村工业	78	28605	7547
在总计中:轻工业	25586	2308412	708497
重工业	49821	3820538	1263933
在总计中:大型企业	1029	2824384	1055600
中型企业	12020	1271150	412375
小型企业	60395	2003852	496987
微型企业	1964	29565	7468

表 4-6 续表 14　　(2014 年)　　单位:万元

指　　标	亏损企业亏损总额	利税总额	本年应交增值税
四、按行业分组	**75407**	**6128950**	**1972431**
有色金属矿采选业	3874	-3145	2
非金属矿采选业		49579	15899
其他采矿业		7481	2160
农副食品加工业	7002	414837	128774
食品制造业	1076	27565	5936
酒、饮料和精制茶制造业	374	93533	14073
纺织业	1579	29399	6651
纺织服装、服饰业	598	132701	32908
皮革、毛皮、羽毛及其制品和制鞋业		16931	5950
木材加工和木、竹、藤、棕、草制品业	2935	48882	11457
家具制造业	291	10563	2401
造纸和纸制品业		14256	2228
印刷和记录媒介复制业	666	54348	14162
文教、工美、体育和娱乐用品制造业	96	57169	12721
石油加工、炼焦和核燃料加工业		184612	82277
化学原料和化学制品制造业	32201	744569	217580
医药制造业	3709	1162800	401355
化学纤维制造业	625	14680	5782
橡胶和塑料制品业	1085	39790	7443
非金属矿物制品业	5111	525948	155898
黑色金属冶炼和压延加工业	1705	864100	351360
有色金属冶炼和压延加工业	1486	127303	55919
金属制品业	667	225658	63155
通用设备制造业	254	110162	25451
专用设备制造业	1147	166400	53332
汽车制造业	447	52233	7670
铁路、船舶、航空航天和其他运输设备制造业		150241	53272
电气机械和器材制造业	1465	211680	60871
计算机、通信和其他电子设备制造业	6301	143166	52247
仪器仪表制造业		2405	621
其他制造业		7879	2358
废弃资源综合利用业	430	17467	862
电力、热力生产和供应业	238	406158	117860
燃气生产和供应业		11866	1066
水的生产和供应业	50	5735	732

国有工业企业主要经济指标

表 4-7　　(2014 年)　　单位:万元

指　　标	企　业 单位数 (个)	#亏　损 企　业	工　业 总产值 (现价)	工业销售 产　值 (现价)
合　　计	**44**	**12**	**3244008**	**3218915**
非金属矿采选业	2		207319	191269
农副食品加工业	3	2	14467	13470
食品制造业	2		19724	20837
印刷和记录媒介复制业	2		6986	6823
化学原料和化学制品制造业	9	6	221222	220261
医药制造业	1	1	4030	3876
化学纤维制造业	1		41961	40643
非金属矿物制品业	6	1	281396	285793
金属制品业	1		581746	574424
通用设备制造业	2		574377	587016
专用设备制造业	3	1	12093	13379
铁路、船舶、航空航天和其他运输设备制造业	2		43278	31053
电气机械和器材制造业	3	1	255374	254968
计算机、通信和其他电子设备制造业	1		31320	26460
电力、热力生产和供应业	4		931381	931381
燃气生产和供应业	1		3256	3185
水的生产和供应业	1		14079	14079

表 4-7 续表 1　　(2014 年)　　单位:万元

指　标	资　产 合　计	流动资产 合　计	应收帐款 净　额	产成品 存　货	固定资产 净　值 平均余额
总　计	**7526045**	**1974432**	**548322**	**548138**	**3309145**
非金属矿采选业	792371	383100	10519	64686	162067
农副食品加工业	12060	6409	865	3576	5415
食品制造业	28351	12355	2217	4189	11245
印刷和记录媒介复制业	10377	6268	894	175	2951
化学原料和化学制品制造业	254635	70003	8646	27079	111837
医药制造业	21170	4248	1844	1206	10947
化学纤维制造业	65769	16062	3352	4597	47694
非金属矿物制品业	170990	51068	8631	11768	64291
金属制品业	73459	38786	2655	12211	34546
通用设备制造业	667759	489815	258858	130506	100646
专用设备制造业	21957	10068	1716	3874	9177
铁路、船舶、航空航天和其他运输设备制造业	41919	31820	6382	12747	9023
电气机械和器材制造业	365881	184203	116164	19954	176149
计算机、通信和其他电子设备制造业	48994	40392	9847	11985	6909
电力、热力生产和供应业	4847064	602390	115178	234547	2491131
燃气生产和供应业	7452	1205	240	195	5776
水的生产和供应业	95837	26241	315	4842	59343

表 4–7 续表 2　　(2014 年)　　单位:万元

指　　标	负债合计	所有者权益合计	主　营业务收入	主　营业务成本	主营业务税金及附加
总　　计	**5356758**	**2169288**	**3218024**	**2563099**	**18464**
非金属矿采选业	509098	283273	208887	165738	2487
农副食品加工业	14000	–1940	13419	11928	21
食品制造业	18736	9615	22217	17021	16
印刷和记录媒介复制业	5173	5203	5652	3210	69
化学原料和化学制品制造业	134767	119868	217752	192255	1240
医药制造业	12764	8406	3876	3475	
化学纤维制造业	22040	43728	40643	30483	272
非金属矿物制品业	108857	62134	295253	271286	143
金属制品业	42113	31346	602553	554322	65
通用设备制造业	414778	252981	501172	402610	1518
专用设备制造业	9568	12389	13065	12173	61
铁路、船舶、航空航天和其他运输设备制造业	23429	18490	27810	19588	268
电气机械和器材制造业	197090	168792	272112	242218	79
计算机、通信和其他电子设备制造业	14139	34855	26487	13294	159
电力、热力生产和供应业	3753359	1093705	949820	611495	11997
燃气生产和供应业	5591	1861	3185	3013	
水的生产和供应业	71255	24581	14123	8990	70

表 4-7 续表 3　　(2014 年)　　单位:万元

指　　标	营业费用	管理费用	财务费用		利润总额
				利息支出	
总　　计	**79214**	**150119**	**113094**	**133053**	**373441**
非金属矿采选业	13469	30557	8461	8016	5577
农副食品加工业	431	1308	373	368	−545
食品制造业	3295	1637	29	27	332
印刷和记录媒介复制业	1295	460	128	132	501
化学原料和化学制品制造业	6910	22689	2755	2724	−8281
医药制造业	1515	734	16	25	−1331
化学纤维制造业	1134	2715	1232	1265	4857
非金属矿物制品业	4224	4130	2314	1459	12802
金属制品业	5670	2192	−607	196	40882
通用设备制造业	25450	29335	6658	6477	32480
专用设备制造业	309	995	256	251	172
铁路、船舶、航空航天和其他运输设备制造业	2723	2583	199	285	2659
电气机械和器材制造业	8009	6444	4312	2492	5581
计算机、通信和其他电子设备制造业	1543	5572	−106		6280
电力、热力生产和供应业		34496	87207	109227	269511
燃气生产和供应业	467	349	37	40	41
水的生产和供应业	2772	3926	−169	68	1924

表 4-7 续表 4　　(2014 年)　　单位:万元

指标	亏损企业 亏损总额	利税总额	本年应交 增值税
总计	**12600**	**584669**	**191427**
非金属矿采选业		14384	6255
农副食品加工业	1220	-453	71
食品制造业		481	134
印刷和记录媒介复制业		1021	451
化学原料和化学制品制造业	9107	-406	6606
医药制造业	1331	-1331	
化学纤维制造业		7102	1974
非金属矿物制品业	433	26185	13239
金属制品业		63142	22195
通用设备制造业		45083	11085
专用设备制造业	277	586	352
铁路、船舶、航空航天和其他运输设备制造业		3407	480
电气机械和器材制造业	233	16037	10377
计算机、通信和其他电子设备制造业		7407	968
电力、热力生产和供应业		398341	116571
燃气生产和供应业		93	
水的生产和供应业		3590	670

集体工业企业主要经济指标

表 4-8　　(2014 年)　　单位:万元

指　　标	合　计	农副食品加工业	食品制造业	非金属矿物制品业
企业单位数	3	1	1	1
#亏损企业				
工业总产值(现价)	37904	3162	28075	6666
工业销售产值(现价)	37111	3162	27242	6706
资产合计	11865	511	4708	6646
流动资产平均余额	10523	299	4679	5545
应收账款净额	525	22	382	121
产成品存货	323	202	121	
固定资产净值	1250	212	0	1038
负债合计	7980	259	3928	3793
所有者权益合计	3885	252	780	2853
主营业务收入	33863	3162	23501	7199
主营业务成本	28790	2433	21397	4960
主营业务税金及附加	402	5	307	91
营业费用	806	190	312	304
管理费用	1149	169	211	769
财务费用	179	186		-7
利息支出	36	36		
利润总额	2372	180	1103	1089
亏损企业亏损额				
利税总额	3815	184	2451	1180
本年应交增值税	1041		1041	

"三资"工业企业主要经济指标

表 4-9　　(2014 年)　　单位:万元

指　　标	企业单位数(个)	#亏损企业	工业总产值(现价)	工业销售产值(现价)
总　计	**209**	**52**	**10822116**	**10776306**
非金属矿采选业	1		40715	40715
开采辅助活动	1		43585	43585
农副食品加工业	28	9	1859039	1863719
食品制造业	6	1	60361	60211
酒、饮料和精制茶制造业	1	1	14631	14405
纺织业	9	1	138518	135564
纺织服装、服饰业	11	4	159203	159057
皮革、毛皮、羽毛及其制品和制鞋业	5	1	55919	55165
木材加工和木、竹、藤、棕、草制品业	7	3	90384	93294
家具制造业	1		4929	4929
印刷和记录媒介复制业	2		16122	16019
文教、工美、体育和娱乐用品制造业	6	2	66108	65879
化学原料和化学制品制造业	34	11	2692479	2683792
医药制造业	5		1684138	1668987
化学纤维制造业	5	1	203075	197205
橡胶和塑料制品业	5	1	84262	83882
非金属矿物制品业	28	3	692144	688130
黑色金属冶炼和压延加工业	1	1	11568	10904
有色金属冶炼和压延加工业	4	1	666170	676548
金属制品业	5		612471	605596
通用设备制造业	7		35016	36645
专用设备制造业	9	2	419559	413962
汽车制造业	1		5092	5385
电气机械和器材制造业	6	4	129677	123936
计算机、通信和其他电子设备制造业	8	3	880585	872831
仪器仪表制造业	1	0	3373	3373
废弃资源综合利用业	5	2	82233	82233
电力、热力生产和供应业	4		35890	35602
燃气生产和供应业	1		28572	28572
水的生产和供应业	2	1	6301	6185

表 4-9 续表 1　　(2014 年)　　单位:万元

指　　标	资　产 合　计	流动资产 合　计	应收帐款 净　额	产成品 存　货	固定资产 净　值 平均余额
总　　计	**5689633**	**3193879**	**856614**	**585060**	**1927082**
非金属矿采选业	16694	10038	816	966	5890
开采辅助活动	43108	18802	7743	6184	24306
农副食品加工业	926011	638715	119749	98665	198092
食品制造业	49230	23798	8019	5669	19794
酒、饮料和精制茶制造业	20158	7208	1808	2858	11050
纺织业	91996	41105	9867	12728	43856
纺织服装、服饰业	61039	33239	5528	15203	24326
皮革、毛皮、羽毛及其制品和制鞋业	33420	18995	8504	5242	10701
木材加工和木、竹、藤、棕、草制品业	21359	10203	2499	5075	10102
家具制造业	4934	2979	726	441	1442
印刷和记录媒介复制业	5620	3548	263	282	2060
文教、工美、体育和娱乐用品制造业	25007	12347	911	5908	11858
化学原料和化学制品制造业	1373447	589050	147936	134651	613090
医药制造业	1340028	1000726	285947	122975	228137
化学纤维制造业	98973	27324	9752	7021	53737
橡胶和塑料制品业	59328	33502	9103	11682	17812
非金属矿物制品业	562937	239372	64238	31253	271411
黑色金属冶炼和压延加工业	7275	7021	2972	2996	254
有色金属冶炼和压延加工业	148930	81320	42554	18641	58847
金属制品业	123676	76203	12956	18975	42178
通用设备制造业	26860	10022	2581	4023	13022
专用设备制造业	93181	46108	15574	11902	37263
汽车制造业	4723	2831	254	1888	946
电气机械和器材制造业	81397	28227	7847	10259	39511
计算机、通信和其他电子设备制造业	274546	153275	69107	27973	84853
仪器仪表制造业	2100	2071	442	90	29
废弃资源综合利用业	83199	46463	8955	18634	25387
电力、热力生产和供应业	73643	15709	4426	2528	54907
燃气生产和供应业	17316	8983	4416	286	7414
水的生产和供应业	19502	4696	1123	63	14807

表 4-9 续表 2　　(2014 年)　　单位:万元

指　　标	负债合计	所有者权益合计	主　营业务收入	主　营业务成本	主营业务税金及附加
总　计	**2831515**	**2851453**	**11076332**	**9016126**	**54003**
非金属矿采选业	4372	12322	40715	35904	312
开采辅助活动	33527	9580	43585	34472	353
农副食品加工业	544187	380404	1946467	1792656	1872
食品制造业	16978	32252	60184	47005	517
酒、饮料和精制茶制造业	20211	–54	14405	10867	1949
纺织业	33043	58954	136754	126020	467
纺织服装、服饰业	26318	34721	154760	126112	1554
皮革、毛皮、羽毛及其制品和制鞋业	11140	22280	55705	48427	361
木材加工和木、竹、藤、棕、草制品业	10580	10779	91776	84974	658
家具制造业	826	4108	4929	4309	19
印刷和记录媒介复制业	1456	4164	16019	11887	337
文教、工美、体育和娱乐用品制造业	11906	12828	65949	56172	545
化学原料和化学制品制造业	751896	621551	2808904	2561810	12348
医药制造业	588513	751514	1640618	470629	24029
化学纤维制造业	46175	47824	200284	183353	381
橡胶和塑料制品业	28091	31237	78236	63772	998
非金属矿物制品业	239111	323827	670299	585844	3380
黑色金属冶炼和压延加工业	7579	–305	10369	10293	
有色金属冶炼和压延加工业	71837	77093	721737	693451	42
金属制品业	51559	72118	633785	580535	85
通用设备制造业	13556	13303	37405	31587	148
专用设备制造业	30184	62997	438798	394399	368
汽车制造业	1498	3225	5385	4375	23
电气机械和器材制造业	34858	46539	120687	109384	1085
计算机、通信和其他电子设备制造业	142250	132296	921769	811771	1683
仪器仪表制造业	1900	200	3229	2682	8
废弃资源综合利用业	54278	28921	77723	72072	172
电力、热力生产和供应业	38165	35479	36892	30253	176
燃气生产和供应业	8069	9247	32666	26073	109
水的生产和供应业	7452	12050	6301	5041	25

表 4-9 续表 3 (2014 年) 单位:万元

指　　标	营业费用	管理费用	财务费用		利润总额
				利息支出	
总　　计	**738955**	**394915**	**56991**	**55725**	**848518**
非金属矿采选业	347	117	33	33	4002
开采辅助活动	436	2808	548	371	4968
农副食品加工业	24483	14602	8696	8585	105300
食品制造业	3052	5751	603	669	3946
酒、饮料和精制茶制造业	34	972	767	757	-284
纺织业	3070	3595	523	175	5053
纺织服装、服饰业	4523	6741	3158	2779	12512
皮革、毛皮、羽毛及其制品和制鞋业	758	3810	136	49	2920
木材加工和木、竹、藤、棕、草制品业	1421	1837	633	301	2216
家具制造业	171	343	-66		147
印刷和记录媒介复制业	1954	925	296	134	620
文教、工美、体育和娱乐用品制造业	2689	2834	540	441	3357
化学原料和化学制品制造业	46584	40597	29368	22900	132269
医药制造业	606109	212111	-8586	1230	343677
化学纤维制造业	1403	4661	2018	1930	8569
橡胶和塑料制品业	4484	6495	812	729	1791
非金属矿物制品业	11624	17876	9442	7500	45489
黑色金属冶炼和压延加工业	114	272	162	120	-551
有色金属冶炼和压延加工业	1719	3220	2246	1487	20957
金属制品业	5796	4882	-877	297	44612
通用设备制造业	868	2106	391	241	2568
专用设备制造业	4175	6385	814	691	32664
汽车制造业	0	446	-3		466
电气机械和器材制造业	3269	3993	1185	1298	1622
计算机、通信和其他电子设备制造业	7457	40277	1634	949	59207
仪器仪表制造业	89	288	-3		165
废弃资源综合利用业	1153	2827	800	472	712
电力、热力生产和供应业	120	2550	1116	976	5106
燃气生产和供应业	804	1291	85	148	4274
水的生产和供应业	252	306	521	462	163

表 4-9 续表 4 (2014 年) 单位:万元

指　　标	亏损企业 亏损总额	利税总额	本年应交 增值税
总　　计	**34750**	**1429721**	**526813**
非金属矿采选业		6291	1977
开采辅助活动		7481	2160
农副食品加工业	3894	196896	89724
食品制造业	875	5642	1180
酒、饮料和精制茶制造业	284	2636	971
纺织业	1162	7686	2166
纺织服装、服饰业	558	21116	7050
皮革、毛皮、羽毛及其制品和制鞋业		3670	196
木材加工和木、竹、藤、棕、草制品业	498	3416	542
家具制造业		632	466
印刷和记录媒介复制业		1804	848
文教、工美、体育和娱乐用品制造业	77	6373	2471
化学原料和化学制品制造业	16151	229972	85165
医药制造业		560299	192593
化学纤维制造业	565	14695	5746
橡胶和塑料制品业	1006	4379	1590
非金属矿物制品业	328	70107	21236
黑色金属冶炼和压延加工业	551	-551	
有色金属冶炼和压延加工业	661	52357	31358
金属制品业		67107	22410
通用设备制造业		3125	409
专用设备制造业	255	50391	17358
汽车制造业		712	223
电气机械和器材制造业	1451	7125	4418
计算机、通信和其他电子设备制造业	6111	93351	32460
仪器仪表制造业		216	43
废弃资源综合利用业	273	890	6
电力、热力生产和供应业		6290	1008
燃气生产和供应业		5377	993
水的生产和供应业	50	237	48

分地区规模以上工业企业主要经济指标

表 4-10　　(2014 年)　　单位:万元

指　　标	全　市	市　区	东海县	灌云县	灌南县
企业单位数(个)	1649	752	463	263	171
#亏损企业数(个)	154	96	10	2	46
工业总产值(现价)	48627389	29309704.2	8140188	5388790	5788707
工业销售产值(现价)	47867541	28865208.7	8022204	5246184	5733944
#出口交货值	1861625	1386379.8	361600	47019	66627
资产合计	28484407	21302687.8	2869800	1607906	2704013
流动资产合计	11633551	8755047.6	1074920	447029	1356554
应收帐款	3054977	2204009	354914	103349	392706
存　货	2630402	1973638.4	176247	110794	369723
产成品	1024379	742661.8	105475	35005	141238
固定资产合计	12232538	8595330.2	1514238	1120286	1002684
固定资产净值	12186569	8565283.7	1514896	1119694	986695
负债合计	15275096	11712399.4	1165703	728487	1668506
所有者权益合计	13195178	9585128.4	1695124	879419	1035507
主营业务收入	48121352	29262042.1	8027074	5101973	5730263
主营业务成本	39735461	23283075.4	7093809	4248735	5109842
主营业务税金及附加	431069	265378.9	62139	52224	51327
营业费用	2129428	1804871.3	115061	159754	49742
管理费用	1737315	1251411.7	133879	238376	113649
财务费用	500222	365831	73987	38832	21571
#利息支出	466120	347552.5	74365	25154	19049
利润总额	3722791	2421069.6	554054	360735	386932
亏损企业亏损额	75407	52908.3	8669	294	13536
利税总额	6128950	4016519.3	878235	519095	715101
本年应交增值税	1972431	1327831.3	261970	105796	276834

表 4-10 续表　　　　(2014 年)　　　　单位:万元

指　　标	市　区	市　直	连云区	海州区	赣榆区	开发区	徐　圩
企业单位数(个)	752	6	62	100	431	142	11
#亏损企业数(个)	96	1	23	20	7	42	3
工业总产值(现价)	29309704	2096737	967113	1806594	12908301	10967796	563164
工业销售产值(现价)	28865209	2080962	945406	1734975	12844363	10728242	531262
#出口交货值	1386380	43539	27659	137688	518861	612947	45686
资产合计	21302688	6302635	1130120	1982108	4688071	6112736	1087018
流动资产合计	8755048	1442401	493702	1073778	1551824	3836027	357317
应收帐款	2204009	220825	98445	215507	436520	1217920	14792
存　货	1973638	377974	170524	278721	406007	635373	105040
产成品	742662	54000	60661	92966	206507	316794	11734
固定资产合计	8595330	2794082	468802	334101	2916161	1698974	383210
固定资产净值	8565284	2788855	465161	332331	2914457	1695831	368650
负债合计	11712399	4502359	662882	971804	1886254	2909529	779571
所有者权益合计	9585128	1800275	467238	1010304	2801817	3188587	316907
主营业务收入	29262042	2081364	944147	1685112	12971586	11010833	569000
主营业务成本	23283075	1000006	850440	1408590	10691355	8800489	532195
主营业务税金及附加	265379	28425	2198	13499	182463	38737	58
营业费用	1804871	387174	26592	53569	556304	771312	9922
管理费用	1251412	197802	33789	99194	439097	468449	13080
财务费用	365831	86963	16429	15200	200613	32933	13694
#利息支出	347553	114280	11700	16706	158028	37789	9049
利润总额	2421070	461513	30500	108258	891287	923443	6069
亏损企业亏损额	52908	1029	21412	13467	1071	15172	758
利税总额	4016519	729083	51706	171084	1511114	1538720	14813
本年应交增值税	1327831	237881	18776	48770	437183	576535	8686

分地区规模以上国有工业企业主要经济指标

表 4-11　　(2014 年)　　单位:万元

指　　标	全　市	市　区	东海县	灌云县	灌南县
企业单位数(个)	44	37	2	3	2
#亏损企业数(个)	12	11			1
工业总产值(现价)	3244008	3108302	13363	94773	27570
工业销售产值(现价)	3218915	3086350	13554	90914	28097
#出口交货值	86000	86000			
资产合计	7526045	7339752	15529	133184	37580
流动资产合计	1974432	1929081	7234	24665	13453
应收帐款	548322	540797	339	5976	1211
存　货	548138	536718	1061	2390	7968
产成品	168338	163992	36	185	4126
固定资产合计	3309145	3172725	6439	108519	21462
固定资产净值	3302475	3166569	5924	108519	21462
负债合计	5356758	5209786	12533	101552	32886
所有者权益合计	2169288	2129966	2996	31632	4695
主营业务收入	3218024	3085836	13177	90914	28097
主营业务成本	2563099	2453037	12466	73111	24485
主营业务税金及附加	18464	17687	7	687	83
营业费用	79214	76899	595	1592	128
管理费用	150119	140784	479	5504	3352
财务费用	113094	108121	78	3875	1020
#利息支出	133053	128250	89	3701	1013
利润总额	373441	368168	259	6145	-1131
亏损企业亏损额	12600	10935			1665
利税总额	584669	575116	318	9473	-239
本年应交增值税	191427	187977		2642	808

表 4-11 续表　　(2014 年)　　单位:万元

指　　标	市　区	市　直	连云区	海州区	赣榆区	开发区	徐　圩
企业单位数(个)	37	5	7	5	1	16	3
#亏损企业数(个)	11	1	3	2		4	1
工业总产值(现价)	3108302	1190026	75326	48002	245099	1534438	15411
工业销售产值(现价)	3086350	1177677	74934	36669	244584	1537681	14806
#出口交货值	86000	43539		3571	29507	9383	0
资产合计	7339752	5701275	144078	49509.8	337150	1086877	20863
流动资产合计	1929081	1017447	36139	38160	172342	655345	9649
应收帐款	540797	123275	4382	5718	113079	288207	6137
存　货	536718	310802	11241	17112	15643	179402	2518
产成品	163992	24263	5410	10742	9297	113511	769
固定资产合计	3172725	2672862	37194	6859	164808	284739	6263
固定资产净值	3166569	2667635	37194	6859	164808	284739	5335
负债合计	5209786	4248653	103755	39554	180269	623243	14312
所有者权益合计	2129966	1452622	40323	9956	156881	463633	6551
主营业务收入	3085836	1213729	74906	33145	261720	1483760	18576
主营业务成本	2453037	827389	65330	23987	235112	1285860	15359
主营业务税金及附加	17687	14802	176	230	79	2351	49
营业费用	76899	19804	5018	3491	7150	39918	1518
管理费用	140784	77332	5710	3726	4903	48044	1070
财务费用	108121	91543	2199	513	3768	9937	162
#利息支出	128250	113477	2297	568	2659	9219	30
利润总额	368168	267929	-2976	1635	4810	96714	56
亏损企业亏损额	10935	1029	6133	1149		2273	351
利税总额	575116	408928	-1466	2059	15266	149817	513
本年应交增值税	187977	124933	1334	174	10377	50752	408

分地区规模以上集体工业企业主要经济指标

表 4-12 （2014 年） 单位：万元

指 标	全 市	市 区	东海县	灌云县	灌南县
企业单位数(个)	3	2		1	
#亏损企业数(个)					
工业总产值((现价)	37904	34742		3162	
工业销售产值(现价)	37111	33949		3162	
#出口交货值					
资产合计	11865	11354		511	
流动资产合计	10523	10224		299	
应收帐款	525	503		22	
存 货	323	121		202	
产成品	188	32		156	
固定资产合计	1250	1038		212	
固定资产净值	1250	1038		212	
负债合计	7980	7721		259	
所有者权益合计	3885	3633		252	
主营业务收入	33863	30701		3162	
主营业务成本	28790	26358		2433	
主营业务税金及附加	402	397		5	
营业费用	806	617		190	
管理费用	1149	980		169	
财务费用	179	-7		186	
#利息支出	36			36	
利润总额	2372	2192		180	
亏损企业亏损额					
利税总额	3815	3631		184	
本年应交增值税	1041	1041			

表 4-12 续表　　(2014 年)　　单位:万元

指　　标	市　区	市　直	连云区	海州区	赣榆区	开发区	徐　圩
企业单位数(个)	2			2			
#亏损企业数(个)							
工业总产值(现价)	34742			34742			
工业销售产值(现价)	33949			33949			
#出口交货值							
资产合计	11354			11354			
流动资产合计	10224			10224			
应收帐款	503			503			
存　货	121			121			
产成品	32			32			
固定资产合计	1038			1038			
固定资产净值	1038			1038			
负债合计	7721			7721			
所有者权益合计	3633			3633			
主营业务收入	30701			30701			
主营业务成本	26358			26358			
主营业务税金及附加	397			397			
营业费用	617			617			
管理费用	980			980			
财务费用	–7			–7			
#利息支出							
利润总额	2192			2192			
亏损企业亏损额							
利税总额	3631			3631			
本年应交增值税	1041			1041			

分地区规模以上“三资”工业企业主要经济指标

表 4–13　　(2014 年)　　单位:万元

指　　标	全　市	市　区	东海县	灌云县	灌南县
企业单位数(个)	209	131	45	12	21
#亏损企业数(个)	52	33	9		10
工业总产值(现价)	10822116	9341572	1191897	147196	141451
工业销售产值(现价)	10776306	9305367	1190756	141706	138478
#出口交货值	1124395	846146	235207	21599	21442
资产合计	5689633	4658323	841764	60624	128922
流动资产合计	3193879	2718686	384883	25512	64798
应收帐款	856614	684722	143106	7905	20881
存　货	585060	500029	51479	6791	26761
产成品	242700	205080	27174	2464	7982
固定资产合计	1927082	1488657	348377	34567	55482
固定资产净值	1913917	1482020	348353	34498	49046
负债合计	2831515	2472330	266216	23381	69588
所有者权益合计	2851453	2180480	574396	37243	59334
主营业务收入	11076332	9614437	1182765	143652	135478
主营业务成本	9016126	7715628	1054780	123320	122398
主营业务税金及附加	54003	46657	6227	853	266
营业费用	738955	712503	19948	4770	1734
管理费用	394915	351415	28849	6221	8430
财务费用	56991	40303	14254	1287	1148
#利息支出	55725	42238	12495	583	409
利润总额	848518	776462	63769	7295	993
亏损企业亏损额	34750	28764	4752	0	1234
利税总额	1429721	1303544	110625	11610	3942
本年应交增值税	526813	480236	40630	3269	2677

表 4-13 续表 (2014 年) 单位:万元

指 标	市 区	市 直	连云区	海州区	赣榆区	开发区	徐 圩
企业单位数(个)	131	1	21	23	28	57	1
#亏损企业数(个)	33		7	10	2	14	
工业总产值(现价)	9341572	906710	393354	343699	593162	7100774	3873
工业销售产值(现价)	9305367	903285	394867	335570	601981	7065837	3827
#出口交货值	846146	0	25817	35438	203513	577618	3760
资产合计	4658323	601360	622755	328069	248700	2855605	1835
流动资产合计	2718686	424954	261928	132299	109741	1788781	984
应收帐款	684722	97551	70365	28445	22259	466043	60
存 货	500029	67172	66580	42543	21753	301865	115
产成品	205080	29737	23478	17228	5897	128694	47
固定资产合计	1488657	121221	289485	97735	104321	875191	704
固定资产净值	1482020	121221	286396	96831	104321	872548	704
负债合计	2472330	253706	375090	200226	127424	1513773	2111
所有者权益合计	2180480	347653	247665	127842	121277	1336319	−276
主营业务收入	9614437	867635	390052	328438	604510	7419977	3827
主营业务成本	7715628	172617	347404	302634	472344	6417813	2816
主营业务税金及附加	46657	13623	1144	3805	13506	14580	0
营业费用	712503	367370	11880	7876	25103	299683	591
管理费用	351415	120470	15371	13483	18330	183600	161
财务费用	40303	−4580	11153	4497	12674	16412	147
#利息支出	42238	804	7867	4059	11094	18309	106
利润总额	776462	193584	14550	−2820	63407	507630	111
亏损企业亏损额	28764		12634	10952	360	4817	
利税总额	1303544	320155	25197	7519	96449	854113	111
本年应交增值税	480236	112949	9317	6534	19536	331901	

分地区规模以上私营工业企业主要经济指标

表 4-14　　(2014 年)　　单位:万元

指　　标	全　市	市　区	东海县	灌云县	灌南县
企业单位数(个)	1171	526	407	119	119
#亏损企业数(个)	73	44	1		28
工业总产值(现价)	25379936	11904585	6776149	2974589	3724613
工业销售产值(现价)	25013715	11771498	6657866	2903205	3681147
#出口交货值	519171	332542	126393	23696	36540
资产合计	10000555	5614951	1897430	704739	1783435
流动资产合计	3774686	2087547	620568	181998	884573
应收帐款	897927	428621	204980	41747	222580
存　货	1021462	619004	111225	48940	242294
产成品	431570	241442	71942	20184	98002
固定资产合计	5104777	2833472	1114443	501452	655410
固定资产净值	5079044	2816217	1115641	501330	645856
负债合计	4782223	2641563	805078	269462	1066121
所有者权益合计	5210865	2973742	1084532	435277	717314
主营业务收入	25098314	11875028	6677979	2863897	3681409
主营业务成本	21305158	9763060	5899541	2373470	3269087
主营业务税金及附加	255799	148515	54593	31946	20745
营业费用	762343	544877	86231	97256	33979
管理费用	734908	425840	100036	132089	76944
财务费用	282708	190148	56984	20735	14841
#利息支出	229893	144388	59319	12618	13569
利润总额	1764735	810833	480500	205942	267459
亏损企业亏损额	23455	10469	3917		9069
利税总额	2838958	1335127	751118	301386	451327
本年应交增值税	817547	375016	216005	63405	163121

表 4-14 续表　　　　(2014 年)　　　　单位:万元

指　　标	市　区	市　直	连云区	海州区	赣榆区	开发区	徐　圩
企业单位数(个)	526		25	55	380	60	6
#亏损企业数(个)	44		9	7	5	22	1
工业总产值(现价)	11904585		405428	888337	9454398	615825	540597
工业销售产值(现价)	11771498		383068	846232	9425385	607331	509482
#出口交货值	332542		1842	31087	242831	14856	41927
资产合计	5614951		305882	717664	3092697	437098	1061611
流动资产合计	2087547		166098	479156	845097	252375	344822
应收帐款	428621		18904	106193	228080	67112	8332
存　货	619004		88295	168477	206588	54735	100909
产成品	241442		30182	46571	129878	24821	9989
固定资产合计	2833472		121940	142873	2073138	120080	375441
固定资产净值	2816217		121388	142007	2071434	119580	361808
负债合计	2641563		153103	338273	1082202	306863	761122
所有者权益合计	2973742		152778	379391	2010496	121128	309949
主营业务收入	11875028		384584	820585	9507136	619273	543451
主营业务成本	9763060		352313	692213	7650555	557278	510701
主营业务税金及附加	148515		736	5625	140510	1644	
营业费用	544877		7850	20304	493258	15713	7753
管理费用	425840		10632	42839	338191	22388	11790
财务费用	190148		2278	9784	159441	5278	13366
#利息支出	144388		1035	9083	120871	4485	8913
利润总额	810833		14556	51200	719758	19101	6218
亏损企业亏损额	10469		1352	928	711	7388	90
利税总额	1335127		20694	80955	1177964	41084	14430
本年应交增值税	375016		5361	23595	317514	20336	8212

资产总计最大的 50 家企业

表 4-15 (2014 年)

序号	企业名称	序号	企业名称
1	江苏核电有限公司	26	益海(连云港)精细化学工业有限公司
2	江苏省镔鑫特钢材料有限公司	27	连云港华乐合金有限公司
3	江苏新海发电有限公司	28	大陆汽车电子(连云港)有限公司
4	江苏恒瑞医药股份有限公司	29	晶海洋半导体材料(东海)有限公司
5	江苏新海石化有限公司	30	台玻东海玻璃有限公司
6	江苏金桥盐化集团有限责任公司	31	江苏华尔化工有限公司
7	江苏豪森药业集团有限公司	32	中复神鹰碳纤维有限责任公司
8	正大天晴药业集团股份有限公司	33	江苏德邦化学工业集团有限公司
9	江苏虹港石化有限公司	34	江苏海中洲船业有限公司
10	江苏康缘集团有限责任公司	35	江苏金茂源生物化工有限责任公司
11	益海(连云港)粮油有限公司	36	连云港启创铝制品有限公司
12	日出东方太阳能股份有限公司	37	中国石化集团南京化学工业有限公司连云港碱厂
13	连云港中复连众复合材料集团有限公司	38	连云港润众制药有限公司
14	连云港亚新钢铁有限公司	39	江苏太平洋石英股份有限公司
15	连云港兴鑫钢铁有限公司	40	连云港金信利不锈钢有限公司
16	连云港神舟新能源有限公司	41	中联巨龙(连云港)水泥有限公司
17	罗盖特(中国)精细化工有限公司	42	江苏东成生物科技集团有限公司
18	番禺珠江钢管(连云港)有限公司	43	连云港市自来水有限责任公司
19	连云港鹰游纺机有限责任公司	44	江苏华电灌云风力发电有限公司
20	丰益油脂化学(连云港)有限公司	45	益海嘉里(连云港)化工有限公司
21	韩华新能源科技有限公司	46	连云港腾翔金属材料有限公司
22	国电联合动力技术(连云港)有限公司	47	江苏天明机械集团有限公司
23	江苏宝通镍业有限公司	48	江苏名洋船业有限公司
24	连云港福润食品有限公司	49	连云港黄海机械股份有限公司
25	连云港天明装备有限公司	50	金桥益海(连云港)氯碱有限公司

工业总产值最高的50家企业

表4-16　　(2014年)

序号	企 业 名 称	序号	企 业 名 称
1	江苏新海石化有限公司	26	连云港宏鹏金属制品有限公司
2	江苏省镔鑫特钢材料有限公司	27	江苏新海发电有限公司
3	连云港兴鑫钢铁有限公司	28	江苏金茂源生物化工有限责任公司
4	连云港亚新钢铁有限公司	29	连云港市兆昱新材料实业有限公司
5	益海(连云港)粮油有限公司	30	连云港华乐合金有限公司
6	正大天晴药业集团股份有限公司	31	连云港健发磁性材料有限公司
7	江苏恒瑞医药股份有限公司	32	国电联合动力技术(连云港)有限公司
8	罗盖特(中国)精细化工有限公司	33	连云港神舟新能源有限公司
9	连云港金信利不锈钢有限公司	34	连云港润众制药有限公司
10	江苏豪森药业集团有限公司	35	连云港腾翔金属材料有限公司
11	大陆汽车电子(连云港)有限公司	36	江苏海中洲船业有限公司
12	丰益油脂化学(连云港)有限公司	37	中复神鹰碳纤维有限责任公司
13	连云港启创铝制品有限公司	38	中联巨龙(连云港)水泥有限公司
14	江苏康缘集团有限责任公司	39	连云港兴怡紧固件有限公司
15	江苏核电有限公司	40	江苏耀中铝车轮有限公司
16	东方国际集装箱(连云港)有限公司	41	江苏德源药业有限公司
17	沙索益海(连云港)醇工业有限公司	42	日出东方太阳能股份有限公司
18	韩华新能源科技有限公司	43	江苏名洋船业有限公司
19	连云港五洲船舶重工有限公司	44	连云港键坤实业有限公司
20	江苏虹港石化有限公司	45	江苏远征化工有限公司
21	江苏华尔化工有限公司	46	连云港天明装备有限公司
22	重山风力设备(连云港)有限公司	47	连云港胜华船舶修造有限公司
23	连云港海赣科技有限公司	48	连云港鹰游纺机有限责任公司
24	连云港北港镍业有限公司	49	江苏东成生物科技集团有限公司
25	连云港中复连众复合材料集团有限公司	50	连云港浩林铜业有限公司

主营业务收入最高的50家企业

表4-17 (2014年)

序号	企业名称	序号	企业名称
1	江苏新海石化有限公司	26	江苏新海发电有限公司
2	江苏省镔鑫特钢材料有限公司	27	连云港市兆昱新材料实业有限公司
3	连云港兴鑫钢铁有限公司	28	江苏金茂源生物化工有限责任公司
4	连云港亚新钢铁有限公司	29	国电联合动力技术(连云港)有限公司
5	益海(连云港)粮油有限公司	30	连云港健发磁性材料有限公司
6	正大天晴药业集团股份有限公司	31	连云港华乐合金有限公司
7	罗盖特(中国)精细化工有限公司	32	连云港神舟新能源有限公司
8	连云港金信利不锈钢有限公司	33	连云港润众制药有限公司
9	江苏恒瑞医药股份有限公司	34	连云港中复连众复合材料集团有限公司
10	大陆汽车电子(连云港)有限公司	35	中复神鹰碳纤维有限责任公司
11	江苏豪森药业集团有限公司	36	江苏海中洲船业有限公司
12	连云港启创铝制品有限公司	37	连云港腾翔金属材料有限公司
13	丰益油脂化学(连云港)有限公司	38	连云港兴怡紧固件有限公司
14	江苏核电有限公司	39	江苏德源药业有限公司
15	东方国际集装箱(连云港)有限公司	40	中联巨龙(连云港)水泥有限公司
16	沙索益海(连云港)醇工业有限公司	41	日出东方太阳能股份有限公司
17	韩华新能源科技有限公司	42	江苏耀中铝车轮有限公司
18	连云港五洲船舶重工有限公司	43	江苏名洋船业有限公司
19	江苏康缘集团有限责任公司	44	江苏东成生物科技集团有限公司
20	重山风力设备(连云港)有限公司	45	连云港胜华船舶修造有限公司
21	连云港北港镍业有限公司	46	连云港天明装备有限公司
22	连云港海赣科技有限公司	47	连云港键坤实业有限公司
23	江苏虹港石化有限公司	48	江苏远征化工有限公司
24	江苏华尔化工有限公司	49	连云港鹰游纺机有限责任公司
25	连云港宏鹏金属制品有限公司	50	甲乙(连云港)粘胶有限公司

利润总额最高的50家企业

表4-18 (2014年)

序号	企业名称	序号	企业名称
1	江苏核电有限公司	26	连云港健发磁性材料有限公司
2	正大天晴药业集团股份有限公司	27	连云港市兆昱新材料实业有限公司
3	江苏恒瑞医药股份有限公司	28	韩华新能源科技有限公司
4	连云港兴鑫钢铁有限公司	29	赣榆县万通管桩配件有限公司
5	江苏豪森药业集团有限公司	30	连云港启创铝制品有限公司
6	连云港亚新钢铁有限公司	31	罗盖特(中国)精细化工有限公司
7	益海(连云港)粮油有限公司	32	连云港宏鹏金属制品有限公司
8	连云港润众制药有限公司	33	江苏德源药业有限公司
9	江苏新海石化有限公司	34	江苏东成生物科技集团有限公司
10	大陆汽车电子(连云港)有限公司	35	江苏耀中铝车轮有限公司
11	江苏华尔化工有限公司	36	连云港天明装备有限公司
12	江苏康缘集团有限责任公司	37	连云港腾翔金属材料有限公司
13	丰益油脂化学(连云港)有限公司	38	连云港兴怡紧固件有限公司
14	东方国际集装箱(连云港)有限公司	39	中联巨龙(连云港)水泥有限公司
15	日出东方太阳能股份有限公司	40	江苏佳宇资源利用股份有限公司
16	江苏省镔鑫特钢材料有限公司	41	江苏西德电梯有限公司
17	连云港五洲船舶重工有限公司	42	连云港华乐合金有限公司
18	连云港海赣科技有限公司	43	江苏海中洲船业有限公司
19	江苏金茂源生物化工有限责任公司	44	连云港鹰游纺机有限责任公司
20	江苏新海发电有限公司	45	江苏太平洋石英股份有限公司
21	连云港中复连众复合材料集团有限公司	46	连云港胜华船舶修造有限公司
22	连云港北港镍业有限公司	47	江苏名洋船业有限公司
23	连云港金信利不锈钢有限公司	48	中复神鹰碳纤维有限责任公司
24	重山风力设备(连云港)有限公司	49	连云港市和邦再生物资有限公司
25	沙索益海(连云港)醇工业有限公司	50	连云港浩林铜业有限公司

利税总额最高的50家企业

表4-19 (2014年)

序号	企业名称	序号	企业名称
1	江苏核电有限公司	26	连云港市兆昱新材料实业有限公司
2	正大天晴药业集团股份有限公司	27	重山风力设备(连云港)有限公司
3	江苏恒瑞医药股份有限公司	28	连云港中复连众复合材料集团有限公司
4	连云港兴鑫钢铁有限公司	29	连云港健发磁性材料有限公司
5	江苏豪森药业集团有限公司	30	韩华新能源科技有限公司
6	连云港亚新钢铁有限公司	31	连云港宏鹏金属制品有限公司
7	江苏新海石化有限公司	32	江苏德源药业有限公司
8	益海(连云港)粮油有限公司	33	连云港腾翔金属材料有限公司
9	连云港润众制药有限公司	34	连云港兴怡紧固件有限公司
10	江苏省镔鑫特钢材料有限公司	35	连云港天明装备有限公司
11	江苏康缘集团有限责任公司	36	江苏东成生物科技集团有限公司
12	大陆汽车电子(连云港)有限公司	37	赣榆县万通管桩配件有限公司
13	连云港金信利不锈钢有限公司	38	江苏海中洲船业有限公司
14	丰益油脂化学(连云港)有限公司	39	江苏汤沟两相和酒业有限公司
15	江苏华尔化工有限公司	40	中联巨龙(连云港)水泥有限公司
16	东方国际集装箱(连云港)有限公司	41	连云港胜华船舶修造有限公司
17	连云港五洲船舶重工有限公司	42	中复神鹰碳纤维有限责任公司
18	江苏金茂源生物化工有限责任公司	43	江苏耀中铝车轮有限公司
19	连云港启创铝制品有限公司	44	江苏佳宇资源利用股份有限公司
20	连云港海赣科技有限公司	45	连云港浩林铜业有限公司
21	连云港北港镍业有限公司	46	江苏名洋船业有限公司
22	江苏新海发电有限公司	47	江苏西德电梯有限公司
23	日出东方太阳能股份有限公司	48	连云港华乐合金有限公司
24	沙索益海(连云港)醇工业有限公司	49	连云港鹰游纺机有限责任公司
25	罗盖特(中国)精细化工有限公司	50	江苏太平洋石英股份有限公司

从业人员最多的 50 家企业

表 4–20 (2014 年)

序号	企业名称	序号	企业名称
1	江苏省镔鑫特钢材料有限公司	26	国电联合动力技术(连云港)有限公司
2	江苏恒瑞医药股份有限公司	27	韩华新能源科技有限公司
3	正大天晴药业集团股份有限公司	28	连云港神舟新能源有限公司
4	连云港五洲船舶重工有限公司	29	晶海洋半导体材料(东海)有限公司
5	江苏康缘集团有限责任公司	30	益海(连云港)粮油有限公司
6	江苏新海石化有限公司	31	连云港茉织华服饰有限公司
7	江苏豪森药业集团有限公司	32	罗盖特(中国)精细化工有限公司
8	江苏金桥盐化集团有限责任公司	33	江苏德邦化学工业集团有限公司
9	连云港亚新钢铁有限公司	34	福泰克(连云港)电线有限公司
10	连云港兴鑫钢铁有限公司	35	江苏远征化工有限公司
11	连云港中复连众复合材料集团有限公司	36	东方国际集装箱(连云港)有限公司
12	江苏核电有限公司	37	中复神鹰碳纤维有限责任公司
13	连云港鹰游纺机有限责任公司	38	连云港柏兴无纺布制品有限公司
14	中国石化集团南京化学工业有限公司连云港碱厂	39	连云港康达智精密技术有限公司
15	日出东方太阳能股份有限公司	40	江苏明盛化工有限公司
16	江苏华尔化工有限公司	41	连云港味之素冷冻食品有限公司
17	江苏新海发电有限公司	42	江苏宝通镍业有限公司
18	大陆汽车电子(连云港)有限公司	43	禧玛诺(连云港)实业有限公司
19	东海宲豐纺织有限公司	44	番禺珠江钢管(连云港)有限公司
20	江苏汤沟两相和酒业有限公司	45	连云港艾业无纺布制品有限公司
21	连云港华乐合金有限公司	46	连云港启创铝制品有限公司
22	江苏太平洋石英股份有限公司	47	连云港东港针织有限公司
23	连云港东霞制衣有限公司	48	连云港宏鹏金属制品有限公司
24	连云港鲜禾制鞋有限公司	49	江苏海中洲船业有限公司
25	连云港金信利不锈钢有限公司	50	连云港美步楼梯制造有限公司

大中型工业企业一览表

表 4–21 (2014 年) 单位:万元

企业名称	企业规模	隶属关系	注册类型	工业总产值
一、大型工业企业(27 户)				
江苏新海石化有限公司	大型	其他	其他有限责任公司	2292225
江苏省镔鑫特钢材料有限公司	大型	其他	私营有限责任公司	2086220
连云港兴鑫钢铁有限公司	大型	其他	私营有限责任公司	1817172
连云港亚新钢铁有限公司	大型	其他	其他有限责任公司	1605398
益海(连云港)粮油有限公司	大型	其他	中外合资经营	1451560
正大天晴药业集团股份有限公司	大型	省(自治区、直辖市)	外商投资股份有限公司	906710
江苏恒瑞医药股份有限公司	大型	地(区、市、州、盟)	股份有限公司	880202
连云港金信利不锈钢有限公司	大型	其他	私营有限责任公司	733811
江苏豪森药业集团有限公司	大型	其他	港澳台商投资股份有限公司	710723
大陆汽车电子(连云港)有限公司	大型	其他	外资企业	693312
江苏康缘集团有限责任公司	大型	地(区、市、州、盟)	其他有限责任公司	628453
江苏核电有限公司	大型	中央	其他有限责任公司	609994
韩华新能源科技有限公司	大型	其他	其他有限责任公司	528866
连云港五洲船舶重工有限公司	大型	其他	私营有限责任公司	520096
江苏华尔化工有限公司	大型	其他	私营有限责任公司	343822
连云港中复连众复合材料集团有限公司	大型	中央	其他有限责任公司	309326
江苏新海发电有限公司	大型	省(自治区、直辖市)	股份有限公司	293200
连云港华乐合金有限公司	大型	其他	私营有限责任公司	288646
国电联合动力技术(连云港)有限公司	大型	中央	其他有限责任公司	265051
连云港神舟新能源有限公司	大型	县(区、市、旗)	其他有限责任公司	245099
日出东方太阳能股份有限公司	大型	其他	股份有限公司	174770
连云港鹰游纺机有限责任公司	大型	地(区、市、州、盟)	其他有限责任公司	157948
中国石化集团南京化学工业有限公司连云港碱厂	大型	中央	国有	145590
江苏金桥盐化集团有限责任公司	大型	地(区、市、州、盟)	国有独资公司	127164
江苏太平洋石英股份有限公司	大型	乡	与港澳台商合资经营	125692
晶海洋半导体材料(东海)有限公司	大型	其他	港澳台商独资	91848
江苏汤沟两相和酒业有限公司	大型	其他	其他有限责任公司	49421
二、中型工业企业(118 户)				
罗盖特(中国)精细化工有限公司	中型	其他	外资企业	757659
丰益油脂化学(连云港)有限公司	中型	其他	中外合资经营	648847
连云港启创铝制品有限公司	中型	其他	外资企业	630113
东方国际集装箱(连云港)有限公司	中型	其他	中外合资经营	581746

表 4-21 续表 1　　(2014 年)　　单位:万元

企业名称	企业规模	隶属关系	注册类型	工业总产值
江苏虹港石化有限公司	中型	其他	私营有限责任公司	359825
重山风力设备(连云港)有限公司	中型	其他	外资企业	343628
连云港海赣科技有限公司	中型	其他	私营有限责任公司	333077
连云港北港镍业有限公司	中型	其他	私营有限责任公司	328033
连云港宏鹏金属制品有限公司	中型	其他	私营有限责任公司	302820
江苏金茂源生物化工有限责任公司	中型	其他	中外合资经营	290091
连云港市兆昱新材料实业有限公司	中型	其他	私营有限股份公司	289583
连云港健发磁性材料有限公司	中型	其他	私营独资	265571
连云港润众制药有限公司	中型	其他	其他有限责任公司	227632
连云港腾翔金属材料有限公司	中型	其他	私营有限股份公司	202855
江苏海中洲船业有限公司	中型	其他	私营有限责任公司	200802
中复神鹰碳纤维有限责任公司	中型	其他	其他有限责任公司	194502
连云港兴怡紧固件有限公司	中型	其他	私营有限责任公司	183360
江苏耀中铝车轮有限公司	中型	其他	私营有限责任公司	177474
江苏德源药业有限公司	中型	其他	私营有限责任公司	177263
江苏名洋船业有限公司	中型	其他	私营有限责任公司	169078
连云港键坤实业有限公司	中型	其他	私营有限责任公司	166848
江苏远征化工有限公司	中型	其他	私营有限责任公司	164745
连云港天明装备有限公司	中型	其他	私营有限责任公司	160257
连云港胜华船舶修造有限公司	中型	其他	私营有限责任公司	158347
江苏和利瑞科技发展有限公司	中型	其他	其他有限责任公司	145240
江苏西德电梯有限公司	中型	其他	私营有限责任公司	139391
江苏明盛化工有限公司	中型	其他	私营有限责任公司	135662
连云港美尔美图船业有限公司	中型	其他	私营有限责任公司	132159
连云港伍江数码科技有限公司	中型	其他	港澳台商投资股份有限公司	117235
江苏宝通镍业有限公司	中型	县(区、市、旗)	私营有限责任公司	113520
江苏鹏程化工有限公司	中型	其他	其他有限责任公司	101125
连云港桃盛熔融石英有限公司	中型	其他	与港澳台商合资经营	87652
贵强碳化硅粉体材料(东海)有限公司	中型	其他	私营有限责任公司	84783
赣榆县文峰木业有限公司	中型	其他	私营有限责任公司	83684
江苏万润肉类加工有限公司	中型	其他	港澳台商独资	82280

表 4-21 续表 2　　　　(2014 年)　　　　单位:万元

企业名称	企业规模	隶属关系	注册类型	工业总产值
江苏金桥盐化集团日晒制盐有限公司	中型	其他	国有独资公司	80155
江苏石光光伏有限公司	中型	其他	中外合资经营	77418
江苏双宏化工有限公司	中型	其他	其他有限责任公司	77407
江苏德邦化学工业集团有限公司	中型	地(区、市、州、盟)	中外合资经营	68120
连云港市易达酒业有限公司	中型	其他	私营有限股份公司	66948
连云港福润食品有限公司	中型	其他	港澳台商独资	65986
连云港祥和电光源有限公司	中型	其他	私营有限责任公司	65716
东海县宝盛石英制品有限公司	中型	其他	私营有限股份公司	59519
连云港市盛昌照明电器有限公司	中型	其他	私营有限责任公司	57578
连云港市云海电源有限公司	中型	其他	私营有限责任公司	52227
番禺珠江钢管(连云港)有限公司	中型	其他	私营有限责任公司	51569
连云港致远化工有限公司	中型	其他	其他有限责任公司	51100
连云港东港针织有限公司	中型	乡	与港澳台商合资经营	49704
东海县东星熔融石英制品有限公司	中型	其他	私营有限责任公司	46917
连云港索欧服饰有限公司	中型	其他	其他有限责任公司	44545
江苏东浦管桩有限公司	中型	其他	私营有限责任公司	43429
江苏天明机械集团有限公司	中型	其他	私营有限责任公司	42008
连云港杜钟氨纶有限公司	中型	地(区、市、州、盟)	中外合资经营	41961
东海县旭日照明电器有限公司	中型	其他	私营有限责任公司	38403
连云港正大农牧发展有限公司	中型	其他	与港澳台商合资经营	37125
江苏中金玛泰医药包装有限公司	中型	其他	中外合资经营	37068
汉高华威电子有限公司	中型	地(区、市、州、盟)	中外合资经营	36471
东海县石梁河镇利金石墨制品厂	中型	其他	私营独资	36301
台玻东海玻璃有限公司	中型	其他	外资企业	36042
连云港东渡碳化硅有限公司	中型	其他	私营有限责任公司	35360
东海宷豐纺织有限公司	中型	其他	外资企业	33326
江苏苏云医疗器材有限公司	中型	其他	与港澳台商合资经营	32694
江苏湛蓝科技开发有限公司	中型	其他	其他有限责任公司	32549
连云港远洋流体装卸设备有限公司	中型	中央	国有独资公司	32516
益海(连云港)精细化学工业有限公司	中型	其他	外资企业	31848
江苏力达宁化工有限公司	中型	其他	私营有限股份公司	31564

表 4–21 续表 3　　(2014 年)　　单位:万元

企业名称	企业规模	隶属关系	注册类型	工业总产值
连云港美步楼梯制造有限公司	中型	其他	私营有限责任公司	30217
连云港圣野硅产有限公司	中型	其他	私营有限责任公司	29998
福泰克(连云港)电线有限公司	中型	其他	外资企业	29500
东海县凯利达制衣厂	中型	其他	私营独资	27622
连云港市国盛化工有限公司	中型	其他	私营有限责任公司	27065
连云港市金囤农化有限公司	中型	其他	私营有限责任公司	26840
江苏道博化工有限公司	中型	其他	私营有限责任公司	26752
东海县泳璋混凝土制品有限公司	中型	其他	私营有限责任公司	26430
连云港东霞制衣有限公司	中型	其他	私营有限责任公司	25120
禧玛诺(连云港)实业有限公司	中型	其他	外商投资股份有限公司	24867
连云港永盛工艺品有限公司	中型	其他	私营有限责任公司	24468
连云港水表有限公司	中型	地(区、市、州、盟)	其他有限责任公司	24402
连云港华洋玩具有限公司	中型	其他	其他有限责任公司	23872
江苏克胜作物科技有限公司	中型	其他	私营有限责任公司	22321
连云港柏兴无纺布制品有限公司	中型	其他	外资企业	22133
连云港鲜禾制鞋有限公司	中型	其他	外资企业	21195
连云港中化化学品有限公司	中型	县(区、市、旗)	其他有限责任公司	20948
连云港茉织华服饰有限公司	中型	其他	私营有限股份公司	20786
连云港海德益食品有限公司	中型	其他	私营有限责任公司	20279
连云港和利通船舶重工有限公司	中型	其他	其他有限责任公司	19164
连云港艾业无纺布制品有限公司	中型	其他	外资企业	18459
连云港味之素冷冻食品有限公司	中型	其他	中外合资经营	17959
东海力音电子有限公司	中型	其他	港澳台商独资	15925
赣榆富利来纺织有限公司	中型	其他	私营有限责任公司	15543
来福威尔(连云港)制衣有限公司	中型	其他	私营有限责任公司	15049
中国江苏三得利食品有限公司	中型	地(区、市、州、盟)	中外合资经营	14631
连云港市自来水有限责任公司	中型	地(区、市、州、盟)	其他有限责任公司	14079
连云港花茂日用品有限公司	中型	其他	港澳台商独资	13933
连云港福东正佑照明电器有限公司	中型	乡	中外合资经营	13641
江苏堂皇集团连云港家纺有限公司	中型	其他	私营有限责任公司	13465
连云港新磷矿化有限责任公司	中型	县(区、市、旗)	其他有限责任公司	12545

表 4-21 续表 4　　(2014 年)　　单位:万元

企业名称	企业规模	隶属关系	注册类型	工业总产值
江苏中鹏新材料股份有限公司	中型	其他	股份有限公司	12408
连云港康达智精密技术有限公司	中型	其他	外资企业	11578
连云港东睦新材料有限公司	中型	其他	股份有限公司	11533
连云港市黄化制钙有限公司	中型	地(区、市、州、盟)	其他有限责任公司	11245
赣榆县德兴海洋食品有限公司	中型	其他	私营有限责任公司	10250
江苏仁欣化工股份有限公司	中型	其他	私营有限股份公司	10016
连云港味之素如意食品有限公司	中型	其他	中外合资经营	9154
连云港黄海机械股份有限公司	中型	其他	私营有限股份公司	9118
连云港高发玩具礼品有限公司	中型	其他	外资企业	9044
国成功能服饰(连云港)有限公司	中型	其他	外资企业	8410
连云港宏杨木业有限公司	中型	其他	外资企业	7983
江苏雅仕保鲜产业有限公司	中型	其他	私营独资	7291
连云港市永旺玻璃制品有限公司	中型	其他	私营有限责任公司	6921
连云港艾信无纺布制品有限公司	中型	其他	私营有限责任公司	6419
连云港马诗龙生物科技有限公司	中型	其他	其他有限责任公司	6361
连云港光鼎电子有限公司	中型	县(区、市、旗)	中外合资经营	6310
连云港神鹰碳纤维自行车有限责任公司	中型	其他	私营有限责任公司	5978
舜天(赣榆)工贸有限公司	中型	其他	与港澳台商合资经营	5472
灌南县宏益纺织有限公司	中型	其他	私营有限责任公司	4079
连云港祥禾制衣有限公司	中型	其他	港澳台商独资	3052
连云港柳桥寝具有限公司	中型	其他	私营有限责任公司	2259

分县区历年工业企业能源综合消耗量

表 4-22　　单位：吨标准煤

年份	全市	市区	赣榆区	东海县	灌云县	灌南县
2005	2328028	1720571	179608	239917	114081	73852
2006	3382350	2713805	285296	205265	113465	64519
2007	3353069	2610589	289143	229616	126240	97481
2008	3506577	2597110	333987	242935	191397	141149
2009	4030479	2580984	569292	365617	151050	363536
2010	4825594	2589130	988916	344706	151481	751361
2011	6211173	2921511	1618143	349642	155562	1166315
2012	6338884	2956485	1652103	319808	164541	1245946
2013	7362349	3622430	1816100	368277	213178	1342364
2014	7720564	5397502	1984204	452606	202285	1668171

工业企业主要能源消费量

表 4-23　　(2014 年)　　单位:吨

指　　标	全　市	市　区		东海县	灌云县	灌南县
			赣榆县			
原煤	5956460	5424405	451285	148755	92121	291178
洗精煤	137836	83986	76962			53850
其它洗煤	46332	46332				
煤制品	7061	7061	8601			
焦炭	2277482	1125453	978694			1152029
发生炉煤气(万立方米)	1270	1270				
天然气(万立方米)	8919	8340		78	500	
液化天然气	5	5				
原油	2843973	2843973	2843973			
汽油	1273	1189	14	10		75
煤油	2	2				
柴油	21607	20301	233	608		699
燃料油	1790				106	1685
液化石油气	8152	149		675	7328	
润滑油	38	38				
其它石油制品	68	68				
热力(百万千焦)	13410922	13011673	235042	42269		356980
电力(万千瓦时)	1365709	802039	335409	250309	95427	217934
煤矸石用于燃料	12691	12691				
城市垃圾用于燃料	306999	306999				
生物质废料用于燃料	253927	146199	131993	94668		13060
折标准煤合计(吨标准煤)	13523572	10975977	5998566	464898	202447	1880249

主要能源品种分行业消费量

表4-24　　(2014年)　　单位:吨

指　　标	原煤	焦碳	石油	汽油	柴油	热　力 (百万千焦)	电　力 (万千瓦时)
总 计	**5956460**	**2277482**	**2843973**	**1273**	**21607**	**13410922**	**1365709**
其中:轻工业	343744	95		341	1220	1460274	192385
重工业	5612715	2277387	2843973	932	20387	11950648	1173323
有色金属矿采选业					70		385
非金属矿采选业	62727				343		13820
开采辅助活动	155						1179
农副食品加工业	110403			52	711	27979	43878
食品制造业	27420			13	67		5188
酒、饮料和精制茶制造业	31162						8594
纺织业	1093			2			10167
纺织服装、服饰业	1057			10		3859	12013
皮革、毛皮、羽毛及其制品和制鞋业	2457			27	50	1596	2632
木材加工和木、竹、藤、棕、草制品业	7241			15	109	14700	15065
家具制造业							708
造纸和纸制品业	5835						4034
印刷和记录媒介复制业				29	47		7757
文教、工美、体育和娱乐用品制造业	1972			9			5022
石油加工、炼焦和核燃料加工业			2843973				16498
化学原料和化学制品制造业	1456158	119598		71	11346	11907870	235142

表 4-24 续表　　　　　　(2014 年)　　　　　　单位:吨

指　　标	原煤	焦碳	石油	汽油	柴油	热　力(百万千焦)	电　力(万千瓦时)
医药制造业	28475			89	132	945033	26845
化学纤维制造业	77909			17		330239	11896
橡胶和塑料制品业	160			11	18	42218	8573
非金属矿物制品业	142694			35	4119	42722	173589
黑色金属冶炼和压延加工业	407001	2140196			1034		405923
有色金属冶炼和压延加工业	7028	17593			124		16686
金属制品业	24428			51	431		67517
通用设备制造业	2679			62	140		17115
专用设备制造业	14000			240	154	94707	17925
汽车制造业				20			11094
铁路、船舶、航空航天和其他运输设备制造业		95		18	18		9100
电气机械和器材制造业	1829			33	170		33430
计算机、通信和其他电子设备制造业	657			122			16820
仪器仪表制造业				6	5		336
其他制造业							474
废弃资源综合利用业	2497						4089
电力、热力生产和供应业	3539422			262	2495		156974
燃气生产和供应业							974
水的生产和供应业				80	25		4266

工业企业综合能耗分行业

表 4–25

指　　标	全市			
	2014年		2013年	
	综合能耗（吨标准煤）	工业总产值（万元）	综合能耗（吨标准煤）	工业总产值（万元）
总　　计	**7720564**	**48195828**	**7362349**	**41305931**
其中：轻工业	550127	13919508	585085	11509563
重工业	7170437	34276320	6777264	29796367
有色金属矿采选业	576	42435	1015	48074
非金属矿采选业	61925	469984	57968	415738
开采辅助活动	1560	43585	1744	47203
农副食品加工业	136839	3665818	148495	3218082
食品制造业	28644	309875	30089	268164
酒、饮料和精制茶制造业	34768	564541	33124	409129
纺织业	14079	369305	13250	322218
纺织服装、服饰业	15666	943108	17893	749172
皮革、毛皮、羽毛及其制品和制鞋业	5103	180740	5206	180357
木材加工和木、竹、藤、棕、草制品业	35046	622647	42307	565352
家具制造业	870	63248	593	46902
造纸和纸制品业	9125	150984	10540	233742
印刷和记录媒介复制业	9588	461086	2958	87557
文教、工美、体育和娱乐用品制造业	7581	536138	10351	330229
石油加工、炼焦和核燃料加工业	189197	2460869	184485	2058857
化学原料和化学制品制造业	1622596	8094509	1592323	7445104

表 4-25 续表 1

指　　标	全市			
	2014年		2013年	
	综合能耗（吨标准煤）	工业总产值（万元）	综合能耗（吨标准煤）	工业总产值（万元）
医药制造业	87121	3910546	80836	3333790
化学纤维制造业	81556	211599	118130	270767
橡胶和塑料制品业	12132	384833	19688	470004
非金属矿物制品业	325032	4729193	268062	3979989
黑色金属冶炼和压延加工业	2989408	7696688	2515413	6093334
有色金属冶炼和压延加工业	56954	1593589	51276	1467526
金属制品业	100994	1868697	73246	1344375
通用设备制造业	23086	1062277	20390	872003
专用设备制造业	35459	1363112	41804	1220570
汽车制造业	20286	499806	13169	352455
铁路、船舶、航空航天和其他运输设备制造业	23877	1319445	30867	1605897
电气机械和器材制造业	42820	1851921	39531	1429623
计算机、通信和其他电子设备制造业	21472	1311086	20455	1131399
仪器仪表制造业	414	42282	573	54056
其他制造业	582	73451	323	37111
废弃资源综合利用业	6809	208926	2612	116524
电力、热力生产和供应业	1713250	981124	1907393	1018117
燃气生产和供应业	1197	85287	1103	60519
水的生产和供应业	4955	23096	5137	21993

工业企业能耗分县区

表 4–26

指　　标	市　区			
	2014年		2013年	
	综合能耗（吨标准煤）	工业总产值（万元）	综合能耗（吨标准煤）	工业总产值（万元）
总　　计	**5397502**	**28895381**	**5449675**	**25189395**
其中：轻工业	327515	8804194	383771	7624988
重工业	5069987	20091187	5065905	17564407
有色金属矿采选业	576	42435	1058	51431
非金属矿采选业	49934	244289	49275	237840
开采辅助活动	1560	43585	1744	47203
农副食品加工业	97208	2596139	113956	2322369
食品制造业	21694	188170	25892	173370
酒、饮料和精制茶制造业	15795	356720	13818	246000
纺织业	4975	167800	5410	152375
纺织服装、服饰业	3500	434761	4135	326368
皮革、毛皮、羽毛及其制品和制鞋业	439	29687	340	36009
木材加工和木竹藤棕草制品业	8980	224291	10225	193170
家具制造业	766	53940	657	47143
造纸和纸制品业	4313	73401	4574	67351
印刷和记录媒介复制业	4992	232332	6208	199098
文教、工美、体育和娱乐用品制造业	2062	334032	2014	258098
石油加工、炼焦和核燃料加工业	189197	2460869	184517	2063274
化学原料和化学制品制造业	1271697	4375678	1238790	3997681

表 4–26 续表 1

指　　　标	市　　区			
	2014年		2013年	
	综合能耗（吨标准煤）	工业总产值（万元）	综合能耗（吨标准煤）	工业总产值（万元）
医药制造业	65937	3472259	64690	2939550
化学纤维制造业	81463	204442	117733	260158
橡胶和塑料制品业	9224	226190	9931	192461
非金属矿物制品业	58843	1334814	67607	1194683
黑色金属冶炼和压延加工业	1643660	3939487	1480440	3396570
有色金属冶炼和压延加工业	11151	1005462	20690	852573
金属制品业	90641	1623245	66392	1171225
通用设备制造业	11970	952514	13871	796953
专用设备制造业	27955	970519	35002	901151
汽车制造业	1099	56030	1277	42702
铁路、船舶、航空航天和其他运输设备制造业	734	60032	1100	64130
电气机械和器材制造业	12232	813137	12414	733790
计算机、通信和其他电子设备制造业	17983	1195676	16930	1038511
仪器仪表制造业	414	42282	495	51566
其他制造业	415	59164	281	40065
废弃资源综合利用业	3967	80591	1722	63931
电力、热力生产和供应业	1676750	951749	1870886	986333
燃气生产和供应业	457	28572	615	24410
水的生产和供应业	4922	21087	4988	19855

表 4–26 续表 2

指标	连云区			
	2014年		2013年	
	综合能耗（吨标准煤）	工业总产值（万元）	综合能耗（吨标准煤）	工业总产值（万元）
总计	**184853**	**920117**	**204550**	**1542453**
其中：轻工业	4235	91155	3940	102533
重工业	180618	828962	200610	1439920
有色金属矿采选业				
非金属矿采选业	163	40715	240	57783
开采辅助活动	1560	43585	2192	56023
农副食品加工业	1327	32255	1476	47420
食品制造业	1750	16640	637	13877
酒、饮料和精制茶制造业				
纺织业				
纺织服装、服饰业	839	24381	1037	23904
皮革、毛皮、羽毛及其制品和制鞋业				
木材加工和木竹藤棕草制品业	62	2549	126	3816
家具制造业				
造纸和纸制品业	202	11558	289	11791
印刷和记录媒介复制业				
文教、工美、体育和娱乐用品制造业				
石油加工、炼焦和核燃料加工业	9	27356	10	32734
化学原料和化学制品制造业	94749	200752	50791	199869

表 4-26 续表 3

指　　标	连　云　区			
	2014年		2013年	
	综合能耗（吨标准煤）	工业总产值（万元）	综合能耗（吨标准煤）	工业总产值（万元）
医药制造业	36	3760	35	3533
化学纤维制造业				
橡胶和塑料制品业	676	16293	2133	82844
非金属矿物制品业	2906	106041	369	109474
黑色金属冶炼和压延加工业	78386	292519	51418	127449
有色金属冶炼和压延加工业	1436	12961	89182	519251
金属制品业	120	2203	58	7100
通用设备制造业				
专用设备制造业	295	8316	897	22008
汽车制造业	28	2356	30	2154
铁路、船舶、航空航天和其他运输设备制造业			2600	72753
电气机械和器材制造业	73	2441	75	2150
计算机、通信和其他电子设备制造业	14	311		
仪器仪表制造业			20	2020
其他制造业				
废弃资源综合利用业	173	55625	881	132393
电力、热力生产和供应业	47	17500	55	12109
燃气生产和供应业				
水的生产和供应业				

表 4-26 续表 4　　　　　　　　　　(2014 年)

指　　标	海　州　区			
	2014年		2013年	
	综合能耗（吨标准煤）	工业总产值（万元）	综合能耗（吨标准煤）	工业总产值（万元）
总　　计	**260561**	**1776128**	**293890**	**1818513**
其中：轻工业	32297	426693	30623	474611
重工业	228264	1349435	263267	1343902
有色金属矿采选业				
非金属矿采选业	3453	12545	3230	19571
开采辅助活动				
农副食品加工业	2034	44616	2024	45204
食品制造业	9339	47093	9849	33296
酒、饮料和精制茶制造业	9654	18132	8619	18147
纺织业	2081	48860	1963	45188
纺织服装、服饰业				
皮革、毛皮、羽毛及其制品和制鞋业	80	4820	56	5860
木材加工和木竹藤棕草制品业	626	73736	999	68419
家具制造业				
造纸和纸制品业	2803	2586	1229	4524
印刷和记录媒介复制业	75	3725	73	4464
文教、工美、体育和娱乐用品制造业	32	2025		
石油加工、炼焦和核燃料加工业				
化学原料和化学制品制造业	180468	104524	199934	136506

表 4-26 续表 5

指标	海州区			
	2014年		2013年	
	综合能耗（吨标准煤）	工业总产值（万元）	综合能耗（吨标准煤）	工业总产值（万元）
医药制造业	15	4439	461	15899
化学纤维制造业	424	5169	601	5289
橡胶和塑料制品业	2034	69703	3100	54469
非金属矿物制品业	12832	337837	15967	311445
黑色金属冶炼和压延加工业			9025	65336
有色金属冶炼和压延加工业				
金属制品业	116	26500	236	32407
通用设备制造业	1188	59648	1124	43269
专用设备制造业	20655	434873	21049	409921
汽车制造业	57	4631	75	5380
铁路、船舶、航空航天和其他运输设备制造业	108	32516	116	33467
电气机械和器材制造业	4640	348245	6145	391861
计算机、通信和其他电子设备制造业	2125	15937	812	8674
仪器仪表制造业	271	34591	276	34272
其他制造业			15	1275
废弃资源综合利用业	261	9354		
电力、热力生产和供应业	4732	1452	6380	2378
燃气生产和供应业	457	28572	534	21994
水的生产和供应业				

表 4-26 续表 6

指　标	赣　榆　区			
	2014年		2013年	
	综合能耗（吨标准煤）	工业总产值（万元）	综合能耗（吨标准煤）	工业总产值（万元）
总　计	**1984204**	**13023008**	**1681061**	**8157630**
其中:轻工业	48901	2838970	51159	1492901
重工业	1935303	10184038	1629903	6664730
有色金属矿采选业				
非金属矿采选业	238	63865	955	57254
开采辅助活动				
农副食品加工业	7448	922665	10010	552243
食品制造业	202	50195	148	16002
酒、饮料和精制茶制造业	6141	338587	8813	194725
纺织业	1081	86220	1022	57491
纺织服装、服饰业	2661	410380	3451	197028
皮革、毛皮、羽毛及其制品和制鞋业			5	3526
木材加工和木竹藤棕草制品业	8048	126638	8636	75469
家具制造业	766	53940	573	22819
造纸和纸制品业	931	37805	1136	29745
印刷和记录媒介复制业	4528	199987	337	14754
文教、工美、体育和娱乐用品制造业	2030	332007	1291	156355
石油加工、炼焦和核燃料加工业	189189	2433513	175792	1576391
化学原料和化学制品制造业	25762	1203235	24023	830605

表4-26续表7

指　　标	赣　榆　区			
	2014年		2013年	
	综合能耗（吨标准煤）	工业总产值（万元）	综合能耗（吨标准煤）	工业总产值（万元）
医药制造业	12487	205992	13869	153786
化学纤维制造业				
橡胶和塑料制品业	2681	103126	8545	144020
非金属矿物制品业	19820	527212	24787	356885
黑色金属冶炼和压延加工业	1554924	3522555	1295726	2476160
有色金属冶炼和压延加工业	654	302911	725	220303
金属制品业	77077	914346	36968	308552
通用设备制造业	5755	304805	10816	235483
专用设备制造业	583	77064	2053	39467
汽车制造业	1015	49043	1145	20903
铁路、船舶、航空航天和其他运输设备制造业	153	16755	88	8396
电气机械和器材制造业	6415	409875	4214	176852
计算机、通信和其他电子设备制造业	3035	243396	5270	199583
仪器仪表制造业				
其他制造业	415	59164	89	12019
废弃资源综合利用业	3526	11897	1073	5598
电力、热力生产和供应业	46562	12467	39404	12454
燃气生产和供应业				
水的生产和供应业	76	3361	97	2763

表 4-26 续表 8

指标	开发区			
	2014年		2013年	
	综合能耗（吨标准煤）	工业总产值（万元）	综合能耗（吨标准煤）	工业总产值（万元）
总计	855769	11298772	860521	8328791
其中:轻工业	227449	4802173	253392	3601867
重工业	628320	6496599	607130	4726925
有色金属矿采选业	576	42435	1636	59859
非金属矿采选业			52	5395
开采辅助活动				
农副食品加工业	85427	1587968	97383	1273810
食品制造业	9299	68428	9586	59362
酒、饮料和精制茶制造业				
纺织业	534	26475	421	25129
纺织服装、服饰业				
皮革、毛皮、羽毛及其制品和制鞋业	359	24867	184	22349
木材加工和木竹藤棕草制品业	244	21369	439	17277
家具制造业				
造纸和纸制品业	91	8733	234	11088
印刷和记录媒介复制业	389	28619	383	14626
文教、工美、体育和娱乐用品制造业			4	2367
石油加工、炼焦和核燃料加工业				
化学原料和化学制品制造业	424119	2721576	432387	2017044

表 4–26 续表 9

指　　标	开　发　区			
	2014年		2013年	
	综合能耗（吨标准煤）	工业总产值（万元）	综合能耗（吨标准煤）	工业总产值（万元）
医药制造业	46555	2660358	40318	1843585
化学纤维制造业	81039	199273	100708	201508
橡胶和塑料制品业	3833	37068	4844	38027
非金属矿物制品业	23248	359087	21390	253353
黑色金属冶炼和压延加工业	8862	72845		
有色金属冶炼和压延加工业	9061	689590	8876	469085
金属制品业	13327	680197	11711	452299
通用设备制造业	5028	588062	7398	434360
专用设备制造业	6423	450266	5743	368543
汽车制造业				
铁路、船舶、航空航天和其他运输设备制造业	472	10762	706	8320
电气机械和器材制造业	1103	52575	1449	46320
计算机、通信和其他电子设备制造业	12809	936032	9267	650823
仪器仪表制造业	144	7691	351	32694
其他制造业				
废弃资源综合利用业	7	3714	10	1418
电力、热力生产和供应业	122128	17136	104246	16734
燃气生产和供应业				
水的生产和供应业	696	3647	795	3415

表 4-26 续表 10

指 标	东 海 县			
	2014年		2013年	
	综合能耗（吨标准煤）	工业总产值（万元）	综合能耗（吨标准煤）	工业总产值（万元）
总 计	**452606**	**7850189**	**331039**	**4891028**
其中：轻工业	95537	2964768	72923	1900056
重工业	357069	4885421	258116	2990972
有色金属矿采选业				
非金属矿采选业	9884	145541	5836	70844
开采辅助活动				
农副食品加工业	32148	925762	26053	786152
食品制造业	2201	41210	1335	25232
酒、饮料和精制茶制造业	9268	66202	6901	34006
纺织业	4204	115021	2097	79849
纺织服装、服饰业	10441	401752	8782	267683
皮革、毛皮、羽毛及其制品和制鞋业	501	63163	1038	46985
木材加工和木竹藤棕草制品业	7526	280753	9263	177066
家具制造业				
造纸和纸制品业	44	3485	866	71239
印刷和记录媒介复制业	4246	203211	1688	35412
文教、工美、体育和娱乐用品制造业	2977	102807	88	9079
石油加工、炼焦和核燃料加工业				
化学原料和化学制品制造业	14955	295430	10541	209545

表 4-26 续表 11

指　　　标	东　海　县			
	2014年		2013年	
	综合能耗（吨标准煤）	工业总产值（万元）	综合能耗（吨标准煤）	工业总产值（万元）
医药制造业			41	2111
化学纤维制造业	93	7156	383	9643
橡胶和塑料制品业	886	44889	938	22640
非金属矿物制品业	261560	3248512	176264	2003965
黑色金属冶炼和压延加工业				
有色金属冶炼和压延加工业	1806	119953	3477	62648
金属制品业	6486	146810	3967	100037
通用设备制造业	3261	32757	446	12371
专用设备制造业	4832	194170	4930	92513
汽车制造业	4848	258650	4250	137795
铁路、船舶、航空航天和其他运输设备制造业	1624	33143	1146	13550
电气机械和器材制造业	29308	1001518	23320	533317
计算机、通信和其他电子设备制造业	3135	93938	3043	65112
仪器仪表制造业				
其他制造业	167	14287	211	13279
废弃资源综合利用业				
电力、热力生产和供应业	36205	10069	34136	8957
燃气生产和供应业				
水的生产和供应业				

表 4–26 续表 12

指　　标	灌　云　县			
	2014年		2013年	
	综合能耗（吨标准煤）	工业总产值（万元）	综合能耗（吨标准煤）	工业总产值（万元）
总　　计	**202285**	**5426709**	**215203**	**5102541**
其中：轻工业	63228	1771944	69730	1631679
重工业	139057	3654766	145474	3470862
有色金属矿采选业				
非金属矿采选业	2108	80155	1836	81380
开采辅助活动				
农副食品加工业	7410	138615	7367	107608
食品制造业	693	64050	1297	54841
酒、饮料和精制茶制造业	233	43771	79	25391
纺织业	3697	77907	3536	67431
纺织服装、服饰业	1401	103543	3191	85817
皮革、毛皮、羽毛及其制品和制鞋业	1592	42863	1212	43299
木材加工和木竹藤棕草制品业	2962	47971	6065	67076
家具制造业	92	8368	62	3527
造纸和纸制品业	4757	71973	4913	69700
印刷和记录媒介复制业	350	25543	187	8948
文教、工美、体育和娱乐用品制造业	2503	97113	8633	111022
石油加工、炼焦和核燃料加工业				
化学原料和化学制品制造业	101231	2284300	106598	2267122

表 4-26 续表 13

指标	灌云县			
	2014年		2013年	
	综合能耗（吨标准煤）	工业总产值（万元）	综合能耗（吨标准煤）	工业总产值（万元）
医药制造业	14167	406152	12522	385501
化学纤维制造业				
橡胶和塑料制品业	2022	113753	3367	103560
非金属矿物制品业	3320	137414	3763	113183
黑色金属冶炼和压延加工业	8018	240659	9001	271892
有色金属冶炼和压延加工业	746	150505	1828	130651
金属制品业	3109	90891	2829	81287
通用设备制造业	1496	63425	1368	55822
专用设备制造业	2518	152264	1640	115878
汽车制造业	13710	177474	6680	86133
铁路、船舶、航空航天和其他运输设备制造业	19541	559959	24781	626584
电气机械和器材制造业	497	28769	467	17468
计算机、通信和其他电子设备制造业	284	17410	66	7895
仪器仪表制造业				
其他制造业				
废弃资源综合利用业	2830	128177	1040	55303
电力、热力生产和供应业	258	16974	259	20017
燃气生产和供应业	739	56715	617	38207
水的生产和供应业				

表 4-26 续表 14

指标	灌南县			
	2014年		2013年	
	综合能耗（吨标准煤）	工业总产值（万元）	综合能耗（吨标准煤）	工业总产值（万元）
总计	**1668171**	**6023549**	**1361028**	**5137390**
其中：轻工业	63847	378603	63179	322701
重工业	1604324	5644946	1297849	4814689
有色金属矿采选业				
非金属矿采选业				
开采辅助活动				
农副食品加工业	74	5303	111	4807
食品制造业	4056	16446	2931	12900
酒、饮料和精制茶制造业	9472	97849	8493	80674
纺织业	1204	8577	1506	10935
纺织服装、服饰业	325	3052	507	4931
皮革、毛皮、羽毛及其制品和制鞋业	2571	45026	2711	49723
木材加工和木竹藤棕草制品业	15578	69632	17077	73517
家具制造业	12	941	18	2572
造纸和纸制品业	12	2125	10	2093
印刷和记录媒介复制业				
文教、工美、体育和娱乐用品制造业	38	2186	27	2031
石油加工、炼焦和核燃料加工业				
化学原料和化学制品制造业	234713	1139100	252128	997913

表 4–26 续表 15

指　　标	灌　南　县			
	2014年		2013年	
	综合能耗（吨标准煤）	工业总产值（万元）	综合能耗（吨标准煤）	工业总产值（万元）
医药制造业	7017	32134	5438	26508
化学纤维制造业				
橡胶和塑料制品业				
非金属矿物制品业	1309	8453	1304	9745
黑色金属冶炼和压延加工业	1337730	3516542	1032358	2488119
有色金属冶炼和压延加工业	43251	317669	26947	425546
金属制品业	758	7752	691	6426
通用设备制造业	6358	13580	4633	12356
专用设备制造业	153	46160	202	47719
汽车制造业	629	7652	404	7853
铁路、船舶、航空航天和其他运输设备制造业	1979	666311	2377	854697
电气机械和器材制造业	784	8498	877	7665
计算机、通信和其他电子设备制造业	70	4063	44	4157
仪器仪表制造业				
其他制造业				
废弃资源综合利用业	12	158	52	1735
电力、热力生产和供应业	36	2332	36	632
燃气生产和供应业				
水的生产和供应业	33	2009	149	2138

工业企业用水量分行业

表 4-27　　　　单位:万立方米

指　　　标	2014年	2013年
全部工业企业	17087	16087
其中:轻工业	2589	2418
重工业	14497	13668
非金属矿采选业	6763	6302
开采辅助活动	9	9
农副食品加工业	335	313
食品制造业	70	61
酒、饮料和精制茶制造业	299	305
纺织业	33	33
纺织服装、服饰业	38	43
皮革、毛皮、羽毛及其制品和制鞋业	23	22
木材加工和木、竹、藤、棕、草制品业	39	37
家具制造业	6	6
造纸和纸制品业	17	15
印刷和记录媒介复制业	12	12
文教、工美、体育和娱乐用品制造业	13	10
石油加工、炼焦和核燃料加工业	25	19
化学原料和化学制品制造业	3253	2999

表 4-27 续表 单位:万立方米

指　　标	2014年	2013年
医药制造业	530	478
化学纤维制造业	251	38
橡胶和塑料制品业	21	25
非金属矿物制品业	675	624
黑色金属冶炼和压延加工业	767	605
有色金属冶炼和压延加工业	25	26
金属制品业	29	27
通用设备制造业	54	67
专用设备制造业	135	137
汽车制造业	17	15
铁路、船舶、航空航天和其他运输设备制造业	5	6
电气机械和器材制造业	67	65
计算机、通信和其他电子设备制造业	34	38
仪器仪表制造业	5	6
其他制造业	3	2
废弃资源综合利用业	10	7
电力、热力生产和供应业	2716	2795
燃气生产和供应业	7	3
水的生产和供应业	800	933

全 社 会 用 电 情 况

表 4-29 (2014 年) 单位:万千瓦时

指标	全市	市区	#赣榆区	东海县	灌云县	灌南县
A:全社会用电合计	**1575087**	**954477**	**357553**	**204043**	**104617**	**311950**
第一产业	48545	28876	18214	6874	3468	9327
第二产业	1124563	680547	272751	130078	51942	261996
第三产业	168996	119528	20654	24385	13252	11831
B:城乡居民生活合计	232983	125526	45934	42706	35955	28796
其中:城镇	95876	66099	10117	10701	10390	8686
乡村	137107	59427	35817	32005	25565	20110
一、农、林、牧、渔业	48545	28876	18214	6874	3468	9327
二、工业	1104441	666062	269275	127584	50411	260384
1. 轻工业用电	182166	101270	30321	37285	10318	33293
2. 重工业用电	922275	564792	238954	90299	40093	227091
三、建筑业合计	20122	14485	3476	2494	1531	1612
四、交通运输、仓储邮政业	26661	20974	1560	4144	781	762
五、信息传输、计算机服务和软件业	12713	7658	2438	2018	1690	1347
六、商业、住宿和饮食业	52802	35602	7188	8446	4775	3979
七、金融、房地产、商务及居民服务业	26956	21519	2654	2382	1770	1285
八、公共事业及管理组织	49864	33775	6814	7395	4236	4458

5

重点服务业

全市重点服务业企业主要经济指标

表 5-1 单位:亿元

	2011	2012	2013	2014
一、列统单位数(个)	**368**	**533**	**563**	**563**
二、年初存货	**162.38**	**218.75**	**323.21**	**321.80**
三、期末资产负债				
流动资产			733.35	1056.59
存　货			325.98	368.56
固定资产原价	316.05	376.44	424.62	486.97
本年折旧	19.97	24.96	24.59	26.75
资产总计	1262.03	1697.34	2287.66	2756.54
负债合计	675.77	920.92	1121.36	1463.62
所有者权益合计	586.26	776.43	1166.30	1292.93
四、损益及分配				
营业收入	303.86	348.57	417.29	465.88
# 主营业务收入	290.88	329.22	397.21	446.09
营业成本	235.23	274.56	326.04	363.34
# 主营业务成本	223.29	258.06	312.53	346.54
营业税金及附加	7.16	7.33	6.25	5.65
# 主营业务税金及附加	6.70	6.99	5.62	5.49
销售费用	11.33	12.01	11.62	13.63
管理费用	27.81	30.55	36.30	41.88
# 税　金	1.37	1.21	0.99	3.76
财务费用	8.49	7.54	11.07	19.44
# 利息收入	0.34	0.43	0.70	1.42
利息支出	3.31	5.04	6.38	10.91
投资收益	2.66	2.31	2.17	3.63
营业利润	17.61	21.71	43.93	38.53
营业外收入			8.26	25.58
补贴收入			5.96	20.63
营业外支出			0.63	3.48
利润总额	24.36	30.10	46.71	50.10
应交所得税	6.13	6.67	7.51	7.18
五、人工成本及增值税				
应付职工薪酬	33.95	40.68	46.22	54.43
应交增值税	0.71	1.20	4.28	5.69
年末从业人员(人)	62672	63380	72504	79769

注:重点服务业统计开始于 2012 年,由于列统单位数每年均有增减变动。为便于对比,2011 年数据是按照 2012 年实际列统单位数统计的,2012 年数据是根据 2013 年实际列统单位数统计的,而 2013 年和 2014 年数据均是 2014 年实际统计数据。

全市重点服务业企业按类型分主要经济指标

表 5-2　　单位:亿元

指标	单位数(个)	固定资产原价			本年折旧		
		2014年	2013年	增长(%)	2014年	2013年	增长(%)
总　计	**563**	**486.97**	**424.62**	**14.7**	**26.75**	**24.59**	**8.8**
一、按登记注册类型分组							
内资企业	552	435.64	375.79	15.9	24.05	22.08	8.9
国有企业	31	16.91	15.16	11.6	1.04	1.45	-28.6
集体企业	13	3.25	3.04	7.1	0.37	0.24	54.6
股份合作企业	4	0.80	0.80	-0.3	0.05	0.06	-15.4
有限责任公司	106	259.48	210.92	23.0	12.17	10.52	15.7
股份有限公司	24	126.60	122.35	3.5	8.19	7.76	5.5
私营企业	303	21.76	17.37	25.3	1.69	1.60	5.8
港、澳、台商投资企业	6	21.78	21.13	3.1	1.38	1.32	4.5
外商投资企业	5	29.56	27.70	6.7	1.33	1.19	11.1
二、按企业控股情况分组							
国有控股	114	422.26	365.90	15.4	21.69	19.84	9.3
集体控股	24	5.47	4.56	19.7	0.70	0.55	28.3
私人控股	343	28.57	23.67	20.7	2.33	2.34	-0.4
港澳台商控股	5	20.70	20.08	3.1	1.29	1.24	4.6
外商控股	3	1.96	1.95	0.5	0.16	0.09	77.6
三、按隶属关系分组							
中央	14	49.42	51.85	-4.7	3.41	3.11	9.6
省	14	51.15	42.66	19.9	3.90	4.31	-9.5
市	47	240.91	193.86	24.3	9.11	7.92	15.1
县、区	53	35.14	32.99	6.5	4.37	3.49	25.0
其他	426	106.58	99.66	6.9	5.68	5.52	2.9
四、按是否是亏损企业							
亏损企业	68	20.14	18.36	9.7	1.41	1.89	-25.1
不亏损企业	495	466.83	406.26	14.9	25.34	22.71	11.6

注:根据国家统计局统一部署,自 2012 年年报起,服务业统计开始执行国家“一套表”联网直报。重点服务业单位标准是年营业收入在 1000 万元及以上或平均人数在 50 人及以上,具体包括服务业 9 个行业门类和 2 个行业中类,即:交通运输、仓储和邮政业,信息传输、软件和信息技术服务业,租赁和商务服务业,科学研究和技术服务业,水利、环境和公共设施管理业,居民服务、修理和其他服务业,教育,卫生和社会工作,文化、体育和娱乐业;以及物业管理、房地产中介服务等行业。

表 5-2 续表 1　　　　单位:亿元

指　　标	资产总计			所有者权益合计		
	2014年	2013年	增长(%)	2014年	2013年	增长(%)
总　计	**2756.54**	**2287.66**	**20.5**	**1292.93**	**1166.30**	**10.9**
、按登记注册类型分组						
内资企业	2699.90	2233.26	20.9	1272.12	1146.76	10.9
国有企业	107.11	78.76	36.0	29.82	22.39	33.2
集体企业	3.38	3.44	–1.7	0.92	0.49	85.9
股份合作企业	0.60	0.60	–0.7	0.13	0.16	–14.8
有限责任公司	2360.77	1942.35	21.5	1137.27	1028.24	10.6
股份有限公司	154.87	145.01	6.8	68.92	64.75	6.4
私营企业	58.87	51.53	14.2	24.46	22.28	9.8
港、澳、台商投资企业	17.49	16.87	3.7	8.54	8.03	6.3
外商投资企业	39.16	37.53	4.3	12.26	11.51	6.6
二、按企业控股情况分组						
国有控股	2615.15	2163.01	20.9	1239.35	1119.02	10.8
集体控股	9.18	8.39	9.4	3.39	2.55	32.5
私人控股	74.39	65.67	13.3	30.33	27.42	10.6
港澳台商控股	15.13	14.67	3.1	7.09	6.67	6.3
外商控股	4.50	3.83	17.5	1.86	1.87	–0.2
三、按隶属关系分组						
中央	77.62	66.27	17.1	11.24	10.38	8.4
省	35.96	30.20	19.1	20.08	16.16	24.3
市	1572.17	1276.82	23.1	644.72	589.07	9.4
县、区	814.33	683.88	19.1	487.65	431.86	12.9
其他	242.16	222.94	8.6	123.71	114.91	7.7
四、按是否是亏损企业						
亏损企业	96.72	91.70	5.5	32.75	36.61	–10.5
不亏损企业	2659.82	2195.96	21.1	1260.18	1129.69	11.6

表 5-2 续表 2

单位:亿元

指　　标	营业收入			主营业务收入		
	2014年	2013年	增长(%)	2014年	2013年	增长(%)
总　计	**465.88**	**417.29**	**11.6**	**446.09**	**397.21**	**12.3**
一、按登记注册类型分组						
内资企业	446.39	397.18	12.4	426.95	377.56	13.1
国有企业	42.20	36.57	15.4	39.31	34.43	14.2
集体企业	3.39	3.11	9.0	3.37	3.09	9.2
股份合作企业	0.89	0.83	6.4	0.87	0.82	5.6
有限责任公司	265.43	227.01	16.9	253.41	213.36	18.8
股份有限公司	48.19	47.66	1.1	47.56	47.26	0.6
私营企业	73.65	71.61	2.9	69.79	68.22	2.3
港、澳、台商投资企业	12.19	13.38	-8.9	11.86	12.93	-8.3
外商投资企业	7.30	6.73	8.5	7.28	6.73	8.2
二、按企业控股情况分组						
国有控股	341.17	296.87	14.9	325.68	280.72	16.0
集体控股	7.94	7.20	10.3	7.88	7.15	10.2
私人控股	80.63	77.50	4.0	76.76	74.11	3.6
港澳台商控股	7.76	8.85	-12.3	7.43	8.40	-11.6
外商控股	1.16	0.88	31.5	1.16	0.88	31.5
三、按隶属关系分组						
中央	45.04	40.90	10.1	42.27	39.28	7.6
省	25.82	25.38	1.7	25.36	25.11	1.0
市	223.11	190.08	17.4	211.08	176.09	19.9
县、区	43.38	35.43	22.4	43.18	35.17	22.8
其他	126.28	123.39	2.3	121.96	119.45	2.1
四、按是否是亏损企业						
亏损企业	20.06	28.14	-28.7	19.50	27.08	-28.0
不亏损企业	445.82	389.14	14.6	426.58	370.13	15.3

表 5-2 续表 3

单位:亿元

指　　标	营业成本			营业税金及附加		
	2014年	2013年	增长(%)	2014年	2013年	增长(%)
总　计	**363.34**	**326.04**	**11.4**	**5.65**	**6.25**	**-9.6**
一、按登记注册类型分组						
内资企业	349.33	311.41	12.2	5.55	6.10	-9.0
国有企业	37.06	32.19	15.1	0.18	0.20	-7.4
集体企业	2.49	2.14	16.4	0.07	0.06	15.5
股份合作企业	0.75	0.70	7.2	0.00	0.00	-61.5
有限责任公司	209.40	180.44	16.1	3.72	3.97	-6.3
股份有限公司	28.26	25.90	9.1	0.59	0.99	-40.7
私营企业	62.39	62.09	0.5	0.89	0.76	16.8
港、澳、台商投资企业	9.23	9.93	-7.0	0.08	0.14	-41.9
外商投资企业	4.78	4.70	1.7	0.02	0.01	79.5
二、按企业控股情况分组						
国有控股	262.24	226.42	15.8	4.18	4.91	-14.8
集体控股	6.10	5.17	18.0	0.15	0.13	13.3
私人控股	67.05	65.87	1.8	1.06	0.90	17.1
港澳台商控股	5.41	6.05	-10.7	0.07	0.12	-40.0
外商控股	0.97	0.71	37.4	0.04	0.04	10.2
三、按隶属关系分组						
中央	37.79	33.90	11.5	0.24	0.39	-39.0
省	14.05	12.53	12.1	0.32	0.60	-46.9
市	175.82	151.45	16.1	2.50	2.90	-13.6
县、区	32.88	26.34	24.8	1.13	1.01	12.0
其他	101.34	100.35	1.0	1.42	1.32	7.7
四、按是否是亏损企业						
亏损企业	19.53	26.12	-25.2	0.34	0.23	43.3
不亏损企业	343.81	299.91	14.6	5.31	6.01	-11.7

表 5-2 续表 4

单位:亿元

指　　标	管理费用			管理费用中税金		
	2014年	2013年	增长(%)	2014年	2013年	增长(%)
总　计	**41.88**	**36.30**	**15.4**	**3.76**	**0.99**	**279.4**
一、按登记注册类型分组						
内资企业	40.79	35.12	16.1	3.70	0.93	296.9
国有企业	2.90	2.62	10.9	0.08	0.01	544.8
集体企业	0.79	0.77	3.3	0.02	0.00	273.4
股份合作企业	0.12	0.11	8.6	0.00	0.00	
有限责任公司	26.35	22.17	18.8	3.30	0.59	459.0
股份有限公司	5.14	4.57	12.6	0.07	0.08	-8.5
私营企业	4.46	4.27	4.4	0.22	0.24	-6.8
港、澳、台商投资企业	0.46	0.52	-11.3	0.01	0.01	4.8
外商投资企业	0.63	0.66	-4.1	0.05	0.05	10.8
二、按企业控股情况分组						
国有控股	32.59	27.72	17.5	3.39	0.64	426.2
集体控股	1.31	1.19	9.5	0.05	0.02	212.2
私人控股	5.56	5.32	4.5	0.24	0.25	-6.6
港澳台商控股	0.41	0.47	-11.2	0.01	0.01	7.4
外商控股	0.17	0.19	-13.9	0.05	0.05	12.0
三、按隶属关系分组						
中央	2.10	1.79	17.4	0.03	0.02	23.2
省	1.81	1.68	7.5	0.04	0.03	29.4
市	24.94	21.24	17.4	2.70	0.24	1030.5
县、区	3.92	2.93	33.6	0.44	0.20	114.2
其他	8.86	8.52	4.0	0.55	0.50	12.0
四、按是否是亏损企业						
亏损企业	3.78	3.80	-0.7	0.13	0.13	2.9
不亏损企业	38.11	32.50	17.3	3.63	0.86	321.2

表 5-2 续表 5

单位:亿元

指　　标	营业利润			利润总额			应交增值税		
	2014年	2013年	增长(%)	2014年	2013年	增长(%)	2014年	2013年	增长(%)
总　计	**38.53**	**43.93**	**–12.3**	**50.10**	**46.71**	**7.3**	**5.69**	**4.28**	**33.0**
、按登记注册类型分组									
内资企业	36.59	42.01	–12.9	47.88	44.76	7.0	5.46	4.07	33.9
国有企业	0.62	0.55	11.8	1.97	1.48	32.9	0.24	0.06	266.5
集体企业	0.07	0.12	–43.3	0.09	0.17	–50.4	0.08	0.09	–5.1
股份合作企业	–0.01	–0.01	–22.1	0.00	–0.01	–35.2	0.00	0.00	–91.9
有限责任公司	24.05	29.65	–18.9	33.53	31.09	7.8	3.17	2.87	10.7
股份有限公司	6.82	8.10	–15.9	7.30	8.57	–14.9	0.62	0.12	431.3
私营企业	3.22	2.27	41.8	3.24	2.26	43.2	1.23	0.84	47.0
港、澳、台商投资企业	1.40	1.83	–23.3	1.54	1.85	–16.6	0.16	0.23	–31.6
外商投资企业	0.54	0.08	554.6	0.67	0.09	623.4	0.07	–0.03	–389.8
二、按企业控股情况分组									
国有控股	30.22	36.96	–18.2	41.14	39.70	3.6	3.92	2.87	36.2
集体控股	0.41	0.59	–30.3	0.81	0.72	12.4	0.14	0.25	–44.2
私人控股	3.89	2.75	41.4	4.05	2.77	46.0	1.35	0.95	41.3
港澳台商控股	1.07	1.46	–26.6	1.16	1.47	–21.0	0.09	0.08	17.7
外商控股	–0.03	–0.08	–62.8	0.01	–0.08	–110.1	0.00	0.00	–346.8
三、按隶属关系分组									
中央	1.48	1.80	–17.8	1.39	2.16	–35.6	0.04	–0.02	–369.1
省	4.92	5.24	–6.1	4.95	5.28	–6.3	0.60	0.05	1066.8
市	18.29	22.76	–19.6	27.18	24.80	9.6	3.01	2.71	11.2
县、区	4.57	5.61	–18.6	6.36	5.79	9.8	0.18	0.10	83.2
其他	8.94	8.12	10.0	9.82	8.30	18.4	1.83	1.41	29.9
四、按是否是亏损企业									
亏损企业	–4.54	–3.62		–3.02	–2.01		0.07	0.20	–62.0
不亏损企业	43.07	47.54	–9.4	53.11	48.72	9.0	5.61	4.08	37.5

表 5-2 续表 6 单位:亿元

指　　标	应付职工薪酬			从业人员年平均人数(人)		
	2014年	2013年	增长(%)	2014年	2013年	增长(%)
总　计	**54.43**	**46.22**	**17.8**	**79769**	**72504**	**10.0**
一、按登记注册类型分组						
内资企业	52.95	45.03	17.6	78129	70940	10.1
国有企业	4.98	4.40	13.3	6271	6128	2.3
集体企业	1.72	1.50	14.2	4404	4362	1.0
股份合作企业	0.20	0.19	5.4	482	497	-3.0
有限责任公司	27.52	23.34	17.9	33369	29791	12.0
股份有限公司	7.51	6.67	12.7	8951	8413	6.4
私营企业	8.48	6.82	24.4	19347	16775	15.3
港、澳、台商投资企业	0.95	0.73	31.1	1034	1000	3.4
外商投资企业	0.53	0.46	14.9	606	564	7.4
二、按企业控股情况分组						
国有控股	37.04	31.64	17.1	43091	39390	9.4
集体控股	2.70	2.31	16.9	5470	5027	8.8
私人控股	9.63	7.82	23.1	22404	19432	15.3
港澳台商控股	0.86	0.63	35.9	889	851	4.5
外商控股	0.68	0.38	80.5	682	687	-0.7
三、按隶属关系分组						
中央	2.88	2.60	11.0	3161	3152	0.3
省	2.64	2.27	16.1	2981	2686	11.0
市	28.27	23.45	20.5	30702	27176	13.0
县、区	4.15	3.46	20.0	9938	9585	3.7
其他	16.19	14.17	14.0	32388	29378	10.2
四、按是否是亏损企业						
亏损企业	4.54	3.74	21.4	7277	6496	12.0
不亏损企业	49.89	42.48	17.4	72492	66008	9.8

全市重点服务业企业分行业主要经济指标

表 5-3 单位:亿元

指标	单位数(个)	固定资产原价			本年折旧		
		2014年	2013年	增长(%)	2014年	2013年	增长(%)
总计	**563**	**486.97**	**424.62**	**14.7**	**26.75**	**24.59**	**8.8**
1.交通运输、仓储和邮政业	**254**	**227.76**	**220.69**	**3.2**	**9.02**	**8.90**	**1.4**
道路运输业	130	16.17	14.74	9.7	1.48	1.40	5.7
水上运输业	20	152.26	149.48	1.9	5.01	4.63	8.1
航空运输业	2	1.08	1.00	8.1	0.06	0.06	-2.5
装卸搬运和运输代理业	81	50.48	48.33	4.4	2.02	1.87	8.1
仓储业	12	5.58	4.98	12.1	0.36	0.38	-4.9
邮政业	9	2.20	2.15	2.2	0.10	0.56	-82.6
2.信息传输、软件和信息技术服务业	**18**	**101.28**	**96.43**	**5.0**	**7.55**	**7.25**	**4.1**
电信、广播电视和卫星传输服务	9	101.06	96.24	5.0	7.52	7.23	4.0
互联网和相关服务	3	0.03	0.03	6.4	0.00	0.00	-63.6
软件和信息技术服务业	6	0.18	0.16	13.3	0.03	0.01	73.0
3.房地产业	**32**	**1.27**	**1.01**	**26.5**	**0.07**	**0.05**	**44.0**
4.租赁和商务服务业	**87**	**124.86**	**82.18**	**51.9**	**7.74**	**6.60**	**17.3**
租赁业	10	1.14	1.09	4.9	0.13	0.14	-4.3
商务服务业	77	123.72	81.09	52.6	7.61	6.46	17.8
5.科学研究和技术服务业	**88**	**15.08**	**9.42**	**60.0**	**1.12**	**0.64**	**74.6**
研究和试验发展	2	0.93	0.89	4.5	0.07	0.06	21.4
专业技术服务业	31	9.60	4.58	109.4	0.71	0.32	121.3
科技推广和应用服务业	55	4.55	3.95	15.3	0.34	0.26	29.4
6.水利、环境和公共设施管理业	**11**	**3.72**	**3.57**	**4.3**	**0.27**	**0.17**	**63.5**
水利管理业	2	0.56	0.57	-1.4	0.03	0.02	30.3
生态保护和环境治理业	1	0.68	0.66	2.6	0.08	0.04	102.6
公共设施管理业	8	2.49	2.34	6.2	0.16	0.10	55.6
7.居民服务、修理和其他服务业	**12**	**0.76**	**0.71**	**8.2**	**0.06**	**0.09**	**-37.4**
居民服务业	7	0.57	0.51	10.9	0.04	0.08	-43.6
机动车、电子产品和日用产品修理业	4	0.20	0.20	1.2	0.01	0.01	11.5
其他服务业	1	0.00	0.00	0.0	0.00	0.00	0.0
8.教育	**36**	**4.45**	**4.07**	**9.3**	**0.34**	**0.33**	**4.6**
9.卫生和社会工作	**17**	**5.15**	**4.00**	**28.8**	**0.35**	**0.29**	**20.9**
10.文化、体育和娱乐业	**8**	**2.63**	**2.55**	**2.8**	**0.24**	**0.28**	**-16.5**
新闻和出版业	1	0.77	0.75	3.3	0.03	0.03	1.2
广播、电视、电影和影视录音制作业	2	1.81	1.78	1.8	0.20	0.25	-19.2
文化艺术业	2	0.02	0.01		0.00	0.00	94.8
娱乐业	3	0.02	0.02	-0.9	0.00	0.00	-3.0

表 5-3 续表 1　　　　单位:亿元

指　　标	资 产 总 计			所有者权益合计		
	2014年	2013年	增长(%)	2014年	2013年	增长(%)
总　　计	**2756.54**	**2287.66**	**20.5**	**1292.93**	**1166.30**	**10.9**
1.交通运输、仓储和邮政业	**765.32**	**658.40**	**16.2**	**290.02**	**259.35**	**11.8**
道路运输业	30.45	26.89	13.2	9.87	9.01	9.5
水上运输业	503.28	430.78	16.8	160.16	141.89	12.9
航空运输业	1.86	1.73	7.2	0.35	0.48	-27.2
装卸搬运和运输代理业	177.90	154.30	15.3	112.21	101.39	10.7
仓储业	49.31	42.29	16.6	6.06	5.11	18.7
邮政业	2.53	2.41	5.0	1.37	1.46	-6.3
2.信息传输、软件和信息技术服务业	**56.98**	**53.64**	**6.2**	**19.17**	**15.34**	**24.9**
电信、广播电视和卫星传输服务	55.12	51.85	6.3	17.90	14.29	25.3
互联网和相关服务	0.31	0.25	22.8	0.14	0.11	35.3
软件和信息技术服务业	1.55	1.54	0.4	1.12	0.95	18.1
3.房地产业	**5.91**	**5.67**	**4.3**	**1.63**	**1.65**	**-1.3**
4.租赁和商务服务业	**1594.85**	**1344.26**	**18.6**	**840.74**	**773.04**	**8.8**
租赁业	1.15	1.04	10.3	0.39	0.31	24.8
商务服务业	1593.70	1343.22	18.6	840.35	772.73	8.8
5.科学研究和技术服务业	**297.26**	**200.69**	**48.1**	**127.12**	**105.96**	**20.0**
研究和试验发展	9.32	7.47	24.8	7.07	6.21	13.8
专业技术服务业	277.93	184.97	50.3	111.57	92.87	20.1
科技推广和应用服务业	10.01	8.26	21.3	8.48	6.87	23.4
6.水利、环境和公共设施管理业	**13.34**	**7.00**	**90.5**	**3.81**	**2.70**	**41.0**
水利管理业	0.61	0.70	-12.2	0.48	0.61	-21.9
生态保护和环境治理业	0.98	0.70	39.2	0.83	0.37	123.9
公共设施管理业	11.75	5.60	109.8	2.50	1.72	45.7
7.居民服务、修理和其他服务业	**1.67**	**1.30**	**27.8**	**0.86**	**0.83**	**4.7**
居民服务业	0.94	0.82	15.3	0.56	0.55	2.0
机动车、电子产品和日用产品修理业	0.68	0.44	54.1	0.27	0.24	12.5
其他服务业	0.05	0.05	-2.1	0.03	0.03	-9.6
8.教育	**6.01**	**4.60**	**30.6**	**3.29**	**2.33**	**40.9**
9.卫生和社会工作	**8.38**	**7.18**	**16.7**	**3.74**	**3.18**	**17.4**
10.文化、体育和娱乐业	**6.84**	**4.91**	**39.2**	**2.55**	**1.91**	**33.1**
新闻和出版业	1.07	1.07	-0.1	0.11	0.18	-39.4
广播、电视、电影和影视录音制作业	5.07	3.70	36.9	1.99	1.69	17.9
文化艺术业	0.18	0.02		0.16	0.01	
娱乐业	0.52	0.12		0.29	0.04	

表 5-3 续表 2 单位:亿元

指标	营业收入			主营业务收入		
	2014年	2013年	增长(%)	2014年	2013年	增长(%)
总计	**465.88**	**417.29**	**11.6**	**446.09**	**397.21**	**12.3**
1.交通运输、仓储和邮政业	**241.43**	**226.03**	**6.8**	**224.46**	**212.09**	**5.8**
道路运输业	29.16	32.14	-9.3	28.98	31.48	-7.9
水上运输业	109.12	97.99	11.4	98.71	89.51	10.3
航空运输业	0.30	0.31	-3.9	0.27	0.26	2.8
装卸搬运和运输代理业	74.73	71.93	3.9	71.07	68.83	3.2
仓储业	23.45	19.90	17.8	20.84	18.26	14.1
邮政业	4.67	3.76	24.3	4.60	3.75	22.5
2.信息传输、软件和信息技术服务业	**35.85**	**35.59**	**0.7**	**35.03**	**34.75**	**0.8**
电信、广播电视和卫星传输服务	33.00	33.11	-0.3	32.18	32.27	-0.3
互联网和相关服务	0.87	0.63	37.9	0.87	0.63	38.1
软件和信息技术服务业	1.98	1.85	7.2	1.98	1.85	7.2
3.房地产业	**4.31**	**3.74**	**15.4**	**4.25**	**3.62**	**17.3**
4.租赁和商务服务业	**111.34**	**104.33**	**6.7**	**109.98**	**99.76**	**10.2**
租赁业	1.74	1.52	14.5	1.74	1.52	14.5
商务服务业	109.61	102.81	6.6	108.24	98.24	10.2
5.科学研究和技术服务业	**53.51**	**30.07**	**78.0**	**53.31**	**29.91**	**78.3**
研究和试验发展	6.14	5.38	14.2	6.12	5.37	14.0
专业技术服务业	39.78	18.55	114.5	39.61	18.41	115.1
科技推广和应用服务业	7.58	6.14	23.6	7.58	6.13	23.7
6.水利、环境和公共设施管理业	**2.84**	**1.94**	**46.7**	**2.84**	**1.94**	**46.7**
水利管理业	0.60	0.42	42.1	0.60	0.42	42.1
生态保护和环境治理业	0.37	0.29	30.7	0.37	0.29	30.7
公共设施管理业	1.87	1.23	52.0	1.87	1.23	52.0
7.居民服务、修理和其他服务业	**4.16**	**4.30**	**-3.3**	**4.16**	**4.28**	**-2.9**
居民服务业	2.16	2.05	5.4	2.16	2.03	6.2
机动车、电子产品和日用产品修理业	1.26	1.55	-18.9	1.26	1.55	-18.9
其他服务业	0.75	0.70	6.3	0.75	0.70	6.3
8.教育	**4.01**	**3.62**	**10.8**	**3.91**	**3.54**	**10.4**
9.卫生和社会工作	**6.33**	**5.48**	**15.4**	**6.30**	**5.47**	**15.3**
10.文化、体育和娱乐业	**2.09**	**2.20**	**-5.1**	**1.83**	**1.86**	**-1.4**
新闻和出版业	0.64	0.94	-31.6	0.64	0.76	-15.2
广播、电视、电影和影视录音制作业	1.25	1.11	13.0	1.00	0.95	5.2
文化艺术业	0.03	0.02	77.7	0.03	0.02	77.7
娱乐业	0.16	0.13	19.3	0.16	0.13	18.8

表 5-3 续表 3 单位：亿元

指　　标	营业成本			营业税金及附加		
	2014年	2013年	增长(%)	2014年	2013年	增长(%)
总　　计	**363.34**	**326.04**	**11.4**	**5.65**	**6.25**	**-9.6**
1.交通运输、仓储和邮政业	**202.66**	**192.89**	**5.1**	**1.14**	**1.19**	**-4.6**
道路运输业	24.71	27.59	-10.4	0.34	0.28	22.0
水上运输业	87.11	80.24	8.6	0.59	0.69	-14.3
航空运输业	1.24	1.42	-12.6	0.00	0.00	-12.3
装卸搬运和运输代理业	65.06	62.99	3.3	0.18	0.18	-0.8
仓储业	20.47	17.44	17.4	0.01	0.00	45.9
邮政业	4.07	3.21	27.0	0.01	0.03	-60.2
2.信息传输、软件和信息技术服务业	**19.39**	**17.87**	**8.5**	**0.55**	**1.03**	**-46.5**
电信、广播电视和卫星传输服务	17.35	15.85	9.5	0.54	1.01	-46.9
互联网和相关服务	0.77	0.53	44.9	0.00	0.00	-3.7
软件和信息技术服务业	1.27	1.49	-15.0	0.01	0.01	-14.8
3.房地产业	**3.12**	**2.62**	**19.0**	**0.18**	**0.16**	**7.7**
4.租赁和商务服务业	**81.60**	**76.82**	**6.2**	**2.89**	**3.11**	**-7.0**
租赁业	1.38	1[illegible].4	10.7	0.01	0.01	96.5
商务服务业	80.23	75.58	6.2	2.88	3.10	-7.2
5.科学研究和技术服务业	**42.08**	**22.89**	**83.8**	**0.50**	**0.45**	**11.9**
研究和试验发展	4.75	4.11	15.5	0.02	0.03	-21.6
专业技术服务业	31.71	13.98	126.9	0.42	0.34	24.3
科技推广和应用服务业	5.62	4.80	17.0	0.06	0.08	-26.2
6.水利、环境和公共设施管理业	**1.81**	**1.14**	**59.3**	**0.09**	**0.06**	**50.2**
水利管理业	0.51	0.34	51.5	0.03	0.02	26.7
生态保护和环境治理业	0.14	0.12	21.0	0.00	0.00	
公共设施管理业	1.16	0.69	69.7	0.06	0.03	67.0
7.居民服务、修理和其他服务业	**3.63**	**3.46**	**5.1**	**0.15**	**0.13**	**15.9**
居民服务业	1.70	1.44	18.1	0.11	0.08	28.2
机动车、电子产品和日用产品修理业	1.19	1.44	-17.0	0.00	0.01	-74.1
其他服务业	0.74	0.58	27.6	0.04	0.04	6.3
8.教育	**2.86**	**2.42**	**18.0**	**0.09**	**0.07**	**19.8**
9.卫生和社会工作	**4.52**	**4.19**	**7.9**	**0.01**	**0.01**	**2.3**
10.文化、体育和娱乐业	**1.66**	**1.73**	**-4.0**	**0.06**	**0.04**	**41.8**
新闻和出版业	0.43	0.62	-31.0	0.00	0.00	
广播、电视、电影和影视录音制作业	1.14	1.02	11.2	0.05	0.03	50.2
文化艺术业	0.02	0.01	104.0	0.00	0.00	68.2
娱乐业	0.08	0.08	-2.4	0.01	0.01	-19.6

表 5-3 续表 4

单位:亿元

指　　标	管 理 费 用			管理费用中税金		
	2014年	2013年	增长(%)	2014年	2013年	增长(%)
总　　计	**41.88**	**36.30**	**15.4**	**3.76**	**0.99**	**279.4**
1.交通运输、仓储和邮政业	**19.56**	**17.25**	**13.4**	**1.20**	**0.40**	**200.2**
道路运输业	2.46	2.23	10.4	0.06	0.03	85.8
水上运输业	10.78	9.33	15.6	0.74	0.04	
航空运输业	0.11	0.11	-4.1	0.00	0.00	
装卸搬运和运输代理业	4.67	4.21	11.0	0.37	0.31	18.4
仓储业	0.92	0.82	12.0	0.00	0.01	-17.9
邮政业	0.61	0.55	11.5	0.02	0.01	121.5
2.信息传输、软件和信息技术服务业	**2.42**	**2.08**	**16.2**	**0.04**	**0.04**	**-0.5**
电信、广播电视和卫星传输服务	2.01	1.75	15.0	0.04	0.04	-2.2
互联网和相关服务	0.02	0.01	18.5	0.00	0.00	5.9
软件和信息技术服务业	0.38	0.31	22.9	0.00	0.00	126.8
3.房地产业	**0.90**	**0.75**	**20.6**	**0.02**	**0.01**	**39.1**
4.租赁和商务服务业	**12.18**	**11.17**	**9.1**	**1.78**	**0.39**	
租赁业	0.11	0.12	-3.8	0.00	0.00	32.4
商务服务业	12.07	11.05	9.2	1.77	0.39	
5.科学研究和技术服务业	**3.97**	**2.69**	**47.6**	**0.68**	**0.09**	
研究和试验发展	0.64	0.60	5.8	0.00	0.00	
专业技术服务业	3.08	1.92	60.8	0.66	0.08	
科技推广和应用服务业	0.24	0.17	47.2	0.01	0.01	10.8
6.水利、环境和公共设施管理业	**0.49**	**0.45**	**8.9**	**0.01**	**0.01**	**19.6**
水利管理业	0.06	0.05	24.0	0.00	0.00	20.0
生态保护和环境治理业	0.03	0.03	2.4	0.00	0.00	5.7
公共设施管理业	0.41	0.38	7.5	0.00	0.00	29.8
7.居民服务、修理和其他服务业	**0.47**	**0.49**	**-3.7**	**0.02**	**0.02**	**-18.2**
居民服务业	0.38	0.38	-1.8	0.01	0.01	5.7
机动车、电子产品和日用产品修理业	0.04	0.04	5.9	0.00	0.01	-83.9
其他服务业	0.05	0.06	-21.8	0.01	0.01	6.1
8.教育	**0.60**	**0.56**	**6.5**	**0.02**	**0.01**	**21.4**
9.卫生和社会工作	**1.02**	**0.60**	**69.2**	**0.00**	**0.00**	**-14.7**
10.文化、体育和娱乐业	**0.28**	**0.27**	**6.4**	**0.00**	**0.00**	**-8.0**
新闻和出版业	0.16	0.18	-11.8	0.00	0.00	
广播、电视、电影和影视录音制作业	0.05	0.04	9.2	0.00	0.00	0.0
文化艺术业	0.03	0.00		0.00	0.00	-90.2
娱乐业	0.04	0.04	16.5	0.00	0.00	17.0

表 5-3 续表 5　　单位：亿元

指标	营业利润			利润总额			应交增值税		
	2014年	2013年	增长(%)	2014年	2013年	增长(%)	2014年	2013年	增长(%)
总计	**38.53**	**43.93**	**−12.3**	**50.10**	**46.71**	**7.3**	**5.69**	**4.28**	**33.0**
1.交通运输、仓储和邮政业	**6.38**	**8.46**	**−24.6**	**10.78**	**10.69**	**0.9**	**3.98**	**3.29**	**21.0**
道路运输业	0.87	0.74	17.7	1.65	1.38	19.4	0.52	0.65	−20.8
水上运输业	2.85	5.02	−43.2	4.65	5.43	−14.4	2.29	2.21	3.3
航空运输业	−1.13	−1.29	−12.0	−0.14	−0.42	−67.4	0.01	0.02	−19.9
装卸搬运和运输代理业	3.51	3.60	−2.6	4.06	3.90	4.2	1.14	0.43	162.5
仓储业	0.31	0.37	−15.8	0.60	0.40	50.4	0.01	−0.02	−154.3
邮政业	−0.04	0.01		−0.04	0.01		0.02	0.00	
2.信息传输、软件和信息技术服务业	**5.50**	**6.04**	**−9.1**	**5.46**	**6.24**	**−12.5**	**0.62**	**0.09**	
电信、广播电视和卫星传输服务	5.27	5.84	−9.7	5.18	5.99	−13.5	0.57	0.03	
互联网和相关服务	0.04	0.03	45.8	0.04	0.03	39.5	0.00	0.01	−62.5
软件和信息技术服务业	0.18	0.17	3.4	0.24	0.22	9.2	0.05	0.05	0.2
3.房地产业	**0.13**	**0.16**	**−19.8**	**0.14**	**0.18**	**−24.6**	**0.01**	**0.01**	**85.7**
4.租赁和商务服务业	**12.64**	**15.68**	**−19.4**	**14.32**	**16.09**	**−11.0**	**0.71**	**0.42**	**68.8**
租赁业	0.19	0.14	40.2	0.11	0.09	20.3	0.05	0.04	14.6
商务服务业	12.45	15.54	−19.9	14.21	16.00	−11.1	0.67	0.38	74.4
5.科学研究和技术服务业	**12.89**	**12.62**	**2.1**	**18.29**	**12.73**	**43.6**	**0.29**	**0.34**	**−13.6**
研究和试验发展	0.84	0.76	9.4	0.86	0.79	8.3	0.00	0.00	
专业技术服务业	10.92	11.02	−0.9	16.30	11.10	46.9	0.20	0.26	−22.7
科技推广和应用服务业	1.14	0.84	35.1	1.13	0.84	34.4	0.10	0.08	14.2
6.水利、环境和公共设施管理业	**0.37**	**0.19**	**91.8**	**0.39**	**0.20**	**94.6**	**0.01**	**0.01**	**25.8**
水利管理业	0.00	0.05	−91.7	0.00	0.05	−91.7	0.00	0.00	
生态保护和环境治理业	0.21	0.14	44.5	0.21	0.14	43.4	0.00	0.00	
公共设施管理业	0.16	0.00		0.18	0.01		0.01	0.01	25.8
7.居民服务、修理和其他服务业	**0.10**	**0.13**	**−20.7**	**0.10**	**0.12**	**−17.2**	**0.01**	**0.01**	**−18.3**
居民服务业	0.10	0.06	54.8	0.10	0.06	70.1	0.00	0.00	3.1
机动车、电子产品和日用产品修理业	−0.01	0.04	−115.2	−0.01	0.04		0.01	0.01	−24.4
其他服务业	0.01	0.02	−68.1	0.01	0.02	−73.1	0.00	0.00	
8.教育	**0.08**	**0.12**	**−37.8**	**0.08**	**0.13**	**−42.1**	**0.03**	**0.12**	**−79.3**
9.卫生和社会工作	**0.58**	**0.50**	**15.8**	**0.52**	**0.32**	**60.2**	**0.00**	**0.00**	**0.0**
10.文化、体育和娱乐业	**−0.14**	**0.01**		**0.03**	**0.01**		**0.02**	**−0.01**	
新闻和出版业	−0.09	0.01		−0.09	0.00		0.01	−0.01	
广播、电视、电影和影视录音制作业	0.01	0.00	199.0	0.01	0.00	176.5	0.01	0.00	
文化艺术业	−0.03	0.00		0.12	0.00		0.00	0.00	
娱乐业	−0.04	0.00		−0.01	−0.01	140.4	0.00	0.00	

表 5-3 续表 6

单位:亿元

指　　标	应付职工薪酬			从业人员年平均人数(人)		
	2014年	2013年	增长(%)	2014年	2013年	增长(%)
总　　计	**54.43**	**46.22**	**17.8**	**79769**	**72504**	**10.0**
1.交通运输、仓储和邮政业	**31.27**	**26.19**	**19.4**	**35595**	**31536**	**12.9**
道路运输业	4.94	4.10	20.4	9806	7968	23.1
水上运输业	15.53	12.66	22.7	13013	11621	12.0
航空运输业	0.20	0.19	3.7	319	307	3.9
装卸搬运和运输代理业	7.86	7.02	11.9	9642	9049	6.6
仓储业	0.44	0.40	10.7	648	511	26.8
邮政业	2.31	1.82	26.6	2167	2080	4.2
2.信息传输、软件和信息技术服务业	**2.34**	**2.01**	**16.7**	**3815**	**3576**	**6.7**
电信、广播电视和卫星传输服务	2.05	1.79	14.7	3448	3245	6.3
互联网和相关服务	0.03	0.04	-11.1	59	55	7.3
软件和信息技术服务业	0.25	0.18	43.0	308	276	11.6
3.房地产业	**1.48**	**1.07**	**38.2**	**4604**	**3884**	**18.5**
4.租赁和商务服务业	**8.63**	**7.75**	**11.4**	**16869**	**15730**	**7.2**
租赁业	0.20	0.16	22.2	453	432	4.9
商务服务业	8.43	7.59	11.2	16416	15298	7.3
5.科学研究和技术服务业	**3.89**	**3.57**	**8.8**	**6719**	**6230**	**7.8**
研究和试验发展	0.83	0.75	10.6	508	518	-1.9
专业技术服务业	1.78	1.62	9.8	2874	2447	17.4
科技推广和应用服务业	1.28	1.20	6.2	3337	3265	2.2
6.水利、环境和公共设施管理业	**0.43**	**0.37**	**17.7**	**995**	**971**	**2.5**
水利管理业	0.11	0.07	58.3	196	195	0.5
生态保护和环境治理业	0.01	0.01	32.5	60	50	20.0
公共设施管理业	0.31	0.29	7.4	739	726	1.8
7.居民服务、修理和其他服务业	**2.01**	**1.63**	**23.7**	**2734**	**2709**	**0.9**
居民服务业	1.29	1.19	7.9	1880	1887	-0.4
机动车、电子产品和日用产品修理业	0.07	0.08	-9.5	202	168	20.2
其他服务业	0.65	0.35	85.2	652	654	-0.3
8.教育	**1.94**	**1.67**	**16.0**	**4399**	**4310**	**2.1**
9.卫生和社会工作	**1.82**	**1.43**	**27.4**	**3032**	**2691**	**12.7**
10.文化、体育和娱乐业	**0.61**	**0.54**	**14.8**	**1007**	**867**	**16.1**
新闻和出版业	0.14	0.14	-0.7	275	275	0.0
广播、电视、电影和影视录音制作业	0.42	0.36	17.8	517	498	3.8
文化艺术业	0.02	0.01	70.5	90	0	
娱乐业	0.04	0.03	36.3	125	94	33.0

全市重点服务业企业分县区主要经济指标

表 5-4　　单位:亿元

指标	单位数(个)	固定资产原价			本年折旧		
		2014年	2013年	增长(%)	2014年	2013年	增长(%)
总计	**563**	**486.97**	**424.62**	**14.7**	**26.75**	**24.59**	**8.8**
市区	**352**	**427.57**	**371.51**	**15.1**	**21.35**	**20.36**	**4.9**
连云区	76	161.98	160.19	1.1	5.31	5.25	1.3
海州区	89	199.30	153.07	30.2	11.55	11.86	-2.6
赣榆区	114	21.60	20.18	7.0	1.38	1.10	26.1
开发区	69	40.23	37.37	7.6	2.76	2.02	36.7
云台山风景区	1	0.20	0.17	21.1	0.01	0.01	41.2
徐圩新区	3	4.26	0.54	689.3	0.33	0.13	163.3
三县	**211**	**59.40**	**53.11**	**11.8**	**5.40**	**4.23**	**27.5**
东海县	127	19.09	16.25	17.5	1.24	0.92	34.4
灌云县	52	31.05	28.06	10.6	3.47	2.75	25.9
灌南县	32	9.25	8.79	5.2	0.69	0.55	24.2

表 5-4 续表 1

单位:亿元

指　　标	资产总计			所有者权益合计		
	2014年	2013年	增长(%)	2014年	2013年	增长(%)
总　　计	**2756.54**	**2287.66**	**20.5**	**1292.93**	**1166.30**	**10.9**
市　区	**2239.66**	**1868.86**	**19.8**	**966.75**	**871.57**	**10.9**
连云区	863.59	759.28	13.7	337.42	313.62	7.6
海州区	414.94	345.14	20.2	173.33	168.20	3.1
赣榆区	334.65	269.24	24.3	194.80	161.22	20.8
开发区	335.59	307.91	9.0	146.29	137.26	6.6
云台山风景区	0.27	0.22	22.8	0.00	0.00	5.1
徐圩新区	290.62	187.07	55.4	114.91	91.27	25.9
三　县	**516.88**	**418.80**	**23.4**	**326.18**	**294.73**	**10.7**
东海县	164.29	121.03	35.7	84.24	64.37	30.9
灌云县	170.14	139.45	22.0	129.74	113.03	14.8
灌南县	182.45	158.32	15.2	112.20	117.34	-4.4

表 5-4 续表 2

单位:亿元

指标	营业收入			主营业务收入		
	2014年	2013年	增长(%)	2014年	2013年	增长(%)
总计	**465.88**	**417.29**	**11.6**	**446.09**	**397.21**	**12.3**
市区	**398.27**	**358.80**	**11.0**	**378.88**	**339.13**	**11.7**
连云区	170.42	155.18	9.8	156.22	143.73	8.7
海州区	101.92	101.74	0.2	99.59	98.46	1.1
赣榆区	22.59	18.36	23.0	22.50	18.24	23.4
开发区	69.09	69.49	-0.6	66.35	64.69	2.6
云台山风景区	0.25	0.19	30.3	0.25	0.19	30.4
徐圩新区	33.99	13.83	145.8	33.98	13.82	145.9
三县	**67.61**	**58.49**	**15.6**	**67.20**	**58.08**	**15.7**
东海县	30.63	24.70	24.0	30.51	24.48	24.6
灌云县	23.24	20.79	11.8	23.21	20.77	11.7
灌南县	13.74	12.99	5.7	13.49	12.83	5.2

表 5-4 续表 3　　单位:亿元

指　　标	营业成本			营业税金及附加		
	2014年	2013年	增长(%)	2014年	2013年	增长(%)
总　　计	**363.34**	**326.04**	**11.4**	**5.65**	**6.25**	**-9.6**
市　区	**313.16**	**280.70**	**11.6**	**4.08**	**4.78**	**-14.6**
连云区	142.31	130.65	8.9	0.89	1.30	-31.5
海州区	70.35	67.93	3.6	2.11	2.62	-19.4
赣榆区	17.26	13.53	27.6	0.45	0.34	32.9
开发区	55.27	57.08	-3.2	0.32	0.31	3.0
云台山风景区	0.05	0.05	6.4	0.01	0.01	102.8
徐圩新区	27.92	11.47	143.4	0.31	0.22	41.1
三　县	**50.18**	**45.33**	**10.7**	**1.56**	**1.47**	**6.7**
东海县	22.85	19.72	15.9	0.65	0.62	4.8
灌云县	18.07	16.39	10.3	0.69	0.62	12.1
灌南县	9.25	9.22	0.3	0.22	0.22	-2.8

表 5-4 续表 4　　　　单位:亿元

指　　标	管 理 费 用			管理费用中税金		
	2014年	2013年	增长(%)	2014年	2013年	增长(%)
总　　计	**41.88**	**36.30**	**15.4**	**3.76**	**0.99**	**279.4**
市　区	**36.16**	**32.00**	**13.0**	**3.21**	**0.57**	
连云区	15.33	13.75	11.5	1.01	0.12	
海州区	12.08	11.07	9.1	1.32	0.18	
赣榆区	2.17	2.02	7.2	0.13	0.10	24.0
开发区	4.37	4.20	4.1	0.14	0.15	-5.4
云台山风景区	0.18	0.14	33.4	0.00	0.00	
徐圩新区	2.02	0.82	145.6	0.62	0.02	
三　县	**5.73**	**4.30**	**33.2**	**0.55**	**0.42**	**31.7**
东海县	2.72	1.80	50.9	0.29	0.23	23.3
灌云县	1.20	0.99	22.2	0.21	0.16	27.6
灌南县	1.81	1.52	19.3	0.06	0.03	134.3

表 5-4 续表 5　　单位：亿元

指　　标	营业利润			利润总额			应交增值税		
	2014年	2013年	增长(%)	2014年	2013年	增长(%)	2014年	2013年	增长(%)
总　　计	**38.53**	**43.93**	**–12.3**	**50.10**	**46.71**	**7.3**	**5.69**	**4.28**	**33.0**
市　区	**30.62**	**36.62**	**–16.4**	**39.40**	**38.56**	**2.2**	**4.99**	**3.52**	**41.8**
连云区	4.90	8.05	–39.2	7.15	8.85	–19.2	2.55	2.25	13.5
海州区	7.97	11.87	–32.9	9.38	12.67	–26.0	1.23	0.47	159.6
赣榆区	2.16	1.92	12.6	2.21	2.03	8.9	0.16	0.14	20.8
开发区	5.31	4.63	14.7	5.43	4.84	12.1	0.90	0.59	53.4
云台山风景区	0.00	0.00	–1.5	0.00	0.00	–0.5	0.00	0.00	
徐圩新区	10.29	10.16	1.3	15.23	10.17	49.8	0.14	0.07	99.0
三　县	**7.91**	**7.30**	**8.3**	**10.69**	**8.15**	**31.3**	**0.70**	**0.76**	**–8.1**
东海县	3.26	1.88	73.1	4.22	2.69	56.9	0.47	0.44	4.9
灌云县	2.55	1.91	33.6	2.73	1.92	42.4	0.21	0.26	–21.4
灌南县	2.10	3.51	–40.2	3.75	3.54	5.7	0.03	0.05	–51.4

表 5-4 续表 6

单位:亿元

指　　标	应付职工薪酬			从业人员年平均人数(人)		
	2014年	2013年	增长(%)	2014年	2013年	增长(%)
总　　计	**54.43**	**46.22**	**17.8**	**79769**	**72504**	**10.0**
市　区	**45.10**	**38.57**	**16.9**	**59720**	**54253**	**10.1**
连云区	23.31	19.73	18.1	22648	21518	5.3
海州区	13.78	11.62	18.6	22433	20556	9.1
赣榆区	4.92	4.57	7.8	10112	9602	5.3
开发区	2.68	2.29	17.0	3469	1619	114.3
云台山风景区	0.09	0.09	2.8	220	241	-8.7
徐圩新区	0.31	0.26	16.6	838	717	16.9
三　县	**9.34**	**7.66**	**22.0**	**20049**	**18251**	**9.9**
东海县	5.14	4.21	22.0	11128	10365	7.4
灌云县	1.51	1.29	17.5	3756	2903	29.4
灌南县	2.68	2.16	24.5	5165	4983	3.7

6

交通运输、邮电

全市交通运输基本情况

表6-1

	单 位	2005	2007	2008	2009	2010	2011	2012	2013	2014
一、铁 路										
铁路营业里程	公里	84	84	84	84	84	84	84	84	84
港口铁路专用线	米	107498	117716	68964	68964	68964	68964	68964	68964	80500
火车站点个数	个				12	12	12	12	12	13
# 客运站	个				3	3	3	3	3	3
货运站	个				9	9	9	9	9	10
二、公 路										
1、全社会公路总里程	公里	4835	9981	10920	10832	11223	11313	11507	11771	11914
# 等级公路	公里	4491	9661	10603	10636	11049	11221	11415	11679	11840
# 高速公路	公里	239	282	282	286	336	349	349	349	349
一级公路	公里	56	173	191	201	246	285	335	482	537
# 国 道	公里	493	493	563	563	612	612	612	697	715
省 道	公里	310	354	284	284	281	294	330	390	398
2、公路密度										
以国土面积计算	公里/百平方公里				144.43	149.64	150.83	153.42	154.56	156.45
以人口数量计算	公里/人	10.61	22.24	24.47	24.33	24.99	25.76	26.17	26.65	26.83
3、公路桥梁	座	412	628	706	2492	2726	2740	2832	2960	3010
	米	1.99	3.11	4.33	14.71	17.88	18.46	19.30	21.18	19.55
三、港 口										
1、生产用码头泊位	个	98	158	161	180	180	180	180	189	183
码头长度	米	7897	12051	16261	15777	16437	16077	16437	19579	25080
内河码头泊位	个	66	121	121	121	121	121	121	120	120
沿海码头泊位	个	32	37	40	59	59	59	62	69	63
# 万吨级	个	27	34	39	40	40	40	41	52	60
2、沿海港口吞吐能力	万吨	3577	4560	6045	8527	9213	9123	9857	13295	14956
3、港口国际旅客航线	条	2	2	2	2	2	2	2	2	2
四、内 河										
内河航道总里程	公里	1138	1138	1106	1106	1114	1114	1114	1114	1114
# 等级航道	公里	442	504	442	446	504	504	502	502	502
通机动船里程	公里	922	922	922	922	929	929	929	929	929
五、民 航										
民航机场	个	1	1	1	1	1	1	1	1	1
航线	条	7	9	11	12	15	16	18	21	20
起降架次	次	1835	2677	3216	3747	5540	5408	6229	8668	6978

全社会公路总里程

表 6-2　　(2014 年)　　单位:公里

	全 市	市 区	# 赣榆区	东海县	灌云县	灌南县
全社会公路总里程	11914	4438	2848	2966	2592	1919
一、按公路等级分						
1、等级公路	11840	4386	2848	2966	2592	1896
# 高速公路	349	213	91	43	67	26
一级公路	537	268	97	156	33	81
二级公路	1958	755	445	452	431	321
三级公路	715	284	171	244	128	59
四级公路	8281	2866	2044	2072	1933	1409
2、等外公路	74	51				23
二、按行政等级分						
国　道	715	429	210	112	138	36
省　道	398	91	38	128	72	106
县　道	2023	769	504	470	435	349
乡　道	3607	1140	761	984	968	515
村　道	5172	2008	1335	1273	978	913
三、按路面技术状况分						
1、有铺装路面(高级)	10268	3818	2433	2473	2089	1888
# 沥青路	1778	772	303	421	250	335
水泥路	8498	3045	2130	2052	1839	1561
2、简易铺装路面(次高级)	52	52				
3、未铺装路面	1586	568	415	493	502	23
4、公路部门养护里程						
# 绿化里程	6220	307	158	2923	2525	465
养护里程	6220	307	158	2923	2525	465
四、桥梁情况						
数量(座)	3010	1404	939	577	467	562
延长(米)	195512	97932	56778	28283	45041	24255
五、乡镇通公路情况						
1、乡镇数(个)	83	37	15	19	13	14
通公路比重(%)	100.0	100.0	100.0	100.0	100.0	100.0
2、村委会数(个)	1415	590	437	310	304	211
通公路比重(%)	100.0	100.0	100.0	100.0	100.0	100.0

注:公路总里程含等外公路

全市机动车保有量

表 6-3　　(2014 年)　　单位:辆

	2014年	#进口	#个人	#新注册	2013年
机动车保有量	**779916**	**8443**	**722368**	**70488**	**681138**
一、汽　车	**367303**	**8412**	**317695**	**54435**	**285905**
1、载客汽车	286722	8378	254826	47256	213926
# 大型	3432	34	108	261	3532
中型	3638	138	1815	141	4634
小型	272457	8141	246191	46671	198632
微型	7195	65	6712	183	7128
# 普通	57943	1359	46436	12006	69299
双层	18		1		27
卧铺	38		4		115
铰接	42			6	40
越野	3999	3606	3225	765	3079
专用客车	428	4	103	106	261
专用校车	150			73	39
面包车	34368		32912	3755	
轿车	189736	3409	172145	30545	141066
2、载货汽车	63818	23	47907	6249	54822
# 重型	27713	5	16842	2096	23486
中型	8276		7219	688	9126
轻型	27812	18	23829	3465	22186
微型	17		17		24
# 普通	31658	18	27741	3264	27242
厢式	9233		7447	918	7811
封闭	888		571	118	700
罐式	428		167	23	499
平板	103		75	10	136
自卸	5782		4285	473	5656
特殊结构	939		320	165	480
仓栅	2556		2133	208	2082
半挂牵引	12229	5	5167	1070	10214
3、三轮汽车	7310		7249	423	8323
低速汽车	1138		1098	12	1743
二、摩 托 车	**400341**	**31**	**399421**	**14984**	**384911**
普通	385048	30	384136	14878	369916
轻便	15293	1	15285	106	14995
三、挂　车	**12271**		**5252**	**1069**	**10321**
重型	12243		5239	1069	10218
中型	28		13		103

全市分县区机动车保有量

表 6–4　　(2014 年)　　单位:辆

	全 市	市 区	# 赣榆区	东海县	灌云县	灌南县
机动车保有量	**779916**	**398951**	**151681**	**178302**	**124609**	**78054**
一、汽 车	**367303**	**202703**	**69857**	**77432**	**51975**	**35193**
1、载客汽车	286722	163701	51117	57655	37085	28281
大型	3432	2493	350	312	298	329
中型	3638	1795	502	776	617	450
小型	272457	155546	48594	54878	35220	26813
微型	7195	3867	1671	1689	950	689
2、载货汽车	63818	33064	14796	14088	10802	5864
重型	27713	16654	6056	5290	3908	1861
中型	8276	3033	1424	2514	1781	948
轻型	27812	13371	7310	6276	5113	3052
微型	17	6	6	8	0	3
3、三轮汽车	7310	2699	2699	555	3406	650
低速汽车	1138	591	736	393	122	32
二、摩 托 车	**400341**	**188834**	**79957**	**98502**	**70880**	**42125**
普通	385048	179922	79599	96544	67980	40602
轻便	15293	8912	358	1958	2900	1523
三、挂 车	12271	7414	1867	2368	1754	735
重型	12243	7402	1859	2357	1750	734
中型	28	12	8	11	4	1
四、营运车辆	**82688**	**40263**	**17858**	**14771**	**18787**	**8867**
# 公路客运	1195	462	89	278	309	146
公交客运	1546	980	210	126	285	155
出租客运	2332	1777	204	213	151	191
旅游客运	250	205	27	18	26	1
货 运	72985	34727	16645	12503	17617	8138
租 赁	1337	293	60	973	51	20
危化运输	1005	677	229	182	122	24
教 练	2038	1142	394	478	226	192
五、非营运车辆	**697056**	**358642**	**133795**	**163494**	**105798**	**69122**
# 消 防	43	18	1	3	14	8
救 护	420	200	115	79	63	78
工程救险	330	82	21	226	16	6

交通运输行业营业户数及从业人员

表 6–5

	营业户数(户)		从业人员(人)	
	2014年	2013年	2014年	2013年
一、道路运输部门				
道路货物运输	23520	38359	100872	89700
# 汽车运输	23520	38359		
道路旅客运输	23	19	3576	3642
道路运输服务	67	146	3790	3117
汽车维修	1347	1270	7125	4597
二、水路运输部门				
内河:货物运输	20	20	2317	2326
沿海:货物运输	18	18	1002	1004
旅客运输	2	2	42	42
三、港口生产单位				
内河港口		6		118

全市港口码头总体情况

表 6–6　(2014 年)

	码头个数(个)	泊位个数(个)	泊位长度(米)	泊位年通过能力(万吨)
一、生产性码头	**89**	**183**	**25080**	**14956**
1、内河码头	35	120	5269	956
# 1000 吨级及以上	1	6	330	138
500 吨级	1	15	747	250
300 吨级	22	69	2447	511
300 吨级以下	13	30	1745	57
2、沿海码头	54	63	19811	14956
# 万吨级以上	37	60	19501	13808
二、非生产性码头				
沿海码头	2	2	297	

注:因 2013 年全市开展港口经营许可证规范整治,对 300 吨级以下内河码头进行整合,导致其数据有较大幅度变动。

连云港港码头泊位及库场情况

表6-7

	单 位	1995	2000	2005	2010	2011	2012	2013	2014
一、港口码头									
1、码头泊位	个	30	34	37	61	61	62	62	66
2、生产用码头									
总延长	米	4824	5803	6421	11553	11553	11827	11715	14786
泊位数	个	25	30	32	59	59	56	51	64
# 万吨级以上	个	20	25	27	40	40	43	44	53
年吞吐能力	万吨	2025	2265	3577	9213	9213	9587	13295	14956
3、非生产用码头									
总延长	米	449	449	470	297	297	741	297	297
泊位数	个	4	4	5	2	2	4	2	2
二、铁路专用线									
总延长	米	70514	90554	107498	68964	68964	65090	67095	80500
# 装卸线	米	11335	14093	16445	28728	28728	28729	33604	33604
三、仓库堆场									
1、生产用库场									
总面积	万平方米	57.81	81.30	24.25	371.33	371.33	489.24	483.94	555.48
容 量	万吨	119.74	180.71	971.71	1495.44	1495.44	1658.27	1841.50	
(1)仓 库:总面积	万平方米	6.18	9.06	10.08	16.94	16.94	19.55	21.78	22.36
容 量	万吨	4.04	7.23	23.16	41.20	41.20	21.48	21.48	15.52
(2)圆筒仓:总容积	万平方米	10.29	10.29	14.46	14.46	14.46	14.46	14.46	14.46
容 量	万吨	7.06	7.06	10.46	10.46	10.46			
(3)堆 场:总面积	万平方米	51.63	72.23	232.37	354.39	354.39	469.69	462.16	533.12
容 量	万吨	118.64	166.42	938.09	1443.79	1443.79	1636.79	1820.02	2034.71
#煤 场:总面积	万平方米	20.12	26.51	36.30	49.55	49.55	49.55	40.40	37.00
容 量	万吨	72.23	94.52	220.00	166.00	166.00	166.00	172.00	190.00
集装箱堆场:总面积	万平方米	6.10	6.10	40.70	39.80	39.80	190.98	190.98	107.50
堆存能力	万标准箱	0.68	0.68	5.74	15.96	15.96	26.06	26.06	26.75
2、非生产用库场总面积	万平方米	17.22	17.39	1.32	4.05	4.05	4.11	4.11	3.04

连云港港设施及装备情况

表 6-8

	单　位	2006	2008	2009	2010	2011	2012	2013	2014
一、港务船舶									
1、工作船.艘　数	艘	17	17	19	19	19	21	21	24
总吨位	吨	6910	7105	7175	7175	7175	8167	8167	9747
载客量	座	15	15	35	35	35	35	35	35
功　率	万千瓦	3.08	3.36	3.55	3.55	3.55	4.51	4.51	5.91
# 拖轮:艘　数	艘	14	15	15	15	15	17	17	20
总吨位	吨	4396	4859	4859	4859	4859	5851	5851	7431
功　率	万千瓦	2.85	3.24	3.23	3.23	3.23	4.19	4.19	5.60
2、工程技术船:艘　数	艘	5	8	6	6	6	6	6	8
总吨位	吨	2414	2414	7318	7318	7318	7318	5341	14956
功　率	万千瓦	1.28	0.26	0.76	0.76	0.76	0.76	0.38	2.36
二、机车车辆									
机车合计:台　数	台	6	7	7	7	7	10	10	10
功　率	万千瓦	1.14	1.18	1.18	1.18	1.18	1.93	1.93	1.93
三、装械机械									
1、生产用装卸机械:台(组)数	台	968	1061	1415	935	935	1355	1460	1526
长　度	米	18282	18489	12830	9867	9867			
(1)起重机械类	台	193	221	246	188	188	236	251	277
# 轮胎起重机	台	112	125	103	94	94	116	124	131
门座起重机	台	63	77	71	67	67	85	90	102
(2)输送机械类:台(组)数	台	97	99	84	47	47	116	126	127
长　度	万米	1.83	1.85	1.28	0.99	0.99	2.66	2.97	3.67
(3)装卸搬运机械类	台	550	597	881	557	557	753	816	879
(4)专用机械类	台	128	144	204	143	143	238	267	243
2、非生产用装卸机械合计	台		258	264	257	257	292	400	460

全市内河航运航道情况

表 6-9　　(2014 年)　　单位:公里

	全 市	市 区	# 赣榆区	东海县	灌云县	灌南县
内河航道总里程	**1113.68**	**378.86**	**152.45**	**118.07**	**440.08**	**176.67**
一、基本情况						
通机动船里程	929.42	353.79	127.38	57.97	340.99	176.67
水深 1 米以上里程	1103.78	378.86	152.45	118.07	430.18	176.67
通航闸数(个)	76	10	2	5	56	5
# 套　闸	10	2			7	1
航道养护船舶(个)	12	7			3	2
跨河桥梁(个)	277	143	53	40	62	32
# 碍　航	146	84	36	22	25	15
不通航乡镇数(个)	45	13	12	17	6	9
二、按航道水深划分						
2.5m 以上	330.27	51.60		23.40	144.45	110.82
2.4—2.2m	59.56	10.60		30.30	7.70	10.96
2.1—1.5m	568.45	270.06	152.45	54.67	188.83	54.89
1.4—1.0m	145.50	46.60		9.70	89.20	
1.0m 以下	9.90				9.90	
三、按航道等级划分						
1、等级航道	501.85	132.78	19.99	33.90	201.42	133.75
一级航道						
二级航道						
三级航道	117.87	30.10		2.40	57.96	27.41
四级航道	93.45			16.50	21.94	55.01
五级航道	90.95	21.50		3.50	58.55	7.40
六级航道	64.24	14.31			6.00	43.93
七级航道	135.34	66.87	19.99	11.50	56.97	
2、等外航道	611.83	246.08	132.46	84.17	238.66	42.92

内河港口设施及装备情况

表 6-10

	单 位	2008	2010	2012	2014
一、生产用装卸机械	**台**	**156**	**166**	**166**	**166**
300 吨级及以上码头泊位前沿装卸机械	台	36	46	46	49
起重机械	台	33	43	43	43
普通门座起重机	台	1	1	1	4
固定式起重机	台	28	38	38	38
轮胎起重机	台	3	3	3	3
汽车起重机	台	1	1	1	1
输送机械	台	3	3	3	3
带式(皮带)输送机	台	1	1	1	1
斗式提升机	台	1	1	1	1
埋刮板机	台	1	1	1	1
300 吨级以下码头泊位前沿装卸机械	台	76	76	76	76
库场机械	台	36	36	36	36
水平运输	台	8	8	8	8
二、生产用仓库面积	**平方米**	**2415**	**2415**	**2415**	**2415**
生产用仓库容积	立方米	5430	5430	5430	5430
堆场面积	平方米	51700	59700	59700	59700
煤场面积	平方米	1000	1000	1000	1000
矿石堆场面积	平方米	2600	2600	2600	2600
其他堆场面积	平方米	48100	48100	48100	48100
堆场容量吨数	吨	55300	55300	55300	55300
煤场容量吨数	吨	1000	1000	1000	1000
矿石堆场容量吨数	吨	5500	5500	5500	5500

水路运输船舶拥有量

表 6–11

	单位	2014			2013
			内 河	沿 海	
一、机动船					
艘数	艘	1848	1571	277	1477
总吨	吨位	943036	625519	317517	236237
总载重量	吨位	1411917	949569	462348	852753
载客量	客位	597	597		515
功率	千瓦	684923	427339	257584	323317
1、客 船					
艘数	艘	8	8		7
总吨	吨位	658	658		609
总载重量	吨位				667
载客量	客位	597	597		515
功率	千瓦	2203	2203		1887
2、货 船					
艘数	艘	1778	1525	253	1435
总吨	吨位	921898	614553	307345	227408
总载重量	吨位	1411917	949569	462348	852086
功率	千瓦	556351	362977	193374	263982
3、拖 船					
艘数	艘	62	38	24	35
总吨	吨位	20480	10308	10172	8220
功率	千瓦	126369	62159	64210	57448
4、个体机动船					
艘数	艘	76	42	42	
总吨	吨位	32396	18678	18678	
总载重量	吨位	44928	27035	27035	
功率	千瓦	19298	10261	10261	
二、驳 船					
艘数	艘				328
净载重量	吨位				124975

主要年份全社会客货运输量

表 6-12

年　份	全社会客运量（万人）	公　路客运量	全社会货运量（万吨）	公　路货运量	铁路客运发送量（万人）	铁路货运发送量（万吨）
1978	1150	1013	477	133	137	301
1980	1728	1602	633	240	126	342
1981	1891	1762	645	214	129	374
1982	2190	2049	682	211	141	414
1983	3054	2895	1395	772	159	463
1984	3143	2965	1532	792	178	493
1985	3180	3018	2452	1659	161	529
1986	3331	3173	2666	1769	157	532
1987	3672	3501	2713	1860	170	595
1988	3550	3370	3026	2263	179	562
1989	3350	3182	3027	2173	167	589
1990	3044	2905	2701	2091	137	457
1991	3350	3198	1507	1010	149	372
1992	4442	4260	3142	2331	179	493
1993	3760	3552	3146	2374	206	388
1994	3964	3751	3175	2246	207	445
1995	3610	3382	4947	3973	218	501
1996	4458	4265	3741	2719	182	516
1997	3153	2952	2654	1780	192	551
1998	4506	4303	3360	2582	195	542
1999	4817	4618	4265	3380	195	539
2000	5034	4820	3629	2739	209	626
2001	5138	4936	4094	2913	198	923
2002	5297	5104	4318	2962	189	1101
2003	5429	5245	4452	3062	179	1155
2004	6137	5912	4837	3328	217	1247
2005	6831	6551	5628	3843	266	1485
2006	7936	7759	6464	4566	155	1588
2007	9006	8768	7193	5229	175	1516
2008	14935	14681	10967	8514	223	1936
2009	12322	12040	11242	7670	241	3022
2010	13481	13158	13937	9651	267	3405
2011	14428	14419	12901	11279	267	4094
2012	15948	15923	14832	13107	250	4298
2013	5419	5381	9169	7554	262	4122
2014	5467	5433	10089	8406	294	3735

注：1、全社会客运量及货运量均包含公路、铁路、水运及民航数据，历史数据按此口径有所调整；

2、2013 年数据根据交通部组织开展的全国运输业统计专项调查数据推算，口径较以前有明显调整，仅供参考。

全社会客货运输(吞吐)量

表 6-13　　(2014 年)

指　标	单　位	合　计	公　路	水　路	铁　路	民　航	港　口
地方交通客运量	万人	5466.64	5433.14	33.50			
旅客周转量	万人公里	359280	352005	7275			
地方交通货运量	万吨	10089	8406	1683			
货物周转量	万吨公里	2748572	1526927	1221645			
境内铁路客运发送量	万人	293.85			293.85		
境内铁路货运总量	万吨	4925.92			4925.92		
# 发送量	万吨	3735.49			3735.49		
旅客吞吐量	人	705747				613164	92583
# 离港量	人	374939				327907	47032
货物吞吐量	万吨	21009				0.40	21008

表 6-13 续　　(2013 年)

指　标	单　位	合　计	公　路	水　路	铁　路	民　航	港　口
地方交通客运量	万人	5419.25	5381	38.25			
旅客周转量	万人公里	364602	349595	15007			
地方交通货运量	万吨	9169	7554	1615			
货物周转量	万吨公里	2251823	1466593	785230			
境内铁路客运发送量	万人	262.24			262.24		
境内铁路货运总量	万吨	5493.08			5493.08		
# 发送量	万吨	4122.15			4122.15		
旅客吞吐量	人	729059				607306	121753
# 离港量	人	387665				326816	60849
货物吞吐量	万吨	20165				0.39	20165

注:2013 年数据根据交通部专项调查数据推算,仅供参考。

连云港境内铁路客运发送量

表 6-14 单位:万人

	2009	2010	2011	2012	2013	2014
客运发送量	**241.01**	**266.91**	**267.43**	**250.20**	**262.24**	**293.85**
连云港东		42.96	46.82	45.38	45.97	49.83
连云港		152.96	154.56	146.38	156.32	175.36
东海县		70.99	66.05	58.44	59.95	68.65

连云港境内铁路货运量

表 6-15 单位:万吨

	2012年		2013年		2014年	
	发送量	到达量	发送量	到达量	发送量	到达量
合　　计	**4297.83**	**1394.31**	**4122.15**	**1370.93**	**3735.49**	**1190.44**
连云港口	272.45	124.89				
连　云	718.72	23.68	915.58	34.22	1346.17	36.65
墟沟北	2807.96	583.45	2515.77	692.36	1842.85	661.10
墟　沟	232.19	24.87	189.43	12.45	190.68	0.84
连云港东	181.49	307.52	396.01	218.99	256.62	203.89
盐　坨	11.45	16.70	13.72	17.32	8.53	9.02
新浦东	18.09	40.58	19.42	34.41	21.47	37.12
连云港	0.08	174.53	0.00	278.06	0.07	175.03
白塔埠	0.10	12.72	0.04	18.57	0.00	14.87
东海县	26.36	28.14	40.62	20.21	30.13	17.68
阿湖镇	28.96	57.24	31.56	44.33	38.96	34.24

注:阿湖镇站位于东海县洪庄镇境内。

主要年份连云港港口吞吐量

表 6-16

年　　份	港口货物吞吐量（万吨）	# 进口	出口	# 外贸	内贸	港口集装箱吞吐量（万标箱）	大陆桥集装箱运量（标准箱）
1978	594	196	398	199	395		
1980	739	225	514	293	446		
1981	756	259	497	332	424		
1982	806	278	528	355	451		
1983	858	315	543	399	459		
1984	900	349	551	449	451		
1985	929	367	562	523	406		
1986	948	345	603	536	412		
1987	894	338	556	541	353		
1988	1114	377	737	690	424		
1989	1126	378	748	643	483		
1990	1137	294	843	624	513	0.86	
1991	1213	260	953	699	514	1.44	
1992	1359	336	1023	717	642	1.55	50
1993	1417	268	1149	672	745	2.33	
1994	1589	342	1247	845	744	5.03	61
1995	1716	466	1250	1065	651	6.55	257
1996	1583	404	1179	998	586	8.96	12118
1997	1652	424	1228	1034	618	11.31	30016
1998	1776	433	1343	1014	762	9.16	12194
1999	2017	533	1484	998	1019	11.05	10514
2000	2708	771	1937	1454	1255	12.00	4893
2001	3058	1078	1980	1877	1181	15.75	7526
2002	3316	1307	2009	2002	1314	20.51	4175
2003	3752	1574	2178	2409	1343	30.11	5350
2004	4352	2219	2133	2760	1592	50.23	8329
2005	6016	3132	2884	3893	2123	100.00	9514
2006	7232	3627	3605	4480	2752	130.23	49892
2007	8507	4206	4301	4983	3524	200.31	59366
2008	10061	5256	4805	5509	4552	300.05	63946
2009	11378	7312	4066	6606	4772	303.18	58390
2010	13506	8759	4747	7804	5702	387.10	85366
2011	16628	10669	5959	9158	7470	485.19	106403
2012	18528	11702	6826	9681	8847	502.01	78149
2013	20165	13132	7033	10599	9566	548.77	104520
2014	21008	13663	7345	11036	9972	500.54	95500

注：本表总数中包括沿海和灌河沿海。

连云港港口货物吞吐量

表 6-17　　(2014 年)　　单位:万吨

	合计			进港		出港	
		外贸	内贸		外贸		外贸
港口货物吞吐量	**21007.88**	**11035.96**	**9971.92**	**13663.07**	**8937.11**	**7344.81**	**2098.85**
较 2013 年增减%	4.2	4.1	4.2	4.0	1.9	4.4	14.8
按物类分:							
1. 煤炭及制品	2151.1	305.2	1845.9	1349.2	176.0	801.8	129.2
2. 石油、天然气及制品	133.73	10.26	123.47	92.53	7.61	41.19	2.64
3. 金属矿石	9582.16	6674.42	2907.74	7574.87	6632.73	2007.29	41.70
4. 钢铁	1061.29	269.46	791.83	142.79	1.94	918.50	267.52
5. 矿物性建筑材料	376.81	0.00	376.81	375.31	0.00	1.51	0.00
6. 水泥	107.43	11.16	96.26	90.60	0.00	16.83	11.16
7. 木材	532.41	532.41	0.00	287.05	287.05	245.36	245.36
8. 非金属矿石	81.56	75.87	5.69	69.01	64.82	12.56	11.05
9. 化肥及农药	175.25	137.59	37.66	102.51	94.30	72.74	43.29
10. 盐	53.81	31.79	22.03	46.11	28.56	7.70	3.22
11. 粮食	464.54	441.95	22.59	452.86	441.95	11.68	0.00
12. 机械、设备、电器	271.72	244.61	27.12	32.78	15.70	238.94	228.91
13. 化工原料及制品	238.04	122.63	115.41	98.85	69.65	139.18	52.98
14. 有色金属	342.60	314.16	28.45	308.56	303.38	34.04	10.78
15. 轻工、医药产品	37.47	32.51	4.96	37.07	32.10	0.41	0.41
16. 农林牧渔业产品	60.36	57.13	3.23	48.07	44.99	12.29	12.14
17. 其他货类	5337.61	1774.85	3562.76	2554.84	736.33	2782.77	1038.52

注:本表总数中包括沿海和灌河沿海。

连云港港口货物集运情况

表 6–18　　　　(2014 年)　　　　单位:万吨

	合计	铁路	公路	水运		
					内贸	外贸
港口集运货物总计	**15700.41**	**696.16**	**2542.34**	**12461.91**	**3795.94**	**8665.98**
较 2013 年增减%	9.2	15.2	28.7	5.7	3.9	6.4
1. 煤炭及制品	1722.07	462.75	137.82	1121.51	951.51	169.99
2. 石油、天然气及制品	9.46	0.83	2.28	6.35	2.95	3.40
3. 金属矿石	6922.77	110.75	200.89	6611.13	580.69	6030.44
4. 钢铁	854.57	28.88	520.14	305.55	116.65	188.90
5. 矿物性建筑材料	363.87	0.00	2.88	360.99	360.99	0.00
6. 水泥	100.85	0.00	10.25	90.60	90.60	0.00
7. 木材	326.06	0.00	125.57	200.49	0.00	200.49
8. 非金属矿石	518.13	0.87	113.26	404.00	4.03	399.97
9. 化肥及农药	179.81	29.01	36.11	114.69	7.32	107.37
10. 盐	49.86	0.62	2.58	46.66	16.54	30.12
11. 粮食	416.73	0.00	3.71	413.01	12.45	400.56
12. 机械、设备、电器	42.76	0.00	37.96	4.80	2.05	2.75
13. 化工原料及制品	181.30	5.49	59.63	116.19	36.97	79.22
14. 有色金属	120.18	13.87	15.99	90.33	0.00	90.33
15. 轻工、医药产品	13.70	0.00	2.99	10.71	0.00	10.71
16. 农林牧渔业产品	18.23	0.00	11.53	6.70	0.06	6.64
17. 其他货类	3860.05	43.09	1258.76	2558.20	1613.10	945.09
附:总计中集装箱(万标箱)	331.81	3.14	240.15	112.64	0.00	88.52

注:水运包括沿海和灌河沿海。

连云港港口货物疏运情况

表 6-19　　(2014 年)　　单位:万吨

	合 计	铁 路	公 路	水 运	内 贸	外 贸
港口集运货物总计	**15037.31**	**3137.56**	**5636.24**	**6263.52**	**4192.69**	**2070.83**
较 2013 年增减%	9.4	-11.7	28.0	8.2	3.0	20.4
1. 煤炭及制品	1548.73	378.72	464.95	705.07	587.99	117.08
2. 石油、天然气及制品	8.74	1.45	3.80	3.49	0.60	2.89
3. 金属矿石	6776.59	2355.52	2992.09	1428.97	1362.61	66.36
4. 钢铁	832.49	3.86	116.90	711.72	562.94	148.78
5. 矿物性建筑材料	361.73	0.00	359.51	2.22	2.22	0.00
6. 水泥	104.00	0.00	92.83	11.16	0.00	11.16
7. 木材	376.42	0.00	181.64	194.78	0.50	194.28
8. 非金属矿石	185.78	45.24	91.69	48.85	7.18	41.67
9. 化肥及农药	172.18	27.58	43.05	101.56	5.95	95.61
10. 盐	49.51	0.17	43.63	5.72	1.00	4.71
11. 粮食	368.99	152.90	211.36	4.73	0.27	4.46
12. 机械、设备、电器	169.65	0.00	0.24	169.41	0.03	169.38
13. 化工原料及制品	155.62	1.48	58.42	95.71	35.64	60.07
14. 有色金属	79.44	27.36	22.80	29.29	0.13	29.16
15. 轻工、医药产品	12.78	0.00	8.60	4.18	0.00	4.18
16. 农林牧渔业产品	69.37	0.00	41.11	28.26	19.25	9.01
17. 其他货类	3765.30	143.29	903.61	2718.41	1606.38	1112.03
附:总计中集装箱(万标箱)	333.24	8.77	80.78	243.70	112.88	130.82

注:水运包括沿海和灌河沿海。

连云港港口集装箱吞吐量

表 6-20 (2014 年)

	箱 数(万标箱)	进 港	出 港	重 量(万吨)	进 港	出 港
总 计	**500.54**	**249.18**	**251.36**	**4976.76**	**2372.66**	**2604.10**
1.国际航线	**247.45**	**122.04**	**125.40**	**1281.09**	**485.42**	**795.67**
中国台湾	11.97	4.75	7.22	160.74	40.50	120.23
日本	15.50	9.11	6.39	147.73	42.47	105.25
韩国	27.11	14.16	12.95	239.43	112.33	127.10
亚洲其他	83.54	41.03	42.51	396.41	151.26	245.15
欧洲	0.20	0.00	0.20	3.13	0.00	3.13
美国	109.12	52.99	56.14	333.65	138.85	194.80
2.国内支线	**20.99**	**10.81**	**10.18**	**405.09**	**245.34**	**159.75**
上海	6.79	3.39	3.39	127.73	74.17	53.56
宁波—舟山	5.59	3.24	2.35	112.44	74.89	37.55
青岛	8.57	4.14	4.43	164.13	95.49	68.65
3.国内航线	**232.11**	**116.33**	**115.78**	**3290.58**	**1641.90**	**1648.68**
天津	1.04	0.22	0.82	4.07	1.19	2.88
营口	1.02	0.27	0.75	16.34	5.11	11.24
大连	2.96	1.18	1.78	9.75	4.63	5.12
上海	2.95	1.64	1.31	19.35	10.81	8.54
江苏其他海港	0.48	0.40	0.08	9.19	7.77	1.42
江苏其他河港	0.01	0.00	0.01	0.16	0.00	0.16
宁波—舟山	2.90	1.31	1.60	61.27	24.57	36.70
泉州	2.02	1.12	0.90	47.01	25.75	21.26
厦门	1.96	0.98	0.98	51.06	25.43	25.63
烟台	0.14	0.07	0.06	3.31	1.61	1.70
青岛	31.26	15.75	15.51	563.66	275.91	287.75
日照	4.73	2.14	2.59	56.08	24.97	31.11
深圳	3.10	0.00	3.10	33.07	0.00	33.07
珠海	15.08	7.85	7.23	165.43	85.37	80.06
广东其他海港	118.35	61.60	56.75	1695.31	878.98	816.34
海南其他海港	34.67	20.54	14.13	429.39	245.55	183.84

全社会内河港口吞吐量

表 6-21　　　　单位:万吨

年　份	全　市	市　区	# 赣榆区	东海县	灌云县	灌南县
1999	136.80	14.50	0.10	8.50	28.30	85.50
2000	113.00	19.30		3.20	22.50	68.00
2001	106.00	18.00		3.00	2.00	83.00
2002	187.00	118.00		6.00	4.00	59.00
2003	162.70	16.00		18.50	18.20	110.00
2004	262.00	26.20		23.30	22.50	190.00
2005	300.10	27.00		19.20	19.90	234.00
2006	309.99	60.14		63.85	32.10	153.90
2007	448.01	39.50		68.51	60.00	280.00
2008	517.11	42.96		89.15	82.00	303.00
2009	550.30	45.38		86.25	83.77	334.90
2010	880.73	50.38		125.05	156.00	549.30
2011	959.55	54.89		136.24	169.96	598.46
2012	1798.97	91.86		86.84	123.92	335.95
2013	1972.69	81.10		136.11	193.94	294.09
2014	2129.30	172.02		44.12	209.36	333.50

注:近三年本表总计包含灌河数据。

内河港口货物分类吞吐量

表 6-22　　　　单位:万吨

	2014	进　港	出　港	2013	进　港	出　港
一、内河港口吞吐量	**759.00**	**491.15**	**267.85**	**705.24**	**401.20**	**304.04**
1、干散货	664.68	423.36	241.32	630.11	390.84	239.28
# 煤炭及制品	21.75	0.00	21.75	20.28	0.00	20.28
金属矿石	142.00	142.00	0.00	9.22	9.22	0.00
散水泥	3.99	0.00	3.99	15.76	0.00	15.76
散粮	23.38	19.84	3.54	28.40	6.30	22.10
散化肥	0.85	0.85	0.00	9.37	9.37	0.00
2、件杂货	94.32	67.78	26.53	75.13	10.36	64.76
# 木材	9.00	9.00	0.00	6.24	6.24	0.00
粮食	3.08	0.00	3.08	17.09	0.00	17.09
化肥	24.78	24.78	0.00	2.81	2.81	0.00
水泥	37.46	34.00	3.46	15.19	0.00	15.19
二、灌河港口吞吐量	**1370.30**	**1012.30**	**358.00**	**1267.45**	**998.55**	**268.90**

连云港轮渡进出港旅客人数

表 6-23　　　　单位:人次

	2005	2007	2008	2009	2010	2011	2012	2013	2014
进出港旅客总数	**44283**	**72964**	**102432**	**115992**	**135119**	**141593**	**121920**	**121753**	**92583**
1、按构成分									
国内旅客	9526	17576	30033	44139	60248	79028	96499	96230	80462
港澳台胞	3069	3807	4106	3774	39995	3051	1720	1290	764
外国人	31688	51581	68293	68079	70144	59514	23701	24233	11357
2、按航线分									
国际航线	44283	72964	102432	115992	135119	141593	121920	121753	92583
仁川	44283	68483	60480	55862	58526	66027	59632	55930	56731
平泽	0	4481	41952	60130	76593	75566	62288	65823	35852
旅客发送量	**21565**	**36692**	**51128**	**57941**	**67469**	**72329**	**61634**	**60849**	**47032**
1、按构成分									
国内旅客	4690	9077	14979	22106	30743	39611	48738	48145	40939
港澳台胞	1555	1988	2103	1891	1850	1478	1102	644	399
外国人	15320	25627	34046	33944	34876	31240	11794	12060	5694
2、按航线分									
国际航线		36692	51128	57941	67469	72329	61634	60849	47032
仁川	21565	34260	29490	28100	29021	32690	29997	27858	28719
平泽		2432	21638	29841	38448	39639	31637	32991	18313
旅客到达量	**22718**	**36272**	**51304**	**58051**	**67650**	**69264**	**60286**	**60904**	**45551**
1、按构成分									
国内旅客	4836	8499	15054	22033	29505	39417	47761	48085	39523
港澳台胞	1514	1819	2003	1883	38145	1573	618	646	365
外国人	16368	25954	34247	34135	35268	28274	11907	12173	5663
2、按航线分									
国际航线		36272	51304	58051	67650	69264	60286	60904	45551
仁川	22718	34223	30990	27762	29505	33337	29635	28072	28012
平泽		2049	20314	30289	38145	35927	30651	32832	17539

注:连云港远洋客轮运输开始于2004年,主要经营连云港—仁川、连云港—平泽两条线路。

营业性交通运输客货运输量

表 6–24　　(2014 年)

	单位	全市	市区	#赣榆区	东海县	灌云县	灌南县
一、客运情况							
1、客运量	万人	5466.64	3532.84	333.55	818.65	384.69	730.46
陆运	万人	5433.14	3497.52	333.86	819.41	385.06	731.15
水运	万人	33.50	33.50	0.00	0.00	0.00	0.00
2、旅客周转量	万人公里	359280	216850	42413	57253	46522	38655
陆运	万人公里	352005	206469	43338	58502	47536	39498
水运	万人公里	7275	7275	0	0	0	0
二、货运情况			0				
1、货运量	万吨	10089.43	6410.42	1665.53	1653.13	1317.89	707.99
陆运	万吨	8406.43	5081.89	1684.46	1587.86	1207.98	528.70
水运	万吨	1683.00	1312.00	0.00	78.69	116.92	175.39
2、货运周转量	万吨公里	2748572	1673825	302242	517613	303570	253563
陆运	万吨公里	1526927	696933	257805	422153	230583	177258
水运	万吨公里	1221645	1092033	0	28927	42370	58315

表 6–24 续表　　(2013 年)

	单位	全市	市区	#赣榆区	东海县	灌云县	灌南县
一、客运情况							
1、客运量	万人	5419.25	3171.55	330.66	811.55	381.36	724.13
2、旅客周转量	万人公里	364602	470290	43041	58101	47211	39228
二、货运情况							
1、货运量	万吨	9169.36	4312.19	1513.65	1502.38	1197.71	643.43
2、货运周转量	万吨公里	2251832	1123697	247618	424065	248706	207737

公 路 旅 客 营 运

表 6–25 (2014 年)

指 标	单 位	合 计	按标记吨位分		
			大 型	中 型	小 型
公路营运载客汽车	辆	**1232**	**743**	**456**	**33**
	客位	43345	33220	9631	494
# 卧铺客车	辆	21	21	0	0
	客位	833	833	0	0
# 班车客运客车	辆	1099	611	455	33
	客位	36700	26604	9602	494
旅游客车	辆	122	121	1	0
	客位	6086	6057	29	0
包车客车	辆	171	170	1	0
	客位	8512	8483	29	0

公 路 货 物 营 运

表 6–26 (2014 年)

指 标	单 位	总 计			
			个 体	大 型	
					重 型
公路营运载货汽车	辆	**43634**	**27875**	**24295**	**20906**
	吨位	508839	280254	493847	473024
1、按车型结构分					
栏板货车	辆	16662	14438	11143	8710
	吨位	135063	109155	124941	110116
厢式车	辆	5296	4398	2384	1457
	吨位	31568	25342	26884	21058
罐车	辆	207	18	147	118
	吨位	1982	233	1825	1653
2、按经营范围分					
普通载货汽车	辆	21063	18531	12687	9418
	吨位	156613	131131	141917	121846
专用载货汽车	辆	1223	393	1092	943
	吨位	13309	4395	13006	12068

车 辆 保 有 量

按车长分			按等级分		安装GPS的车辆
特大型	大 型	中 型	高 级	中 级	
3	**446**	**457**	**464**	**380**	**2**
166	22240	14684	22283	12799	38
0	21	0	17	4	0
0	833	0	663	170	0
3	337	435	357	355	2
166	16529	13858	16856	11620	38
0	98	22	96	25	0
0	5152	826	4868	1179	0
0	144	25	137	33	0
0	7474	930	6955	1518	0

车 辆 保 有 量

按 标 记 吨 位 分					安装GPS的车辆
个 体	中 型	个 体	小 型	个 体	
15666	**859**	**670**	**7654**	**7020**	**412**
266759	2903	2293	12090	11204	2546
9229	565	521	4953	4688	165
99535	1938	1796	8184	7823	2057
1925	241	148	2671	2325	36
21470	802	494	3883	3381	433
18	44	0	16	0	5
233	134	0	23	0	56
10859	785	667	7591	7005	175
117656	2671	2282	12025	11192	2169
378	72	3	58	12	31
4369	223	11	77	16	378

城市客运情况主要指标

表 6-27　　(2014年)

	单　位	全市	市区	#赣榆区	东海县	灌云县	灌南县
一、城市客运							
运营车辆	辆	989	811	60	81	71	26
# 公共汽车	辆	989	811	60	81	71	26
# 当年新增工交	辆	99	46	0	30	23	0
标准运营车数	标台	1114	951	60	81	56	26
运营线路网长度	公里	1903.3	1554	158	100	192	57.3
公交专用车道长度	公里	52	52	0	0	0	0
客运总量	万人次	11533	10262	591	600	415	256
二、出租汽车							
运营车数	辆	2376	1814	203	212	150	200
客运总量	万人次	8271	6349	831	626	645	651

交通基础设施全行业投资完成情况

表 6-28　　(2014年)　　单位:亿元

	总　计	公路建设	航道建设	港口建设	客货运站	铁路建设	民航及其他
"十一五"合计	**338.05**	**159.43**	**37.58**	**135.01**	**1.84**	**0.30**	**3.89**
2006年	46.02	22.76	0.15	22.71	0.40	0.00	0.00
2007年	62.98	30.07	6.75	25.91	0.25	0.00	0.00
2008年	71.83	31.33	11.93	28.26	0.30	0.00	0.00
2009年	76.81	36.02	11.64	27.72	0.56	0.00	0.86
2010年	80.42	39.24	7.10	30.41	0.33	0.30	3.03
"十二五"合计	**258.88**	**84.90**	**5.42**	**126.53**	**9.86**	**10.77**	**21.41**
2011年	77.58	22.33	4.42	38.87	3.02	3.60	5.34
2012年	83.74	25.39	1.00	43.65	2.74	0.00	10.95
2013年	97.56	37.17	0.00	44.00	4.10	7.17	5.12
2014年							

民航连云港机场主要指标

表 6-29

年度	起降架次	旅客吞吐量(人)	# 出港	# 过站	货邮行吞吐量(吨)	# 出港	# 货物	换算旅客(人)
1985		8453			69			9215
1986		12970			89			13956
1987		13071			112			14320
1988		13495			102			14626
1989		11347			102			12483
1990		19736			171			21632
1991		28607			196			30781
1992		31932			241			34611
1993		15731			156			17467
1994		62100	30738		796	406		70948
1995		98363	48771		1087	443		110438
1996		108413	54909		1173	543		121445
1997		89032	45857		1184	596		102190
1998		75369	38700		1086	604		87436
1999		41257	20594		802	471		50161
2000		46904	23318		961	645		57580
2001		39742	20180		708	477		47606
2002		35341	16932		608	405		42095
2003		45020	22162		663	500		52383
2004		82290	41092		920	616		92512
2005	1835	95975	46497		934	611		106347
2006	2177	154753	75717	1491	1117	650	541	167160
2007	2677	199515	105055	17637	1488	944	789	216044
2008	3216	208630	109469	19037	1981	1323	993	230641
2009	3747	291059	162449	40309	2244	1403	944	315992
2010	5548	423031	241629	64664	2945	1780	1149	455753
2011	5408	460784	254819	57514	3378	1944	1375	498317
2012	6229	483768	273944	67054	3611	2032	1388	523890
2013	8668	563584	326816	98518	3935	2128	1463	607306
2014	6978	568642	327907	93155	4007	2210	1612	613164

主要年份邮电通讯主要指标

表 6-30

年　　份	邮电通讯业务收入（万元）	邮政速递业务收入	移动通讯业务收入	固定电话用户数（户）	城市电话	移动电话用户数（万户）
1978	251			6043	3839	
1980	325			9150	5916	
1981	416			9809	3682	
1982	506			10561	7293	
1983	561			11971	8370	
1984	630			12588	9052	
1985	741			14427	10614	
1986	806			16385	12078	
1987	987	301	686	18666	14109	
1988	1130	353	777	21606	16768	
1989	1285	451	834	25323	19996	
1990	1573	543	1030	29360	23730	
1991	4125	791	3334	37360	31332	
1992	6354	1048	5306	52779	46084	
1993	9770	1340	8430	74267	65937	
1994	13959	2066	11893	116521	97521	
1995	19645	2605	17040	162598	123183	
1996	28824	3403	25421	216139	144143	1.18
1997	36985	5121	31864	253615	154443	2.33
1998	50769	5291	45478	334059	184257	3.84
1999	67126	6680	60446	477183	272903	8.64
2000	95711	8639	87072	605975	321000	20.24
2001	119544	9534	110010	732662	364362	32.88
2002	105486	10869	94617	696907	341519	48.76
2003	124113	11026	113087	892000	441843	54.06
2004	126500	11563	114937	1222345	645628	62.43
2005	159343	12219	147124	1400700	785300	74.67
2006	173888	13938	159950	1449466	761707	108.54
2007	209447	17383	192064	1445300	782461	142.80
2008	251594	20433	231161	1372128	724109	181.61
2009	248021	27429	220592	1339172	767264	246.60
2010	270359	27485	242874	1101524	507992	306.68
2011	297209	28671	268537	1040840	567671	367.40
2012	342351	48400	293951	1036105	521980	383.22
2013	368782	55749	313033	948925	446261	414.21
2014	379896	73275	306621	886411	456327	433.46

邮政速递业务主要指标

表 6-31 (2014 年)

指　　标	单位	全　市	市　区	#赣榆区	东海县	灌云县	灌南县
一、邮政局所总数	处	127	59	24	27	24	17
规模以上快递企业数量	个	42	25	7	6	5	6
快递营业网点数量	个	494	293	71	116	51	34
从业人员	人	4137	2808	472	578	424	327
二、邮路总长度	公里	26427	21053	1038	3708	840	826
农村投递路线长度	公里	5493	864	864	3217	697	715
三、已通邮的行政村	个	1435	562	422	346	302	225
提供投递服务的乡镇	个	61	21	15	17	12	11
邮政信报箱群	处	1329	267	132	733	230	99
信报箱格口数	个	57525	20135	6456	14038	17530	5822
四、邮政业务总收入	万元	73275	37575	12200	17100	11300	7300
#邮政速递业务收入	万元	35042	25242	3100	6000	2700	1100
邮政业务总量	万元	90416	46216	12900	26200	11600	6400
五、主要经营业务量							
函　件	万件	923.65	517.79	105.87	191.56	122.12	92.18
包　裹	万件	8.90	5.52	1.97	2.29	0.63	0.46
机　要	件	31458	22692	4005	3707	2684	2375
报　纸	万份	5174.71	2772.62	975.81	1064.84	784.12	553.13
杂　志	万份	233.87	146.39	39.49	38.85	26.16	22.47
集邮票	万枚	102.07	45.91	35.41	16.14	28.90	11.12
集邮品	册	52359	39536	9918	5816	5103	1904
快　递	万件	3585.43	2094.99	484.03	964.86	382.93	142.65
代理汇兑	万笔	18.82	9.01	2.54	4.07	3.20	2.54
六、邮政储蓄期末余额	亿元	109.94	49.03	24.20	23.02	22.55	15.34
# 定期期末余额	亿元	62.40	30.80	12.99	10.74	12.27	8.59

注:1、本资料按原口径统计,即除包括邮政外,还包括邮政速递公司数据。
2、邮政业务总收入为全社会口径,包括社会速递公司数据。

通讯业务主要指标

表 6-32　　(2014 年)

指　　标	单位	全　市	市　区	赣榆县	东海县	灌云县	灌南县
一、业务收入							
邮政通讯业务总量	万元	397037	224858	70584	82672	51002	38505
# 邮政业务总量	万元	90416	46216	12900	26200	11600	6400
邮政通讯业务收入	万元	379896	216217	69884	73572	50702	39405
# 邮政业务收入	万元	73275	37575	12200	17100	11300	7300
电信业务收入	万元	306621	178642	57684	56472	39402	32105
二、电话业务							
固定电话用户	户	886411	522072	184263	158812	114369	91158
# 农村电话用户	户	430084	186048	122448	106806	79974	57256
城市电话用户	户	456327	336024	61815	52006	34395	33902
移动电话年末用户	户	4334610	2379650	865655	844305	618482	492173
#3G 移动电话用户	户	1365874	824979	268684	240461	168932	131502
4G 移动电话用户	户	311042	167570	62732	60771	45868	36833
三、互联网业务							
全部互联网用户数	万户	324.31	186.23	65.74	61.79	41.70	34.59
# 固定宽带接入用户	万户	91.46	55.26	19.05	17.40	10.43	8.37
移动电话上网用户	万户	232.85	130.97	46.69	44.38	31.28	26.22
电信网络视讯用户	万户	28.67	17.07	6.54	5.05	4.04	2.51

表 6-32 续表　　(2013 年)

指　　标	单位	全　市	市　区		东海县	灌云县	灌南县
				# 赣榆区			
通讯业务收入	万元	368782	218483	65178	70659	44647	34993
固定电话用户	户	948925	545906	199151	179365	123028	100626
移动电话年末用户	户	4142136	2300650	841258	795359	577875	468252
全部互联网用户数	万户	300.58	173.98	60.28	57.35	38.46	30.79
# 固定宽带接入用户	万户	80.31	49.28	16.18	14.76	8.89	7.38

注:本表数据包括移动、电信、联通、铁通及市广电网络公司数据。

按专业、规模及县区分信息化基本情况

表 6-33

指　　标	企业数（个）	使用计算机的企业		有信息技术人员的企业		有局域网的企业	
		2014年	比重(%)	2014年	比重(%)	2014年	比重(%)
总　计	**3479**	**3475**	**99.9**	**2770**	**79.6**	**2220**	**63.8**
一、按主要产业分							
1、工　业	1642	1638	99.8	1390	84.7	1101	67.1
2、建筑业	327	327	100	276	84.4	193	59
3、批发和零售业	558	558	100	383	68.6	284	50.9
# 批发业	265	265	100	165	62.3	123	46.4
零售业	293	293	100	218	74.4	161	54.9
4、住宿和餐饮业	103	103	100	78	75.7	69	67
# 住宿业	49	49	100	44	89.8	43	87.8
餐饮业	54	54	100	34	63.0	26	48.1
5、房地产开发经营业	306	306	100	225	73.5	215	70.3
6、重点服务业	543	543	100	418	77.0	358	65.9
(1) 交通运输、仓储和邮政业	254	254	100	175	68.9	170	66.9
# 道路运输业	130	130	100	90	69.2	78	60
水上运输业	20	20	100	17	85.0	17	85
装卸搬运和运输代理业	81	81	100	48	59.3	57	70.4
(2)信息传输、软件和信息技术服务业	18	18	100	18	100	17	94.4
(3)租赁和商务服务业	86	86	100	71	82.6	50	58.1
# 商务服务业	76	76	100	64	84.2	49	64.5
(4) 科学研究和技术服务业	85	85	100	67	78.8	51	60
(5)水利、环境和公共设施管理业	10	10	100	9	90.0	5	50
(6)居民服务、修理和其他服务业	12	12	100	11	91.7	9	75
二、按规模分							
大　型	50	50	100	50	100	48	96
中　型	575	575	100	489	85.0	440	76.5
小　型	2452	2451	100	1965	80.1	1520	62
微　型	362	359	99.2	228	63.0	178	49.2
其　他	40	40	100	38	95.0	34	85
三、按县区分							
连云区	253	253	100	190	75.1	201	79.4
海州区	593	593	100	482	81.3	422	71.2
赣榆区	767	767	100	633	82.5	402	52.4
开发区	277	274	98.9	210	75.8	203	73.3
东海县	792	791	99.9	659	83.2	520	65.7
灌云县	466	466	100	358	76.8	289	62
灌南县	331	331	100	238	71.9	183	55.3

注：信息化统计是国家统计局近年新增加的统计内容，具体统计范围为现在国家统计联网直报平台上的六大专业的所有企业。由于统计单位多，涉及面较广，审核难度大等，年鉴数据仅供参考。

表 6-33 续表 1

指　　标	使用信息化管理的企业		有信息化投入的企业		使用互联网的企业	
	2014年	比重(%)	2014年	比重(%)	2014年	比重(%)
总　计	**3426**	**98.5**	**3471**	**99.8**	**3441**	**98.9**
一、按主要产业分						
1、工　业	1625	99	1638	99.8	1631	99.3
2、建筑业	325	99.4	326	99.7	323	98.8
3、批发和零售业	540	96.8	556	99.6	543	97.3
# 批发业	254	95.8	265	100	259	97.7
零售业	286	97.6	291	99.3	284	96.9
4、住宿和餐饮业	100	97.1	103	100	103	100
# 住宿业	47	95.9	49	100	49	100
餐饮业	53	98.1	54	100	54	100
5、房地产开发经营业	302	98.7	305	99.7	304	99.3
6、重点服务业	534	98.3	543	100	537	98.9
(1) 交通运输、仓储和邮政业	250	98.4	254	100	251	98.8
# 道路运输业	127	97.7	130	100	127	97.7
水上运输业	20	100	20	100	20	100
装卸搬运和运输代理业	80	98.8	81	100	81	100
(2)信息传输、软件和信息技术服务业	18	100	18	100	18	100
(3)租赁和商务服务业	83	96.5	86	100	85	98.8
# 商务服务业	73	96.1	76	100	75	98.7
(4) 科学研究和技术服务业	84	98.8	85	100	85	100
(5)水利、环境和公共设施管理业	10	100	10	100	10	100
(6)居民服务、修理和其他服务业	12	100	12	100	11	91.7
二、按规模分						
大　型	50	100	50	100	49	98
中　型	568	98.8	574	99.8	571	99.3
小　型	2425	98.9	2448	99.8	2430	99.1
微　型	344	95	359	99.2	351	97
其　他	39	97.5	40	100	40	100
三、按县区分						
连云区	248	98.0	252	99.6	253	100
海州区	580	97.8	590	99.5	585	98.7
赣榆区	754	98.3	767	100	764	99.6
开发区	271	97.8	277	100	272	98.2
东海县	782	98.7	789	99.6	783	98.9
灌云县	465	99.8	465	99.8	458	98.3
灌南县	326	98.5	331	100	326	98.5

表 6-33 续表 2

指　　标	连接宽带的企业		有网站的企业		通过互联网对本企业进行宣传和推广的企业	
	2014年	比重(%)	2014年	比重(%)	2014年	比重(%)
总　计	**3388**	**97.4**	**1573**	**45.2**	**2898**	**83.3**
一、按主要产业分						
1、工　业	1605	97.7	805	49	1423	86.7
2、建筑业	323	98.8	115	35.2	262	80.1
3、批发和零售业	536	96.1	202	36.2	429	76.9
# 批发业	252	95.1	94	35.5	200	75.5
零售业	284	96.9	108	36.9	229	78.2
4、住宿和餐饮业	100	97.1	55	53.4	91	88.3
# 住宿业	48	98	36	73.5	46	93.9
餐饮业	52	96.3	19	35.2	45	83.3
5、房地产开发经营业	301	98.4	138	45.1	252	82.4
6、重点服务业	523	96.3	258	47.5	441	81.2
(1) 交通运输、仓储和邮政业	250	98.4	113	44.5	206	81.1
# 道路运输业	126	96.9	46	35.4	101	77.7
水上运输业	20	100	15	75	16	80
装卸搬运和运输代理业	81	100	39	48.1	69	85.2
(2)信息传输、软件和信息技术服务业	18	100	14	77.8	17	94.4
(3)租赁和商务服务业	78	90.7	42	48.8	68	79.1
# 商务服务业	73	96.1	41	53.9	61	80.3
(4) 科学研究和技术服务业	81	95.3	33	38.8	74	87.1
(5)水利、环境和公共设施管理业	10	100	4	40	9	90
(6)居民服务、修理和其他服务业	11	91.7	6	50	7	58.3
二、按规模分						
大　型	49	98	38	76	43	86
中　型	570	99.1	328	57	508	88.3
小　型	2383	97.2	1069	43.6	2059	84
微　型	346	95.6	112	30.9	255	70.4
其　他	40	100	26	65	33	82.5
三、按县区分						
连云区	253	100	154	60.9	215	85.0
海州区	577	97.3	374	63.1	511	86.2
赣榆区	750	97.8	263	34.3	618	80.6
开发区	271	97.8	146	52.7	235	84.8
东海县	755	95.3	361	45.6	700	88.4
灌云县	458	98.3	133	28.5	364	78.1
灌南县	324	97.9	142	42.9	255	77.0

按专业、规模及县区分企业信息化设施及投入情况

表 6–34

指　　标	单位数（个）	期末使用计算机（台）				
		2014年	百家企业拥有数量	台式机	笔记本电脑	平板电脑
总　计	**3479**	**104443**	**3002**	**82194**	**18934**	**3315**
一、按主要产业分						
1、工　业	1642	47446	2890	35310	10479	1657
2、建筑业	327	10891	3331	8273	1966	652
3、批发和零售业	558	9052	1622	7979	860	213
# 批发业	265	3519	1328	3014	459	46
零售业	293	5533	1888	4965	401	167
4、住宿和餐饮业	103	1723	1673	1379	124	220
# 住宿业	49	1128	2302	922	79	127
餐饮业	54	595	1102	457	45	93
5、房地产开发经营业	306	3969	1297	3343	514	112
6、重点服务业	543	31362	5776	25910	4991	461
(1) 交通运输、仓储和邮政业	254	11868	3866	10213	1390	265
# 道路运输业	130	1409	1084	1226	160	23
水上运输业	20	5032	25160	4375	593	64
装卸搬运和运输代理业	81	3026	3736	2574	402	50
(2)信息传输、软件和信息技术服务业	18	4622	25678	3460	1020	142
(3)租赁和商务服务业	86	5765	5943	4786	957	22
# 商务服务业	76	5380	7079	4459	899	22
(4) 科学研究和技术服务业	85	3082	3543	2591	486	5
(5)水利、环境和公共设施管理业	10	871	5124	802	47	22
(6)居民服务、修理和其他服务业	12	1511	6570	1441	59	11
二、按规模分						
大　型	50	33456	66912	24203	8186	1067
中　型	575	30871	5369	25361	4590	920
小　型	2452	31569	1288	25747	4660	1162
微　型	362	2583	714	2207	304	72
其　他	40	5964	14910	4676	1194	94
三、按县区分						
连云区	253	16620	6569	13183	3111	326
海州区	593	40304	6797	30212	8453	1639
赣榆区	767	13363	1742	11067	2081	215
开发区	277	10712	3867	8572	1770	370
东海县	792	11841	1495	9614	1941	286
灌云县	466	5604	1203	4410	851	343
灌南县	331	5999	1812	5136	727	136

表 6-34 续表 1

指　　标	信息化投入金额（万元）				
	2014年	占营业收入比例（%）	一次性投入		
			金　额	占信息化投入比重(%)	硬件投入
总　计	**148519**	**0.2**	**115424**	**77.7**	**94952**
一、按主要产业分					
1、工　业	34950	0.1	23851	68.2	14972
2、建筑业	9041	0.2	6151	68.0	4579
3、批发和零售业	11391	0.1	9427	82.8	7765
# 批发业	5096	0.1	4514	88.6	4024
零售业	6295	0.3	4913	78.0	3741
4、住宿和餐饮业	2398	2.5	1503	62.7	1235
# 住宿业	1704	3.7	1160	68.0	900
餐饮业	693	1.5	343	49.4	335
5、房地产开发经营业	5127	0.3	3586	69.9	3245
6、重点服务业	85613	1.9	70906	82.8	63157
(1) 交通运输、仓储和邮政业	12523	0.5	8883	70.9	5979
# 道路运输业	3480	1.2	2160	62.1	1822
水上运输业	5377	0.5	3919	72.9	2136
装卸搬运和运输代理业	1101	0.1	949	86.2	521
(2)信息传输、软件和信息技术服务业	63962	17.8	54159	84.7	51018
(3)租赁和商务服务业	942	0.1	700	74.2	456
# 商务服务业	787	0.1	583	74.1	351
(4) 科学研究和技术服务业	2847	0.5	2772	97.4	2546
(5)水利、环境和公共设施管理业	5138	9	4532	88.2	3327
(6)居民服务、修理和其他服务业	4661	6.8	4033	86.5	2800
二、按规模分					
大　型	17863	0.1	14229	79.7	7794
中　型	80991	0.4	66669	82.3	60186
小　型	42679	0.2	29313	68.7	22657
微　型	5916	0.6	4697	79.4	3941
其　他	1070	1.9	516	48.2	374
三、按县区分					
连云区	13782	0.2	9292	67.4	5254
海州区	85579	0.8	69423	81.1	61699
赣榆区	13915	0.1	9583	68.9	7744
开发区	9029	0.1	6247	69.2	3855
东海县	17533	0.2	14647	83.5	11726
灌云县	4748	0.1	3094	65.2	2327
灌南县	3934	0.1	3137	79.7	2346

表 6-34 续表 2

指　　标	信息化投入金额（万元）				
		一次性投入		运营维护投入	
	占信息化投入比重（%）	软件投入	占信息化投入比重（%）	金　额	占信息化投入比重（%）
总　计	**63.9**	**20472**	**13.8**	**33095**	**22.3**
一、按主要产业分					
1、工　业	42.8	8880	25.4	11099	31.8
2、建筑业	50.6	1572	17.4	2890	32
3、批发和零售业	68.2	1662	14.6	1963	17.2
# 批发业	79.0	490	9.6	581	11.4
零售业	59.4	1172	18.6	1382	22
4、住宿和餐饮业	51.5	268	11.2	895	37.3
# 住宿业	52.8	260	15.3	545	32
餐饮业	48.4	8	1.1	351	50.6
5、房地产开发经营业	63.3	341	6.6	1542	30.1
6、重点服务业	73.8	7749	9.1	14707	17.2
(1) 交通运输、仓储和邮政业	47.7	2904	23.2	3639	29.1
# 道路运输业	52.4	338	9.7	1320	37.9
水上运输业	39.7	1783	33.1	1459	27.1
装卸搬运和运输代理业	47.4	428	38.8	152	13.8
(2)信息传输、软件和信息技术服务业	79.8	3141	4.9	9803	15.3
(3)租赁和商务服务业	48.4	244	25.8	243	25.8
# 商务服务业	44.5	233	29.5	204	25.9
(4) 科学研究和技术服务业	89.4	226	7.9	75	2.6
(5)水利、环境和公共设施管理业	64.8	1205	23.4	606	11.8
(6)居民服务、修理和其他服务业	60.1	1234	26.5	628	13.5
二、按规模分					
大　型	43.6	6436	36.0	3634	20.3
中　型	74.3	6483	8.0	14322	17.7
小　型	53.1	6656	15.6	13366	31.3
微　型	66.6	757	12.8	1219	20.6
其　他	35.0	141	13.2	554	51.8
三、按县区分					
连云区	38.1	4038	29.3	4490	32.6
海州区	72.1	7724	9.0	16155	18.9
赣榆区	55.7	1839	13.2	4331	31.1
开发区	42.7	2391	26.5	2782	30.8
东海县	66.9	2922	16.7	2886	16.5
灌云县	49.0	768	16.2	1654	34.8
灌南县	59.6	790	20.1	797	20.3

表 6-34 续表 3

指　　标	拥有网站(个)		信息技术人员(人)		从业人员平均人数(人)	信息技术人员占从业人员平均人数比重(%)
	2014年	百家企业拥有数量	2014年	百家企业拥有数量		
总　计	**1808**	**52**	**9875**	**284**	**651585**	**1.5**
一、按主要产业分						
1、工　业	910	55	4577	279	271364	1.7
2、建筑业	139	43	1803	551	268194	0.7
3、批发和零售业	240	43	829	149	21517	3.9
# 批发业	111	42	353	133	9269	3.8
零售业	129	44	476	163	12248	3.9
4、住宿和餐饮业	60	58	223	217	5922	3.8
# 住宿业	40	82	88	180	3522	2.5
餐饮业	20	37	135	250	2400	5.6
5、房地产开发经营业	159	52	616	201	6807	9.0
6、重点服务业	300	55	1827	337	77781	2.3
(1) 交通运输、仓储和邮政业	168	55	585	191	40399	1.4
# 道路运输业	49	38	181	139	10460	1.7
水上运输业	17	85	177	885	13013	1.4
装卸搬运和运输代理业	48	59	88	109	9649	0.9
(2)信息传输、软件和信息技术服务业	20	111	318	1767	3594	8.8
(3)租赁和商务服务业	53	55	378	390	19005	2
# 商务服务业	46	61	289	380	17847	1.6
(4) 科学研究和技术服务业	36	41	360	414	6587	5.5
(5)水利、环境和公共设施管理业	11	65	49	288	2634	1.9
(6)居民服务、修理和其他服务业	13	57	191	830	4298	4.4
二、按规模分						
大　型	67	134	750	1500	153645	0.5
中　型	386	67	2874	500	266091	1.1
小　型	1195	49	5588	228	219087	2.6
微　型	123	34	405	112	8100	5
其　他	37	93	258	645	4662	5.5
三、按县区分						
连云区	186	74	720	285	52330	1.4
海州区	462	78	2963	500	149522	2.0
赣榆区	285	37	1666	217	135934	1.2
开发区	173	63	839	303	50600	1.7
东海县	387	49	1707	216	112745	1.5
灌云县	154	33	1259	270	77252	1.6
灌南县	161	49	721	218	73202	1.0

同有企业按专业、规模及县区分信息化发展情况

表 6-35

指　　标	企业数（个）	使用计算机的企业		有信息技术人员的企业		有局域网的企业	
		2014	2013	2014	2013	2014	2013
总　计	**3114**	**3110**	**3106**	**2523**	**2176**	**2041**	**1555**
一、按主要产业分							
1、工　业	1467	1463	1462	1262	1074	1000	659
2、建筑业	320	320	320	270	232	190	163
3、批发和零售业	485	485	482	345	303	257	226
# 批发业	224	224	222	144	123	110	94
零售业	259	259	258	199	179	145	130
4、住宿和餐饮业	98	98	98	74	64	66	53
# 住宿业	46	46	46	41	34	40	36
餐饮业	52	52	52	33	30	26	17
5、房地产开发经营业	285	285	285	212	172	204	164
6、重点服务业	458	458	458	359	331	323	290
(1) 交通运输、仓储和邮政业	204	204	204	144	133	149	129
# 道路运输业	90	90	90	65	63	62	54
水上运输业	18	18	18	15	15	15	13
装卸搬运和运输代理业	77	77	77	45	38	55	45
(2)信息传输、软件和信息技术服务业	13	13	13	13	12	13	12
(3)租赁和商务服务业	69	69	69	58	53	45	41
# 商务服务业	66	66	66	57	52	44	40
(4) 科学研究和技术服务业	78	78	78	62	63	49	43
(5)水利、环境和公共设施管理业	8	8	8	7	4	3	3
(6)居民服务、修理和其他服务业	12	12	12	11	10	9	10
二、按规模分							
大　型	50	50	50	50	49	48	48
中　型	552	552	552	469	423	423	381
小　型	2164	2163	2157	1770	1508	1375	964
微　型	308	305	307	196	161	161	131
其　他	40	40	40	38	35	34	31
三、按县区分							
连云区	234	234	234	177	147	188	160
海州区	567	567	567	463	401	407	360
赣榆区	684	684	681	583	445	374	240
开发区	254	251	253	195	170	189	162
东海县	667	666	665	562	523	457	352
灌云县	402	402	400	314	281	247	150
灌南县	306	306	306	229	209	179	131

注：同有企业是指两年都有的企业，以便于比较。

表 6-35 续表 1

指　　标	使用信息化管理的企业		使用互联网的企业		连接宽带的企业	
	2014	2013	2014	2013	2014	2013
总　计	**3069**	**2976**	**3077**	**3071**	**3041**	**2978**
一、按主要产业分						
1、工　业	1454	1410	1456	1455	1437	1391
2、建筑业	318	307	316	320	316	319
3、批发和零售业	469	455	470	473	464	460
# 批发业	216	210	218	217	212	207
零售业	252	244	250	254	250	251
4、住宿和餐饮业	95	94	98	95	95	90
# 住宿业	44	44	46	45	45	41
餐饮业	51	50	52	50	50	49
5、房地产开发经营业	282	268	284	282	283	279
6、重点服务业	450	441	452	445	445	438
(1) 交通运输、仓储和邮政业	200	199	201	196	201	196
# 道路运输业	87	86	87	87	87	87
水上运输业	18	18	18	18	18	18
装卸搬运和运输代理业	76	76	77	73	77	73
(2)信息传输、软件和信息技术服务业	13	13	13	12	13	12
(3)租赁和商务服务业	67	65	68	68	66	66
# 商务服务业	64	62	65	65	63	63
(4) 科学研究和技术服务业	77	75	78	78	74	74
(5)水利、环境和公共设施管理业	8	7	8	8	8	8
(6)居民服务、修理和其他服务业	12	12	11	10	11	10
二、按规模分						
大　型	50	50	49	46	49	46
中　型	545	536	548	547	547	541
小　型	2143	2065	2143	2139	2110	2056
微　型	292	286	297	299	295	295
其　他	39	39	40	40	40	40
三、按县区分						
连云区	230	224	234	228	234	221
海州区	555	552	559	560	554	548
赣榆区	673	625	681	676	671	663
开发区	250	252	249	247	248	245
东海县	657	637	658	661	639	608
灌云县	401	396	395	397	395	396
灌南县	303	290	301	302	300	297

表 6-35 续表 2

指　　标	有网站的企业		通过互联网对本企业进行宣传和推广的企业		期末使用计算机(台)	
	2014	2013	2014	2013	2014	2013
总　计	**1477**	**1226**	**2605**	**2286**	**100814**	**90162**
一、按主要产业分						
1、工　业	752	589	1275	1101	45637	41010
2、建筑业	112	94	257	234	10798	11176
3、批发和零售业	191	173	370	331	8532	6968
# 批发业	86	80	168	152	3294	2704
零售业	103	91	200	177	5160	4202
4、住宿和餐饮业	53	39	88	77	1626	1372
# 住宿业	34	26	43	38	1035	872
餐饮业	19	13	45	39	591	500
5、房地产开发经营业	132	112	240	214	3700	3762
6、重点服务业	236	219	374	329	30517	25871
(1) 交通运输、仓储和邮政业	104	95	170	143	10303	9220
# 道路运输业	40	34	72	58	1210	1181
水上运输业	14	13	15	14	5003	4477
装卸搬运和运输代理业	38	35	65	56	2979	2385
(2)信息传输、软件和信息技术服务业	10	8	12	10	4356	6008
(3)租赁和商务服务业	38	35	55	49	5322	3997
# 商务服务业	37	34	53	48	5293	3977
(4) 科学研究和技术服务业	32	31	67	61	2929	2115
(5)水利、环境和公共设施管理业	3	3	7	5	185	140
(6)居民服务、修理和其他服务业	6	6	7	7	934	718
二、按规模分						
大　型	38	37	43	41	33456	25974
中　型	318	290	487	438	29884	30563
小　型	994	785	1821	1590	29186	28363
微　型	101	89	221	187	2324	2098
其　他	26	25	33	30	5964	3164
三、按县区分						
连云区	146	132	201	179	16156	13544
海州区	359	315	490	440	39909	35275
赣榆区	250	183	561	462	12833	10159
开发区	136	127	217	198	10279	9750
东海县	326	227	589	510	10594	10388
灌云县	118	110	312	282	5171	4903
灌南县	142	132	235	215	5872	6143

表 6-35 续表 3

指　　标	信息技术人员(人)		拥有网站(个)	
	2014	2013	2014	2013
总　计	**9302**	**7914**	**1687**	**1490**
一、按主要产业分				
1、工　业	4294	3410	852	727
2、建筑业	1779	1271	130	101
3、批发和零售业	766	797	225	208
# 批发业	314	316	102	95
零售业	448	479	121	111
4、住宿和餐饮业	217	141	58	49
# 住宿业	83	76	38	33
餐饮业	134	65	20	16
5、房地产开发经营业	563	355	148	130
6、重点服务业	1682	1940	273	275
(1) 交通运输、仓储和邮政业	437	453	118	125
# 道路运输业	130	136	42	48
水上运输业	175	123	16	16
装卸搬运和运输代理业	84	127	47	45
(2)信息传输、软件和信息技术服务业	288	627	12	13
(3)租赁和商务服务业	254	203	43	47
# 商务服务业	253	201	42	46
(4) 科学研究和技术服务业	348	357	34	33
(5)水利、环境和公共设施管理业	12	18	5	3
(6)居民服务、修理和其他服务业	45	90	7	7
二、按规模分				
大　型	750	514	67	71
中　型	2790	2682	366	341
小　型	5143	4327	1109	945
微　型	361	266	108	106
其　他	258	125	37	27
三、按县区分				
连云区	683	577	177	161
海州区	2915	2156	442	393
赣榆区	1555	1291	268	208
开发区	791	688	157	157
东海县	1506	1433	349	257
灌云县	1141	1030	133	137
灌南县	711	739	161	177

按专业、规模及县区分电子商务交易企业情况

表 6-36

指　　标	企业数(个)	有电子商务交易的企业		有电子商务销售的企业		有电子商务采购的企业(个)	
		数量	比重(%)	数量	比重(%)	数量	比重(%)
总　计	**3479**	**220**	**6.3**	**179**	**5.1**	**143**	**4.1**
一、按主要产业分							
1、工　业	1642	109	6.6	98	6.0	71	4.3
2、建筑业	327	24	7.3	12	3.7	23	7.0
3、批发和零售业	558	26	4.7	25	4.5	13	2.3
# 批发业	265	9	3.4	9	3.4	3	1.1
零售业	293	17	5.8	16	5.5	10	3.4
4、住宿和餐饮业	103	28	27.2	24	23.3	13	12.6
# 住宿业	49	22	44.9	20	40.8	10	20.4
餐饮业	54	6	11.1	4	7.4	3	5.6
5、房地产开发经营业	306	17	5.6	6	2.0	15	4.9
6、重点服务业	543	16	2.9	14	2.6	8	1.5
(1) 交通运输、仓储和邮政业	254	8	3.1	7	2.8	3	1.2
# 道路运输业	130	2	1.5	1	0.8	1	0.8
水上运输业	20	2	10.0	2	10.0	1	5.0
航空运输业	2	1	50.0	1	50.0	0	0
装卸搬运和运输代理业	81	2	2.5	2	2.5	1	1.2
邮政业	9	1	11.1	1	11.1	0	0
(2)信息传输、软件和信息技术服务业	18	4	22.2	4	22.2	2	11.1
(3)租赁和商务服务业	86	2	2.3	1	1.2	2	2.3
# 商务服务业	76	2	2.6	1	1.3	2	2.6
(4)科学研究和技术服务业	85	2	2.4	2	2.4	1	1.2
# 专业技术服务业	31	2	6.5	2	6.5	1	3.2
二、按规模分							
大　型	50	7	14.0	6	12.0	5	10.0
中　型	575	56	9.7	37	6.4	43	7.5
小　型	2452	150	6.1	131	5.3	89	3.6
微　型	362	7	1.9	5	1.4	6	1.7
三、按县区分							
连云区	253	23	9.1	20	7.9	11	4.3
海州区	593	60	10.1	51	8.6	42	7.1
赣榆区	767	26	3.4	19	2.5	17	2.2
开发区	277	28	10.1	22	7.9	18	6.5
东海县	792	54	6.8	44	5.6	36	4.5
灌云县	466	10	2.1	6	1.3	7	1.5
灌南县	331	19	5.7	17	5.1	12	3.6

注:电子商务统计是国家统计局近年新增加的统计内容,具体统计范围为现在国家统计联网直报平台上的六大专业的所有企业。由于统计单位多,涉及面较广,审核难度大等,年鉴数据仅供参考。

表 6-36 续表 1

指　　标	既有电子商务销售又有电子商务采购企业		有面向大陆以外电子商务交易的企业		有自营电子商务平台的企业	
	数量	比重(%)	数量	比重(%)	数量	比重(%)
总　计	**102**	**2.9**	**54**	**1.6**	**44**	**1.3**
一、按主要产业分						
1、工　业	60	3.7	39	2.4	27	1.6
2、建筑业	11	3.4	2	0.6	6	1.8
3、批发和零售业	12	2.2	6	1.1	4	0.7
# 批发业	3	1.1	3	1.1	1	0.4
零售业	9	3.1	3	1.0	3	1.0
4、住宿和餐饮业	9	8.7	2	1.9	3	2.9
# 住宿业	8	16.3	1	2.0	1	2.0
餐饮业	1	1.9	1	1.9	2	3.7
5、房地产开发经营业	4	1.3	2	0.7	0	0
6、重点服务业	6	1.1	3	0.6	4	0.7
(1) 交通运输、仓储和邮政业	2	0.8	2	0.8	2	0.8
# 道路运输业	0	0	0	0	0	0
水上运输业	1	5.0	1	5.0	1	5.0
航空运输业	0	0	0	0	0	0
装卸搬运和运输代理业	1	1.2	1	1.2	1	1.2
邮政业	0	0	0	0	0	0
(2)信息传输、软件和信息技术服务业	2	11.1	0	0	2	11.1
(3)租赁和商务服务业	1	1.2	1	1.2	0	0
# 商务服务业	1	1.3	1	1.3	0	0
(4)科学研究和技术服务业	1	1.2	0	0	0	0
# 专业技术服务业	1	3.2	0	0	0	0
二、按规模分						
大　型	4	8.0	1	2.0	2	4.0
中　型	24	4.2	12	2.1	6	1.0
小　型	70	2.9	38	1.5	35	1.4
微　型	4	1.1	3	0.8	1	0.3
三、按县区分						
连云区	8	3.2	6	2.4	5	2.0
海州区	33	5.6	17	2.9	13	2.2
赣榆区	10	1.3	3	0.4	5	0.7
开发区	12	4.3	9	3.2	4	1.4
东海县	26	3.3	6	0.8	9	1.1
灌云县	3	0.6	4	0.9	0	0
灌南县	10	3.0	9	2.7	8	2.4

表 6–36 续表 2

指　　标	有电子商务销售的企业		通过自营平台销售的企业		通过第三方电子商务平台销售的企业	
	数量	比重(%)	数量	比重(%)	数量	比重(%)
总　计	**179**	**5.1**	**42**	**1.2**	**127**	**3.7**
一、按主要产业分						
1、工　业	98	6.0	27	1.6	62	3.8
2、建筑业	12	3.7	6	1.8	8	2.4
3、批发和零售业	25	4.5	4	0.7	22	3.9
# 批发业	9	3.4	1	0.4	8	3.0
零售业	16	5.5	3	1.0	14	4.8
4、住宿和餐饮业	24	23.3	1	1.0	21	20.4
# 住宿业	20	40.8	1	2.0	17	34.7
餐饮业	4	7.4	0	0	4	7.4
5、房地产开发经营业	6	2.0	0	0	5	1.6
6、重点服务业	14	2.6	4	0.7	9	1.7
(1) 交通运输、仓储和邮政业	7	2.8	2	0.8	4	1.6
# 道路运输业	1	0.8	0	0	1	0.8
水上运输业	2	10.0	1	5.0	1	5.0
航空运输业	1	50.0	0	0	1	5.0
装卸搬运和运输代理业	2	2.5	1	1.2	1	1.2
邮政业	1	11.1	0	0	0	0
(2)信息传输、软件和信息技术服务业	4	22.2	2	11.1	2	11.1
(3)租赁和商务服务业	1	1.2	0	0	1	1.2
# 商务服务业	1	1.3	0	0	1	1.3
(4)科学研究和技术服务业	2	2.4	0	0	2	2.4
# 专业技术服务业	2	6.5	0	0	2	6.5
二、按规模分						
大　型	6	12.0	2	4.0	4	8.0
中　型	37	6.4	6	1.0	27	4.7
小　型	131	5.3	33	1.3	93	3.8
微　型	5	1.4	1	0.3	3	0.8
三、按县区分						
连云区	20	7.9	5	2.0	15	5.9
海州区	51	8.6	12	2.0	38	6.4
赣榆区	19	2.5	5	0.7	12	1.6
开发区	22	7.9	4	1.4	14	5.1
东海县	44	5.6	8	1.0	33	4.2
灌云县	6	1.3	0	0	6	1.3
灌南县	17	5.1	8	2.4	9	2.7

表 6–36 续表 3

指　　标	有商品销售的企业		有服务销售的企业		有面向大陆区域以外销售的企业	
	数量	比重(%)	数量	比重(%)	数量	比重(%)
总　计	**151**	**4.3**	**58**	**1.7**	**46**	**1.3**
一、按主要产业分						
1、工　业	98	6.0	14	0.9	35	2.1
2、建筑业	9	2.8	6	1.8	2	0.6
3、批发和零售业	25	4.5	4	0.7	5	0.9
# 批发业	9	3.4	0	0	3	1.1
零售业	16	5.5	4	1.4	2	0.7
4、住宿和餐饮业	7	6.8	22	21.4	1	1.0
# 住宿业	6	12.2	18	36.7	1	2.0
餐饮业	1	1.9	4	7.4	0	0
5、房地产开发经营业	6	2.0	1	0.3	0	0
6、重点服务业	6	1.1	11	2.0	3	0.6
(1) 交通运输、仓储和邮政业	2	0.8	6	2.4	2	0.8
# 道路运输业	0	0	1	0.8	0	0
水上运输业	0	0	2	10	1	5.0
航空运输业	1	50.0	0	0	0	0
装卸搬运和运输代理业	0	0	2	2.5	1	1.2
邮政业	1	11.1	1	11.1	0	0
(2)信息传输、软件和信息技术服务业	3	16.7	3	16.7	0	0
(3)租赁和商务服务业	1	1.2	0	0	1	1.2
# 商务服务业	1	1.3	0	0	1	1.3
(4)科学研究和技术服务业	0	0	2	2.4	0	0
# 专业技术服务业	0	0	2	6.5	0	0
二、按规模分						
大　型	5	10.0	1	2.0	1	2.0
中　型	32	5.6	13	2.3	9	1.6
小　型	111	4.5	41	1.7	34	1.4
微　型	3	0.8	3	0.8	2	0.6
三、按县区分						
连云区	11	4.3	12	4.7	6	2.4
海州区	39	6.6	22	3.7	15	2.5
赣榆区	17	2.2	4	0.5	3	0.4
开发区	22	7.9	5	1.8	8	2.9
东海县	40	5.1	10	1.3	5	0.6
灌云县	5	1.1	4	0.9	1	0.2
灌南县	17	5.1	1	0.3	8	2.4

表 6-36 续表 4

指　　标	有电子商务销售的企业		有 B2B 的企业		有商品销售的企业	
	数量	比重(%)	数量	比重(%)	数量	比重(%)
总　计	**179**	**5.1**	**133**	**3.8**	**121**	**3.5**
一、按主要产业分						
1、工　业	98	6.0	93	5.7	93	5.7
2、建筑业	12	3.7	10	3.1	7	2.1
3、批发和零售业	25	4.5	12	2.2	12	2.2
# 批发业	9	3.4	7	2.6	7	2.6
零售业	16	5.5	5	1.7	5	1.7
4、住宿和餐饮业	24	23.3	10	9.7	6	5.8
# 住宿业	20	40.8	9	18.4	5	10.2
餐饮业	4	7.4	1	1.9	1	1.9
5、房地产开发经营业	6	2.0	1	0.3	1	0.3
6、重点服务业	14	2.6	7	1.3	2	0.4
(1) 交通运输、仓储和邮政业	7	2.8	4	1.6	0	0
# 道路运输业	1	0.8	1	0.8	0	0
水上运输业	2	10.0	2	10.0	0	0
航空运输业	1	50.0	0	0	0	0
装卸搬运和运输代理业	2	2.5	1	1.2	0	0
邮政业	1	11.1	0	0	0	0
(2)信息传输、软件和信息技术服务业	4	22.2	1	5.6	1	5.6
(3)租赁和商务服务业	1	1.2	1	1.2	1	1.2
# 商务服务业	1	1.3	1	1.3	1	1.3
(4)科学研究和技术服务业	2	2.4	1	1.2	0	0
# 专业技术服务业	2	6.5	1	3.2	0	0
二、按规模分						
大　型	6	12.0	5	10.0	4	8.0
中　型	37	6.4	20	3.5	19	3.3
小　型	131	5.3	103	4.2	95	3.9
微　型	5	1.4	5	1.4	3	0.8
三、按县区分						
连云区	20	7.9	13	5.1	9	3.6
海州区	51	8.6	36	6.1	31	5.2
赣榆区	19	2.5	14	1.8	13	1.7
开发区	22	7.9	17	6.1	17	6.1
东海县	44	5.6	33	4.2	31	3.9
灌云县	6	1.3	4	0.9	4	0.9
灌南县	17	5.1	16	4.8	16	4.8

表 6-36 续表 5

指　　标	有 B2G 的企业		有商品销售的企业		有 B2C 的企业		有商品销售的企业	
	数量	比重(%)	数量	比重(%)	数量	比重(%)	数量	比重(%)
总　计	**15**	**0.4**	**11**	**0.3**	**68**	**2.0**	**51**	**1.5**
一、按主要产业分								
1、工　业	3	0.2	3	0.2	13	0.8	13	0.8
2、建筑业	4	1.2	3	0.9	5	1.5	5	1.5
3、批发和零售业	2	0.4	2	0.4	19	3.4	19	3.4
# 批发业	0	0	0	0	3	1.1	3	1.1
零售业	2	0.7	2	0.7	16	5.5	16	5.5
4、住宿和餐饮业	4	3.9	3	2.9	20	19.4	5	4.9
# 住宿业	4	8.2	3	6.1	16	32.7	4	8.2
餐饮业	0	0	0	0	4	7.4	1	1.9
5、房地产开发经营业	0	0	0	0	5	1.6	5	1.6
6、重点服务业	2	0.4	0	0	6	1.1	4	0.7
(1) 交通运输、仓储和邮政业	0	0	0	0	3	1.2	2	0.8
# 道路运输业	0	0	0	0	0	0	0	0
水上运输业	0	0	0	0	0	0	0	0
航空运输业	0	0	0	0	1	50.0	1	50.0
装卸搬运和运输代理业	0	0	0	0	1	1.2	0	0
邮政业	0	0	0	0	1	11.1	1	11.1
(2)信息传输、软件和信息技术服务业	0	0	0	0	3	16.7	2	11.1
(3)租赁和商务服务业	0	0	0	0	0	0	0	0
# 商务服务业	0	0	0	0	0	0	0	0
(4)科学研究和技术服务业	2	2.4	0	0	0	0	0	0
# 专业技术服务业	2	6.5	0	0	0	0	0	0
二、按规模分								
大　型	0	0	0	0	1	2.0	1	2.0
中　型	5	0.9	4	0.7	23	4.0	19	3.3
小　型	10	0.4	7	0.3	43	1.8	30	1.2
微　型	0	0	0	0	1	0.3	1	0.3
三、按县区分								
连云区	1	0.4	1	0.4	8	3.2	3	1.2
海州区	8	1.3	5	0.8	24	4.0	16	2.7
赣榆区	1	0.1	1	0.1	8	1.0	7	0.9
开发区	1	0.4	1	0.4	6	2.2	6	2.2
东海县	4	0.5	3	0.4	17	2.1	15	1.9
灌云县	0	0	0	0	4	0.9	3	0.6
灌南县	0	0	0	0	1	0.3	1	0.3

表6-36续表6

指　　标	有电子商务采购的企业		有自营平台采购的企业		通过第三方平台采购的企业	
	数量	比重(%)	数量	比重(%)	数量	比重(%)
总　计	**143**	**4.1**	**23**	**0.7**	**104**	**3.0**
一、按主要产业分						
1、工　业	71	4.3	12	0.7	44	2.7
2、建筑业	23	7.0	6	1.8	16	4.9
3、批发和零售业	13	2.3	2	0.4	12	2.2
# 批发业	3	1.1	0	0	3	1.1
零售业	10	3.4	2	0.7	9	3.1
4、住宿和餐饮业	13	12.6	2	1.9	10	9.7
# 住宿业	10	20.4	0	0	8	16.3
餐饮业	3	5.6	2	3.7	2	3.7
5、房地产开发经营业	15	4.9	0	0	15	4.9
6、重点服务业	8	1.5	1	0.2	7	1.3
(1) 交通运输、仓储和邮政业	3	1.2	1	0.4	2	0.8
# 道路运输业	1	0.8	0	0	1	0.8
水上运输业	1	5.0	0	0	1	5.0
航空运输业	0	0	0	0	0	0
装卸搬运和运输代理业	1	1.2	1	1.2	0	0
邮政业	0	0	0	0	0	0
(2)信息传输、软件和信息技术服务业	2	11.1	0	0	2	11.1
(3)租赁和商务服务业	2	2.3	0	0	2	2.3
# 商务服务业	2	2.6	0	0	2	2.6
(4)科学研究和技术服务业	1	1.2	0	0	1	1.2
# 专业技术服务业	1	3.2	0	0	1	3.2
二、按规模分						
大　型	5	10.0	0	0	5	10.0
中　型	43	7.5	4	0.7	35	6.1
小　型	89	3.6	18	0.7	61	2.5
微　型	6	1.7	1	0.3	3	0.8
三、按县区分						
连云区	11	4.3	1	0.4	8	3.2
海州区	42	7.1	8	1.3	33	5.6
赣榆区	17	2.2	3	0.4	12	1.6
开发区	18	6.5	1	0.4	14	5.1
东海县	36	4.5	7	0.9	24	3.0
灌云县	7	1.5	0	0	5	1.1
灌南县	12	3.6	3	0.9	8	2.4

表 6-36 续表 7

指　　标	有商品采购的企业		有服务采购的企业		有面向大陆以外区域采购的企业	
	数量	比重(%)	数量	比重(%)	数量	比重(%)
总　计	**133**	**3.8**	**44**	**1.3**	**18**	**0.5**
一、按主要产业分						
1、工　业	70	4.3	12	0.7	11	0.7
2、建筑业	22	6.7	10	3.1	1	0.3
3、批发和零售业	13	2.3	3	0.5	1	0.2
# 批发业	3	1.1	0	0	0	0
零售业	10	3.4	3	1.0	1	0.3
4、住宿和餐饮业	9	8.7	9	8.7	2	1.9
# 住宿业	7	14.3	6	12.2	1	2.0
餐饮业	2	3.7	3	5.6	1	1.9
5、房地产开发经营业	14	4.6	6	2.0	2	0.7
6、重点服务业	5	0.9	4	0.7	1	0.2
(1) 交通运输、仓储和邮政业	1	0.4	2	0.8	1	0.4
# 道路运输业	1	0.8	0	0	0	0
水上运输业	0	0	1	5.0	1	5.0
航空运输业	0	0	0	0	0	0
装卸搬运和运输代理业	0	0	1	1.2	0	0
邮政业	0	0	0	0	0	0
(2)信息传输、软件和信息技术服务业	2	11.1	1	5.6	0	0
(3)租赁和商务服务业	2	2.3	0	0	0	0
# 商务服务业	2	2.6	0	0	0	0
(4)科学研究和技术服务业	0	0	1	1.2	0	0
# 专业技术服务业	0	0	1	3.2	0	0
二、按规模分						
大　型	5	10.0	0	0	0	0
中　型	41	7.1	14	2.4	5	0.9
小　型	82	3.3	28	1.1	12	0.5
微　型	5	1.4	2	0.6	1	0.3
三、按县区分						
连云区	10	4.0	2	0.8	2	0.8
海州区	38	6.4	17	2.9	4	0.7
赣榆区	15	2.0	4	0.5	0	0
开发区	18	6.5	2	0.7	3	1.1
东海县	35	4.4	13	1.6	2	0.3
灌云县	6	1.3	3	0.6	4	0.9
灌南县	11	3.3	3	0.9	3	0.9

按专业、规模及县区分电子商务交易金额情况

表 6-37

指　　标	有电子商务销售的企业(个)	电子商务销售金额(万元)	自营电子商务平台 销售		通过第三方电子商务平台销售	
			金　额	比重(%)	金　额	比重(%)
总　计	**179**	**666413**	**55699**	**8.4**	**550856**	**82.7**
一、按主要产业分						
1、工　业	98	323190	48351	15.0	221592	68.6
2、建筑业	12	8994	1460	16.2	7533	83.8
3、批发和零售业	25	308823	3384	1.1	305341	98.9
# 批发业	9	268489	2486	0.9	266004	99.1
零售业	16	40333	898	2.2	39337	97.5
4、住宿和餐饮业	24	2767	37	1.3	2652	95.8
# 住宿业	20	2430	37	1.5	2317	95.4
餐饮业	4	338	0	0.0	335	99.1
5、房地产开发经营业	6	4629	0	0.0	768	16.6
6、重点服务业	14	18010	2468	13.7	12971	72.0
(1) 交通运输、仓储和邮政业	7	13330	365	2.7	10843	81.3
# 道路运输业	1	509	0	0.0	509	100.0
水上运输业	2	7556	45	0.6	7511	99.4
航空运输业	1	208	0	0.0	208	100.0
装卸搬运和运输代理业	2	2935	320	10.9	2615	89.1
邮政业	1	2122	0	0.0	0	0.0
(2)信息传输、软件和信息技术服务业	4	2571	2102	81.8	19	0.7
(3)租赁和商务服务业	1	360	0	0.0	360	100.0
# 商务服务业	1	360	0	0.0	360	100.0
(4)科学研究和技术服务业	2	1749	0	0.0	1749	100.0
# 专业技术服务业	2	1749	0	0.0	1749	100.0
二、按规模分						
大　型	6	361974	105	0.0	361870	100.0
中　型	37	118947	12056	10.1	90012	75.7
小　型	131	177246	43518	24.6	95545	53.9
微　型	5	8245	20	0.2	3430	41.6
三、按县区分						
连云区	20	132164	798	0.6	121316	91.8
海州区	51	325735	10852	3.3	308408	94.7
赣榆区	19	28185	17428	61.8	6578	23.3
开发区	22	35066	1631	4.7	27702	79.0
东海县	44	53821	9538	17.7	36334	67.5
灌云县	6	39094	0	0.0	39091	100.0
灌南县	17	52348	15452	29.5	11428	21.8

注：1、B2B 是指销售给企业的金额；2、B2G 是指销售给政府及其他公共机构的金额；3、B2C 是指销售给消费者的金额。

表 6-37 续表 1

指　　标	B2B		销售商品		销售服务	
	金 额	比重(%)	金 额	比重(%)	金 额	比重(%)
总　计	**601202**	**90.2**	**586715**	**88.0**	**14487**	**2.2**
一、按主要产业分						
1、工　业	312009	96.5	310503	96.1	1506	0.5
2、建筑业	7401	82.3	6752	75.1	649	7.2
3、批发和零售业	269081	87.1	269073	87.1	8	0.0
# 批发业	267411	99.6	267411	99.6	0	0.0
零售业	1670	4.1	1662	4.1	8	0.0
4、住宿和餐饮业	465	16.8	18	0.6	448	16.2
# 住宿业	463	19.1	17	0.7	446	18.3
餐饮业	2	0.6	0	0.0	2	0.6
5、房地产开发经营业	0	0.0	0	0.0	0	0.0
6、重点服务业	12246	68.0	370	2.1	11876	65.9
(1) 交通运输、仓储和邮政业	10680	80.1	0	0.0	10680	80.1
# 道路运输业	509	100.0	0	0.0	509	100.0
水上运输业	7556	100.0	0	0.0	7556	100.0
航空运输业	0	0.0	0	0.0	0	0.0
装卸搬运和运输代理业	2615	89.1	0	0.0	2615	89.1
邮政业	0	0.0	0	0.0	0	0.0
(2)信息传输、软件和信息技术服务业	18	0.7	10	0.4	9	0.3
(3)租赁和商务服务业	360	100.0	360	100.0	0	0.0
# 商务服务业	360	100.0	360	100.0	0	0.0
(4)科学研究和技术服务业	1187	67.9	0	0.0	1187	67.9
# 专业技术服务业	1187	67.9	0	0.0	1187	67.9
二、按规模分						
大　型	361915	100.0	361870	100.0	45	0.0
中　型	63373	53.3	62335	52.4	1039	0.9
小　型	168029	94.8	157266	88.7	10763	6.1
微　型	7885	95.6	5245	63.6	2640	32.0
三、按县区分						
连云区	131159	99.2	120375	91.1	10784	8.2
海州区	286388	87.9	283948	87.2	2441	0.7
赣榆区	24508	87.0	24493	86.9	15	0.1
开发区	32754	93.4	32587	92.9	167	0.5
东海县	41042	76.3	40969	76.1	74	0.1
灌云县	33054	84.5	32052	82.0	1002	2.6
灌南县	52297	99.9	52292	99.9	5	0.0

表 6–37 续表 2

指　　标	B2G		销售商品		销售服务	
	金 额	比重(%)	金 额	比重(%)	金 额	比重(%)
总　计	**4779**	**0.7**	**2641**	**0.4**	**2138**	**0.3**
一、按主要产业分						
1、工　业	2036	0.6	2032	0.6	4	0.0
2、建筑业	1561	17.4	7	0.1	1554	17.3
3、批发和零售业	588	0.2	588	0.2	0	0.0
# 批发业	0	0.0	0	0.0	0	0.0
零售业	588	1.5	588	1.5	0	0.0
4、住宿和餐饮业	32	1.1	14	0.5	18	0.6
# 住宿业	32	1.3	14	0.6	18	0.7
餐饮业	0	0.0	0	0.0	0	0.0
5、房地产开发经营业	0	0.0	0	0.0	0	0.0
6、重点服务业	562	3.1	0	0.0	562	3.1
(1) 交通运输、仓储和邮政业	0	0.0	0	0.0	0	0.0
# 道路运输业	0	0.0	0	0.0	0	0.0
水上运输业	0	0.0	0	0.0	0	0.0
航空运输业	0	0.0	0	0.0	0	0.0
装卸搬运和运输代理业	0	0.0	0	0.0	0	0.0
邮政业	0	0.0	0	0.0	0	0.0
(2)信息传输、软件和信息技术服务业	0	0.0	0	0.0	0	0.0
(3)租赁和商务服务业	0	0.0	0	0.0	0	0.0
# 商务服务业	0	0.0	0	0.0	0	0.0
(4)科学研究和技术服务业	562	32.1	0	0.0	562	32.1
# 专业技术服务业	562	32.1	0	0.0	562	32.1
二、按规模分						
大　型	0	0.0	0	0.0	0	0.0
中　型	4142	3.5	2588	2.2	1554	1.3
小　型	637	0.4	53	0.0	583	0.3
微　型	0	0.0	0	0.0	0	0.0
三、按县区分						
连云区	10	0.0	9	0.0	1	0.0
海州区	1157	0.4	595	0.2	562	0.2
赣榆区	2000	7.1	2000	7.1	0	0.0
开发区	34	0.1	31	0.1	3	0.0
东海县	1578	2.9	7	0.0	1571	2.9
灌云县	0	0.0	0	0.0	0	0.0
灌南县	0	0.0	0	0.0	0	0.0

表 6–37 续表 3

指　标	B2C 销售		销售商品		销售服务	
	金　额	比重(%)	金　额	比重(%)	金　额	比重(%)
总　计	**60432**	**9.1**	**52872**	7.9	**7560**	**1.1**
一、按主要产业分						
1、工　业	9145	2.8	8629	2.7	516	0.2
2、建筑业	32	0.4	32	0.4	0	0.0
3、批发和零售业	39154	12.7	38659	12.5	495	0.2
# 批发业	1079	0.4	1079	0.4	0	0.0
零售业	38075	94.4	37580	93.2	495	1.2
4、住宿和餐饮业	2271	82.1	25	0.9	2246	81.1
# 住宿业	1935	79.6	22	0.9	1913	78.7
餐饮业	336	99.4	3	0.9	333	98.5
5、房地产开发经营业	4628	100.0	4628	100.0	0	0.0
6、重点服务业	5202	28.9	899	5.0	4303	23.9
(1) 交通运输、仓储和邮政业	2650	19.9	249	1.9	2400	18.0
# 道路运输业	0	0.0	0	0.0	0	0.0
水上运输业	0	0.0	0	0.0	0	0.0
航空运输业	208	100.0	208	100.0	0	0.0
装卸搬运和运输代理业	320	10.9	0	0.0	320	10.9
邮政业	2122	100.0	42	2.0	2080	98.0
(2)信息传输、软件和信息技术服务业	2553	99.3	650	25.3	1903	74.0
(3)租赁和商务服务业	0	0.0	0	0.0	0	0.0
# 商务服务业	0	0.0	0	0.0	0	0.0
(4)科学研究和技术服务业	0	0.0	0	0.0	0	0.0
# 专业技术服务业	0	0.0	0	0.0	0	0.0
二、按规模分						
大　型	59	0.0	59	0.0	0	0.0
中　型	51432	43.2	45884	38.6	5548	4.7
小　型	8581	4.8	6729	3.8	1852	1.0
微　型	360	4.4	200	2.4	160	1.9
三、按县区分						
连云区	995	0.8	71	0.1	925	0.7
海州区	38189	11.7	32842	10.1	5348	1.6
赣榆区	1677	6.0	1626	5.8	51	0.2
开发区	2278	6.5	2269	6.5	9	0.0
东海县	11201	20.8	10475	19.5	726	1.3
灌云县	6040	15.5	5539	14.2	501	1.3
灌南县	51	0.1	51	0.1	0	0.0

表 6-37 续表 4

指　　标	商品销售		服务销售		面向大陆区域以外的销售	
	金额	比重(%)	金额	比重(%)	金额	比重(%)
总　计	**642228**	**96.4**	**24185**	**3.6**	**81849**	**12.3**
一、按主要产业分						
1、工　业	321165	99.4	2025	0.6	69640	21.5
2、建筑业	6791	75.5	2204	24.5	2	0.0
3、批发和零售业	308319	99.8	504	0.2	2649	0.9
# 批发业	268489	100.0	0	0.0	508	0.2
零售业	39830	98.8	504	1.2	2140	5.3
4、住宿和餐饮业	57	2.0	2711	98.0	20	0.7
# 住宿业	54	2.2	2376	97.8	20	0.8
餐饮业	3	0.9	335	99.1	0	0.0
5、房地产开发经营业	4628	100.0	0	0.0	0	0.0
6、重点服务业	1269	7.0	16741	93.0	9539	53.0
(1) 交通运输、仓储和邮政业	249	1.9	13081	98.1	9511	71.3
# 道路运输业	0	0.0	509	100.0	0	0.0
水上运输业	0	0.0	7556	100.0	7511	99.4
航空运输业	208	100.0	0	0.0	0	0.0
装卸搬运和运输代理业	0	0.0	2935	100.0	2000	68.1
邮政业	42	2.0	2080	98.0	0	0.0
(2)信息传输、软件和信息技术服务业	660	25.7	1911	74.3	0	0.0
(3)租赁和商务服务业	360	100.0	0	0.0	28	7.8
# 商务服务业	360	100.0	0	0.0	28	7.8
(4)科学研究和技术服务业	0	0.0	1749	100.0	0	0.0
# 专业技术服务业	0	0.0	1749	100.0	0	0.0
二、按规模分						
大　型	361929	100.0	45	0.0	1250	0.3
中　型	110807	93.2	8141	6.8	25527	21.5
小　型	164048	92.6	13198	7.4	52627	29.7
微　型	5445	66.0	2800	34.0	2445	29.7
三、按县区分						
连云区	120455	91.1	11710	8.9	13114	9.9
海州区	317384	97.4	8351	2.6	8882	2.7
赣榆区	28119	99.8	66	0.2	4880	17.3
开发区	34887	99.5	179	0.5	14864	42.4
东海县	51450	95.6	2370	4.4	8648	16.1
灌云县	37591	96.2	1503	3.8	21052	53.8
灌南县	52343	100.0	5	0.0	10410	19.9

表 6-37 续表 5

指　　标	有电子商务采购的企业(个)	电子商务采购金额(万元)	自营电子商务平台销售		通过第三方电子商务平台销售	
			金　额	比重(%)	金　额	比重(%)
总　计	**143**	**496277**	**24862**	**5.0**	**420428**	**84.7**
一、按主要产业分						
1、工　业	71	251186	18273	7.3	183273	73.0
2、建筑业	23	9957	742	7.5	7997	80.3
3、批发和零售业	13	221991	5075	2.3	216816	97.7
# 批发业	3	198383	0	0.0	198383	100.0
零售业	10	23608	5075	21.5	18433	78.1
4、住宿和餐饮业	13	606	512	84.5	66	10.9
# 住宿业	10	90	0	0.0	62	69.2
餐饮业	3	516	512	99.2	4	0.8
5、房地产开发经营业	15	2229	0	0.0	2228	100.0
6、重点服务业	8	10308	260	2.5	10048	97.5
(1) 交通运输、仓储和邮政业	3	8701	260	3.0	8441	97.0
# 道路运输业	1	10	0	0.0	10	100.0
水上运输业	1	8431	0	0.0	8431	100.0
航空运输业	0	0	0	0.0	0	0.0
装卸搬运和运输代理业	1	260	260	100.0	0	0.0
邮政业	0	0	0	0.0	0	0.0
(2)信息传输、软件和信息技术服务业	2	33	0	0.0	33	100.0
(3)租赁和商务服务业	2	68	0	0.0	68	100.0
# 商务服务业	2	68	0	0.0	68	100.0
(4)科学研究和技术服务业	1	1506	0	0.0	1506	100.0
# 专业技术服务业	1	1506	0	0.0	1506	100.0
二、按规模分						
大　型	5	323460	0	0.0	323267	99.9
中　型	43	61001	3506	5.7	41684	68.3
小　型	89	107087	21326	19.9	54904	51.3
微　型	6	4728	30	0.6	573	12.1
三、按县区分						
连云区	11	148764	10	0.0	139561	93.8
海州区	42	223690	6099	2.7	213679	95.5
赣榆区	17	34193	10980	32.1	21470	62.8
开发区	18	17415	100	0.6	8346	47.9
东海县	36	29499	3440	11.7	16588	56.2
灌云县	7	9334	0	0.0	8934	95.7
灌南县	12	33383	4233	12.7	11850	35.5

表 6-37 续表 6

指　　标	商品采购		服务采购		面向大陆区域以外的销售	
	金 额	比重(%)	金 额	比重(%)	金 额	比重(%)
总 计	**479766**	**96.7**	**16511**	**3.3**	**23748**	**4.8**
一、按主要产业分						
1、工 业	247949	98.7	3237	1.3	10298	4.1
2、建筑业	9076	91.1	882	8.9	1	0.0
3、批发和零售业	221510	99.8	481	0.2	5000	2.3
# 批发业	198383	100.0	0	0.0	0	0.0
零售业	23128	98.0	481	2.0	5000	21.2
4、住宿和餐饮业	496	81.8	110	18.2	11	1.8
# 住宿业	83	93.0	6	7.0	10	11.1
餐饮业	412	79.8	104	20.2	1	0.2
5、房地产开发经营业	626	28.1	1603	71.9	7	0.3
6、重点服务业	109	1.1	10199	98.9	8431	81.8
(1) 交通运输、仓储和邮政业	10	0.1	8691	99.9	8431	96.9
# 道路运输业	10	100.0	0	0.0	0	0.0
水上运输业	0	0.0	8431	100.0	8431	100.0
航空运输业	0	0.0	0	0.0	0	0.0
装卸搬运和运输代理业	0	0.0	260	100.0	0	0.0
邮政业	0	0.0	0	0.0	0	0.0
(2)信息传输、软件和信息技术服务业	31	93.9	2	6.1	0	0.0
(3)租赁和商务服务业	68	100.0	0	0.0	0	0.0
# 商务服务业	68	100.0	0	0.0	0	0.0
(4)科学研究和技术服务业	0	0.0	1506	100.0	0	0.0
# 专业技术服务业	0	0.0	1506	100.0	0	0.0
二、按规模分						
大 型	323460	100.0	0	0.0	0	0.0
中 型	56161	92.1	4840	7.9	5645	9.3
小 型	95633	89.3	11455	10.7	18101	16.9
微 型	4512	95.4	216	4.6	2	0.0
三、按县区分						
连云区	140333	94.3	8431	5.7	8441	5.7
海州区	221646	99.1	2044	0.9	5052	2.3
赣榆区	30588	89.5	3605	10.5	0	0.0
开发区	17401	99.9	14	0.1	3913	22.5
东海县	28250	95.8	1248	4.2	128	0.4
灌云县	8703	93.2	631	6.8	5640	60.4
灌南县	32845	98.4	538	1.6	573	1.7

同有企业按专业、规模及县区分电子商务交易企业情况

表 6-38

指　　标	企业数(个)	有电子商务交易的企业数			有电子商务销售的企业数		
		2014	2013	增长(%)	2014	2013	增长(%)
总　计	**3114**	**206**	**116**	**77.6**	**167**	**88**	**89.8**
一、按主要产业分							
1、工　业	1467	107	60	78.3	96	50	92.0
2、建筑业	320	24	22	9.1	12	13	-7.7
3、批发和零售业	485	20	13	53.8	19	9	111.1
# 批发业	224	7	6	16.7	7	3	133.3
零售业	259	13	7	85.7	12	6	100
4、住宿和餐饮业	98	25	8	212.5	22	7	214.3
# 住宿业	46	19	6	216.7	18	5	260
餐饮业	52	6	2	200	4	2	100
5、房地产开发经营业	285	15	5	200	5	2	150
6、重点服务业	458	15	8	87.5	13	7	85.7
(1) 交通运输、仓储和邮政业	204	8	2	300	7	2	250
# 道路运输业	90	2	0	0	1	0	0
水上运输业	18	2	2	0	2	2	0
航空运输业	2	1	0	0	1	0	0
装卸搬运和运输代理业	77	2	0	0	2	0	0
邮政业	6	1	0	0	1	0	0
(2)信息传输、软件和信息技术服务业	13	3	3	0	3	3	0
(3)租赁和商务服务业	69	2	2	0	1	2	-50
# 商务服务业	66	2	2	0	1	2	-50
(4)科学研究和技术服务业	78	2	0	0	2	0	0
# 专业技术服务业	28	2	0	0	2	0	0
二、按规模分							
大　型	50	7	7	0	6	6	0
中　型	552	55	40	37.5	36	27	33.3
小　型	2164	138	65	112.3	120	53	126.4
微　型	308	6	4	50.0	5	2	150
三、按县区分							
连云区	234	21	8	162.5	18	7	157.1
海州区	567	57	44	29.5	48	32	50.0
赣榆区	684	22	17	29.4	15	11	36.4
开发区	254	27	20	35.0	21	16	31.3
东海县	667	51	12	325	42	11	281.8
灌云县	402	9	9	0	6	6	0
灌南县	306	19	6	216.7	17	5	240

注：同有企业是指两年都有的企业，以便于比较。

表 6-38 续表

指 标	有 B2B+B2G 的企业数			有 B2C 的企业数			有自营平台销售的企业数		
	2014	2013	增长(%)	2014	2013	增长(%)	2014	2013	增长(%)
总 计	**127**	**75**	**69.3**	**60**	**23**	**160.9**	**41**	**15**	**173.3**
一、按主要产业分									
1、工 业	91	48	89.6	12	5	140	27	8	237.5
2、建筑业	10	11	-9.1	5	3	66.7	6	0	0
3、批发和零售业	10	5	100	14	5	180	3	4	-25.0
# 批发业	5	3	66.7	2	0	0	0	1	-100
零售业	5	2	150	12	5	140	3	3	0
4、住宿和餐饮业	8	4	100	19	5	280	1	0	0
# 住宿业	7	3	133.3	15	4	275	1	0	0
餐饮业	1	1	0	4	1	300	0	0	0
5、房地产开发经营业	1	1	0	4	1	300	0	0	0
6、重点服务业	7	6	16.7	6	4	50	4	3	33.3
(1) 交通运输、仓储和邮政业	4	2	100	3	0	0	2	0	0
# 道路运输业	1	0	0	0	0	0	0	0	0
水上运输业	2	2	0	0	0	0	1	0	0
航空运输业	0	0	0	1	0	0	0	0	0
装卸搬运和运输代理业	1	0	0	1	0	0	1	0	0
邮政业	0	0	0	1	0	0	0	0	0
(2)信息传输、软件和信息技术服务业	0	2	-100	3	3	0	2	3	-33.3
(3)租赁和商务服务业	1	2	-50	0	1	-100	0	0	0
# 商务服务业	1	2	-50	0	1	-100	0	0	0
(4)科学研究和技术服务业	2	0	0	0	0	0	0	0	0
# 专业技术服务业	2	0	0	0	0	0	0	0	0
二、按规模分									
大 型	5	5	0	1	1	0	2	3	-33.3
中 型	20	24	-16.7	22	8	175	6	8	-25.0
小 型	97	44	120.5	36	14	157.1	32	4	700
微 型	5	2	150	1	0	0	1	0	0
三、按县区分									
连云区	11	6	83.3	8	2	300	5	1	
海州区	34	24	41.7	22	12	83.3	12	8	50.0
赣榆区	13	9	44.4	5	2	150	5	0	0
开发区	17	15	13.3	5	3	66.7	4	0	0
东海县	32	10	220	15	3	400	7	3	133.3
灌云县	4	6	-33.3	4	0	0	0	0	0
灌南县	16	5	220	1	1	0	8	3	166.7

同有企业按专业、规模及县区分电子商务交易金额情况

表 6-39

指　　标	电子商务销售金额（万元）			自营销售平台			B2B+B2G		
	2014	2013	增长（%）	2014	2013	增长（%）	2014	2013	增长（%）
总　计	**649604**	**404360**	**60.6**	**53213**	**36081**	**47.5**	**595171**	**399367**	**49.0**
一、按主要产业分									
1、工　业	317734	135861	133.9	48351	10097	378.9	308590	133717	130.8
2、建筑业	8994	1770	408.3	1460	0	0.0	8963	1630	450.0
3、批发和零售业	301353	252135	19.5	898	25388	−96.5	264344	250790	5.4
# 批发业	262164	250469	4.7	0	24177	−100.0	262085	250469	4.6
零售业	39189	1666		898	1211	−25.8	2258	321	604.6
4、住宿和餐饮业	17992	11862	51.7	2468	596	313.7	12790	11209	14.1
# 住宿业	2753	2355	16.9	37	0	0.0	485	1923	−74.8
餐饮业	2415	2068	16.8	37	0	0.0	483	1637	−70.5
5、房地产开发经营业	338	287	17.5	0	0	0.0	2	286	−99.3
6、重点服务业	778	379	105.5	0	0	0.0	0	100	−99.8
(1) 交通运输、仓储和邮政业	13330	9750	36.7	365	0	0.0	10680	9750	9.5
# 道路运输业	509	0	0.0	0	0	0.0	509	0	0.0
水上运输业	7556	9750	−22.5	45	0	0.0	7556	9750	−22.5
航空运输业	208	0	0.0	0	0	0.0	0	0	0.0
装卸搬运和运输代理业	2935	0	0.0	320	0	0.0	2615	0	0.0
邮政业	2122	0	0.0	0	0	0.0	0	0	0.0
(2)信息传输、软件和信息技术服务业	2553	596	328.0	2102	596	252.5	0	48	−100.0
(3)租赁和商务服务业	360	1515	−76.2	0	0	0.0	360	1410	−74.5
# 商务服务业	360	1515	−76.2	0	0	0.0	360	1410	−74.5
(4)科学研究和技术服务业	1749	0	0.0	0	0	0.0	1749	0	0.0
# 专业技术服务业	1749	0	0.0	0	0	0.0	1749	0	0.0
二、按规模分									
大　型	361974	269818	34.2	105	25470	−99.6	361915	269765	34.2
中　型	115097	65320	76.2	12056	7307	65.0	67515	63452	6.4
小　型	164288	57615	185.1	41032	3304		157855	54542	189.4
微　型	8245	11608	−29.0	20	0	0.0	7885	11608	−32.1
三、按县区分									
连云区	123070	31305	293.1	798	52		122075	31203	291.2
海州区	325519	254173	28.1	10852	26882	−59.6	287334	251793	14.1
赣榆区	27047	8638	213.1	17428	0	0.0	26490	8602	208.0
开发区	35041	35594	−1.6	1631	0	0.0	32788	35510	−7.7
东海县	47484	10675	344.8	7053	1647	328.2	41134	10286	299.9
灌云县	39094	51624	−24.3	0	0	0.0	33054	51624	−36.0
灌南县	52348	12350	323.9	15452	7500	106.0	52297	10350	405.3

表 6-39 续表

指　　标	B2C			服务销售			向大陆以外区域销售		
	2014	2013	增长(%)	2014	2013	增长(%)	2014	2013	增长(%)
总　计	**54433**	**4993**	**990.2**	**24166**	**11204**	**115.7**	**81613**	**48345**	**68.8**
一、按主要产业分									
1、工　业	9144	2144	326.6	2025	779	160.1	69440	39427	76.1
2、建筑业	32	140	-77.4	2204	0		2	0	0.0
3、批发和零售业	37009	1345		504	0	0.0	2613	0	0.0
# 批发业	79	0	0.0	0	0	0.0	473	0	0.0
零售业	36930	1345		504	0	0.0	2140	0	0.0
4、住宿和餐饮业	5202	653	696.6	16733	10120	65.3	9539	8918	7.0
# 住宿业	2269	432	424.6	2701	305	785.2	20	0	0.0
餐饮业	1933	431	348.5	2366	19		20	0	0.0
5、房地产开发经营业	336	1		335	286	17.0	0	0	0.0
6、重点服务业	778	279	179.2	0	0	0.0	0	0	0.0
(1) 交通运输、仓储和邮政业	2650	0	0.0	13081	8918	46.7	9511	8918	6.6
# 道路运输业	0	0	0.0	509	0	0.0	0	0	0.0
水上运输业	0	0	0.0	7556	8918	-15.3	7511	8918	-15.8
航空运输业	208	0	0.0	0	0	0.0	0	0	0.0
装卸搬运和运输代理业	320	0	0.0	2935	0	0.0	2000	0	0.0
邮政业	2122	0	0.0	2080	0	0.0	0	0	0.0
(2)信息传输、软件和信息技术服务业	2553	548	365.7	1903	3		0	0	0.0
(3)租赁和商务服务业	0	105	-100.0	0	1200		28	0	0.0
# 商务服务业	0	105	-100.0	0	1200		28	0	0.0
(4)科学研究和技术服务业	0	0	0.0	1749	0	0.0	0	0	0.0
# 专业技术服务业	0	0	0.0	1749	0	0.0	0	0	0.0
二、按规模分									
大　型	59	52	13.4	45	236	-80.8	1250	20599	-93.9
中　型	47581	1868		8141	1526	433.5	25527	286	
小　型	6432	3073	109.3	13180	9443	39.6	52392	27461	90.8
微　型	360	0	0.0	2800	0	0.0	2445	0	0.0
三、按县区分									
连云区	995	102	873.0	11710	8921	31.3	13079	28814	-54.6
海州区	38186	2380		8341	1489	460.3	8682	1150	
赣榆区	557	36		58	5		4880	644	
开发区	2253	85		179	0		14864	14099	5.4
东海县	6350	389		2370	290	718.8	8648	639	
灌云县	6040	0	0.0	1503	0	0.0	21052	0	0.0
灌南县	51	2000	-97.5	5	500	-99.0	10410	3000	247.0

7

固定资产投资和建筑业

全社会固定资产投资完成情况

表 7-1　　(2014 年)　　单位:万元

	2014年	2013年	增减%
总　　计	**20903558**	**16547507**	**26.32**
#工业投资	11538200	9420268	22.48
一、规模以上投资	17165737	13501170	27.14
#工业投资	10402353	8493299	22.48
#项目投资	15272973	11760475	29.87
#房地产投资	1892764	1740695	8.74
二、规模以下投资	3737821	3046337	22.70
#工业投资	1135847	926969	22.53

分县区全社会投资完成情况

表 7-2　　(2014 年)　　单位:万元

	全　市	市　区				
			连云区	海州区	赣榆区	开发区
总　　计	**20903558**	**12417449**	**2054692**	**2861446**	**3246596**	**2370391**
#工业投资	11538200	6086793	324021	712855	2110981	1654383
一、规模以上投资	17165737	10896239	1885690	2440325	2548363	2230791
#工业投资	10402353	5523606	224365	617858	1880114	1577483
#项目投资	15272973	9615705	1786669	1677020	2316509	2076437
#房地产投资	1892764	1280534	99021	763305	231854	154354
二、规模以下投资	3737821	1521210	169002	421121	698233	139600
#工业投资	1135847	563187	99656	94997	230867	76900

表 7-2 续表　　(2014 年)　　单位:万元

	东海县	灌云县	灌南县
总　　计	**2912777**	**2803585**	**2769747**
#工业投资	1974033	1770036	1707339
一、规模以上投资	2335384	1984083	1950031
#工业投资	1869346	1587778	1421623
#项目投资	2038220	1850534	1768514
#房地产投资	297164	133549	181517
二、规模以下投资	577393	819502	819716
#工业投资	104687	182258	285716

注：规模以上投资指城镇计划总投资或实际需要总投资在 500 万元以上的项目或单位及农村计划总投资或实际需要总投资在 500 万元以上的项目或单位及全部房地产投资。其余为规模以下投资。

主要年份全社会固定资产投资完成额

表 7-3　　　　单位:万元

年　份	全　市	市　区	#赣榆区	东海县	灌云县	灌南县
1979	10692	8375	413	508	337	1059
1980	13347	10331	972	1106	549	389
1981	13063	11011	626	432	585	409
1982	19354	14906	1374	857	1407	810
1983	23888	20109	1415	965	1044	355
1984	35084	28624	1784	1917	2012	747
1985	53275	44306	1905	3229	2826	1009
1986	89170	64929	5057	10786	3724	4674
1987	136708	106688	8018	11509	4343	6150
1988	149354	100017	22403	13591	5592	7751
1989	104718	70316	18975	3294	5206	6927
1990	106764	71762	11947	10517	5041	7497
1991	102070	55426	14106	16653	7062	8823
1992	180282	109900	22604	25260	13193	9325
1993	356145	205307	76833	40823	12537	20645
1994	421577	206672	97130	71587	27947	18241
1995	607286	298630	145373	91891	49459	21933
1996	596143	288512	120500	92733	65635	28763
1997	655189	323205	97484	76434	112837	45229
1998	838307	448650	107848	101222	101366	79221
1999	1088270	606276	139176	121657	135102	86059
2000	1278297	704041	165218	163487	141682	103869
2001	1518275	920743	176793	175180	140184	105375
2002	1805422	1148402	192875	186262	160826	117057
2003	2123858	1281550	244380	228195	222538	147195
2004	2463014	1292928	327407	321898	291989	228792
2005	3235953	1473498	501304	484647	418828	357676
2006	4238887	1813212	701722	630586	568297	525070
2007	5846184	2200618	1065641	918735	879421	781769
2008	7776820	2856412	1385318	1117484	1235656	1181950
2009	10000980	3374262	1788839	1584112	1679156	1574611
2010 老口径	12342481	4088923	2203860	1916424	2066637	2066637
2010 新口径	9943569	3525965	1760573	1595012	1523003	1539016
2011 新口径	12409297	4868834	2063816	1880279	1795300	1801068
2012 老口径	15199404	6107865	2484834	2269497	2168722	2168486
2012 新口径	13531937	5822754	2145993	1929279	1820509	1813403
2013	16647714	7206648	2625126	2347571	2234810	2233559
2014	20903558	12417449	3246596	2912777	2803585	2769747

全市规模以上投资增减情况

表 7-4

指　标　名　称	2014年	2013年	增长(%)
一、计划总投资(万元)			
1 建设项目计划总投资	34120347	30508492	12.82
其中: 本年新开工项目	13537273	11659160	16.11
2 自开始建设至本年底累计完成投资	22988257	17782729	29.27
二、自年初累计完成投资(万元)	**15272973**	**11760475**	**29.87**
其中: 本月完成投资	1661480	865183	92.04
其中: 本年新开工	9188791	6876761	33.62
其中: 国有经济控股	5039105	3211245	56.92
其中: 住宅	39476	15844	149.15
其中: 基础设施投资	3402215	2477150	52.68
其中: 民间投资	9833013	8107038	21.29
其中:技改投资	3394882	2789987	21.68
1 按构成分			
建筑工程	8226818	5876618	39.99
安装工程	1088403	918339	18.52
设备工器具购置	5213854	4508675	15.64
其中: 用于更新的设	23794	117278	-79.71
具他费用	743898	456843	62.83
其中:建设用地费	352767	296426	19.01
2 按建设性质分			
其中:(1)新　建	11086758	8301352	33.55
(2)扩　建	930270	925322	0.53
(3)改　建	3189404	2475379	28.85
3 按登记注册类型分			
内资企业	14730807	11233710	31.13

表 7-4 续表 1

指 标 名 称	2014年	2013年	增长(%)
国有企业	4058153	2380307	70.49
集体企业	55305	107013	-48.32
股份合作企业			
联营企业		10760	-100
国有联营企业		3860	-100
集体联营企业			
国有与集体联营企业		6900	-100
其他联营企业			
有限责任公司	1481699	1994727	-25.72
国有独资公司	745871	487673	52.94
其他有限责任公司	735828	1507054	-51.17
股份有限公司	175974	131185	34.14
私营企业	8846303	6523544	35.61
私营独资企业	1904244	1924347	-1.04
私营合伙企业	167911	280800	-40.2
私营有限责任公司	6684519	3879746	72.29
私营股份有限公司	89629	438651	-79.57
其他企业	113373	86174	31.56
港、澳、台商投资企业	263133	269927	-2.52
合资经营企业(港或澳、台资)	78447	54043	45.16
合作经营企业(港或澳、台资)			
港、澳、台商独资经营企业	153536	215384	-28.72
港、澳、台商投资股份有限公司	31150	500	6130
其他港、澳、台商投资企业			
外商投资企业	279033	256838	8.64
中外合资经营企业	138795	163592	-15.16

表 7–4 续表 2

指　标　名　称	2014年	2013年	增长(%)
外资企业	140238	93246	50.4
4、按产业分			
①第一产业	99479	152997	–34.98
②第二产业	10437380	8494021	22.88
工业	10402353	8493299	22.48
能源工业	897767	535047	67.79
原材料工业	3857887	3349396	15.18
机电工业	2499052	2436308	2.58
轻纺工业	3241913	2365306	37.06
③第三产业	4736114	3113457	52.12
5、按国民经济行业分			
农、林、牧、渔业	102807	176104	–41.62
农业	33514	65746	–49.03
林业	5000	6000	–16.67
畜牧业	42070	62913	–33.13
渔业	18895	18338	3.04
农、林、牧、渔服务业	3328	23107	–85.6
采矿业	19400	9400	106.38
非金属矿采选业	19400	9400	106.38
制造业	9354339	7928991	17.98
农副食品加工业	455611	432224	5.41
食品制造业	287924	122615	134.82
酒、饮料和精制茶制造业	190463	137005	39.02
纺织业	182284	55640	227.61
纺织服装、服饰业	285025	198989	43.24
皮革、毛皮、羽毛及其制品和制鞋业	59284	37667	57.39

表7-4续表3

指标名称	2014年	2013年	增长(%)
木材加工和木、竹、藤、棕、草制品业	277944	218767	27.05
家具制造业	105440	85850	22.82
造纸和纸制品业	50386	37683	33.71
印刷和记录媒介复制业	72262	35202	105.28
文教、工美、体育和娱乐用品制造业	111589	69863	59.73
石油加工、炼焦和核燃料加工业	27500	89198	-69.17
化学原料和化学制品制造业	2172333	1789515	21.39
医药制造业	479326	390567	22.73
化学纤维制造业	27658	23961	15.43
橡胶和塑料制品业	300947	145426	106.94
非金属矿物制品业	1098529	769649	42.73
黑色金属冶炼和压延加工业	408791	571433	-28.46
有色金属冶炼和压延加工业	143425	99384	44.31
金属制品业	559006	528103	5.85
通用设备制造业	357355	314445	13.65
专用设备制造业	464550	443570	4.73
汽车制造业	107649	184718	-41.72
铁路、船舶、航空航天和其他运输设备制造业	215016	80263	167.89
电气机械和器材制造业	528036	719604	-26.62
计算机、通信和其他电子设备制造业	217836	131351	65.84
仪器仪表制造业	49604	34254	44.81
其他制造业	81180	62630	29.62
废弃资源综合利用业	34809	119415	-70.85
金属制品、机械和设备修理业	2577		——
电力、热力、燃气及水生产和供应业	1031191	554908	85.83
电力、热力生产和供应业	823861	424245	94.19

表 7–4 续表 4

指标名称	2014年	2013年	增长(%)
燃气生产和供应业	46406	21604	114.8
水的生产和供应业	160924	109059	47.56
建筑业	35027	722	4751.39
房屋建筑业	7730	697	1009.04
土木工程建筑业	27297	25	109088
批发和零售业	130549	151224	–13.67
批发业	17180	74200	–76.85
零售业	113369	77024	47.19
交通运输、仓储和邮政业	847658	675383	25.51
道路运输业	273974	192838	42.07
水上运输业	345744	334477	3.37
装卸搬运和运输代理业	52518	32186	63.17
仓储业	175422	115882	51.38
住宿和餐饮业	240116	180940	32.7
住宿业	57455	78055	–26.39
餐饮业	182661	102885	77.54
信息传输、软件和信息技术服务业	109924	112219	–2.05
电信、广播电视和卫星传输服务	16360	58456	–72.01
软件和信息技术服务业	93564	53763	74.03
金融业	43520	34719	25.35
货币金融服务	16500	9989	65.18
其他金融业	27020	24730	9.26
房地产业	337862	276969	21.99
房地产业	337862	276969	21.99
租赁和商务服务业	618971	251368	146.24
商务服务业	618971	251368	146.24

表 7-4 续表 5

指 标 名 称	2014年	2013年	增长(%)
科学研究和技术服务业	158811	45739	247.21
研究和试验发展	70256	35000	100.73
专业技术服务业	63308	9000	603.42
科技推广和应用服务业	25247	1739	1351.81
水利、环境和公共设施管理业	1682428	1055423	59.41
水利管理业	137711	146914	–6.26
生态保护和环境治理业		3972	–100
公共设施管理业	1544717	904537	70.77
居民服务、修理和其他服务业	41387	23500	76.11
居民服务业	30387	12800	137.4
机动车、电子产品和日用产品修理业	11000	10700	2.8
其他服务业			
教育	223203	165541	34.83
教育	223203	165541	34.83
卫生和社会工作	133939	44175	203.2
卫生	108953	31800	242.62
社会工作	24986	12375	101.91
文化、体育和娱乐业	131413	39146	235.7
新闻和出版业			
广播、电视、电影和影视录音制作业	20108	5844	244.08
文化艺术业	83239	14600	470.13
体育	26626	15642	70.22
娱乐业	1440	3060	–52.94
公共管理、社会保障和社会组织	30428	34004	–10.52
中国共产党机关			
国家机构	28278	34004	–16.84
群众团体、社会团体和其他成员组织	2150		***
基层群众自治组织			

表 7–4 续表 6

指　标　名　称	2014年	2013年	增长(%)
三、本年新增固定资产(万元)	**12051634**	**8371903**	**43.95**
四、项目个数(个)			
1、施工项目个数	1364	1222	11.62
其中:本年新开工	941	803	17.19
2、本年投产项目个数	996	793	25.6
五、房屋建筑面积(平方米)			
1、本年施工房屋面积	15841151	15530183	2
其中:住宅	338610	123000	175.29
2、本年竣工房屋面积	9366667	8045415	16.42
其中:住宅	76116	123000	-38.12
3、本年竣工房屋价值	0	1169142	-100
其中:住宅	0	13587	-100
六、本年资金来源合计	15003768	11830889	26.82
1.上年末结余资金	0	0	***
2.本年资金来源小计	15003768	11830889	26.82
(1)国家预算资金	58141	137054	-57.58
其中:中央预算资金	0	5428	-100
(2)国内贷款	1056981	1119308	-5.57
(3)债券	0	0	—
(4)利用外资	137045	244388	-43.92
其中:外商直接投资	26631	215997	-87.67
(5)自筹资金	13593942	10244353	32.7
其中:企、事业单位自有资金	3715073	3130006	18.69
其中:股东投入资金	92320	294705	-68.67
其中:借入资金	13270	30960	-57.14
(6)其他资金来源	157659	85786	83.78
七、各项应付款合计	1090942	824910	32.25
其中:工程款	463640	158812	191.94

全市规模以上工业投资增减情况

表 7-5

指　标　名　称	2014年	2013年	增长(%)
一、计划总投资(万元)			
1、建设项目计划总投资	21628484	19648408	10.08
其中:本年新开工项目	9065811	6682108	35.67
2、自开始建设至本年底累计完成投资	14873176	11973501	24.22
二、自年初累计完成投资(万元)	**10402353**	**8493299**	**22.48**
其中:本年新开工	6924833	4856371	42.59
1、按构成分			
建筑工程	3956853	3132640	26.31
安装工程	925887	809718	14.35
设备工器具购置	4961131	4268132	16.24
其中:用于更新的设备	20994	66195	-68.28
其他费用	558482	282809	97.48
其中:建设用地费	208374	174559	19.37
2、按建设性质分			
(1)新建	6416769	5125245	25.2
(2)扩建	801839	859553	-6.71
(3)改建	3130394	2473679	26.55
(7)单独购置		5326	-100
3、按登记注册类型分			
内资企业	9904261	7986000	24.02
国有企业	519740	201799	157.55
集体企业	2500	16668	-85
有限责任公司	997636	1524581	-34.56
国有独资公司	354243	215451	64.42

表 7-5 续表 1

指　标　名　称	2014年	2013年	增长(%)
其他有限责任公司	643393	1309130	-50.85
股份有限公司	175974	131183	34.14
私营企业	8166429	6106356	33.74
私营独资企业	1688660	1694056	-0.32
私营合伙企业	92899	242784	-61.74
私营有限责任公司	6295241	3736350	68.49
私营股份有限公司	89629	433166	-79.31
其他企业	41982	5411	675.86
港、澳、台商投资企业	257703	269427	-4.35
合资经营企业(港或澳、台资)	78447	54043	45.16
港、澳、台商独资经营企业	153536	215384	-28.72
外商投资企业	240389	237872	1.06
中外合资经营企业	121185	163592	-25.92
外资企业	119204	74280	60.48
4、按国民经济行业分			
工业	10402353	8493299	22.48
农副食品加工业	455611	432224	5.41
食品制造业	287924	122615	134.82
酒、饮料和精制茶制造业	190463	137005	39.02
纺织业	182284	55640	227.61
纺织服装和服饰业	285025	198989	43.24
皮革、毛皮、羽毛(绒)及其制品业	59284	37667	57.39
木材加工及木、竹、藤、棕、草制	277944	218767	27.05

表 7–5 续表 2

指　　标　　名　　称	2014年	2013年	增长(%)
家具制造业	105440	85850	22.82
造纸及纸制品业	50386	37683	33.71
印刷业和记录媒介的复制	72262	35202	105.28
文教体育用品制造业	111589	69863	59.73
石油加工、炼焦及核燃料加工业	27500	89198	–69.17
化学原料及化学制品制造业	2172333	1789515	21.39
医药制造业	479326	390567	22.73
化学纤维制造业	27658	23961	15.43
橡胶和塑料制品业	300947	145426	106.94
非金属矿制品业	1098529	769649	42.73
黑色金属冶炼和压延加工业	408791	571433	–28.46
有色金属冶炼和压延加工业	143425	99384	44.31
金属制品业	559006	528103	5.85
通用设备制造业	357355	314445	13.65
专用设备制造业	464550	443570	4.73
汽车制造业	107649	184718	–41.72
铁路、船舶、航空航天等制造业	215016	80263	167.89
电气机械及器材制造业	528036	719604	–26.62
计算机、通信和其他电子设备制造业	217836	131351	65.84
仪器仪表制造业	49604	34254	44.81
其他制造业	81180	62630	29.62
废弃资源综合利用业	34809	119415	–70.85

表 7-5 续表 3

指　标　名　称	2014年	2013年	增长(%)
三、本年新增固定资产(万元)	**9228488**	**6459389**	**42.87**
四、项目个数(个)			
1、施工项目个数	952	826	15.25
其中:本年新开工	713	565	26.19
2、本年投产项目个数	752	587	28.11
五、本年资金来源合计	**10066587**	**8212870**	**22.57**
1、上年末结余资金	0	0	—
2、本年资金来源小计	10066587	8212870	22.57
(1)国家预算资金	19688	42167	-53.31
其中:中央预算资金	0	0	—
(2)国内贷款	982811	986797	-0.4
(3)债券	0	0	—
(4)利用外资	121444	244388	-50.31
其中:外商直接投资	11030	215997	-94.89
(5)自筹资金	8811478	6901201	27.68
其中:企、事业单位自有资金	1868079	2348691	-20.46
其中:股东投入资金	92320	281985	-67.26
其中:借入资金	12770	27470	-53.51
(6)其他资金来源	131166	38317	242.32
六、各项应付款合计	**838358**	**697914**	**20.12**
其中:工程款	280657	91618	206.33

规模以上投资完成情况

表 7-6　　(2014 年)(不含房地产)

指标名称	全市	城镇	农村
一、计划总投资(万元)			
1、建设项目计划总投资	34420347	31116584	16060903
其中:本年新开工项目	13537273	13537273	8413632
2、自开始建设至本年底累计完成投资	22988257	22127544	11699524
二、自年初累计完成投资(万元)	15272973	14921108	8846303
其中:本月完成投资	1661480	1651680	1088563
其中:本年新开工	9188791	9188791	6150343
其中:国有经济控股	5039105	4687240	
其中:住宅	39476	34226	1668
其中:基础设施投资	3402215	3108676	366166
其中:民间投资	9833013	9833013	8846303
其中:技改投资	3394882	3367372	2770460
1、按构成分			
建筑工程	8226818	8083786	3558697
安装工程	1088403	1071967	779654
设备工器具购置	5213854	5116819	4034032
其中:用于更新的设备	23794	23794	16955
其他费用	743898	648536	473920
其中:建设用地费	352767	352767	215941
2、按建设性质分			
其中:(1)新建	11086758	11054460	5795889
其中:(2)扩建	930270	638213	432081
其中:(3)改建	3189404	3161894	2564982
3、按登记注册类型分			
内资企业	14730807	14378942	8846303

表 7-6 续表 1　　(2014 年)

指 标 名 称	全 市	城 镇	农 村
国有企业	4058153	4013345	
集体企业	55305	55305	
有限责任公司	1481699	1174642	
国有独资公司	745871	453814	
其他有限责任公司	735828	720828	
股份有限公司	175974	175974	
私营企业	8846303	8846303	8846303
私营独资企业	1904244	1904244	1904244
私营合伙企业	167911	167911	167911
私营有限责任公司	6684519	6684519	6684519
私营股份有限公司	89629	89629	89629
其他企业	113373	113373	
港、澳、台商投资企业	263133	263133	
合资经营企业(港或澳、台资)	78447	78447	
港、澳、台商独资经营企业	153536	153536	
港、澳、台商投资股份有限公司	31150	31150	
外商投资企业	279033	279033	
中外合资经营企业	138795	138795	
外资企业	140238	140238	
4、按产业分			
①第一产业	99479	99479	78579
②第二产业	10437380	10117813	8167409
工业	10402353	10082786	8166429
能源工业	897767	605710	211459
原材料工业	3857887	3857887	3471865

表7–6续表2　　(2014年)

指　标　名　称	全　市	城　镇	农　村
机电工业	2499052	2471542	1891341
轻纺工业	3241913	3241913	2664836
③第三产业	4736114	4703816	600315
5、按国民经济行业分			
农、林、牧、渔业	102807	102807	78579
农业	33514	33514	25014
林业	5000	5000	5000
畜牧业	42070	42070	33170
渔业	18895	18895	15395
农、林、牧、渔服务业	3328	3328	
采矿业	19400	19400	19400
非金属矿采选业	19400	19400	19400
制造业	9354339	9326829	7922618
农副食品加工业	455611	455611	402642
食品制造业	287924	287924	258454
酒、饮料和精制茶制造业	190463	190463	190463
纺织业	182284	182284	182284
纺织服装、服饰业	285025	285025	249497
皮革、毛皮、羽毛及其制品和制鞋业	59284	59284	59284
木材加工和木、竹、藤、棕、草制品业	277944	277944	187295
家具制造业	105440	105440	78670
造纸和纸制品业	50386	50386	50386
印刷和记录媒介复制业	72262	72262	69442
文教、工美、体育和娱乐用品制造业	111589	111589	105869
石油加工、炼焦和核燃料加工业	27500	27500	27500

表 7-6 续表 3　　　　　　　　　　(2014 年)

指 标 名 称	全 市	城 镇	农 村
化学原料和化学制品制造业	2172333	2172333	1910869
医药制造业	479326	479326	329164
化学纤维制造业	27658	27658	27658
橡胶和塑料制品业	300947	300947	295947
非金属矿物制品业	1098529	1098529	1038202
黑色金属冶炼和压延加工业	408791	408791	364681
有色金属冶炼和压延加工业	143425	143425	124109
金属制品业	559006	559006	474746
通用设备制造业	357355	329845	244653
专用设备制造业	464550	464550	418633
汽车制造业	107649	107649	64089
铁路、船舶、航空航天和其他运输设备制造业	215016	215016	110550
电气机械和器材制造业	528036	528036	367643
计算机、通信和其他电子设备制造业	217836	217836	166855
仪器仪表制造业	49604	49604	44172
其他制造业	81180	81180	42280
废弃资源综合利用业	34809	34809	34004
金属制品、机械和设备修理业	2577	2577	2577
电力、热力、燃气及水生产和供应业	1031191	739134	226988
电力、热力生产和供应业	823861	531804	137553
燃气生产和供应业	46406	46406	46406
水的生产和供应业	160924	160924	43029
建筑业	35027	35027	980
房屋建筑业	7730	7730	
土木工程建筑业	27297	27297	980

表7-6续表4　　　　　　　　　　　　(2014年)

指　标　名　称	全　市	城　镇	农　村
批发和零售业	130549	130549	97171
批发业	17180	17180	12180
零售业	113369	113369	84991
交通运输、仓储和邮政业	847658	846176	177066
道路运输业	273974	272492	11520
水上运输业	345744	345744	19269
装卸搬运和运输代理业	52518	52518	19340
仓储业	175422	175422	126937
住宿和餐饮业	240116	240116	21138
住宿业	57455	57455	14638
餐饮业	182661	182661	6500
信息传输、软件和信息技术服务业	109924	94924	24810
电信、广播电视和卫星传输服务	16360	16360	
软件和信息技术服务业	93564	78564	24810
金融业	43520	43520	
货币金融服务	16500	16500	
其他金融业	27020	27020	
房地产业	337862	337862	23257
房地产业	337862	337862	23257
租赁和商务服务业	618971	618971	119661
商务服务业	618971	618971	119661
科学研究和技术服务业	158811	148245	9780
研究和试验发展	70256	70256	
专业技术服务业	63308	63308	9780
科技推广和应用服务业	25247	14681	

表 7-6 续表 5　　　　　　　　　　(2014 年)

指　标　名　称	全　市	城　镇	农　村
水利、环境和公共设施管理业	1682428	1682428	89049
水利管理业	137711	137711	
公共设施管理业	1544717	1544717	89049
居民服务、修理和其他服务业	41387	41387	14100
居民服务业	30387	30387	3100
机动车、电子产品和日用产品修理业	11000	11000	11000
教育	223203	223203	
教育	223203	223203	
卫生和社会工作	133939	133939	18256
卫生	108953	108953	12156
社会工作	24986	24986	6100
文化、体育和娱乐业	131413	131413	1300
广播、电视、电影和影视录音制作业	20108	20108	
文化艺术业	83239	83239	
体育	26626	26626	1300
娱乐业	1440	1440	
公共管理、社会保障和社会组织	30428	25178	2150
国家机构	28278	23028	
群众团体、社会团体和其他成员组织	2150	2150	2150
三、本年新增固定资产(万元)	**12051634**	**11924242**	**7892401**

表 7-6 续表 6　　　　　　　　　　(2014 年)

指　标　名　称	全　市	城　镇	农　村
四、项目个数(个)			
1、施工项目个数	1364	1357	900
其中:本年新开工	941	941	683
2、本年投产项目个数	996	990	702
五、房屋建筑面积(平方米)			
1、本年施工房屋面积	15841151	15720964	9846551
其中:住宅	338610	326070	21028
2、本年竣工房屋面积	9366667	9246480	5727778
其中:住宅	76116	63576	21028
六、本年资金来源合计	**15003768**	**14650724**	**8536493**
1、上年末结余资金	0	0	0
2、本年资金来源小计	15003768	14650724	8536493
(1)国家预算资金	58141	58141	0
(2)国内贷款	1056981	856460	640110
(4)利用外资	137045	137045	13262
其中:外商直接投资	26631	26631	5620
(5)自筹资金	13593942	13441419	7767987
其中:企、事业单位自有资金	3715073	3709573	1742669
其中:股东投入资金	92320	0	0
其中:借入资金	13270	13270	12750
(6)其他资金来源	157659	157659	115134
七、各项应付款合计	**1090942**	**1090942**	**647178**
其中:工程款	463640	463640	236124

分地区规模以上固定资产投资完成情况

表 7-7　　(不含房地产)(2014 年)　　单位:万元

指　标	全　市	市　区	赣榆县	东海县	灌云县	灌南县
一、计划总投资(万元)						
1、建设项目计划总投资	34420347	26271125	3537411	3167492	2451908	2529822
其中:本年新开工项目	13537273	8536275	2008207	2401692	1151017	1448289
2、自开始建设至本年底累计完成投资	22988257	15785444	2937326	2570793	2385167	2246853
二、自年初累计完成投资(万元)	**15272973**	**9649247**	**2249179**	**1999478**	**1880534**	**1743714**
其中:本月完成投资	1661480	927916	207482	253070	201583	278911
其中:本年新开工	5039105	4200479	234174	132693	292072	413861
其中:住宅	39476	5250	0	0	1768	32458
其中:基础设施投资	3890770	3088736	403585	161378	341411	299245
其中:民间投资	9940094	5208009	1911405	1830751	1581081	1320253
1、按构成分						
建筑工程	8226818	6292430	872641	672316	770429	491643
安装工程	1088403	749939	358094	138808	71393	128263
设备工器具购置	5213854	2237844	922820	1110270	780568	1085172
其中:用于更新的设备	23794	20494	0	0	3300	0
其他费用	743898	369034	95624	78084	258144	38636
2、按建设性质分						
其中:(1)新建	11086758	7088645	1329147	1635721	1075301	1287091
其中:(2)扩建	930270	825270	290374	67710	24670	12620
其中:(3)改建	3189404	1702877	597203	278347	764177	444003
3、按登记注册类型分						
内资企业	14730807	9178016	2145579	1954424	1864253	1734114
国有企业	4058153	3307908	208951	132693	284219	333333
集体企业	55305	47805	28889	7500	0	0

表 7-7 续表 1　　　　(不含房地产)(2014 年)　　　　单位:万元

指　　标	全　市	市　区	赣榆县	东海县	灌云县	灌南县
有限责任公司	1481699	1208165	33409	0	7853	265681
国有独资公司	745871	745871	25223	0	0	0
其他有限责任公司	735828	462294	8186	0	7853	265681
股份有限公司	175974	111460	0	28799	0	35715
私营企业	8846303	4398305	1855230	1776432	1572181	1099385
私营独资企业	1904244	794466	8870	243257	851829	14692
私营合伙企业	167911	167911	49383	0	0	0
私营有限责任公司	6684519	3350928	1711977	1533175	720352	1080064
私营股份有限公司	89629	85000	85000	0	0	4629
其他企业	113373	104373	19100	9000	0	0
港、澳、台商投资企业	263133	232513	98890	21020	0	9600
合资经营企业(港或澳、台资)	78447	76427	0	2020	0	0
港、澳、台商独资经营企业	153536	124936	98890	19000	0	9600
港、澳、台商投资股份有限公司	31150	31150	0	0	0	0
外商投资企业	279033	238718	4710	24034	16281	0
中外合资经营企业	138795	122895	0	7000	8900	0
外资企业	140238	115823	4710	17034	7381	0
①第一产业	102807	32784	32195	27050	28249	14724
②第二产业	10439957	5628990	1845012	1820262	1587778	1402927
工业	10404930	5608643	1841642	1813312	1587778	1395197
能源工业	897767	724813	181575	104485	65323	3146
原材料工业	3857887	1558185	567665	702030	772129	825543
机电工业	2499052	1622069	395347	482133	200241	194609

表7-7续表2　　(不含房地产)(2014年)　　单位:万元

指　　标	全　市	市　区	赣榆县	东海县	灌云县	灌南县
轻纺工业	3241913	1681958	683427	725123	496400	338432
③第三产业	4730209	3987473	371972	152166	264507	326063
5、按国民经济行业分						
农、林、牧、渔业	102807	32784	32195	27050	28249	14724
农业	33514	14410	14410	16250	0	2854
林业	5000	0	0	5000	0	0
畜牧业	42070	15500	15500	5800	8900	11870
渔业	18895	2285	2285	0	16610	0
农、林、牧、渔服务业	3328	589	0	0	2739	0
采矿业	19400	0	0	19400	0	0
非金属矿采选业	19400	0	0	19400	0	0
制造业	9354339	4864356	1678234	1682737	1443344	1363902
农副食品加工业	455611	174764	95434	154736	89988	36123
食品制造业	287924	132666	85844	72525	74355	8378
酒、饮料和精制茶制造业	190463	131040	124153	32392	6100	20931
纺织业	182284	54716	49800	32718	89850	5000
纺织服装、服饰业	285025	112625	103097	114095	16621	41684
皮革、毛皮、羽毛及其制品和制鞋业	59284	9710	9710	0	7642	41932
木材加工和木、竹、藤、棕、草制品业	277944	168107	44028	13174	10349	86314
家具制造业	105440	65040	26070	21200	7200	12000
造纸和纸制品业	50386	14403	0	9720	8500	17763
印刷和记录媒介复制业	72262	57070	11600	9284	0	5908
文教、工美、体育和娱乐用品制造业	111589	83759	48439	25200	2630	0
石油加工、炼焦和核燃料加工业	27500	27500	27500	0	0	0

表 7-7 续表 3　　(不含房地产)(2014 年)　　单位:万元

指　　标	全　市	市　区	赣榆县	东海县	灌云县	灌南县
化学原料和化学制品制造业	2172333	765230	58268	28835	664509	713759
医药制造业	479326	346221	1800	5000	112129	15976
化学纤维制造业	27658	19840	0	0	3018	4800
橡胶和塑料制品业	300947	207414	67267	4000	42592	46941
非金属矿物制品业	1098529	342659	184037	660795	60961	34114
黑色金属冶炼和压延加工业	408791	352281	249866	12400	0	44110
有色金属冶炼和压延加工业	143425	67706	48390	0	42159	33560
金属制品业	559006	426391	100796	44550	67539	20526
通用设备制造业	357355	233950	76558	24050	2800	96555
专用设备制造业	464550	268995	40127	115724	59902	19929
汽车制造业	107649	94077	0	7800	5000	772
铁路、船舶、航空航天和其他运输设备制造业	215016	207174	0	3500	0	4342
电气机械和器材制造业	528036	201152	22728	260459	22600	43825
计算机、通信和其他电子设备制造业	217836	160276	25789	12500	42400	2660
仪器仪表制造业	49604	30054	2550	13550	0	6000
其他制造业	81180	76650	19100	4530	0	0
废弃资源综合利用业	34809	30309	27104	0	4500	0
金属制品、机械和设备修理业	2577	2577	1380	0	0	0
电力、热力、燃气及水生产和供应业	1031191	744287	163408	111175	144434	31295
电力、热力生产和供应业	823861	672813	129575	96650	54398	0
燃气生产和供应业	46406	24500	24500	7835	10925	3146
水的生产和供应业	160924	46974	9333	6690	79111	28149
建筑业	35027	20347	3370	6950	0	7730

表7-7续表4　　(不含房地产)(2014年)　　单位:万元

指　　标	全　市	市　区	赣榆县	东海县	灌云县	灌南县
房屋建筑业	7730	0	0	0	0	7730
土木工程建筑业	27297	20347	3370	6950	0	0
批发和零售业	130549	101596	3640	4500	20800	3653
批发业	17180	10980	0	0	6200	0
零售业	113369	90616	3640	4500	14600	3653
交通运输、仓储和邮政业	847658	619832	72287	55500	163876	8450
道路运输业	273974	202774	21766	9950	61250	0
水上运输业	345744	243467	25619	0	94381	7896
装卸搬运和运输代理业	52518	#VALUE!	0	19000		0
仓储业	175422	140073	24902	26550	8245	554
住宿和餐饮业	240116	225478	0	2210	12428	0
住宿业	57455	42817	0	2210	12428	0
餐饮业	182661	182661	0	0	0	0
信息传输、软件和信息技术服务业	109924	109924	0	0	0	0
电信、广播电视和卫星传输服务	16360	16360	0	0	0	0
软件和信息技术服务业	93564	93564	0	0	0	0
金融业	43520	43520	16500	0	0	0
货币金融服务	16500	16500	16500	0	0	0
其他金融业	27020	27020	0	0	0	0
房地产业	337862	308044	40203	0	9054	20764
房地产业	337862	308044	40203	0	9054	20764
租赁和商务服务业	618971	538599	23220	51669	7853	20850
商务服务业	618971	538599	23220	51669	7853	20850

表 7-7 续表 5　　　　　　　　(不含房地产)(2014 年)　　　　　　　　单位:万元

指　　标	全　市	市　区	赣榆县	东海县	灌云县	灌南县
科学研究和技术服务业	158811	141777	9780	17034		
研究和试验发展	70256	70256				
专业技术服务业	63308	46274	9780	17034		
科技推广和应用服务业	25247	25247				
水利、环境和公共设施管理业	1682428	1470267	175403	5000	11308	195853
水利管理业	137711	93111	16610		9253	35347
公共设施管理业	1544717	1377156	158793	5000	2055	160506
居民服务、修理和其他服务业	41387	22095	4000		7000	12292
居民服务业	30387	18095				12292
机动车、电子产品和日用产品修理业	11000	4000	4000		7000	
教育	223203	208277	2415		12300	2626
教育	223203	208277	2415		12300	2626
卫生和社会工作	133939	72922	14974		9238	51779
卫生	108953	48036	12208		9138	51779
社会工作	24986	24886	2766		100	
文化、体育和娱乐业	131413	96864		16253	8500	9796
广播、电视、电影和影视录音制作业	20108	15608			4500	
文化艺术业	83239	68286		14953		
体育	26626	11530		1300	4000	9796
娱乐业	1440	1440				
公共管理、社会保障和社会组织	30428	28278	9550		2150	
国家机构	28278	28278	9550			
三、本年新增固定资产(万元)	**12051634**	**6801887**	**2333845**	**1473660**	**1717580**	**2058507**

表 7-7 续表 6　　(不含房地产)(2014 年)　　单位:万元

指　　标	全　市	市　区		东海县	灌云县	灌南县
			赣榆县			
四、项目个数(个)						
1、施工项目个数	1364	684	228	260	239	181
其中:本年新开工	941	441	172	211	174	115
2、本年投产项目个数	996	462	180	225	180	129
五、房屋建筑面积(平方米)						
1、本年施工房屋面积	15841151	7318170	823734	3147707	1855931	3519343
其中:住宅	338610	12540	0	0	21668	304402
2、本年竣工房屋面积	9366667	4084957	730209	2105455	501831	2674424
其中:住宅	76116	12540	0	0	21028	42548
六、本年资金来源合计	**15003768**	**10259284**	**2297754**	**2076132**	**1880964**	**787388**
1、上年末结余资金	0	0	0	0	0	0
2、本年资金来源小计	15003768	10259284	2297754	2076132	1880964	787388
(1)国家预算资金	58141	38796	23458	0	19345	0
其中:中央预算资金	0	0	0	0	0	0
(2)国内贷款	1056981	528315	140015	484510	31956	12200
(3)债券	0	0	0	0	0	0
(4)利用外资	137045	104301	103601	12100	20644	0
其中:外商直接投资	26631	5410	4710	12100	9121	0
(5)自筹资金	13593942	9460825	1996478	1579522	1778407	775188
其中:企、事业单位自有资金	3715073	2117490	17069	1566652	30931	0
其中:股东投入资金	92320	92320	0	0	0	0
其中:借入资金	13270	400	400	12870	0	0
(6)其他资金来源	157659	127047	34202	0	30612	0
七、各项应付款合计	**1090942**	**6783**	**0**	**0**	**6320**	**1077839**
其中:工程款	463640	6783	0	0	5210	451647

市区分地区规模以上固定资产投资完成情况

表 7-8　　(不含房地产)(2014年)　　单位:万元

指　　标	连云港市	市辖区	连云区	海州区
一、计划总投资(万元)				
1、建设项目计划总投资	34420347	3117411	5653234	3981195
其中:本年新开工项目	13537273		1819276	1539381
2、自开始建设至本年底累计完成投资	22988257	657061	3619362	3250729
二、自年初累计完成投资(万元)	**15272973**	**292057**	**1786669**	**2022898**
其中:本月完成投资	1661480		217818	154450
其中:国有经济控股	5039105	292057	1551526	969489
其中:住宅	39476		5250	
其中:基础设施投资	3890770	292057	929298	687283
其中:民间投资	9940094		232428	1053409
1、按构成分				
建筑工程	8226818	105984	1609397	1551420
安装工程	1088403	12936	41247	145828
设备工器具购置	5213854	77775	121232	189847
其中:用于更新的设备	23794		800	18204
其他费用	743898	95362	14793	135803
2、按建设性质分				
其中:(1)新建	11086758		1702084	1824405
其中:(2)扩建	930270	292057	82388	121482
其中:(3)改建	3189404		2197	
3、按登记注册类型分				
内资企业	14730807	292057	1739490	1955691
国有企业	4058153		1472734	888529
集体企业	55305			
有限责任公司	1481699	292057	108912	182140
国有独资公司	745871	292057	46709	
其他有限责任公司	735828		62203	182140
股份有限公司	175974		10400	14500
私营企业	8846303		147444	798943

表 7-8 续表 1　　(不含房地产)(2014 年)　　单位:万元

指　　标	赣榆区	市开发区	徐圩新区	云台景区
一、计划总投资(万元)				
1、建设项目计划总投资	3537411	2657240	7251034	73600
其中:本年新开工项目	2008207	1529269	1600542	39600
2、自开始建设至本年底累计完成投资	2937326	2666142	2616989	37835
二、自年初累计完成投资(万元)	**2249179**	**2051127**	**1214707**	**32610**
其中:本月完成投资	207482	285265	60603	2298
其中:国有经济控股	234174	542704	594008	16521
其中:住宅				
其中:基础设施投资	403585	308563	437489	30461
其中:民间投资	1911405	1373979	620699	16089
1、按构成分				
建筑工程	872641	998596	1123082	31310
安装工程	358094	186404	4130	1300
设备工器具购置	922820	838870	87300	
其中:用于更新的设备		1490		
其他费用	95624	27257	195	
2、按建设性质分				
其中:(1)新建	1329147	990071	1214657	28281
其中:(2)扩建	290374	34590	50	4329
其中:(3)改建	597203	1026466		
3、按登记注册类型分				
内资企业	2145579	1797882	1214707	32610
国有企业	208951	206997	514176	16521
集体企业	28889			2600
有限责任公司	33409	511815	79832	
国有独资公司	25223	303493	78389	
其他有限责任公司	8186	208322	1443	
股份有限公司		86560		
私营企业	1855230	967500	620699	8489

表 7-8 续表 2　　　　(不含房地产)(2014 年)　　　　单位:万元

指　　标	连云港市	市辖区	连云区	海州区
私营独资企业	1904244		84908	76169
私营合伙企业	167911			114199
私营有限责任公司	6684519		62536	608575
私营股份有限公司	89629			
其他企业	113373			55263
港、澳、台商投资企业	263133		7645	
合资经营企业(港或澳、台资)	78447			
港、澳、台商独资经营企业	153536		2215	
港、澳、台商投资股份有限公司	31150		5430	
外商投资企业	279033		39534	
中外合作经营企业				
外资企业	140238		500	
4、按产业分				
①第一产业	102807			
②第二产业	10439957	292057	224365	996234
工业	10404930	292057	224365	980817
能源工业	897767	292057		105290
原材料工业	3857887		152802	167615
机电工业	2499052		14386	476260
轻纺工业	3241913		33196	304169
③第三产业	4730209		1562304	1026664
5、按国民经济行业分				
农、林、牧、渔业	102807			
农业	33514			
林业	5000			
畜牧业	42070			
渔业	18895			
农、林、牧、渔服务业	3328			
采矿业	19400			

表 7-8 续表 3　　(不含房地产)(2013 年)　　单位:万元

指　　标	赣榆区	市开发区	徐圩新区	云台景区
私营独资企业	8870		620699	3820
私营合伙企业	49383			4329
私营有限责任公司	1711977	967500		340
私营股份有限公司	85000			
其他企业	19100	25010		5000
港、澳、台商投资企业	98890	58771		
合资经营企业(港或澳、台资)		9220		
港、澳、台商独资经营企业	98890	23831		
港、澳、台商投资股份有限公司		25720		
外商投资企业	4710	194474		
中外合作经营企业				
外资企业	4710	110613		
4、按产业分				
①第一产业	32195			589
②第二产业	1845012	1554750	708152	8420
工业	1841642	1554750	708152	6860
能源工业	181575	25471	120420	
原材料工业	567665	106113	563990	
机电工业	395347	724928	11148	
轻纺工业	683427	651202	7254	2710
③第三产业	371972	496377	506555	23601
5、按国民经济行业分				
农、林、牧、渔业	32195			589
农业	14410			
林业				
畜牧业	15500			
渔业	2285			
农、林、牧、渔服务业				589
采矿业				

表 7-8 续表 4　　(不含房地产)(2014 年)　　单位:万元

指标	连云港市	市辖区	连云区	海州区
制造业	9354339		224365	875527
农副食品加工业	455611		11930	18700
食品制造业	287924			17352
酒、饮料和精制茶制造业	190463			6887
纺织业	182284			4916
纺织服装、服饰业	285025			9528
皮革、毛皮、羽毛及其制品和制鞋业	59284			
木材加工和木、竹、藤、棕、草制品业	277944			
家具制造业	105440		11000	1200
造纸和纸制品业	50386		900	13503
印刷和记录媒介复制业	72262			
文教、工美、体育和娱乐用品制造业	111589			29600
石油加工、炼焦和核燃料加工业	27500			
化学原料和化学制品制造业	2172333		102252	41205
医药制造业	479326			67207
化学纤维制造业	27658			
橡胶和塑料制品业	300947			47159
非金属矿物制品业	1098529		28700	104694
黑色金属冶炼和压延加工业	408791		21850	
有色金属冶炼和压延加工业	143425			19316
金属制品业	559006			28380
通用设备制造业	357355			100300
专用设备制造业	464550		9366	99537
汽车制造业	107649			19417
铁路、船舶、航空航天和其他运输设备制造业	215016		5020	39839
电气机械和器材制造业	528036			95590
计算机、通信和其他电子设备制造业	217836			69493
仪器仪表制造业	49604			23704
其他制造业	81180		32150	15600

表 7-8 续表 5　　(不含房地产)(2014 年)　　单位:万元

指　　标	赣榆区	市开发区	徐圩新区	云台景区
制造业	1678234	1511092	575138	
农副食品加工业	95434	48700		
食品制造业	85844	29470		
酒、饮料和精制茶制造业	124153			
纺织业	49800			
纺织服装、服饰业	103097			
皮革、毛皮、羽毛及其制品和制鞋业	9710			
木材加工和木、竹、藤、棕、草制品业	44028	124079		
家具制造业	26070	26770		
造纸和纸制品业				
印刷和记录媒介复制业	11600	45470		
文教、工美、体育和娱乐用品制造业	48439	5720		
石油加工、炼焦和核燃料加工业	27500			
化学原料和化学制品制造业	58268	80935	482570	
医药制造业	1800	277214		
化学纤维制造业		19840		
橡胶和塑料制品业	67267	92988		
非金属矿物制品业	184037	25178	50	
黑色金属冶炼和压延加工业	249866		80565	
有色金属冶炼和压延加工业	48390			
金属制品业	100796	286067	11148	
通用设备制造业	76558	57092		
专用设备制造业	40127	119965		
汽车制造业		74660		
铁路、船舶、航空航天和其他运输设备制造业	126799	35516		
电气机械和器材制造业	22728	82834		
计算机、通信和其他电子设备制造业	25789	64994		
仪器仪表制造业	2550	3800		
其他制造业	19100	9800		

表 7-8 续表 6　　(不含房地产)(2014 年)　　单位:万元

指　　标	连云港市	市辖区	连云区	海州区
废弃资源综合利用业	34809			2400
金属制品、机械和设备修理业	2577		1197	
电力、热力、燃气及水生产和供应业	1031191	292057		105290
电力、热力生产和供应业	823861	292057		105290
燃气生产和供应业	46406			
水的生产和供应业	160924			
建筑业	35027			15417
房屋建筑业	7730			
土木工程建筑业	27297			15417
批发和零售业	130549			79197
批发业	17180			10980
零售业	113369			68217
交通运输、仓储和邮政业	847658		254944	7770
铁路运输业				
道路运输业	273974		49083	7770
水上运输业	345744		153816	
装卸搬运和运输代理业	52518		22920	
仓储业	175422		29125	
住宿和餐饮业	240116		145004	80474
住宿业	57455		9150	33667
餐饮业	182661		135854	46807
信息传输、软件和信息技术服务业	109924			73714
电信、广播电视和卫星传输服务	16360			16360
软件和信息技术服务业	93564			57354
金融业	43520			
货币金融服务	16500			
其他金融业	27020			
房地产业	337862		74189	50948
房地产业	337862		74189	50948

指　　标	赣榆区	市开发区	徐圩新区	云台景区
废弃资源综合利用业	27104		805	
金属制品、机械和设备修理业	1380			
电力、热力、燃气及水生产和供应业	163408	43658	133014	6860
电力、热力生产和供应业	129575	25471	120420	
燃气生产和供应业	24500			
水的生产和供应业	9333	18187	12594	6860
建筑业	3370			1560
房屋建筑业				
土木工程建筑业	3370			1560
批发和零售业	3640	9550	9209	
批发业				
零售业	3640	9550	9209	
交通运输、仓储和邮政业	72287	56971	227520	340
铁路运输业				
道路运输业	21766		124155	
水上运输业	25619		64032	
装卸搬运和运输代理业		10258		340
仓储业	24902	46713	39333	
住宿和餐饮业				
住宿业				
餐饮业				
信息传输、软件和信息技术服务业		36210		
电信、广播电视和卫星传输服务				
软件和信息技术服务业		36210		
金融业	16500	27020		
货币金融服务	16500			
其他金融业		27020		
房地产业	40203		142704	
房地产业	40203		142704	

表 7-8 续表 8　　(不含房地产)(2014 年)　　单位:万元

指标	连云港市	市辖区	连云区	海州区
租赁和商务服务业	618971		363218	71832
商务服务业	618971		363218	71832
科学研究和技术服务业	158811		2720	86793
研究和试验发展	70256			61546
专业技术服务业	63308		2720	
科技推广和应用服务业	25247			25247
水利、环境和公共设施管理业	1682428		634813	341521
水利管理业	137711			61020
公共设施管理业	1544717		634813	280501
居民服务、修理和其他服务业	41387		3200	14895
居民服务业	30387		3200	14895
机动车、电子产品和日用产品修理业	11000			
教育	223203		12322	124894
教育	223203		12322	124894
卫生和社会工作	133939		31301	24047
卫生	108953		31301	1927
社会工作	24986			22120
文化、体育和娱乐业	131413		25043	67401
广播、电视、电影和影视录音制作业	20108			14038
文化艺术业	83239		24543	40893
体育	26626			11530
娱乐业	1440		500	940
公共管理、社会保障和社会组织	30428		15550	3178
中国共产党机关				
国家机构	28278		15550	3178
三、本年新增固定资产(万元)	**12051634**	**0**	**473298**	**1753365**
四、项目个数(个)				
1、施工项目个数	1364	1	76	173
其中:本年新开工	941	0	29	121

表 7-8 续表 9　　(不含房地产)(2014 年)　　单位:万元

指　　标	赣榆区	市开发区	徐圩新区	云台景区
租赁和商务服务业	23220	79829	500	
商务服务业	23220	79829	500	
科学研究和技术服务业	9780	32150	10334	
研究和试验发展		8710		
专业技术服务业	9780	23440	10334	
科技推广和应用服务业				
水利、环境和公共设施管理业	175403	207397	98322	12811
水利管理业	16610		15481	
公共设施管理业	158793	207397	82841	12811
居民服务、修理和其他服务业	4000			
居民服务业				
机动车、电子产品和日用产品修理业	4000			
教育	2415	45680	17966	5000
教育	2415	45680	17966	5000
卫生和社会工作	14974			2600
卫生	12208			2600
社会工作	2766			
文化、体育和娱乐业		1570		2850
广播、电视、电影和影视录音制作业		1570		
文化艺术业				2850
体育				
娱乐业				
公共管理、社会保障和社会组织	9550			
中国共产党机关				
国家机构	9550			
三、本年新增固定资产(万元)	**2333845**	**1886154**	**335625**	**19600**
四、项目个数(个)				
1、施工项目个数	228	132	63	11
其中:本年新开工	172	96	17	6

表 7-8 续表 10 (不含房地产)(2014 年) 单位:万元

指　　标	连云港市	市辖区	连云区	海州区
2、本年投产项目个数	996	0	48	108
五、房屋建筑面积(平方米)				
1、本年施工房屋面积	15841151	0	430797	3021037
其中:住宅	338610	0	12540	0
2、本年竣工房屋面积	9366667	0	61910	1514822
其中:住宅	76116	0	12540	0
六、本年资金来源合计	**15003768**	**292841**	**1882294**	**2047203**
1、上年末结余资金	0	0	0	0
2、本年资金来源小计	15003768	292841	1882294	2047203
(1)国家预算资金	58141	0	0	15338
其中:中央预算资金	0	0	0	0
(2)国内贷款	1056981	200521	0	187779
(3)债券	0	0	0	0
(4)利用外资	137045	0	700	0
其中:外商直接投资	26631	0	700	0
(5)自筹资金	13593942	92320	1881594	1751241
其中:企、事业单位自有资金	3715073	0	1881594	214327
其中:股东投入资金	92320	92320	0	0
其中:借入资金	13270	0	0	0
(6)其他资金来源	157659	0	0	92845
七、各项应付款合计	**1090942**	**0**	**0**	**6263**
其中:工程款	463640	0	0	6263

表 7-8 续表 11　　(不含房地产)(2014 年)　　单位:万元

指　标	赣榆区	市开发区	徐圩新区	云台景区
2、本年投产项目个数	180	109	13	4
五、房屋建筑面积(平方米)				
1、本年施工房屋面积	823734	2508930	533672	0
其中:住宅	0	0	0	0
2、本年竣工房屋面积	730209	1778016	0	0
其中:住宅	0	0	0	0
六、本年资金来源合计	**2297754**	**2185804**	**1511288**	**42100**
1、上年末结余资金	0	0	0	0
2、本年资金来源小计	2297754	2185804	1511288	42100
(1)国家预算资金	23458	0	0	0
其中:中央预算资金	0	0	0	0
(2)国内贷款	140015	0	0	0
(3)债券	0	0	0	0
(4)利用外资	103601	0	0	0
其中:外商直接投资	4710	0	0	0
(5)自筹资金	1996478	2185804	1511288	42100
其中:企、事业单位自有资金	17069	0	0	4500
其中:股东投入资金	0	0	0	0
其中:借入资金	400	0	0	0
(6)其他资金来源	34202	0	0	0
七、各项应付款合计	0	0	0	520
其中:工程款	0	0	0	520

全市投资按基层表指标汇总情况表

表 7-9　　(2014 年)

指　　标	合　计	国有经济	集体经济	技改投资	国有经济	集体经济
一、个数(个)						
报表数	1364	332	8	357	11	1
施工项目个数	1364	332	8	357	11	1
其中:本年新开工	941	188	5	274	9	1
本年投产项目个数	996	189	7	303	10	1
二、投资额和新增固定资产(万元)						
计划总投资	34420347	14793008	217240	4237342	189207	2390
自开始建设至本年底累计完成投资	22988257	7990904	85404	4198121	216759	2390
本年完成投资	15272973	4804024	55305	3394882	180219	2390
其中:住宅	39476	37808				
按构成分						
建筑工程	8226818	4085216	36523	978725	80289	2390
安装工程	1088403	125263	7877	347570	11284	
设备工器具购置	5213854	381332	6965	1933385	86447	
其中:购置旧设备						
其中:用于更新的设备	23794			5490		
其他费用	743898	212213	3940	135202	2199	
其中:旧建筑物购置费	3710			2260		
其中:土地购置费	352767	101628	1590	20663	2199	
本年新增固定资产	12051634	2496998	60306	3826269	189452	2390
三、房屋建筑面积(平方米)						
本年施工房屋面积	15841151	3424995	66500	2387384	150437	
③第三产业	2990978	2336911	176676	95161	220309	161921

表 7-9 续表 1　　　　　　　　　　(2014 年)

指　　标	合　计			技改投资		
		国有经济	集体经济		国有经济	集体经济
其中:住宅	338610	317582				
本年竣工房屋面积	9366667	1429138	66500	1846285	150437	
其中:住宅	76116	55088				
本年竣工房屋价值						
其中:住宅						
四、固定资产投资资金来源(万元)						
(一)、本年资金来源合计	15003768	4920645	56030	3184332	180369	2390
1.上年末结余资金						
2.本年资金来源小计	15003768	4920645	56030	3184332	180369	2390
(1)国家预算内资金	58141	47961	10180			
其中:中央预算资金						
(2)国内贷款	1056981	276621	1850	162320		
(3)债券						
(4)利用外资	137045			700		
其中:外商直接投资	26631			700		
(5)自筹资金	13593942	4587731	43000	2970778	180369	2390
其中:企、事业单位自有资金	3715073	1704216	5530	291782		
其中:股东投入资金	92320	92320				
其中:借入资金	13270		320	2300		
(6)其他资金来源	157659	8332	1000	50534		
(二)、各项应付款合计	1090942	237520		274408		
其中:工程款	463640	176669		68611		

投资年报按七项指标分组汇总表(合计数)

表 7-10　　(2014年)

指标名称	施工项目个数	本年新开工	本年投产项目个数	计划总投资
总　　计	**1364**	**941**	**996**	**34420347**
一、按登记注册类型				
内资企业	1323	916	965	33473992
国有企业	284	164	155	10608907
集体企业	8	5	7	217240
有限责任公司	101	40	79	6160444
国有独资公司	48	24	34	4184101
其他有限责任公司	53	16	45	1976343
股份有限公司	12	9	9	238266
私营企业	900	683	702	16060903
私营独资企业	245	194	195	6556145
私营合伙企业	14	2	10	265180
私营有限责任公司	639	486	495	9073905
私营股份有限公司	2	1	2	165673
其他企业	18	15	13	188232
港、澳、台商投资企业	14	8	8	470080
合资经营企业(港或澳、台资)	6	4	2	136607
港、澳、台商独资经营企业	6	3	6	258473
港、澳、台商投资股份有限公司	2	1	0	75000
外商投资企业	27	17	23	476275
中外合资经营企业	13	8	12	274132
外资企业	14	9	11	202143
二、按国民经济行业				
农、林、牧、渔业	26	17	16	216691
农业	10	5	7	75468
林业	1	1	1	5000
畜牧业	8	6	6	73299
渔业	5	4	1	54985
农、林、牧、渔服务业	2	1	1	7939

表 7-10 续表 1　　　　　　　　　　　　　　(2014 年)

指 标 名 称	累计完成投资	本年完成投资	其中:住宅	本年新增固定资产
总　　计	**28800**	**19400**		**19400**
一、按登记注册类型	**12937909**	**9354339**		**8648753**
内资企业	640968	455611		452479
国有企业	298094	287924		151586
集体企业	276607	190463		236895
有限责任公司	207627	182284		76344
国有独资公司	309840	285025		294354
其他有限责任公司	69731	59284		64452
股份有限公司	394650	277944		430165
私营企业	112690	105440		86690
私营独资企业	50386	50386		41123
私营合伙企业	107464	72262		64670
私营有限责任公司	139917	111589		87027
私营股份有限公司	27500	27500		0
其他企业	3374462	2172333		1903867
港、澳、台商投资企业	581747	479326		529461
合资经营企业(港或澳、台资)	27658	27658		25858
港、澳、台商独资经营企业	310767	300947		273384
港、澳、台商投资股份有限公司	1222924	1098529		847422
外商投资企业	1056023	408791		621188
中外合资经营企业	265996	143425		91471
外资企业	831204	559006		587443
二、按国民经济行业	**447445**	**357355**		**382760**
农、林、牧、渔业	561207	464550		414463
农业	133449	107649		106477
林业	258899	215016		183484
畜牧业	757476	528036		382152
渔业	269806	217836		226555
农、林、牧、渔服务业	71804	49604		40372

表 7-10 续表 2　　(2014 年)

指标名称	施工项目个数	本年新开工	本年投产项目个数	计划总投资
采矿业	3	1	3	28500
制造业	890	666	706	17134261
农副食品加工业	79	65	63	686848
	19	17	12	371248
酒、饮料和精制茶制造业	13	9	11	466857
纺织业	17	15	11	289554
纺织服装、服饰业	45	40	38	319303
皮革、毛皮、羽毛及其制品和制鞋业	7	6	5	75310
木材加工和木、竹、藤、棕、草制品业	30	20	18	463522
家具制造业	12	9	10	142545
造纸和纸制品业	10	10	8	52013
印刷和记录媒介复制业	8	4	6	104700
文教、工美、体育和娱乐用品制造业	18	15	15	162657
石油加工、炼焦和核燃料加工业	1	1	0	43600
化学原料和化学制品制造业	143	77	128	5405958
医药制造业	26	17	23	517629
化学纤维制造业	4	4	3	31516
橡胶和塑料制品业	26	22	22	303855
非金属矿物制品业	143	126	117	1436899
黑色金属冶炼和压延加工业	16	9	12	2135396
有色金属冶炼和压延加工业	12	9	7	369761
金属制品业	51	31	41	816343
通用设备制造业	36	28	29	447068
专用设备制造业	57	46	44	659710
汽车制造业	8	5	7	119280
铁路、船舶、航空航天和其他运输设备制造业	11	7	7	276527
电气机械和器材制造业	55	40	39	907928
计算机、通信和其他电子设备制造业	22	15	18	253643
仪器仪表制造业	6	5	3	80622

表 7-10 续表 3　　　　　　　　　　　　　　(2014 年)

指标名称	累计完成投资	本年完成投资	其中:住宅	本年新增固定资产
采矿业	28800	19400	0	19400
制造业	12937909	9354339	0	8648753
农副食品加工业	640968	455611	0	452479
	298094	287924	0	151586
酒、饮料和精制茶制造业	276607	190463	0	236895
纺织业	207627	182284	0	76344
纺织服装、服饰业	309840	285025	0	294354
皮革、毛皮、羽毛及其制品和制鞋业	69731	59284	0	64452
木材加工和木、竹、藤、棕、草制品业	394650	277944	0	430165
家具制造业	112690	105440	0	86690
造纸和纸制品业	50386	50386	0	41123
印刷和记录媒介复制业	107464	72262	0	64670
文教、工美、体育和娱乐用品制造业	139917	111589	0	87027
石油加工、炼焦和核燃料加工业	27500	27500	0	0
化学原料和化学制品制造业	3374462	2172333	0	1903867
医药制造业	581747	479326	0	529461
化学纤维制造业	27658	27658	0	25858
橡胶和塑料制品业	310767	300947	0	273384
非金属矿物制品业	1222924	1098529	0	847422
黑色金属冶炼和压延加工业	1056023	408791	0	621188
有色金属冶炼和压延加工业	265996	143425	0	91471
金属制品业	831204	559006	0	587443
通用设备制造业	447445	357355	0	382760
专用设备制造业	561207	464550	0	414463
汽车制造业	133449	107649	0	106477
铁路、船舶、航空航天和其他运输设备制造业	258899	215016	0	183484
电气机械和器材制造业	757476	528036	0	382152
计算机、通信和其他电子设备制造业	269806	217836	0	226555
仪器仪表制造业	71804	49604	0	40372

表 7-10 续表 4　　　　　　　　　　(2014 年)

指 标 名 称	施工项目个数	本年新开工	本年投产项目个数	计划总投资
其他制造业	6	6	2	140110
废弃资源综合利用业	7	6	5	51362
金属制品、机械和设备修理业	2	2	2	2497
电力、热力、燃气及水生产和供应业	61	48	45	4468220
电力、热力生产和供应业	26	22	19	4129108
燃气生产和供应业	4	3	2	73478
水的生产和供应业	31	23	24	265634
建筑业	10	10	1	195265
房屋建筑业	3	3	0	16200
土木工程建筑业	7	7	1	179065
批发和零售业	19	14	12	409762
批发业	4	3	2	68000
零售业	15	11	10	341762
交通运输、仓储和邮政业	72	38	36	3393572
道路运输业	30	19	17	796948
水上运输业	20	6	8	1824164
装卸搬运和运输代理业	6	4	3	144172
仓储业	16	9	8	628288
住宿和餐饮业	9	2	8	520511
住宿业	4	0	4	139848
餐饮业	5	2	4	380663
信息传输、软件和信息技术服务业	5	2	3	210478
电信、广播电视和卫星传输服务	1	0	1	30000
软件和信息技术服务业	4	2	2	180478
金融业	2	0	2	71000
货币金融服务	1	0	1	25000
其他金融业	1	0	1	46000
房地产业	27	13	12	1049429
房地产业	27	13	12	1049429

表 7-10 续表 5　　　　　　　　　　　　　　(2014 年)

指 标 名 称	累计完成投资	本年完成投资	其中:住宅	本年新增固定资产
其他制造业	81180	81180	0	10130
废弃资源综合利用业	47811	34809	0	33904
金属制品、机械和设备修理业	2577	2577	0	2577
电力、热力、燃气及水生产和供应业	1909044	1031191	0	562912
电力、热力生产和供应业	1619729	823861	0	346829
燃气生产和供应业	59260	46406	0	40500
水的生产和供应业	230055	160924	0	175583
建筑业	35027	35027	7730	15390
房屋建筑业	7730	7730	7730	0
土木工程建筑业	27297	27297	0	15390
批发和零售业	255429	130549	0	63396
批发业	37343	17180	0	10980
零售业	218086	113369	0	52416
交通运输、仓储和邮政业	1908132	847658	0	316371
道路运输业	482602	273974	0	75642
水上运输业	1101490	345744	0	129939
装卸搬运和运输代理业	84704	52518	0	19000
仓储业	239336	175422	0	91790
住宿和餐饮业	407125	240116	0	203099
住宿业	142664	57455	0	118436
餐饮业	264461	182661	0	84663
信息传输、软件和信息技术服务业	204680	109924	0	136270
电信、广播电视和卫星传输服务	31883	16360	0	31883
软件和信息技术服务业	172797	93564	0	104387
金融业	76750	43520	0	43520
货币金融服务	25000	16500	0	16500
其他金融业	51750	27020	0	27020
房地产业	637147	337862	17304	252212
房地产业	637147	337862	17304	252212

表 7-10 续表 6　　　　(2014 年)

指 标 名 称	施工项目个数	本年新开工	本年投产项目个数	计划总投资
租赁和商务服务业	29	13	19	1406906
商务服务业	29	13	19	1406906
科学研究和技术服务业	12	9	6	374943
研究和试验发展	2	1	0	193309
专业技术服务业	8	7	5	101634
科技推广和应用服务业	2	1	1	80000
水利、环境和公共设施管理业	136	69	88	3819501
水利管理业	19	8	12	485634
公共设施管理业	117	61	76	3333867
居民服务、修理和其他服务业	8	6	4	91070
居民服务业	6	5	2	72070
机动车、电子产品和日用产品修理业	2	1	2	19000
教育	20	14	13	341039
教育	20	14	13	341039
卫生和社会工作	15	11	7	305147
卫生	9	6	4	264109
社会工作	6	5	3	41038
文化、体育和娱乐业	14	6	9	314794
广播、电视、电影和影视录音制作业	3	2	1	58200
文化艺术业	5	2	2	193727
体育	4	2	4	42232
娱乐业	2	0	2	20635
公共管理、社会保障和社会组织	6	2	6	69258
国家机构	4	0	4	67178
三、按隶属关系分				
中央	7	0	6	3303763
省(自治区、直辖市)	7	2	5	817727
地区(州、盟、省辖市)	59	20	29	5147053
县(旗、县级市)	181	105	96	4596282

表 7-10 续表 7　　　　　　　　　　(2014 年)

指 标 名 称	累计完成投资	本年完成投资		本年新增固定资产
			其中:住宅	
租赁和商务服务业	976673	618971	0	298422
商务服务业	976673	618971	0	298422
科学研究和技术服务业	261525	158811	0	106594
研究和试验发展	105256	70256	0	0
专业技术服务业	81588	63308	0	46594
科技推广和应用服务业	74681	25247	0	60000
水利、环境和公共设施管理业	2416091	1682428	0	938236
水利管理业	290722	137711	0	94590
公共设施管理业	2125369	1544717	0	843646
居民服务、修理和其他服务业	57187	41387	9092	17400
居民服务业	37187	30387	9092	6400
机动车、电子产品和日用产品修理业	20000	11000	0	11000
教育	297322	223203	0	131868
教育	297322	223203	0	131868
卫生和社会工作	179669	133939	100	76825
卫生	150703	108953	0	55879
社会工作	28966	24986	100	20946
文化、体育和娱乐业	202650	131413	0	88396
广播、电视、电影和影视录音制作业	33336	20108	0	1570
文化艺术业	103939	83239	0	39496
体育	44230	26626	0	42830
娱乐业	21145	1440	0	4500
公共管理、社会保障和社会组织	70478	30428	5250	46878
国家机构	68328	28278	5250	44728
三、按隶属关系分				
中央	860713	351865	5250	127392
省(自治区、直辖市)	682862	167132	0	82795
地区(州、盟、省辖市)	3011765	1578435	0	386603
县(旗、县级市)	2706965	1715355	32558	1033886

表 7-10 续表 8　　　　　　　　　　(2014 年)

指标名称	施工项目个数	本年新开工	本年投产项目个数	计划总投资
其他	1110	814	860	20555522
四、按建设性质分				
新建	964	638	667	25775328
扩建	51	33	35	4684580
改建和技术改造	343	266	291	3810865
单纯建造生活设施	1	1	1	4000
迁建	4	3	1	125574
恢复	1	0	1	20000
六、按控股情况分				
国有控股	346	192	198	15717737
集体控股	14	9	13	270795
私人控股	953	705	748	17460719
港澳台商控股	12	7	9	428573
外商控股	19	11	16	288701
七、按期末项目建设状态分				
在建	372	283	6	21041876
全部投产	990	658	990	13348671
全部停缓建	2	0	0	29800
八、按投资规模分				
3、500–1000 万元	30	29	28	23486
4、1000–3000 万元	182	169	154	408534
5、3000–5000 万元	234	185	194	1034382
6、5000–1 亿元	362	272	284	2662981
7、1 亿元–5 亿元	450	250	303	10814268
8、5 亿元–10 亿元	63	25	26	4648547
9、10 亿元以上	43	11	7	14828149

表 7-10 续表 9　　　　(2014 年)

指 标 名 称	累计完成投资	本年完成投资	其中:住宅	本年新增固定资产
其他	15725952	11460186	1668	10420958
四、按建设性质分				
新建	16941691	11086758	39476	7899991
扩建	2135666	930270	0	619574
改建和技术改造	3806434	3189404	0	3496683
单纯建造生活设施	4000	4000	0	4000
迁建	73755	50155	0	19000
恢复	26711	12386	0	12386
六、按控股情况分				
国有控股	8855555	5039105	37808	2683054
集体控股	144764	100205	0	108206
私人控股	13068108	9579595	1668	8807365
港澳台商控股	414629	218326	0	181876
外商控股	306214	182529	0	171983
七、按期末项目建设状态分				
在建	8677816	5476066	23228	315599
全部投产	14288928	9781524	16248	11736035
全部停缓建	21513	15383	0	0
八、按投资规模分				
3、500-1000 万元	24358	24008	578	23058
4、1000-3000 万元	391230	377185	1190	362961
5、3000-5000 万元	985873	890364	11688	1069405
6、5000-1 亿元	2497602	2128516	8104	2085496
7、1 亿元-5 亿元	9674184	7167515	17916	6443722
8、5 亿元-10 亿元	3269671	2052727	0	1441926
9、10 亿元以上	6145339	2632658	0	625066

本年完成投资按构成分组汇总情况表(合计数)

表 7-11　　(2014 年)

指标名称	本年完成投资	建筑工程	安装工程	设备工器具购置	其他费用
合　　计	**15272973**	**8226818**	**1088403**	**5213854**	**743898**
一、按登记注册类型					
内资企业	14730807	8018896	1020101	4967658	724152
国有企业	4058153	3576160	92142	274435	115416
集体企业	55305	36523	7877	6965	3940
有限责任公司	1481699	716764	111402	532568	120965
国有独资公司	745871	509056	33121	106897	96797
其他有限责任公司	735828	207708	78281	425671	24168
股份有限公司	175974	55282	14106	101066	5520
私营企业	8846303	3558697	779654	4034032	473920
私营独资企业	1904244	1027873	66065	693447	116859
私营合伙企业	167911	107664	44362	10080	5805
私营有限责任公司	6684519	2398217	647730	3287316	351256
私营股份有限公司	89629	24943	21497	43189	0
其他企业	113373	75470	14920	18592	4391
港、澳、台商投资企业	263133	133113	36616	77199	16205
合资经营企业(港或澳、台资)	78447	43620	12747	20960	1120
港、澳、台商独资经营企业	153536	66243	19169	55829	12295
港、澳、台商投资股份有限公司	31150	23250	4700	410	2790
外商投资企业	279033	74809	31686	168997	3541
中外合资经营企业	138795	29545	19533	86808	2909
外资企业	140238	45264	12153	82189	632
二、按国民经济行业					
农、林、牧、渔业	102807	51832	8090	31905	10980
农业	33514	11668	4689	13411	3746
林业	5000	1000	100	3300	600
畜牧业	42070	24226	2541	11569	3734
渔业	18895	11610	760	3625	2900
农、林、牧、渔服务业	3328	3328	0	0	0
采矿业	19400	3460	2080	13720	140

表 7-11 续表 1　　　　(2014 年)

指标名称	本年完成投资	建筑工程	安装工程	设备工器具购置	其他费用
制造业	9354339	3527721	828728	4555208	442682
农副食品加工业	455611	149948	44562	246919	14182
食品制造业	287924	119042	31550	119636	17696
酒、饮料和精制茶制造业	190463	66113	15213	93317	15820
烟草制品业					
纺织业	182284	67842	13370	77250	23822
纺织服装、服饰业	285025	86885	26142	162334	9664
皮革、毛皮、羽毛及其制品和制鞋业	59284	7798	7003	41061	3422
木材加工和木、竹、藤、棕、草制品业	277944	115877	17602	131660	12805
家具制造业	105440	30803	8654	63421	2562
造纸和纸制品业	50386	15790	2909	27945	3742
印刷和记录媒介复制业	72262	25214	9676	36022	1350
文教、工美、体育和娱乐用品制造业	111589	55881	11378	41836	2494
石油加工、炼焦和核燃料加工业	27500	15700	1000	9000	1800
化学原料和化学制品制造业	2172333	802043	147091	1071245	151954
医药制造业	479326	156677	47386	251042	24221
化学纤维制造业	27658	10461	1498	15056	643
橡胶和塑料制品业	300947	130015	31411	126203	13318
非金属矿物制品业	1098529	406660	103845	545677	42347
黑色金属冶炼和压延加工业	408791	176651	60238	169108	2794
有色金属冶炼和压延加工业	143425	48178	13709	71930	9608
金属制品业	559006	217854	47988	278027	15137
通用设备制造业	357355	116039	32070	199070	10176
专用设备制造业	464550	181812	31747	234669	16322
汽车制造业	107649	25049	18850	63510	240
铁路、船舶、航空航天和其他运输设备制造业	215016	111643	26167	61113	16093
电气机械和器材制造业	528036	211191	37692	263673	15480
计算机、通信和其他电子设备制造业	217836	82915	20603	107730	6588
仪器仪表制造业	49604	20384	10712	17348	1160
其他制造业	81180	63276	4572	7912	5420
废弃资源综合利用业	34809	9605	3830	19657	1717

表 7-11 续表 2　　　　　　　　　　　　(2014 年)

指标名称	本年完成投资	建筑工程	安装工程	设备工器具购置	其他费用
金属制品、机械和设备修理业	2577	375	260	1837	105
电力、热力、燃气及水生产和供应业	1031191	426047	95339	394040	115765
电力、热力生产和供应业	823861	331866	77291	314002	100702
燃气生产和供应业	46406	11605	5670	27523	1608
水的生产和供应业	160924	82576	12378	52515	13455
建筑业	35027	27950	1517	2200	3360
房屋建筑业	7730	7730	0	0	0
土木工程建筑业	27297	20220	1517	2200	3360
批发和零售业	130549	79231	7151	18100	26067
批发业	17180	12128	300	2000	2752
零售业	113369	67103	6851	16100	23315
交通运输、仓储和邮政业	847658	741685	28103	68694	9176
道路运输业	273974	265590	4793	2185	1406
水上运输业	345744	320603	4342	16173	4626
装卸搬运和运输代理业	52518	38481	3171	9000	1866
仓储业	175422	117011	15797	41336	1278
住宿和餐饮业	240116	191071	6929	18431	23685
住宿业	57455	36396	2513	11821	6725
餐饮业	182661	154675	4416	6610	16960
信息传输、软件和信息技术服务业	109924	89744	17680	0	2500
电信、广播电视和卫星传输服务	16360	0	16360	0	0
软件和信息技术服务业	93564	89744	1320	0	2500
金融业	43520	35101	5419	3000	0
货币金融服务	16500	12011	1489	3000	0
其他金融业	27020	23090	3930	0	0
房地产业	337862	323108	6660	2032	6062
房地产业	337862	323108	6660	2032	6062
租赁和商务服务业	618971	551354	31426	22063	14128
商务服务业	618971	551354	31426	22063	14128
科学研究和技术服务业	158811	118274	9812	9385	21340

表 7-11 续表 3

(2014 年)

指标名称	本年完成投资	建筑工程	安装工程	设备工器具购置	其他费用
研究和试验发展	70256	50756	0	0	19500
专业技术服务业	63308	42682	9401	9385	1840
科技推广和应用服务业	25247	24836	411	0	0
水利、环境和公共设施管理业	1682428	1615652	14222	19910	32644
水利管理业	137711	135355	584	1772	0
公共设施管理业	1544717	1480297	13638	18138	32644
居民服务、修理和其他服务业	41387	32577	698	3422	4690
居民服务业	30387	30102	0	0	285
机动车、电子产品和日用产品修理业	11000	2475	698	3422	4405
其他服务业					
教育	223203	206509	10422	6063	209
教育	223203	206509	10422	6063	209
卫生和社会工作	133939	96036	4375	22152	11376
卫生	108953	80196	2349	20472	5936
社会工作	24986	15840	2026	1680	5440
文化、体育和娱乐业	131413	89598	4322	18779	18714
新闻和出版业					
广播、电视、电影和影视录音制作业	20108	16206	200	2800	902
文化艺术业	83239	57237	1600	6890	17512
体育	26626	16155	1482	8689	300
娱乐业	1440	0	1040	400	0
公共管理、社会保障和社会组织	30428	19868	5430	4750	380
中国共产党机关					
三、按隶属关系分					
中央	351865	143032	16436	97035	95362
省(自治区、直辖市)	167132	62655	36575	67562	340
地区(州、盟、省辖市)	1578435	1514260	11904	37230	15041
县(旗、县级市)	1715355	1507888	39489	141490	26488
其他	11460186	4998983	983999	4870537	606667

表 7-11 续表 4　　(2014 年)

指标名称	本年完成投资	建筑工程	安装工程	设备工器具购置	其他费用
四、按建设性质分					
新建	11086758	6926848	639055	3020898	499957
扩建	930270	371305	130130	321527	107308
改建和技术改造	3189404	898767	314593	1845803	130241
单纯建造生活设施	4000	1200	500	2000	300
迁建	50155	25625	3850	16630	4050
恢复	12386	3073	275	6996	2042
五、按控股情况分					
国有控股	5039105	4139453	157968	523514	218170
集体控股	100205	59031	10677	24057	6440
私人控股	9579595	3776257	856262	4455295	491781
港澳台商控股	218326	93693	31089	78339	15205
外商控股	182529	52151	15616	112900	1862
六、按期末项目建设状态分					
在建	5476066	4291298	145556	742405	296807
全部投产	9781524	3923837	942847	4471449	443391
全部停缓建	15383	11683			3700
七、按投资规模分					
3、500-1000 万元	24008	19144	1743	2602	519
4、1000-3000 万元	377185	178071	21493	161892	15729
5、3000-5000 万元	890364	374622	83462	383636	48644
6、5000-1 亿元	2128516	801194	180685	1043150	103487
7、1 亿元-5 亿元	7167515	3467758	576912	2815698	307147
8、5 亿元-10 亿元	2052727	1319044	150801	460549	122333
9、10 亿元以上	2632658	2066985	73307	346327	146039

按施工面积和竣工面积分组汇总表(合计数)

表 7-12 (2014 年)

指标名称	本年施工房屋面积	其中:住宅	本年竣工房屋面积	其中:住宅
合　　计	**15841151**	**338610**	**9366667**	**76116**
一、按登记注册类型				
内资企业	15188169	338610	8901185	76116
国有企业	3185603	317582	1243511	55088
集体企业	66500		66500	
有限责任公司	1650382		1509817	
国有独资公司	239392		185627	
其他有限责任公司	1410990		1324190	
股份有限公司	317126		296363	
私营企业	9846551	21028	5727778	21028
私营独资企业	2347788	21028	834720	21028
私营合伙企业	157335		125000	
私营有限责任公司	7241428		4668058	
私营股份有限公司	100000		100000	
其他企业	122007		57216	
港、澳、台商投资企业	422158		288658	
合资经营企业(港或澳、台资)	24800		11300	
港、澳、台商独资经营企业	277358		277358	
港、澳、台商投资股份有限公司	120000			
外商投资企业	230824		176824	
中外合资经营企业	115656		81656	
外资企业	115168		95168	
二、按国民经济行业				
农、林、牧、渔业	188386		160820	
农业	50780		50780	
林业	13000		13000	
畜牧业	121606		97040	

表 7-12 续表 1　　　　　　　　　　(2014 年)

指标名称	本年施工房屋面积	其中:住宅	本年竣工房屋面积	其中:住宅
渔业	3000			
农、林、牧、渔服务业				
采矿业	23500		23500	
非金属矿采选业	23500		23500	
制造业	10581844		6899249	
农副食品加工业	586446		440274	
食品制造业	602294		93310	
酒、饮料和精制茶制造业	161901		89280	
纺织业	499114		56394	
纺织服装、服饰业	489974		450115	
皮革、毛皮、羽毛及其制品和制鞋业	74675		62510	
木材加工和木、竹、藤、棕、草制品业	476365		354787	
家具制造业	58453		33853	
造纸和纸制品业	52056		29728	
印刷和记录媒介复制业	109220		91220	
文教、工美、体育和娱乐用品制造业	205660		58060	
石油加工、炼焦和核燃料加工业				
化学原料和化学制品制造业	1370198		1274346	
医药制造业	298637		291398	
化学纤维制造业	15276		15276	
橡胶和塑料制品业	257860		257860	
非金属矿物制品业	1312580		779297	
黑色金属冶炼和压延加工业	82700		82700	
有色金属冶炼和压延加工业	254219		68469	
金属制品业	806280		555021	
通用设备制造业	604608		588172	
专用设备制造业	435216		282920	

表 7–12 续表 2 （2014 年）

指 标 名 称	本年施工房屋面积	其中：住宅	本年竣工房屋面积	其中：住宅
汽车制造业	25650	0	20000	0
铁路、船舶、航空航天和其他运输设备制造业	295834	0	216514	0
电气机械和器材制造业	994557	0	553887	0
计算机、通信和其他电子设备制造业	105658	0	105658	0
仪器仪表制造业	31809	0	28050	0
其他制造业	354865	0	4700	0
废弃资源综合利用业	18239	0	13950	0
金属制品、机械和设备修理业	1500	0	1500	0
电力、热力、燃气及水生产和供应业	128554	0	94555	0
电力、热力生产和供应业	26905	0	26905	0
燃气生产和供应业	19820	0	7820	0
水的生产和供应业	81829	0	59830	0
建筑业	59918	59918	0	0
房屋建筑业	59918	59918	0	0
批发和零售业	586486	0	85154	0
批发业	87627	0	9500	0
零售业	498859	0	75654	0
交通运输、仓储和邮政业	178199	0	107699	0
装卸搬运和运输代理业	59000	0	45000	0
仓储业	106699	0	62699	0
住宿和餐饮业	204437	0	204437	0
住宿业	145680	0	145680	0
餐饮业	58757	0	58757	0
信息传输、软件和信息技术服务业	423819	0	281870	0
软件和信息技术服务业	423819	0	281870	0
金融业	80000	0	80000	0
其他金融业	80000	0	80000	0

表 7-12 续表 3　　　　　　(2014 年)

指标名称	本年施工房屋面积	其中:住宅	本年竣工房屋面积	其中:住宅
房地产业	685701	114448	122770	63576
房地产业	685701	114448	122770	63576
租赁和商务服务业	858296	0	832696	0
商务服务业	858296	0	832696	0
科学研究和技术服务业	420976	0	85380	0
研究和试验发展	321564	0	0	0
专业技术服务业	70420	0	57820	0
科技推广和应用服务业	28992	0	27560	0
水利、环境和公共设施管理业	22485	0	17485	0
公共设施管理业	22485	0	17485	0
居民服务、修理和其他服务业	170740	151064	8190	0
居民服务业	169550	151064	7000	0
机动车、电子产品和日用产品修理业	1190	0	1190	0
教育	612966	0	169540	0
教育	612966	0	169540	0
卫生和社会工作	387478	640	142932	0
卫生	324137	0	117720	0
社会工作	63341	640	25212	0
文化、体育和娱乐业	208756	0	31780	0
广播、电视、电影和影视录音制作业	75930	0	4500	0
文化艺术业	132826	0	27280	0
公共管理、社会保障和社会组织	18610	12540	18610	12540
三、按隶属关系分				
中央	120187	12540	120187	12540
省(自治区、直辖市)	308464	0	26131	0
地区(州、盟、省辖市)	361160	0	145680	0
县(旗、县级市)	1520611	305042	567615	42548

表 7-12 续表 4 (2014 年)

指 标 名 称	本年施工房屋面积	其中:住宅	本年竣工房屋面积	其中:住宅
其他	13530729	21028	8507054	21028
四、按建设性质分				
新建	13181721	338610	7268336	76116
扩建	357646	0	265646	0
改建和技术改造	2281784	0	1832685	0
五、按控股情况分				
国有控股	3929715	317582	1899558	55088
集体控股	134570	0	134570	0
私人控股	10967154	21028	6788381	21028
港澳台商控股	436358	0	277358	0
外商控股	146384	0	126384	0
六、按期末项目建设状态分				
在建	6849457	262494	385110	0
全部投产	8981557	76116	8981557	76116
全部停缓建	10137	0	0	0
七、按投资规模分				
3、500-1000 万元	29436	7253	29436	7253
4、1000-3000 万元	518298	14415	428408	13775
5、3000-5000 万元	1010644	88148	763177	42548
6、5000-1 亿元	2605447	65604	2104672	0
7、1 亿元-5 亿元	7388755	163190	4626111	12540
8、5 亿元-10 亿元	2667398	0	1208863	0
9、10 亿元以上	1621173	0	206000	0

固定资产投资竣工的房屋建筑面积

表 7-13　　(城镇规模以上不含房地产)　　单位:万平方米

年　　份	全　市	市　区	# 赣榆县	东海县	灌云县	灌南县
1979	31.51	25.89	1.21	1.86	1.12	1.43
1980	45.23	32.96	3.24	4.22	3.05	1.76
1981	45.63	37.76	2.51	1.92	2.24	1.20
1982	53.79	37.14	3.91	3.52	5.13	4.09
1983	51.07	38.14	5.48	3.54	3.25	0.66
1984	57.64	36.65	5.64	5.91	6.81	2.63
1985	77.82	52.36	7.82	6.85	6.52	4.30
1986	94.57	66.27	6.71	8.57	6.39	6.63
1987	83.17	60.18	4.77	9.09	6.17	2.96
1988	82.92	53.03	6.61	6.19	8.91	8.18
1989	59.28	44.61	5.14	2.69	4.14	2.70
1990	56.60	40.92	8.17	3.96	1.60	1.95
1991	62.32	40.89	9.16	4.60	4.82	2.85
1992	61.85	35.20	9.32	6.28	6.20	4.85
1993	111.77	77.78	10.04	7.44	9.75	6.76
1994	105.19	68.11	13.13	6.94	11.22	5.79
1995	118.76	90.92	10.64	7.97	5.78	3.45
1996	105.61	62.19	11.35	13.58	14.30	4.19
1997	95.40	58.53	15.30	6.08	10.19	5.30
1998	101.84	43.00	17.99	18.10	13.51	9.24
1999	128.04	61.48	16.91	12.83	25.48	11.34
2000	77.95	35.20	15.50	7.87	10.70	8.68
2001	123.85	64.11	28.61	11.99	7.36	11.78
2002	90.06	51.99	9.92	10.64	15.78	1.73
2003	81.54	38.20	11.71	12.83	18.80	
2004	120.71	82.65	13.95	13.57	10.54	
2005	193.48	36.42	55.49	55.50	46.07	
2006	139.75	39.91	20.74	19.67	32.19	27.24
2007	225.84	60.88	64.82	65.90	27.83	6.41
2008	288.67	29.22	71.71	133.39	54.35	
2009	483.39	149.72	119.42	113.39	42.46	58.40
2010	444.96	198.11	64.86	78.37	27.87	75.75
2011	499.21	209.82	18.57	83.26	56.55	131.01
2012	830.55	354.70	70.60	168.50	51.00	185.70
2013	804.54	224.85	48.47	196.89	127.6	206.74
2014	936.67	408.5	73.02	210.54	50.18	267.44

固定资产投资竣工的住宅建筑面积

表 7-14　　(城镇规模以上不含房地产)　　单位:万平方米

年　份	全　市	市　区	赣榆县	东海县	灌云县	灌南县
1979	14.87	13.51	0.25	0.54	0.58	0.24
1980	20.12	17.2	0.72	1.22	0.92	0.78
1981	19.36	17.09	0.48	0.91	0.92	0.44
1982	25.42	21.62	1.05	0.94	2.14	0.72
1983	25.12	23.12	1.86	0.92	0.75	0.33
1984	23.31	18	1.38	2.26	2.55	0.5
1985	30.04	25.43	1.92	1.91	1.52	1.18
1986	35.77	31.1	1.7	1.89	1.51	1.27
1987	24.61	20.76	1.11	1.25	1.93	0.67
1988	26.61	20.53	3.9	1.61	2.81	1.66
1989	20.16	18.66	1.36	0.5	0.7	0.3
1990	19.96	17.61	0.87	0.84	0.64	0.87
1991	18.68	15.2	2.31	1.42	0.91	1.15
1992	26.66	19.9	4.98	4.12	1.4	1.24
1993	44.64	38.4	4.13	3.01	1.75	1.48
1994	32.86	26.36	8.11	1.93	2.27	2.3
1995	56.34	50.53	4.29	2.98	0.84	1.99
1996	75.88	61.1	5.89	7.63	5.6	1.55
1997	68.40	56.97	6.04	4.68	3.24	3.51
1998	81.34	58.7	10.43	10.77	6.24	5.63
1999	134.08	105.5	12.34	9.82	12.15	6.61
2000	85.08	65.49	7.66	5.45	5.52	8.62
2001	111.56	98.45	21.52	2.16	2.59	8.36
2002	102.75	90.06	6.03	7.64	3.15	1.9
2003	98.74	84.25	6.66	7.42	5.21	1.86
2004	115.31	99.28	11.11	4	12.03	
2005	112.82	96.6	3.2	10.18	6.04	
2006	150.80	105.51	23.33	22.08	17.41	5.8
2007	213.60	156.26	28.51	29.86	27.48	
2008	27.64	0		7.54	20.1	
2009	6.76	6.76				
2010	24.58	24.58				
2011	21.09	21.67	1.00			
2012	26.77	26.70	4.40		0.07	
2013	12.3	3.90	3.9		3.6	4.8
2014	7.61	1.25			2.10	4.25

高新技术产业投资完成情况

表 7–15

指　标　名　称	2014年	2013 年	增速(%)
一、计划总投资(万元)			
1、建设项目计划总投资	6330912	7118706	–11.07
其中:本年新开工项目	1534080	2197411	–30.19
2、自开始建设至本年底累计完成投资	4593613	4053372	13.33
二、自年初累计完成投资(万元)	3100189	2847815	8.86
其中:本年新开工	1422279	1421344	0.07
1、按构成分			
建筑工程	1159323	1089099	6.45
安装工程	231063	234996	–1.67
设备工器具购置	1535651	1446299	6.18
其中:用于更新的设备	9184	26004	–64.68
其他费用	174152	77421	124.94
其中:建设用地费	28901	43109	–32.96
4、按国民经济行业分			
电子及通讯设备制造业	217836	131351	65.84
医药制造业	530917	468417	13.34
仪器仪表制造业	49604	34254	44.81
智能装备制造业	398104	545217	–26.98
新材料制造业	1751992	1445683	21.19
新能源制造业	58172	169130	–65.61
软件业	93564	53763	74.03
三、本年新增固定资产(万元)	2841357	2070224	37.25
四、项目个数(个)			
1、施工项目个数	226	238	–5.04
其中:本年新开工	136	155	–12.26
2、本年投产项目个数	189	149	26.85
五、本年资金来源合计	2784365	2785929	–0.06
1、上年末结余资金	0	0	***
2、本年资金来源小计	2784365	2785929	–0.06
(2)国内贷款	81706	100950	–19.06
(4)利用外资	3881	114052	–96.6
(5)自筹资金	2655296	2563467	3.58

分行业民间投资完成情况

表 7-16

指　标　名　称	2014年	2013年	增速(%)
一、计划总投资(万元)			
1、建设项目计划总投资	17985336	16151795	11.35
其中:本年新开工项目	9000323	6976075	29.02
2、自开始建设至本年底累计完成投资	13411859	11057279	21.29
二、自年初累计完成投资(万元)	**9833013**	**8107038**	**21.29**
其中:本年新开工	6582525	4770913	37.97
1、按构成分			
建筑工程	3941521	3119451	26.35
安装工程	883730	794137	11.28
设备工器具购置	4499101	3876487	16.06
其中:用于更新的设备	22994	66075	-65.2
其他费用	508661	316963	60.48
建设用地费	233287	199623	16.86
5、按行业分			
农、林、牧、渔业	95979	153758	-37.58
农业	33514	65746	-49.03
林业	5000	6000	-16.67
畜牧业	42070	43947	-4.27
渔业	15395	18338	-16.05
农、林、牧、渔服务业		19727	-100
采矿业	19400	9400	106.38
制造业	8693896	7226859	20.3
农副食品加工业	441431	401592	9.92
食品制造业	277294	107773	157.29
酒、饮料和精制茶制造业	190463	137005	39.02
烟草制品业			
纺织业	182284	55640	227.61
纺织服装、服饰业	249497	194517	28.26
皮革、毛皮、羽毛及其制品和制鞋业	59284	37667	57.39
木材加工和木、竹、藤、棕、草制品业	222655	218767	1.78
家具制造业	78670	85850	-8.36
造纸和纸制品业	50386	37683	33.71
印刷和记录媒介复制业	72262	35202	105.28
文教、工美、体育和娱乐用品制造业	105869	57993	82.55
石油加工、炼焦和核燃料加工业	27500	89198	-69.17
化学原料和化学制品制造业	2083141	1663449	25.23
医药制造业	479326	369837	29.6
化学纤维制造业	27658	23961	15.43
橡胶和塑料制品业	300947	145426	106.94
非金属矿物制品业	1073001	740692	44.86
黑色金属冶炼和压延加工业	408791	571433	-28.46
有色金属冶炼和压延加工业	124109	99384	24.88
金属制品业	559006	528103	5.85
通用设备制造业	261203	269855	-3.21
专用设备制造业	451109	442680	1.9

表 7-16 续表 1

指　标　名　称	2014年	2013年	增速(%)
汽车制造业	88029	152568	-42.3
铁路、船舶、航空航天和其他运输设备制造业	110550	51043	116.58
电气机械和器材制造业	442561	435323	1.66
计算机、通信和其他电子设备制造业	171855	103171	66.57
仪器仪表制造业	47054	34254	37.37
其他制造业	71380	29380	142.95
废弃资源综合利用业	34004	107413	-68.34
金属制品、机械和设备修理业	2577		—
电力、热力、燃气及水生产和供应业	242685	121305	100.06
电力、热力生产和供应业	141613	60552	133.87
燃气生产和供应业	46406	18704	148.11
水的生产和供应业	54666	42049	30.01
建筑业	16370		—
批发和零售业	117687	147864	-20.41
批发业	17180	70840	-75.75
零售业	100507	77024	30.49
交通运输、仓储和邮政业	177066	98436	79.88
道路运输业	11520	17440	-33.94
水上运输业	19269	19350	-0.42
装卸搬运和运输代理业	19340	4575	322.73
仓储业	126937	57071	122.42
住宿和餐饮业	21138	35045	-39.68
住宿业	14638	26460	-44.68
餐饮业	6500	8585	-24.29
信息传输、软件和信息技术服务业	24810		—
房地产业	23257	52761	-55.92
房地产业	23257	52761	-55.92
租赁和商务服务业	172050	105884	62.49
商务服务业	172050	105884	62.49
科学研究和技术服务业	47901		—
专业技术服务业	33220		—
科技推广和应用服务业	14681		—
水利、环境和公共设施管理业	113298	81781	38.54
公共设施管理业	113298	81781	38.54
居民服务、修理和其他服务业	14100	16700	-15.57
居民服务业	3100	6000	-48.33
机动车、电子产品和日用产品修理业	11000	10700	2.8
教育	10500	36676	-71.37
教育	10500	36676	-71.37
卫生和社会工作	21356	9180	132.64
卫生	14756	5200	183.77
社会工作	6600	3980	65.83
文化、体育和娱乐业	2870	1400	105
三、本年新增固定资产(万元)	**9014721**	**6485720**	**38.99**
四、项目个数(个)			
1、施工项目个数	987	885	11.53
其中:本年新开工	731	605	20.83
2、本年投产项目个数	773	623	24.08

城市建设投资完成情况

表 7–17

指　标　名　称	2014年	2013年	增速(%)
一、计划总投资(万元)			
1、建设项目计划总投资	3687819	2412264	52.88
其中:本年新开工项目	2086896	1430969	45.84
2、自开始建设至本年底累计完成投资	2435955	1523184	59.93
二、自年初累计完成投资(万元)	**1773318**	**1065799**	**66.38**
其中:本年新开工	1179825	815988	44.59
1、按构成分			
建筑工程	1575518	939317	67.73
安装工程	36786	27515	33.69
设备工器具购置	113307	46114	145.71
4、按国民经济行业分			
热力生产和供应	21271	22092	-3.72
燃气生产和供应业	46406	21604	114.8
自来水的生产和供应	80822	52994	52.51
污水处理及其再生利用	80102	56065	42.87
其他城市公共交通运输		8507	-100
市政设施管理	1411291	803241	75.7
环境卫生管理	5158		—
城乡市容管理	3820	30	12633.33
绿化管理	54436	38200	42.5
公园和游览景区管理	70012	63066	11.01
三、本年新增固定资产(万元)	**1081000**	**825836**	**30.9**
四、项目个数(个)			
1、施工项目个数	154	153	0.65
其中:本年新开工	89	102	-12.75
2、本年投产项目个数	104	89	16.85
五、本年资金来源合计	1756876	1141089	53.96
1、上年末结余资金	0	0	—
2、本年资金来源小计	1756876	1141089	53.96
(1)国家预算资金	29782	11785	152.71
其中:中央预算资金	0	0	—
(2)国内贷款	18600	52025	-64.25
(5)自筹资金	1699554	1072151	58.52
其中:企、事业单位自有资金	715575	153026	367.62
其中:借入资金	320	0	—
(6)其他资金来源	8940	5128	74.34
六、各项应付款合计	**140301**	**38383**	**265.53**
其中:工程款	103340	21059	390.72

2014年全市投资项目计划总投资前100位项目

表7-18 单位:万元

排序	建设单位	项目名称	计划总投资
1	江苏核电有限公司	田湾核电站	3117411
2	江苏斯尔邦石化有限公司	年产360万吨醇基多联产项目	2196818
3	连云港港30万吨级航道建设指挥部	连云港港30万吨级航道工程	789200
4	番禺珠江钢管(连云港)	高性能管线钢管项目	748280
5	连云港金海岸开发公司	连云港海滨新区基础设施工程	602523
6	连云港市城投集团有限公司	海滨大道新建工程	577300
7	江苏虹港石化有限公司	年产150万吨TPA项目	500720
8	江苏新海发电有限公司	江苏新海发电有限公司"上大压小"扩建工程	456000
9	江苏宝通镍业有限公司	年产41万吨镍合金(一期)项目	400000
10	江苏德邦兴华化工股份公司	年产35万吨合成氨系列产品项目	330732
11	江苏金海投资有限公司	北固山庄搬迁扩建工程	280000
12	连云港新海湾码头有限公司	连云港港赣榆港区一期(起步)工程	223700
13	江苏方洋物流有限公司	示范区资源集中采购中心项目	217909
14	连云港荣泰化工仓储有限公司	连云港荣泰化工仓储有限公司罐区工程	209172
15	连云港华乐合金有限公司	镍合金制品制造项目	200000
16	江苏方洋集团有限公司	海滨大道徐圩新区段	199000
17	江苏方洋集团有限公司	连云港虹洋热电联产项目	185500
18	连云港凯帝重工科技有限公司	年产30万吨机械装备制造及钢管钢结构(一期)项目	180000
19	江苏珠穆朗玛食品有限公司	年产24万吨食品及饮料项目	180000
20	连云港市交通运输局	海滨大道跨海大桥项目	179000
21	连云新城开发建设指挥部	连云新城一期商务中心景观绿化工程	176367
22	江苏润科投资发展有限公司	新海新区科技创业城南地块	168309
23	番禺珠江钢管(连云港)有限公司	80万吨油气管线钢管项目	165000
24	连云港港口集团有限公司	徐圩港区一期工程	165000
25	江苏金港湾投资有限公司	连云港保税物流中心	164900

表 7–18 续表 1

单位:万元

排序	建设单位	项目名称	计划总投资
26	江苏省镔鑫特钢材料有限公司	年产 300 万吨特钢搬迁技改	150000
27	江苏金桥盐化集团	过氧化氢、PVC 树脂生产	149790
28	连云港市水利局	新建蔷薇湖水库工程	145353
29	连云港市水利局	通榆河北延送水工程	145310
30	连云港市连云新城指挥部	连云新城示范区填海造地及基础设施建设第二阶段工程	141004
31	连云港苏宁投资发展有限公司	连云港苏宁广场项目	136300
32	江苏环球铜业有限公司	废旧资源再生项目	135011
33	连云港港口集团	连云港旗台港区防波堤工程	121958
34	连云港金海岸建设有限公司	海滨大道(金海大道–新城闸)	121945
35	江苏方洋集团有限公司	节能环保科技园标准厂房一期工程	114404
36	江苏方洋集团有限公司	连云港新海至徐圩港区公路	110000
37	日出东方太阳能股份有限公司	高效太阳能热水器生产线三期技改项目	110000
38	连云港龙河生物化工有限公司	年产 5 万吨酒精生产线搬迁技改	109400
39	江苏方洋集团有限公司	港前大道(纵一路–226 省道)	108500
40	江苏金港湾投资有限公司	连云港港主体港区北疏港高速公路	107000
41	连云港合乐不锈钢有限公司	不锈钢制品	106000
42	连云港市瀛洲投资有限公司	新浦区民主路老街改造项目	102000
43	连云港城宇盛虹纺织有限公司	年产 30 万纱锭及纺织成衣 10 万件项目	101333
44	连云港新唐投资有限公司	北极星商业广场	100000
45	连云港美通科技发展有限公司	木材加工	100000
46	连云港港口集团有限公司	连云港港中心货运站	100000
47	江苏润科投资发展有限公司	新世界文化城文化中心	99832
48	捷仕克造船工业科技有限公司	游艇生产线项目	98890
49	江苏方洋集团有限公司	徐圩新区大陆桥产品展览展示中心	97885
50	连云港恒运医药科技有限公司	9 个医药产品搬迁技改项目	94076

表 7-18 续表 2　　单位:万元

排序	建设单位	项目名称	计划总投资
51	赣榆区交通运输局	海滨大道赣榆段建设工程	92648
52	江苏德邦多菱健康科技公司	年产 10 万吨食品级磷酸盐添加剂项目	91953
53	连云港金海投资有限公司	连云新城租赁式办公 B1-B3	91823
54	江苏方洋集团有限公司	人才公寓	89778
55	江苏润科投资发展有限公司	新海新区科技馆建设工程项目	89387
56	灌云县临港产业区管委会	灌云县海滨大道建设工程	88300
57	连云港善德化学有限公司	农药中间体项目	85373
58	江苏省镔鑫特钢材料有限公司	120 万吨/年双高线搬迁技改项目	85000
59	中交(连云港)建设开发公司	连云新城示范区填海造地及基础设施建设项目第三阶段工程	84322
60	连云港誉德铝业有限公司	年产 5 万吨 &-氧化铝粉项目	84277
61	连云港金海岸开发公司	连云新城临洪大道	83300
62	江苏润科投资发展有限公司	花果山大酒店	81848
63	连云港金海岸开发公司	政府租赁式办公区 A5、A6 区	81729
64	江苏迪安化工有限公司	迪安年产 42240 吨高档分散染料等产品项目	80673
65	淮海工学院	淮海花园	80450
66	江苏世星电子科技有限公司	年产 7.5 亿只高能氧化锌压敏电阻项目	80000
67	连云港金三江硅材料有限公司	年产 9 万吨牙膏级二氧化硅项目	78820
68	连云港市连云新城指挥部	连云新城医院	78028
69	江苏方洋集团有限公司	226 省道(纵五路-埒子口)	76055
70	乐园新材料科技有限公司	蓝宝石用高纯氧化铝项目	75587
71	江苏方洋集团有限公司	徐圩新区防洪除涝及调蓄工程	74946
72	连云港港口集团有限公司	大堤作业区(二期)件杂货堆场	74923
73	江苏苏海投资有限公司	东温庄水库	73918
74	常茂生物连云港有限公司	年产 1000 吨三氯蔗糖等项目	73000
75	江苏石光光伏有限公司	年产 350 兆瓦太阳能光伏组件项目	72000

表 7-18 续表 3 单位:万元

排序	建设单位	项目名称	计划总投资
76	江苏方洋集团有限公司	徐圩新区公共租赁住房工程	71458
77	江苏腾航铜业有限公司	年产 15 万吨高纯阴极铜,5 万吨阴极铜,3.35 万吨副产品废杂铜再生资源综合利用项目	71140
78	天富食品配料有限公司	5万吨/年食品级磷酸盐和植脂末项目	70265
79	光大环保(连云港)固废处置有限公司	危险废弃物填埋项目	70000
80	连云港三威化学有限公司	医药中间体制造项目	68300
81	连云港海赣科技有限公司	扩建年产 10 万吨不锈钢制品生产线	67500
82	连云港市城市建设投资公司	市区部分道路市政出新工程	67117
83	灌南县交通运输局	235 省道灌南段改扩建工程	67000
84	连云港新荣泰码头有限公司	连云港港徐圩港区液体散货泊位一期工程项目	66800
85	连云港捷成科技园有限公司	精密铸件生产线项目	66016
86	连云港瑞豪投资发展有限公司	连云港工业展览中心	65116
87	江苏金海投资有限公司	海滨新区(15-19 街坊)基础设施一期工程陆域形成项目	63294
88	江苏白龙马面业有限公司	日产 1200 吨专用面粉、300 吨挂面生产线及 3 万吨粮食仓储	62900
89	连云港市水利局	饮用水输水工程	62000
90	连云港深喜嘉瑞宝有限公司	嘉瑞宝国际广场	61966
91	江苏恒隆作物保护有限公司	恒隆年产 2000 吨嗪草酮、1200 吨苯嗪草酮等 15 个产品技改项目	61145
92	江苏苏海投资有限公司	滨海新城围海造陆	60448
93	连云新城开发建设指挥部	海滨新区连云一期基础设施陆域形成项目	60193
94	连云港三吉利有限公司	年产 2 万吨苯二酚项目	60000
95	连云港新浦经济开发区管委会	西区基础设施工程	60000
96	中国船舶重工集团公司第七一六研究所	科研生产区工程	60000
97	江苏山海连云建设有限公司	连云新城商务公共服务中心	59677
98	江苏斯尔邦石化有限公司	年产 8 万吨高吸水性树脂项目	59233
99	连云港金通管业有限公司	钢骨架塑料复合钢管及钢塑缠绕排水排污管道项目	58950
100	江苏方洋集团有限公司	9 单元地块 7 条路(先进装备制造业基地)	56659

2014年全市投资项目当年完成投资前100位项目

表7-19　　　　单位：万元

排序	建　设　单　位	项　目　名　称	当年完成投资
1	江苏核电有限公司	田湾核电站	292057
2	江苏斯尔邦石化有限公司	年产360万吨醇基多联产项目	250100
3	连云港市城投集团有限公司	海滨大道新建工程	245271
4	连云港金海岸开发公司	连云港海滨新区基础设施工程	194764
5	江苏虹港石化有限公司	年产150万吨TPA项目	172234
6	江苏金海投资有限公司	北崮山庄搬迁扩建工程	157998
7	江苏方洋集团有限公司	连云港虹洋热电联产项目	120420
8	捷仕克造船工业科技有限公司	游艇生产线项目	98890
9	江苏方洋集团有限公司	海滨大道徐圩新区段	93782
10	连云港市交通运输局	海滨大道跨海大桥项目	90543
11	江苏省镔鑫特钢材料有限公司	120万吨/年双高线搬迁技改项目	85000
12	江苏新海发电有限公司	江苏新海发电有限公司“上大压小”扩建工程	80960
13	连云港三威化学有限公司	医药中间体制造项目	79164
14	连云港城宇盛虹纺织有限公司	年产30万纱锭及纺织成衣10万件项目	73828
15	天富食品配料有限公司	5万吨/年食品级磷酸盐和植脂末项目	73665
16	日出东方太阳能股份有限公司	高效太阳能热水器生产线三期技改项目	70680
17	连云港金通管业有限公司	钢骨架塑料复合钢管及钢塑缠绕排水排污管道项目	69087
18	连云港恒运医药科技有限公司	9个医药产品搬迁技改项目	68650
19	连云港捷成科技园有限公司	精密铸件生产线项目	66016
20	乐园新材料科技有限公司	蓝宝石用高纯氧化铝项目	64700
21	连云港誉德铝业有限公司	年产5万吨&-氧化铝粉项目	64176
22	连云港港30万吨级航道建设指挥部	连云港港30万吨级航道工程	63617
23	江苏润科投资发展有限公司	新海新区科技创业城南地块	61546
24	江苏德邦多菱健康科技公司	年产10万吨食品级磷酸盐添加剂项目	61000
25	江苏斯尔邦石化有限公司	年产8万吨高吸水性树脂项目	60116

表 7-19 续表 1

单位:万元

排序	建设单位	项目名称	当年完成投资
26	灌南县交通运输局	235省道灌南段改扩建工程	58703
27	连云港瑞豪投资发展有限公司	连云港工业展览中心	58289
28	江苏明盛化工有限公司	年产 61000 吨染料中间体技改项目	58274
29	连云港金三江硅材料有限公司	年产 9 万吨牙膏级二氧化硅项目	56500
30	北新集成房屋(连云港)有限公司	高档节能实木门窗、轻钢抗震节能房屋一期	55289
31	江苏润科投资发展有限公司	新海新区科技馆建设工程项目	53754
32	常茂生物连云港有限公司	年产 1000 吨三氯蔗糖等项目	52319
33	灌南县卫生局	灌南县第一人民医院新建项目	50099
34	连云港振兴集团石化设备制造有限公司	储罐浮顶系列产品生产项目	48990
35	灌南县交通运输局	新建灌南县新港大道三期工程	48590
36	连云港荣臣化工有限公司	年产 2000 吨氟代碳酸乙烯酯、2000 吨碳酸亚乙烯酯及 20000 吨高纯度乙基氯化物技改项目	48520
37	连云港永丰不锈钢制品有限公司	永丰不锈钢制品项目	48110
38	连云港永泉不锈钢制品有限公司	永泉不锈钢制品项目	47970
39	江苏方洋集团有限公司	节能环保科技园标准厂房一期工程	46859
40	连云港新浦经济开发区管委会	西区基础设施工程	46805
41	连云港永坚不锈钢制品有限公司	永坚不锈钢制品项目	45939
42	中电投东海风力发电有限公司	东海马陵山风电场项目	45700
43	江苏省电力公司连云港供电公司	江苏省电力公司职业技能训练基地二期工程	45680
44	连云港文化旅游开发有限公司	连云老街扩建改造	45570
45	连云港金海岸建设有限公司	海滨大道(金海大道-新城闸)	45545
46	连云港永誉不锈钢制品有限公司	永誉不锈钢制品项目	45288
47	连云港盘固化工有限公司	年产 3000 吨农药及农药中间体技改项目	45165
48	灌南县田楼实业有限公司	灌南临港产业区中小企业园项目	45000
49	连云港华中化工有限公司	医药中间体制造项目	44490
50	连云港亚新金属制品有限公司	亚新金属年产 120 万吨金属制品项目	44110

表 7-19 续表 2　　单位:万元

排序	建设单位	项目名称	当年完成投资
51	江苏金港湾投资有限公司	连云港保税物流中心	43700
52	连云港港口集团	连云港旗台港区防波堤工程	43670
53	连云港市城市建设投资公司	市区部分道路市政出新工程	43217
54	连云港市连云新城指挥部	连云新城示范区填海造地及基础设施建设第二阶段工程	42840
55	江苏豪森医药集团连云港宏创医药有限公司	原料药车间 GMP 技术改造项目	42710
56	灌云县临港产业区管委会	灌云县海滨大道建设工程	41300
57	江苏新海连发展集团有限公司	东方大道(临洪路-新光路)改建工程	41200
58	江苏汇联铝业有限公司	年产 30 万吨再生铝合金锭生产线	40610
59	连云港龙河生物化工有限公司	年产 5 万吨酒精生产线搬迁技改	40400
60	江苏润科投资发展有限公司	新世界文化城美食街区	40307
61	浙江群鹰车业有限公司	年产户外用品 100 万件项目	39839
62	江苏龙源风力发电有限公司	国电东海李埝低风速风电(一期 48MW)项目 110KV 升压站建筑工程	39750
63	连云港善德化学有限公司	农药中间体项目	39499
64	江苏东成生物科技有限公司	年产 10 万吨无水酒精生产线技改项目	39130
65	江苏金港湾投资有限公司	连云港港主体港区北疏港高速公路	38335
66	江苏金海投资有限公司	海滨新区(15-19 街坊)基础设施一期工程陆域形成项目	38253
67	连云港海通集团有限责任公司	海通交通技工学校项目	38178
68	江苏润科投资发展有限公司	花果山大道(港城大道—苍梧路)出新工程	37800
69	连云港市瀛洲投资有限公司	新浦区民主路老街改造项目	37731
70	江苏方洋集团有限公司	徐圩新区大陆桥产品展览展示中心	37209
71	连云港俊晖复合材料有限公司	年产 2 万吨聚丙烯薄膜项目	36941
72	连云港神鹰碳纤维自行车有限责任公司	碳纤维自行车及制品项目	36440
73	连云港润众制药有限公司	医药制造基地三期项目	36278
74	江苏昇昌科技有限公司	新建年处理 1000 吨荧光粉废料、10000 吨钕铁硼废料资源综合利用项目	35855
75	连云港五环化工有限公司	五环化工年产 3000 吨氟笨、1000 吨对氟甲笨等 13 个产品项目	35576

表 7-19 续表 3　　单位：万元

排序	建设单位	项目名称	当年完成投资
76	连云港三吉利有限公司	年产 2 万吨苯二酚项目	35550
77	灌南县百禄实业有限公司	灌南县百禄中小企业园项目	35528
78	连云港美通科技发展有限公司	木材加工	35360
79	灌南县水利局	灌南县城区供水硕项湖备用水源工程	35347
80	连云港腾东实业有限公司	新建东海县经济开发区西区中小企业园标准厂房一期项目	35010
81	江苏仁欣环保科技有限公司	废酸资源化再利用项目	34981
82	番禺珠江钢管(连云港)	高性能管线钢管项目	34103
83	江苏润科投资发展有限公司	花果山大酒店	33667
84	连云港科源光电科技有限公司	年产 500 万件电光源产品	33500
85	连云港港口集团有限公司	连云港国际客运站工程项目	33410
86	连云港北方变速器有限责任公司	新能源电动汽车变速器制造技改项目	33100
87	连云港莆商实业有限公司	木材深加工及研发二期	33020
88	安阳双环助剂连云港有限公司	安阳双环助剂年产 6 万吨分散助剂项目	32700
89	江苏世友炭材有限公司	煅后焦及余热利用项目	32500
90	连云港大和工业建设有限公司	中心企业园标准工业厂房一期	32150
91	连云港开源投资有限公司	中小企业园二期	32062
92	连云港交通集团有限公司	226 省道云山段	31500
93	连云港市城投集团有限公司	西大堤改扩建项目	31318
94	连云港良常化工有限公司	年产 2000 吨 2-氯-5 氯甲基噻挫,年产 2000 吨丙烯醛二乙缩醛以及年产 200 吨 6-溴已基三甲基氨化物等项目	31300
95	江苏恒瑞医药股份有限公司	中长链脂肪乳注射液生产基地	31102
96	江苏宝通镍业有限公司	年产 41 万吨镍合金(一期)项目	31000
97	连云港江森创业投资有限公司	6mw 分布式蔬菜大棚光伏发电项目	31000
98	连云港市连云新城开发建设指挥部	连云新城酒吧街 1-11 号楼	29856
99	连云港市连云新城指挥部	连云新城医院	29801
100	连云港长慧医药有限公司	氨氯地平叶酸片生产制造项目	29600

按地区分房地产开发投资情况

表 7–20　　(2014 年)　　单位:万元

项　　目	连云港市	连云区	海州区	赣榆区	市开发区	云台山景区
单位个数	290	26	67	49	17	2
计划总投资	11827249	2264629	4086386	1161703	923934	123704
累计完成投资	7436436	809790	3054330	767954	611448	101492
本年完成投资	1892764	99021	767305	231854	154354	28000
按工程用途分						
住宅	1508906	58529	631739	165315	133572	28000
90 平方米及以下	240116	6790	139513	21584	15708	28000
144 平方米及以上	184263	13867	110391	7399	45448	
别墅、高档公寓	21960	10400	3607	2205	5230	
办公楼	25526	17669	3976	322	100	
商业营业用房	262654	12564	89133	48135	19276	
其他	95678	10259	42457	18082	1406	
按构成分						
建筑工程	1489336	77456	585270	168317	122313	28000
安装工程	195505	11957	96469	30490	17395	
设备工器具购置	36558	2668	22440	4954	1333	
其他费用	171365	6940	63126	28093	13313	
# 旧建筑物购置费	250					
土地购置费	127594		51330	23668	11270	
本年新增固定资产	625765	85343	228015	114558	77982	

表 7-20 续表　　(2014 年)　　单位:万元

项　目	连云港市	三县合计	东海县	灌云县	灌南县
单位个数	290	129	46	42	41
计划总投资	11827249	3266893	1263434	874389	1129070
累计完成投资	7436436	2091422	735487	623424	732511
本年完成投资	1892764	612230	297164	133549	181517
按工程用途分					
住宅	1508906	491751	230426	88339	172986
90 平方米及以下	240116	28521	22394	5935	192
144 平方米及以上	184263	7158	826	6321	11
别墅、高档公寓	21960	518	518		
办公楼	25526	3459	3145	308	6
商业营业用房	262654	93546	57572	29292	6682
其他	95678	23474	6021	15610	1843
按构成分					
建筑工程	1489336	507980	252761	85624	169595
安装工程	195505	39194	28352	8281	2561
设备工器具购置	36558	5163	3463	1225	475
其他费用	171365	59893	12588	38419	8886
#旧建筑物购置费	250	250			250
土地购置费	127594	41326	2800	30569	7957
本年新增固定资产	625765	119867	16694	96470	6703

按登记注册类型分房地产开发投资情况

表 7-21　　(2014 年)　　单位:万元

项目	连云港市	内资企业	港、澳、台商投资企业	外商投资企业
单位个数	290	277	6	7
计划总投资	11827249	10522002	525861	779386
累计完成投资	7436436	7008841	268672	158923
本年完成投资	1892764	1848126	37879	6759
按工程用途分				
住宅	1508906	1469623	34227	5056
90 平方米及以下	240116	232191	6593	1332
144 平方米及以上	184263	172315	11658	290
别墅、高档公寓	21960	16730	5230	
办公楼	25526	25526		
商业营业用房	262654	258920	2533	1201
其他	95678	94057	1119	502
按构成分				
建筑工程	1489336	1450181	33858	5297
安装工程	195505	191811	2962	732
设备工器具购置	36558	36190	368	
其他费用	171365	169944	691	730
# 旧建筑物购置费	250	250		
土地购置费	127594	127594		
本年新增固定资产	625765	597519	11768	16478

按资质等级分房地产开发投资情况

表 7-22 (2013 年) 单位:万元

项目	连云港市	一级	二级	三级	四级	暂定
单位个数	290	4	94	54	1	129
计划总投资	11827249	191004	5605645	1061010	5000	4232796
累计完成投资	7436436	164144	3550506	700417	5200	2842038
本年完成投资	1892764	51969	705891	157176	200	900966
按工程用途分						
住宅	1508906	39595	585332	142767		672329
90 平方米及以下	240116	2125	106265	3063		93568
144 平方米及以上	184263	1492	91712	4607		77961
别墅、高档公寓	21960		14007	70		7883
办公楼	25526	1328	12657	6		11535
商业营业用房	262654	4279	73075	11850	80	166466
其他	95678	6767	34827	2553		50636
按构成分						
建筑工程	1489336	46846	535342	144901	120	692150
安装工程	195505	3307	82030	10749	70	99349
设备工器具购置	36558		21414	176	10	13693
其他费用	171365	1816	67105	1350		95774
# 旧建筑物购置费	250		250			0
土地购置费	127594		48227	160		73887
本年新增固定资产	625765	19635	307646	30885		249754

按隶属关系分房地产开发投资情况

表 7-23 (2014 年) 单位:万元

项目	连云港市	省	市	县(区)	其他
单位个数	290	1	13	11	265
计划总投资	11827249	20812	1298476	338206	10169755
累计完成投资	7436436	23084	583769	285084	6544499
本年完成投资	1892764	11900	159864	68009	1652991
按工程用途分					
住宅	1508906	8945	137870	57865	1304226
90 平方米及以下	240116	3	31665	1214	207234
144 平方米及以上	184263	12	52807	37844	93600
别墅、高档公寓	21960				21960
办公楼	25526		2530	1958	21038
商业营业用房	262654	2506	15080	3593	241475
其他	95678	449	4384	4593	86252
按构成分					
建筑工程	1489336	10187	140586	61820	1276743
安装工程	195505	166	14378	3823	177138
设备工器具购置	36558	988		180	35390
其他费用	171365	559	4900	2186	163720
# 旧建筑物购置费	250				250
土地购置费	127594		4500		123094
本年新增固定资产	625765		54145	79920	491700

按企业控股情况分房地产开发投资情况

表 7-24　　(2014 年)　　单位:万元

项　　目	连云港市	国有控股	集体控股	私人控股	港澳台商控股	外商控股	其 他
单位个数	290	16	9	245	7	6	7
计划总投资	11827249	1159507	353147	8611891	690861	761000	250843
累计完成投资	7436436	543096	263855	5993397	326947	145477	163664
本年完成投资	1892764	204019	52600	1542526	50418	4935	38266
按工程用途分							
住宅	1508906	183086	41229	1207277	40766	4221	32327
90 平方米及以下	240116	28222	2245	187487	6593	1332	14237
144 平方米及以上	184263	79689	3192	71797	16096	290	13199
别墅、高档公寓	21960	3607		13123	5230		
办公楼	25526	2530	61	22935			
商业营业用房	262654	13341	6907	234705	2533	300	4868
其他	95678	5062	4403	77609	7119	414	1071
按构成分							
建筑工程	1489336	187282	42105	1183436	39685	4074	32754
安装工程	195505	10555	8579	167454	3674	131	5112
设备工器具购置	36558	1088	100	34952	368		50
其他费用	171365	5094	1816	156684	6691	730	350
#旧建筑物购置费	250			250			
土地购置费	127594	4500		117094	6000		
本年新增固定资产	625765	104281	46572	428363	20761	16478	9310

按地区分房地产开发资金情况

表 7-25　　(2014 年)　　单位:万元

项　　目	连云港市	连云区	海州区	赣榆区	开发区	云台山景区
单位个数	318	27	75	56	19	2
项目个数	332	30	76	56	22	3
一、资金来源						
本年实际到位资金合计	3424046	283071	1412817	417707	210410	37431
上年末结余资金	625813	87329	163809	85637	35901	6232
本年实际到位资金小计	2798233	195742	1249008	332070	174509	31199
国内贷款	362193	36420	235302	25995	1800	23000
银行贷款	276163	11640	174852	25995	1100	23000
非银行金融机构贷款	86030	24780	60450		700	
利用外资						
外商直接投资						
自筹资金	943909	63929	293382	89839	121026	
自有资金	364345	18716	95587	24522	43428	
股东投入资金	174353	26889	73222	14233	10040	
借入资金	158847	17664	56168	28260	11618	
其他资金来源	1492131	95393	720324	216236	51683	8199
定金及预收款	637612	48083	306723	82153	32796	8199
个人按揭贷款	613445	47250	235495	114494	16286	
本年各项应付款合计	739374	35369	376554	83821	38860	
其中:工程款	520898	12257	283444	51283	24583	
二、土地购置和开发						
待开发土地面积	4553104	80000	745600	3193553	85000	
购置土地面积	922921	6592	253318	92262		
土地成交价款	108428	1700	50069	9257		
拆迁补偿费	11733		6432	2400		
土地使用权出让金	93893		42617	6857		
契税	1907		270	24		

表 7-25 续表　　(2014 年)　　单位:万元

项目	连云港市	三县小计	东海县	灌云县	灌南县
单位个数	318	139	48	46	45
项目个数	332	145	58	44	43
一、资金来源					
本年实际到位资金合计	3424046	1062610	504429	297793	260388
上年末结余资金	625813	246905	138609	94287	14009
本年实际到位资金小计	2798233	815705	365820	203506	246379
国内贷款	362193	39676	16900	21400	1376
银行贷款	276163	39576	16800	21400	1376
非银行金融机构贷款	86030	100	100		
利用外资					
外商直接投资					
自筹资金	943909	375733	119323	77870	178540
自有资金)	364345	182092	60980	13863	107249
股东投入资金	174353	49969	20406	29563	
借入资金	158847	45137	11019	32996	1122
其他资金来源	1492131	400296	229597	104236	66463
定金及预收款	637612	159658	90114	44796	24748
个人按揭贷款	613445	199920	126326	41618	31976
本年各项应付款合计	739374	204770	105055	76518	23197
其中:工程款	520898	149331	80333	57053	11945
二、土地购置和开发					
待开发土地面积	4553104	448951	167013	98162	183776
购置土地面积	922921	570749	53078	480919	36752
土地成交价款	108428	47402	2752	39111	5539
拆迁补偿费	11733	2901	2	2899	
土地使用权出让金	93893	44419	2670	36212	5537
契税	1907	1613	80	1370	163

按登记注册类型分房地产开发资金情况

表 7-26 (2014 年) 单位:万元

项 目	连云港市	内资企业	港、澳、台商投资企业	外商投资企业
单位个数	318	304	7	7
项目个数	332	317	7	8
一、资金来源				
本年实际到位资金合计	3424046	3290577	74660	58809
上年末结余资金	625813	554575	32989	38249
本年实际到位资金小计	2798233	2736002	41671	20560
国内贷款	362193	358093	4100	
银行贷款	276163	272063	4100	
非银行金融机构贷款	86030	86030		
利用外资				
外商直接投资				
自筹资金	943909	930574	9330	4005
自有资金)	364345	363145		1200
股东投入资金	174353	174353		
借入资金	158847	153642	2400	2805
其他资金来源	1492131	1447335	28241	16555
定金及预收款	637612	615671	14911	7030
个人按揭贷款	613445	592591	11329	9525
本年各项应付款合计	739374	719439	16215	3720
其中:工程款	520898	507517	11232	2149
二、土地购置和开发				
待开发土地面积	4553104	4206420	346684	
购置土地面积	922921	922921		
土地成交价款	108428	108428		
拆迁补偿费	11733	11733		
土地使用权出让金	93893	93893		
契税	1907	1907		

按资质等级分房地产开发资金情况

表 7-27　　(2014 年)　　单位:万元

项　　目	连云港市	一级	二级	三级	四级	暂定	其它
单位个数	318	4	105	60	1	138	10
项目个数	332	7	114	59	1	142	9
一、资金来源							
本年实际到位资金合计	3424046	115806	1310878	277607	1500	1598030	120225
上年末结余资金	625813	23020	316551	23500	500	231608	30634
本年实际到位资金小计	2798233	92786	994327	254107	1000	1366422	89591
国内贷款	362193	1000	176743	9403	500	148047	26500
银行贷款	276163	1000	99763	8953	500	139447	26500
非银行金融机构贷款	86030		76980	450		8600	
利用外资							
外商直接投资							
自筹资金	943909	32700	249907	151561	500	476471	32770
自有资金)	364345		123935	72337	500	154073	13500
股东投入资金	174353	1000	22161	8640		136182	6370
借入资金	158847	3112	56269	10112		76454	12900
其他资金来源	1492131	59086	567677	93143		741904	30321
定金及预收款	637612	9086	261246	28451		320030	18799
个人按揭贷款	613445	18566	256435	47094		283690	7660
本年各项应付款合计	739374	410	293960	75739		338883	30382
其中:工程款	520898	410	218222	51076		226879	24311
二、土地购置和开发							
待开发土地面积	4553104	112702	3359033	111600		516905	452864
购置土地面积	922921		261393	57078		594936	9514
土地成交价款	108428		37380	7122		63626	300
拆迁补偿费	11733		6072	2762		2899	0
土地使用权出让金	93893		31226	3340		59027	300
契税	1907		535	95		1268	9

按隶属关系分房地产开发资金情况

表 7-28　　(2014 年)　　单位:万元

项　　目	连云港市	省	地级市	县(区)	其　他
单位个数	318	1	16	11	290
项目个数	332	1	16	13	302
一、资金来源					
本年实际到位资金合计	3424046	20793	335997	132659	2934597
上年末结余资金	625813	9045	49372	29500	537896
本年实际到位资金小计	2798233	11748	286625	103159	2396701
国内贷款	362193	7201	158782	1400	194810
银行贷款	276163	7201	98182	1400	169380
非银行金融机构贷款	86030		60600		25430
利用外资					
外商直接投资					
自筹资金	943909		59286	52645	831978
自有资金)	364345		28646	4571	331128
股东投入资金	174353			1000	173353
借入资金	158847		1600	5642	151605
其他资金来源	1492131	4547	68557	49114	1369913
定金及预收款	637612	2560	28352	18368	588332
个人按揭贷款	613445	1987	38642	30696	542120
本年各项应付款合计	739374		64675	8390	666309
其中:工程款	520898		62652	925	457321
二、土地购置和开发					
待开发土地面积	4553104		156202		4396902
购置土地面积	922921		108700	6592	807629
土地成交价款	108428		19560	1700	87168
拆迁补偿费	11733		0		11733
土地使用权出让金	93893		19560		74333
契税	1907				1907

按企业控股情况分房地产开发资金情况

表 7-29　　(2014 年)　　单位:万元

项　　目	连云港市	国有控股	集体控股	私人控股	港澳台商控股	外商控股	其 他
单位个数	318	18	9	270	8	6	7
项目个数	332	20	12	277	9	7	7
一、资金来源							
本年实际到位资金合计	3424046	352966	138159	2709148	81718	55560	86495
上年末结余资金	625813	60664	28715	461985	34269	37834	2346
本年实际到位资金小计	2798233	292302	109444	2247163	47449	17726	84149
国内贷款	362193	164801	1000	187610	5100		3682
银行贷款	276163	104201	1000	162180	5100		3682
非银行金融机构贷款	86030	60600		25430			
利用外资							
外商直接投资							
自筹资金	943909	99767	7634	786122	11330	1200	37856
自有资金)	364345	21700		312299		1200	29146
股东投人资金	174353	4722	1000	163631			5000
借入资金	158847	1600	3112	146175	4400		3560
其他资金来源	1492131	27734	100810	1273431	31019	16526	42611
定金及预收款	637612	17854	23466	557388	15879	7011	16014
个人按揭贷款	613445	8317	47473	509211	12529	9515	26400
本年各项应付款合计	739374	50573	20534	641400	22897	3720	250
其中:工程款	520898	48165	17640	439699	13245	2149	
二、土地购置和开发							
待开发土地面积	4553104	156202		3863378	346684		186840
购置土地面积	922921	108700		814221			
土地成交价款	108428	19560		88868			
拆迁补偿费	11733			11733			
土地使用权出让金	93893	19560		74333			
契税	1907			1907			

按企业规模和经营状态分房地产开发资金情况

表 7-30　(2014 年)　单位:万元

项目	连云港市	企业规模			营业状态		
		中型	小型	微型	营业	停业(歇业)	其他
单位个数	318	209	41	46	307	10	1
项目个数	332	235	37	41	323	8	1
一、资金来源							
本年实际到位资金合计	3424046	2478432	311479	291670	3365184	56942	1920
上年末结余资金	625813	496009	48644	47003	604703	21110	
本年实际到位资金小计	2798233	1982423	262835	244667	2760481	35832	1920
国内贷款	362193	154095	96653	14245	358743	3000	450
银行贷款	276163	129115	43653	13195	273163	3000	
非银行金融机构贷款	86030	24980	53000	1050	85580		450
利用外资							
外商直接投资							
自筹资金	943909	485978	131740	170488	926496	15943	1470
自有资金)	364345	226854	45617	49225	351383	12962	
股东投入资金	174353	75696	25181	28018	174353		
借入资金	158847	70738	20061	25342	158847		
其他资金来源	1492131	1342350	34442	59934	1475242	16889	
定金及预收款	637612	573059	19323	23167	620723	16889	
个人按揭贷款	613445	571351	14499	21004	613445		
本年各项应付款合计	739374	459292	45340	100180	706822	31472	1080
其中:工程款	520898	328783	21703	68129	498196	22272	430
二、土地购置和开发							
待开发土地面积	4553104	1256463	167012	2642383	4420424	132680	
购置土地面积	922921	226189	20000	151835	869243	53078	600
土地成交价款	108428	39115	3200	15738	105316	2752	360
拆迁补偿费	11733		2400	7215	11391	2	340
土地使用权出让金	93893	39113	800	5723	91223	2670	
契税	1907	645		175	1827	80	

按地区分商品房施工和销售情况

表 7-31　　(2014 年)　　单位:万元

项　　目	连云港市	连云区	海州区	赣榆区	开发区	云台山景区
单位个数	290	26	67	49	17	2
房屋施工面积	22061604	1873922	7060068	3780966	1480286	173979
住宅	16696836	1173941	5580183	2798450	1187793	173979
90 平方米及以下	2435853	266615	1008803	338149	131691	173979
144 平方米以上	1945240	182813	1246653	92533	131678	
别墅、高档公寓	360151	48000	193873	49379	35702	
办公楼	383072	218192	35854	13476	14203	
商业营业用房	3005918	278956	646303	599182	113332	
其他	1975778	202833	797728	369858	164958	
房屋新开工面积	3520532	72856	1360548	582643	290612	
住宅	2787571	32423	1002946	492249	241327	
90 平方米及以下	263782	6831	168651	21000	33661	
144 平方米以上	116858		75282	7375		
别墅、高档公寓	17000		17000			
办公楼	17460	7700	9055			
商业营业用房	459522	6715	219472	35108	43641	
其他	255979	26018	129075	55286	5644	
房屋竣工面积	1968775	266256	526752	462509	337159	
住宅	1448054	173249	446898	340449	174662	
90 平方米及以下	157581	32715	46233	32970		
144 平方米以上	157792		37110		73850	
别墅、高档公寓	18388		18388			
办公楼	39857	25654			14203	
商业营业用房	219290	32341	16849	97995	31383	
其他	261574	35012	63005	24065	116911	
不可销售面积	56179	21173	24263	2584		
住宅	12290		4190	667		
90 平方米及以下						
144 平方米以上	6626					
别墅、高档公寓						
办公楼	1275	1275				
商业营业用房	3785	3785				
其他	38829	16113	20073	1917		

表 7-31 续表 1　　(2014 年)　　单位:万元

项　　目	连云港市	连云区	海州区	赣榆区	开发区	云台山景区
住宅竣工套数_住宅	11982	1442	3615	2828	1335	
90 平方米及以下	1885	370	538	409		
144 平方米以上	780		128		410	
别墅、高档公寓	56		56			
房屋竣工价值	526806	80176	188543	96213	73012	
住宅	372582	37713	156947	70473	36697	
90 平方米及以下	47657	6278	18272	9750		
144 平方米以上	38779		13531		16208	
别墅、高档公寓	5516		5516			
办公楼	20730	18470			2260	
商业营业用房	62260	10516	10242	18914	10182	
其他	71234	13477	21354	6826	23873	
房屋出租面积	118008		101708			
住宅						
90 平方米及以下						
144 平方米以上						
别墅、高档公寓						
办公楼						
商业营业用房	118008		101708			
其他						
商品房销售面积(平方米)	3376387	197710	882466	684975	142951	2000
住宅(平方米)	2982554	183817	828729	563053	122680	2000
90 平方米及以下	218557	37742	67467	29982	18066	
144 平方米以上	141288	16382	73020	24786	5930	2000
别墅、高档公寓	39722	2689	3383	5144		2000
办公楼	40000	7867	19580	1579		
商业营业用房	318243	5048	29946	106159	12428	
其他	35590	978	4211	14184	7843	

表 7-31 续表 2　　(2014 年)　　单位:万元

项　　目	连云港市	连云区	海州区	赣榆区	开发区	云台山景　区
本年商品房销售额(万元)	1606331	110451	561135	286378	60686	3000
住宅	1383092	100958	516919	230848	50438	3000
90 平方米及以下	99209	24700	40593	10180	6212	
144 平方米以上	89272	9711	45523	17682	3620	3000
别墅、高档公寓	24970	2154	2612	2781		3000
办公楼	15849	5628	5702	568		
商业营业用房	195257	3597	36763	49559	8300	
其他	12133	268	1751	5403	1948	
待售面积	1156634	120010	257293	151626	335194	4056
住宅	656793	74744	140216	132582	163882	4056
90 平方米及以下	55360	6242	10346	21690	2505	
144 平方米以上	162570	61671	47789	12631	13582	4056
别墅、高档公寓	94388	43014	28858	256	13582	4056
办公楼	36911	5048	27036		4827	
商业营业用房	278888	29116	48793	10842	56273	
其他	184042	11102	41248	8202	110212	
其中:待售 1-3 年(含 1 年)	384310	67137	151340	26737	32704	4056
_住宅 _ 待售 1-3 年(含 1 年)	203664	65345	74876	24535	2654	4056
90平方米及以下 _ 住宅 _ 待售 1-3 年(含 1 年)(C624_4)	7371	5517	385	1432		
144 平方米以上 _ 住宅 _ 待售 1-3 年(含 1 年)	121700	53942	44552	7904		4056
别墅、高档公寓 _ 住宅 _ 待售 1-3 年(含 1 年	76184	43014	28858	256		4056
办公楼 _ 待售 1-3 年(含 1 年)	25631		25631			
商业营业用房 _ 待售 1-3 年(含 1 年)	124698	1792	26323		27209	
其他 _ 待售 1-3 年(含 1 年)	30317		24510	2202	2841	
待售 3 年以上(含 3 年)	16607	7729	5197			
住宅 _ 待售 3 年以上(含 3 年	10306	7729	2477			
90平方米及以下 _ 住宅 _ 待售 3 年以上(含 3 年)(C625_4)						
144 平方米以上 _ 住宅 _ 待售 3 年以上(含 3 年)	7729	7729				
别墅、高档公寓 _ 住宅 _ 待售 3 年以上(含 3 年)						
办公楼 _ 待售 3 年以上(含 3 年)						
商业营业用房 _ 待售 3 年以上(含 3 年)	3873		292			
其他 _ 待售 3 年以上(含 3 年)	2428		2428			

表 7-31 续表 3　　(2014 年)　　单位:万元

项　　目	连云港市	东海县	灌云县	灌南县
单位个数	290	46	42	41
房屋施工面积	22061604	3023053	3001124	1668206
住宅	16696836	2194147	2210404	1377939
90 平方米及以下	2435853	226553	267745	22318
144 平方米以上	1945240	108071	164248	19244
别墅、高档公寓	360151	33197		
办公楼	383072	87325	13096	926
商业营业用房	3005918	591829	514841	261475
其他	1975778	149752	262783	27866
房屋新开工面积	3520532	571931	507181	134761
住宅	2787571	487105	433801	97720
90 平方米及以下	263782	30809	2830	
144 平方米以上	116858	26004	8197	
别墅、高档公寓	17000			
办公楼	17460	145	560	
商业营业用房	459522	61845	57348	35393
其他	255979	22836	15472	1648
房屋竣工面积	1968775	68674	255055	52370
住宅	1448054	59886	200540	52370
90 平方米及以下	157581	800	44863	
144 平方米以上	157792		46832	
别墅、高档公寓	18388			
办公楼	39857			
商业营业用房	219290	6272	34450	
其他	261574	2516	20065	
不可销售面积	56179		7352	807
住宅	12290		6626	807
90 平方米及以下				
144 平方米以上	6626		6626	
别墅、高档公寓				
办公楼	1275			
商业营业用房	3785			
其他	38829		726	

表 7-31 续表 4　　(2014 年)　　单位:万元

项　　目	连云港市	东海县	灌云县	灌南县
单位个数	290	46	42	41
住宅竣工套数_住宅	11982	543	1863	356
90 平方米及以下	1885	9	559	
144 平方米以上	780		242	
别墅、高档公寓	56			
房屋竣工价值	526806	16194	65965	6703
住宅	372582	13385	50664	6703
90 平方米及以下	47657	2041	11316	
144 平方米以上	38779		9040	
别墅、高档公寓	5516			
办公楼	20730			
商业营业用房	62260	2621	9785	
其他	71234	188	5516	
房屋出租面积	118008	16300		
住宅				
90 平方米及以下				
144 平方米以上				
别墅、高档公寓				
办公楼				
商业营业用房	118008	16300		
其他				
商品房销售面积(平方米)	3376387	657372	399709	409204
住宅(平方米)	2982554	572724	336109	373442
90 平方米及以下	218557	26111	38586	603
144 平方米以上	141288	10016	9154	
别墅、高档公寓	39722	15027	11479	
办公楼	40000	6998		3976
商业营业用房	318243	76150	59018	29494
其他	35590	1500	4582	2292
本年商品房销售额(万元)	1606331	282573	139904	162204
住宅	1383092	231535	110657	138737
90 平方米及以下	99209	11839	5456	229
144 平方米以上	89272	7053	2683	

表 7-31 续表 5　　(2014 年)　　单位:万元

项　　目	连云港市	东海县	灌云县	灌南县
单位个数	290	46	42	41
别墅、高档公寓	24970	7470	6953	
办公楼	15849	2199		1752
商业营业用房	195257	48064	27835	21139
其他	12133	775	1412	576
待售面积	1156634	88247	56790	143418
住宅	656793	38997	27317	74999
90 平方米及以下	55360	3250	8917	2410
144 平方米以上	162570	2899	15429	4513
别墅、高档公寓	94388	2899	1723	
办公楼	36911			
商业营业用房	278888	43713	29473	60678
其他	184042	5537		7741
其中:待售 1-3 年(含 1 年)	384310	26315	33847	42174
_住宅_待售 1-3 年(含 1 年)	203664	2364	12214	17620
90平方米及以下_住宅_待售 1-3 年(含 1 年)(C624_4)	7371		37	
144 平方米以上_住宅_待售 1-3 年(含 1 年)	121700		11246	
别墅、高档公寓_住宅_待售 1-3 年(含 1 年	76184			
办公楼_待售 1-3 年(含 1 年)	25631			
商业营业用房_待售 1-3 年(含 1 年)	124698	23187	21633	24554
其他_待售 1-3 年(含 1 年)	30317	764		
待售 3 年以上(含 3 年)	16607			3681
住宅_待售 3 年以上(含 3 年	10306			100
90平方米及以下_住宅_待售 3 年以上(含 3 年)(C625_4)				
144 平方米以上_住宅_待售 3 年以上(含 3 年)	7729			
别墅、高档公寓_住宅_待售 3 年以上(含 3 年)				
办公楼_待售 3 年以上(含 3 年)				
商业营业用房_待售 3 年以上(含 3 年)	3873			3581
其他_待售 3 年以上(含 3 年)	2428			

按资质等级分商品房施工和销售情况

表 7-32　　　　(2014 年)　　　　单位:万元

项　　目	连云港市	一级	二级	三级	四级	暂定	其他
单位个数	290	4	94	54	1	129	8
房屋施工面积	22061604	598296	7813784	3059803	20729	9633837	935155
住宅	16696836	463718	5980440	2434416	12669	7088158	717435
90 平方米及以下	2435853	60621	791204	88003		1194029	301996
144 平方米以上	1945240	11446	1008179	218729		632777	74109
别墅、高档公寓	360151		102238	137995		102918	17000
办公楼	383072	36001	192029	8512		146530	
商业营业用房	3005918	52191	936647	413347	8060	1407076	188597
其他	1975778	46386	704668	203528		992073	29123
房屋新开工面积	3520532	128526	691283	207090		2057403	436230
住宅	2787571	87685	542481	168020		1569754	419631
90 平方米及以下	263782		82183	10915		125684	45000
144 平方米以上	116858		19922	4500		32436	60000
别墅、高档公寓	17000						17000
办公楼	17460	8543	145			8772	
商业营业用房	459522	13395	66261	27316		352550	
其他	255979	18903	82396	11754		126327	16599
房屋竣工面积	1968775	102307	820537	131179		868630	46122
住宅	1448054	93287	643573	85586		625608	
90 平方米及以下	157581	32715	23486	2434		98946	
144 平方米以上	157792		61262			96530	
别墅、高档公寓	18388		18388				
办公楼	39857		39857				
商业营业用房	219290	8550	60827	25625		90336	33952
其他	261574	470	76280	19968		152686	12170
不可销售面积	56179		26739			29440	
住宅	12290		2857			9433	
90 平方米及以下							
144 平方米以上	6626					6626	
别墅、高档公寓							
办公楼	1275		1275				
商业营业用房	3785		3785				
其他	38829		18822			20007	

表 7-32 续表 1　　(2014 年)　　单位:万元

项　　目	连云港市	一级	二级	三级	四级	暂定	其他
住宅竣工套数_住宅	11982	730	5325	701		5226	
90 平方米及以下	1885	370	275	28		1212	
144 平方米以上	780		234			546	
别墅、高档公寓	56		56				
房屋竣工价值	526806	19635	258620	30884		204322	13345
住宅	372582	17904	183702	19643		151333	
90 平方米及以下	47657	6278	6505	511		34363	
144 平方米以上	38779		19810			18969	
别墅、高档公寓	5516		5516				
办公楼	20730		20730				
商业营业用房	62260	1640	26117	6865		17822	9816
其他	71234	91	28071	4376		35167	3529
房屋出租面积	118008		118008				
住宅							
90 平方米及以下							
144 平方米以上							
别墅、高档公寓							
办公楼							
商业营业用房	118008		118008				
其他							
商品房销售面积(平方米)	3376387	63599	1104834	504782		1605995	97177
住宅	2982554	54418	1000848	447238		1383156	96894
90 平方米及以下	218557		49007	11442		158108	
144 平方米以上	141288	8819	26855	20962		84652	
别墅、高档公寓	39722		8072	2047		29603	
办公楼	40000	7996	193	3976		27835	
商业营业用房	318243		99371	43546		175043	283
其他	35590	1185	4422	10022		19961	

表 7-32 续表 2　　(2014 年)　　单位:万元

项　　目	连云港市	一级	二级	三级	四级	暂定	其他
本年商品房销售额(万元)	1606331	36270	587214	199023		736783	47041
住宅	1383092	30019	502195	170298		633879	46701
90 平方米及以下	99209		26722	3588		68899	
144 平方米以上	89272	4589	19140	15525		50018	
别墅、高档公寓	24970		7766	837		16367	
办公楼	15849	5730	150	1752		8217	
商业营业用房	195257		81705	24219		88993	340
其他	12133	521	3164	2754		5694	
待售面积	1156634	25496	379914	162362		588862	
住宅	656793		243770	67357		345666	
90 平方米及以下	55360		14082	20000		21278	
144 平方米以上	162570		111717	9587		41266	
别墅、高档公寓	94388		89510	3155		1723	
办公楼	36911	19720	11387			5804	
商业营业用房	278888	5776	105813	78965		88334	
其他	184042		18944	16040		149058	
其中:待售 1-3 年(含 1 年)	384310	25496	198472	36635		123707	
_住宅_待售 1-3 年(含 1 年)	203664		136475	10548		56641	
90平方米及以下_住宅_待售 1-3 年(含 1 年)(C624_4)	7371		5637			1734	
144 平方米以上_住宅_待售 1-3 年(含 1 年)	121700		87169	1691		32840	
别墅、高档公寓_住宅_待售 1-3 年(含 1 年	76184		75928	256			
办公楼_待售 1-3 年(含 1 年)	25631	19720	107			5804	
商业营业用房_待售 1-3 年(含 1 年)	124698	5776	56749	22401		39772	
其他_待售 1-3 年(含 1 年)	30317		5141	3686		21490	
待售 3 年以上(含 3 年)	16607		12926			3681	
住宅_待售 3 年以上(含 3 年	10306		10206			100	
90平方米及以下_住宅_待售 3 年以上(含 3 年)(C625_4)							
144 平方米以上_住宅_待售 3 年以上(含 3 年)	7729		7729				
别墅、高档公寓_住宅_待售 3 年以上(含 3 年)							
办公楼_待售 3 年以上(含 3 年)							
商业营业用房_待售 3 年以上(含 3 年)	3873		292			3581	
其他_待售 3 年以上(含 3 年)	2428		2428				

按地区分房地产企业财务状况

表 7-33　(2014 年)　单位:万元

项　　目	连云港市	连云区	海州区	赣榆区	开发区	云台山景区
单位个数	318	27	75	56	19	2
一、年初存货	38713166	5995840	16059307	6480948	2062828	345296
二、年末资产负债						
流动资产合计	68330785	9129624	28413264	7752739	6961644	1020908
其中:应收账款	3262398	31170	2125225	278043	118034	67493
存货	40632665	6195642	17860265	4355351	3375262	549861
固定资产合计	1175618	188023	495325	133786	45690	9827
固定资产原价	2363190	244731	496362	167184	88013	19351
累计折旧	1319382	66130	106119	39032	42666	9524
本年折旧	75030	8381	20183	8068	3420	252
在建工程	2352880	948805	18940	1112951		
资产总计	79539789	10758064	32249824	9667554	7292832	1185064
流动负债合计	56319954	7699261	23046534	6755321	4738994	1016744
应付账款	6361961	1624308	1677354	431116	603638	388821
非流动负债合计	6717927	729459	4274341	530742	388776	160000
负债合计	63037881	8428720	27320875	7286063	5127770	1176744
所有者权益合计	16501908	2329344	4928949	2381491	2165062	8320
#实收资本	12173935	1449117	3746542	1740693	2087017	12089
三、损益及分配						
营业收入	20189690	1362024	7183202	2933018	1133743	42599
主营业务收入	19674488	1355154	6983664	2931433	1132743	42599
土地转让收入	210882	1500	23904	185478		
商品房销售收入	19343158	1334986	6918804	2715286	1132367	42599

表 7-33 续表 1　　　　(2014 年)　　　　单位:万元

项目	连云港市	连云区	海州区	赣榆区	开发区	云台山景区
房屋出租收入	31574	13005	9111	4347	376	
其他主营业务收入	88874	5663	31845	26322		
营业成本	15227265	1030497	5380412	2085023	882051	40062
主营业务成本	15069847	1016194	5367022	2077619	882042	35062
营业税金及附加本年实际	1472431	94264	586403	214230	80491	2257
主营业务税金及附加	1457551	94244	584966	210808	80482	2257
其他业务利润	47146	5187	35873		745	1765
销售费用	580137	28252	317915	62212	30125	222
管理费用	724599	86766	257372	97759	58233	4130
管理费用中的税金	35924	7067	9037	3791	3331	
财务费用	94231	15597	17624	22123	-1344	-115
利息收入	10146	653	5627	1098	112	139
利息支出	64606	12191	10108	9734	-3397	
资产减值损失	11949	314	-6895		18208	
公允价值变动收益	9					
投资收益	4456	1578	523		2197	
营业利润	1921998	119677	609263	286629	70120	-2192
补贴收入	530	40	490			
营业外收入	47929	8645	17410	2803	837	5
营业外支出	259624	4566	213023	9381	4679	7
利润总额	1708470	123756	411817	280051	66278	-2194
应交所得税	322405	30383	147816	24699	19714	52
应付职工薪酬(本年贷方累计发生额)	544980	40971	114262	220951	20495	3210

表 7-33 续表 2　　(2014 年)　　单位:万元

项　　目	连云港市	东海县	灌云县	灌南县
单位个数	318	48	46	45
一、年初存货	38713166	2857307	3305211	1606429
二、年末资产负债				
流动资产合计	68330785	6707469	5458187	2886950
其中:应收账款	3262398	331549	166970	143914
存货	40632665	3829701	3201652	1264931
固定资产合计	1175618	64593	173576	64798
固定资产原价	2363190	96768	218844	1031937
累计折旧	1319382	40129	45268	970514
本年折旧	75030	11310	17645	5771
在建工程	2352880	17648	254536	0
资产总计	79539789	9155144	5932598	3298709
流动负债合计	56319954	6694159	4273428	2095513
应付账款	6361961	1076605	416073	144046
非流动负债合计	6717927	344858	256976	32775
负债合计	63037881	7039017	4530404	2128288
所有者权益合计	16501908	2116127	1402194	1170421
# 实收资本	12173935	1291952	1190570	655955
三、损益及分配				
营业收入	20189690	3691290	2003829	1839985
主营业务收入	19674488	3538012	1999251	1691632
土地转让收入	210882	0	0	0
商品房销售收入	19343158	3513888	1998872	1686356

表 7-33 续表 3　　(2014 年)　　单位:万元

项　　目	连云港市	东海县	灌云县	灌南县
房屋出租收入	31574	4635	100	0
其他主营业务收入	88874	19489	279	5276
营业成本	15227265	2976768	1600192	1232260
主营业务成本	15069847	2859456	1600192	1232260
营业税金及附加本年实际	1472431	260725	117813	116248
主营业务税金及附加	1457551	250733	117813	116248
其他业务利润	47146	3574	0	2
销售费用	580137	83238	35720	22453
管理费用	724599	106856	68082	45401
管理费用中的税金	35924	7687	1175	3836
财务费用	94231	17164	1814	21368
利息收入	10146	1797	505	215
利息支出	64606	13674	1347	20949
资产减值损失	11949	84	238	0
公允价值变动收益	9	9	0	0
投资收益	4456	158	0	0
营业利润	1921998	246622	184850	407029
补贴收入	530	0	0	0
营业外收入	47929	14118	248	3863
营业外支出	259624	10622	6527	10819
利润总额	1708470	250118	178571	400073
应交所得税	322405	46029	26685	27027
应付职工薪酬(本年贷方累计发生额)	544980	70056	39948	35087

完成投资前30位房地产企业

表7-34　　(2014年)　　单位：万元

序号	单位名称	完成投资额
1	连云港恒大名都置业有限公司	84100
2	连云港绿源置业有限公司	53408
3	连云港市新境界置业有限公司	38716
4	连云港市苍梧房地产开发有限公司	38646
5	连云港高科投资发展有限公司	38235
6	灌南鑫宏房地产开发有限公司	37800
7	连云港鹰游房地产开发有限责任公司	37500
8	连云港铭龙置业发展有限公司	37200
9	江苏两淮盐化有限公司	34627
10	连云港市亿人城建开发有限公司	33000
11	江苏省禧徕乐房地产开发有限公司	32789
12	灌南江城房地产开发有限公司	31309
13	江苏恒仁置业有限公司	30916
14	连云港万锦房地产开发有限公司	27035
15	江苏金海置业有限公司	26830
16	连云港房政置业有限公司	25850
17	东海县金润房地产开发有限公司	24857
18	连云港晟晖置业有限公司	23350
19	连云港巨龙花园房地产开发有限公司	23155
20	连云港市舒欣房地产开发有限公司	21900
21	连云港凯捷利房地产有限公司	21335
22	连云港香溢诺泰置业有限公司	20875
23	连云港市住房保障中心	20750
24	连云港辰威置业有限公司	20420
25	江苏百实达置业有限公司	19200
26	江苏省金桥房地产开发有限公司	18542
27	赣榆新城开发有限公司	17800
28	江苏运达地产有限公司	17418
29	连云港融辉置业有限公司	16933
30	江苏美麟房地产开发有限公司	16850

商品房销售收入前30位房地产企业

表 7-35　(2014 年)　单位: 万元

序号	单位名称	销售收入
1	连云港绿源置业有限公司	74872
2	连云港恒大名都置业有限公司	49673
3	连云港融辉置业有限公司	47329
4	赣榆新城开发有限公司	34986
5	连云港阳光海湾置业发展有限公司	33200
6	连云港香溢诺泰置业有限公司	28002
7	江苏恒创房地产开发有限公司	26422
8	江苏两淮盐化有限公司	24492
9	连云港市亿人城建开发有限公司	21731
10	江苏美麟房地产开发有限公司东海分公司	21351
11	连云港晟晖置业有限公司	21260
12	江苏美麟房地产开发有限公司东海分公司	18327
13	江苏恒仁置业有限公司	18308
14	绿地集团连云港东部置业有限公司	18105
15	江苏美麟房地产开发有限公司	18040
16	连云港新时代房地产开发有限公司	17876
17	连云港东成房地产开发有限公司	16928
18	赣榆县金陵建设发展有限公司	16531
19	连云港兴昌房地产开发有限公司赣榆分公司	16200
20	连云港市瑞嘉置业有限公司	16017
21	连云港胜海置业有限公司	15450
22	灌云美都置业有限公司	14904
23	灌南鑫宏房地产开发有限公司	14798
24	连云港丽城置业有限公司	14719
25	连云港嘉泰花园置业有限公司	14577
26	连云港市润邦置业有限公司	13994
27	东海县兴宇房地产开发有限公司	12806
28	连云港金运房地产开发有限公司	12800
29	江苏省中油泰富置业有限公司	12642
30	连云港杰诚置业有限公司	12433

分地区建筑业生产情况

表 7-36 (2014 年)

指　　标	单位	全市	市　区	连云区	海州区	赣榆区	开发区
企业个数	个	301	199	18	105	48	28
签订的建筑合同额	万元	7906375	4785732	396708	2116159	1723097	549768
承包工程完成情况	万元	5571978	3361535	271703	1358538	1395849	335445
建筑业总产值	万元	5833079	3534673	284033	1391638	1406637	452365
#装饰装修产值	万元	152447	117056	423	110723	5910	
#在外省完成产值	万元	2377876	1484371	31419	370935	847844	234173
按构成分：1. 建筑工程产值	万元	5733092	3442948	283305	1319731	1398737	441176
2. 安装工程产值	万元	81989	77501		67569	4832	5100
3. 其他产值	万元	17998	14224	728	4338	3069	6089
竣工产值	万元	5069014	3041597	232507	1063130	1579501	166459
房屋建筑施工面积	平方米	53416698	33716131	2059853	11880783	18515761	1259734
#本年新开工面积	平方米	29701738	17381568	485956	5795602	10557405	542605
实行投标承包面积	平方米	49535225	31585442	2056143	11315899	17116112	1097288
#本年新开工面积	平方米	27202860	16181951	482246	5270661	9979719	449325

表 7-36 续表 (2014 年)

指　　标	单 位	全 市	东海县	灌云县	灌南县
企业个数	个	301	41	33	28
签订的建筑合同额	万元	7906375	1132903	859155	1128585
承包工程完成情况	万元	5571978	735167	705250	770027
建筑业总产值	万元	5833079	758482	765073	774852
# 装饰装修产值	万元	152447	23867	4560	6964
# 在外省完成产值	万元	2377876	94517	365929	433061
按构成分：1. 建筑工程产值	万元	5733092	754287	762633	773224
2. 安装工程产值	万元	81989	459	2440	1590
3. 其他产值	万元	17998	3736		38
竣工产值	万元	5069014	680137	505695	841585
房屋建筑施工面积	平方米	53416698	5474768	6231185	7994614
# 本年新开工面积	平方米	29701738	3124088	5242712	3953370
实行投标承包面积	平方米	49535225	5303967	5111817	7533999
# 本年新开工面积	平方米	27202860	3009833	4407973	3603103

建筑业企业生产情况

表 7-37　　　　　　　　　　　　　　(2014 年)　　　　　　　　　　　　　　单位:万元

指　　标	企业个数(个)	有工作量企业(个)	建筑业合同情况	承包工程完成情况	建筑业总产值	装饰装修产值	在外省完成的产值
总　　计	**301**	**301**	**7906375**	**5571978**	**5833079**	**152447**	**2377876**
其中:国有及国有控股企业							
一、按登记注册类型分组	**299**	**299**	**7902271**	**5567875**	**5828976**	**152447**	**2377756**
内资企业	14	14	269339	221344	248097		28967
国有企业	17	17	239321	206098	210923		81772
集体企业	1	1	13200	10550	10550		
股份合作企业	62	62	1689662	1167362	1323932	9533	622957
有限责任公司	6	6	530261	246073	347165		240822
国有独资公司	56	56	1159401	921288	976767	9533	382135
其他有限责任公司	8	8	363950	348036	350067	490	245940
股份有限公司	196	196	5292047	3581955	3652877	142424	1375118
私营企业	1	1	1780	1470	1470	1470	
私营有限责任公司	180	180	4773171	3225164	3286011	133087	1275565
私营股份有限公司	15	15	517096	355321	365397	7868	99553
其他企业	1	1	34752	32530	32530		23003
港、澳、台商投资企业	1	1	120	120	120		120
与港、澳、台商合资经营企业	1	1	120	120	120		120
外商投资企业	1	1	3983	3983	3983		
中外合资经营企业	1	1	3983	3983	3983		
二、按国民经济行业分组							
建筑业	301	301	7906375	5571978	5833079	152447	2377876
房屋建筑业	132	132	6124346	4270751	4296869	13767	1992100
房屋建筑业	132	132	6124346	4270751	4296869	13767	1992100
土木工程建筑业	75	75	1359425	956643	1095745	5864	302161
铁路、道路、隧道和桥梁工程建筑	40	40	936699	623291	736814	5864	286266
水利和内河港口工程建筑	13	13	339829	255993	267931		9450
架线和管道工程建筑	7	7	40551	40551	42585		
其他土木工程建筑	15	15	42347	36807	48415		6445
建筑安装业	33	33	204063	165818	176852	2090	6032
电气安装	17	17	157973	129488	137751	490	4107
管道和设备安装	6	6	11464	11919	11913		924
其他建筑安装业	10	10	34626	24411	27189	1600	1001
建筑装饰和其他建筑业	61	61	218540	178767	263612	130726	77583
建筑装饰业	44	44	128582	115375	140287	130726	17180
工程准备活动	11	11	42642	24602	84535		60403
其他未列明建筑业	6	6	47316	38790	38790		

表 7-37 续表 1　　(2014 年)　　单位:万元

指　　标	企业个数(个)	有工作量企业(个)	建筑业合同情况	承包工程完成情况	建筑业总产值	装饰装修产值	在外省完成的产值
三、按隶属关系分组							
中央	1	1	305985	131784	232875		225455
省(自治区、直辖市)	1	1	2901	2901	2901		
地区(州、盟、省辖市)	30	30	704274	448521	460297	365	36074
县(区、市、旗)	28	28	640776	555469	598207	2458	319298
镇	1	1	5719	6948	6948		
村委会	1	1	8704	6382	6382		
其他	239	239	6238016	4419973	4525469	149624	1797050
四、按企业资质等级分组							
施工总承包	195	195	7525933	5254517	5398287	14558	2293624
一级工程	18	18	3662636	2146083	2257107	9672	1413559
二级工程	64	64	2329851	1817564	1829650	3505	549998
三级工程	113	113	1533447	1290870	1311531	1381	330068
专业承包	106	106	380441	317461	434791	137889	84252
一级工程	6	6	72137	51266	61752	42061	20551
二级工程	29	29	136981	114735	154898	25208	28296
三级工程	70	70	167264	147274	213957	70621	35405
专业承包序列不分等级工程	1	1	4059	4185	4185		
五、按控股情况分							
国有控股	28	28	922935	578220	712272		270768
集体控股	31	31	619325	510161	548928	85	299409
私人控股	234	234	6269177	4421103	4501099	149324	1800457
外商控股	1	1	3983	3983	3983		
其他	7	7	90954	58511	66797	3038	7242

表 7-37 续表 2　　(2014 年)　　单位:万元

指　　标	建筑工程产值	安装工程产值	其他产值
总　　计	**5733092**	**81989**	**17998**
其中:国有及国有控股企业			
一、按登记注册类型分组	**5728989**	**81989**	**17998**
内资企业	248097		
国有企业	202968	7227	728
集体企业	10550		
股份合作企业	1302783	11429	9720
有限责任公司	342997		4167
国有独资公司	959785	11429	5553
其他有限责任公司	330650	19417	
股份有限公司	3601411	43916	7550
私营企业	1470		
私营有限责任公司	3234545	43916	7550
私营股份有限公司	365397		
其他企业	32530		
港、澳、台商投资企业	120		
与港、澳、台商合资经营企业	120		
外商投资企业	3983		
中外合资经营企业	3983		
二、按国民经济行业分组			
建筑业	5733092	81989	17998
房屋建筑业	4272729	10346	13795
房屋建筑业	4272729	10346	13795
土木工程建筑业	1085951	5627	4167
铁路、道路、隧道和桥梁工程建筑	729039	3608	4167
水利和内河港口工程建筑	267931		
架线和管道工程建筑	40566	2019	
其他土木工程建筑	48415		
建筑安装业	111381	65472	
电气安装	90382	47369	
管道和设备安装	6209	5704	
其他建筑安装业	14790	12399	
建筑装饰和其他建筑业	263031	545	36
建筑装饰业	139706	545	36
工程准备活动	84535		
其他未列明建筑业	38790		

表 7-37 续表 3　　(2014 年)　　单位:万元

指　　标	建筑工程产值	安装工程产值	其他产值
三、按隶属关系分组			
中央	232875		
省(自治区、直辖市)	2901		
地区(州、盟、省辖市)	433241	26269	787
县(区、市、旗)	593676	4494	37
镇	6948		
村委会	6382		
其他	4457069	51226	17174
四、按企业资质等级分组			
施工总承包	5329928	50397	17962
一级工程	2236771	19530	806
二级工程	1789411	30632	9607
三级工程	1303747	234	7550
专业承包	403163	31592	36
一级工程	61752		
二级工程	149564	5334	
三级工程	187662	26259	36
专业承包序列不分等级工程	4185		
五、按控股情况分			
国有控股	704871	3234	4167
集体控股	540050	8112	765
私人控股	4417449	70643	13007
外商控股	3983		
其他	66739		59

表 7-37 续表 4　　(2014 年)　　单位:平方米、人

指　标	房屋建筑施工面积	本年新开工面积	实行投标承包面积	本年新开工
总　计	**53416698**	**29701738**	**49535225**	**27202860**
其中:国有及国有控股企业				
一、按登记注册类型分组	**53410048**	**29701738**	**49528575**	**27202860**
内资企业	325603	215257	325603	215257
国有企业	1406509	1073934	1402969	1071734
集体企业	119840	41000	119840	41000
股份合作企业	10963201	6275505	10755244	6147802
有限责任公司	338503	270120	338503	270120
国有独资公司	10624698	6005385	10416741	5877682
其他有限责任公司	2855616	2825416	2852086	2821886
股份有限公司	37739279	19270626	34072833	16905181
私营企业				
私营有限责任公司	34692132	17600274	31432516	15583370
私营股份有限公司	3047147	1670352	2640317	1321811
其他企业				
港、澳、台商投资企业	6650		6650	
与港、澳、台商合资经营企业	6650		6650	
外商投资企业				
中外合资经营企业				
二、按国民经济行业分组				
建筑业	53416698	29701738	49535225	27202860
房屋建筑业	52264745	29144944	48509592	26749730
房屋建筑业	52264745	29144944	48509592	26749730
土木工程建筑业	973005	408046	936569	394266
铁路、道路、隧道和桥梁工程建筑	659972	363180	638566	354430
水利和内河港口工程建筑	16341	11836	16341	11836
架线和管道工程建筑				
其他土木工程建筑	296692	33030	281662	28000
建筑安装业	168988	138788	89064	58864
电气安装	72700	42500	72700	42500
管道和设备安装				
其他建筑安装业	96288	96288	16364	16364
建筑装饰和其他建筑业	9960	9960		
建筑装饰业				
工程准备活动				
其他未列明建筑业	9960	9960		

表 7-37 续表 5　　(2014 年)　　单位:平方米、人

指　　标	房屋建筑施工面积	本年新开工面积	实行投标承包面积	本年新开工
三、按隶属关系分组				
中央				
省(自治区、直辖市)	41200	41200	41200	41200
地区(州、盟、省辖市)	1169718	654659	1167518	652459
县(区、市、旗)	4318627	1878171	4237033	1878171
镇	72950	52300	72950	52300
村委会	60545	36120	60545	36120
其他	47753658	27039288	43955979	24542610
四、按企业资质等级分组				
施工总承包	53325314	29610354	49535225	27202860
一级工程	21808174	9448329	21691846	9412255
二级工程	20787014	12704378	19876789	12229248
三级工程	10730126	7457647	7966590	5561357
专业承包	91384	91384		
一级工程				
二级工程				
三级工程	91384	91384		
专业承包序列不分等级工程				
五、按控股情况分				
国有控股	603561	449257	603561	449257
集体控股	4569665	1843859	4485871	1841659
私人控股	47795484	27136717	43997805	24640039
外商控股				
其他	447988	271905	447988	271905

表 7-37 续表 6　　　　(2014 年)　　　　单位:平方米、人

指　　标	直接从事生产经营活动的平均人数	从业人员期末人数		
			工程技术人员	一级建造师
总　　计	**258626**	**298862**	**28112**	**850**
其中:国有及国有控股企业				
一、按登记注册类型分组	**258504**	**298728**	**28092**	**849**
内资企业	8431	8116	1124	74
国有企业	9686	12776	1244	41
集体企业	565	604	150	
股份合作企业	52327	62683	7037	248
有限责任公司	6162	5291	1071	71
国有独资公司	46165	57392	5966	177
其他有限责任公司	19568	24010	1591	29
股份有限公司	167029	190539	16838	451
私营企业	54		6	6
私营有限责任公司	149653	172322	15046	392
私营股份有限公司	17322	18217	1786	53
其他企业	898		108	6
港、澳、台商投资企业	10	11		
与港、澳、台商合资经营企业	10	11		
外商投资企业	112	123	20	1
中外合资经营企业	112	123	20	1
二、按国民经济行业分组				
建筑业	258626	298862	28112	850
房屋建筑业	206789	241941	18646	427
房屋建筑业	206789	241941	18646	427
土木工程建筑业	34180	39295	6020	230
铁路、道路、隧道和桥梁工程建筑	21707	24335	3659	114
水利和内河港口工程建筑	9018	11115	1385	90
架线和管道工程建筑	1057	1307	354	5
其他土木工程建筑	2398	2538	622	21
建筑安装业	6283	7620	1546	79
电气安装	3960	5389	1084	45
管道和设备安装	770	1030	212	21
其他建筑安装业	1553	1201	250	13
建筑装饰和其他建筑业	11374	10006	1900	114
建筑装饰业	7420	6238	1250	97
工程准备活动	2299	2679	353	10
其他未列明建筑业	1655	1089	297	7

表 7-37 续表 7　　(2014 年)　　单位:平方米、人

指　　标	直接从事生产经营活动的平均人数	从业人员期末人数	工程技术人员	一级建造师
三、按隶属关系分组				
中央	1403	1094	380	35
省(自治区、直辖市)	107	50	10	
地区(州、盟、省辖市)	14684	18078	2863	166
县(区、市、旗)	31544	30558	2404	78
镇	265	268	30	15
村委会	327	248814	32	
其他	210296		22393	556
四、按企业资质等级分组		276884		
施工总承包	239169	127241	24738	686
一级工程	93899	87574	5601	337
二级工程	88814	62069	10957	257
三级工程	56456	18395	8180	92
专业承包	19457	2149	3374	164
一级工程	3317	7215	288	40
二级工程	6803	8692	1597	62
三级工程	8649	339	1467	60
专业承包序列不分等级工程	688	60	22	2
五、按控股情况分				
国有控股	18651	18614	3085	157
集体控股	26844	26925	2144	83
私人控股	211095	250889	22552	579
外商控股	112	123	20	1
其他	1924	2311	311	30

分地区建筑业企业财务状况

表 7-38　　(2014 年)　　单位:万元

指　　标	全　市	市　区	连云区	海州区	赣榆区	开发区
年初存货	479562	370885	22470	200720	97381	50313
流动资产合计	2589813	1961172	311685	988766	366218	294504
固定资产合计	539496	361136	35333	152363	117104	56336
#固定资产原价	647818	440304	49766	161946	156764	71828
累计折旧	223912	165181	24949	61812	52077	26343
资产合计	3428604	2512295	352931	1242831	504816	411717
负债合计	1891108	1550333	250420	788465	224520	286928
所有者权益合计	1537497	961963	102511	454366	280297	124789
营业收入	4998805	3065333	271462	1219596	1093190	481084
营业成本	4237046	2606823	235082	1018577	920213	432951
营业税金及附加	229698	129120	10006	56031	43630	19453
主营业务税金及附加	229468	129043	9995	55982	43629	19437
管理费用	206998	130888	10014	55242	53845	11787
财务费用	36134	26880	6164	11153	6569	2994
营业利润	269080	161027	9963	74972	63271	12821
利润总额	269968	161671	10333	75077	62889	13373
应交所得税本期	65240	40164	3016	15745	18728	2676
本年应付职工薪酬本期	1105651	667422	49249	273268	290836	54069
建筑业企业在境外完成的营业收入本期	156670	16130		16130		

表 7-38 续表　　(2014 年)　　单位:万元

指　　标	全　市	东海县	灌云县	灌南县
年初存货	479562	53391	18741	36545
流动资产合计	2589813	277993	131566	219082
固定资产合计	539496	85245	43816	49300
#固定资产原价	647818	95580	53772	58163
累计折旧	223912	27486	11480	19767
资产合计	3428604	390392	245639	280278
负债合计	1891108	166467	81418	92890
所有者权益合计	1537497	223925	164221	187388
营业收入	4998805	569720	658094	705658
营业成本	4237046	470177	572437	587609
营业税金及附加	229698	29483	28002	43092
主营业务税金及附加	229468	29475	27861	43090
管理费用	206998	34973	18417	22721
财务费用	36134	3109	3568	2578
营业利润	269080	28714	31660	47678
利润总额	269968	29285	31394	47618
应交所得税本期	65240	7164	6110	11802
本年应付职工薪酬本期	1105651	135327	145392	157511
建筑业企业在境外完成的营业收入本期	156670	140540		

建筑业企业财务状况

表 7-39　　(2014 年)　　单位:万元

指　　标	年初存货	流动资产合　计	固定资产合　计	固定资产原　价	累计折旧
总　计	**479562**	**2589813**	**539496**	**647818**	**223912**
其中:国有及国有控股企业	134257	797000	75527	123223	55148
一、按登记注册类型分组					
内资企业	478273	2558485	514867	620175	217359
国有企业	31086	345009	22083	36634	16739
集体企业	10868	86168	23365	32530	11380
股份合作企业	3206	6066	3092	4918	1827
有限责任公司	177744	837280	159372	196805	80897
国有独资公司	73846	315878	26999	50204	24778
其他有限责任公司	103898	521402	132373	146601	56119
股份有限公司	27968	94004	22373	29586	7487
私营企业	227401	1189958	284583	319702	99029
私营有限责任公司	177263	1027795	235188	286999	90933
私营股份有限公司	50139	162163	49395	32703	8097
港、澳、台商投资企业	321	26387	778	2576	2192
与港、澳、台商合资经营企业	321	26387	778	2576	2192
外商投资企业	968	4941	23852	25067	4361
中外合资经营企业	968	4941	23852	25067	4361
二、按国民经济行业分组					
建筑业	479562	2589813	539496	647818	223912
房屋建筑业	213277	1249777	312891	355132	111363
房屋建筑业	213277	1249777	312891	355132	111363
土木工程建筑业	211199	1029194	169610	224533	89633
铁路、道路、隧道和桥梁工程建筑	158699	596456	92800	127650	53950
水利和内河港口工程建筑	39650	351640	37630	50565	23485
架线和管道工程建筑	8175	41663	29123	31668	6361
其他土木工程建筑	4675	39435	10058	14651	5838
建筑安装业	26532	155970	27844	34959	11699
电气安装	18643	121474	19884	24246	8616
管道和设备安装	2509	11795	1940	2692	954
其他建筑安装业	5379	22701	6020	8020	2129
建筑装饰和其他建筑业	28555	154872	29152	33194	11218
建筑装饰业	17941	81589	18366	17744	5755
工程准备活动	4160	27310	6525	9651	3925
其他未列明建筑业	6454	45974	4261	5798	1538

表 7-39 续表 1　　(2013 年)　　单位:万元

指　　标	年初存货	流动资产合　计	固定资产合　计	固定资产原　价	累计折旧
三、按隶属关系分组					
中央	37498	168438	5369	18358	12990
省(自治区、直辖市)		1628	15	18	3
地区(州、盟、省辖市)	98391	688996	64542	97457	41938
县(区、市、旗)	56001	211246	85050	110709	39401
镇	125	4260	518		
其他	287547	1515245	384003	421276	129581
四、按企业资质等级分组					
施工总承包	426038	2296623	464113	567057	196210
一级	218015	1068278	137412	185103	78875
二级	127961	632216	165570	226480	75707
三级及以下	80063	596129	161131	155473	41628
专业承包	53479	292203	74387	79474	27412
一级	6944	35076	3072	5641	3060
二级	26696	123530	43422	42893	17563
三级	19839	130238	26775	29664	6631
专业承包序列不分等级工程		3359	1118	1276	158
其他	44	987	997	1287	290
五、按控股情况分					
国有控股	134257	797000	75527	123223	55148
集体控股	44382	221935	64554	80428	32545
私人控股	291558	1503165	367482	403175	123579
外商控股	968	4941	23852	25067	4361
其他	8397	62773	8081	15925	8280

表 7-39 续表 2 (2014 年) 单位:万元

指　　标	资产合计	负　债	所有者权益合计	营业收入	营业成本
总　　计	**3428604**	**1891108**	**1537497**	**4998805**	**4237046**
其中:国有及国有控股企业	988680	720675	268005	683413	587990
一、按登记注册类型分组					
内资企业	3363587	1852831	1510757	4990849	4231557
国有企业	375184	294159	81025	187655	155970
集体企业	113244	58666	54579	188272	164740
股份合作企业	9157	3114	6043	9326	7827
有限责任公司	1116563	731624	384938	1290483	1104010
国有独资公司	375631	314200	61431	352171	322833
其他有限责任公司	740932	417425	323507	938311	781177
股份有限公司	119703	48719	70984	249405	203028
私营企业	1629737	716549	913187	3065708	2595982
私营有限责任公司	1364281	553899	810382	2747314	2325704
私营股份有限公司	265456	162651	102805	318394	270277
港、澳、台商投资企业	30239	7235	23003	230	346
与港、澳、台商合资经营企业	30239	7235	23003	230	346
外商投资企业	34778	31042	3736	7727	5143
中外合资经营企业	34778	31042	3736	7727	5143
二、按国民经济行业分组					
建筑业	3428604	1891108	1537497	4998805	4237046
房屋建筑业	1683139	775500	907639	3459561	2953807
房屋建筑业	1683139	775500	907639	3459561	2953807
土木工程建筑业	1367249	925236	442013	1075170	913080
铁路、道路、隧道和桥梁工程建筑	839073	543411	295662	733673	624230
水利和内河港口工程建筑	398649	298951	99699	225528	191387
架线和管道工程建筑	78595	55843	22752	47650	36189
其他土木工程建筑	50933	27031	23901	68319	61273
建筑安装业	186807	97102	89705	208568	163752
电气安装	143798	81009	62789	161420	125430
管道和设备安装	13827	6183	7644	14151	11890
其他建筑安装业	29182	9910	19272	32998	26432
建筑装饰和其他建筑业	191409	93270	98139	255506	206408
建筑装饰业	102421	35113	67308	130982	104993
工程准备活动	35700	18482	17218	79385	68339
其他未列明建筑业	53288	39675	13613	45140	33076

表 7-39 续表 3　　(2014 年)　　单位:万元

指　　标	资产合计	负　债	所有者权益合计	营业收入	营业成本
三、按隶属关系分组					
中央	202648	188178	14471	251846	239186
省(自治区、直辖市)	1643	441	1202	4847	4102
地区(州、盟、省辖市)	784937	581819	203118	449299	371409
县(区、市、旗)	358592	155341	203251	546993	455924
镇	4778		4778	6948	5630
其他	2076007	965329	1110678	3738872	3160796
四、按企业资质等级分组					
施工总承包	3046842	1699528	1347314	4574000	3897081
一级	1320402	867852	452550	1912518	1644648
二级	885295	381409	503886	1514826	1294134
三级及以下	841145	450267	390878	1146657	958300
专业承包	379778	190528	189250	422536	338673
一级	39330	18772	20557	62510	52557
二级	172222	108889	63333	168175	134758
三级	160948	60712	100235	187972	149343
专业承包序列不分等级工程	7279	2155	5125	3880	2016
其他	1984	1052	933	2269	1291
五、按控股情况分					
国有控股	988680	720675	268005	683413	587990
集体控股	293582	162369	131213	513915	429340
私人控股	2037637	938167	1099469	3738169	3165921
外商控股	34778	31042	3736	7727	5143
其他	73927	38854	35073	55581	48652

表 7-39 续表 4　　(2014 年)　　单位:万元

指　　标	营业税金及附加	主营业务税金及附加	管理费用	财务费用	营业利润	利润总额
总　　计	**229698**	**229468**	**206998**	**36134**	**269080**	**269968**
其中:国有及国有控股企业	23650	23642	31991	11851	28649	28811
一、按登记注册类型分组						
内资企业	229529	229300	205558	36141	268220	268786
国有企业	5726	5726	10814	6005	9142	8605
集体企业	8437	8426	7708	813	6428	7209
股份合作企业	579	579	281	63	524	524
有限责任公司	51502	51450	62962	8991	63443	64141
国有独资公司	12656	12656	6629	5088	5660	5769
其他有限责任公司	38847	38794	56333	3902	57783	58373
股份有限公司	11224	11224	7373	779	22097	22097
私营企业	152061	151895	116421	19490	166587	166209
私营有限责任公司	136578	136413	102795	17856	151980	151609
私营股份有限公司	15483	15483	13626	1634	14607	14600
港、澳、台商投资企业	3	3	212	-1	-330	-330
与港、澳、台商合资经营企业	3	3	212	-1	-330	-330
外商投资企业	165	165	1229	-5	1190	1512
中外合资经营企业	165	165	1229	-5	1190	1512
二、按国民经济行业分组						
建筑业	229698	229468	206998	36134	269080	269968
房屋建筑业	169793	169638	119832	19906	184166	184640
房屋建筑业	169793	169638	119832	19906	184166	184640
土木工程建筑业	41377	41324	54234	14124	49735	50551
铁路、道路、隧道和桥梁工程建筑	29606	29580	35279	7492	34923	35805
水利和内河港口工程建筑	7547	7547	11625	5919	8735	8343
架线和管道工程建筑	1526	1500	5622	72	4132	4457
其他土木工程建筑	2697	2696	1707	641	1946	1947
建筑安装业	7969	7961	16920	393	17770	17754
电气安装	6413	6405	14314	-19	14192	14176
管道和设备安装	548	548	451	102	847	847
其他建筑安装业	1008	1008	2155	310	2731	2731
建筑装饰和其他建筑业	10560	10546	16013	1712	17408	17023
建筑装饰业	6289	6276	8381	715	9535	9222
工程准备活动	3010	3010	2812	392	3614	3653
其他未列明建筑业	1261	1261	4820	606	4260	4148

表 7-39 续表 5 (2014 年) 单位:万元

指 标	营业税金及附加	主营业务税金及附加	管理费用	财务费用	营业利润	利润总额
三、按隶属关系分组						
中央	7983	7983	2471	1908	993	1084
省(自治区、直辖市)	163	163	133	0	449	445
地区(州、盟、省辖市)	15834	15823	25747	8942	27683	28232
县(区、市、旗)	24558	24548	35780	2367	27911	28245
镇	208	208	280	7	819	819
其他	180952	180743	142587	22911	211226	211143
四、按企业资质等级分组						
施工总承包	212505	212320	178911	33683	237043	237771
一级	89631	89588	54532	17780	104195	103878
二级	71283	71278	66027	6803	69839	70630
三级及以下	51591	51453	58351	9100	63009	63263
专业承包	17052	17008	27269	2452	32018	32178
一级	2556	2556	4618	168	2465	2512
二级	6703	6693	9664	1204	13887	14477
三级	7580	7546	12827	1073	14508	14146
专业承包序列不分等级工程	214	214	160	7	1158	1044
其他	140	140	819		19	19
五、按控股情况分						
国有控股	23650	23642	31991	11851	28649	28811
集体控股	22044	22016	33973	1245	28645	29424
私人控股	181658	181465	137292	22722	208831	208414
外商控股	165	165	1229	–5	1190	1512
其他	2180	2180	2513	321	1766	1807

表 7-39 续表 6 (2014 年) 单位:万元

指标	应交所得税	本年应付职工薪酬	建筑业企业在境外完成的营业收入
总计	**65240**	**1105651**	**156670**
其中:国有及国有控股企业	5414	81253	
一、按登记注册类型分组			
内资企业	65128	1104668	156670
国有企业	2347	37668	
集体企业	1754	52468	
股份合作企业	131	2985	
有限责任公司	15013	206875	
国有独资公司	1038	21253	
其他有限责任公司	13975	185622	
股份有限公司	6252	80778	
私营企业	39630	723894	156670
私营有限责任公司	36196	653436	140540
私营股份有限公司	3435	70457	16130
港、澳、台商投资企业		97	
与港、澳、台商合资经营企业		97	
外商投资企业	112	886	
中外合资经营企业	112	886	
二、按国民经济行业分组			
建筑业	65240	1105651	156670
房屋建筑业	48862	874235	156670
房屋建筑业	48862	874235	156670
土木工程建筑业	9108	150722	
铁路、道路、隧道和桥梁工程建筑	5403	93801	
水利和内河港口工程建筑	2227	42071	
架线和管道工程建筑	917	5633	
其他土木工程建筑	561	9217	
建筑安装业	3386	33321	
电气安装	2938	24197	
管道和设备安装	157	4161	
其他建筑安装业	291	4963	
建筑装饰和其他建筑业	3885	47374	
建筑装饰业	1978	26797	
工程准备活动	876	15000	
其他未列明建筑业	1031	5577	

表 7-39 续表 7　　(2014 年)　　单位:万元

指　　标	应交所得税	本年应付职工薪酬	建筑业企业在境外完成的营业收入
三、按隶属关系分组			
中央	121	5752	
省(自治区、直辖市)	111	980	
地区(州、盟、省辖市)	5473	75080	
县(区、市、旗)	9157	125040	
镇	205	1022	
其他	50173	897778	156670
四、按企业资质等级分组			
施工总承包	59253	1028233	156670
一级	27935	426418	16130
二级	18075	361639	
三级及以下	13243	240176	140540
专业承包	5986	77018	
一级	609	9411	
二级	2274	31205	
三级	2842	34978	
专业承包序列不分等级工程	261	1424	
其他	1	400	
五、按控股情况分			
国有控股	5414	81253	
集体控股	9096	108158	
私人控股	49704	905656	156670
外商控股	112	886	
其他	914	9698	

建筑业总产值排名前50位企业

表7-40　　(2014年)　　单位:万元

序号	企业名称	建筑业总产值	序号	企业名称	建筑业总产值
1	江苏万象建工集团有限公司	510241	26	江苏汇锦建设工程有限公司	44485
2	江苏万年达建设集团有限公司	420355	27	连云港市朝阳建设工程有限公司	44366
3	路桥华祥国际工程有限公司	232875	28	灌云县穆圩建筑安装工程公司	43252
4	江苏三兴建工集团有限公司	198900	29	连云港市中云建设工程有限公司	42964
5	江苏苏港工程有限公司	153579	30	连云港广厦建设有限公司	40951
6	江苏大力建设工程有限公司	150042	31	江苏梅岭建设工程有限公司	40220
7	江苏玉龙建设工程有限公司	145437	32	灌云县同创建筑安装工程有限公司	40006
8	江苏帝都建设工程有限公司	133357	33	江苏瑞辉建设有限公司	39545
9	连云港港务工程公司	109830	34	江苏登壹建设工程有限公司	39520
10	江苏宝隆建设工程有限公司	101518	35	连云港市南方建设工程有限公司	38382
11	赣榆县惠隆建筑安装工程有限公司	100595	36	连云港东方建设工程集团公司	37724
12	连云港华建建筑安装工程有限公司	72020	37	连云港苏润建筑安装工程公司	35652
13	江苏伟仁建设工程有限公司	71950	38	灌云县县城建筑安装工程公司	34914
14	江苏海通建设工程有限公司	70065	39	江苏绿源工程设计研究有限公司	33280
15	连云港市华信建筑安装工程有限公司	70026	40	江苏省江天建设工程有限公司	32590
16	江苏云申建设工程有限公司	70007	41	连云港市圣陆路桥工程有限公司	32530
17	江苏东一建筑工程有限公司	65358	42	江苏翰鼎建设工程有限公司	32017
18	江苏东海天工建设有限公司	64386	43	东海县星泰建筑安装工程有限公司	31583
19	江苏永超建设有限公司	64005	44	江苏利达建筑工程有限公司	31531
20	连云港市晶都建设集团有限公司	62033	45	赣榆县水利建筑安装工程公司	30956
21	江苏德广建设工程有限公司	58200	46	赣榆县市政建筑园林总公司	30177
22	连云港皓宇交通工程有限公司	50927	47	东海县海陵建筑安装工程有限公司	28722
23	连云港先诚建筑安装工程有限公司	48984	48	东海县第三建筑安装工程有限公司	27840
24	江苏中粟建设工程有限公司	48505	49	江苏华航建设集团有限公司	27817
25	连云港翔业建筑工程有限公司	45019	50	江苏齐天电力工程有限公司	27610

建筑业资产总计排名前50位企业

表7-41　　(2014年)　　单位:万元

序号	企 业 名 称	资产总计	序号	企 业 名 称	资产总计
1	连云港港务工程公司	234905	26	灌南县水利建筑工程有限公司	27884
2	路桥华祥国际工程有限公司	202648	27	江苏东　建筑工程有限公司	27312
3	江苏万年达建设集团有限公司	139632	28	江苏大力建设工程有限公司	27049
4	江苏海通建设工程有限公司	136240	29	江苏国基建设集团有限公司	26473
5	江苏万象建工集团有限公司	83444	30	连云港市永恒交通工程有限公司	24964
6	江苏全泰交通工程有限公司	80506	31	江苏永超建设有限公司	23623
7	江苏三兴建工集团有限公司	74125	32	连云港市金泰公路工程有限公司	23477
8	中浦建设(集团)有限公司	72468	33	江苏帝都建设工程有限公司	23305
9	连云港市惠城市政工程集团有限责任公司	70067	34	连云港正帮建设有限公司	23296
10	连云港市市政工程有限公司	63590	35	连云港市恒远交通建设有限公司	22239
11	连云港外贸建筑安装工程有限责任公司	62127	36	连云港市房政建设工程有限公司	21696
12	江苏玉龙建设工程有限公司	52143	37	连云港市园林建设工程公司	21236
13	江苏苏港工程有限公司	45697	38	江苏宝隆建设工程有限公司	20758
14	连云港市建设开发实业发展公司	44536	39	赣榆县市政建筑园林总公司	20094
15	江苏齐天电力工程有限公司	42668	40	江苏地亚建筑有限公司	19338
16	江苏梅岭建设工程有限公司	39490	41	连云港市中云建设工程有限公司	19276
17	江苏中粟建设工程有限公司	39017	42	连云港市工业设备安装工程有限公司	19127
18	赣榆县水利建筑安装工程公司	36691	43	江苏德广建设工程有限公司	18427
19	江苏华航建设集团有限公司	34954	44	东海县伟业市政工程有限公司	18236
20	连云港新奥燃气工程有限公司	34778	45	江苏登壹建设工程有限公司	17494
21	连云港市晶都建设集团有限公司	33829	46	连云港长兴建设工程有限公司	17245
22	连云港东海建筑安装工程有限公司	32360	47	连云港金柱桩基工程有限公司(原连云港市地基基础工程公司)	17067
23	连云港市水利建筑安装工程有限公司	31286	48	东海县裕兴建筑安装工程有限公司	17056
24	连云港惠能基础建设工程有限公司	30239	49	江苏同科建设工程有限公司	16993
25	赣榆县惠隆建筑安装工程有限公司	28857	50	连云港锦屏建设工程有限公司	16959

建筑业工程结算收入排名前50位企业

表7-42　　(2014年)　　单位:万元

序号	企业名称	工程结算收入	序号	企业名称	工程结算收入
1	江苏万年达建设集团有限公司	357302	26	江苏汇锦建设工程有限公司	40627
2	江苏万象建工集团有限公司	325017	27	灌云县同创建筑安装工程有限公司	40371
3	路桥华祥国际工程有限公司	251846	28	连云港皓宇交通工程有限公司	40236
4	江苏三兴建工集团有限公司	175415	29	江苏中粟建设工程有限公司	39368
5	江苏苏港工程有限公司	112886	30	连云港市兴云建筑安装有限公司	38776
6	江苏玉龙建设工程有限公司	104715	31	连云港东方建设工程集团公司	37724
7	江苏宝隆建设工程有限公司	101514	32	连云港广厦建设有限公司	37674
8	江苏大力建设工程有限公司	90946	33	江苏登壹建设工程有限公司	35895
9	连云港港务工程公司	86862	34	江苏瑞辉建设有限公司	35285
10	江苏帝都建设工程有限公司	86758	35	灌云县穆圩建筑安装工程公司	35153
11	江苏永超建设有限公司	78620	36	连云港市南方建设工程有限公司	34543
12	江苏海通建设工程有限公司	65701	37	连云港先诚建筑安装工程有限公司	32751
13	连云港市晶都建设集团有限公司	62033	38	江苏东海天工建设有限公司	32387
14	江苏省江天建设工程有限公司	59902	39	连云港苏润建筑安装工程公司	31853
15	赣榆县惠隆建筑安装工程有限公司	56628	40	江苏翰鼎建设工程有限公司	29456
16	连云港华建建筑安装工程有限公司	54567	41	灌云县县城建筑安装工程公司	29435
17	连云港市华信建筑安装工程有限公司	54276	42	江苏华航建设集团有限公司	27817
18	江苏德广建设工程有限公司	52951	43	江苏梅岭建设工程有限公司	27037
19	江苏伟仁建设工程有限公司	43868	44	江苏中平建设有限公司	26524
20	连云港市中云建设工程有限公司	42964	45	东海县星泰建筑安装工程有限公司	26327
21	江苏云申建设工程有限公司	42759	46	江苏利达建筑工程有限公司	25245
22	连云港市朝阳建设工程有限公司	42566	47	连云港市正恒建设有限公司	25132
23	江苏齐天电力工程有限公司	42072	48	连云港东盛建设工程有限公司	24774
24	江苏东一建筑工程有限公司	41085	49	江苏硕华建设有限公司	24580
25	连云港翔业建筑工程有限公司	40937	50	连云港苏航建设有限公司	24230

8

国内商业

主要年份分地区社会消费品零售总额

表 8–1　　　　单位:万元

指标	全市	市区	#赣榆区	东海县	灌云县	灌南县
1978	37173	11780	6519	8299	6542	4033
1980	51221	16529	10150	9823	8607	5812
1985	108209	42324	18662	19650	15583	11990
1990	216207	94931	36989	32767	34289	17231
1993	386841	131669	86626	67363	64898	36285
1994	545278	173794	119604	100777	105478	45625
1995	697327	228131	152031	136092	125569	55504
1996	829642	299893	172747	152373	143182	61447
1997	891542	308030	186210	168113	155941	73248
1998	941915	315061	197268	184712	164115	80759
1999	993713	331984	209316	192547	172608	87258
2000	1065701	363433	225034	207739	172900	96595
2001	1147574	396800	239748	223653	182423	104950
2002	1260330	459876	258194	237799	190470	113991
2003	1378617	533488	272735	248428	202142	121824
2004	1574788	630023	304645	277872	225870	136378
2005	1820800	740489	348819	318163	257040	156289
2006	2115302	861409	404867	369510	297979	181537
2007	2490785	1015066	476805	435152	350361	213401
2008	3104447	1251310	595029	549666	439840	268603
2009	3587978	1442256	664633	641612	489338	350139
2010	4306460	1760397	788181	762295	580179	415409
2011	5002331	1970232	945271	931645	686767	468415
2012	5754940	2266190	1082792	1078900	786918	540140
2013	6555728	2599910	1236395	1208892	895713	614819
2014	7404732	4339012	1395688	1360347	1010046	695328

社会消费品零售总额

表 8-2 (2014 年) 单位:万元

类型或行业	全市	市区	东海县	灌云县	灌南县
社会消费品零售总额	**7404732**	**4339012**	**1360347**	**1010046**	**695328**
一、按销售在地分组:					
1、城镇	6017807	3882609	962510	663226	509462
其中:城区	3298443	3065254	92081	42456	98651
2、乡村	1386926	456403	397837	346820	185866
二、按行业分组:					
(一)批发业	575632	361263	118227	26030	70113
1、限额以上企业	221222	185161	20732	6592	8737
2、限额以下企业和个体	354410	176102	97495	19438	61375
(1)限额以下企业	34742	27561	7182		
(2)个体	319668	148541	90313	19438	61375
(二)零售业	6197751	3595463	1141466	935701	525122
1、限额以上企业	2719351	1911284	445118	191763	171186
2、限额以下企业和个体	3478400	1684178	696348	743938	353936
(1)限额以下企业	1028600	374218	270914	275019	108449
(2)个体	2449800	1309961	425434	468918	245487
(三)住宿业	82083	43636	13834	11196	13418
1、限额以上企业	27044	18774	4113	2485	1672
2、限额以下企业和个体	55039	24862	9721	8711	11746
(1)限额以下企业	11016	2124	1215	73	7603
(2)个体	44024	22738	8506	8638	4143
(四)餐饮业	549266	338651	86821	37119	86676
1、限额以上企业	179872	99092	51010	13477	16292
2、限额以下企业和个体	369394	239559	35810	23642	70383
(1)限额以下企业	85654	42567	3961	9760	29365
(2)个体	283740	196991	31849	13882	41018

注:限额以上企业含限额以上个休户。

市区社会消费品零售总额

表 8-3 (2014年) 单位:万元

类型或行业	市区	连云区	海州区	赣榆区	开发区
社会消费品零售总额	4339012	575899	2226552	1395688	140873
一、按销售在地分组:					
1、城镇	3882609	575899	2226552	939285	140873
其中:城区	3065254	575899	2223502	124981	140873
2、乡村	456403			456403	
二、按行业分组:					
(一)批发业	361263	92436	80339	176962	11527
1、限额以上企业	185161	63243	18248	93408	10262
2、限额以下企业和个体	176102	29193	62091	83554	1265
(1)限额以下企业	27561		12500	15061	
(2)个体	148541	29193	49591	68493	1265
(二)零售业	3595463	359887	2013075	1097960	124541
1、限额以上企业	1911284	143164	1416526	299016	52579
2、限额以下企业和个体	1684178	216723	596550	798944	71962
(1)限额以下企业	374218	1147	196974	176097	
(2)个体	1309961	215576	399576	622847	71962
(三)住宿业	43636	11382	23640	5903	2711
1、星级以上企业	18774	6767	10462	1545	
2、星级以下企业和个体	24862	4615	13178	4357	2711
(1)星级以下企业	2124		2080	44	
(2)个体	22738	4615	11098	4313	2711
(四)餐饮业	338651	112194	109498	114863	2095
1、限额以上企业	99092	20694	41402	36162	833
2、限额以下企业和个体	239559	91500	68096	78701	1262
(1)限额以下企业	42567	9309	31572	1686	
(2)个体	196991	82190	36524	77015	1262

批发和零售业商品销售表

表 8-4　　(2013 年)　　单位:万元

	销售总额合计	批发总额合计	零售总额合计
总　　计	**24657261**	**17907864**	**6749397**
1、限额以上	8482248	5874958	2607290
2、限额以下	16175013	12032905	4142108
一、批发业	15638905	15063272	575632
1、限额以上	5565335	5425059	140275
2、限额以下	10073570	9638213	435357
二、零售业	9018356	2844591	6173765
1、限额以上	2916913	449899	2467014
2、限额以下	6101443	2394692	3706751

住宿和餐饮业经营情况表

表 8-5　　单位:万元

	住宿和餐饮业合计	住 宿 业	餐 饮 业
总　　计	**1121761**	**314307**	**807454**
(一)限额以上营业额	115239	50692	64547
1、客房收入	32422	24094	8328
2、餐费收入	75631	22317	53314
3、商品销售额	3372	855	2516
4、其他收入	3815	3426	388
(二)限额以下营业额	1006522	263615	742907
其中:餐费收入和商品销售额	361524	58267	303257

注:限上住宿和餐饮业含限额以上个体户。

限额以上批发和零售业基本情况

表 8-6　　(2014 年)

类型或行业	法人单位 (个)	经营网点 (个)	零售企业营业面积 (平方米)	从业人员 (个)	销售额 (万元)
批发和零售业合计	**564**	**899**	**709281**	**22156**	**8482248**
市　区	346	679	538602	16107	6847820
连云区	36	129	78825	2165	1455171
海州区	168	396	401979	8849	2989700
赣榆区	106	118	56117	2622	817940
开发区	36	36	1681	2471	1585010
东海县	98	100	113705	3470	550608
灌云县	69	69	25172	1536	648691
灌南县	51	51	31802	1043	435129
(一)批发业	269	269	40840	9317	5565335
市　区	168	168	24950	6968	4461764
连云区	24	24	874	466	1242474
海州区	66	66	11995	2696	953727
赣榆区	47	47	11657	1401	711252
开发区	31	31	424	2405	1554311
东海县	39	39	8598	1158	300099
灌云县	41	41	3540	878	509449
灌南县	21	21	3752	313	294023
(二)零售业	295	630	668441	12839	2916913
市　区	178	511	513652	9139	2386056
连云区	12	105	77951	1699	212697
海州区	102	330	389984	6153	2035973
赣榆区	59	71	44460	1221	106688
开发区	5	5	1257	66	30699
东海县	59	61	105107	2312	250509
灌云县	28	28	21632	658	139242
灌南县	30	30	28050	730	141106
在零售业中					
1.按经营方式	295	630	668441	12839	2916913
独立商店	273	404	512041	8949	1849815
连锁店总店	5	113	50448	1402	101819
连锁店分店	7	57	75141	1245	122290
其　　它	10	56	30811	1243	841989
2.按业态分	295	630	668441	12839	2915302
有店铺零售	292	627	668061	12771	2915302
食杂店	1	1	510	74	1646
便利店	2	2	482	47	3695
超市	17	19	31292	802	31547
大型超市	9	136	123328	3256	239915
百货店	18	18	160245	881	166075
专业店	160	333	200394	4653	1409408
专卖店	68	101	100095	2733	1005221
家具建材商店	11	11	25680	140	33531
购物中心	1	1	18000	55	4964
厂家直销中心	5	5	8035	130	19299
无店铺零售	3	3	380	68	1612
网上商店	3	3	380	68	1612

限额以上住宿和餐饮业基本情况

表 8-7 (2014 年)

类型或行业	法人单位 (个)	经营网点 (个)	零售企业营业面积 (平方米)	从业人员 (个)	销售额 (万元)
住宿和餐饮业合计	**103**	**104**	**195826**	**6517**	**115239**
市　区	79	80	122897	4303	74654
连云区	16	16	35717	1289	17249
海州区	50	51	68661	2561	48885
赣榆区	13	13	18519	453	8520
开发区					
东海县	14	14	41426	1340	26320
灌云县	6	6	16618	429	8403
灌南县	4	4	13000	229	3803
(一)住宿业	49	49	97698	3688	50692
市　区	35	35	60662	2400	37908
连云区	11	11	23110	1045	13883
海州区	21	21	32452	1167	22066
赣榆区	3	3	5100	188	1958
开发区					
东海县	8	8	16598	849	7046
灌云县	3	3	9438	236	3545
灌南县	3	3	11000	203	2193
(二)餐饮业	54	55	98128	2829	64547
市　区	44	45	62235	1903	36747
连云区	5	5	12607	244	3366
海州区	29	30	36209	1394	26819
赣榆区	10	10	13419	265	6562
开发区					
东海县	6	6	24828	491	19274
灌云县	3	3	7180	193	4858
灌南县	1	1	2000	26	1610
在住宿业中					
按星级等级分组	49	49	97698	3688	50692
一星					
二星	4	4	1600	141	2347
三星	19	19	36836	1066	16197
四星	7	7	29280	949	12624
五星	2	2	8000	471	8527
其他	17	17	21982	1061	10997
在餐饮业中					
按国民经济行业分组	54	55	98128	2829	64547
正餐服务	49	49	92288	2496	54463
快餐服务	4	5	5600	303	8180
饮料及冷饮服务					
其他餐饮服务	1	1	240	30	1904

限额以上批发和零售业商品购进、销售、库存总额

表 8-8　　(2014 年)　　单位:万元

项　目	购进总额	#从生产者购进	#进　口
批发和零售业总计	7273863	7079317	194546
按市县分			
市　区	5823845	5665302	158543
连云区	1241155	1230244	10911
海州区	2674858	2617597	57261
赣榆区	679486	679486	
开发区	1228346	1137975	90371
东海县	495458	495458	
灌云县	635844	599841	36003
灌南县	318715	318715	
一、批发业	4634794	4498976	135818
其中:国有控股	733714	729271	4443
1、按登记注册类型分组			
内资企业	4364963	4229145	135818
国有企业	464794	460351	4443
集体企业	9361	9361	
有限责任公司	882529	873961	8568
国有独资公司	52053	52053	
其他有限责任公司	830476	821908	8568
股份有限公司			
私营企业	3006266	2883459	122807
私营有限责任公司	2839792	2721817	117975
私营股份有限公司	71484	69806	1678
2、按国民经济行业分组			
农畜产品批发	378153	373710	4443
谷物、豆及薯类批发	256447	252004	4443
种子、饲料批发	29190	29190	
棉、麻批发	37031	37031	
食品、饮料及烟草制品批发	542239	540821	1419
米、面制品及食用油批发	223180	223180	
糕点、糖果及糖批发	6142	6142	
肉、禽、蛋及水产品批发	7543	7543	
盐及调味品批发	1175	1175	
饮料及茶叶批发	22253	22253	
烟草制品批发	229041	229041	
医药及医疗器材批发	142115	142115	
西药批发	132713	132713	

表 8-8 续表 1　　(2014 年)　　单位:万元

项　　目	购进总额	#从生产者购进	#进　　口
中药材及中成药批发	2933	2933	
矿产品、建材及化工产品批发	2950570	2830076	120494
煤炭及制品批发	270604	270604	
石油及制品批发	368837	368837	
非金属矿及制品批发	55643	8355	47288
金属及金属矿批发	1673290	1602604	70687
建材批发	90006	90006	
化肥批发	155645	155645	
其他化工产品批发	334814	332295	2518
机械设备、五金交电及电子产品批发	138614	138614	
农业机械批发	66837	66837	
汽车、摩托车及零配件批发	33122	33122	
五金、交电批发	7733	7733	
通讯及广播电视设备批发	4365	4365	
其他批发	155272	152118	3154
再生物资回收与批发	85197	82043	3154
二、零售业	2639069	2580342	58728
其中:国有控股	540760	540760	
1、按登记注册类型分组			
内资企业	2562759	2504031	58728
国有企业	32013	32013	
集体企业	44883	44883	
股份合作企业			
有限责任公司	1171848	1171848	
国有独资公司	121654	121654	
其他有限责任公司	1050194	1050194	

表 8-8 续表 2　　(2014 年)　　单位:万元

项　　目	购进总额	#从生产者购进	#进　口
股份有限公司	379462	379462	
私营企业	930185	871457	58728
私营独资企业	28171	28171	
私营合伙企业			
私营有限责任公司	885633	826906	58728
私营股份有限公司	16380	16380	
其他	4369	4369	
港、澳、台商投资企业	1011	1011	
2、按国民经济行业分组			
综合零售	406319	406319	
百货零售	193610	193610	
超级市场零售	208450	208450	
其他综合零售	4260	4260	
食品、饮料及烟草制品专门零售	164350	164350	
饮料及茶叶零售	95268	95268	
烟草制品零售	5905	5905	
其他食品零售	53244	53244	
纺织、服装及日用品专门零售	21094	21094	
服装零售	7233	7233	
文化、体育用品及器材专门零售	119513	119513	
图书零售	39570	39570	
珠宝首饰零售	62427	62427	
医药及医疗器材专门零售	277215	277215	
药品零售	275522	275522	
汽车、摩托车、燃料及零配件专门零售	1422123	1365528	56595
汽车零售	491534	436532	55002
汽车零配件零售	4068	4068	
机动车燃料零售	918678	917085	1593
家用电器及电子产品专门零售	157309	155176	2133

表 8-8 续表 3　　(2014 年)　　单位:万元

项　　目	购进总额	#从生产者购进	#进　口
家用电器零售	140051	140051	
计算机、软件及辅助设备零售	4619	4619	
无店铺及其他零售	10573	10573	
生活用燃料零售	7907	7907	
3、按经营方式分组			
独立门店	1608832	1551698	57135
连锁总店(总部)	63240	63240	
连锁门店	131540	131540	
其他	835458	833864	1593
4、按零售业态分组			
超市	28875	28875	
大型超市	187040	187040	
百货店	188943	188943	
专业店	1263096	1240957	22139
专卖店	908684	872095	36589
购物中心	4543	4543	
厂家直销中心	18476	18476	
补充资料			
批发业:其他有限责任公司	830476	821908	8568
其中:1、国有控股	216867	216867	
2、集体控股	1854	1854	
股份有限公司			
其中:1、国有控股			
2、集体控股			
零售业:其他有限责任公司	1050194	1050194	
其中:1、国有控股	30954	30954	
2、集体控股	62606	62606	
股份有限公司	379462	379462	

表 8-8 续表 4　　(2014 年)　　单位:万元

项目	销售总额	批发	出口	零售	期末库存总额
批发和零售业总计	**8482248**	**5874958**	**121460**	**2607290**	**471895**
按市县分					
市　区	6847820	4745916	83803	2101904	329561
连云区	1455171	1264839	6562	190332	73446
海州区	2989700	1301193	61879	1688507	174698
赣榆区	817940	643152	15362	174788	21364
开发区	1585010	1536733		48277	60052
东海县	550608	295718	1565	254890	86248
灌云县	648691	510232	29367	138459	34853
灌南县	435129	323092	6725	112037	21234
一、批发业	5565335	5425059	121460	140275	278856
其中:国有控股	1036457	1026324		10134	136443
1、按登记注册类型分组					
内资企业	5248738	5119982	121460	128757	277781
国有企业	541775	533675		8100	90234
集体企业	10679	10679			786
有限责任公司	1230790	1222783	47876	8007	67304
国有独资公司	50727	48693		2034	22050
其他有限责任公司	1180063	1174090	47876	5974	45254
股份有限公司					
私营企业	3463407	3350758	73584	112649	119231
私营有限责任公司	3319991	3213100	70226	106892	118223
私营股份有限公司	83012	80164	232	2847	429
2、按国民经济行业分组					
农畜产品批发	417016	398507	6575	18509	85002
谷物、豆及薯类批发	272743	262582		10161	78396
种子、饲料批发	35437	35437			2676
棉、麻批发	39258	32926		6332	3104
食品、饮料及烟草制品批发	672688	659958	10351	12730	25144
米、面制品及食用油批发	252201	240683		11519	1498
糕点、糖果及糖批发	6759	6759			355
肉、禽、蛋及水产品批发	9497	9497	8786		233
盐及调味品批发	14982	14982			775
饮料及茶叶批发	29613	29613			591
烟草制品批发	301756	301756			16117
医药及医疗器材批发	223394	222712	7908	682	9742
西药批发	211959	211959			9639

表 8-8 续表 5　　(2014 年)　　单位:万元

项　　目	销售总额	批发	出口	零售	期末库存总额
中药材及中成药批发	3314	2845		469	93
矿产品、建材及化工产品批发	3619949	3535966	74468	83983	127559
煤炭及制品批发	570856	564507		6349	50073
石油及制品批发	470214	426678		43535	3821
非金属矿及制品批发	59287	59130		157	2463
金属及金属矿批发	1875672	1871711	20229	3961	59913
建材批发	107492	104111	9154	3381	1563
化肥批发	156918	156918			2356
其他化工产品批发	377445	350845	45085	26600	7287
机械设备、五金交电及电子产品批发	154841	135155	3840	19686	14281
农业机械批发	71176	65641		5535	2403
汽车、摩托车及零配件批发	37928	36499		1428	2718
五金、交电批发	8294	5942	3840	2352	443
通讯及广播电视设备批发	7557	5245		2312	127
其他批发	185924	182119	12012	3805	16149
再生物资回收与批发	97374	96479	3126	895	13992
二、零售业	2916913	449899		2467014	193039
其中:国有控股	625554	173056		452498	24502
1、按登记注册类型分组					
内资企业	2835645	449899		2385746	188767
国有企业	31730			31730	2682
集体企业	48219	5962		42257	1584
股份合作企业					
有限责任公司	1163341	216574		946767	96057
国有独资公司	130600	26218		104382	7705
其他有限责任公司	1032741	190356		842386	88351

表 8-8 续表 6　　(2014 年)　　单位:万元

项　　目	销售总额	批发	出口	零售	期末库存总额
股份有限公司	458098	147038		311061	8901
私营企业	1129475	80326		1049150	79314
私营独资企业	29049			29049	3645
私营合伙企业					
私营有限责任公司	1083285	79924		1003361	73084
私营股份有限公司	17142	402		16741	2585
其他	4781			4781	230
港、澳、台商投资企业	7074			7074	3037
2、按国民经济行业分组					
综合零售	438713	5447		433266	55708
百货零售	170833	5329		165504	30122
超级市场零售	263616	118		263497	25418
其他综合零售	4265			4265	167
食品、饮料及烟草制品专门零售	185273	31415		153859	6254
饮料及茶叶零售	108772	29024		79748	4847
烟草制品零售	6033			6033	216
其他食品零售	58649	701		57949	515
纺织、服装及日用品专门零售	25729	4216		21513	1309
服装零售	7647			7647	399
文化、体育用品及器材专门零售	129018	16859		112158	26799
图书零售	39640			39640	16501
珠宝首饰零售	66367	98		66270	7591
医药及医疗器材专门零售	285993	59629		226364	24122
药品零售	283726	58763		224964	24100
汽车、摩托车、燃料及零配件专门零售	1611123	320453		1290671	64756
汽车零售	604072	14268		589804	50728
汽车零配件零售	4318	1020		3298	221
机动车燃料零售	994566	305165		689402	12439
家用电器及电子产品专门零售	165905	10439		155466	11529

表 8-8 续表 7　　(2014 年)　　单位:万元

项　　目	销售总额	批发	出口	零售	期末库存总额
家用电器零售	146048	5824		140224	9798
计算机、软件及辅助设备零售	5619	402		5217	605
无店铺及其他零售	10943	255		10688	692
生活用燃料零售	8148	255		7893	336
3、按经营方式分组					
独立门店	1849815	210319		1639496	113982
连锁总店(总部)	101819			101819	11580
连锁门店	122290			122290	35653
其他	842990	239580		603409	31825
4、按零售业态分组					
超市	31547	118		31429	4885
大型超市	239915			239915	21155
百货店	166075	5329		160746	30051
专业店	1409408	299653		1109755	73644
专卖店	1005221	134759		870462	61130
购物中心	4964			4964	29
厂家直销中心	19299	9971		9329	1181
补充资料					
批发业:其他有限责任公司	1180063	1174090	47876	5974	45254
其中:1、国有控股	443955	443955			24158
2、集体控股	3141	3141			407
股份有限公司					
其中:1、国有控股					
2、集体控股					
零售业:其他有限责任公司	1032741	190356		842386	88351
其中:1、国有控股	30657			30657	7057
2、集体控股	35436			35436	28055
股份有限公司	458098	147038		311061	8901

限额以上住宿业和餐饮业企业财务状况表

表 8-9　　(2014 年)　　单位:万元

指标名称	年末资产负债					
	流动资产合计	固定资产原价	累计折旧	本年折旧	资产总计	负债合计
总　计	**50315**	**110538**	**46108**	**5958**	**149956**	**105315**
一、住宿业	32810	79358	36936	4213	103515	78817
1、按登记注册类型分组						
内资企业	32810	79358	36936	4213	103515	78817
国有企业	5297	15739	7554	669	14527	10076
集体企业	62	485	446	12	860	660
股份合作企业						
有限责任公司	4789	43562	18011	2385	42803	32007
股份有限公司	22	758	756	2	50	97
私营企业	22640	18815	10169	1144	45275	35977
港、澳、台商投资企业						
2、按国民经济行业分组						
旅游饭店	31709	78150	36629	4122	100315	75366
一般旅馆	995	1172	292	76	3033	3257
其他住宿服务	106	35	15	15	168	194
3、按星级等级分组						
二星	566	1107	534	55	1443	710
三星	9927	15354	8484	864	20917	13785
四星	14858	31851	14433	1245	34067	33834
五星	1899	27378	11933	1824	28232	15022
其他	5560	3666	1552	225	18857	15467
二、餐饮业	17505	31181	9172	1745	46441	26498
1、按登记注册类型分组						
内资企业	17264	30371	8469	1737	45606	26197
有限责任公司	1559	5545	2699	182	5258	7287
股份有限公司	201	150	30	3	331	103
私营企业	15427	24675	5740	1552	39939	18759
港、澳、台商投资企业	241	809	702	8	835	301
2、按国民经济行业分组						
正餐服务	15132	29245	8264	1553	42479	24460
快餐服务	1991	1710	765	168	3349	1934
其他餐饮服务	382	226	143	24	613	105
3、按经营方式						
独立经营	15037	30134	8457	1631	43047	23830
连锁经营分店	2209	897	655	109	3038	2450
其他	259	149	59	5	356	218

表 8-9 续表 1　　(2014 年)　　单位:万元

指标名称	年末资产负债				
	所有者权益合计	实收资本	营业收入合计	营业成本合计	主营业务税金及附加
总　计	**44642**	**50589**	**94100**	**49011**	**4447**
一、住宿业	24698	35662	46400	21684	2317
1、按登记注册类型分组					
内资企业	24698	35662	46400	21684	2317
国有企业	4451	8520	6208	3290	320
集体企业	200	200	522	275	29
股份合作企业					
有限责任公司	10796	15610	16635	6311	858
股份有限公司	-47	200	572	168	32
私营企业	9298	11132	22463	11640	1078
港、澳、台商投资企业					
2、按国民经济行业分组					
旅游饭店	24949	34623	41411	19426	2060
一般旅馆	-224	989	3894	1903	196
其他住宿服务	-26	50	1095	355	60
3、按星级等级分组					
二星	733	570	2347	1535	139
三星	7132	5808	13347	7495	591
四星	233	11687	12491	4812	675
五星	13210	12858	8527	2594	452
其他	3390	4739	9688	5248	459
二、餐饮业	19943	14927	47701	27328	2130
1、按登记注册类型分组					
内资企业	19409	13813	47160	27063	2099
有限责任公司	-2029	1470	5958	3114	316
股份有限公司	228	30	874	482	2
私营企业	21180	12303	39999	23233	1781
港、澳、台商投资企业	534	1114	541	265	31
2、按国民经济行业分组					
正餐服务	18020	14347	40584	23894	1828
快餐服务	1416	480	5213	2324	270
其他餐饮服务	508	100	1904	1110	32
3、按经营方式					
独立经营	19217	14847	42105	24596	1817
连锁经营分店	588	30	4534	1823	254
其他	138	50	1062	908	59

表 8-9 续表 2　　(2014 年)　　单位:万元

指标名称	损益及分配				
	其他业务利润	营业费用	管理费用	财务费用	营业利润
总　计	**907**	**21059**	**17335**	**1362**	**790**
一、住宿业	553	11162	12006	970	-1163
1、按登记注册类型分组					
内资企业	553	11162	12006	970	-1163
国有企业	394	980	2338	35	-660
集体企业		103	104	1	10
股份合作企业					
有限责任公司	45	4595	5888	130	-701
股份有限公司		224	169	3	-20
私营企业	114	5260	3508	801	209
港、澳、台商投资企业					
2、按国民经济行业分组					
旅游饭店	553	9924	10771	945	-1141
一般旅馆	1	661	1139	19	-23
其他住宿服务		577	96	5	1
3、按星级等级分组					
二星		497	143	20	12
三星	156	2746	2206	196	578
四星	397	4316	4427	566	-2193
五星		2013	3105	93	270
其他	1	1590	2126	95	171
二、餐饮业	354	9897	5328	393	1952
1、按登记注册类型分组					
内资企业	354	9716	5125	391	2094
有限责任公司	1	1576	1261	11	-318
股份有限公司		202	143	2	44
私营企业	353	7938	3721	379	2275
港、澳、台商投资企业		182	204	1	-142
2、按国民经济行业分组					
正餐服务	174	8239	4488	356	1779
快餐服务	180	1587	825	34	173
其他餐饮服务		71	16	3	
3、按经营方式					
独立经营	173	7627	4998	376	2018
连锁经营分店	180	2271	232	18	-63
其他	1		98	-1	-3

表 8-9 续表 3　　(2014 年)　　单位:万元

指标名称	年末资产负债				
	利润总额	应交所得税	应付职工薪酬	企业亏损数(个)	亏损总额
总　计	**1164**	**662**	**17839**	**36**	**4534**
一、住宿业	-1277	139	10754	21	3251
1、按登记注册类型分组					
内资企业	-1277	139	10754	21	3251
国有企业	-564		2084	3	570
集体企业	-2	12	14	1	2
股份合作企业					
有限责任公司	-703	41	3858	6	1361
股份有限公司	-20		117	1	20
私营企业	13	86	4682	10	1298
港、澳、台商投资企业					
2、按国民经济行业分组					
旅游饭店	-1164	123	9512	20	2922
一般旅馆	-113	16	915	1	330
其他住宿服务	1	0	328		
3、按星级等级分组					
二星	15		412	2	113
三星	561	66	2654	10	583
四星	-2172		3471	6	2172
五星	287	28	1632	1	69
其他	33	46	2586	2	314
二、餐饮业	2441	523	7085	15	1283
1、按登记注册类型分组					
内资企业	2583	523	6923	13	1141
有限责任公司	-213	30	1112	3	530
股份有限公司	44	14	105		
私营企业	2657	479	5617	10	611
港、澳、台商投资企业	-142	0	162	2	142
2、按国民经济行业分组					
正餐服务	1595	346	6194	14	1269
快餐服务	173	10	783	1	13
其他餐饮服务	672	168	108		
3、按经营方式					
独立经营	2502	496	6311	14	1146
连锁经营分店	-64	27	676	1	137
其他	2		98		

限额以上批发和零售业企业财务状况表

表 8-10　　(2014 年)　　单位:万元

指标名称	年末资产负债					累计折旧
	流动资产合计	其中:应收帐款	存 货	固定资产合计	固定资产原价	
总　计	**2002489**	**598218**	**364877**	**288817**	**436878**	**147913**
一、批发业	1408892	458032	219430	149505	225612	75959
1、按登记注册类型分组						
内资企业	1273817	416110	211819	149502	225608	75958
国有企业	232252	15977	46961	34547	63265	28718
集体企业	2054	414	823	1023	1528	505
有限责任公司	355350	162543	64787	28380	46121	17741
股份有限公司						
私营企业	683193	236679	99021	84668	113804	28989
二、零售业	593597	140186	145447	139312	211266	71954
1、按登记注册类型分类						
内资企业	575810	140080	142906	134162	205407	71245
国有企业	3668	24	2180	2391	3404	1013
集体企业	5802	296	1558	1821	2273	452
股份合作企业						
有限责任公司	254676	62359	53808	37371	62320	24949
股份有限公司	15055	1213	7099	29725	46704	16979
私营企业	293901	75471	78009	55618	82696	27078
2、按国民经济行业分组						
综合零售	93427	3243	21799	23672	42719	19047
百货零售	16772	1115	3457	8163	19555	11391
超级市场零售	75662	1939	17913	14947	22554	7607
3、按经营方式分组						
独立经营	378390	78776	100621	116855	168983	52128
连锁经营总店	30527	2516	12513	3477	7677	4200
连锁经营分店	27745	479	3481	5958	13903	7945
4、按零售业态分组						
超市	12847	1318	4671	3098	4804	1706
大型超市	62930	620	13305	12180	18122	5942
百货店	18154	1416	3629	8586	20286	11701
专业店	328500	118056	70474	78356	114831	36475
专卖店	159783	14839	51973	28454	42768	14314

表 8-10 续表 1　　(2014 年)　　单位:万元

指标名称	年末资产负债					
	本年折旧	资产总计	流动负债合计	非流动负债合计	负债合计	所有者权益合计
总　计	**32398**	**2709294**	**1830956**	**92039**	**1922480**	**786814**
一、批发业	17686	1769665	1247869	29567	1276658	493007
1、按登记注册类型分组						
内资企业	17686	1627386	1131935	29567	1160724	466662
国有企业	3465	287886	121803	5117	126920	160966
集体企业	196	3836	896	265	1161	2675
有限责任公司	5255	523639	437616	11927	448138	75501
股份有限公司						
私营企业	8765	809903	570853	12257	583737	226166
二、零售业	14712	939629	583087	62472	645822	293807
1、按登记注册类型分类						
内资企业	14437	913404	561494	62060	623817	289587
国有企业	35	6275	10490		10526	–4251
集体企业	41	7887	5178	119	5296	2591
股份合作企业						
有限责任公司	4869	378247	249625	21962	271561	106686
股份有限公司	1863	65817	23325	975	24300	41517
私营企业	7425	444333	272304	38992	311553	132781
2、按国民经济行业分组						
综合零售	2440	189578	134715	32020	166740	22838
百货零售	1073	86954	43690	29902	73591	13363
超级市场零售	1356	101068	90679	1852	92567	8501
3、按经营方式分组						
独立经营	11817	639480	385362	42018	427608	211872
连锁经营总店	587	35665	30644	762	31406	4260
连锁经营分店	593	47468	36008	973	37018	10450
4、按零售业态分组						
超市	470	18624	11967	558	12525	6099
大型超市	892	84554	79286	1594	80916	3638
百货店	1109	87776	44687	29602	74288	13488
专业店	8161	507438	295335	25837	321154	186284
专卖店	3691	211516	140202	3704	144183	67334

表 8-10 续表 2 (2014 年) 单位:万元

指标名称	损益及分配					
	实收资本	主营业务收入	主营业务成本	业务税金及附加	主营业务税金及附加	其他业务利润
总计	**447575**	**7569529**	**6884811**	**37283**	**36875**	**19760**
一、批发业	295138	5167147	4756481	27770	27555	6983
1、按登记注册类型分组						
内资企业	275138	5016316	4609237	27704	27489	6983
国有企业	16343	467617	386607	15867	15866	142
集体企业	1620	10309	9283	13	13	
有限责任公司	74586	1155443	1048776	3671	3632	2697
股份有限公司						
私营企业	182568	3380860	3163048	8111	7937	4145
二、零售业	152438	2402381	2128329	9513	9320	12777
1、按登记注册类型分类						
内资企业	151104	2331190	2069388	7551	7358	12777
国有企业	230	26496	25069	16	16	337
集体企业	2258	45051	41500	454	454	95
股份合作企业						
有限责任公司	50695	908208	810038	2142	2099	5246
股份有限公司	1402	389274	365997	352	342	121
私营企业	88819	957589	823034	4561	4421	6977
2、按国民经济行业分组						
综合零售	24634	375179	305309	3691	3669	7373
百货零售	15371	137640	122030	1162	1143	2359
超级市场零售	8712	233363	179572	2489	2485	5014
3、按经营方式分组						
独立经营	112013	1571253	1401064	7962	7790	6149
连锁经营总店	2226	96027	61496	291	291	2220
连锁经营分店	13484	91189	80987	523	503	2897
4、按零售业态分组						
超市	4358	25762	21073	80	78	357
大型超市	5287	209995	160282	2416	2414	4656
百货店	14939	138049	122605	1180	1162	2613
专业店	73343	1254594	1107104	4194	4109	2704
专卖店	41440	716393	666772	1261	1175	2377

表 8-10 续表 3　　(2014 年)　　单位:万元

指标名称	损益及分配					
	销售费用	管理费用	财务费用	营业利润	营业外收入	利润总额
总　计	**262547**	**98702**	**35322**	**259586**	**18110**	**225693**
一、批发业	155323	55721	21887	155628	12718	148157
1、按登记注册类型分组						
内资企业	155323	55640	21531	154322	12681	146814
国有企业	8040	17674	694	40061	5945	40273
集体企业	322	253	84	354	70	424
有限责任公司	80295	13435	6382	8274	4812	9184
股份有限公司						
私营企业	66582	24193	14349	105300	1854	96601
二、零售业	107224	42981	13435	103958	5393	77536
1、按登记注册类型分类						
内资企业	105237	40237	13234	98603	5393	74995
国有企业	710	724	112	201		199
集体企业	475	321	174	2182	46	780
股份合作企业						
有限责任公司	41995	13002	5301	34533	1415	13826
股份有限公司	13027	4263	589	5543	275	5269
私营企业	48917	21735	6955	55757	3657	54539
2、按国民经济行业分组						
综合零售	31435	9273	2145	26387	2592	23628
百货零售	7624	4546	927	3919	48	2373
超级市场零售	23716	4696	1192	22191	2544	21187
3、按经营方式分组						
独立经营	65337	33358	8809	56490	2381	47202
连锁经营总店	10212	1916	970	21290	2452	23726
连锁经营分店	11018	2513	260	-3230	75	-3174
4、按零售业态分组						
超市	2623	882	128	1405	40	513
大型超市	21247	3955	1153	21109	2504	20797
百货店	7697	4643	894	3751	48	2404
专业店	54859	23627	5086	58414	2168	37153
专卖店	18255	8678	5707	16369	633	14490

表 8-10 续表 4　　(2014 年)　　单位:万元

指标名称	损益及分配				
	应交所得税	应付职工薪酬	应交增值税	亏损企业数（个）	亏损总额
总　计	**25409**	**88093**	**243678**	**88**	**46051**
一、批发业	18190	45090	202157	46	33521
1、按登记注册类型分组					
内资企业	17853	45035	202016	46	33521
国有企业	9949	10778	139545		
集体企业	71	135	39		
有限责任公司	1260	17593	19101	10	9289
股份有限公司					
私营企业	6521	16380	43231	36	24232
二、零售业	7220	43003	41520	42	12531
1、按登记注册类型分类					
内资企业	7205	42863	39467	42	12531
国有企业	1	937	55	1	353
集体企业	158	417	261		
股份合作企业					
有限责任公司	2297	16009	17334	11	8068
股份有限公司	133	1735	2713	1	181
私营企业	4558	23360	19044	29	3929
2、按国民经济行业分组					
综合零售	577	11019	5044	8	6317
百货零售	445	3097	1433	3	699
超级市场零售	130	7769	3551	5	5618
3、按经营方式分组					
独立经营	5019	30378	35136	38	6854
连锁经营总店	434	4258	1030		
连锁经营分店	186	3764	721	2	5396
4、按零售业态分组					
超市	91	2001	278	4	230
大型超市	41	5937	3327	2	5396
百货店	469	3182	1395	3	699
专业店	3965	19218	13922	14	2360
专卖店	2347	10913	21948	17	2416

限额以上住宿和餐饮业经营情况表

表 8-11　　(2014 年)　　单位:万元

指标名称	营业额				床位数(个)	餐位数(位)
		客房收入	餐费收入	商品销售收入		
一、合计	**115239**	**32422**	**75631**	**3372**	**15776**	**48377**
(一)住宿业	50692	24094	22317	855	13127	19963
其中:国有控股	19638	8535	8642	172	3207	5313
1、按登记注册类型分组						
内资企业	50692	24094	22317	855	13127	19963
国有企业	6208	2378	2097	4	1647	1746
集体企业	522	263	244	14	144	48
股份合作企业						
联营企业						
有限责任公司	18793	8466	9559	193	5494	5888
国有独资公司	1280	511	711	58	300	500
其他有限责任公司	17513	7956	8848	135	5194	5388
股份有限公司	572	278	294		156	400
私营企业	24598	12709	10122	644	5686	11881
私营独资企业	4955	1652	2876	227	725	2902
私营合伙企业						
私营有限责任公司	14738	8443	5565	248	4327	8015
私营股份有限公司	4906	2614	1682	169	634	964
与港澳台商合资经营企业						
港、澳、台商独资经营企业						
其他港澳台投资						
外商投资企业						
中外合作经营企业						

表 8-11 续表 1　　(2014 年)　　单位:万元

指标名称	营业额				床位数(个)	餐位数(位)
		客房收入	餐费收入	商品销售收入		
2、按国民经济行业分组						
旅游饭店	45172	20926	20371	458	11497	18400
一般旅馆	4426	2541	1517	359	1216	1068
3、按星级等级分组						
一星						
二星	2347	1205	1102	4	548	1660
三星	16197	6829	8114	242	6107	6645
四星	12624	5503	5230	80	2106	5165
五星	8527	4045	3970	93	704	1644
其他	10997	6512	3901	436	3662	4849
4、按单位规模分						
大型						
中型	12507	4993	5654	12	1148	2929
小型	34998	17448	15449	624	11163	16124
微型	1284	535	532	198	155	400
(二)餐饮业	64547	8328	53314	2516	2649	28414
其中:国有控股	1731	453	1223	55	201	1110
1、按登记注册类型分组						
内资企业	63989	8328	52867	2406	2649	28018
国有企业	11417		11386	31		9150
集体企业						
股份合作企业	2724		2724			2000
联营企业						
有限责任公司	6057	1519	4326	198	566	2410
其他有限责任公司	6057	1519	4326	198	566	2410

表 8-11 续表 2　　(2014 年)　　单位:万元

指标名称	营业额				床位数（个）	餐位数（位）
		客房收入	餐费收入	商品销售收入		
股份有限公司	935		871	64		700
私营企业	42857	6809	33560	2114	2083	13758
私营独资企业	8081	1739	5890	411	530	2386
私营合伙企业						
私营有限责任公司	31452	4321	25377	1663	1153	9688
私营股份有限公司	3325	750	2293	40	400	1684
港、澳、台商投资企业	557		447	110		396
与港澳台商合资经营企业	293		248	45		300
与港澳台商合作经营企业						
外商投资企业						
中外合资经营企业						
2、按国民经济行业分组						
正餐服务	54463	8054	43941	2080	2569	24204
快餐服务	8180		8149	31		3910
其他餐饮服务	1904	274	1224	406	80	300
3、按经营方式分组						
独立门店	56529	6931	46962	2298	2249	26724
连锁总店(总部)						
连锁门店	6955	1185	5685	44	355	1320
其他	1062	212	666	174	45	370
4、按单位规模分组						
大型						
中型	6693	1384	5310		272	1146
小型	39204	5408	31645	1899	1931	15422
微型	2778	352	1758	573	91	896

9

对外经济

全市利用外资情况

表9-1 单位:万美元

年份	签订合同数(个)	合同利用外资额				实际利用外资			
		合计	对外借款	外商直接投资	外商其他投资	合计	对外借款	外商直接投资	外商其他投资
1985	6	326		59	267	111		111	
1986	11	2710	1667	487	556	1137	1027	49	61
1987	9	1404	232	523	639	889	283	268	338
1988	17	2809	2294	329	186	1047	723	246	78
1989	10	1726	724	971	31	2267	850	736	681
1990	13	1062	799	262	1	1169	1016	140	13
1991	27	3216	162	3011	43	1136	981	151	4
1992	269	33433	786	32566	81	3897	792	3024	81
1993	404	25478	134	24775	569	7412	349	6495	568
1994	253	20537	6224	13595	718	8433	2169	5845	419
1995	313	28026	1464	26213	349	9495	2064	7089	342
1996	209	38395	5884	32511		17848	9534	8314	
1997	187	9489	470	7728	1291	16731	5842	10613	276
1998	117	11390	2114	9261	15	13145	2822	10308	15
1999	121	210620	199600	11020		16180	11512	4668	
2000	118	17642	7440	10202		17360	12590	4770	
2001	93	10113		10113		19495	13714	5781	
2002	161	19677		19677		53726	43717	10009	
2003	237	50976		50976		80892	59577	21405	
2004	274	69075		69075		48730	24071	24659	
2005	271	103634		103634		27480		27480	
2006	221	111786		111786		34569		34569	
2007	207	168292		168292		73787		73787	
2008	147	181367		181367		93528		93528	
2009	159	185793		185793		103992		103992	
2010	141	182234		182234		110120		110120	
2011	128	120538		120538		60986		60986	
2012	109	85565		85565		73354		73354	
2013	147	113330		113330		86987		86987	
2014	166	151455		151455		95437		95437	

分地区利用外资签订合同数

表 9-2　　　　单位:项

年份	全市	市区	#赣榆区	东海县	灌云县	灌南县
1984	4	4				
1985	6	6	1			
1986	11	11				
1987	9	9	1			
1988	17	17	3			
1989	10	9	2	1		
1990	13	11		1	1	
1991	27	25	4		2	
1992	269	215	42	27	24	3
1993	404	352	70	34	14	4
1994	253	216	52	25	4	8
1995	313	254	62	30	26	3
1996	209	156	51	18	35	
1997	187	138	52	12	32	5
1998	117	79	22	8	28	2
1999	121	81	14	11	24	5
2000	118	71	18	19	17	11
2001	93	73	13	11	4	5
2002	161	106	29	30	21	4
2003	237	138	38	58	32	9
2004	274	168	55	39	45	22
2005	271	171	71	48	34	18
2006	221	145	39	39	25	12
2007	207	136	34	30	24	17
2008	147	109	16	16	11	11
2009	159	124	21	21	7	7
2010	141	96	30	20	14	11
2011	128	80	21	26	9	13
2012	109	71	18	15	22	1
2013	147	106	25	25	14	2
2014	166	114	33	31	16	5

分地区合同利用外资额

表 9–3 单位：万美元

年份	全市	市区	#赣榆区	东海县	灌云县	灌南县
1984	1691	1691				
1985	326	326	20			
1986	2710	2710				
1987	1404	1404	88			
1988	2809	2809	46			
1989	1726	1616	12	110		
1990	1062	1025		20	17	
1991	3216	3180	2111		36	
1992	33433	30720	2983	643	2024	46
1993	25478	24432	2915	702	307	37
1994	20537	18812	1156	1027	618	80
1995	28026	25213	1922	1604	1108	101
1996	38395	29069	1132	7749	1577	
1997	9489	7984	1068	382	1081	42
1998	11390	9727	468	115	1288	260
1999	210620	209303	503	395	741	181
2000	17642	15664	833	334	1080	564
2001	10113	9139	632	539	248	187
2002	19677	15904	1878	1941	1798	34
2003	50976	39175	8334	7736	2559	1506
2004	69075	51810	10921	8372	5309	3584
2005	103634	69776	17494	17866	8125	7867
2006	111786	88882	15783	10142	4290	8472
2007	168292	118979	18518	20036	15873	13404
2008	181367	132040	14552	17895	15641	15791
2009	185793	133632	18998	24650	13585	13926
2010	182234	111883	31430	21403	22690	26258
2011	120538	91386	8390	11334	5508	12310
2012	85565	58808	14980	12200	19128	–4571
2013	113330	90131	17820	17425	5654	120
2014	151455	119749	28528	16321	11333	4052

分地区实际利用外资额

表9-4　　　　单位:万美元

年份	全市	市区	#赣榆区	东海县	灌云县	灌南县
1984	840	840				
1985	111	111	20			
1986	1137	1137				
1987	889	889	88			
1988	1047	1047	46			
1989	2267	2267	12			
1990	1169	1079		90		
1991	1136	1132	31		4	
1992	3897	3564	425	171	116	46
1993	7412	6955	475	366	85	6
1994	8433	7658	588	532	203	40
1995	9495	8199	883	627	568	101
1996	17848	16350	493	891	607	
1997	16731	14199	915	1821	657	54
1998	13145	10017	1035	2015	908	205
1999	16180	14805	598	242	929	204
2000	17360	15943	553	456	660	301
2001	19495	18607	664	451	235	202
2002	53726	51647	1061	937	1081	61
2003	80892	76082	2510	2066	1723	1021
2004	48730	38945	4484	3659	2682	3444
2005	27480	18005	2133	7994	154	1327
2006	34569	23792	5744	4469	2302	4006
2007	73787	45740	11086	8430	8290	11327
2008	93528	51455	14092	13810	15000	13263
2009	103992	58299	15367	15074	15186	15433
2010	110120	61850	16021	17110	15059	16101
2011	60986	50228	5660	7630	1555	1573
2012	73354	51707	13010	13936	5457	2254
2013	86987	62907	12004	13802	9759	519
2014	95437	76756	15366	11534	6907	240

外国和港澳台直接投资情况

表 9–5

(2014 年)

项　　目	新签协议合同数(项)	协议合同外资金额(万美元)	实际利用外资金额(万美元)	期末实有企业数(个)
合　　计	**166**	**151455**	**95437**	
一、按登计注册类型分				
1.中外合资经营	31	38389	22874	
#港澳台商合资经营	19	29295	11855	
2.中外合作经营	0	0	0	
#港澳台商合作经营	0	0	0	
3.外资企业	135	111215	70715	
#港澳台商独资	105	99027	61158	
4.外商投资股份有限公司	0	1851	1848	
二、按国民经济行业分	166	151455	95437	
农、林、牧、渔业	24	15136	8509	
采矿业	0	0	517	
制造业	52	47163	31727	
电力、燃气及水的生产和供应业	3	2292	200	
建筑业	2	3121	8824	
交通运输、仓储和邮政业	18	21027	11829	
批发和零售业	3	4495	400	
住宿和餐饮业	47	33679	19576	
金融业	1	450	311	
房地产业	1	4998	1396	
租赁和商务服务业	3	3110	4273	
科学研究、技术服务和地质勘查业	6	7164	3920	
水利、环境和公共设施管理业	5	8377	3826	
居民服务和其他服务业	0	433	129	
文化、体育和娱乐业	1	10	0	

表 9-5 续表　　　　　　　　　　　　　　　(2014 年)

项　　　　目	新签协议合同数(项)	协议合同外资金额(万美元)	实际利用外资金额(万美元)	期末实有企业数(个)
合　　　　计	**166**	**151455**	**95437**	
三、按国别、地区分	166	151455	95437	
亚洲	145	137172	81399	
香港	119	128123	73268	
印度	2	520	20	
日本	3	1242	598	
澳门	0	0	1308	
马来西亚	2	164	0	
菲律宾	1	1000	429	
新加坡	5	3636	5376	
韩国	8	437	115	
台湾省	5	2050	285	
非洲	2	5170	1013	
欧洲	3	4030	4480	
英国	1	1168	226	
德国	0	–998	642	
法国	0	274	274	
哈萨克斯坦	1	3336	3338	
俄罗斯	0	–50	0	
乌克兰	1	300	0	
南美洲	4	3141	981	
北美洲	8	–2978	2597	
加拿大	1	500	634	
美国	7	–4878	563	
百慕大	0	1400	1400	
大洋洲	4	4871	785	
澳大利亚	3	2121	80	
萨摩亚	1	2750	705	
其他	0	49	4182	
投资性公司投资	0	49	4182	

分 地 区 利 用 外 资 情 况

表 9-6　　(2014年)　　单位:万美元

指　　标	全 市	市 区	#赣榆区	东 海 县	灌 云 县	灌 南 县
一、新签协议个数(个)	**166**	**114**	**33**	**31**	**16**	**5**
1.对外借款						
2.外商直接投资	166	114	33	31	16	5
合资经营	31	26	4	2	1	2
合作经营						
独资经营	135	88	29	29	15	3
股份制经营						
3.外商其它投资						
二、新签协议金额	**151455**	**119749**	**28528**	**16321**	**11333**	**4052**
1.对外借款						
2.外商直接投资	151455	119749	28528	16321	11333	4052
合资经营	38389	33958	5426	1055	676	2700
合作经营						
独资经营	111215	83940	23102	15266	10657	1352
股份制经营	1851	1851				
3.外商其它投资						
三、实际利用外资	**95437**	**76756**	**15366**	**11534**	**6907**	**240**
1.对外借款						
2.外商直接投资	95437	76756	15366	11534	6907	240
合资经营	22874	22410	1864	364		100
合作经营						
独资经营	70715	52498	13502	11170	6907	140
股份制经营	1848	1848				
3.外商其它投资						

主要年份对外承包和劳务合作情况

表 9–7

指　　标	单位	2005	2006	2007	2008	2009	2010	2011	2012	2013	2014
一、新签合同数	**个**	724	800			1163		50	51		
#承包工程	个							15	21		
劳务合作	个	724	800			1163		35	30		
二、合同金额	**万美元**	15842	19760	23560	28075	9303	12717	25868	21234		
#承包工程	万美元							6866	4696	5434	991
劳务合作	万美元	15842	19760	23560	28075	9303	12717	19002	16538	15059	15932
三、完成营业额	**万美元**	16595	19806	23816	29190	6202	11304	12612	15164		
#承包工程	万美元							16451	4723	4950	2306
劳务合作	万美元	16595	19806	23816	29190	6202	11304	3839	10441	10826	11500
四、新派人数		**6385**	**7646**	**8900**	**11617**	**3960**	**4710**	**12612**	**5401**		
#承包工程								92	2		
劳务合作		6385	7646	8900	11617	3960	4710	5230	5399	5618	5928
五、年末在外人数	**人**	**15134**	**18823**	**22000**	**25921**	**29881**		**6274**	**8065**		
#承包工程	人							266	81		
劳务合作	人	15134	18823	22000	25921	29881		6008	7984		

主要年份进出口主要指标

表 9-8

单位:万美元

年份	外贸进出口总额	进口	出口	外商投资企业	海关进出口商品总值	进口	出口	差额(出超+入超-)
1988	597	178	419		126379	97829	28550	-69279
1989	1244	589	655		136006	111833	24173	-87660
1990	2095	528	1567	1039	111511	78087	33424	-44663
1991	3534	623	2911		122840	78983	43857	-4385
1992	4452	851	3601		129895	90127	39768	-50359
1993	10233	2905	7328	3783	117101	68804	48297	-20507
1994	17855	5500	12355	4944	122441	76717	45724	-30993
1995	27675	5676	21999	8569	177674	94716	82958	-11758
1996	36525	6362	30163	11813	164765	83679	81086	-2593
1997	36955	3836	33119	6315	164624	73584	91040	17456
1998	32824	6300	26524	8067	151110	69942	81168	11226
1999	41872	9821	32051	9190	137059	72499	64560	-7939
2000	48509	9679	38830	10227	197504	116649	80855	-35794
2001	68078	19310	48768	13080	253400	142712	110688	-32024
2002	74691	24374	50316	16234	299527	160380	139147	-21233
2003	95167	37420	57747	22120	488320	269438	218882	-50556
2004	153923	77817	76106	30150	661000	374000	287000	-87000
2005	203906	110727	93179	39459	806000	449000	357000	-92000
2006	271309	126516	144793	65250	894805	429347	465458	36111
2007	325302	140622	184680	81016				
2008	444874	215716	229158	95909	1739000	840000	899000	59000
2009	386010	190612	195398	77155	1346540	854308	492232	-362076
2010	507608	247465	260142	111697	1878000	1174000	704000	-470000
2011	690008	316432	373577	137441				
2012	800363	440108	360255	129766				
2013	663007	284920	378087					
2014	802991	367468	435523					

注:外贸进出口总额 1998 年起为海关口径。

连云港经济技术开发区主要综合指标

表 9-9

指 标	单位	2000	2005	2010	2011	2012	2013	2014
1.地区生产总值(当年价)	万元	230002	655367	2005500	2555000	3300500	4120250	2552400
2.工业总产值(当年价)	万元	626294	1766260	6012135	8032077	10051314	12504210	11298772
# 三资企业	万元	325673	1120331	3684800	4717825	5591080	6456982	7423388
3.固定资产投资额	万元	50108	320898	1566012	1453504	1875130	1870728	2370391
# 基础设施及配套	万元	3192	117850	185428	163546	127465	258737	343531
4.新批准成立企业数	个	85	523	917	834	518	591	1223
三资企业	个	20	49	39	30	17	25	36
内联企业	个	65	474	878	804	501	566	1187
5.建设项目总投资								
三资企业	万美元	5608	24260	162219	129067	59398	104640	105262
内联企业	万元	9200	154803	3068565	3710018	705207	1385784	1745508
6.新签利用外资协议	个	20	49	41	30	14	20	39
7.合同利用外资额	万美元	2470	38895	63076	64996	16787	43885	48245
8.实际利用外资额	万美元	2099	12237	32085	34716	19458	35173	36029
9.新投产(开业)生产企业	个	15	24	41	56	57	59	53
三资企业	个	5	6	9	7	8	11	7
内联企业	个	10	18	32	49	49	48	46
10.外贸出口供货额	万元	65384	236751	681092	724183	683025	699688	702864

表 9-9 续表

指　　标	单位	2000	2005	2010	2011	2012	2013	2014
11.出口总额	万美元	5738	26034	99512	147337	137691	141050	145399
#三资企业	万美元	5514	22265	65943	83585	78124	650876	74059
12.进口总额	万美元	18367	69739	168131	210737	304822	205568	211202
#三资企业	万美元	4256	62356	112586	128218	185447	974518	76640
13.财政收入	万元	21806	111338	553007	792052	936508	654255	707131
#税收	万元	21272	109337	314315	361710	496602	553888	610862
14.累计开发土地面积	平方公里	6	14	21	21	21	21	21
15.年末总人口	人	23688	64090	72627	74368	76291	7716	78728
16.年末从业人员数	人	15000	22120	50900	60865	64334	68644	72899
职工年平均工资	元	8010	14612	29211	33399	36562	39458	46563
17.乡村劳动力	人	12700	23100	25398	26853	30901	31502	31445
18.农业总产值(不变价)	万元	1830	5875	7056	6336	6475	7616	11858
农业总产值(当年价)	万元	3066	11124	9410	9222	10946	11976	12206
19.农业增加值	万元	1625	5923	4660	5453	5573	6928	6300
20.农民人均纯收入	元	3765	5450	9589.5	10754	12310	15968	18045
21.中小学教师数	人	381	1003	736	811	774	786	781
22.中小学在校学生数	人	5784	10156	8539	6144	6275	6104	6152

10

财政、金融和保险

主要年份分地区财政收入

表 10-1　　　　　　　　　　　　　　　　　　　　　　　　　　　单位:万元

年份	全市	市区	# 赣榆区	东海县	灌云县	灌南县
1952	9335	7330	692	410	1595	
1957	15394	12430	1941	275	2689	
1962	14429	10487	2709	375	3365	202
1965	10551	7695	1360	526	2061	269
1970	15589	11190	1274	663	3369	367
1975	14011	9822	1936	970	2819	400
1976	14982	11266	1845	1004	2285	427
1977	18108	13707	1821	1079	2732	590
1978	18598	13838	1752	1155	2912	693
1979	17871	13845	1885	1058	2507	461
1980	17443	13755	2742	1061	2136	491
1981	16080	12289	2449	1127	2120	544
1982	18360	14122	2928	1338	2232	668
1983	19526	15063	2681	1423	2362	678
1984	21134	16140	2886	1607	2534	853
1985	24889	18132	3084	2116	3565	1076
1986	27081	19893	3061	2292	3515	1381
1987	29667	21116	3591	2613	4215	1723
1988	33552	24404	4000	3105	3608	2435
1989	39849	31101	4005	2260	3925	2563
1990	42595	32842	4456	2645	4321	2787
1991	41253	32076	4524	2671	3591	2915
1992	45031	34150	4830	2866	4391	3624
1993	64463	48594	6697	5555	4754	5560
1994	74826	55200	8188	7413	5934	6279
1995	105512	75732	13156	12435	10422	6923
1996	129515	90563	18181	16620	14321	8011
1997	150029	103972	21239	18876	17318	9863
1998	164713	111983	24389	22211	19488	11031
1999	171151	116752	24730	22379	20290	11730
2000	172118	124488	19730	18650	17479	11501
2001	198350	152081	19500	20361	13510	12398
2002	269860	213096	25505	25808	15430	15526
2003	341292	270175	30187	30797	19715	20605
2004	423290	339783	34080	34623	22760	26124
2005	562810	450728	48809	54421	26044	31617
2006	783434	609347	81941	81716	40141	52230
2007	1228489	877830	140219	140219	90134	120306
2008	1805989	1258648	190539	181483	170098	195760
2009	2323194	1548728	252020	254233	250104	270129
2010	3525751	2247035	428975	430299	405017	443400
2011	4[illegible]24063	3023284	523731	550241	511096	539442
2012	5647419	3611713	671000	699772	649764	686170
2013	5956484	3942893	741285	596482	705113	711996
2014	5798597	3565560	766028	788474	829394	615169

主要年份分地区财政支出

表 10-2 单位:万元

年份	全市	市区	#赣榆区	东海县	灌云县	灌南县
1952	348	7330	39	98	97	
1957	1562	12430	423	431	337	
1962	1968	10487	460	390	381	305
1965	2342	7695	450	440	384	454
1970	4127	11190	527	724	718	720
1975	5372	9822	842	883	1121	711
1976	5462	11266	1018	855	979	782
1977	6428	13707	1089	1049	1017	810
1978	8505	13838	1392	1372	1624	1206
1979	9278	13845	1674	1520	1322	1147
1980	9074	13755	1577	1617	1522	1154
1981	8875	12289	1617	1659	1478	1205
1982	10496	14122	2097	1988	1542	1247
1983	12845	15063	2424	2239	2012	1471
1984	17824	16140	2812	2717	2674	1897
1985	18241	18132	2826	2765	3040	1941
1986	22769	19893	3266	3579	3788	2575
1987	25500	21116	3587	3488	4108	3145
1988	33255	24404	4749	3938	4629	3789
1989	39205	31101	5683	5658	5411	4453
1990	43727	32842	6420	6342	6202	5143
1991	48151	32076	7485	7093	6610	6095
1992	48631	34150	7524	7260	6454	5918
1993	64926	48594	9275	8319	7808	8466
1994	74559	55200	10027	10018	9658	9210
1995	103591	75732	13779	13688	12482	8982
1996	120244	90563	17101	16946	16702	11103
1997	143882	103972	20590	20240	19124	13362
1998	155341	111983	24813	23561	21050	14921
1999	168744	116752	24675	27766	23218	16933
2000	184271	124488	28819	31661	23878	19415
2001	206829	152081	33928	28073	24118	22409
2002	261481	213096	40106	36771	26595	26556
2003	350763	270175	51022	45787	32365	32477
2004	423762	339783	55440	52122	42659	42940
2005	590029	450728	82821	85342	60212	54062
2006	791109	609347	123312	116479	76846	71531
2007	1264260	877830	192310	191704	135180	153465
2008	1793057	1258648	272246	260346	223656	235587
2009	2357840	1548728	307199	346236	322016	329906
2010	3520268	2247035	558057	532849	490307	511445
2011	4683826	3023284	667256	721557	603967	618863
2012	6000552	3611713	842275	876722	766123	778897
2013	6730315	3942893	959123	773529	859598	816239
2014	5966739	3284549	956840	1001840	977412	702938

主要年份全市金融情况

表 10–3 单位:万元

年 份	金融机构年末存款余额	金融机构年末贷款余额	银行现金收入	银行现金支出	货币投放(+)或回笼(-)
1978	18325	40177	34120	34845	725
1979	25728	44376	42438	44620	2182
1980	30773	53957	60209	62501	2292
1981	43480	61801	74377	77519	3142
1982	43170	77212	99337	103998	4661
1983	54932	94062	147480	156769	9289
1984	78179	125008	179814	189426	9612
1985	95187	173262	206218	215233	9015
1986	134855	227661	271919	283208	11289
1987	165429	277205	353602	364198	10596
1988	195941	336579	498101	521758	23657
1989	225961	386703	556915	571283	14368
1990	289432	463730	573471	596646	23175
1991	362994	559578	652334	687300	34966
1992	444244	649705	870052	896452	26400
1993	547007	732336	1279348	1328436	49088
1994	780589	898847	1971028	2011648	40620
1995	1018028	1085732	2839484	2843477	3993
1996	1280764	1270659	2963300	2936375	–26925
1997	1411761	1491812	3295314	3284630	–10684
1998	1610654	1649442	4929467	4947676	18209
1999	1756503	1633910	5550835	5567981	17147
2000	1928933	1517021	6144289	6175901	31612
2001	2145938	1638563	6523181	6563454	40273
2002	2598763	2007409	7864707	7852947	–11760
2003	3029369	2485955	10074169	10074122	–38
2004	3690945	2826945	13468939	13451226	–17713
2005	4373862	3110028	15876594	15883304	6710
2006	5186726	3824119	19755977	19837053	81076
2007	6430648	4745606	25008906	25177789	168883
2008	8212547	5585321	28055024	28255814	200790
2009	10194413	7724789	33779901	34052867	272966
2010	12438078	9462601			
2011	13886864	10881698			
2012	15380361	12851957			
2013	17099344	14255016			
2014	18873055	16074189			

注:2002 年始金融机构存贷款余额含外币。

主要年份市区金融情况

表 10-4 单位:万元

年份	金融机构年末存款余额	金融机构年末贷款余额	银行现金收入	银行现金支出	货币投放(+)或回笼(-)
1978	8831	17939	12598	12750	152
1979	11699	17547	15082	15214	132
1980	10492	20302	19046	19103	57
1981	17639	29497	22917	22154	-763
1982	20891	37804	27422	25456	-1966
1983	29036	44624	36247	33294	-2953
1984	45609	58545	45106	43365	-1741
1985	57065	91562	61169	59821	-1348
1986	76509	126185	82720	84543	1823
1987	89342	159721	113700	115814	2114
1988	114059	201479	159858	164425	4567
1989	129999	234331	190981	187805	-3176
1990	166605	282905	201226	203081	1855
1991	213671	336867	240088	247311	7223
1992	258228	389137	352685	362133	9448
1993	315490	453336	585152	611752	26600
1994	448583	525700	841588	851199	9611
1995	571965	609199	1222596	1213018	-9578
1996	748686	693534	1454225	1436420	-17805
1997	815086	789947	1665177	1633433	-31744
1998	962211	877935	2272091	2241829	-30262
1999	1048470	915330	2573896	2556208	-17688
2000	1142571	868110	3128435	3118529	-9906
2001	1282757	939173	3601480	3629993	28513
2002	1565333	1272773	4038930	4050414	11484
2003	1864153	1697361	5215939	5254685	38746
2004	2185788	1497974	6977840	6971045	-6795
2005	2689429	2223651	7830877	7852013	21136
2006	3212353	2810114	9790306	9878060	87754
2007	3974597	3543599	11767727	11847806	80079
2008	5225624	4263905	12343614	12445343	101729
2009	6529460	5598987	13843916	14073531	229613
2010	7927688	6552445			
2011	8653254	7227460			
2012	9281118	8437068			
2013	9976942	8962448			
2014	13275589	11831444			

注:2002 年始金融机构存贷款余额含外币。

主要年份居民储蓄存款余额

表 10-5 单位:万元

年份	全市	市区	#赣榆区	东海县	灌云县	灌南县
1978	3778	2126	718	606	790	256
1979	5444	3442	1441	962	693	347
1980	7569	4952	1911	1146	979	492
1985	37410	22299	6542	8237	4884	1990
1986	53296	33070	10932	10045	6980	3201
1987	76362	45848	13851	15697	10196	4621
1988	97117	57873	17293	19177	13982	6085
1989	122562	76301	19579	22522	17102	6637
1990	159024	100414	24065	29199	20431	8980
1991	202338	130422	30478	35205	25001	11710
1992	245912	154206	38480	43210	33332	15164
1993	313536	194602	47208	54527	42629	21778
1994	459841	278520	71158	86318	63036	31967
1995	621682	382135	96377	106587	85737	47223
1996	773392	496965	121439	121701	103137	51589
1997	884287	592971	141086	136906	110352	44058
1998	969186	642387	153257	149644	116795	60360
1999	1074698	722267	181322	166337	120510	65584
2000	1143738	766576	196443	186656	120826	69680
2001	1292757	862038	210418	211020	136131	83568
2002	1591979	1066551	243460	249810	175726	99892
2003	1846317	1243454	276136	285442	200548	116873
2004	2177281	1445549	326569	342661	245913	143158
2005	2501283	1640898	382372	403125	283091	174169
2006	2859617	1877308	441696	452843	329119	200347
2007	3182380	2022090	509579	509842	395640	254808
2008	3984207	2586933	619922	601482	489392	306400
2009	4529230	2928525	688656	694244	549440	357021
2010	5382380	3443499	850302	866863	647709	424309
2011	6294164	4026955	1028432	1033104	734154	499950
2012	7327912	4603001	1216261	1227772	873390	623750
2013	8509460	5308252	1426260	1421444	1044862	734902
2014	9534142	5854814	1645837	1649331	1190125	839873

注:2002年始居民储蓄存款余额含外币。

公 共 财 政 预 算 收 入

表 10-6　　　　单位:万元

年　份	全　市	市　区	# 赣榆区	东 海 县	灌 云 县	灌 南 县
1997	98638	66724	16080	14057	12901	4956
1998	107785	70149	19245	17392	14690	5554
1999	111279	70820	17680	19404	15100	5955
2000	94767	69517	11764	10221	9361	5668
2001	124680	90814	14096	15762	10517	7587
2002	136481	99101	16422	17691	10926	8763
2003	156691	113601	18740	19516	13284	10290
2004	185762	136829	21186	20435	14384	14114
2005	245920	186252	26118	26891	15432	17345
2006	339593	250107	40023	40023	23308	26155
2007	487851	338138	63018	63018	42133	44562
2008	662115	442229	80186	75022	70087	74777
2009	902133	567621	117132	113479	105029	116004
2010	1413888	887216	183999	180157	164685	181830
2011	1800800	1127506	238099	235008	216093	222193
2012	2089396	1300250	292104	274607	258598	255941
2013	2333030	1391163	349262	327753	308766	305348
2014	2617723	1538607	401690	372008	355892	351216

公 共 财 政 预 算 支 出

表 10-6 续表　　　　单位:万元

年　份	全　市	市　区	# 赣榆区	东 海 县	灌 云 县	灌 南 县
1997	143882	91156	20590	20240	19124	13362
1998	151762	92406	24774	23511	20948	14897
1999	160402	94062	21050	27746	21799	16795
2000	166016	102221	25361	26549	19205	18041
2001	202771	128564	32885	27910	24038	22259
2002	231308	145169	37744	35206	25926	25007
2003	279784	177094	46032	42581	30511	29598
2004	324841	197491	49423	50045	38257	39048
2005	458548	279132	71007	74318	54872	50226
2006	576435	348295	99524	95944	67910	64286
2007	806647	464999	138124	132799	101374	107475
2008	1064297	596588	187856	172444	140634	154631
2009	1403077	764545	222959	220576	197007	220949
2010	2027515	1115127	330259	319384	288577	304427
2011	2746339	1577007	446294	433497	359118	376717
2012	3048809	1731713	527998	486842	410088	420166
2013	3623814	2106519	594652	539656	499939	477700
2014	3759482	2059322	664898	617361	557402	525397

财 政 预 算 内 收 入

表 10-7　　(2014 年)　　单位:万元

指　　标	全 市	市 区	# 赣榆区	东 海 县	灌 云 县	灌 南 县
财政预算内总收入	**5798597**	**3565560**	**766028**	**788474**	**829394**	**615169**
地方财政收入	4959651	2907589	687790	746262	771021	534779
公共财政预算收入	2617723	1538607	401690	372008	355892	351216
一、税收收入	2134178	1208232	338274	313095	309035	303816
增值税	235364	180151	21910	17292	17150	20771
营业税	912237	522495	177887	143389	102837	143516
企业所得税	132539	105742	12667	5475	11635	9687
个人所得税	48973	39006	4289	3437	3528	3002
资源税	62009	11396	7593	36520	14093	
城市维护建设税	110078	83591	12201	8878	7038	10571
房产税	58028	32983	12094	14167	5510	5368
印花税	24056	16230	4536	2754	2122	2950
城镇土地使用税	106766	40881	8092	10653	33872	21360
土地增值税	141152	54756	24385	9143	51722	25531
车船税	10355	5956	2146	1186	1600	1613
耕地占用税	2134	590	407	1537		7
契税	290487	114455	50067	58664	57928	59440
二、非税收入	483545	330375	63416	58913	46857	47400
专项收入	67074	46459	8637	6247	5782	8586
行政事业性收费收入	223758	154010	32248	33859	13574	22315
罚没收入	62979	35126	8789	10371	10463	7019
国有资本经营收入	74155	59920	870	1414	3386	9435
国有资源(资产)有偿使用收入	36769	21849	4429	3982	10893	45
其他收入	18810	13011	8443	3040	2759	
政府性基金收入	2162693	1228043	262633	359269	401731	173650
社会保险基金合计	178165	139870	23468	14985	13398	9912

表 10-7 续表　　　　单位:万元

指　　标	市　区	市　直	连云区	海州区	赣榆区	开发区	景　区	徐圩新区
财政预算内总收入	**3,565,560**	**1,046,506**	**222,899**	**499,643**	**766,028**	**707,131**	**12,095**	**311,258**
地方财政收入	2,907,589	975,404	184,180	330,275	687,790	416,013	9,851	304,076
(一般)公共财政预算收入	1538607	227061	139126	324668	401690	402231	9776	34055
一、税收收入	1208232	120280	117140	263437	338274	330003	6144	32954
增值税	180151	13063	13718	46616	21910	83672	402	770
营业税	522495	11265	63812	117099	177887	131224	1805	19403
企业所得税	105742	13598	10842	28059	12667	38551	443	1582
个人所得税	39006	6672	5101	12364	4289	8381	262	1937
资源税	11396		3	1110	7593	285	2275	130
城市维护建设税	83591	13992	6457	18743	12201	30380	262	1556
房产税	32983	4294	2692	6052	12094	7292	6	553
印花税	16230	1307	1848	3531	4536	4018	63	927
城镇土地使用税	40881	1688	4788	5679	8092	14779	59	5796
土地增值税	54756	87	4021	22321	24385	3443	246	253
车船税	5956	1248	511	1476	2146	375	200	
耕地占用税	590		3	10	407	49	121	
契税	114455	53066	3344	377	50067	7554		47
二、非税收入	330375	106781	21986	61231	63416	72228	3632	1101
专项收入	46459	13124	2761	8031	8637	13081	112	713
行政事业性收费收入	154010	54892	14596	50357	32248	15	1881	21
罚没收入	35126	22803	1027	2489	8789	14		4
国有资本经营收入	59920				870	59050		
国有资源(资产)有偿使用收入	21849	13267	3381	339	4429	68	2	363
其他收入	13011	2695	221	15	8443		1637	
政府性基金收入	1228043	478303	45054	5605	262633	13782	75	422591
社会保险基金合计	139870	116402			23468			

财政预算内支出

表 10-8　　(2014 年)　　单位:万元

指　　标	全　市	市　区	#赣榆区	东海县	灌云县	灌南县
地方财政支出	5,966,739	3,284,549	956,840	1,001,840	977,412	702,938
一般预算支出	3759482	2059322	664898	617361	557402	525397
一、一般公共服务支出	385787	218836	54521	84019	30292	52640
二、外交支出		0				
三、国防支出	6825	5832	73	492	142	359
四、公共安全支出	171818	115651	24763	19520	20571	16076
五、教育支出	665801	372288	178816	139101	76073	78339
六、科学技术支出	100369	51916	25583	19736	4549	24168
七、文化体育与传媒支出	48650	37950	13399	4164	4708	1828
八、社会保障和就业支出	279562	144249	61958	62321	41929	31063
九、医疗卫生与计划生育支出	241241	107458	56464	49016	43577	41190
十、节能环保支出	119564	46652	23280	14955	54228	3729
十一、城乡社区支出	741255	417156	19145	48630	109162	166307
十二、农林水支出	565458	228056	142568	137904	117610	81888
十三、交通运输支出	167648	120491	11894	9844	30790	6523
十四、资源勘探信息等支出	78381	50804	15827	10852	1832	14893
十五、商业服务业等支出	22343	14306	3406	4190	2373	1474
十六、金融支出	1858	569	83	508	772	9
十七、援助其他地区支出	3653	3043	637	610		
十八、国土海洋气象等支出	47125	35646	22937	2878	6357	2244
十九、住房保障支出	65091	47265	7218	6522	9713	1591
二十、粮油物资储备支出	3692	2236	694	205	867	384
二十一、国债还本付息支出	4700	2372	786	914	752	662
二十二、其他支出	38661	36546	846	980	1105	30
政府性基金支出	2207257	1225227	291942	384479	420010	177541
社会保险基金合计						

表 10-8 续表　　　　单位：万元

指　　标	市　区							
		市　直	连云区	海州区	赣榆区	开发区	景　区	徐圩新区
地方财政支出	**3,284,549**	**976,929**	**178,522**	**320,611**	**956,840**	**340,131**	**13,828**	**497,688**
一般预算支出	2059322	571091	131931	286010	664898	326272	12967	66153
一、一般公共服务支出	218836	66844	25699	45109	54521	18841	1674	6148
二、外交支出	0			0				
三、国防支出	5832	5195	185	349	73			30
四、公共安全支出	115651	73463	6016	7774	24763	1719	89	1827
五、教育支出	372288	74714	26448	58435	178816	22163	4262	7450
六、科学技术支出	51916	15927	3051	3792	25583	3436		127
七、文化体育与传媒支出	37950	19717	2887	1567	13399	284	60	36
八、社会保障和就业支出	144249	51566	5546	19169	61958	3437	1171	1402
九、医疗卫生与计划生育支出	107458	30500	3182	14074	56464	2601	235	402
十、节能环保支出	46652	14552	3170	1509	23280	2033	759	1349
十一、城乡社区支出	417156	21874	20418	70746	19145	251830	539	32604
十二、农林水支出	228056	37958	10458	30048	142568	3119	1427	2478
十三、交通运输支出	120491	86435	9062	140	11894	692	2000	10268
十四、资源勘探信息等支出	50804	10566	847	13791	15827	9673		100
十五、商业服务业等支出	14306	5403	2493	1939	3406	1065		
十六、金融支出	569	445		41	83			
十七、援助其他地区支出	3043	2406		0	637			
十八、国土海洋气象等支出	35646	7548	2570	0	22937	2459	10	122
十九、住房保障支出	47265	24455	3715	9016	7218	2630	231	
二十、粮油物资储备支出	2236	1251		291	694			
二十一、国债还本付息支出	2372	1586		0	786			
二十二、其他支出	36546	18686	6184	8220	846	290	510	1810
政府性基金支出	1225227	405838	46591	34601	291942	13859	861	431535
社会保险基金合计								

金融机构综合存贷款（本外币）

表 10-9　　(2014 年末)　　单位:万元

指　　标	全　市	市　区	赣榆区	东海县	灌云县	灌南县
一、各项存款	**18873055**	**13275589**	**2472807**	**2447391**	**1895079**	**1254996**
1.单位存款	8744331	6912741	772525	762646	673030	395913
其中:活期存款	3863666	2780484	420149	367365	468098	247719
定期存款	2357713	1934997	195002	216593	100359	105764
通知存款	148028	145724	2900	1104	1200	0
保证金存款	1320032	1055029	98201	141480	83691	39832
2.个人存款	9534142	5854814	1645837	1649331	1190125	839873
储蓄存款	9293982	5639700	1637529	1640713	1183494	830076
保证金存款	3971	2061	670	754	177	979
结构性存款	236190	213053	7637	7863	6455	8819
3.财政性存款	460964	406746	34385	24824	21766	7628
4.临时性存款	58201	44828	9590	597	4680	8095
5.委托存款	0	0	0	0	0	0
6.其他存款	75416	56460	10471	9993	5477	3486
二、各项贷款	**16074189**	**11831444**	**2050974**	**1815084**	**1358123**	**1069539**
(一)境内贷款	16072866	11830138	2050974	1815067	1358123	1069539
1.短期贷款	6722299	4842190	932183	839702	618686	421721
(1)个人贷款及透支	1765312	835269	531895	476665	239520	213857
其中:个人消费贷款	274631	188122	18918	34145	23538	28825
(2)单位普通贷款及透支	4476669	3568234	364168	359457	342014	206964
其中:经营贷款	4035434	3248161	348441	337542	273933	175798
固定资产贷款	434184	313022	15727	21915	68082	31166
(3)普通并购贷款	0	0	0	0	0	0
(4)银团贷款	14591	1591	91	3000	10000	0
(5)贸易融资	465728	437096	36029	580	27151	900
(6)境外筹资转贷款	0	0	0	0	0	0
2.中长期贷款	8585168	6408893	1015385	925951	672542	577782
(1)个人贷款	3992609	2457715	560945	727709	399674	407511
其中:个人消费贷款	3452791	2124393	480728	652614	321811	353974
(2)单位普通贷款	3971399	3335418	384181	198042	270168	167772
其中:经营贷款	614557	582424	117745	3902	25188	3044
固定资产贷款	3356842	2752994	266436	194140	244980	164728
(3)普通并购贷款	30000	30000	0	0	0	0
(4)银团贷款	300503	295103	70259	200	2700	2500
(5)贸易融资	216984	216984	0	0	0	0
(6)境外筹资转贷款	73673	73673	0	0	0	0
3.融资租赁	0	0	0	0	0	0
4.票据融资	739884	556966	100720	46337	66895	69686
其中:贴现	739884	556966	100720	46337	66895	69686
5.各项垫款	25515	22089	2686	3077	0	349
(二)境外贷款	1324	1307	0	17	0	0

金融机构存贷款（人民币）

表10-10 (2014年末) 单位:万元

指标	全市	市区	赣榆区	东海县	灌云县	灌南县
一、各项存款	**18526663**	**12967036**	**2466753**	**2425291**	**1893554**	**1240782**
1.单位存款	8453349	6644293	768900	753845	672655	382555
其中:活期存款	3715664	2653730	416742	359849	467723	234361
定期存款	2258908	1837477	195002	215308	100359	105764
通知存款	148028	145724	2900	1104	1200	0
保证金存款	1279474	1014471	97983	141480	83691	39832
2.个人存款	9479176	5815151	1643407	1636032	1188975	839017
储蓄存款	9240273	5601294	1635100	1627416	1182344	829219
保证金存款	3919	2010	670	753	177	979
结构性存款	234984	211847	7637	7863	6455	8819
3.财政性存款	460964	406746	34385	24824	21766	7628
4.临时性存款	57757	44385	9590	596	4680	8095
5.委托存款	0	0	0	0	0	0
6.其他存款	75416	56460	10471	9993	5477	3486
二、各项贷款	**15493353**	**11250645**	**2047301**	**1815055**	**1358121**	**1069533**
(一)境内贷款	15492030	11249338	2047301	1815038	1358121	1069533
1.短期贷款	6444776	4564703	928539	839673	618684	421715
(1)个人贷款及透支	1765114	835089	531875	476655	239519	213851
其中:个人消费贷款	274433	187942	18898	34134	23536	28819
(2)单位普通贷款及透支	4461530	3553095	364168	359457	342014	206964
其中:经营贷款	4020295	3233023	348441	337542	273933	175798
固定资产贷款	434184	313022	15727	21915	68082	31166
(3)普通并购贷款	0	0	0	0	0	0
(4)银团贷款	14591	1591	91	3000	10000	0
(5)贸易融资	203541	174928	32405	562	27151	900
(6)境外筹资转贷款	0	0	0	0	0	0
2.中长期贷款	8281855	6105580	1015357	925951	672542	577782
(1)个人贷款	3992580	2457686	560916	727709	399674	407511
其中:个人消费贷款	3452762	2124364	480699	652614	321811	353974
(2)单位普通贷款	3958771	3322790	384181	198042	270168	167772
其中:经营贷款	601930	569797	117745	3902	25188	3044
固定资产贷款	3356842	2752994	266436	194140	244980	164728
(3)普通并购贷款	30000	30000	0	0	0	0
(4)银团贷款	300503	295103	70259	200	2700	2500
(5)贸易融资	0	0	0	0	0	0
(6)境外筹资转贷款	0	0	0	0	0	0
3.融资租赁	0	0	0	0	0	0
4.票据融资	739884	556966	100720	46337	66895	69686
其中:贴现	739884	556966	100720	46337	66895	69686
5.各项垫款	25515	22089	2686	3077	0	349
(二)境外贷款	1324	1307	0	17	0	0

近年全市保险费收入

表 10-11

单位:万元

年份	保险费收入总额	财产保险	寿险	意外险	健康险
2008	216573	61043	141410	5385	8735
2009	255407	75952	163355	5459	10641
2010	334245	93248	222177	6980	11840
2011	351677	109218	220999	8003	13457
2012	389913	128329	234728	9204	17652
2013	440564	156723	250430	10864	22548
2014	495209	173626	268236	12895	40452

近年全市保险赔付支出

表 10-12

单位:万元

年份	保险赔付支出总额	财产保险	寿险	意外险	健康险
2008					
2009	88179	44857	38767	1605	2949
2010	76827	41313	30897	1619	2999
2011	92699	52969	34814	1926	2991
2012	115192	70054	39152	2442	3544
2013	156974	87228	62741	2418	4587
2014	171731	93582	63809	3145	11195

11

人民生活与物价

主要年份居民生活收支情况

表 11-1　　　　单位:元

指　　标	2013	2014
全体居民人均年可支配收入	16103	17798
全体居民人均年消费性支出	11264	12247
全体居民恩格尔系数(%)	32.9	32.4
城镇居民人均年可支配收入	21461	23595
城镇居民人均年消费性支出	14885	16016
城镇居民恩格尔系数(%)	32.6	32.3
农村居民人均年可支配收入	10465	11698
农村居民人均年消费性支出	7454	8282
农村居民恩格尔系数(%)	33.6	32.7

表 11-1 续表

单位:元

年　　份	城市居民人均年可支配收入	城市居民人均年消费性支出	城市居民恩格尔系数(%)	农村居民人均年纯收入	农村居民人均年生活消费支出	农村居民恩格尔系数(%)
1984				462		
1985	815	668	51.05	495	439	57.18
1986	1016	871	46.61	530	470	57.23
1987	1084	906	50.99	567	503	57.26
1988	1325	1204	48.92	607	538	57.25
1989	1471	1181	53.34	650	576	57.29
1990	1501	1224	55.39	696	617	57.21
1991	1731	1445	55.09	745	661	57.34
1992	1997	1626	52.95	803	656	60.37
1993	2623	2214	47.74	941	757	64.60
1994	3881	3118	47.92	1375	1081	63.18
1995	4504	3726	47.67	2011	1415	59.22
1996	4993	3649	51.90	2396	1596	58.65
1997	5296	3668	50.19	2705	1538	57.93
1998	5458	3945	47.20	2938	1356	56.86
1999	5981	4091	44.93	3051	1317	54.97
2000	6457	4737	38.65	2597	1541	45.88
2001	6981	4908	38.51	2763	1627	46.47
2002	7630	5059	36.94	2991	1723	44.86
2002(新)	6953	5059	36.94			
2003	7782	5768	36.04	3139	1778	47.69
2004	8872	6218	38.81	3501	2048	49.85
2005	10006	7213	38.55	3869	2574	46.08
2006	11475	8324	34.65	4265	2797	45.26
2007	13254	8357	38.90	4828	3317	43.71
2008	15255	10598	38.57	5454	3746	42.18
2009	16958	11577	37.22	6111	4291	39.86
2010	19020	12293	39.07	7039	4766	40.85
2011	21695	14110	38.06	8434	5498	36.71
2012	24342	15615	37.06	9589	6210	36.37
2013	26898	17172	36.51	10745	6932	35.44

注:本页数据为老口径数据。

分地区全体居民基本情况

表 11-2　　(2014 年)

指　　标	单 位	连云港	市　区	赣 榆	东 海	灌 云	灌 南
一、调查样本住户数	户	**998**	**229**	**174**	**200**	**202**	**194**
(一)城镇住户	户	562	178	87	100	100	98
(二)农村住户	户	436	51	87	100	102	96
二、期内住户常住成员数	人	**3295**	**698**	**585**	**670**	**717**	**625**
三、本季度从事主要行业	人	**1945**	**382**	**341**	**419**	**460**	**343**
(一)第一产业	人	675	52	146	141	187	149
(二)第二产业	人	546	119	104	126	99	98
1.采矿业	人	5	2	3			
2.制造业	人	226	53	44	57	29	43
3.电力、热力、燃气及水生产供应业	人	34	19	3	3	9	
4.建筑业	人	281	45	54	66	61	55
(三)第三产业	人	724	211	91	152	174	96
1.批发和零售业	人	214	53	29	48	43	42
2.交通运输、仓储和邮政业	人	109	47	14	17	21	10
3.住宿和餐饮业	人	68	19	10	5	24	10
4.信息传输、软件业和信息技术服务业	人	19	7	1	2	9	
5.金融业	人	12	4	3	1	1	3
6.房地产业	人	4	2		1	1	
7.租赁和商务服务业	人	15	2	1	5	3	4
8.科学研究和技术服务业	人	4	1	2	1		
9.水利、环境和公共设施管理业	人	13	5		1	3	4
10.居民服务、修理和其他服务业	人	107	31	11	13	40	12
11.教育	人	48	12	8	22	4	2
12.卫生和社会工作	人	41	10	3	13	11	4
13.文化、体育和娱乐业	人	6	4	1		1	
14.公共管理、社会保障和社会组织	人	65	14	9	23	13	6
15.国际组织	人						

注:因一体化住户调查改革,所有数据均为新口径数据。本年市区数据不包含赣榆区数据,下同。

分地区全体居民平均每人收入情况

表 11-3　　(2014 年)

指　　标	单 位	连云港	市　区	赣 榆	东 海	灌 云	灌 南
总收入(未扣除生产费用)	元	21518	26685	21940	21958	16669	20439
可支配收入	**元**	**17798**	**24653**	**16912**	**16835**	**14713**	**14618**
一、工资性收入	**元**	**9238**	**13863**	**9091**	**8412**	**7249**	**6690**
(一)工资	元	8923	13076	8899	8233	7039	6448
(二)实物福利	元	22	34	20	0	35	23
(三)其他	元	293	752	172	179	175	220
二、经营净收入	**元**	**4542**	**3917**	**4963**	**5089**	**4690**	**3349**
(一)第一产业经营净收入	元	2203	513	3418	2724	2341	1551
(二)第二产业经营净收入	元	509	381	379	669	699	300
(三)第三产业经营净收入	元	1829	3023	1167	1696	1651	1498
三、财产净收入	**元**	**1018**	**1404**	**571**	**1324**	**877**	**955**
(一)利息净收入	元	74	266	6	12	54	45
(二)红利收入	元	94	1	92	270	100	
(三)储蓄性保险净收益	元						
(四)转让承包土地经营权租金净收入	元	95	55	152	49	161	55
(五)出租房屋财产性收入	元	85	91	4	174	107	59
(六)出租机械、专利、版权等资产的收入	元	29				151	
(七)其他财产净收入	元	10			9	34	
(八)房屋虚拟租金	元	631	990	317	809	270	796
四、转移净收入	**元**	**3000**	**5469**	**2286**	**2010**	**1897**	**3624**
(一)转移性收入	元	3610	6855	2594	2469	2188	4346
1.养老金或离退休金	元	1885	5571	980	568	1339	1183
2.社会救济和补助	元	62	73	12	5	120	95
3.政策性生活补贴	元	3	16				
4.报销医疗费	元	159	437	56	59	77	209
5.家庭外出从业人员寄回带回收入	元	854	52	1034	914	283	2103
6.赡养收入	元	429	559	73	672	211	645
7.其他经常转移收入	元	63	124	113	41	41	14
8.从政府和组织得到的实物产品和服务折价	元	3	2	1		10	2
9.现金政策性惠农补贴	元	152	19	326	210	107	95
(二)转移性支出	元	642	1386	307	460	291	722
1.个人所得税	元	28	126	0	1	1	2
2.社会保障支出	元	468	848	250	364	252	607
3.外来从业人员寄给家人的支出	元	0	0	1			
4.赡养支出	元	95	226	13	80	31	113
5.其他转移性支出	元	45	151	44	14	8	1

分地区全体居民平均每人支出情况

表11-4　(2014年)

指　　标	单 位	连云港	市 区	赣 榆	东 海	灌 云	灌 南
总支出	元	19866	27238	22004	18886	14981	16280
消费支出	**元**	**12247**	**16219**	**11087**	**11825**	**9546**	**9819**
(一)食品烟酒	**元**	**3969**	**5166**	**3630**	**4234**	**3511**	**3517**
1.食品	元	2993	3849	2741	2911	2722	2962
2.烟酒	元	430	536	357	457	423	386
3.饮料	元	71	82	39	87	109	38
4.饮食服务	元	475	699	493	779	256	132
(二)衣着	**元**	**1012**	**1375**	**957**	**869**	**626**	**789**
1.衣类	元	757	1022	715	636	447	514
2.鞋类	元	254	353	242	233	179	275
(三)居住	元	**2365**	**2870**	**2126**	**2006**	**1376**	**1374**
1.租赁房房租	元	35	161	2		15	11
2.住房维修及管理	元	314	676	287	119	233	174
3.水电燃料及其他	元	497	695	491	475	491	334
4.自有住房折算租金	元	1520	1339	1347	1413	636	855
(四)生活用品及服务	**元**	**744**	**1120**	**763**	**722**	**651**	**502**
1.家具及室内装饰品	元	167	298	155	139	156	99
2.家用器具	元	197	201	212	212	236	125
3.家用纺织品	元	89	195	71	79	66	48
4.家庭日用杂品	元	176	244	218	180	109	139
5.个人用品	元	103	153	101	104	77	85
6.家庭服务	元	12	29	6	8	9	7
(五)交通通信	**元**	**1176**	**1580**	**997**	**1159**	**805**	**892**
1.交通	元	619	873	503	473	396	391
2.通信	元	557	707	494	686	409	501
(六)教育文化娱乐	**元**	**2057**	**2315**	**1976**	**2152**	**1795**	**1831**
1.教育	元	1289	1049	1517	1142	977	1614
2.文化娱乐	元	768	1266	458	1010	818	217
(七)医疗保健	**元**	**686**	**1483**	**526**	**447**	**460**	**714**
1.医疗器具及药品	元	193	347	285	167	130	182
2.医疗服务	元	492	1136	242	280	331	532
(八)其他用品和服务	**元**	**238**	**310**	**112**	**236**	**321**	**200**
1.其他用品	元	157	220	53	189	190	124
2.其他服务	元	81	89	59	47	131	76

分地区全体居民居住情况

表 11-5

指标	单位	连云港	市区	赣榆	东海	灌云	灌南
一、本住户居住类型	**户**	**998**	**229**	**174**	**200**	**202**	**194**
1.普通住宅	户	996	229	173	200	202	193
2.集体宿舍和工棚	户						
3.工作地住宿	户	2		1			1
二、人均现住房建筑面积	**平方米**	**46**	**49**	**43**	**47**	**43**	**50**
1.10 平方米以内	户						
2.10–20 平方米	户	2	2				
3.20–30 平方米	户	12	6			3	4
4.30–60 平方米	户	78	24	17	6	19	13
5.60–90 平方米	户	153	42	35	22	27	28
6.90–120 平方米	户	225	46	27	60	63	30
7.120–200 平方米	户	268	52	36	65	52	64
8.200 平方米以上	户	259	58	60	47	38	56
三、住宅外道路路面情况	**户**	**998**	**229**	**174**	**200**	**202**	**194**
1.水泥或柏油路面	户	736	201	108	130	130	167
2.沙石或石板等硬质路面	户	204	19	67	60	50	9
3.其他	户	58	9		10	21	18
四、住宅有管道供水情况	**户**	**998**	**229**	**174**	**200**	**202**	**194**
1.管道供水入户	户	931	224	171	157	197	182
2.管道供水至公共取水点	户	8	1		5	1	1
3.没有管道设施	户	59	4	3	38	3	11
五、主要炊用能源状况	**户**	**998**	**229**	**174**	**200**	**202**	**194**
1.柴草	户	30	3	19		6	2
2.煤炭	户	8	5	3			
3.罐装液化石油气	户	555	121	110	151	98	75
4.管道液化石油气	户						
5.管道煤气	户	4	1	1	2		
6.管道天然气	户	118	71	2	28	17	1
7.电	户	282	28	38	19	81	116
8.燃料用油	户						
9.沼气	户	1		1			
10.其他	户						
11.无炊用行为	户						

分地区全体居民平均每百户耐用消费品拥有量

表 11-6　　(2014 年)

指　　标	单 位	连云港	市　区	赣 榆	东 海	灌 云	灌 南
1.家用汽车	辆	14	15	7	24	8	15
2.摩托车	辆	39	27	54	52	35	29
3.助力车	台	106	105	96	105	92	131
4.洗衣机	台	96	90	103	96	94	96
5.电冰箱(柜)	台	86	86	89	77	86	90
6.微波炉	台	44	54	48	50	29	36
7.彩色电视机	台	135	144	126	131	121	149
8.其中:接入有线电视	台	114	117	86	111	118	137
9.空调	台	110	153	86	102	92	108
10.热水器	台	89	94	88	95	83	83
11.其中:太阳能热水器	台	79	72	83	83	80	80
12.消毒碗柜	台	1	2		1		
13.洗碗机	台	0	0			1	
14.排油烟机	台	39	62	40	48	22	23
15.固定电话	线	64	64	72	80	67	40
16.移动电话	部	231	235	237	221	205	256
17.其中:接入互联网	部	86	135	91	61	49	90
18.计算机	台	64	73	64	76	54	46
19.其中:接入互联网	台	48	68	45	58	26	40
20.摄像机	台	3	6	1	5	2	1
21.照相机	台	13	28	5	20	4	4
22.中高档乐器	架	2	3	2	5		
23.健身器材	台	3	6		6	1	1
24.组合音响	套	6	6	2	11	1	7

分地区全体居民平均每百人主要消费品消费量

表 11-7

指　　标	单 位	连云港	市　区	赣 榆	东 海	灌 云	灌 南
一、食品							
1.谷物	公斤	14487	11203	13964	24931	10605	11911
2.薯类	公斤	111	89	162	101	139	66
3.豆类	公斤	1247	1185	875	763	1614	1764
4.油脂类	公斤	1404	1196	1169	1682	1441	1517
5.鲜菜	公斤	8947	10758	7639	9463	5978	10999
6.猪肉	公斤	1279	1595	1163	990	1146	1496
7.牛肉	公斤	114	192	96	161	108	0
8.羊肉	公斤	23	36	25	31	16	3
9.鸡	公斤	432	503	237	369	468	560
10.鸭	公斤	29	46	22	25	31	19
11.鹅	公斤	1	3		2	1	1
12.鱼类	公斤	1003	1339	727	710	970	1237
13.虾、贝、蟹类	公斤	311	587	419	118	253	172
14.鲜蛋	公斤	991	1128	1168	1069	694	932
15.鲜奶	公斤	807	1070	842	774	565	686
16.酸奶	公斤	196	203	403	245	136	13
17.鲜瓜果	公斤	4083	5599	4382	4576	3075	2735
18.食糖	公斤	96	108	56	75	133	97
19.糖果	公斤	48	51	107	39	40	6
20.糕点	公斤	438	445	550	512	378	318
21.茶叶	公斤	8	4	11	22	3	1
22.白酒	公斤	349	305	412	357	355	321
23.啤酒	公斤	465	676	242	385	494	492
二、主要能源							
1.水	吨	2156	2922	1957	1900	1799	2168
2.天然气	立方米	711	2171	194	710	183	53
3.液化石油气	公斤	1855	2031	1833	1880	1879	1622
4.汽油	升	2045	3437	1997	2514	600	1691
5.电	度	58621	72913	58700	52902	53825	54206

分地区城镇居民基本情况

表 11-8　　　　(2014)年

指　　标	单位	连云港	市区	赣榆	东海	灌云	灌南
一、调查样本住户数	户	562	178	87	100	100	98
(一)城镇住户	户	562	178	87	100	100	98
(二)农村住户	户						
二、期内住户常住成员数	人	1833	535	304	331	348	316
三、本季度从事主要行业	人	1018	277	171	189	218	163
(一)第一产业	人	208	12	55	27	59	55
(二)第二产业	人	249	81	50	37	44	37
1.采矿业	人	3	2	1			
2.制造业	人	116	38	24	18	18	18
3.电力、热力、燃气及水生产供应业	人	23	12	2	3	6	
4.建筑业	人	107	29	23	16	20	19
(三)第三产业	人	561	184	66	125	115	72
1.批发和零售业	人	153	43	18	38	26	28
2.交通运输、仓储和邮政业	人	92	44	8	13	17	10
3.住宿和餐饮业	人	50	18	9	5	12	6
4.信息传输、软件业和信息技术服务业	人	14	7	1	2	4	
5.金融业	人	11	4	3	1		3
6.房地产业	人	4	2		1	1	
7.租赁和商务服务业	人	10	2		5	1	2
8.科学研究和技术服务业	人	4	1	2	1		
9.水利、环境和公共设施管理业	人	12	5		1	3	3
10.居民服务、修理和其他服务业	人	78	24	10	6	29	9
11.教育	人	39	12	6	18	2	1
12.卫生和社会工作	人	35	7	2	12	10	4
13.文化、体育和娱乐业	人	5	4			1	
14.公共管理、社会保障和社会组织	人	55	11	7	22	9	6
15.国际组织	人						

分地区城镇居民平均每人收入情况

表 11-9　　(2014)年

指　　标	单 位	连云港	市　区	赣 榆	东 海	灌 云	灌 南
总收入(未扣除生产费用)	元	27170	29872	30034	26715	21150	26934
可支配收入	**元**	**23595**	**27057**	**23004**	**23151**	**19486**	**20805**
一、工资性收入	**元**	**12893**	**15260**	**13313**	**12765**	**9407**	**9966**
(一)工资	元	12406	14373	12955	12405	9258	9532
(二)实物福利	元	37	41	45	1	79	12
(三)其他	元	450	846	313	360	71	421
二、经营净收入	**元**	**4833**	**4031**	**5929**	**5752**	**5544**	**3391**
(一)第一产业经营净收入	元	1374	183	3705	1399	1788	665
(二)第二产业经营净收入	元	687	437	616	878	1159	460
(三)第三产业经营净收入	元	2772	3412	1609	3476	2598	2267
三、财产净收入	**元**	**1847**	**1652**	**1160**	**2452**	**1810**	**2247**
(一)利息净收入	元	131	303	13	15	123	82
(二)红利收入	元	144	1	216	365	224	
(三)储蓄性保险净收益	元						
(四)转让承包土地经营权租金净收入	元	118	50	181	74	259	64
(五)出租房屋财产性收入	元	163	109	7	353	239	125
(六)出租机械、专利、版权等资产的收入	元	56				338	
(七)其他财产净收入	元	5			5	23	
(八)房屋虚拟租金	元	1229	1189	743	1640	606	1976
四、转移净收入	**元**	**4022**	**6113**	**2602**	**2181**	**2724**	**5201**
(一)转移性收入	元	4949	7715	3049	2967	3100	6197
1.养老金或离退休金	元	3201	6384	2046	627	2565	2312
2.社会救济和补助	元	64	76	1	4	127	100
3.政策性生活补贴	元	6	19				
4.报销医疗费	元	221	512	55	79	68	205
5.家庭外出从业人员寄回带回收入	元	628	3	349	786	0	2479
6.赡养收入	元	613	569	76	1331	133	982
7.其他经常转移收入	元	98	144	180	84	59	
8.从政府和组织得到的实物产品和服务折价	元	5	3	1		23	
9.现金政策性惠农补贴	元	112	4	341	56	125	119
(二)转移性支出	元	926	1602	447	786	375	996
1.个人所得税	元	49	165	0	1	3	2
2.社会保障支出	元	665	978	352	598	318	887
3.外来从业人员寄给家人的支出	元	1	0	2			
4.赡养支出	元	139	269	20	162	51	106
5.其他转移性支出	元	73	190	73	24	4	1

分地区城镇居民平均每人支出情况

表 11-10　　　　(2014 年)

指　　标	单 位	连云港	市　区	赣 榆	东 海	灌 云	灌 南
总支出	元	24076	30629	26709	23053	17519	18732
消费支出	**元**	**16016**	**17695**	**14245**	**16504**	**12093**	**13569**
(一)食品烟酒	**元**	**5169**	**5655**	**4608**	**5775**	**4524**	**4722**
1.食品	元	3877	4199	3496	3361	3771	4119
2.烟酒	元	487	566	441	571	396	409
3.饮料	元	86	92	45	153	90	40
4.饮食服务	元	719	798	626	1691	267	154
(二)衣着	**元**	**1454**	**1523**	**1356**	**1221**	**800**	**1235**
1.衣类	元	1107	1129	1017	910	604	754
2.鞋类	元	347	394	339	311	196	481
(三)居住	**元**	**3090**	**3111**	**2778**	**3479**	**1746**	**2103**
1.租赁房房租	元	66	189	3		35	19
2.住房维修及管理	元	431	717	380	218	430	222
3.水电燃料及其他	元	627	745	604	570	606	534
4.自有住房折算租金	元	1965	1460	1791	2690	676	1328
(四)生活用品及服务	**元**	940	1228	920	760	896	706
1.家具及室内装饰品	元	193	328	96	79	235	133
2.家用器具	元	231	214	287	233	312	116
3.家用纺织品	元	128	218	100	102	85	78
4.家庭日用杂品	元	222	263	265	178	158	227
5.个人用品	元	146	168	160	159	92	141
6.家庭服务	元	19	37	12	9	14	11
(五)交通通信	**元**	1515	1718	1322	1439	805	1058
1.交通	元	844	971	688	621	341	407
2.通信	元	671	746	634	818	464	651
(六)教育文化娱乐	**元**	2594	2490	2525	2986	2246	2578
1.教育	元	1558	1119	1953	1410	1108	2338
2.文化娱乐	元	1036	1371	572	1576	1138	240
(七)医疗保健	**元**	903	1631	554	458	607	801
1.医疗器具及药品	元	252	353	278	199	183	189
2.医疗服务	元	651	1277	276	259	424	611
(八)其他用品和服务	**元**	351	340	182	386	469	366
1.其他用品	元	249	243	90	315	306	279
2.其他服务	元	103	97	92	71	163	88

分地区城镇居民居住情况

表 11-11 (2014 年)

指　　　标	单位	连云港	市区	赣榆	东海	灌云	灌南
一、本住户居住类型	**户**	**562**	**178**	87	**100**	**100**	**98**
1.普通住宅	户	560	178	86	100	100	97
2.集体宿舍和工棚	户						
3.工作地住宿	户	2		1			1
二、人均现住房建筑面积	**平方米**	**45**	**46**	**45**	**45**	**41**	**49**
1.10 平方米以内	户						
2.10-20 平方米	户	2	2				
3.20-30 平方米	户	5	3			2	
4.30-60 平方米	户	45	21	4	4	10	6
5.60-90 平方米	户	93	35	14	8	15	21
6.90-120 平方米	户	133	39	15	36	33	10
7.120-200 平方米	户	159	44	21	34	24	36
8.200 平方米以上	户	127	35	33	18	16	25
三、住宅外道路路面情况	**户**	**562**	**178**	**87**	**100**	**100**	**98**
1.水泥或柏油路面	户	475	162	57	85	82	89
2.沙石或石板等硬质路面	户	64	16	30	8	8	2
3.其他	户	24			7	10	7
四、住宅有管道供水情况	**户**	**562**	**178**	**87**	**100**	**100**	**98**
1.管道供水入户	户	540	174	84	87	100	96
2.管道供水至公共取水点	户	4	1		2		1
3.没有管道设施	户	18	3	3	11		1
五、主要炊用能源状况	**户**	**562**	**178**	**87**	**100**	**100**	**98**
1.柴草	户	3		1			2
2.煤炭	户	6	5	1			
3.罐装液化石油气	户	309	90	53	64	43	59
4.管道液化石油气	户						
5.管道煤气	户	4	1	1	2		
6.管道天然气	户	120	71	2	28	18	1
7.电	户	121	11	29	6	39	36
8.燃料用油	户						
9.沼气	户						
10.其他	户						
11.无炊用行为	户						

分地区城镇居民平均每百户耐用消费品拥有量

表 11-12 (2014年)

指　　标	单 位	连云港	市 区	赣 榆	东 海	灌 云	灌 南
1.家用汽车	辆	16	18	10	31	5	17
2.摩托车	辆	35	30	54	41	25	29
3.助力车	台	109	102	111	119	89	128
4.洗衣机	台	99	92	110	100	97	105
5.电冰箱(柜)	台	89	85	99	85	87	94
6.微波炉	台	59	60	63	72	46	54
7.彩色电视机	台	138	142	132	140	120	152
8.其中:接入有线电视	台	119	119	102	111	119	144
9.空调	台	138	167	123	145	107	126
10.热水器	台	97	100	97	113	83	92
11.其中:太阳能热水器	台	84	75	93	92	81	86
12.消毒碗柜	台	1	2		1		
13.洗碗机	台	0	1			1	
14.排油烟机	台	60	71	62	71	45	42
15.固定电话	线	64	62	75	78	60	47
16.移动电话	部	240	241	241	252	203	261
17.其中:接入互联网	部	100	142	116	67	55	87
18.计算机	台	78	80	74	102	69	61
19.其中:接入互联网	台	63	75	56	87	32	57
20.摄像机	台	4	7	1	5	1	2
21.照相机	台	19	31	9	32	6	5
22.中高档乐器	架	3	3	3	7	1	
23.健身器材	台	4	7		9		1
24.组合音响	套	7	7	3	15	2	6

分地区城镇居民平均每百人主要消费品消费量

表 11-13 (2014 年)

指 标	单 位	连云港	市 区	赣 榆	东 海	灌 云	灌 南
一、食品							
1.谷物	公斤	11747	11547	13258	13258	7735	12484
2.薯类	公斤	113	95	193	193	114	77
3.豆类	公斤	1447	1220	1090	1090	2209	1812
4.油脂类	公斤	1467	1203	1276	1276	1893	1647
5.鲜菜	公斤	10122	12059	8660	8660	8922	11676
6.猪肉	公斤	1503	1697	1417	1417	1427	1631
7.牛肉	公斤	116	182	138	138	72	1
8.羊肉	公斤	27	43	24	24	11	2
9.鸡	公斤	489	515	250	250	615	550
10.鸭	公斤	36	44	30	30	39	16
11.鹅	公斤	1	1	0	0	1	0
12.鱼类	公斤	1143	1345	830	830	1150	1364
13.虾、贝、蟹类	公斤	442	681	542	542	431	245
14.鲜蛋	公斤	1133	1160	1261	1261	906	928
15.鲜奶	公斤	1064	1243	805	805	900	689
16.酸奶	公斤	281	248	634	634	130	8
17.鲜瓜果	公斤	4781	5814	5190	5190	4017	3057
18.食糖	公斤	102	111	70	70	142	95
19.糖果	公斤	57	53	138	138	42	4
20.糕点	公斤	499	449	686	686	458	294
21.茶叶	公斤	10	5	10	10	4	1
22.白酒	公斤	310	303	471	471	277	287
23.啤酒	公斤	481	626	225	225	623	433
二、主要能源				0	0		
1.水	吨	2775	3247	2570	2570	2093	2729
2.天然气	立方米	1275	2824	367	367	607	92
3.液化石油气	公斤	1967	1965	1973	1973	2287	1995
4.汽油	升	2891	4133	3157	3157	768	1892
5.电	度	70575	77858	73926	73926	65971	63208

分地区农村居民基本情况

表 11-14 (2014年)

指　　　标	单位	连云港	市区	赣榆	东海	灌云	灌南
一、调查样本住户数	**户**	**436**	**51**	**87**	**100**	**102**	**96**
(一)城镇住户	户						
(二)农村住户	户	436	51	87	100	102	96
二、期内住户常住成员数	**人**	**1461**	**163**	**281**	**339**	**369**	**309**
三、本季度从事主要行业	**人**	**927**	**105**	**170**	**230**	**242**	**180**
(一)第一产业	人	467	40	91	114	128	94
(二)第二产业	人	297	38	54	89	55	61
1.采矿业	人	2		2			
2.制造业	人	110	15	20	39	11	25
3.电力、热力、燃气及水生产供应业	人	11	7	1		3	
4.建筑业	人	174	16	31	50	41	36
(三)第三产业	人	162	27	25	27	59	24
1.批发和零售业	人	61	10	11	10	17	14
2.交通运输、仓储和邮政业	人	17	3	6	4	4	
3.住宿和餐饮业	人	18	1	1		12	4
4.信息传输、软件业和信息技术服务业	人	5				5	
5.金融业	人	1				1	
6.房地产业	人						
7.租赁和商务服务业	人	5		1		2	2
8.科学研究和技术服务业	人						
9.水利、环境和公共设施管理业	人	1					1
10.居民服务、修理和其他服务业	人	29	7	1	7	11	3
11.教育	人	9		2	4	2	1
12.卫生和社会工作	人	6	3	1	1	1	
13.文化、体育和娱乐业	人	1		1			
14.公共管理、社会保障和社会组织	人	10	3	2	1	4	
15.国际组织	人						

分地区农村居民平均每人收入情况

表 11-15　　(2014)年

指　　标	单 位	连云港	市　区	赣 榆	东 海	灌 云	灌 南
总收入(未扣除生产费用)	元	15584	16241	15916	17320	13055	16054
可支配收入	**元**	**11698**	**12650**	**12378**	**12171**	**10864**	**10442**
一、工资性收入	**元**	**5392**	**6887**	**5949**	**4916**	**5509**	**4480**
(一)工资	元	5257	6604	5880	4913	5250	4365
(二)实物福利	元	7		1			30
(三)其他	元	129	283	68	3	259	84
二、经营净收入	**元**	**4235**	**3344**	**4245**	**5189**	**4001**	**3321**
(一)第一产业经营净收入	元	3076	2160	3204	4016	2787	2149
(二)第二产业经营净收入	元	323	104	202	643	327	192
(三)第三产业经营净收入	元	836	1080	839	530	887	979
三、财产净收入	**元**	146	165	133	224	125	83
(一)利息净收入	元	15	83	1	9	-2	20
(二)红利收入	元	41			177		
(三)储蓄性保险净收益	元						
(四)转让承包土地经营权租金净收入	元	71	82	130	25	83	49
(五)出租房屋财产性收入	元	3		2			15
(六)出租机械、专利、版权等资产的收入	元						
(七)其他财产净收入	元	14			13	43	
(八)房屋虚拟租金	元						
四、转移净收入	**元**	**1925**	**2254**	**2051**	**1842**	**1230**	**2559**
(一)转移性收入	元	2202	2563	2254	1984	1453	3096
1.养老金或离退休金	元	501	1514	186	510	351	420
2.社会救济和补助	元	60	57	21	7	114	92
3.政策性生活补贴	元	0	3				
4.报销医疗费	元	93	64	56	39	84	211
5.家庭外出从业人员寄回带回收入	元	1091	298	1543	1039	511	1850
6.赡养收入	元	235	508	70	30	275	417
7.其他经常转移收入	元	26	23	62	0	26	24
8.从政府和组织得到的实物产品和服务折价	元	1		0			3
9.现金政策性惠农补贴	元	195	95	315	359	92	79
(二)转移性支出	元	277	309	203	142	224	538
1.个人所得税	元	1	0		1	0	2
2.社会保障支出	元	225	198	174	135	199	417
3.外来从业人员寄给家人的支出	元						
4.赡养支出	元	39	85	7		14	118
5.其他转移性支出	元	11	26	22	5	11	0

分地区农村居民平均每人支出情况

表 11-16 (2014 年)

指标	单位	连云港	市区	赣榆	东海	灌云	灌南
总支出	元	15413	16126	18501	15930	12935	14625
消费支出	**元**	**8282**	**8849**	**8737**	**8370**	**7492**	**7288**
(一)食品烟酒	**元**	**2706**	**2726**	**2902**	**2980**	**2694**	**2704**
1.食品	元	2062	2101	2180	2472	1876	2181
2.烟酒	元	371	386	295	346	445	370
3.饮料	元	55	34	34	22	125	36
4.饮食服务	元	218	205	393	139	248	116
(二)衣着	**元**	**546**	**636**	**661**	**525**	**486**	**488**
1.衣类	元	390	487	490	369	321	352
2.鞋类	元	156	149	170	156	165	136
(三)居住	**元**	**1604**	**1669**	**1641**	**1252**	**1078**	**882**
1.租赁房房租	元	4	23	1			5
2.住房维修及管理	元	290	468	218	147	75	142
3.水电燃料及其他	元	359	444	407	382	398	200
4.自有住房折算租金	元	951	733	1016	723	604	535
(四)生活用品及服务	**元**	**539**	**577**	**646**	**685**	**454**	**364**
1.家具及室内装饰品	元	140	145	199	198	92	76
2.家用器具	元	161	135	157	192	174	130
3.家用纺织品	元	49	65	50	57	50	27
4.家庭日用杂品	元	128	149	182	181	69	80
5.个人用品	元	57	80	57	49	64	47
6.家庭服务	元	4	2	2	7	5	4
(五)交通通信	**元**	**819**	**894**	**754**	**887**	**806**	**780**
1.交通	元	381	382	366	329	441	380
2.通信	元	438	513	389	557	364	400
(六)教育文化娱乐	**元**	1492	1444	1567	1516	1431	1326
1.教育	元	1006	700	1193	881	872	1125
2.文化娱乐	元	486	744	374	635	559	201
(七)医疗保健	**元**	**457**	**745**	**506**	**436**	**342**	656
1.医疗器具及药品	元	131	313	290	135	87	177
2.医疗服务	元	325	432	216	301	255	479
(八)其他用品和服务	**元**	**119**	**156**	**60**	**90**	**202**	**87**
1.其他用品	元	61	107	26	66	96	20
2.其他服务	元	59	50	34	24	106	68

分地区农村居民居住情况

表 11-17 (2014年)

指标	单位	连云港	市区	赣榆	东海	灌云	灌南
一、本住户居住类型	**户**	**436**	**51**	**87**	**100**	**102**	**96**
1.普通住宅	户	436	51	87	100	102	96
2.集体宿舍和工棚	户						
3.工作地住宿	户						
二、人均现住房建筑面积	**平方米**	**48**	**56**	**42**	**49**	**46**	**51**
1.10平方米以内	户						
2.10–20平方米	户						
3.20–30平方米	户	8	3			1	4
4.30–60平方米	户	34	3	13	2	9	7
5.60–90平方米	户	61	7	21	14	12	7
6.90–120平方米	户	93	7	12	24	30	20
7.120–200平方米	户	110	8	15	31	28	28
8.200平方米以上	户	132	23	27	29	22	31
三、住宅外道路路面情况	**户**	**436**	**51**	**87**	**100**	**102**	**96**
1.水泥或柏油路面	户	264	39	51	45	51	79
2.沙石或石板等硬质路面	户	139	3	37	52	40	7
3.其他	户	34	9		3	11	11
四、住宅有管道供水情况	**户**	**436**	**51**	**87**	**100**	**102**	**96**
1.管道供水入户	户	391	50	87	70	98	86
2.管道供水至公共取水点	户	4			3	1	
3.没有管道设施	户	41	1		27	3	10
五、主要炊用能源状况	**户**	**436**	**51**	**87**	**100**	**102**	**96**
1.柴草	户	27	3	18		6	
2.煤炭	户	2		2			
3.罐装液化石油气	户	245	31	57	87	54	16
4.管道液化石油气	户						
5.管道煤气	户						
6.管道天然气	户						
7.电	户	161	17	9	13	42	80
8.燃料用油	户						
9.沼气	户	1		1			
10.其他	户						
11.无炊用行为	户						

分地区农村居民平均每百户耐用消费品拥有量

表 11-18　　(2014 年)

指　　标	单 位	连云港	市 区	赣 榆	东 海	灌 云	灌 南
1.家用汽车	辆	10	4	3	16	10	13
2.摩托车	辆	44	18	54	62	43	29
3.助力车	台	103	118	80	91	95	135
4.洗衣机	台	91	84	96	91	92	87
5.电冰箱(柜)	台	81	90	79	68	86	85
6.微波炉	台	24	31	32	28	16	17
7.彩色电视机	台	130	151	121	122	122	145
8.其中:接入有线电视	台	108	112	69	110	117	130
9.空调	台	74	106	49	58	79	90
10.热水器	台	78	71	79	77	83	75
11.其中:太阳能热水器	台	74	63	73	73	79	74
12.消毒碗柜	台	0	2		1		
13.洗碗机	台	0				1	
14.排油烟机	台	14	29	17	24	2	3
15.固定电话	线	65	71	69	81	73	32
16.移动电话	部	219	216	232	190	207	251
17.其中:接入互联网	部	69	110	67	54	44	93
18.计算机	台	45	51	55	49	39	32
19.其中:接入互联网	台	28	45	34	28	21	23
20.摄像机	台	2	2		4	2	
21.照相机	台	5	18	1	8	3	2
22.中高档乐器	架	1	4		3		
23.健身器材	台	1			3	1	1
24.组合音响	套	4	4	1	7		8

分地区农村居民平均每百人主要消费品消费量

表 11-19　　(2014 年)

指　　标	单 位	连云港	市 区	赣 榆	东 海	灌 云	灌 南
一、食品							
1.谷物	公斤	17827	10075	14728	35399	12920	11325
2.薯类	公斤	108	70	129	100	159	54
3.豆类	公斤	1017	1068	643	542	1133	1714
4.油脂类	公斤	1341	1176	1053	1908	1076	1384
5.鲜菜	公斤	7573	6493	6534	10788	3605	10305
6.猪肉	公斤	1008	1259	889	763	919	1358
7.牛肉	公斤	111	225	51	176	138	0
8.羊肉	公斤	17	16	27	19	20	3
9.鸡	公斤	365	463	223	263	350	571
10.鸭	公斤	21	50	13	6	26	22
11.鹅	公斤	2	8	0	2	1	2
12.鱼类	公斤	833	1320	615	540	824	1107
13.虾、贝、蟹类	公斤	152	281	286	73	110	97
14.鲜蛋	公斤	820	1021	1067	739	522	936
15.鲜奶	公斤	492	502	883	21	460	684
16.酸奶	公斤	90	56	154	65	140	17
17.鲜瓜果	公斤	3238	4895	3508	3980	2316	2405
18.食糖	公斤	88	98	41	70	127	99
19.糖果	公斤	36	42	73	26	39	7
20.糕点	公斤	365	429	402	378	314	342
21.茶叶	公斤	6	1	12	11	2	1
22.白酒	公斤	394	313	347	478	419	355
23.啤酒	公斤	450	840	260	391	391	552
二、主要能源							
1.水	吨	1388	1856	1293	865	1562	1594
2.天然气	立方米	13	31	7	0	21	12
3.液化石油气	公斤	1728	2246	1680	2156	1549	1241
4.汽油	升	991	1156	742	1242	464	1486
5.电	度	44038	56703	42224	38582	44030	44992

历年物价指数

表 11–20

年　　份	商品零售价格指数	居民消费价格指数
	上年=100	上年=100
1987	100.7	100.7
1979	102.0	101.9
1980	106.0	107.5
1981	102.4	102.5
1982	101.9	102.0
1983	100.8	100.8
1984	104.7	104.8
1985	109.6	109.0
1986	105.8	105.6
1987	108.8	108.3
1988	123.7	123.4
1989	117.0	117.3
1990	102.7	103.6
1991	107.3	107.2
1992	106.9	108.2
1993	115.4	117.3
1994	122.5	125.9
1995	113.2	116.1
1996	107.5	111.5
1997	99.2	101.2
1998	98.1	99.6
1999	96.2	98.4
2000	98.4	101.2
2001	98.8	100.7
2002	97.5	98.9
2003	99.7	101.6
2004	101.3	102.9
2005	101.1	102.0
2006	100.6	101.4
2007	102.4	104.2
2008	104.6	104.8
2009	98.7	99.3
2010	102.6	103.5
2011	104.5	104.9
2012	102.0	102.3
2013	101.5	102.2
2014	101.9	102.4

居民消费价格总指数

表 11-21

指标	以上年价格为100									
	2005	2006	2007	2008	2009	2010	2011	2012	2013	2014
居民消费价格总指数	**102.0**	**101.4**	**104.2**	**104.8**	**99.3**	**103.5**	**104.9**	**102.3**	**102.2**	**102.4**
服务项目价格指数	**101.6**	**103.4**	**106.1**	**103.7**	**100.3**	**104.2**	**103.0**	**101.1**	**101.7**	**102.3**
一、食品	105.4	102.1	109.3	111.8	99.1	106.9	109.6	105.2	104.4	103.9
#粮食	102.0	101.1	103.0	107.3	103.0	111.0	110.8	102.2	104.6	104.0
油脂	92.8	100.2	138.2	123.2	76.8	101.8	113.7	104.8	100.9	88.4
肉禽及其制品	107.1	97.4	129.4	118.2	89.2	102.8	121.8	101.3	106.0	99.3
蛋	104.2	94.2	126.0	104.6	99.8	109.9	117.6	97.5	102.9	112.5
水产品	107.7	93.2	86.2	101.5	102.4	105.7	108.6	105.5	103.2	104.2
鲜菜	124.9	108.7	96.3	102.9	111.5	124.5	94.5	114.9	105.1	95.3
液体乳及乳制品	99.4	100.9	101.4	133.8	102.9	103.6	108.4	103.7	104.0	118.6
干鲜瓜果	97.8	126.9	105.6	112.2	103.1	109.3	111.4	99.6	107.4	112.3
二、烟酒	99.5	99.9	100.7	103.9	101.8	101.2	104.2	105.4	99.0	98.2
三、衣着	98.0	99.4	99.2	96.6	101.4	99.3	104.1	102.0	102.9	104.5
#服装	99.3	98.5	98.2	96.4	100.3	99.9	105.6	101.6	102.4	103.4
衣着材料	101.8	101.5	98.1	103.3	109.9	108.8	106.2	100.4	104.3	101.0
四、家庭设备用品及维修服务	98.6	102.2	103.8	102.3	101.3	99.8	106.0	99.8	101.1	102.1
#耐用消费品	97.3	101.7	102.9	102.8	99.8	95.5	104.4	98.9	100.1	101.5
五、医疗保健和个人用品	99.3	103.6	101.2	101.1	99.2	101.0	101.2	100.6	100.0	101.1
六、交通和通讯	97.1	96.3	98.1	97.6	98.3	100.2	101.0	100.1	100.5	99.8
七、娱乐教育文化用品及服务	100.7	100.4	103.4	102.6	98.3	100.2	100.9	98.6	100.5	102.4
#教育服务	101.8	105.0	110.6	109.3	100.4	100.6	99.0	100.4	98.8	101.7
八、居住	105.6	104.4	103.0	104.2	99.5	106.9	104.5	102.5	102.2	101.7

商品零售价格总指数

表 11-22

指　　标	以上年价格为 100									
	2005	2006	2007	2008	2009	2010	2011	2012	2013	2014
商品零售价格总指数	**101.1**	**100.6**	**102.4**	**104.6**	**98.7**	**102.6**	**104.5**	**102.0**	**101.5**	**101.9**
一、食　品	105.4	102.1	109.2	111.9	99.4	107.2	109.7	105.2	104.3	104.4
#粮　　食	101.4	101.2	103.7	107.3	103.4	111.5	110.5	102.2	104.6	104.0
油　　脂	92.5	100.3	138.3	123.2	76.9	101.8	113.7	104.8	100.9	88.4
肉禽及其制品	110.0	97.7	128.6	118.1	89.8	101.7	121.5	101.5	105.8	99.4
水 产 品	104.6	93.4	85.9	101.3	101.2	105.8	108.6	105.5	103.2	104.2
鲜　　菜	124.9	108.7	96.3	102.9	111.5	124.5	93.9	114.9	105.1	95.3
鲜　　果	96.3	134.5	101.2	112.0	105.7	108.8	111.0	98.9	107.4	114.3
二、饮料、烟酒	99.8	100.3	100.1	103.1	99.9	102.2	103.2	104.4	99.7	99.3
三、服装、鞋帽	97.8	99.1	99.3	96.4	101.0	99.2	103.8	102.0	102.7	104.4
四、纺织品	99.8	98.9	97.6	100.5	101.2	93.6	116.9	101.0	103.5	97.0
五、家用电器及音像器材	95.8	97.2	95.6	95.8	92.5	91.8	100.6	97.7	97.4	99.6
六、文化办公用品	97.6	94.5	90.4	84.3	89.3	96.8	98.5	91.4	100.6	100.5
七、日 用 品	99.1	99.5	99.4	103.1	105.7	99.6	101.9	99.3	101.5	99.9
八、体育娱乐用品	99.9	98.6	102.1	104.8	99.5	95.5	96.7	104.6	99.7	102.7
九、交通、通信用品	90.3	88.3	90.8	91.3	93.4	98.9	95.6	98.5	99.8	100.9
十、家　　具	98.3	101.7	104.8	106.0	104.6	97.7	107.0	94.1	103.9	105.5
十一、化妆品	99.4	101.2	100.4	102.7	100.9	97.0	102.1	103.7	101.5	98.0
十二、金银珠宝	109.7	145.2	111.1	119.9	88.2	107.7	116.9	104.4	93.0	93.2
十三、中西药品及医疗保健用品	97.3	98.6	100.3	99.3	96.1	102.3	98.1	100.1	101.2	101.6
十四、书报杂志及电子出版物	102.1	100.2	99.0	105.5	112.5	99.7	99.7	100.0	100.1	108.5
十五、燃　料	112.7	111.4	102.6	111.6	83.8	116.4	109.4	102.1	99.5	101.2
十六、建筑材料及五金电料	101.2	103.5	107.0	105.4	98.0	102.4	105.6	101.2	100.4	100.4

12

科技、教育、文化、卫生

科 学 技 术 基 本 情 况

表 12-1

(2014 年)

项　　目	单 位	全 市	市 区	#赣榆区	东海县	灌云县	灌南县
一、科技活动机构							
1.独立科研机构	个	28	17	2	6	3	2
2.大中型企业科技活动机构	个						
二、科技活动人员							
1.独立科研机构	人	714	541	18	89	73	11
2.大中型企业科技活动机构	人						
三、科学研究成果							
通过鉴定项目	项	121	109	5	10	1	1
#达到国际水平	项	8	8	0	0	0	0
达到国内先进水平	项	81	75	2	6	0	0
达到省内先进水平	项	27	20	2	5	1	1
填补市内空白	项	5	4	1	1	0	0
获市级以上科技进步奖	项	7	6	1	1	0	0
技术成交项目	项						
技术成交额	万元						
四、科技活动经费							
经费支出(独立科研机构)	万元	9664	8945	1464	309	328	82
经费收入(独立科研机构)	万元	11210	10166	1000	415	540	89
五、专利申请情况	项	10090	6079	2157	1893	821	1297
发明专利	项	1712	1142	330	315	127	128
实用新型专利	项	1309	954	127	170	126	59
外观设计专利	项	7069	3983	1700	1408	568	1110
六、专利授权	项	6341	4036	1012	1331	238	736
发明专利	项	273	236	27	22	6	9
实用新型专利	项	996	734	67	148	60	54
外观设计专利	项	5072	3066	918	1161	172	673

工业企业基本情况

表 12-2　　(2014 年)

项目	企业数（个）	有 R&D 活动	有科技机构	从业人员期末人数（人）	从业人员平均人数（人）
总计	**1649**	**397**	**401**	**274556**	**271675**
一、按企业规模分组					
大型	27	25	25	76320	74831
中型	119	79	82	62586	62352
小型	1440	291	292	134959	133278
微型	63	2	2	691	1214
二、按隶属关系分组					
中央	9	8	8	9321	8733
省(自治区、直辖市)	8	2	2	8129	7680
地(区、市、州、盟)	32	14	13	24775	25096
县(区、市、旗)	28	12	12	4964	5108
街道	1			42	42
镇	6	1	1	654	608
乡	7	4	4	3295	3201
社区(居委会)					
村委会	1			15	15
其他	1557	356	361	223361	221192
三、按登记注册类型分组					
内资企业	1439	339	342	217935	215595
国有企业	4			431	432
集体企业	2			222	222
股份合作企业	1	1	1	116	116
联营企业					
国有联营企业					
集体联营企业					
国有与集体联营企业					
其他联营企业					
有限责任公司	235	74	76	55657	55452
国有独资公司	11	5	4	8365	8973
其他有限责任公司	224	69	72	47292	46479
股份有限公司	22	9	9	12392	12265
私营企业	1172	254	255	148926	146917
私营独资企业	119	22	24	11451	11315
私营合伙企业	1			160	158
私营有限责任公司	1017	219	219	130797	128901
私营股份有限公司	35	13	12	6518	6543
其他企业	3	1	1	191	191

表 12-2 续表 1

项　　　　目	企业数（个）	有 R&D 活动	有科技机构	从业人员期末人数（人）	从业人员平均人数（人）
港、澳、台商投资企业	70	19	21	18603	18741
与港澳台商合资经营企业	28	9	10	6065	5990
与港澳台商合作经营企业					
港澳台商独资经营企业	38	8	9	7085	7218
港澳台商投资股份有限公司	4	2	2	5453	5533
其他港澳台投资企业					
外商投资企业	140	39	38	38018	37339
中外合资经营企业	62	20	19	12861	12885
中外合作经营企业					
外资企业	74	16	16	18366	18129
外商投资股份有限公司	4	3	3	6791	6325
其他外商投资企业					
四、按国民经济行业大类分组					
采矿业	23	5	6	7324	7513
有色金属矿采选业	3			113	113
非金属矿采选业	19	4	5	6940	7128
开采辅助活动	1	1	1	271	272
制造业	1604	388	390	261358	258366
农副食品加工业	167	21	22	14880	14881
食品制造业	29	7	7	4305	4197
酒、饮料和精制茶制造业	20	6	6	3379	3397
纺织业	35	3	5	6662	6593
纺织服装、服饰业	93	12	9	17825	17908
皮革、毛皮、羽毛及其制品和制鞋业	17	2	2	4192	4136
木材加工和木、竹、藤、棕、草制品业	51	10	10	5426	5493
家具制造业	11	2	2	715	743
造纸和纸制品业	18			1440	1476
印刷和记录媒介复制业	42	3	3	3529	3506
文教、工美、体育和娱乐用品制造业	48	2	3	6566	6505
石油加工、炼焦和核燃料加工业	4	1	1	2047	2050
化学原料和化学制品制造业	273	87	80	40046	40049
医药制造业	61	18	17	29804	29112
化学纤维制造业	7	2	2	787	774
橡胶和塑料制品业	39	6	5	3609	3618
非金属矿物制品业	278	76	84	32260	31872

表 12-2 续表 2

项　　　　目	企业数（个）	有 R&D 活动	有科技机构	从业人员期末人数（人）	从业人员平均人数（人）
黑色金属冶炼和压延加工业	49	10	10	22307	21319
有色金属冶炼和压延加工业	22	4	3	2689	2692
金属制品业	64	11	12	6866	6809
通用设备制造业	38	11	11	7234	6436
专用设备制造业	77	33	32	10176	10276
汽车制造业	19	10	11	2239	2227
铁路、船舶、航空航天和其他运输设 制造业	13	9	8	10253	10308
电气机械和器材制造业	77	26	29	13350	13445
计算机、通信和其他电子设备制造业	30	12	12	6915	6707
仪器仪表制造业	4	2	2	800	859
其他制造业	5			338	337
废弃资源综合利用业	13	2	2	719	641
电力、热力、燃气及水生产和供应业	22	4	5	5874	5796
电力、热力生产和供应业	13	3	3	4856	4781
燃气生产和供应业	4	1	1	301	300
水的生产和供应业	5		1	717	715
五、按经济成分分分组					
公有经济	52	21	22	26472	26389
非公有经济	1597	376	379	248084	245286
六、按企业控股情况分组					
国有控股	44	20	21	23953	3256637
集体控股	8	1	1	2436	2315278
私人控股	1400	322	323	190187	32841407
港澳台商控股	64	17	18	17872	2080038
外商控股	110	31	31	32291	7532462
其他	23	6	7	4936	624144
七、按地区分组					
连云港市	1649	397	401	274556	271675
市辖区					
连云区	75	15	11	14427	14616
海州区	107	34	35	43918	43260
赣榆区	431	46	37	52138	50809
东海县	463	141	156	61408	60688
灌云县	263	61	61	37069	37414
灌南县	171	59	58	30951	30887
连云港经济技术开发区	139	41	43	34645	34001

表 12-2 续表 3

项　　　　目	工业总产值(万元)	主营业务收入(万元)	利润总额(万元)	主营业务税金及附加(万元)
总　　计	**48649965**	**48209890**	**3722932**	**431069**
一、按企业规模分组				
大型	18094948	17853349	1609847	158600
中型	11003334	11184029	764273	97501
小型	19277217	18904840	1332906	172472
微型	274466	267671	15906	2496
二、按隶属关系分组				
中央	1400484	1311756	267564	14745
省(自治区、直辖市)	1294081	1275845	228799	13740
地(区、市、州、盟)	2193678	1930307	253927	23900
县(区、市、旗)	480755	486399	9754	1707
街道	28075	23501	1103	307
镇	57130	54763	3210	467
乡	259184	250793	19456	1510
社区(居委会)				
村委会	2012	2012		3
其他	42934566	42874514	2939123	374689
三、按登记注册类型分组				
内资企业	37798540	37106557	2870161	377006
国有企业	36279	36042	2975	155
集体企业	9828	10361	1269	95
股份合作企业	9902	9903	582	74
联营企业				
国有联营企业				
集体联营企业				
国有与集体联营企业				
其他联营企业				
有限责任公司	9071218	8764716	720463	87361
国有独资公司	439356	426545	2039	3791
其他有限责任公司	8631862	8338172	718425	83570
股份有限公司	1641786	1527295	268312	16801
私营企业	27014480	26743191	1875683	272381
私营独资企业	2110998	2074568	153462	23482
私营合伙企业	42451	42115	3512	632
私营有限责任公司	23758002	23524640	1629432	225978
私营股份有限公司	1103030	1101867	89277	22289
其他企业	15048	15048	876	140

表 12-2 续表 4

项　　　目	工业总产值(万元)	主营业务收入(万元)	利润总额(万元)	主营业务税金及附加(万元)
港、澳、台商投资企业	2075687	2062526	203999	14566
与港澳台商合资经营企业	635521	620989	35311	3119
与港澳台商合作经营企业				
港澳台商独资经营企业	598915	599028	23558	1982
港澳台商投资股份有限公司	841251	842510	145131	9465
其他港澳台投资企业				
外商投资企业	8775738	9040807	648772	39497
中外合资经营企业	4251660	4403251	276009	17088
中外合作经营企业				
外资企业	3581944	3735227	176025	8612
外商投资股份有限公司	942134	902328	196738	13797
其他外商投资企业				
四、按国民经济行业大类分组				
采矿业	580700	575595	30565	5224
有色金属矿采选业	59259	58766		29
非金属矿采选业	477856	473244	28772	4842
开采辅助活动	43585	43585	4968	353
制造业	46969254	46511089	3404341	412573
农副食品加工业	3737640	3809700	263569	22489
食品制造业	312581	308681	19296	2334
酒、饮料和精制茶制造业	552868	558530	52912	26548
纺织业	373384	364884	20442	2306
纺织服装、服饰业	1015241	1001375	87624	12163
皮革、毛皮、羽毛及其制品和制鞋业	189760	184230	9546	1242
木材加工和木、竹、藤、棕、草制品业	644534	640376	31938	5486
家具制造业	73865	74022	7197	879
造纸和纸制品业	157662	154242	10679	1348
印刷和记录媒介复制业	459538	455941	34356	5179
文教、工美、体育和娱乐用品制造业	499054	492990	38561	5883
石油加工、炼焦和核燃料加工业	2347821	2335595	77766	24568
化学原料和化学制品制造业	8309137	8256649	471821	54765
医药制造业	4202108	3895892	711608	49790
化学纤维制造业	213624	210551	8509	389
橡胶和塑料制品业	403134	393817	28946	3881
非金属矿物制品业	4806586	4696934	334977	36922

表 12–2 续表 5

项　　目	工业总产值(万元)	主营业务收入(万元)	利润总额(万元)	主营业务税金及附加(万元)
黑色金属冶炼和压延加工业	7723033	7758503	436153	76505
有色金属冶炼和压延加工业	1345384	1406463	60331	11053
金属制品业	1860277	1886753	149783	12719
通用设备制造业	1058640	995300	73089	11124
专用设备制造业	1371411	1378881	106056	7011
汽车制造业	501904	497444	39685	4878
铁路、船舶、航空航天和其他运输设 制造业	1298799	1292239	87883	9086
电气机械和器材制造业	1881731	1832451	135717	15091
计算机、通信和其他电子设备制造业	1280322	1301156	84500	6418
仪器仪表制造业	42282	32947	1673	111
其他制造业	73451	71272	4660	862
废弃资源综合利用业	233484	223275	15064	1542
电力、热力、燃气及水生产和供应业	1100012	1123205	288026	13272
电力、热力生产和供应业	985719	1005974	275599	12436
燃气生产和供应业	88543	91768	10042	705
水的生产和供应业	25750	25463	2385	130
五、按经济成分分分组				
公有经济	5571915	5523485	446028	42662
非公有经济	43078050	42686405	3276903	388407
六、按企业控股情况分组				
国有控股	3218024	373441	18464	8527
集体控股	2305461	72587	24198	12
私人控股	32220537	2386242	340440	28807
港澳台商控股	2058767	202725	14737	2498
外商控股	7782989	551492	28025	6491
其他	624111	136445	5204	673
七、按地区分组				
连云港市	48649965	48209890	3722932	431069
市辖区				
连云区	2285861	2268491	269438	15188
海州区	4921453	4553619	566563	46893
赣榆区	12919595	12970252	890990	182463
东海县	8150002	8027074	554054	62139
灌云县	5388790	5192768	362735	52224
灌南县	5788707	5729373	385370	51327
连云港经济技术开发区	9195557	9468313	693782	20836

表 12-2 续表 6

项　　　　目	管理费用中的税　金(万元)	应交增值税(万元)	资产总计(万元)	出口交货值(万元)
总　　计	**47009**	**1928501**	**28473527**	**1861625**
一、按企业规模分组				
大型	16222	1049073	14587112	289169
中型	11944	391719	5396047	976385
小型	18656	483584	8207660	594492
微型	187	4124	282707	1580
二、按隶属关系分组				
中央	4538	115927	4727822	52377
省(自治区、直辖市)	1988	130917	1606359	3026
地(区、市、州、盟)	6556	167803	3149396	106584
县(区、市、旗)	1381	16410	582486	46930
街道		1041	4708	
镇	105	2348	36220	
乡	328	7496	152493	113995
社区(居委会)				
村委会	1	33	423	
其他	32112	1486526	18213620	1538714
三、按登记注册类型分组				
内资企业	36107	1417416	22741957	741676
国有企业	15	1051	30909	
集体企业	6		7157	
股份合作企业		81	2733	
联营企业				
国有联营企业				
集体联营企业				
国有与集体联营企业				
其他联营企业				
有限责任公司	12391	382958	9853348	203376
国有独资公司	2074	11881	1137582	43539
其他有限责任公司	10318	371077	8715765	159837
股份有限公司	2563	140995	2465981	14684
私营企业	21128	891891	10372489	523616
私营独资企业	1381	54642	428980	62322
私营合伙企业	29	929	7513	
私营有限责任公司	17803	800678	9514495	457378
私营股份有限公司	1915	35642	421501	3916
其他企业	4	504	9341	

表 12-2 续表 7

项　　　　目	管理费用中的税　金(万元)	应交增值税(万元)	资产总计(万元)	出口交货值(万元)
港、澳、台商投资企业	2772	107834	1827127	184319
与港澳台商合资经营企业	843	16346	446574	137579
与港澳台商合作经营企业				
港澳台商独资经营企业	776	11765	599147	11979
港澳台商投资股份有限公司	1153	79723	781406	34761
其他港澳台投资企业				
外商投资企业	8130	403251	3904443	935630
中外合资经营企业	3705	176256	1691428	375223
中外合作经营企业				
外资企业	3262	114014	1587223	533797
外商投资股份有限公司	1163	112981	625792	26610
其他外商投资企业				
四、按国民经济行业大类分组				
采矿业	1400	18024	961662	545
有色金属矿采选业	49		28154	
非金属矿采选业	1351	15899	890401	545
开采辅助活动		2160	43108	
制造业	41773	1790820	22304441	1861080
农副食品加工业	2194	125865	1468669	105497
食品制造业	295	5936	153476	71003
酒、饮料和精制茶制造业	1044	14073	334218	
纺织业	329	6588	174660	59731
纺织服装、服饰业	667	32908	266988	177823
皮革、毛皮、羽毛及其制品和制鞋业	381	5950	86865	28466
木材加工和木、竹、藤、棕、草制品业	690	11391	240433	99441
家具制造业	94	2401	40281	6652
造纸和纸制品业	80	2228	68869	3404
印刷和记录媒介复制业	1044	14033	134962	10870
文教、工美、体育和娱乐用品制造业	208	12721	160907	69231
石油加工、炼焦和核燃料加工业		82277	849111	
化学原料和化学制品制造业	9338	199926	4455671	473998
医药制造业	6523	401355	3202614	14754
化学纤维制造业	284	5782	106575	1492
橡胶和塑料制品业	350	7249	195371	8288
非金属矿物制品业	4685	145829	2041732	181092

表 12-2 续表 8

项　　目	管理费用中的税　金(万元)	应交增值税(万元)	资产总计(万元)	出口交货值(万元)
黑色金属冶炼和压延加工业	3135	342749	3075876	72584
有色金属冶炼和压延加工业	369	54805	317913	83823
金属制品业	1359	63155	517188	3758
通用设备制造业	1714	25416	837236	25639
专用设备制造业	1102	53332	975169	160947
汽车制造业	581	7670	142546	1209
铁路、船舶、航空航天和其他运输设 制造业	1636	53108	482065	1745
电气机械和器材制造业	2875	60871	1354850	57916
计算机、通信和其他电子设备制造业	709	49363	452966	128048
仪器仪表制造业		621	29487	13671
其他制造业	3	2358	18442	
废弃资源综合利用业	84	862	119304	
电力、热力、燃气及水生产和供应业	3836	119658	5207425	
电力、热力生产和供应业	3567	117860	5013048	
燃气生产和供应业	81	1066	33518	
水的生产和供应业	188	732	160859	
五、按经济成分分分组				
公有经济	8539	272398	8379521	86000
非公有经济	38470	1656103	20094006	1775625
六、按企业控股情况分组				
国有控股	191197	7526045	86000	
集体控股	81201	853475		
私人控股	1146182	14021899	905366	
港澳台商控股	108536	1815082	123060	
外商控股	356843	3421980	739987	
其他	44542	835046	7213	
七、按地区分组				
连云港市	47009	1928501	28473527	1861625
市辖区				
连云区	5919	107824	6185788	116339
海州区	9421	330164	5965888	148864
赣榆区	7628	437183	4674092	518861
东海县	7666	251642	2869800	361600
灌云县	3267	105796	1611005	47019
灌南县	5947	273420	2704013	66627
连云港经济技术开发区	7161	422473	4462941	602316

工业企业 R&D 人员情况

表 12-3 (2014年)

指标	R&D人员合计(人)	#1.参加项目人员	2.管理和服务人员	#女性	#研究人员	#1.全时人员	2.非全时人员
总计	**13575**	**12695**	**880**	**3675**	**3728**	**9975**	**3600**
一、按企业规模分组							
大型	5554	5264	290	1947	1262	4526	1028
中型	2774	2584	190	549	767	1875	899
小型	5237	4839	398	1179	1694	3567	1670
微型	10	8	2		5	7	3
二、按隶属关系分组							
中央	831	777	54	90	422	434	397
省(自治区、直辖市)	734	689	45	270	176	569	165
地(区、市、州、盟)	2700	2578	122	1052	650	2401	299
县(区、市、旗)	300	274	26	36	61	182	118
街道							
镇	98	94	4	19	13	46	52
乡	161	153	8	58	12	135	26
社区(居委会)							
村委会							
其他	8751	8130	621	2150	2394	6208	2543
三、按登记注册类型分组							
内资企业	10540	9837	703	2716	3094	7738	2802
国有企业							
集体企业							
股份合作企业	32	31	1	6	8	17	15
联营企业							
国有联营企业							
集体联营企业							
国有与集体联营企业							
其他联营企业							
有限责任公司	3760	3517	243	870	1243	2737	1023
国有独资公司	729	673	56	120	241	562	167
其他有限责任公司	3031	2844	187	750	1002	2175	856
股份有限公司	1416	1357	59	550	229	1228	188
私营企业	5312	4912	400	1290	1599	3736	1576
私营独资企业	320	291	29	87	114	236	84
私营合伙企业							
私营有限责任公司	4667	4322	345	1135	1392	3310	1357
私营股份有限公司	325	299	26	68	93	190	135
其他企业	20	20			15	20	

表 12-3 续表 1　　　　　　　　　　　　(2014 年)

指　　　　标	R&D人员合计(人)	#1.参加项目人员	2.管理和服务人员	#女性	#研究人员	#1.全时人员	2.非全时人员
港、澳、台商投资企业	1148	1075	73	483	187	1052	96
与港澳台商合资经营企业	347	320	27	83	76	282	65
与港澳台商合作经营企业							
港澳台商独资经营企业	129	118	11	41	51	98	31
港澳台商投资股份有限公司	672	637	35	359	60	672	
其他港澳台投资企业							
外商投资企业	1887	1783	104	476	447	1185	702
中外合资经营企业	734	695	39	129	141	371	363
中外合作经营企业							
外资企业	279	262	17	72	64	154	125
外商投资股份有限公司	874	826	48	275	242	660	214
其他外商投资企业							
四、按国民经济行业大类分组							
采矿业	401	377	24	72	92	384	17
有色金属矿采选业							
非金属矿采选业	394	371	23	71	90	379	15
开采辅助活动	7	6	1	1	2	5	2
制造业	12915	12070	845	3586	3422	9554	3361
农副食品加工业	324	296	28	78	99	152	172
食品制造业	108	95	13	28	15	58	50
酒、饮料和精制茶制造业	185	169	16	60	65	140	45
纺织业	25	21	4	9	5	17	8
纺织服装、服饰业	114	102	12	68	22	76	38
皮革、毛皮、羽毛及其制品和制鞋业	151	146	5	1	65	98	53
木材加工和木、竹、藤、棕、草制品业	131	119	12	30	38	94	37
家具制造业	41	39	2	9	7	9	32
造纸和纸制品业							
印刷和记录媒介复制业	26	23	3	7	7	24	2
文教、工美、体育和娱乐用品制造业	14	12	2	4	3	8	6
石油加工、炼焦和核燃料加工业	134	123	11	10	10	103	31
化学原料和化学制品制造业	2332	2108	224	422	608	1574	758
医药制造业	3084	2936	148	1398	531	2792	292
化学纤维制造业	104	92	12	22	11	75	29
橡胶和塑料制品业	99	93	6	15	35	59	40
非金属矿物制品业	1568	1469	99	436	469	1137	431

表 12-3 续表 2　　　　　　　　　　(2014 年)

指　　　　标	R&D人员合计(人)	#1.参加项目人员	2.管理和服务人员	#女性	#研究人员	#1.全时人员	2.非全时人员
黑色金属冶炼和压延加工业	533	491	42	156	122	388	145
有色金属冶炼和压延加工业	95	83	12	16	22	56	39
金属制品业	173	156	17	21	36	101	72
通用设备制造业	384	362	22	32	72	340	44
专用设备制造业	1369	1311	58	310	533	975	394
汽车制造业	211	196	15	49	74	146	65
铁路、船舶、航空航天和其他运输设备制造业	240	227	13	50	59	206	34
电气机械和器材制造业	978	934	44	227	302	581	397
计算机、通信和其他电子设备制造业	336	321	15	79	176	218	118
仪器仪表制造业	127	120	7	46	32	103	24
其他制造业							
废弃资源综合利用业	29	26	3	3	4	24	5
电力、热力、燃气及水生产和供应业	259	248	11	17	214	37	222
电力、热力生产和供应业	238	229	9	16	212	19	219
燃气生产和供应业	21	19	2	1	2	18	3
水的生产和供应业							
五、按经济成分分组							
公有经济	1877	1757	120	255	693	1239	638
非公有经济	11698	10938	760	3420	3035	8736	2962
六、按企业控股情况分组							
国有控股	1743	1634	109	245	683	1136	607
集体控股	134	123	11	10	10	103	31
私人控股	8667	8069	598	2452	2378	6527	2140
港澳台商控股	1066	999	67	477	168	982	84
外商控股	1599	1516	83	409	382	980	619
其他	366	354	12	82	107	247	119
七、按地区分组							
连云港市	13575	12695	880	3675	3728	9975	3600
市辖区							
连云区	836	777	59	133	434	291	545
海州区	4299	4101	198	1466	1040	3577	722
赣榆区	1341	1227	114	330	351	879	462
东海县	2345	2184	161	711	854	1698	647
灌云县	927	834	93	128	207	737	190
灌南县	1452	1312	140	299	321	1073	379
连云港经济技术开发区	2375	2260	115	608	521	1720	655

表 12-3 续表 3　　　　　　　　　　(2014 年)

指　标	R&D人员折合全时当量合计（人年）	#研究人员	#1.基础研究人员	2.应用研究人员	3.试验发展人员
总　计	**9730.1**	**2554.8**	**3.6**	**116.2**	**9610.3**
一、按企业规模分组					
大型	4365.1	861.8		53.6	4311.5
中型	1800.3	496.5		26.1	1774.1
小型	3557.9	1192.9	3.6	36.5	3517.9
微型	6.8	3.5			6.8
二、按隶属关系分组					
中央	305.1	128.5		22.4	282.7
省(自治区、直辖市)	731.5	173.3			731.5
地(区、市、州、盟)	2225	488.6		18.7	2206.3
县(区、市、旗)	192.3	41			192.3
街道					
镇	81.7	10.4			81.7
乡	122.3	9			122.3
社区(居委会)					
村委会					
其他	6072.2	1704	3.6	75.1	5993.5
三、按登记注册类型分组					
内资企业	7395.6	2077.8	3.6	85.6	7306.4
国有企业					
集体企业					
股份合作企业	17.8	4.6			17.8
联营企业					
国有联营企业					
集体联营企业					
国有与集体联营企业					
其他联营企业					
有限责任公司	2537	740.7		65.8	2471.2
国有独资公司	400.1	111.6			400.1
其他有限责任公司	2137	629.1		65.8	2071.1
股份有限公司	1267.5	203.2		1.1	1266.4
私营企业	3553.3	1114.3	3.6	18.7	3531
私营独资企业	251.1	92.1			251.1
私营合伙企业					
私营有限责任公司	3078.1	960.5	3.6	18.7	3055.8
私营股份有限公司	224.1	61.8			224.1
其他企业	20	15			20

表 12-3 续表 4　　　　(2014 年)

指　　标	R&D人员折合全时当量合计（人年）	#研究人员	#1.基础研究人员	2.应用研究人员	3.试验发展人员
港、澳、台商投资企业	1007.5	162		6.5	1001
与港澳台商合资经营企业	270.6	62.7		6.5	264.1
与港澳台商合作经营企业					
港澳台商独资经营企业	105.9	43			105.9
港澳台商投资股份有限公司	631	56.3			631
其他港澳台投资企业					
外商投资企业	1326.9	315		24.1	1302.9
中外合资经营企业	398.9	92.8		13	386
中外合作经营企业					
外资企业	177	40		11.1	165.9
外商投资股份有限公司	751	182.1			751
其他外商投资企业					
四、按国民经济行业大类分组					
采矿业	313.8	73			313.8
有色金属矿采选业					
非金属矿采选业	308.5	71.2			308.5
开采辅助活动	5.3	1.8			5.3
制造业	9329	2424.2	3.6	109.8	9215.6
农副食品加工业	173.7	68.2		19.9	153.8
食品制造业	77.9	12.7			77.9
酒、饮料和精制茶制造业	133.2	40.5		17.3	115.9
纺织业	17.8	4.3			17.8
纺织服装、服饰业	85.7	16.8			85.7
皮革、毛皮、羽毛及其制品和制鞋业	29.8	5.9			29.8
木材加工和木、竹、藤、棕、草制品业	87.8	29.1			87.8
家具制造业	22.5	3.3			22.5
造纸和纸制品业					
印刷和记录媒介复制业	20.7	6.2			20.7
文教、工美、体育和娱乐用品制造业	5.1	1.1			5.1
石油加工、炼焦和核燃料加工业	114.7	8.7			114.7
化学原料和化学制品制造业	1319.4	346.5		9.1	1310.3
医药制造业	2840.3	467		19.2	2821.1
化学纤维制造业	59.8	8.2			59.8
橡胶和塑料制品业	87.8	31.2			87.8
非金属矿物制品业	1207	368.4			1207

表 12-3 续表 4　　　　　　　　　　(2014 年)

指　　标	R&D人员折合全时当量合计（人年）	#研究人员	#1.基础研究人员	2.应用研究人员	3.试验发展人员
黑色金属冶炼和压延加工业	190.2	45.8		7.4	182.8
有色金属冶炼和压延加工业	65.2	14.3	3.6		61.6
金属制品业	94.7	22.7		2.9	91.9
通用设备制造业	204.2	44.6		15.6	188.6
专用设备制造业	1074.9	415.7		7.4	1067.5
汽车制造业	168.6	59.5			168.6
铁路、船舶、航空航天和其他运输设制造业	203	48.3			203
电气机械和器材制造业	717	232.2		11.1	705.9
计算机、通信和其他电子设备制造业	183	87.9			183
仪器仪表制造业	123.5	32			123.5
其他制造业					
废弃资源综合利用业	21.6	3			21.6
电力、热力、燃气及水生产和供应业	87.2	57.6		6.4	80.8
电力、热力生产和供应业	66.7	55.4		6.4	60.3
燃气生产和供应业	20.5	2.2			20.5
水的生产和供应业					
五、按经济成分分分组					
公有经济	948.7	278.3		29.8	918.9
非公有经济	8781.3	2276.5	3.6	86.4	8691.4
六、按企业控股情况分组					
国有控股	834.1	269.6		29.8	804.2
集体控股	114.7	8.7			114.7
私人控股	6414.7	1779.9	3.6	55.8	6355.2
港澳台商控股	945.7	146.5		6.5	939.2
外商控股	1134.5	268.3		24.1	1110.4
其他	286.5	81.7			286.5
七、按地区分组					
连云港市	9730.1	2554.8	3.6	116.2	9610.3
市辖区					
连云区	307.4	136.8	3.6	21	282.7
海州区	3807.2	913		19.2	3788.1
赣榆区	724.8	181.1			724.8
东海县	1846.6	693.8		1.8	1844.9
灌云县	665.4	147		17.3	648.1
灌南县	897.7	192.3		1.9	895.9
连云港经济技术开发区	1481	290.7		55.1	1425.9

工业企业 R&D 经费情况

表 12–4　　(2014 年)　　单位:万元

指　　标	R&D经费内部支出合计	(一)按活动类型分组			(二)按支出用途分组	
		#1. 基础研究支出	2. 应用研究支出	3.试验发展支出	1.经常费支出	#人员劳务费
总　计	**301009**	**153**	**3840**	**297017**	**264461**	**87384**
一、按企业规模分组						
大型	152550		1038	151512	137666	45941
中型	50709		1508	49201	43953	12335
小型	97285	153	1294	95838	82575	29043
微型	465			465	267	65
二、按隶属关系分组						
中央	14247		455	13792	13071	2558
省(自治区、直辖市)	25375			25375	22156	6793
地(区、市、州、盟)	80523		468	80056	75067	28350
县(区、市、旗)	10293			10293	9224	1509
街道						
镇	864			864	686	295
乡	2620			2620	1198	480
社区(居委会)						
村委会						
其他	167087	153	2917	164017	143059	47400
三、按登记注册类型分组						
内资企业	233184	153	3044	229986	207281	68150
国有企业						
集体企业						
股份合作企业	659			659	403	103
联营企业						
国有联营企业						
集体联营企业						
国有与集体联营企业						
其他联营企业						
有限责任公司	75709		1695	74014	70521	20945
国有独资公司	6795			6795	6076	2824
其他有限责任公司	68915		1695	67219	64445	18121
股份有限公司	59802		126	59677	55722	19053
私营企业	96779	153	1223	95403	80424	27986
私营独资企业	7209			7209	5562	1918
私营合伙企业						
私营有限责任公司	83750	153	1223	82373	70224	24434
私营股份有限公司	5820			5820	4638	1635
其他企业	235			235	212	63

表 12-4 续表 1　　(2014 年)　　单位:万元

指标	R&D经费内部支出合计	(一)按活动类型分组			(二)按支出用途分组	
		#1. 基础研究支出	2. 应用研究支出	3.试验发展支出	1.经常费支出	#人员劳务费
港、澳、台商投资企业	22795		110	22686	17453	7605
与港澳台商合资经营企业	5461		110	5351	3120	1268
与港澳台商合作经营企业						
港澳台商独资经营企业	1658			1658	1282	692
港澳台商投资股份有限公司	15677			15677	13051	5645
其他港澳台投资企业						
外商投资企业	45031		686	44344	39727	11628
中外合资经营企业	14409		210	14199	13106	2498
中外合作经营企业						
外资企业	3998		476	3522	3286	1414
外商投资股份有限公司	26624			26624	23335	7717
其他外商投资企业						
四、按国民经济行业大类分组						
采矿业	2116			2116	1987	1305
有色金属矿采选业						
非金属矿采选业	2059			2059	1930	1275
开采辅助活动	57			57	57	31
制造业	296746	153	3809	292784	260366	85795
农副食品加工业	3981		347	3634	3606	1429
食品制造业	2013			2013	1885	591
酒、饮料和精制茶制造业	2118		649	1469	1805	490
纺织业	451			451	401	194
纺织服装、服饰业	1213			1213	993	448
皮革、毛皮、羽毛及其制品和制鞋业	1715			1715	1669	984
木材加工和木、竹、藤、棕、草制品业	3095			3095	2869	695
家具制造业	1048			1048	1026	290
造纸和纸制品业						
印刷和记录媒介复制业	516			516	413	175
文教、工美、体育和娱乐用品制造业	284			284	194	100
石油加工、炼焦和核燃料加工业	4470			4470	4382	183
化学原料和化学制品制造业	51253		286	50966	44756	12959
医药制造业	110447		562	109885	100086	34050
化学纤维制造业	2133			2133	2018	488
橡胶和塑料制品业	2288			2288	2029	526
非金属矿物制品业	22972			22972	17442	7542

表 12–4 续表 2　　(2014 年)　　单位:万元

指　　标	R&D经费内部支出合计	(一)按活动类型分组			(二)按支出用途分组	
		#1. 基础研究支出	2. 应用研究支出	3.试验发展支出	1.经常费支出	#人员劳务费
黑色金属冶炼和压延加工业	10130		797	9334	7346	3351
有色金属冶炼和压延加工业	2141	153		1988	1757	391
金属制品业	3195		238	2956	2880	794
通用设备制造业	9641		330	9312	8649	1333
专用设备制造业	24374		124	24250	21672	7922
汽车制造业	3896			3896	3284	1282
铁路、船舶、航空航天和其他运输设备制造业	3509			3509	3194	1298
电气机械和器材制造业	22096		476	21620	18981	4518
计算机、通信和其他电子设备制造业	5429			5429	4921	3084
仪器仪表制造业	1610			1610	1379	513
其他制造业						
废弃资源综合利用业	730			730	730	165
电力、热力、燃气及水生产和供应业	2147		31	2116	2109	284
电力、热力生产和供应业	1584		31	1553	1545	151
燃气生产和供应业	564			564	564	133
水的生产和供应业						
五、按经济成分分分组						
公有经济	34975		579	34396	32069	7142
非公有经济	266035	153	3261	262621	232392	80242
六、按企业控股情况分组						
国有控股	30505		579	29927	27686	6959
集体控股	4470			4470	4382	183
私人控股	198553	153	2465	195935	174662	60333
港澳台商控股	21743		110	21634	16569	7359
外商控股	38119		686	37433	33706	10375
其他	7620			7620	7456	2175
七、按地区分组						
连云港市	301009	153	3840	297017	264461	87384
市辖区						
连云区	10906	153	882	9871	9064	2350
海州区	123034		495	122539	112907	37356
赣榆区	35859			35859	29955	6844
东海县	35283		112	35171	26775	12654
灌云县	27098		649	26449	27070	6923
灌南县	25745		233	25513	21278	7395
连云港经济技术开发区	43085		1469	41616	37413	13862

表 12-4 续表 3 (2014 年) 单位:万元

指标	(二)按支出用途分组			(三)按资金来源分组			
	2.资产性支出	#①土建工程	②仪器设备	1.政府资金	2.企业资金	3.境外资金	4.其他资金
总计	**36549**	**1795**	**34754**	**14261**	**284363**	**410**	**1975**
一、按企业规模分组							
大型	14884	430	14454	8043	144194		313
中型	6756	782	5974	1481	48364	333	532
小型	14710	581	14129	4737	91340	77	1130
微型	198	2	196		465		
二、按隶属关系分组							
中央	1176	49	1126	1339	12908		
省(自治区、直辖市)	3219	18	3201	612	24764		
地(区、市、州、盟)	5457	393	5064	4690	75634		199
县(区、市、旗)	1069	13	1056	45	10248	1	
街道							
镇	178	11	166		864		
乡	1423	51	1372	134	2486		
社区(居委会)							
村委会							
其他	24028	1260	22768	7442	157459	409	1776
三、按登记注册类型分组							
内资企业	25902	1526	24376	11671	219995	77	1440
国有企业							
集体企业							
股份合作企业	256		256	54	605		
联营企业							
国有联营企业							
集体联营企业							
国有与集体联营企业							
其他联营企业							
有限责任公司	5188	117	5071	4664	70457		588
国有独资公司	718	52	666	135	6660		
其他有限责任公司	4470	65	4405	4529	63797		588
股份有限公司	4080	278	3803	2691	57111		
私营企业	16355	1131	15224	4262	91589	76	852
私营独资企业	1647	47	1600	34	7175		
私营合伙企业							
私营有限责任公司	13526	1056	12469	3559	79263	76	852
私营股份有限公司	1182	28	1154	669	5151		
其他企业	23		23		234	1	

表 12-4 续表 4　　　　(2014 年)　　　　单位:万元

指标	(二)按支出用途分组			(三)按资金来源分组			
	2.资产性支出	#①土建工程	②仪器设备	1.政府资金	2.企业资金	3.境外资金	4.其他资金
港、澳、台商投资企业	5343	129	5214	1475	21320		
与港澳台商合资经营企业	2341	88	2253	261	5200		
与港澳台商合作经营企业							
港澳台商独资经营企业	375	41	334	110	1548		
港澳台商投资股份有限公司	2626		2626	1104	14573		
其他港澳台投资企业							
外商投资企业	5304	140	5164	1115	43047	333	535
中外合资经营企业	1303	117	1186	419	13990		
中外合作经营企业							
外资企业	712	4	708	85	3576	333	4
外商投资股份有限公司	3289	19	3270	612	25481		532
其他外商投资企业							
四、按国民经济行业大类分组							
采矿业	130	17	113	125	1991		
有色金属矿采选业							
非金属矿采选业	130	17	113	125	1934		
开采辅助活动					57		
制造业	36380	1775	34605	13996	280365	410	1975
农副食品加工业	376	16	360	342	3639		
食品制造业	129		129	8	1905		100
酒、饮料和精制茶制造业	313	33	280	225	1893		
纺织业	50	2	49		451		
纺织服装、服饰业	220	26	194		1198		15
皮革、毛皮、羽毛及其制品和制鞋业	46		46		1183		532
木材加工和木、竹、藤、棕、草制品业	226	2	224	99	2996		
家具制造业	22	1	21		1048		
造纸和纸制品业							
印刷和记录媒介复制业	103	3	100	100	416		
文教、工美、体育和娱乐用品制造业	90	1	89		284		
石油加工、炼焦和核燃料加工业	87		87	3	4467		
化学原料和化学制品制造业	6496	140	6356	638	49945	76	593
医药制造业	10361	298	10063	5900	104256		291
化学纤维制造业	115	93	23	70	2063		
橡胶和塑料制品业	258	6	252		2288		
非金属矿物制品业	5530	276	5254	1857	20926		189

表 12-4 续表 5　　(2014 年)　　单位:万元

指　　标	(二)按支出用途分组			(三)按资金来源分组			
	2.资产性支出	#①土建工程	②仪器设备	1.政府资金	2.企业资金	3.境外资金	4.其他资金
黑色金属冶炼和压延加工业	2784	585	2199	195	9822		114
有色金属冶炼和压延加工业	384	4	380	543	1598		
金属制品业	314	12	303	19	3176		
通用设备制造业	992	18	974	1406	8235		
专用设备制造业	2702	112	2590	1231	23002	1	141
汽车制造业	612	79	533	136	3760		
铁路、船舶、航空航天和其他运输设备制造业	316	10	305	11	3498		
电气机械和器材制造业	3115	43	3072	1042	20720	333	
计算机、通信和其他电子设备制造业	507	11	496	112	5317		
仪器仪表制造业	231	5	226	60	1550		
其他制造业							
废弃资源综合利用业					730		
电力、热力、燃气及水生产和供应业	39	3	36	141	2007		
电力、热力生产和供应业	39	3	36	141	1443		
燃气生产和供应业					564		
水的生产和供应业							
五、按经济成分分分组							
公有经济	2906	151	2755	1727	33247		
非公有经济	33642	1644	31998	12534	251116	410	1975
六、按企业控股情况分组							
国有控股	2819	151	2668	1724	28781		
集体控股	87		87	3	4467		
私人控股	23891	1499	22392	10328	186708	77	1440
港澳台商控股	5174	100	5075	1323	20420		
外商控股	4413	40	4373	700	36551	333	535
其他	164	6	159	183	7437		
七、按地区分组							
连云港市	36549	1795	34754	14261	284363	410	1975
市辖区							
连云区	1841	639	1202	272	10630		4
海州区	10127	383	9744	6283	116551	1	199
赣榆区	5904	182	5721	965	34648		245
东海县	8508	373	8135	3279	31715		289
灌云县	28		28	125	26973		
灌南县	4468	54	4414	678	24284	76	708
连云港经济技术开发区	5673	164	5509	2659	39561	333	532

表 12–4 续表 6　　(2014 年)　　单位:万元

指　　标	R&D经费外部支出	对境内研究机构支出	对境内高等学校支出	对境外支出
总　计	**18840**	**7057**	**3095**	**2493**
一、按企业规模分组				
大型	15134	5638	1151	2222
中型	1485	857	460	96
小型	2222	562	1484	175
微型				
二、按隶属关系分组				
中央	1796	308	74	205
省(自治区、直辖市)	7176	645	220	1396
地(区、市、州、盟)	5742	4226	843	621
县(区、市、旗)	35	10	25	
街道				
镇	40		40	
乡				
社区(居委会)				
村委会				
其他	4052	1868	1893	271
三、按登记注册类型分组				
内资企业	10993	6210	2543	1001
国有企业				
集体企业				
股份合作企业	65		65	
联营企业				
国有联营企业				
集体联营企业				
国有与集体联营企业				
其他联营企业				
有限责任公司	5160	1825	1289	826
国有独资公司	309	288	21	
其他有限责任公司	4851	1537	1268	826
股份有限公司	3234	3172	61	
私营企业	2535	1212	1128	175
私营独资企业	67	65	2	
私营合伙企业				
私营有限责任公司	2320	1040	1084	175
私营股份有限公司	148	107	41	
其他企业				

表 12-4 续表 7　　(2014 年)　　单位:万元

指　　标	R&D经费外部支出	对境内研究机构支出	对境内高等学校支出	对境外支出
港、澳、台商投资企业	159	87	72	
与港澳台商合资经营企业	90	87	4	
与港澳台商合作经营企业				
港澳台商独资经营企业	69		69	
港澳台商投资股份有限公司				
其他港澳台投资企业				
外商投资企业	7688	760	480	1492
中外合资经营企业	417	116	260	
中外合作经营企业				
外资企业				
外商投资股份有限公司	7271	645	220	1492
其他外商投资企业				
四、按国民经济行业大类分组				
采矿业				
有色金属矿采选业				
非金属矿采选业				
开采辅助活动				
制造业	17632	7057	3095	2493
农副食品加工业	55	22	33	
食品制造业	21	15	6	
酒、饮料和精制茶制造业	171	100	30	
纺织业				
纺织服装、服饰业				
皮革、毛皮、羽毛及其制品和制鞋业	96			96
木材加工和木、竹、藤、棕、草制品业	81	55	26	
家具制造业				
造纸和纸制品业				
印刷和记录媒介复制业				
文教、工美、体育和娱乐用品制造业				
石油加工、炼焦和核燃料加工业	214	214		
化学原料和化学制品制造业	1260	558	703	
医药制造业	13160	5324	905	2017
化学纤维制造业				
橡胶和塑料制品业	81		81	
非金属矿物制品业	227	73	155	

表 12-4 续表 8 (2014 年) 单位：万元

指　　标	R&D经费外部支出	对境内研究机构支出	对境内高等学校支出	对境外支出
黑色金属冶炼和压延加工业	21	21		
有色金属冶炼和压延加工业	178	85	93	
金属制品业	79	46	13	
通用设备制造业	335		129	205
专用设备制造业	526	158	194	175
汽车制造业	203	121	82	
铁路、船舶、航空航天和其他运输设备制造业	49	26	24	
电气机械和器材制造业	750	233	517	
计算机、通信和其他电子设备制造业	81	8	73	
仪器仪表制造业	44		33	
其他制造业				
废弃资源综合利用业				
电力、热力、燃气及水生产和供应业	1208			
电力、热力生产和供应业	1208			
燃气生产和供应业				
水的生产和供应业				
五、按经济成分分分组				
公有经济	2049	522	113	205
非公有经济	16792	6535	2982	2288
六、按企业控股情况分组				
国有控股	1835	308	113	205
集体控股	214	214		
私人控股	8962	5657	2477	796
港澳台商控股	322	94	228	
外商控股	7317	645	225	1492
其他	191	139	52	
七、按地区分组				
连云港市	18840	7057	3095	2493
市辖区				
连云区	1707	303	196	
海州区	13250	5028	1239	2017
赣榆区	916	412	309	175
东海县	1282	369	913	
灌云县	1		1	
灌南县	647	355	292	
连云港经济技术开发区	1038	590	148	301

工业企业全部R&D项目情况

表12-5 (2014年)

指　　标	项目数(项)	参加项目人员(人)	项目人员折合全时当量(人年)	全部项目经费内部支出(万元)
总　计	**1536**	**12695**	**9170**	**273549**
一、按企业规模分组				
大型	403	5264	4153	142715
中型	388	2584	1676	43620
小型	743	4839	3336	86801
微型	2	8	6	413
二、按隶属关系分组				
中央	118	777	287	12750
省(自治区、直辖市)	49	689	687	25356
地(区、市、州、盟)	288	2578	2129	75741
县(区、市、旗)	31	274	179	9627
街道				
镇	1	94	78	714
乡	12	153	117	1219
社区(居委会)				
村委会				
其他	1037	8130	5693	148142
三、按登记注册类型分组				
内资企业	1289	9837	6970	213409
国有企业				
集体企业				
股份合作企业	4	31	17	562
联营企业				
国有联营企业				
集体联营企业				
国有与集体联营企业				
其他联营企业				
有限责任公司	443	3517	2390	68565
国有独资公司	59	673	375	6398
其他有限责任公司	384	2844	2015	62167
股份有限公司	111	1357	1215	58668
私营企业	725	4912	3327	85379
私营独资企业	64	291	233	6100
私营合伙企业				
私营有限责任公司	614	4322	2887	74536
私营股份有限公司	47	299	208	4743
其他企业	6	20	20	235

表 12-5 续表 1　　(2014 年)

指　　标	项目数（项）	参加项目人员(人)	项目人员折合全时当量(人年)	全部项目经费内部支出(万元)
港、澳、台商投资企业	61	1075	950	18452
与港澳台商合资经营企业	23	320	251	3634
与港澳台商合作经营企业				
港澳台商独资经营企业	17	118	100	1469
港澳台商投资股份有限公司	21	637	599	13349
其他港澳台投资企业				
外商投资企业	186	1783	1251	41688
中外合资经营企业	102	695	378	11976
中外合作经营企业				
外资企业	23	262	167	3109
外商投资股份有限公司	61	826	706	26604
其他外商投资企业				
四、按国民经济行业大类分组				
采矿业	24	377	296	1745
有色金属矿采选业				
非金属矿采选业	23	371	291	1687
开采辅助活动	1	6	5	57
制造业	1473	12070	8791	269816
农副食品加工业	43	296	159	3258
食品制造业	9	95	70	1871
酒、饮料和精制茶制造业	25	169	121	1902
纺织业	4	21	16	372
纺织服装、服饰业	14	102	79	918
皮革、毛皮、羽毛及其制品和制鞋业	12	146	28	1715
木材加工和木、竹、藤、棕、草制品业	33	119	82	2899
家具制造业	4	39	22	1047
造纸和纸制品业				
印刷和记录媒介复制业	6	23	19	481
文教、工美、体育和娱乐用品制造业	3	12	5	280
石油加工、炼焦和核燃料加工业	3	123	105	4462
化学原料和化学制品制造业	276	2108	1196	46189
医药制造业	224	2936	2707	104969
化学纤维制造业	20	92	54	2009
橡胶和塑料制品业	10	93	83	2271
非金属矿物制品业	235	1469	1148	19276

表 12-5 续表 2　　　　　　　　　　　　(2014 年)

指　　　　标	项目数 (项)	参加项目人员 (人)	项目人员折合全时当量(人年)	全部项目经费内部支出(万元)
黑色金属冶炼和压延加工业	32	491	178	8255
有色金属冶炼和压延加工业	26	83	57	1728
金属制品业	24	156	86	2086
通用设备制造业	50	362	193	8237
专用设备制造业	159	1311	1034	22042
汽车制造业	27	196	158	3082
铁路、船舶、航空航天和其他运输设备制造业	31	227	193	3364
电气机械和器材制造业	115	934	688	19741
计算机、通信和其他电子设备制造业	40	321	175	5190
仪器仪表制造业	46	120	117	1443
其他制造业				
废弃资源综合利用业	2	26	20	730
电力、热力、燃气及水生产和供应业	39	248	83	1989
电力、热力生产和供应业	38	229	64	1425
燃气生产和供应业	1	19	19	564
水的生产和供应业				
五、按经济成分分分组				
公有经济	206	1757	889	31693
非公有经济	1330	10938	8281	241856
六、按企业控股情况分组				
国有控股	203	1634	784	27231
集体控股	3	123	105	4462
私人控股	1090	8069	6039	180746
港澳台商控股	69	999	893	17190
外商控股	124	1516	1070	36494
其他	47	354	280	7426
七、按地区分组				
连云港市	1536	12695	9170	273549
市辖区				
连云区	106	777	289	9266
海州区	415	4101	3639	116833
赣榆区	135	1227	668	31250
东海县	383	2184	1749	29317
灌云县	94	834	607	26942
灌南县	166	1312	814	22990
连云港经济技术开发区	237	2260	1405	36951

全部工业企业办科技机构情况

表 12-6　　(2014 年)

指　　标	机构数(个)	机构人员合计(人)	博士毕业	硕士毕业	本科毕业
总　计	**523**	**15150**	**472**	**2211**	**8351**
一、按企业规模分组					
大型	63	6517	237	1289	3713
中型	107	3533	59	268	1944
小型	351	5091	176	652	2689
微型	2	9		2	5
二、按隶属关系分组					
中央	15	641	4	53	523
省(自治区、直辖市)	3	529	20	221	261
地(区、市、州、盟)	27	3302	148	716	1546
县(区、市、旗)	15	334	13	21	167
街道					
镇	1	93	12	5	30
乡	4	126	2	21	43
社区(居委会)					
村委会					
其他	458	10125	273	1174	5781
三、按登记注册类型分组					
内资企业	451	11384	368	1562	6127
国有企业					
集体企业					
股份合作企业	2	25	1	2	8
联营企业					
国有联营企业					
集体联营企业					
国有与集体联营企业					
其他联营企业					
有限责任公司	108	4127	124	521	2173
国有独资公司	4	137	6	28	87
其他有限责任公司	104	3990	118	493	2086
股份有限公司	17	1754	88	437	1070
私营企业	323	5458	155	602	2871
私营独资企业	27	345	9	46	176
私营合伙企业					
私营有限责任公司	282	4790	139	535	2476
私营股份有限公司	14	323	7	21	219
其他企业	1	20			5

表 12-6 续表 1　　　　(2014 年)

指　　标	机构数(个)	机构人员合计(人)	博士毕业	硕士毕业	本科毕业
港、澳、台商投资企业	23	1663	47	275	1086
与港澳台商合资经营企业	10	423	6	46	201
与港澳台商合作经营企业					
港澳台商独资经营企业	11	138	4	24	82
港澳台商投资股份有限公司	2	1102	37	205	803
其他港澳台投资企业					
外商投资企业	49	2103	57	374	1138
中外合资经营企业	25	879	28	75	452
中外合作经营企业					
外资企业	19	554	9	74	359
外商投资股份有限公司	5	670	20	225	327
其他外商投资企业					
四、按国民经济行业大类分组					
采矿业	6	81	6	25	43
有色金属矿采选业					
非金属矿采选业	5	75	6	24	39
开采辅助活动	1	6		1	4
制造业	507	14915	463	2158	8197
农副食品加工业	22	375	10	50	239
食品制造业	7	71		4	20
酒、饮料和精制茶制造业	10	139	11	36	60
纺织业	6	53	1	10	26
纺织服装、服饰业	9	108		9	55
皮革、毛皮、羽毛及其制品和制鞋业	2	150		4	70
木材加工和木、竹、藤、棕、草制品业	10	93	1	10	51
家具制造业	2	42		3	10
造纸和纸制品业					
印刷和记录媒介复制业	3	22		6	16
文教、工美、体育和娱乐用品制造业	3	34		1	23
石油加工、炼焦和核燃料加工业	9	279	15	10	208
化学原料和化学制品制造业	99	1888	81	195	1015
医药制造业	29	3859	181	1059	2426
化学纤维制造业	4	132		5	61
橡胶和塑料制品业	7	118	2	11	46
非金属矿物制品业	107	1843	56	238	955

表 12-6 续表 2　　　　　　　　　　(2014 年)

指　　标	机构数(个)	机构人员合 计(人)	博士毕业	硕士毕业	本科毕业
黑色金属冶炼和压延加工业	18	571	9	38	278
有色金属冶炼和压延加工业	5	93	3	11	66
金属制品业	14	229	4	13	127
通用设备制造业	15	599	5	36	434
专用设备制造业	38	1932	23	109	713
汽车制造业	16	191	10	43	116
铁路、船舶、航空航天和其他运输设制造业	8	234	2	17	110
电气机械和器材制造业	40	1049	32	108	586
计算机、通信和其他电子设备制造业	18	664	12	130	434
仪器仪表制造业	4	117	5		39
其他制造业					
废弃资源综合利用业	2	30		2	13
电力、热力、燃气及水生产和供应业	10	154	3	28	111
电力、热力生产和供应业	7	112	1	24	87
燃气生产和供应业	1	22			10
水的生产和供应业	2	20	2	4	14
五、按经济成分分分组					
公有经济	43	1610	41	159	1125
非公有经济	480	13540	431	2052	7226
六、按企业控股情况分组					
国有控股	34	1331	26	149	917
集体控股	9	279	15	10	208
私人控股	411	9742	335	1378	4815
港澳台商控股	20	1455	50	262	1010
外商控股	41	1746	42	354	978
其他	8	597	4	58	423
七、按地区分组					
连云港市	523	15150	472	2211	8351
市辖区					
连云区	17	422	5	33	272
海州区	57	4809	185	956	2367
赣榆区	58	1495	77	135	721
东海县	198	2670	79	437	1509
灌云县	61	856	19	74	368
灌南县	71	1251	43	121	668
连云港经济技术开发区	61	3647	64	455	2446

表 12-6 续表 3　　　　　　　　　　　　(2014 年)

指　　　　标	机构经费支出(万元)	期末仪器和设备原价(万元)	进　口	期末在境外机构数(个)
总　　计	**390352**	**294729**	**40963**	**7**
一、按企业规模分组				
大型	241335	108868	10261	4
中型	59535	83927	16399	2
小型	89130	101646	14303	1
微型	352	288		
二、按隶属关系分组				
中央	23197	19551		1
省(自治区、直辖市)	43885	27128	3101	1
地(区、市、州、盟)	108233	59168	7864	3
县(区、市、旗)	10369	3573	447	
街道				
镇	551	1540		
乡	2193	5181	830	
社区(居委会)				
村委会				
其他	201925	178588	28722	2
三、按登记注册类型分组				
内资企业	284380	220583	26965	5
国有企业				
集体企业				
股份合作企业	65	2971		
联营企业				
国有联营企业				
集体联营企业				
国有与集体联营企业				
其他联营企业				
有限责任公司	129381	96894	9784	2
国有独资公司	1429	2752	125	
其他有限责任公司	127952	94142	9659	2
股份有限公司	74207	39992	6844	1
私营企业	80515	80485	10338	2
私营独资企业	5150	6303	895	
私营合伙企业				
私营有限责任公司	71379	67178	9378	2
私营股份有限公司	3987	7005	66	
其他企业	212	241		

表 12-6 续表 4　　　　(2014 年)

指　　标	机构经费支出(万元)	期末仪器和设备原价(万元)		期末在境外机构数(个)
			进　口	
港、澳、台商投资企业	31543	16726	3457	
与港澳台商合资经营企业	5833	7117	1131	
与港澳台商合作经营企业				
港澳台商独资经营企业	1750	5148	2326	
港澳台商投资股份有限公司	23961	4461		
其他港澳台投资企业				
外商投资企业	74429	57420	10540	2
中外合资经营企业	17930	18849	4908	1
中外合作经营企业				
外资企业	11363	11682	2532	
外商投资股份有限公司	45135	26890	3101	1
其他外商投资企业				
四、按国民经济行业大类分组				
采矿业	507	1219	125	
有色金属矿采选业				
非金属矿采选业	450	1121	125	
开采辅助活动	57	98	0	
制造业	387480	291696	40438	7
农副食品加工业	4250	4093	1335	
食品制造业	1129	1004		
酒、饮料和精制茶制造业	1749	1273	423	
纺织业	828	490		
纺织服装、服饰业	1010	1816		
皮革、毛皮、羽毛及其制品和制鞋业	1715	714		
木材加工和木、竹、藤、棕、草制品业	2207	1417		
家具制造业	1047	426		
造纸和纸制品业				
印刷和记录媒介复制业	477	661		
文教、工美、体育和娱乐用品制造业	375	423		
石油加工、炼焦和核燃料加工业	29850	3525		
化学原料和化学制品制造业	38435	34085	317	2
医药制造业	168281	74147	10321	3
化学纤维制造业	3803	3481	2083	
橡胶和塑料制品业	2894	2293	810	
非金属矿物制品业	27787	51586	12849	

表 12-6 续表 5　　(2014 年)

指　　标	机构经费支出(万元)	期末仪器和设备原价(万元)		期末在境外机构数(个)
			进　口	
黑色金属冶炼和压延加工业	6748	5776		
有色金属冶炼和压延加工业	871	2484	33	
金属制品业	3681	3152	60	1
通用设备制造业	22688	6259	84	1
专用设备制造业	20155	39073	6175	
汽车制造业	4361	4882	1440	
铁路、船舶、航空航天和其他运输设备制造业	2690	19364		
电气机械和器材制造业	23690	20959	2238	
计算机、通信和其他电子设备制造业	13899	5885	2170	
仪器仪表制造业	2132	2128	100	
其他制造业				
废弃资源综合利用业	730	302		
电力、热力、燃气及水生产和供应业	2366	1815	400	
电力、热力生产和供应业	302	980		
燃气生产和供应业	564	215		
水的生产和供应业	1500	620	400	
五、按经济成分分分组				
公有经济	73495	48815	3057	1
非公有经济	316858	245914	37906	6
六、按企业控股情况分组				
国有控股	43645	45290	3057	1
集体控股	29850	3525		
私人控股	199384	164849	21325	4
港澳台商控股	29272	15915	3457	
外商控股	67657	48883	8457	2
其他	20546	16267	4666	
七、按地区分组				
连云港市	390352	294729	40963	7
市辖区				
连云区	2014	3129	0	
海州区	172013	110358	13084	4
赣榆区	50817	21917	401	1
东海县	42956	57713	16646	
灌云县	26351	13206		
灌南县	19404	14517	907	1
连云港经济技术开发区	76798	73889	9925	1

工业企业自主知识产权及相关情况

表 12-7 (2014 年)

指　　　　标	专利申请数(件)	发明专利	有效发明专利数(件)	境外授权	已被实施
总　　计	**1266**	**629**	**1470**	**155**	**862**
一、按企业规模分组					
大型	358	248	753	142	599
中型	354	140	297		177
小型	554	241	420	13	86
微型					
二、按隶属关系分组					
中央	78	38	123	1	110
省(自治区、直辖市)	72	67	169	13	96
地(区、市、州、盟)	154	108	500	119	385
县(区、市、旗)	29	17	6		1
街道					
镇	3		2		
乡	13	3	3		3
社区(居委会)					
村委会					
其他	917	396	667	22	267
三、按登记注册类型分组					
内资企业	986	452	1175	131	704
国有企业					
集体企业					
股份合作企业	4	1			
联营企业					
国有联营企业					
集体联营企业					
国有与集体联营企业					
其他联营企业					
有限责任公司	324	160	556	51	359
国有独资公司	9	6	17		7
其他有限责任公司	315	154	539	51	352
股份有限公司	85	54	169	71	148
私营企业	573	237	450	9	197
私营独资企业	52	22	18		1
私营合伙企业					
私营有限责任公司	474	193	380	9	145
私营股份有限公司	47	22	52		51
其他企业					

表 12-7 续表 1　　　　　　　　　　(2014 年)

指　　标	专利申请数(件)	发明专利	有效发明专利数(件)	境外授权	已被实施
港、澳、台商投资企业	126	67	71	11	35
与港澳台商合资经营企业	57	9	22	2	15
与港澳台商合作经营企业					
港澳台商独资经营企业	12	5	4		
港澳台商投资股份有限公司	57	53	45	9	20
其他港澳台投资企业					
外商投资企业	154	110	224	13	123
中外合资经营企业	56	28	39		26
中外合作经营企业					
外资企业	24	14	2		1
外商投资股份有限公司	74	68	183	13	96
其他外商投资企业					
四、按国民经济行业大类分组					
采矿业	5	2	2		
有色金属矿采选业					
非金属矿采选业	5	2	2		
开采辅助活动					
制造业	1231	603	1396	155	790
农副食品加工业	15	6	14		2
食品制造业	9	2	5		
酒、饮料和精制茶制造业	13	6	7		
纺织业	3	2	3		
纺织服装、服饰业	1	1			
皮革、毛皮、羽毛及其制品和制鞋业	2	1	14		
木材加工和木、竹、藤、棕、草制品业	6	3	30		2
家具制造业					
造纸和纸制品业					
印刷和记录媒介复制业	3		3		
文教、工美、体育和娱乐用品制造业	3	3			
石油加工、炼焦和核燃料加工业	5				
化学原料和化学制品制造业	181	112	131	7	55
医药制造业	240	215	665	141	456
化学纤维制造业	4	2			
橡胶和塑料制品业	11	4	9		6
非金属矿物制品业	157	65	72		23

表 12-7 续表 2　　　　(2014 年)

指　　　标	专利申请数(件)	发明专利	有效发明专利数(件)	境外授权	已被实施
黑色金属冶炼和压延加工业	18	9	16		3
有色金属冶炼和压延加工业	12	9	3		3
金属制品业	26	5	29		5
通用设备制造业	57	13	31	1	31
专用设备制造业	225	55	190	4	115
汽车制造业	61	25	20		1
铁路、船舶、航空航天和其他运输设制造业	20	5	52		52
电气机械和器材制造业	100	32	53	2	30
计算机、通信和其他电子设备制造业	52	27	49		6
仪器仪表制造业	6				
其他制造业					
废弃资源综合利用业	1	1			
电力、热力、燃气及水生产和供应业	30	24	72		72
电力、热力生产和供应业	28	22	72		72
燃气生产和供应业					
水的生产和供应业	2	2			
五、按经济成分分分组					
公有经济	143	74	173	5	111
非公有经济	1079	527	1249	150	739
六、按企业控股情况分组					
国有控股	138	74	173	5	111
集体控股	5				
私人控股	840	356	996	128	587
港澳台商控股	86	60	58	9	23
外商控股	125	98	213	13	118
其他	72	41	30		23
七、按地区分组					
连云港市	1266	629	1470	155	862
市辖区					
连云区	62	41	147		80
海州区	418	205	782	132	565
赣榆区	115	58	77	7	23
东海县	238	93	106		28
灌云县	87	15	26		
灌南县	82	70	48	2	30
连云港经济技术开发区	264	147	284	14	136

表 12-7 续表 3 (2014 年)

指标	专利所有权转让及许可数(项)	专利所有权转让及许可收入(万元)	发表科技论文(篇)	期末拥有注册商标数(件)	境外注册	形成国家或行业标准数(项)
总计	**60**	**398.6**	**340**	**1185**	**30**	**60**
一、按企业规模分组						
大型	28	94.3	208	829	25	22
中型	16	304.1	77	205	3	22
小型	16	0.2	55	151	2	16
微型						
二、按隶属关系分组						
中央			69	28		
省(自治区、直辖市)	28	94.3	3	390		7
地(区、市、州、盟)	2	303.9	142	358	8	20
县(区、市、旗)	2	0.2	20	7		1
街道						
镇				3		
乡				6		
社区(居委会)						
村委会						
其他	28	0.2	106	393	22	32
三、按登记注册类型分组						
内资企业	30	0.4	318	552	19	42
国有企业						
集体企业						
股份合作企业			1	1		
联营企业						
国有联营企业						
集体联营企业						
国有与集体联营企业						
其他联营企业						
有限责任公司	8	0.4	272	327	8	21
国有独资公司			23	7		
其他有限责任公司	8	0.4	249	320	8	21
股份有限公司			3	39	10	3
私营企业	22		42	185	1	18
私营独资企业			1	7		1
私营合伙企业						
私营有限责任公司	5		33	174	1	17
私营股份有限公司	17		8	4		
其他企业						

表 12-7 续表 4　　　　　　　　(2014 年)

指　　　　标	专利所有权转让及许可数(项)	专利所有权转让及许可收入(万元)	发表科技论文(篇)	期末拥有注册商标数(件)	境外注册	形成国家或行业标准数(项)
港、澳、台商投资企业			1	150	11	2
与港澳台商合资经营企业			1	36	4	
与港澳台商合作经营企业						
港澳台商独资经营企业				2		
港澳台商投资股份有限公司				112	7	2
其他港澳台投资企业						
外商投资企业	30	398.2	21	483		16
中外合资经营企业	2	303.9	21	89		9
中外合作经营企业						
外资企业				2		
外商投资股份有限公司	28	94.3		392		7
其他外商投资企业						
四、按国民经济行业大类分组						
采矿业	2	0.2	11	4		
有色金属矿采选业						
非金属矿采选业	2	0.2	11	4		
开采辅助活动						
制造业	58	398.4	277	1181	30	60
农副食品加工业			3	26	1	
食品制造业			2	1		
酒、饮料和精制茶制造业	1		4	83		
纺织业						
纺织服装、服饰业						
皮革、毛皮、羽毛及其制品和制鞋业						
木材加工和木、竹、藤、棕、草制品业				46		
家具制造业						
造纸和纸制品业						
印刷和记录媒介复制业						
文教、工美、体育和娱乐用品制造业				1		
石油加工、炼焦和核燃料加工业						
化学原料和化学制品制造业	6	304.1	28	63	1	20
医药制造业	35	94.3	102	722	12	20
化学纤维制造业			4	6		
橡胶和塑料制品业			13	3		
非金属矿物制品业	3		41	41		3

表 12-7 续表 5　　　　　　　　　　　　　　　(2014 年)

指　　　标	专利所有权转让及许可数(项)	专利所有权转让及许可收入(万元)	发表科技论文(篇)	期末拥有注册商标数(件)		形成国家或行业标准数(项)
					境外注册	
黑色金属冶炼和压延加工工业				2		
有色金属冶炼和压延加工工业	12					
金属制品业	1		2	1		4
通用设备制造业			7	16		
专用设备制造业			29	101	6	9
汽车制造业				5		1
铁路、船舶、航空航天和其他运输设备制造业			3	13		
电气机械和器材制造业			18	45	10	3
计算机、通信和其他电子设备制造业			21	3		
仪器仪表制造业				3		
其他制造业						
废弃资源综合利用业						
电力、热力、燃气及水生产和供应业			52			
电力、热力生产和供应业			52			
燃气生产和供应业						
水的生产和供应业						
五、按经济成分分组						
公有经济			155	43		7
非公有经济	58	398.6	185	1094	30	47
六、按企业控股情况分组						
国有控股			155	43		7
集体控股						
私人控股	23		160	490	13	29
港澳台商控股	4	0.4	1	133	7	2
外商控股	30	398.2	17	479		16
其他	3		7	40	10	6
七、按地区分组						
连云港市	60	398.6	340	1185	30	60
市辖区						
连云区			66	16	1	
海州区	33	398.2	141	848	18	28
赣榆区	19		20	6		12
东海县	4	0.4	7	59		2
灌云县	2		3			
灌南县	2		12	67	1	5
连云港经济技术开发区			91	189	10	13

工业企业新产品开发、生产及销售情况

表 12-8　　(2014 年)

指　　标	新产品开发项目数(项)	新产品开发经费支出(万元)	新产品产值(万元)	新产品销售收入(万元)	出　口
总　　计	**1468**	**337652**	**5307852**	**5341333**	**410865**
一、按企业规模分组					
大型	356	194240	3093307	3144182	39042
中型	435	58462	1254095	1273657	352111
小型	675	84485	960450	923494	19713
微型	2	465			
二、按隶属关系分组					
中央	35	21901	524168	456350	896
省(自治区、直辖市)			494834	403700	
地(区、市、州、盟)	359	103083	1220117	957213	18574
县(区、市、旗)	25	11800	114276	113657	28075
街道					
镇	1	864	11339	10574	97
乡	24	4196	13260	12925	3276
社区(居委会)					
村委会					
其他	1024	195808	2929858	3386914	359948
三、按登记注册类型分组					
内资企业	1212	264173	3780241	3888828	140735
国有企业					
集体企业					
股份合作企业	1	257	3450	3450	
联营企业					
国有联营企业					
集体联营企业					
国有与集体联营企业					
其他联营企业					
有限责任公司	384	106709	1553046	1781051	36053
国有独资公司	16	2845	36493	35621	
其他有限责任公司	368	103864	1516552	1745430	36053
股份有限公司	137	70533	641317	558698	2414
私营企业	685	86442	1580503	1543703	102268
私营独资企业	62	7045	108441	106377	
私营合伙企业					
私营有限责任公司	572	74060	1162036	1127026	100696
私营股份有限公司	51	5337	310026	310300	1572
其他企业	5	234	1926	1926	

表 12-8 续表 1 (2014 年)

指标	新产品开发项目数(项)	新产品开发经费支出(万元)	新产品产值(万元)	新产品销售收入(万元)	
					出口
港、澳、台商投资企业	80	38926	499857	522315	40130
与港澳台商合资经营企业	28	7401	23715	17796	1959
与港澳台商合作经营企业					
港澳台商独资经营企业	19	1757	14778	14607	
港澳台商投资股份有限公司	33	29767	461364	489911	38171
其他港澳台投资企业					
外商投资企业	176	34553	1027754	930190	230001
中外合资经营企业	124	21773	467552	475422	208268
中外合作经营企业					
外资企业	39	11517	47942	30792	1500
外商投资股份有限公司	13	1263	512260	423976	20232
其他外商投资企业					
四、按国民经济行业大类分组					
采矿业	12	2656	36181	36133	
有色金属矿采选业					
非金属矿采选业	12	2656	36181	36133	
开采辅助活动					
制造业	1452	332857	5265129	5298658	410865
农副食品加工业	43	4029	56534	50178	
食品制造业	7	1525	24942	24463	17500
酒、饮料和精制茶制造业	22	1427	22049	21916	
纺织业	4	561	20338	19464	
纺织服装、服饰业	10	948	10300	9988	
皮革、毛皮、羽毛及其制品和制鞋业	12	1715	20781	23535	20232
木材加工和木、竹、藤、棕、草制品业	24	3085	24897	24084	
家具制造业	1	437	6142	6142	
造纸和纸制品业					
印刷和记录媒介复制业	6	516	6647	6524	1343
文教、工美、体育和娱乐用品制造业	4	472	10744	9986	
石油加工、炼焦和核燃料加工业	10	24560	54650	535000	
化学原料和化学制品制造业	187	40714	633498	643858	213282
医药制造业	184	106927	2069203	1709759	1551
化学纤维制造业	13	2617	31373	31357	
橡胶和塑料制品业	10	2495	37035	35602	153
非金属矿物制品业	273	25697	396400	376116	4530

表 12-8 续表 2　　　　　　　　　　　　(2014 年)

指　　　　标	新产品开发项目数(项)	新产品开发经费支出(万元)	新产品产值(万元)	新产品销售收入(万元)	
					出　口
黑色金属冶炼和压延加工业	23	8875	283815	282268	1934
有色金属冶炼和压延加工业	21	1739	296583	297725	
金属制品业	35	3697	85143	84400	64430
通用设备制造业	45	23394	524132	457036	896
专用设备制造业	213	28433	216349	195330	7912
汽车制造业	27	4249	38294	35114	
铁路、船舶、航空航天和其他运输设备制造业	40	3098	15704	10927	4325
电气机械和器材制造业	119	22862	281209	275872	30809
计算机、通信和其他电子设备制造业	61	15776	86233	120083	38306
仪器仪表制造业	57	2709	10659	10531	3663
其他制造业					
废弃资源综合利用业	1	302	1475	1400	
电力、热力、燃气及水生产和供应业	4	2140	6542	6542	
电力、热力生产和供应业	2	185	6542	6542	
燃气生产和供应业					
水的生产和供应业	2	1955			
五、按经济成分分组					
公有经济	119	67695	794560	1202464	28855
非公有经济	1349	269957	4513292	4138869	382010
六、按企业控股情况分组					
国有控股	109	43135	739910	667464	28855
集体控股	10	24560	54650	535000	
私人控股	1103	196799	3146432	2862904	290031
港澳台商控股	78	37044	499669	521751	39621
外商控股	119	27793	674397	566660	50553
其他	49	8321	192794	187554	1805
七、按地区分组					
连云港市	1468	337652	5307852	5341333	410865
市辖区					
连云区	25	3402	33920	33966	2064
海州区	437	131488	1965979	1626002	21544
赣榆区	111	52477	1132926	1619949	269994
东海县	419	38157	746073	715100	6349
灌云县	74	19748	58721	55598	
灌南县	125	21360	164772	160897	24961
连云港经济技术开发区	277	71021	1205461	1129820	85954

工业企业政府相关政策落实情况

表 12-9　　　　　　　　　　　　　　　(2014 年)

指　　　　标	来自政府部门的科技活动资金	研究开发费用加计扣除减免税	高新技术企业减免税
总　　计	**21066**	**17478**	**59206**
一、按企业规模分组			
大型	13062	12447	46924
中型	2440	3245	10201
小型	5565	1787	2082
微型			
二、按隶属关系分组			
中央	3501	2271	2118
省(自治区、直辖市)	928	1969	7868
地(区、市、州、盟)	6413	6221	22522
县(区、市、旗)	98	63	234
街道			
镇		44	131
乡	206	79	752
社区(居委会)			
村委会			
其他	9920	6831	25582
三、按登记注册类型分组			
内资企业	16732	13366	37817
国有企业			
集体企业			
股份合作企业	54		
联营企业			
国有联营企业			
集体联营企业			
国有与集体联营企业			
其他联营企业			
有限责任公司	8334	4727	15383
国有独资公司	143	84	282
其他有限责任公司	8191	4643	15101
股份有限公司	3394	5394	20412
私营企业	4950	3244	2023
私营独资企业	34	132	108
私营合伙企业			
私营有限责任公司	4178	3085	1673
私营股份有限公司	738	27	242
其他企业			

表 12-9 续表 1　　　　　　　　　　(2014 年)

指　　标	来自政府部门的科技活动资金	研究开发费用加计扣除减免税	高新技术企业减免税
港、澳、台商投资企业	2681	1763	13071
与港澳台商合资经营企业	491	145	752
与港澳台商合作经营企业			
港澳台商独资经营企业	110	196	99
港澳台商投资股份有限公司	2080	1422	12221
其他港澳台投资企业			
外商投资企业	1653	2350	8318
中外合资经营企业	520	367	450
中外合作经营企业			
外资企业	205	14	
外商投资股份有限公司	928	1969	7868
其他外商投资企业			
四、按国民经济行业大类分组			
采矿业	133	84	
有色金属矿采选业			
非金属矿采选业	133	84	
开采辅助活动			
制造业	20183	16639	59206
农副食品加工业	478	38	14
食品制造业	8	43	
酒、饮料和精制茶制造业	225	22	
纺织业	85		
纺织服装、服饰业			
皮革、毛皮、羽毛及其制品和制鞋业			
木材加工和木、竹、藤、棕、草制品业	119		
家具制造业			
造纸和纸制品业			
印刷和记录媒介复制业	100	43	35
文教、工美、体育和娱乐用品制造业			
石油加工、炼焦和核燃料加工业	5		
化学原料和化学制品制造业	823	200	499
医药制造业	8723	10397	50272
化学纤维制造业	130	60	
橡胶和塑料制品业		522	328
非金属矿物制品业	2523	736	1421

表 12-9 续表 2　　(2014 年)

指　　标	来自政府部门的科技活动资金	研究开发费用加计扣除减免税	高新技术企业减免税
黑色金属冶炼和压延加工业	195	1102	
有色金属冶炼和压延加工业	625	27	35
金属制品业	25	18	
通用设备制造业	3019	1516	1837
专用设备制造业	1495	157	328
汽车制造业	192	236	126
铁路、船舶、航空航天和其他运输设备制造业	20		282
电气机械和器材制造业	1122	1218	2988
计算机、通信和其他电子设备制造业	214	223	957
仪器仪表制造业	60	81	87
其他制造业			
废弃资源综合利用业			
电力、热力、燃气及水生产和供应业	750	755	
电力、热力生产和供应业	700	755	
燃气生产和供应业			
水的生产和供应业	50		
五、按经济成分分组			
公有经济	4317	2523	3122
非公有经济	16749	14955	56085
六、按企业控股情况分组			
国有控股	4312	2523	3122
集体控股	5		
私人控股	12992	9490	23714
港澳台商控股	2329	1697	13071
外商控股	1136	2290	8318
其他	293	1478	10982
七、按地区分组			
连云港市	21066	17478	59206
市辖区			
连云区	985	1870	
海州区	9584	9794	32911
赣榆区	980	490	507
东海县	3906	1750	1776
灌云县	125		
灌南县	780	74	71
连云港经济技术开发区	4707	3500	23941

工业企业技术获取和技术改造情况

表 12-10　　(2014 年)　　单位:万元

指　　标	引进技术经费支出	消化吸收经费支出	购买国内技术经费支出	技术改造经费支出
总　　计	**2956**	**9859**	**22562**	**85320**
一、按企业规模分组				
大型	2766	9063	18722	47325
中型		441	3647	28133
小型	190	355	192	9863
微型				
二、按隶属关系分组				
中央	193	3411	806	5579
省(自治区、直辖市)	2400	3200	12334	16030
地(区、市、州、盟)		54	3297	16945
县(区、市、旗)		20	25	3054
街道				
镇				843
乡				4500
社区(居委会)				
村委会				
其他	363	3174	6100	38369
三、按登记注册类型分组				
内资企业	500	6536	9964	66018
国有企业				
集体企业				
股份合作企业				
联营企业				
国有联营企业				
集体联营企业				
国有与集体联营企业				
其他联营企业				
有限责任公司	193	5083	8932	22355
国有独资公司			705	
其他有限责任公司	193	5083	8227	22355
股份有限公司	116	711	294	22837
私营企业	190	741	738	20826
私营独资企业	134	120	65	6786
私营合伙企业				
私营有限责任公司	56	321	673	12262
私营股份有限公司		300		1778
其他企业				

表 12-10 续表 1　　(2014 年)　　单位:万元

指　　标	引进技术经费支出	消化吸收经费支出	购买国内技术经费支出	技术改造经费支出
港、澳、台商投资企业	57	123	264	5101
与港澳台商合资经营企业				4788
与港澳台商合作经营企业				
港澳台商独资经营企业	57	123	264	313
港澳台商投资股份有限公司				
其他港澳台投资企业				
外商投资企业	2400	3200	12334	14202
中外合资经营企业				13381
中外合作经营企业				
外资企业				
外商投资股份有限公司	2400	3200	12334	820
其他外商投资企业				
四、按国民经济行业大类分组				
采矿业				
有色金属矿采选业				
非金属矿采选业				
开采辅助活动				
制造业	2956	6898	22562	65381
农副食品加工业			10	480
食品制造业				70
酒、饮料和精制茶制造业				690
纺织业				147
纺织服装、服饰业				
皮革、毛皮、羽毛及其制品和制鞋业				
木材加工和木、竹、藤、棕、草制品业				107
家具制造业				
造纸和纸制品业				
印刷和记录媒介复制业				
文教、工美、体育和娱乐用品制造业				
石油加工、炼焦和核燃料加工业		1500	1800	6500
化学原料和化学制品制造业	0	529	813	24339
医药制造业	2400	3200	18992	4050
化学纤维制造业				1832
橡胶和塑料制品业				
非金属矿物制品业	191	158	336	11641

表 12-10 续表 2 (2014 年) 单位:万元

指标	引进技术经费支出	消化吸收经费支出	购买国内技术经费支出	技术改造经费支出
黑色金属冶炼和压延加工业			21	504
有色金属冶炼和压延加工业	50	310		300
金属制品业			56	
通用设备制造业	193	450	101	850
专用设备制造业		54	146	3362
汽车制造业				147
铁路、船舶、航空航天和其他运输设备制造业		21	65	110
电气机械和器材制造业	122	677	222	9614
计算机、通信和其他电子设备制造业				300
仪器仪表制造业				341
其他制造业				
废弃资源综合利用业				
电力、热力、燃气及水生产和供应业		2961		19939
电力、热力生产和供应业		2961		19939
燃气生产和供应业				
水的生产和供应业				
五、按经济成分分分组				
公有经济	193	4911	2606	31829
非公有经济	2763	4948	19956	53491
六、按企业控股情况分组				
国有控股	193	3411	806	25329
集体控股		1500	1800	6500
私人控股	190	948	4143	29316
港澳台商控股	57	123	264	4813
外商控股	2400	3200	12334	12369
其他	116	677	3216	6993
七、按地区分组				
连云港市	2956	9859	22562	85320
市辖区				
连云区		2961	705	5440
海州区	2516	3931	15908	39728
赣榆区		1920	1886	17206
东海县	247	168	336	10948
灌云县				
灌南县	0	310	43	3607
连云港经济技术开发区	193	569	3683	8392

工业企业限额以上 R&D 项目情况

表 12-11　　(2014 年)

指　　标	项目数合计(项)	参加项目人员(人)	项目经费内部支出(万元)	
				政府资金
总　　计	**1414**	**11290**	**269269**	**7086**
一、按项目来源分组				
国家科技项目	15	104	2508	753
地方科技项目	87	665	15156	2407
其他企业委托科技项目	14	103	1440	16
本企业自选科技项目	1262	10084	246187	3874
来自境外的科技项目	3	29	306	
其他科技项目	33	305	3672	36
二、按项目合作形式分组				
与境外机构合作	13	130	2809	200
与境内高校合作	134	1133	22724	1292
与境内独立研究院所合作	46	433	13371	248
与境内注册的外商独资企业合作	2	14	150	
与境内注册的其他企业合作	31	313	7551	235
独立研究	1157	9140	219925	5109
其他	31	127	2738	2
三、按项目活动类型分组				
1.基础研究	3	8	153	10
2.应用研究	35	284	2730	26
3.试验发展	1376	10998	266386	7050
四、按项目成果形式分组				
论文或专著	9	66	1312	24
自主研制的新产品原型或样机、样件、样品、配方、新装置	496	4186	119138	1901
自主开发的新技术或新工艺、新工法	822	6502	135498	4265
发明专利	87	536	13321	896
实用新型专利				
外观设计专利				
带有技术、工艺参数的图纸、技术标准、操作规范				
基础软件				
应用软件				
其他				
五、按项目技术经济目标分组				
科学原理的探索、发现	12	56	552	15
技术原理的研究	83	670	11802	148
开发全新产品	674	5583	139859	3815
增加产品功能或提高性能	389	2655	54646	2158

表 12-11 续表 1　　　　　　(2014 年)

指　　　标	项目数合计(项)	参加项目人员(人)	项目经费内部支出(万元)	
				政府资金
提高劳动生产率	37	232	7843	8
减少能源消耗或提高能源使用效率	113	927	14887	255
节约原材料	20	143	2139	24
减少环境污染	25	245	6033	175
其他	61	779	31510	489
六、按企业规模分组				
大型	348	4490	140774	1642
中型	348	2308	42366	1291
小型	716	4484	85717	4153
微型	2	8	413	
七、按隶属关系分组				
中央	94	701	12191	233
省(自治区、直辖市)	42	531	25304	369
地(区、市、州、盟)	256	2139	75479	923
县(区、市、旗)	27	269	9590	38
街道				
镇	1	94	714	
乡	12	78	1219	96
社区(居委会)				
村委会				
其他	982	7478	144773	5427
八、按登记注册类型分组				
内资企业	1185	8897	209784	5960
国有企业				
集体企业				
股份合作企业	3	29	475	54
联营企业				
国有联营企业				
集体联营企业				
国有与集体联营企业				
其他联营企业				
有限责任公司	396	3073	67821	1348
国有独资公司	42	351	6307	135
其他有限责任公司	354	2722	61514	1213
股份有限公司	87	1184	58658	857
私营企业	693	4591	82612	3701

表 12-11 续表 2　　(2014 年)

指　　标	项目数合计(项)	参加项目人员(人)	项目经费内部支出(万元)	
				政府资金
私营独资企业	62	276	6100	34
私营合伙企业				
私营有限责任公司	584	4032	72055	3056
私营股份有限公司	47	283	4457	610
其他企业	6	20	217	
港、澳、台商投资企业	59	902	18338	344
与港澳台商合资经营企业	22	216	3630	221
与港澳台商合作经营企业				
港澳台商独资经营企业	16	98	1469	86
港澳台商投资股份有限公司	21	588	13239	38
其他港澳台投资企业				
外商投资企业	170	1491	41148	782
中外合资经营企业	93	598	11508	328
中外合作经营企业				
外资企业	23	225	3108	85
外商投资股份有限公司	54	668	26532	369
其他外商投资企业				
九、按国民经济行业大类分组				
采矿业	24	113	1679	125
非金属矿采选业	23	107	1622	125
开采辅助活动	1	6	57	
制造业	1351	10947	265602	6961
农副食品加工业	38	285	3173	327
食品制造业	9	88	1871	8
酒、饮料和精制茶制造业	16	167	1899	10
纺织业	4	21	372	
纺织服装、服饰业	14	84	918	
皮革、毛皮、羽毛及其制品和制鞋业	12	146	1715	
木材加工和木、竹、藤、棕、草制品业	19	116	2869	99
家具制造业	4	38	1047	
印刷和记录媒介复制业	6	20	480	100
文教、工美、体育和娱乐用品制造业	2	12	280	
石油加工、炼焦和核燃料加工业	3	120	4462	3
化学原料和化学制品制造业	247	1869	45768	570
医药制造业	190	2621	104750	1011
化学纤维制造业	20	92	1966	70
橡胶和塑料制品业	10	88	2168	

表 12-11 续表 3 (2014 年)

指标	项目数合计(项)	参加项目人员(人)	项目经费内部支出(万元)	政府资金
非金属矿物制品业	231	1278	18957	1589
黑色金属冶炼和压延加工业	32	449	7076	195
有色金属冶炼和压延加工业	25	83	1563	429
金属制品业	24	151	2077	17
通用设备制造业	47	351	7683	351
专用设备制造业	153	1233	21351	910
汽车制造业	27	192	3082	130
铁路、船舶、航空航天和其他运输设备制造业	31	195	3252	10
电气机械和器材制造业	105	822	19498	988
计算机、通信和其他电子设备制造业	40	280	5190	86
仪器仪表制造业	40	120	1405	60
废弃资源综合利用业	2	26	730	
电力、热力、燃气及水生产和供应业	39	230	1989	
电力、热力生产和供应业	38	211	1425	
燃气生产和供应业	1	19	564	
十、按经济成分分组				
公有经济	180	1374	31028	601
非公有经济	1234	9916	238241	6485
十一、按企业控股情况分组				
国有控股	177	1254	26566	598
集体控股	3	120	4462	3
私人控股	1023	7584	177764	5649
港澳台商控股	65	848	16833	229
外商控股	110	1228	36218	457
其他	36	256	7425	150
十二、按地区分组				
连云港市	1414	11290	269269	7086
市辖区				
连云区	85	658	9084	61
海州区	345	3326	115820	1990
赣榆区	135	1188	29916	871
东海县	378	2001	28712	2947
灌云县	94	833	26942	125
灌南县	156	1230	22686	354
连云港经济技术开发区	221	2054	36109	739

大中型工业企业基本情况

表 12-12

(2014 年)

项目	企业数(个)	有 R&D 活动	有科技机构	从业人员期末人数(人)	从业人员平均人数(人)	工业总产值(万元)	主营业务收入(万元)
总计	**146**	**104**	**107**	**138906**	**137183**	**29098282**	**29037379**
一、按企业规模分组							
大型	27	25	25	76320	74831	18094948	17853349
中型	119	79	82	62586	62352	11003334	11184029
小型							
微型							
二、按隶属关系分组							
中央	5	5	5	8644	8015	1362476	1274581
省(自治区、直辖市)	2	2	2	7522	7079	1199910	1179273
地(区、市、州、盟)	11	9	10	22385	22453	2004677	1745900
县(区、市、旗)	4	3	4	2522	2712	297531	298159
街道							
镇							
乡	3	3	3	2682	2615	189038	181128
社区(居委会)							
村委会							
其他	121	82	83	95151	94309	24044651	24358338
三、按登记注册类型分组							
内资企业	100	68	72	98126	96782	20629389	20318422
国有企业							
集体企业							
股份合作企业							
联营企业							
国有联营企业							
集体联营企业							
国有与集体联营企业							
其他联营企业							
有限责任公司	30	19	23	34972	34715	6498445	6290325
国有独资公司	4	3	3	7362	7832	385424	372303
其他有限责任公司	26	16	20	27610	26883	6113021	5918022
股份有限公司	5	5	5	10657	10536	1372112	1256398
私营企业	65	44	44	52497	51531	12758832	12771700
私营独资企业	3	1	1	1179	1166	329493	333883
私营合伙企业							

表 12–12 续表 1　　　　(2014 年)

项　目	企业数(个)	有 R&D 活动	有科技机构	从业人员期末人数(人)	从业人员平均人数(人)	工业总产值(万元)	主营业务收入(万元)
私营有限责任公司	54	36	36	47603	46589	11738951	11737778
私营股份有限公司	8	7	7	3715	3776	690388	700039
其他企业							
港、澳、台商投资企业	14	10	9	12427	12624	1439320	1438357
与港澳台商合资经营企业	6	5	5	3867	3839	338339	330251
与港澳台商合作经营企业							
港澳台商独资经营企业	6	4	3	3267	3413	273024	275726
港澳台商投资股份有限公司	2	1	1	5293	5372	827958	832380
其他港澳台投资企业							
外商投资企业	32	26	26	28353	27777	7029573	7280599
中外合资经营企业	14	14	14	8602	8605	3294978	3422980
中外合作经营企业							
外资企业	16	10	10	13100	12987	2803018	2965118
外商投资股份有限公司	2	2	2	6651	6185	931577	892502
其他外商投资企业							
四、按国民经济行业大类分组							
采矿业	3	1	2	5514	5708	219863	217365
非金属矿采选业	3	1	2	5514	5708	219863	217365
制造业	140	101	102	128930	127090	27961147	27884259
农副食品加工业	8	5	4	3441	3539	1681132	1765405
食品制造业	2	2	2	1388	1378	27113	27622
酒、饮料和精制茶制造业	3	2	2	2104	2097	131000	130739
纺织业	6	2	3	3082	3048	80099	81486
纺织服装、服饰业	10	6	5	7136	7151	233085	225645
皮革、毛皮、羽毛及其制品和制鞋业	3	2	2	2474	2454	48321	48090
木材加工和木、竹、藤、棕、草制品业	3	2	1	1437	1405	121884	119914
文教、工美、体育和娱乐用品制造业	4			1880	1883	71316	70515
石油加工、炼焦和核燃料加工业	1	1	1	1920	1923	2292225	2280495
化学原料和化学制品制造业	24	21	20	15904	16156	4293255	4315300
医药制造业	7	6	7	24398	23844	3562547	3293725
化学纤维制造业	2	1	1	481	471	190749	189408
橡胶和塑料制品业	1	1	1	473	472	37068	36905
非金属矿物制品业	16	12	14	8806	8785	957438	931458

表 12-12 续表 2　　　　　　　　(2014 年)

项　　　目	企业数(个)	有 R&D 活动	有科技机构	从业人员期末人数(人)	从业人员平均人数(人)	工业总产值(万元)	主营业务收入(万元)
黑色金属冶炼和压延加工业	9	5	5	19444	18475	7227223	7275792
有色金属冶炼和压延加工业	2	2	2	1132	1148	919696	990240
金属制品业	5	3	3	2820	2840	1368567	1405251
通用设备制造业	3	2	3	4510	3711	757737	692172
专用设备制造业	7	7	7	4979	5174	758061	795994
汽车制造业	1	1	1	473	472	177474	174944
铁路、船舶、航空航天和其他运输设备制造业	8	7	7	9636	9657	1238139	1229179
电气机械和器材制造业	8	7	7	6139	6292	721247	717589
计算机、通信和其他电子设备制造业	6	3	3	4517	4351	1041370	1071436
仪器仪表制造业	1	1	1	356	364	24402	14957
电力、热力、燃气及水生产和供应业	3	2	3	4462	4385	917272	935755
电力、热力生产和供应业	2	2	2	3884	3809	903193	921632
水的生产和供应业	1		1	578	576	14079	14123
五、按经济成分分组							
公有经济	16	12	14	22143	21859	5277430	5226391
非公有经济	130	92	93	116763	115324	23820853	23810987
六、按企业控股情况分组							
国有控股	15	11	13	19936	2985204	2945896	367418
集体控股	1	1	1	1923	2292225	2280495	72110
私人控股	86	60	60	75376	15914301	15676967	1157656
港澳台商控股	14	10	9	12194	1466889	1456100	169693
外商控股	27	21	21	24836	6024716	6252776	480657
其他	3	1	3	2918	414947	425144	126587
七、按地区分组							
连云港市	146	104	107	138906	137183	29098282	29037379
市辖区							
连云区	7	4	3	8352	8414	1600992	1585880
海州区	21	18	19	36012	35439	3908806	3632706
赣榆区	27	11	12	22024	20752	8120128	8186682
东海县	29	21	22	16180	16156	1302364	1274922
灌云县	16	10	10	14358	14556	1699906	1665428
灌南县	17	17	16	16153	16662	4623582	4598597
连云港经济技术开发区	29	23	25	25827	25204	7842506	8093164

表 12-12 续表 3　　　　(2014 年)

项　　目	利润总额(万元)	主营业务税金及附加(万元)	管理费用中的税金(万元)	应交增值税(万元)	资产总计(万元)	出口交货值(万元)
总　计	**2374120**	**256102**	**28166**	**1440793**	**19983160**	**1265554**
一、按企业规模分组						
大型	1609847	158600	16222	1049073	14587112	289169
中型	764273	97501	11944	391719	5396047	976385
小型						
微型						
二、按隶属关系分组						
中央	267901	14646	4404	115198	4660934	52377
省(自治区、直辖市)	225873	13623	1985	128969	1481011	
地(区、市、州、盟)	247793	23205	5982	163252	2813396	102992
县(区、市、旗)	3214	182	953	10946	393537	32597
街道						
镇						
乡	15281	1285	316	6868	127563	106151
社区(居委会)						
村委会						
其他	1614059	203162	14526	1015560	10506719	971436
三、按登记注册类型分组						
内资企业	1638776	213691	19944	989413	15800266	373706
国有企业						
集体企业						
股份合作企业						
联营企业						
国有联营企业						
集体联营企业						
国有与集体联营企业						
其他联营企业						
有限责任公司	580647	66053	9593	335643	8370748	172803
国有独资公司	7099	3744	1735	11118	924979	43539
其他有限责任公司	573548	62309	7859	324524	7445769	129264
股份有限公司	249210	15556	2239	133183	2308282	10856
私营企业	808920	132081	8112	520587	5121237	190046
私营独资企业	25692	8465		10027	45268	27065
私营合伙企业						

表 12-12 续表 4 (2014 年)

项目	利润总额（万元）	主营业务税金及附加（万元）	管理费用中的税金（万元）	应交增值税（万元）	资产总计（万元）	出口交货值（万元）
私营有限责任公司	723165	105246	6389	486251	4792136	160883
私营股份有限公司	60062	18370	1722	24309	283833	2098
其他企业						
港、澳、台商投资企业	171701	11289	1570	89464	1257807	164712
与港澳台商合资经营企业	21993	1560	503	9357	161994	130848
与港澳台商合作经营企业						
港澳台商独资经营企业	3785	273	275	425	351657	
港澳台商投资股份有限公司	145923	9456	793	79682	744156	33865
其他港澳台投资企业						
外商投资企业	563643	31122	6652	361916	2925087	727136
中外合资经营企业	224371	14236	3147	146136	1295292	289472
中外合作经营企业						
外资企业	143172	3115	2342	102832	1012577	413832
外商投资股份有限公司	196100	13771	1163	112949	617218	23832
其他外商投资企业						
四、按国民经济行业大类分组						
采矿业	5702	2488	1332	6265	806522	545
非金属矿采选业	5702	2488	1332	6265	806522	545
制造业	2100306	241674	23246	1318588	14340582	1265009
农副食品加工业	94964	766	772	83350	815805	
食品制造业	2237	255	41	103	21901	27222
酒、饮料和精制茶制造业	12477	15805	918	7608	105642	
纺织业	3037	459	67	1003	59778	51193
纺织服装、服饰业	20958	2222	189	8818	63114	88390
皮革、毛皮、羽毛及其制品和制鞋业	3024	369	82	108	26595	23832
木材加工和木、竹、藤、棕、草制品业	9795	1319	117	2598	44221	70162
文教、工美、体育和娱乐用品制造业	3064	636	43	2321	28809	32050
石油加工、炼焦和核燃料加工业	72110	24068		81043	834217	
化学原料和化学制品制造业	257354	27209	4441	114604	2345880	359895
医药制造业	677477	43255	5811	388767	2910871	10631
化学纤维制造业	8888	355	235	5675	90106	
橡胶和塑料制品业	2639	243	121	1456	30978	4432
非金属矿物制品业	52478	4557	984	25283	614377	116831

表 12-12 续表 5　　　　　　　　　　(2014 年)

项　　　　目	利润总额（万元）	主营业务税金及附加（万元）	管理费用中的税金（万元）	应交增值税（万元）	资产总计（万元）	出口交货值（万元）
黑色金属冶炼和压延加工业	386028	71044	2812	330522	2857429	36777
有色金属冶炼和压延加工业	44467	9114	204	41628	141694	81405
金属制品业	110642	8717	769	50904	254086	
通用设备制造业	48776	7248	1396	19628	707911	9383
专用设备制造业	69807	2632	750	35366	667634	158901
汽车制造业	18471	2999			43659	
铁路、船舶、航空航天和其他运输设备制造业	83912	8246	1571	51637	429123	1745
电气机械和器材制造业	54572	5579	1317	26134	939986	57778
计算机、通信和其他电子设备制造业	62581	4518	607	39584	294685	127964
仪器仪表制造业	551	60		448	12082	6419
电力、热力、燃气及水生产和供应业	268112	11940	3588	115940	4836057	
电力、热力生产和供应业	266188	11870	3432	115270	4740220	
水的生产和供应业	1924	70	156	670	95837	
五、按经济成分分组						
公有经济	439528	41812	7960	266031	7890609	82430
非公有经济	1934593	214290	20205	1174762	12092551	1183124
六、按企业控股情况分组						
国有控股	17744	7960	184988	7056392	82430	
集体控股	24068		81043	834217		
私人控股	177486	13315	720723	7558046	530165	
港澳台商控股	11676	1358	89954	1262368	109737	
外商控股	20737	5199	322506	2649932	543222	
其他	4391	333	41579	622205		
七、按地区分组						
连云港市	2374120	256102	28166	1440793	19983160	1265554
市辖区						
连云区	261935	13405	4511	96421	5331952	80900
海州区	532353	40927	8477	314243	5369695	100489
赣榆区	375498	108124	4028	303388	2958542	314602
东海县	66186	8449	1224	32772	831157	224284
灌云县	120988	21403	1005	45521	495291	8410
灌南县	366198	45780	3363	255321	1557768	15363
连云港经济技术开发区	650962	18014	5559	393127	3438756	521506

大中型工业企业 R&D 人员情况

表 12-13　(2014 年)

项　　目	R&D人员合计(人)	#1.参加项目人员	2.管理和服务人员	#女性	#研究人员	#1.全时人员	2.非全时人员
总　计	**8328**	**7848**	**480**	**2496**	**2029**	**6401**	**1927**
一、按企业规模分组							
大型	5554	5264	290	1947	1262	4526	1028
中型	2774	2584	190	549	767	1875	899
小型							
微型							
二、按隶属关系分组							
中央	754	704	50	62	385	396	358
省(自治区、直辖市)	734	689	45	270	176	569	165
地(区、市、州、盟)	2485	2374	111	1010	525	2255	230
县(区、市、旗)	152	141	11	22	24	74	78
街道							
镇							
乡	152	145	7	57	11	129	23
社区(居委会)							
村委会							
其他	4051	3795	256	1075	908	2978	1073
三、按登记注册类型分组							
内资企业	5637	5302	335	1632	1461	4413	1224
国有企业							
集体企业							
股份合作企业							
联营企业							
国有联营企业							
集体联营企业							
国有与集体联营企业							
其他联营企业							
有限责任公司	2601	2455	146	648	835	1953	648
国有独资公司	676	623	53	112	234	525	151
其他有限责任公司	1925	1832	93	536	601	1428	497
股份有限公司	1247	1196	51	525	184	1111	136
私营企业	1789	1651	138	459	442	1349	440
私营独资企业	71	65	6	28	13	51	20
私营合伙企业							

表 12-13 续表 1　　　　(2014 年)

项　　目	R&D人员合计(人)	#1.参加项目人员	2.管理和服务人员	#女性	#研究人员	#1.全时人员	2.非全时人员
私营有限责任公司	1506	1392	114	398	379	1177	329
私营股份有限公司	212	194	18	33	50	121	91
其他企业							
港、澳、台商投资企业	1008	954	54	454	163	950	58
与港澳台商合资经营企业	267	250	17	64	66	231	36
与港澳台商合作经营企业							
港澳台商独资经营企业	94	87	7	36	41	72	22
港澳台商投资股份有限公司	647	617	30	354	56	647	
其他港澳台投资企业							
外商投资企业	1683	1592	91	410	405	1038	645
中外合资经营企业	643	609	34	115	125	316	327
中外合作经营企业							
外资企业	179	169	10	25	44	74	105
外商投资股份有限公司	861	814	47	270	236	648	213
其他外商投资企业							
四、按国民经济行业大类分组							
采矿业	370	350	20	68	83	365	5
非金属矿采选业	370	350	20	68	83	365	5
制造业	7736	7284	452	2418	1740	6027	1709
农副食品加工业	133	122	11	21	14	27	106
食品制造业	11	10	1	8	3	4	7
酒、饮料和精制茶制造业	144	134	10	54	48	110	34
纺织业	16	13	3	8	3	11	5
纺织服装、服饰业	47	42	5	23	12	20	27
皮革、毛皮、羽毛及其制品和制鞋业	151	146	5	1	65	98	53
木材加工和木、竹、藤、棕、草制品业	54	50	4	7	11	28	26
文教、工美、体育和娱乐用品制造业							
石油加工、炼焦和核燃料加工业	134	123	11	10	10	103	31
化学原料和化学制品制造业	1036	933	103	198	310	654	382
医药制造业	2845	2716	129	1335	452	2633	212
化学纤维制造业	91	80	11	17	5	63	28
橡胶和塑料制品业	39	38	1	4	14	21	18
非金属矿物制品业	415	393	22	125	114	357	58

表 12-13 续表 2 (2014 年)

项　　　目	R&D人员合计(人)	#1.参加项目人员	2.管理和服务人员	#女性	#研究人员	#1.全时人员	2.非全时人　员
黑色金属冶炼和压延加工业	467	431	36	145	98	345	122
有色金属冶炼和压延加工业	70	59	11	8	7	43	27
金属制品业	83	76	7	9	14	46	37
通用设备制造业	230	220	10	8	32	230	
专用设备制造业	822	793	29	236	289	598	224
汽车制造业	41	36	5	3	2	19	22
铁路、船舶、航空航天和其他运输设备制造业	215	203	12	42	50	202	13
电气机械和器材制造业	514	496	18	104	143	285	229
计算机、通信和其他电子设备制造业	100	97	3	24	17	59	41
仪器仪表制造业	78	73	5	28	27	71	7
电力、热力、燃气及水生产和供应业	222	214	8	10	206	9	213
电力、热力生产和供应业	222	214	8	10	206	9	213
水的生产和供应业							
五、按经济成分分组							
公有经济	1505	1401	104	178	513	1002	503
非公有经济	6823	6447	376	2318	1516	5399	1424
六、按企业控股情况分组							
国有控股	1371	1278	93	168	503	899	472
集体控股	134	123	11	10	10	103	31
私人控股	4164	3915	249	1446	946	3464	700
港澳台商控股	958	907	51	460	148	901	57
外商控股	1430	1359	71	354	352	865	565
其他	271	266	5	58	70	169	102
七、按地区分组							
连云港市	8328	7848	480	2496	2029	6401	1927
市辖区							
连云区	626	584	42	69	374	164	462
海州区	3858	3688	170	1375	913	3317	541
赣榆区	780	704	76	219	140	598	182
东海县	509	478	31	172	155	388	121
灌云县	165	147	18	23	26	121	44
灌南县	574	517	57	136	130	450	124
连云港经济技术开发区	1816	1730	86	502	291	1363	453

表 12-13 续表 3

(2014 年)

项目	R&D人员折合全时当量合计(人年)	#研究人员	#1.基础研究人员	2.应用研究人员	3.试验发展人员
总计	**6165.3**	**1358.3**		**79.7**	**6085.6**
一、按企业规模分组					
大型	4365.1	861.8		53.6	4311.5
中型	1800.3	496.5		26.1	1774.1
小型					
微型					
二、按隶属关系分组					
中央	273.3	108		21.9	251.3
省(自治区、直辖市)	731.5	173.3			731.5
地(区、市、州、盟)	2151	439.4		18.7	2132.3
县(区、市、旗)	97.6	13.1			97.6
街道					
镇					
乡	119.8	8.7			119.8
社区(居委会)					
村委会					
其他	2792.1	615.8		39.1	2753
三、按登记注册类型分组					
内资企业	4078.8	933.9		49.2	4029.7
国有企业					
集体企业					
股份合作企业					
联营企业					
国有联营企业					
集体联营企业					
国有与集体联营企业					
其他联营企业					
有限责任公司	1799.8	485.9		40.6	1759.2
国有独资公司	394	110.8			394
其他有限责任公司	1405.8	375.1		40.6	1365.1
股份有限公司	1163.7	167.4		1.1	1162.6
私营企业	1115.3	280.6		7.4	1107.9
私营独资企业	71.2	12.6			71.2
私营合伙企业					

表 12-13 续表 4　　(2014年)

项　　目	R&D人员折合全时当量合计(人年)	#研究人员	#1.基础研究人员	2.应用研究人员	3.试验发展人员
私营有限责任公司	897.9	235.4		7.4	890.5
私营股份有限公司	146.2	32.6			146.2
其他企业					
港、澳、台商投资企业	902.6	142.3		6.5	896.1
与港澳台商合资经营企业	217.4	55.7		6.5	210.9
与港澳台商合作经营企业					
港澳台商独资经营企业	78.4	34			78.4
港澳台商投资股份有限公司	606.8	52.6			606.8
其他港澳台投资企业					
外商投资企业	1183.9	282		24.1	1159.8
中外合资经营企业	347.2	80.7		13	334.3
中外合作经营企业					
外资企业	96.9	24.8		11.1	85.8
外商投资股份有限公司	739.7	176.5			739.7
其他外商投资企业					
四、按国民经济行业大类分组					
采矿业	289.1	64.8			289.1
非金属矿采选业	289.1	64.8			289.1
制造业	5821.6	1242.9		73.3	5748.3
农副食品加工业	44.5	5.5		19.4	25.1
食品制造业	10.5	3.1			10.5
酒、饮料和精制茶制造业	97.3	26.7			97.3
纺织业	11.9	2.8			11.9
纺织服装、服饰业	28.3	7.8			28.3
皮革、毛皮、羽毛及其制品和制鞋业	29.8	5.9			29.8
木材加工和木、竹、藤、棕、草制品业	38.1	8.3			38.1
文教、工美、体育和娱乐用品制造业					
石油加工、炼焦和核燃料加工业	114.7	8.7			114.7
化学原料和化学制品制造业	533.6	141			533.6
医药制造业	2702.8	433		18.7	2684.1
化学纤维制造业	48.5	2.5			48.5
橡胶和塑料制品业	37.3	13.8			37.3
非金属矿物制品业	316.2	87.8			316.2

表 12-13 续表 5

(2014 年)

项　　　目	R&D人员折合全时当量合计(人年)	#研究人员	#1.基础研究人员	2.应用研究人员	3.试验发展人员
黑色金属冶炼和压延加工业	162.3	35.7		7.4	154.9
有色金属冶炼和压延加工业	45.4	4.7			45.4
金属制品业	30.4	4.8		1.1	29.3
通用设备制造业	115.5	13.1		15.6	99.9
专用设备制造业	685.9	249.6			685.9
汽车制造业	38.3	2.1			38.3
铁路、船舶、航空航天和其他运输设备制造业	194.8	45.2			194.8
电气机械和器材制造业	391.4	99		11.1	380.2
计算机、通信和其他电子设备制造业	66.4	14.5			66.4
仪器仪表制造业	77.7	27.4			77.7
电力、热力、燃气及水生产和供应业	54.5	50.6		6.4	48.2
电力、热力生产和供应业	54.5	50.6		6.4	48.2
水的生产和供应业					
五、按经济成分分组					
公有经济	821.4	198.9		21.9	799.4
非公有经济	5344	1159.4		57.8	5286.2
六、按企业控股情况分组					
国有控股	706.7	190.1		21.9	684.7
集体控股	114.7	8.7			114.7
私人控股	3224.2	721.8		27.2	3197
港澳台商控股	861	129.7		6.5	854.5
外商控股	1018.5	245.6		24.1	994.4
其他	240.2	62.3			240.2
七、按地区分组					
连云港市	6165.3	1358.3		79.7	6085.6
市辖区					
连云区	178.1	96.8		13.8	164.3
海州区	3455.1	803.7		18.7	3436.4
赣榆区	429.2	62.6			429.2
东海县	416.7	128.9			416.7
灌云县	125.3	19.6			125.3
灌南县	363.1	68.3			363.1
连云港经济技术开发区	1197.9	178.4		47.2	1150.7

大中型工业企业 R&D 经费情况

表 12-14　　　　(2014 年)

项目	R&D经费内部支出合计	(一)按活动类型分组			(二)按支出用途分组	
		#1.基础研究支出	2.应用研究支出	3.试验发展支出	1.经常费支出	#人员劳务费
总　　计	**203260**		**2546**	**200713**	**181619**	**58276**
一、按企业规模分组						
大型	152550		1038	151512	137666	45941
中型	50709		1508	49201	43953	12335
小型						
微型						
二、按隶属关系分组						
中央	12578		361	12218	11605	2168
省(自治区、直辖市)	25375			25375	22156	6793
地(区、市、州、盟)	77449		468	76981	72225	26365
县(区、市、旗)	7443			7443	6762	543
街道						
镇						
乡	2461			2461	1038	421
社区(居委会)						
村委会						
其他	77954		1718	76236	67832	21986
三、按登记注册类型分组						
内资企业	140939		1751	139188	128457	40538
国有企业						
集体企业						
股份合作企业						
联营企业						
国有联营企业						
集体联营企业						
国有与集体联营企业						
其他联营企业						
有限责任公司	51429		828	50601	48267	13027
国有独资公司	6355			6355	5676	2567
其他有限责任公司	45074		828	44246	42591	10460
股份有限公司	57313		126	57187	53585	18400
私营企业	32197		797	31400	26605	9111
私营独资企业	3303			3303	2384	458
私营合伙企业						

表 12-14 续表 1　　　　　　(2014 年)

项　　　目	R&D经费内部支出合计	(一)按活动类型分组			(二)按支出用途分组	
		#1.基础研究支出	2.应用研究支出	3.试验发展支出	1.经常费支出	#人员劳务费
私营有限责任公司	24569		797	23772	20703	7503
私营股份有限公司	4324			4324	3518	1150
其他企业						
港、澳、台商投资企业	20378		110	20268	15878	6992
与港澳台商合资经营企业	3982		110	3873	2264	923
与港澳台商合作经营企业						
港澳台商独资经营企业	991			991	832	503
港澳台商投资股份有限公司	15405			15405	12783	5566
其他港澳台投资企业						
外商投资企业	41944		686	41257	37284	10746
中外合资经营企业	13030		210	12820	11931	2165
中外合作经营企业						
外资企业	2490		476	2014	2194	961
外商投资股份有限公司	26424			26424	23159	7621
其他外商投资企业						
四、按国民经济行业大类分组						
采矿业	1799			1799	1711	1152
非金属矿采选业	1799			1799	1711	1152
制造业	200062		2515	197546	178509	57057
农副食品加工业	1096		320	776	1083	497
食品制造业	121			121	121	93
酒、饮料和精制茶制造业	1080			1080	871	229
纺织业	136			136	112	52
纺织服装、服饰业	575			575	561	276
皮革、毛皮、羽毛及其制品和制鞋业	1715			1715	1669	984
木材加工和木、竹、藤、棕、草制品业	414			414	406	174
文教、工美、体育和娱乐用品制造业						
石油加工、炼焦和核燃料加工业	4470			4470	4382	183
化学原料和化学制品制造业	23937			23937	21081	5232
医药制造业	106173		468	105706	96095	32815
化学纤维制造业	1933			1933	1842	392
橡胶和塑料制品业	453			453	453	58
非金属矿物制品业	4977			4977	3186	1456

表 12-14 续表 2　　(2014 年)

项　　目	R&D经费内部支出合计	(一)按活动类型分组			(二)按支出用途分组	
		#1.基础研究支出	2.应用研究支出	3.试验发展支出	1.经常费支　出	#人员劳务费
黑色金属冶炼和压延加工业	7301		797	6504	5313	2826
有色金属冶炼和压延加工业	1501			1501	1117	270
金属制品业	1754		126	1628	1563	322
通用设备制造业	6639		330	6309	6256	698
专用设备制造业	14586			14586	13354	5477
汽车制造业	986			986	986	325
铁路、船舶、航空航天和其他运输设备制造业	3088			3088	2835	1223
电气机械和器材制造业	14704		476	14228	13041	2369
计算机、通信和其他电子设备制造业	1380			1380	1171	746
仪器仪表制造业	1045			1045	1012	358
电力、热力、燃气及水生产和供应业	1399		31	1368	1399	67
电力、热力生产和供应业	1399		31	1368	1399	67
水的生产和供应业						
五、按经济成分分组						
公有经济	28958		361	28598	27038	4531
非公有经济	174302		2186	172116	154581	53745
六、按企业控股情况分组						
国有控股	24489		361	24128	22656	4348
集体控股	4470			4470	4382	183
私人控股	112755		1390	111365	101791	35776
港澳台商控股	20145		110	20036	15348	6876
外商控股	35724		686	35038	31857	9650
其他	5677			5677	5585	1443
七、按地区分组						
连云港市	203260		2546	200713	181619	58276
市辖区						
连云区	8296		828	7468	6597	1592
海州区	116266		468	115799	107473	35773
赣榆区	22903			22903	19669	3907
东海县	7050			7050	4555	2288
灌云县	6616			6616	6588	1591
灌南县	7841			7841	6418	2411
连云港经济技术开发区	34287		1251	33036	30320	10715

表 12-14 续表 3

(2014 年)

项目	(二)按支出用途分组			(三)按资金来源分组			
	2.资产性支出	#①土建工程	②仪器设备	1.政府资金	2.企业资金	3.境外资金	4.其他资金
总计	**21641**	**1212**	**20429**	**9524**	**192558**	**333**	**845**
一、按企业规模分组							
大型	14884	430	14454	8043	144194		313
中型	6756	782	5974	1481	48364	333	532
小型							
微型							
二、按隶属关系分组							
中央	973	49	924	1339	11239		
省(自治区、直辖市)	3219	18	3201	612	24764		
地(区、市、州、盟)	5223	390	4834	4657	72593		199
县(区、市、旗)	680		680		7443		
街道							
镇							
乡	1423	51	1372	84	2377		
社区(居委会)							
村委会							
其他	10122	704	9418	2832	74143	333	646
三、按登记注册类型分组							
内资企业	12481	1024	11458	7239	133386		313
国有企业							
集体企业							
股份合作企业							
联营企业							
国有联营企业							
集体联营企业							
国有与集体联营企业							
其他联营企业							
有限责任公司	3162	79	3082	4219	47011		199
国有独资公司	679	52	627	125	6230		
其他有限责任公司	2483	27	2456	4094	40781		199
股份有限公司	3728	277	3451	2229	55084		
私营企业	5592	667	4924	791	31291		114
私营独资企业	919	24	896	10	3293		
私营合伙企业							

表 12-14 续表 4

(2014 年)

项目	(二)按支出用途分组			(三)按资金来源分组			
	2.资产性支出	#①土建工程	②仪器设备	1.政府资金	2.企业资金	3.境外资金	4.其他资金
私营有限责任公司	3866	639	3228	202	24253		114
私营股份有限公司	806	5	801	579	3745		
其他企业							
港、澳、台商投资企业	4499	60	4439	1278	19100		
与港澳台商合资经营企业	1718	57	1661	114	3868		
与港澳台商合作经营企业							
港澳台商独资经营企业	159	3	156	60	931		
港澳台商投资股份有限公司	2622		2622	1104	14301		
其他港澳台投资企业							
外商投资企业	4660	128	4532	1007	40072	333	532
中外合资经营企业	1099	110	989	396	12634		
中外合作经营企业							
外资企业	296	0	296		2157	333	
外商投资股份有限公司	3265	18	3247	612	25281		532
其他外商投资企业							
四、按国民经济行业大类分组							
采矿业	88	3	86	125	1674		
非金属矿采选业	88	3	86	125	1674		
制造业	21552	1209	20343	9258	189625	333	845
农副食品加工业	13	0	13	2	1093		
食品制造业	0		0		121		
酒、饮料和精制茶制造业	209	30	179	220	860		
纺织业	24	0	24		136		
纺织服装、服饰业	14	1	13		575		
皮革、毛皮、羽毛及其制品和制鞋业	46		46		1183		532
木材加工和木、竹、藤、棕、草制品业	8		8		414		
文教、工美、体育和娱乐用品制造业							
石油加工、炼焦和核燃料加工业	87		87	3	4467		
化学原料和化学制品制造业	2856	86	2770	425	23512		
医药制造业	10078	292	9786	5836	100279		58
化学纤维制造业	91	91		70	1863		
橡胶和塑料制品业					453		
非金属矿物制品业	1791	81	1710	213	4764		

表 12-14 续表 5

(2014 年)

项目	(二)按支出用途分组			(三)按资金来源分组			
	2.资产性支出	#①土建工程	②仪器设备	1.政府资金	2.企业资金	3.境外资金	4.其他资金
黑色金属冶炼和压延加工业	1988	582	1406		7186		114
有色金属冶炼和压延加工业	384	4	380	300	1201		
金属制品业	191	10	181	2	1753		
通用设备制造业	383		383	1198	5441		
专用设备制造业	1232	12	1220	884	13561		141
汽车制造业					986		
铁路、船舶、航空航天和其他运输设备制造业	253	9	244	11	3077		
电气机械和器材制造业	1663	8	1655	85	14286	333	
计算机、通信和其他电子设备制造业	210	3	206		1380		
仪器仪表制造业	33	0	33	10	1035		
电力、热力、燃气及水生产和供应业				141	1258		
电力、热力生产和供应业				141	1258		
水的生产和供应业							
五、按经济成分分组							
公有经济	1920	143	1777	1537	27421		
非公有经济	19720	1069	18652	7987	165136	333	845
六、按企业控股情况分组							
国有控股	1833	143	1690	1534	22955		
集体控股	87		87	3	4467		
私人控股	10964	974	9991	6083	106359		313
港澳台商控股	4797	58	4739	1213	18932		
外商控股	3867	34	3833	612	34248	333	532
其他	92	4	89	80	5598		
七、按地区分组							
连云港市	21641	1212	20429	9524	192558	333	845
市辖区							
连云区	1699	626	1073	141	8156		
海州区	8794	321	8473	5941	110126		199
赣榆区	3235	44	3191	607	22296		
东海县	2495	88	2407	209	6841		
灌云县	28		28	1	6615		
灌南县	1423	32	1391	344	7383		114
连云港经济技术开发区	3967	102	3866	2282	31140	333	532

表 12-14 续表 6　　　　　　　　　　　　(2014 年)

项　　　　　目	R&D经费外部支出	对境内研究机构支出	对境内高等学校支出	对境外支出
总　　计	**16618**	**6495**	**1611**	**2318**
一、按企业规模分组				
大型	15134	5638	1151	2222
中型	1485	857	460	96
小型				
微型				
二、按隶属关系分组				
中央	1766	288	64	205
省(自治区、直辖市)	7176	645	220	1396
地(区、市、州、盟)	5722	4226	823	621
县(区、市、旗)				
街道				
镇				
乡				
社区(居委会)				
村委会				
其他	1955	1336	504	96
三、按登记注册类型分组				
内资企业	8803	5669	1068	826
国有企业				
集体企业				
股份合作企业				
联营企业				
国有联营企业				
集体联营企业				
国有与集体联营企业				
其他联营企业				
有限责任公司	4765	1787	932	826
国有独资公司	288	288		
其他有限责任公司	4477	1499	932	826
股份有限公司	3234	3172	61	
私营企业	804	710	74	
私营独资企业	47	47		
私营合伙企业				

表 12-14 续表 7 (2014 年)

项　　　　目	R&D经费外部支出	对境内研究机构支出	对境内高等学校支出	对境外支出
私营有限责任公司	672	578	74	
私营股份有限公司	85	85		
其他企业				
港、澳、台商投资企业	159	87	72	
与港澳台商合资经营企业	90	87	4	
与港澳台商合作经营企业				
港澳台商独资经营企业	69		69	
港澳台商投资股份有限公司				
其他港澳台投资企业				
外商投资企业	7657	738	471	1492
中外合资经营企业	385	94	251	
中外合作经营企业				
外资企业				
外商投资股份有限公司	7271	645	220	1492
其他外商投资企业				
四、按国民经济行业大类分组				
采矿业				
非金属矿采选业				
制造业	15410	6495	1611	2318
农副食品加工业	24		24	
食品制造业				
酒、饮料和精制茶制造业	171	100	30	
纺织业				
纺织服装、服饰业				
皮革、毛皮、羽毛及其制品和制鞋业	96			96
木材加工和木、竹、藤、棕、草制品业	26		26	
文教、工美、体育和娱乐用品制造业				
石油加工、炼焦和核燃料加工业	214	214		
化学原料和化学制品制造业	480	369	112	
医药制造业	13095	5314	850	2017
化学纤维制造业				
橡胶和塑料制品业				
非金属矿物制品业	39	26	13	

表 12-14 续表 7　　　　　　　　(2014 年)

项　　　　目	R&D经费外部支出	对境内研究机构支出	对境内高等学校支出	对境外支出
黑色金属冶炼和压延加工业				
有色金属冶炼和压延加工业	85	85		
金属制品业	75	45	10	
通用设备制造业	270		64	205
专用设备制造业	267	112	155	
汽车制造业				
铁路、船舶、航空航天和其他运输设备制造业	19	6	14	
电气机械和器材制造业	433	225	208	
计算机、通信和其他电子设备制造业	73		73	
仪器仪表制造业	44		33	
电力、热力、燃气及水生产和供应业	1208			
电力、热力生产和供应业	1208			
水的生产和供应业				
五、按经济成分分组				
公有经济	1980	502	64	205
非公有经济	14639	5993	1547	2113
六、按企业控股情况分组				
国有控股	1766	288	64	205
集体控股	214	214		
私人控股	6817	5123	1042	621
港澳台商控股	322	94	228	
外商控股	7317	645	225	1492
其他	183	131	52	
七、按地区分组				
连云港市	16618	6495	1611	2318
市辖区				
连云区	1496	288		
海州区	13141	5028	1129	2017
赣榆区	501	391	90	
东海县	318	94	225	
灌云县				
灌南县	185	133	52	
连云港经济技术开发区	977	560	116	301

大中型工业企业全部R&D项目情况

表12-15

(2014年)

项　　　目	项目数(项)	参加项目人员(人)	项目人员折合全时当量(人年)	全部项目经费内部支出(万元)
总　　计	**791**	**7848**	**5829**	**186335**
一、按企业规模分组				
大型	403	5264	4153	142715
中型	388	2584	1676	43620
小型				
微型				
二、按隶属关系分组				
中央	102	704	258	11265
省(自治区、直辖市)	49	689	687	25356
地(区、市、州、盟)	263	2374	2058	72753
县(区、市、旗)	7	141	91	6994
街道				
镇				
乡	11	145	115	1120
社区(居委会)				
村委会				
其他	359	3795	2620	68848
三、按登记注册类型分组				
内资企业	592	5302	3856	130630
国有企业				
集体企业				
股份合作企业				
联营企业				
国有联营企业				
集体联营企业				
国有与集体联营企业				
其他联营企业				
有限责任公司	309	2455	1708	45779
国有独资公司	53	623	369	5958
其他有限责任公司	256	1832	1339	39822
股份有限公司	80	1196	1117	56305
私营企业	203	1651	1031	28546
私营独资企业	23	65	65	2534
私营合伙企业				

表 12-15 续表 1　　　　　　　　　　(2014 年)

项　　　　目	项目数(项)	参加项目人员(人)	项目人员折合全时当量(人年)	全部项目经费内部支出(万元)
私营有限责任公司	142	1392	832	22358
私营股份有限公司	38	194	135	3653
其他企业				
港、澳、台商投资企业	41	954	858	16620
与港澳台商合资经营企业	15	250	204	2557
与港澳台商合作经营企业				
港澳台商独资经营企业	7	87	74	982
港澳台商投资股份有限公司	19	617	579	13081
其他港澳台投资企业				
外商投资企业	158	1592	1115	39086
中外合资经营企业	87	609	329	10709
中外合作经营企业				
外资企业	12	169	91	1972
外商投资股份有限公司	59	814	695	26405
其他外商投资企业				
四、按国民经济行业大类分组				
采矿业	19	350	273	1546
非金属矿采选业	19	350	273	1546
制造业	736	7284	5503	183546
农副食品加工业	6	122	38	666
食品制造业	2	10	10	121
酒、饮料和精制茶制造业	19	134	90	987
纺织业	2	13	10	136
纺织服装、服饰业	6	42	26	503
皮革、毛皮、羽毛及其制品和制鞋业	12	146	28	1715
木材加工和木、竹、藤、棕、草制品业	17	50	36	354
文教、工美、体育和娱乐用品制造业				
石油加工、炼焦和核燃料加工业	3	123	105	4462
化学原料和化学制品制造业	120	933	474	21626
医药制造业	195	2716	2579	100938
化学纤维制造业	18	80	43	1810
橡胶和塑料制品业	3	38	36	453
非金属矿物制品业	41	393	302	3322

表 12-15 续表 2 (2014 年)

项　　目	项目数(项)	参加项目人员(人)	项目人员折合全时当量(人年)	全部项目经费内部支出(万元)
黑色金属冶炼和压延加工业	22	431	152	6184
有色金属冶炼和压延加工业	18	59	38	1168
金属制品业	10	76	28	804
通用设备制造业	33	220	110	5625
专用设备制造业	86	793	662	13092
汽车制造业	2	36	34	986
铁路、船舶、航空航天和其他运输设备制造业	24	203	185	2985
电气机械和器材制造业	47	496	379	13257
计算机、通信和其他电子设备制造业	8	97	64	1334
仪器仪表制造业	42	73	73	1017
电力、热力、燃气及水生产和供应业	36	214	53	1243
电力、热力生产和供应业	36	214	53	1243
水的生产和供应业				
五、按经济成分分组				
公有经济	150	1401	768	26011
非公有经济	641	6447	5061	160325
六、按企业控股情况分组				
国有控股	147	1278	663	21549
集体控股	3	123	105	4462
私人控股	463	3915	3046	104277
港澳台商控股	51	907	819	15947
外商控股	105	1359	961	34486
其他	22	266	236	5614
七、按地区分组				
连云港市	791	7848	5829	186335
市辖区				
连云区	83	584	168	6903
海州区	359	3688	3304	111049
赣榆区	73	704	389	20847
东海县	67	478	396	4788
灌云县	13	147	113	6593
灌南县	46	517	322	7161
连云港经济技术开发区	150	1730	1138	28995

大中型工业企业办科技机构情况

表 12-16　　(2014 年)

项　　目	机构数(个)	机构人员合计(人)	博士毕业	硕士毕业	本科毕业
总　　计	**170**	**10050**	**296**	**1557**	**5657**
一、按企业规模分组					
大型	63	6517	237	1289	3713
中型	107	3533	59	268	1944
小型					
微型					
二、按隶属关系分组					
中央	12	575	1	41	482
省(自治区、直辖市)	3	529	20	221	261
地(区、市、州、盟)	22	3105	146	677	1409
县(区、市、旗)	4	201	12	12	102
街道					
镇					
乡	3	119	2	21	39
社区(居委会)					
村委会					
其他	126	5521	115	585	3364
三、按登记注册类型分组					
内资企业	125	6653	200	939	3633
国有企业					
集体企业					
股份合作企业					
联营企业					
国有联营企业					
集体联营企业					
国有与集体联营企业					
其他联营企业					
有限责任公司	51	3083	88	392	1635
国有独资公司	3	113	5	26	72
其他有限责任公司	48	2970	83	366	1563
股份有限公司	11	1615	87	428	959
私营企业	63	1955	25	119	1039
私营独资企业	2	72	2	6	36
私营合伙企业					

表 12-16 续表 1 (2014 年)

项　　目	机构数(个)	机构人员合计(人)	博士毕业	硕士毕业	本科毕业
私营有限责任公司	52	1650	21	102	827
私营股份有限公司	9	233	2	11	176
其他企业					
港、澳、台商投资企业	11	1502	43	266	1007
与港澳台商合资经营企业	5	341	4	42	166
与港澳台商合作经营企业					
港澳台商独资经营企业	5	88	2	19	54
港澳台商投资股份有限公司	1	1073	37	205	787
其他港澳台投资企业					
外商投资企业	34	1895	53	352	1017
中外合资经营企业	18	794	26	61	405
中外合作经营企业					
外资企业	13	443	7	69	293
外商投资股份有限公司	3	658	20	222	319
其他外商投资企业					
四、按国民经济行业大类分组					
采矿业	2	57	5	20	32
非金属矿采选业	2	57	5	20	32
制造业	160	9871	289	1509	5533
农副食品加工业	4	146	2	20	116
食品制造业	2	9		1	5
酒、饮料和精制茶制造业	6	104	11	29	44
纺织业	4	36	1	7	17
纺织服装、服饰业	5	49		9	23
皮革、毛皮、羽毛及其制品和制鞋业	2	150		4	70
木材加工和木、竹、藤、棕、草制品业	1	15		3	8
文教、工美、体育和娱乐用品制造业					
石油加工、炼焦和核燃料加工业	9	279	15	10	208
化学原料和化学制品制造业	28	789	27	79	442
医药制造业	18	3660	167	1038	2302
化学纤维制造业	2	120		2	53
橡胶和塑料制品业	1	61	1	3	21
非金属矿物制品业	17	576	4	54	268

表 12–16 续表 2　　　　　　　　　　　　(2014 年)

项　　　　目	机构数(个)	机构人员合计(人)	博士毕业	硕士毕业	本科毕业
黑色金属冶炼和压延加工业	13	519	7	21	254
有色金属冶炼和压延加工业	4	57	2	7	48
金属制品业	4	118	4	8	68
通用设备制造业	6	464	2	19	365
专用设备制造业	11	1394	13	73	467
汽车制造业	1	12		1	10
铁路、船舶、航空航天和其他运输设备制造业	7	221	2	17	103
电气机械和器材制造业	7	602	18	37	348
计算机、通信和其他电子设备制造业	7	413	8	67	282
仪器仪表制造业	1	77	5		11
电力、热力、燃气及水生产和供应业	8	122	2	28	92
电力、热力生产和供应业	6	102		24	78
水的生产和供应业	2	20	2	4	14
五、按经济成分分组					
公有经济	33	1316	35	99	921
非公有经济	137	8734	261	1458	4736
六、按企业控股情况分组					
国有控股	24	1037	20	89	713
集体控股	9	279	15	10	208
私人控股	95	5360	172	820	2562
港澳台商控股	11	1337	46	256	957
外商控股	28	1571	40	338	879
其他	3	466	3	44	338
七、按地区分组					
连云港市	170	10050	296	1557	5657
市辖区					
连云区	8	294	2	26	216
海州区	37	4406	167	940	2171
赣榆区	30	1082	48	60	491
东海县	25	557	9	75	321
灌云县	10	132	4	15	86
灌南县	23	494	15	57	307
连云港经济技术开发区	37	3085	51	384	2065

表 12-16续表 3　　　　　　　　　　(2014 年)

项　　　　目	机构经费支出(万元)	期末仪器和设备原价(万元)	进　口	期末在境外设立机构数(个)
总　　计	**300870**	**192795**	**26660**	**6**
一、按企业规模分组				
大型	241335	108868	10261	4
中型	59535	83927	16399	2
小型				
微型				
二、按隶属关系分组				
中央	21625	3404		1
省(自治区、直辖市)	43885	27128	3101	1
地(区、市、州、盟)	105522	58054	7864	3
县(区、市、旗)	8925	2181	367	
街道				
镇				
乡	2093	5089	830	
社区(居委会)				
村委会				
其他	118820	96940	14499	1
三、按登记注册类型分组				
内资企业	200671	128826	15456	4
国有企业				
集体企业				
股份合作企业				
联营企业				
国有联营企业				
集体联营企业				
国有与集体联营企业				
其他联营企业				
有限责任公司	107740	67394	9193	2
国有独资公司	1422	2707	125	
其他有限责任公司	106318	64687	9068	2
股份有限公司	71625	34369	5978	1
私营企业	21306	27064	284	1
私营独资企业	650	2139		
私营合伙企业				

表 12-16 续表 4　　　　(2014 年)

项　　目	机构经费支出(万元)	期末仪器和设备原价(万元)	进　口	期末在境外设立机构数(个)
私营有限责任公司	17937	19859	251	1
私营股份有限公司	2719	5067	33	
其他企业				
港、澳、台商投资企业	29419	14198	3196	
与港澳台商合资经营企业	4730	5835	1131	
与港澳台商合作经营企业				
港澳台商独资经营企业	997	3952	2065	
港澳台商投资股份有限公司	23693	4412		
其他港澳台投资企业				
外商投资企业	70780	49770	8008	2
中外合资经营企业	15938	17110	4908	1
中外合作经营企业				
外资企业	9909	5786		
外商投资股份有限公司	44933	26874	3101	1
其他外商投资企业				
四、按国民经济行业大类分组				
采矿业	267	893	125	
非金属矿采选业	267	893	125	
制造业	299012	190447	26135	6
农副食品加工业	680	1154	580	
食品制造业	121	6		
酒、饮料和精制茶制造业	1209	798	339	
纺织业	501	314		
纺织服装、服饰业	594	1299		
皮革、毛皮、羽毛及其制品和制鞋业	1715	714		
木材加工和木、竹、藤、棕、草制品业	131	123		
文教、工美、体育和娱乐用品制造业				
石油加工、炼焦和核燃料加工业	29850	3525		
化学原料和化学制品制造业	16490	20547		1
医药制造业	164930	72133	10175	3
化学纤维制造业	3600	3465	2083	
橡胶和塑料制品业	1463	1605	810	
非金属矿物制品业	7753	22528	3447	

表 12-16 续表 5　　(2014 年)

项　　　目	机构经费支出(万元)	期末仪器和设备原价(万元)	进　口	期末在境外设立机构数(个)
黑色金属冶炼和压延加工业	5707	4945		
有色金属冶炼和压延加工业	335	2136	33	
金属制品业	1897	2150		1
通用设备制造业	20504	2257		1
专用设备制造业	11539	31966	6093	
汽车制造业	986	842		
铁路、船舶、航空航天和其他运输设备制造业	2639	3677		
电气机械和器材制造业	15583	9535	620	
计算机、通信和其他电子设备制造业	9550	3528	1956	
仪器仪表制造业	1238	1202		
电力、热力、燃气及水生产和供应业	1591	1455	400	
电力、热力生产和供应业	91	835		
水的生产和供应业	1500	620	400	
五、按经济成分分组				
公有经济	68418	26105	2975	1
非公有经济	232453	166690	23685	5
六、按企业控股情况分组				
国有控股	38568	22580	2975	1
集体控股	29850	3525		
私人控股	122027	96011	10111	3
港澳台商控股	27763	14166	3196	
外商控股	64638	41773	5925	2
其他	18024	14741	4453	
七、按地区分组				
连云港市	300870	192795	26660	6
市辖区				
连云区	1461	2603		
海州区	166647	102622	12904	4
赣榆区	43931	16337	400	1
东海县	7213	13821	3447	
灌云县	6951	3067		
灌南县	6943	4927	280	
连云港经济技术开发区	67725	49418	9629	1

大中型工业企业自主知识产权及相关情况

表 12–17 (2014 年)

项目	专利申请数(件)	发明专利	有效发明专利数(件)	境外授权	已被实施	专利所有权转让及许可数(项)
总计	**712**	**388**	**1050**	**142**	**776**	**44**
一、按企业规模分组						
大型	358	248	753	142	599	28
中型	354	140	297		177	16
小型						
微型						
二、按隶属关系分组						
中央	72	33	110	1	110	
省(自治区、直辖市)	72	67	169	13	96	28
地(区、市、州、盟)	140	99	445	119	385	2
县(区、市、旗)	15	6				
街道						
镇						
乡	13	3	3		3	
社区(居委会)						
村委会						
其他	400	180	323	9	182	14
三、按登记注册类型分组						
内资企业	472	231	767	120	627	14
国有企业						
集体企业						
股份合作企业						
联营企业						
国有联营企业						
集体联营企业						
国有与集体联营企业						
其他联营企业						
有限责任公司	222	117	411	49	350	2
国有独资公司	8	5	7		7	
其他有限责任公司	214	112	404	49	343	2
股份有限公司	75	44	166	71	147	
私营企业	175	70	190		130	12
私营独资企业	3	3	1		1	
私营合伙企业						

表 12-17 续表 1　　　　(2014 年)

项　　目	专利申请数(件)	发明专利	有效发明专利数(件)	境外授权	已被实施	专利所有权转让及许可数(项)
私营有限责任公司	128	47	137		78	
私营股份有限公司	44	20	52		51	12
其他企业						
港、澳、台商投资企业	110	62	65	9	32	
与港澳台商合资经营企业	48	7	17		12	
与港澳台商合作经营企业						
港澳台商独资经营企业	5	2	3			
港澳台商投资股份有限公司	57	53	45	9	20	
其他港澳台投资企业						
外商投资企业	130	95	218	13	117	30
中外合资经营企业	44	16	33		20	2
中外合作经营企业						
外资企业	12	11	2		1	
外商投资股份有限公司	74	68	183	13	96	28
其他外商投资企业						
四、按国民经济行业大类分组						
采矿业	2	2				
非金属矿采选业	2	2				
制造业	680	362	978	142	704	44
农副食品加工业	2	1	2		2	
食品制造业						
酒、饮料和精制茶制造业	1	1	2			
纺织业	1		1			
纺织服装、服饰业	1	1				
皮革、毛皮、羽毛及其制品和制鞋业	2	1	14			
木材加工和木、竹、藤、棕、草制品业	3		27			
文教、工美、体育和娱乐用品制造业						
石油加工、炼焦和核燃料加工业	5					
化学原料和化学制品制造业	57	37	37		28	4
医药制造业	228	209	609	141	454	28
化学纤维制造业	4	2				
橡胶和塑料制品业	4		6		6	
非金属矿物制品业	75	35	24		5	

表 12-17 续表 2　　　　(2014 年)

项　　目	专利申请数(件)	发明专利	有效发明专利数(件)	境外授权	已被实施	专利所有权转让及许可数(项)
黑色金属冶炼和压延加工业	13	4	14		1	
有色金属冶炼和压延加工业	5	5	1		1	12
金属制品业	3	1	1		1	
通用设备制造业	38	8	31	1	31	
专用设备制造业	145	33	127		106	
汽车制造业	2	2				
铁路、船舶、航空航天和其他运输设备制造业	17	2	52		52	
电气机械和器材制造业	54	11	20		17	
计算机、通信和其他电子设备制造业	16	9	10			
仪器仪表制造业	4					
电力、热力、燃气及水生产和供应业	30	24	72		72	
电力、热力生产和供应业	28	22	72		72	
水的生产和供应业	2	2				
五、按经济成分分组						
公有经济	112	55	118	1	110	
非公有经济	578	318	902	141	665	44
六、按企业控股情况分组						
国有控股	107	55	118	1	110	
集体控股	5					
私人控股	385	171	651	119	513	12
港澳台商控股	76	57	55	9	23	2
外商控股	108	90	212	13	117	30
其他	31	15	14		13	
七、按地区分组						
连云港市	712	388	1050	142	776	44
市辖区						
连云区	50	37	87			75
海州区	340	186	737	132	3982	555
赣榆区	51	22	19			14
东海县	53	16	14		2	5
灌云县	7	3	1			
灌南县	21	20	16			11
连云港经济技术开发区	190	104	176	10		116

表 12-17 续表 3

(2014 年)

项目	专利所有权转让及许可收入(万元)	发表科技论文(篇)	期末拥有注册标数(件)	境外注册	形成国家或行业标准数(项)
总　计	**398.4**	**285**	**1034**	**28**	**44**
一、按企业规模分组					
大型	94.3	208	829	25	22
中型	304.1	77	205	3	22
小型					
微型					
二、按隶属关系分组					
中央		67	18		
省(自治区、直辖市)	94.3	3	390		7
地(区、市、州、盟)	303.9	125	351	8	20
县(区、市、旗)		20	4		1
街道					
镇					
乡			6		
社区(居委会)					
村委会					
其他	0.2	70	265	20	16
三、按登记注册类型分组					
内资企业	0.2	263	420	18	26
国有企业					
集体企业					
股份合作企业					
联营企业					
国有联营企业					
集体联营企业					
国有与集体联营企业					
其他联营企业					
有限责任公司	0.2	241	300	8	17
国有独资公司		23	3		
其他有限责任公司	0.2	218	297	8	17
股份有限公司		3	37	10	3
私营企业		19	83		6
私营独资企业			1		
私营合伙企业					

表 12-17 续表 4　　　　　　　　　　　　　　(2014 年)

项　　　　目	专利所有权转让及许可收入(万元)	发表科技论文(篇)	期末拥有注册标数(件)		形成国家或行业标准数(项)
				境外注册	
私营有限责任公司		11	80		6
私营股份有限公司		8	2		
其他企业					
港、澳、台商投资企业		1	136	10	2
与港澳台商合资经营企业		1	23	3	
与港澳台商合作经营企业					
港澳台商独资经营企业			1		
港澳台商投资股份有限公司			112	7	2
其他港澳台投资企业					
外商投资企业	398.2	21	478		16
中外合资经营企业	303.9	21	88		9
中外合作经营企业					
外资企业					
外商投资股份有限公司	94.3		390		7
其他外商投资企业					
四、按国民经济行业大类分组					
采矿业		11	2		
非金属矿采选业		11	2		
制造业	398.4	222	1032	28	44
农副食品加工业		3	12		
食品制造业					
酒、饮料和精制茶制造业		4	82		
纺织业					
纺织服装、服饰业					
皮革、毛皮、羽毛及其制品和制鞋业					
木材加工和木、竹、藤、棕、草制品业			45		
文教、工美、体育和娱乐用品制造业					
石油加工、炼焦和核燃料加工业					
化学原料和化学制品制造业	304.1	19	25		11
医药制造业	94.3	100	690	12	20
化学纤维制造业		4	4		
橡胶和塑料制品业		13	2		
非金属矿物制品业		37	12		2

表 12-17 续表 5 (2014 年)

项　　目	专利所有权转让及许可收入(万元)	发表科技论文(篇)	期末拥有注册标数(件)		形成国家或行业标准数(项)
				境外注册	
黑色金属冶炼和压延加工业			1		
有色金属冶炼和压延加工业					
金属制品业					4
通用设备制造业		3	15		
专用设备制造业		17	92	6	5
汽车制造业					
铁路、船舶、航空航天和其他运输设备制造业		3	13		
电气机械和器材制造业		17	38	10	2
计算机、通信和其他电子设备制造业		2			
仪器仪表制造业			1		
电力、热力、燃气及水生产和供应业		52			
电力、热力生产和供应业		52			
水的生产和供应业					
五、按经济成分分组					
公有经济		130	25		3
非公有经济	398.4	155	964	28	41
六、按企业控股情况分组					
国有控股		130	25		3
集体控股					
私人控股		134	366	11	17
港澳台商控股	0.2	1	130	7	2
外商控股	398.2	17	474		16
其他		3	39	10	6
七、按地区分组					
连云港市	398.4	285	1034	28	44
市辖区					
连云区		64	1		
海州区	3	140	829	18	28
赣榆区	1.2	17	3		5
东海县	0.2		13		
灌云县					
灌南县		6	21		2
连云港经济技术开发区		58	167	10	9

大中型工业企业新产品开发、生产及销售情况

表 12-18　　　　　　　　　　(2014 年)

项目	新产品开发项目数(项)	新产品开发经费支出(万元)	新产品产值(万元)	新产品销售收入(万元)	
					出口
总计	**791**	**252702**	**4347402**	**4417839**	**391153**
一、按企业规模分组					
大型	356	194240	3093307	3144182	39042
中型	435	58462	1254095	1273657	352111
小型					
微型					
二、按隶属关系分组					
中央	28	21198	524092	456275	896
省(自治区、直辖市)			494834	403700	
地(区、市、州、盟)	331	99692	1192709	932986	17948
县(区、市、旗)	8	9495	111498	110889	27903
街道					
镇					
乡	23	4036	13260	12925	3276
社区(居委会)					
村委会					
其他	401	118280	2011009	2501065	341129
三、按登记注册类型分组					
内资企业	589	186263	2877276	3006915	123154
国有企业					
集体企业					
股份合作企业					
联营企业					
国有联营企业					
集体联营企业					
国有与集体联营企业					
其他联营企业					
有限责任公司	283	88861	1468080	1702948	35850
国有独资公司	11	2525	35859	34987	
其他有限责任公司	272	86336	1432221	1667961	35850
股份有限公司	102	67361	588315	500386	2339
私营企业	204	30041	820881	803581	84965
私营独资企业	23	3303	15800	15800	
私营合伙企业					

表 12-18 续表 1

(2014 年)

项　　　　目	新产品开发项目数(项)	新产品开发经费支出(万元)	新产品产值(万元)	新产品销售收入(万元)	
					出　口
私营有限责任公司	136	22126	506457	488668	84549
私营股份有限公司	45	4612	298624	299113	416
其他企业					
港、澳、台商投资企业	60	36457	494785	517490	38745
与港澳台商合资经营企业	24	6323	23095	17178	1464
与港澳台商合作经营企业					
港澳台商独资经营企业	4	530	13028	13007	
港澳台商投资股份有限公司	32	29604	458662	487304	37281
其他港澳台投资企业					
外商投资企业	142	29982	975341	893435	229254
中外合资经营企业	107	19073	451525	459277	207522
中外合作经营企业					
外资企业	24	9846	11616	10225	1500
外商投资股份有限公司	11	1063	512200	423932	20232
其他外商投资企业					
四、按国民经济行业大类分组					
采矿业	11	2525	29859	29859	
非金属矿采选业	11	2525	29859	29859	
制造业	778	248223	4317543	4387980	391153
农副食品加工业	5	868	6585	829	
食品制造业	2	121	17959	17555	17500
酒、饮料和精制茶制造业	17	1038	15018	15209	
纺织业	3	428	6719	5445	
纺织服装、服饰业	4	386	9575	9290	
皮革、毛皮、羽毛及其制品和制鞋业	12	1715	20781	23535	20232
木材加工和木、竹、藤、棕、草制品业	9	402	6713	6713	
文教、工美、体育和娱乐用品制造业			1266	1204	
石油加工、炼焦和核燃料加工业	10	24560	54650	535000	
化学原料和化学制品制造业	80	20096	490394	497095	200941
医药制造业	172	104987	2052779	1696455	1551
化学纤维制造业	11	2416	31314	31314	
橡胶和塑料制品业	3	660	28353	27086	153
非金属矿物制品业	65	7385	73251	71343	3276

表 12-18 续表 2 (2014 年)

项目	新产品开发项目数(项)	新产品开发经费支出(万元)	新产品产值(万元)	新产品销售收入(万元)	
					出口
黑色金属冶炼和压延加工业	14	6142	273222	271951	1934
有色金属冶炼和压延加工业	16	1454	279583	281525	
金属制品业	15	1981	67084	67039	64430
通用设备制造业	33	21491	518092	451147	896
专用设备制造业	141	18687	137022	121507	6787
汽车制造业	2	986	4365	2468	
铁路、船舶、航空航天和其他运输设备制造业	33	2678	15277	10503	4325
电气机械和器材制造业	54	17090	164762	162076	30680
计算机、通信和其他电子设备制造业	28	11382	41466	80508	38306
仪器仪表制造业	49	1272	1314	1185	142
电力、热力、燃气及水生产和供应业	2	1955			
电力、热力生产和供应业					
水的生产和供应业	2	1955			
五、按经济成分分组					
公有经济	73	63001	763097	1174185	28799
非公有经济	718	189701	3584305	3243654	362354
六、按企业控股情况分组					
国有控股	63	38441	708447	639185	28799
集体控股	10	24560	54650	535000	
私人控股	541	124554	2297078	2030979	272086
港澳台商控股	62	35653	495217	517544	38731
外商控股	92	23706	635807	543850	49806
其他	23	5789	156203	151281	1731
七、按地区分组					
连云港市	791	252702	4347402	4417839	391153
市辖区					
连云区	11	1553	31503	31503	1934
海州区	379	125287	1919407	1580207	18551
赣榆区	74	43806	1091022	1582418	269955
东海县	92	9621	89571	84763	3276
灌云县	10	5147	12202	10193	
灌南县	29	5744	86588	79392	13924
连云港经济技术开发区	196	61544	1117110	1049364	83512

大中型工业企业政府相关政策落实情况

表 12-19　　(2014 年)　　单位:万元

项　　目	来自政府部门的科技活动资金	研究开发费用加计扣除减免税	高新技术企业减免税
总　计	**15502**	**15691**	**57125**
一、按企业规模分组			
大型	13062	12447	46924
中型	2440	3245	10201
小型			
微型			
二、按隶属关系分组			
中央	3501	2271	2118
省(自治区、直辖市)	928	1969	7868
地(区、市、州、盟)	6380	6221	21897
县(区、市、旗)		63	198
街道			
镇			
乡	156	79	752
社区(居委会)			
村委会			
其他	4537	5088	24293
三、按登记注册类型分组			
内资企业	11636	11658	35736
国有企业			
集体企业			
股份合作企业			
联营企业			
国有联营企业			
集体联营企业			
国有与集体联营企业			
其他联营企业			
有限责任公司	7815	4633	14591
国有独资公司	133	84	282
其他有限责任公司	7682	4549	14309
股份有限公司	2875	5312	20312
私营企业	946	1713	833
私营独资企业	10	132	108
私营合伙企业			

表 12-19 续表 1　　(2014 年)　　单位:万元

项　　目	来自政府部门的科技活动资金	研究开发费用加计扣除减免税	高新技术企业减免税
私营有限责任公司	288	1554	483
私营股份有限公司	648	27	242
其他企业			
港、澳、台商投资企业	2355	1697	13071
与港澳台商合资经营企业	215	79	752
与港澳台商合作经营企业			
港澳台商独资经营企业	60	196	99
港澳台商投资股份有限公司	2080	1422	12221
其他港澳台投资企业			
外商投资企业	1510	2336	8318
中外合资经营企业	497	367	450
中外合作经营企业			
外资企业	85		
外商投资股份有限公司	928	1969	7868
其他外商投资企业			
四、按国民经济行业大类分组			
采矿业	133	84	
非金属矿采选业	133	84	
制造业	14619	14852	57125
农副食品加工业	2		
食品制造业		43	
酒、饮料和精制茶制造业	220	22	
纺织业	85		
纺织服装、服饰业			
皮革、毛皮、羽毛及其制品和制鞋业			
木材加工和木、竹、藤、棕、草制品业			
文教、工美、体育和娱乐用品制造业			
石油加工、炼焦和核燃料加工业	5		
化学原料和化学制品制造业	462	184	279
医药制造业	8653	10397	50272
化学纤维制造业	130	60	
橡胶和塑料制品业		264	114
非金属矿物制品业	654	220	950

表 12–19 续表 2 (2014 年) 单位:万元

项目	来自政府部门的科技活动资金	研究开发费用加计扣除减免税	高新技术企业减免税
黑色金属冶炼和压延加工业		1102	
有色金属冶炼和压延加工业	300	27	35
金属制品业	2		
通用设备制造业	2811	1516	1837
专用设备制造业	1091	105	325
汽车制造业			
铁路、船舶、航空航天和其他运输设备制造业	20		282
电气机械和器材制造业	95	753	2710
计算机、通信和其他电子设备制造业	80	127	299
仪器仪表制造业	10	31	24
电力、热力、燃气及水生产和供应业	750	755	
电力、热力生产和供应业	700	755	
水的生产和供应业	50		
五、按经济成分分组			
公有经济	4099	2478	2396
非公有经济	11403	13213	54729
六、按企业控股情况分组			
国有控股	4094	2478	2396
集体控股	5		
私人控股	8091	7811	22394
港澳台商控股	2219	1697	13071
外商控股	1013	2276	8318
其他	80	1428	10946
七、按地区分组			
连云港市	15502	15691	57125
市辖区			
连云区	700	1857	
海州区	9173	9642	32683
赣榆区	619	490	341
东海县	444	275	850
灌云县	1		
灌南县	381	74	35
连云港经济技术开发区	4184	3353	23215

大中型工业企业技术获取和技术改造情况

表 12-20　　(2014 年)　　单位:万元

项　　目	引进技术经费支出	消化吸收经费支出	购买国内技术经费支出	技术改造经费支出
总　　计	**2766**	**9504**	**22370**	**75457**
一、按企业规模分组				
大型	2766	9063	18722	47325
中型		441	3647	28133
小型				
微型				
二、按隶属关系分组				
中央	193	3411	806	5579
省(自治区、直辖市)	2400	3200	12334	16030
地(区、市、州、盟)		54	3297	16945
县(区、市、旗)				2665
街道				
镇				
乡				4500
社区(居委会)				
村委会				
其他	173	2839	5933	29738
三、按登记注册类型分组				
内资企业	309	6181	9772	56510
国有企业				
集体企业				
股份合作企业				
联营企业				
国有联营企业				
集体联营企业				
国有与集体联营企业				
其他联营企业				
有限责任公司	193	5063	8907	20869
国有独资公司			705	
其他有限责任公司	193	5063	8202	20869
股份有限公司	116	677	222	21983
私营企业		441	644	13659
私营独资企业		120	65	6500
私营合伙企业				

表 12-20 续表 1　　(2014 年)　　单位:万元

项　目	引进技术经费支出	消化吸收经费支出	购买国内技术经费支出	技术改造经费支出
私营有限责任公司		21	579	6273
私营股份有限公司		300		886
其他企业				
港、澳、台商投资企业	57	123	264	4835
与港澳台商合资经营企业				4668
与港澳台商合作经营企业				
港澳台商独资经营企业	57	123	264	167
港澳台商投资股份有限公司				
其他港澳台投资企业				
外商投资企业	2400	3200	12334	14113
中外合资经营企业				13292
中外合作经营企业				
外资企业				
外商投资股份有限公司	2400	3200	12334	820
其他外商投资企业				
四、按国民经济行业大类分组				
采矿业				
非金属矿采选业				
制造业	2766	6543	22370	55518
农副食品加工业			10	124
食品制造业				
酒、饮料和精制茶制造业				690
纺织业				
纺织服装、服饰业				
皮革、毛皮、羽毛及其制品和制鞋业				
木材加工和木、竹、藤、棕、草制品业				107
文教、工美、体育和娱乐用品制造业				
石油加工、炼焦和核燃料加工业		1500	1800	6500
化学原料和化学制品制造业		218	770	22446
医药制造业	2400	3200	18992	3867
化学纤维制造业				1832
橡胶和塑料制品业				
非金属矿物制品业	57	123	264	7851

表 12-20 续表 2　　(2014 年)　　单位:万元

项　　目	引进技术经费支出	消化吸收经费支出	购买国内技术经费支出	技术改造经费支出
黑色金属冶炼和压延加工业			0	483
有色金属冶炼和压延加工业		300		300
金属制品业				
通用设备制造业	193	450	101	850
专用设备制造业		54	146	2699
汽车制造业				
铁路、船舶、航空航天和其他运输设备制造业		21	65	110
电气机械和器材制造业	116	677	222	7637
计算机、通信和其他电子设备制造业				
仪器仪表制造业				21
电力、热力、燃气及水生产和供应业		2961		19939
电力、热力生产和供应业		2961		19939
水的生产和供应业				
五、按经济成分分组				
公有经济	193	4911	2606	31786
非公有经济	2573	4593	19764	43671
六、按企业控股情况分组				
国有控股	193	3411	806	25286
集体控股		1500	1800	6500
私人控股		593	3951	20881
港澳台商控股	57	123	264	4667
外商控股	2400	3200	12334	12280
其他	116	677	3216	5843
七、按地区分组				
连云港市	2766	9504	22370	75457
市辖区				
连云区		2961	705	5212
海州区	2516	3931	15853	38308
赣榆区		1920	1865	16685
东海县	57	123	264	5633
灌云县				
灌南县				2490
连云港经济技术开发区	193	569	3683	7129

大中型工业企业限额以上 R&D 项目情况

表 12-21

(2014 年)

项　　　　目	项目数合计(项)	参加项目人员(人)	项目经费内部支出(万元)	
				政府资金
总　计	**696**	**6798**	**183140**	**2933**
一、按项目来源分组				
国家科技项目	9	71	2171	719
地方科技项目	28	267	7489	638
其他企业委托科技项目	4	32	525	
本企业自选科技项目	640	6208	171123	1576
来自境外的科技项目	1	22	218	
其他科技项目	14	198	1614	
二、按项目合作形式分组				
与境外机构合作	4	73	1081	2
与境内高校合作	46	436	9516	444
与境内独立研究院所合作	39	390	12682	198
与境内注册的外商独资企业合作	2	14	150	
与境内注册的其他企业合作	19	233	5157	183
独立研究	566	5592	153397	2104
其他	20	60	1156	2
三、按项目活动类型分组				
1.基础研究				
2.应用研究	27	226	1684	6
3.试验发展	669	6572	181456	2927
四、按项目成果形式分组				
论文或专著	2	13	315	2
自主研制的新产品原型或样机、样件、样品、配方、新装置	291	2781	91912	1246
自主开发的新技术或新工艺、新工法	360	3783	84240	1185
发明专利	43	221	6674	500
实用新型专利				
外观设计专利				
带有技术、工艺参数的图纸、技术标准、操作规范				
基础软件				
应用软件				
其他				
五、按项目技术经济目标分组				
科学原理的探索、发现	9	48	399	6
技术原理的研究	58	490	7857	
开发全新产品	288	3268	98052	1593

表 12-21 续表 1　　　　　　　　　　(2014 年)

项　　　　目	项目数合计(项)	参加项目人员(人)	项目经费内部支出(万元)	政府资金
增加产品功能或提高性能	202	1561	30879	727
提高劳动生产率	22	130	5021	
减少能源消耗或提高能源使用效率	39	365	5686	70
节约原材料	12	74	1041	24
减少环境污染	14	178	4293	145
其他	52	684	29912	369
六、按企业规模分组				
大型	348	4490	140774	1642
中型	348	2308	42366	1291
小型				
微型				
七、按隶属关系分组				
中央	83	635	10792	233
省(自治区、直辖市)	42	531	25304	369
地(区、市、州、盟)	232	1970	72491	890
县(区、市、旗)	7	141	6994	
街道				
镇				
乡	11	70	1119	46
社区(居委会)				
村委会				
其他	321	3451	66439	1395
八、按登记注册类型分组				
内资企业	514	4678	128068	2072
国有企业				
集体企业				
股份合作企业				
联营企业				
国有联营企业				
集体联营企业				
国有与集体联营企业				
其他联营企业				
有限责任公司	277	2100	45160	960
国有独资公司	36	316	5867	125
其他有限责任公司	241	1784	39293	835

表 12-21 续表 2　　(2014 年)

项　　目	项目数合计(项)	参加项目人员(人)	项目经费内部支出(万元)	
				政府资金
股份有限公司	56	1039	56295	399
私营企业	181	1539	26613	713
私营独资企业	23	65	2534	10
私营合伙企业				
私营有限责任公司	120	1288	20711	183
私营股份有限公司	38	186	3368	520
其他企业				
港、澳、台商投资企业	40	783	16505	172
与港澳台商合资经营企业	14	146	2553	74
与港澳台商合作经营企业				
港澳台商独资经营企业	7	67	982	60
港澳台商投资股份有限公司	19	570	12971	38
其他港澳台投资企业				
外商投资企业	142	1337	38567	689
中外合资经营企业	78	524	10242	320
中外合作经营企业				
外资企业	12	157	1972	
外商投资股份有限公司	52	656	26352	369
其他外商投资企业				
九、按国民经济行业大类分组				
采矿业	19	86	1481	125
非金属矿采选业	19	86	1481	125
制造业	641	6516	180416	2808
农副食品加工业	5	112	653	2
食品制造业	2	10	121	
酒、饮料和精制茶制造业	10	132	985	5
纺织业	2	13	136	
纺织服装、服饰业	6	42	503	
皮革、毛皮、羽毛及其制品和制鞋业	12	146	1715	
木材加工和木、竹、藤、棕、草制品业	3	47	325	
石油加工、炼焦和核燃料加工业	3	120	4462	3
化学原料和化学制品制造业	100	848	21513	382
医药制造业	166	2423	100759	949
化学纤维制造业	18	80	1787	70

表 12-21 续表 3　　　　　　　　(2014 年)

项　　目	项目数合计(项)	参加项目人员(人)	项目经费内部支出(万元)	政府资金
橡胶和塑料制品业	3	36	350	
非金属矿物制品业	41	272	3095	106
黑色金属冶炼和压延加工业	22	390	5005	
有色金属冶炼和压延加工业	18	59	1168	300
金属制品业	10	72	795	2
通用设备制造业	31	212	5178	233
专用设备制造业	82	718	12556	657
汽车制造业	2	36	986	
铁路、船舶、航空航天和其他运输设备制造业	24	171	2960	10
电气机械和器材制造业	37	427	13017	80
计算机、通信和其他电子设备制造业	8	77	1334	
仪器仪表制造业	36	73	1016	10
电力、热力、燃气及水生产和供应业	36	196	1243	
电力、热力生产和供应业	36	196	1243	
十、按经济成分分组				
公有经济	131	1061	25450	431
非公有经济	565	5737	157690	2502
十一、按企业控股情况分组				
国有控股	128	941	20988	428
集体控股	3	120	4462	3
私人控股	412	3674	102254	1910
港澳台商控股	48	758	15592	144
外商控股	91	1108	34230	369
其他	14	197	5614	80
十二、按地区分组				
连云港市	696	6798	183140	2933
市辖区				
连云区	66	514	6891	
海州区	297	2963	110251	1707
赣榆区	73	701	19662	567
东海县	64	378	4319	106
灌云县	13	146	6593	1
灌南县	42	516	7147	126
连云港经济技术开发区	141	1580	28277	427

各级各类学校数

表 12-22 单位:所

年份	普通高等学校	中等专业学校	普通中学	高中	初中
1985	2	5	329	63	266
1986	3	7	333	64	269
1987	3	7	343	67	276
1988	3	7	329	67	262
1989	3	7	326	61	265
1990	3	7	326	59	267
1991	3	7	322	59	263
1992	3	7	318	55	263
1993	3	7	307	55	252
1994	3	7	296	56	240
1995	3	8	280	51	229
1996	3	8	277	57	220
1997	3	8	274	61	213
1998	3	8	246	47	199
1999	3	7	229	42	187
2000	4	5	225	41	184
2001	4	5	207	42	165
2002	3	5	202	42	160
2003	3	5	189	46	143
2004	3	4	212	49	163
2005	3	4	214	57	157
2006	3	4	214	57	157
2007	3	5	206	55	151
2008	3	5	200	52	148
2009	3	5	205	51	154
2010	3	8	189	47	142
2011	3	8	179	40	139
2012	3	9	179	36	143
2013	4	9	176	35	141
2014	4	9	173	36	137

表 12-22 续表 单位:所

年份	技工学校	职业学校	小学	特殊教育学校	#盲聋哑学校
1985	3	10	1995	2	2
1986	4	21	1962	3	3
1987	4	22	1940	3	3
1988	3	28	1906	4	4
1989	4	29	1912	4	4
1990	4	27	1892	4	4
1991	4	32	1871	5	4
1992	5	29	1864	6	4
1993	5	25	1847	6	4
1994	5	28	1829	6	4
1995	5	27	1820	6	4
1996	6	28	1795	7	5
1997	6	29	1783	7	5
1998	6	23	1764	7	5
1999	5	20	1699	7	5
2000	5	17	1641	7	5
2001	5	16	1475	8	5
2002	4	14	1368	8	5
2003	4	14	1465	7	5
2004	5	13	469	7	5
2005	5	16	487	7	5
2006	5	17	490	7	5
2007	7	16	488	7	5
2008	7	12	494	7	5
2009	7	13	503	7	5
2010	9	7	443	7	5
2011	9	7	432	7	5
2012	12	5	435	7	5
2013	13	5	439	7	7
2014	13	5	449	7	7

各级各类学校在校学生数

表 12-23

单位:人

年份	普通高等学校	中等专业学校	普通中学	高中	初中
1985	1583	3194	164188	22972	141216
1986	2025	3955	172104	23956	148148
1987	2655	4136	175646	25934	149712
1988	3020	4225	169813	25123	144690
1989	3109	4483	164313	22404	141909
1990	3190	4330	168494	22144	146350
1991	3150	4076	171329	22018	149311
1992	3596	4323	172432	22300	150132
1993	5316	5629	176597	21709	154888
1994	5981	7337	189174	21759	167415
1995	6351	10416	212732	23286	189446
1996	6871	16135	240003	27499	212504
1997	8926	20925	263635	33393	230242
1998	9428	23325	265209	38001	227208
1999	12307	22848	229940	42651	187289
2000	16159	17007	239500	48256	191244
2001	19298	16180	264222	56444	207778
2002	22428	14024	304960	66081	238879
2003	24247	14081	354980	74734	280246
2004	25064	18544	390503	86574	303929
2005	27510	26372	396120	96550	299570
2006	28063	38068	384191	109928	274263
2007	30228	47781	370361	121263	249098
2008	27637	53308	356523	120424	236099
2009	29192	55503	332519	112473	220046
2010	34508	53172	309140	108386	200754
2011	33862	48118	286107	106472	179635
2012	33841	50567	268494	102895	165599
2013	37591	42981	231466	86090	145376
2014	38042	36268	225305	80525	144780

表 12-23 续表　　单位:人

年份	技工学校	职业学校	小学	特殊教育学校	#盲聋哑学校
1985	546	7000	451510	233	233
1986	711	8990	437754	270	270
1987	881	11584	420142	348	348
1988	1093	11461	410007	380	380
1989	1229	10953	406657	459	459
1990	1408	10720	409909	551	551
1991	1738	11696	417868	689	
1992	1953	11873	438430	803	
1993	2088	13468	469523	885	436
1994	2365	13419	517062	1448	464
1995	2819	15446	549268	2450	764
1996	3344	14087	589823	4158	841
1997	3447	12822	628242	4567	829
1998	4457	11835	657460	4274	750
1999	2874	7626	641894	3573	593
2000	2275	8879	634715	3323	535
2001	2075	10514	608463	4061	448
2002	3407	13098	564650	3013	491
2003	4471	17549	504045	2890	609
2004	6778	18147	446970	2459	2210
2005	6880	24102	411449	2126	2126
2006	11140	24051	381113	864	739
2007	12528	26698	353887	872	737
2008	12995	20631	334553	925	785
2009	13508	16744	326435	940	790
2010	13508	9742	327142	914	797
2011	14154	8303	336028	947	790
2012	15507	7267	349956	960	790
2013	10156	13889	355233	911	911
2014	10622	12125	384162	842	842

各类学校专任教师数

表 12-24

单位：人

年份	普通高等学校	中等专业学校	技工学校	职业中学	普通中学	小学
1985	260	317	78	290	7918	17805
1986	350	371	90	441	8332	17826
1987	443	402	111	563	8982	18354
1988	459	411	103	671	9075	18470
1989	458	425	146	710	9057	18355
1990	444	417	157	721	9441	18548
1991	440	414	144	748	9732	18371
1992	464	404	185	840	9843	18433
1993	477	429	187	845	10073	18532
1994	525	461	214	917	10478	19235
1995	543	497	242	1083	11420	19736
1996	612	526	231	1056	12194	20588
1997	653	528	272	1076	12992	21026
1998	707	438	300	1138	13346	21572
1999	867	436	315	910	13708	20828
2000	1313	211	285	806	13984	21922
2001	1468	247	212	753	14624	22469
2002	1371	264	285	887	15560	21823
2003	1432	294	296	1095	16972	20545
2004	1491	383	416	1103	18300	20574
2005	1620	413	342	1252	19786	20166
2006	1718	445	400	1457	20306	20487
2007	1666	710	880	1514	20381	20626
2008	1771	777	880	1359	20758	21059
2009	1791	830	1175	1453	20938	20957
2010	2714	1872	1175	1082	24505	22063
2011	1781	1544	1136	1108	22239	20260
2012	1780	1576	1431	1055	22180	19876
2013	1913	1604	1511	886	20822	20860
2014	1916	1604	1204	1119	20440	21172

每一专任教师平均负担学生数

表 12-25　　　　单位:人

年份	普通高等学校	中等专业学校	技工学校	职业中学	普通中学	小学
1985	6.09	10.08	7.00	24.14	20.73	25.36
1986	5.79	10.66	7.90	20.39	20.66	24.62
1987	5.99	10.29	7.94	20.58	19.64	22.67
1988	6.58	10.28	10.61	17.08	18.70	21.96
1989	6.79	10.55	8.42	15.43	18.18	21.88
1990	7.18	10.38	8.97	14.87	17.77	21.93
1991	7.16	9.85	12.07	15.64	17.52	22.70
1992	7.75	10.70	10.56	14.13	17.33	23.53
1993	11.14	13.12	11.17	15.94	17.53	25.34
1994	11.39	15.92	11.05	14.63	18.05	26.88
1995	11.70	20.96	11.65	14.26	18.62	27.83
1996	11.23	30.67	14.48	13.34	19.68	28.65
1997	13.67	39.63	12.67	11.92	20.29	29.88
1998	13.34	53.25	14.86	10.40	19.87	30.48
1999	7.68	52.40	9.12	8.38	16.77	30.82
2000	11.78	80.60	7.98	11.02	17.13	28.95
2001	13.15	65.51	9.79	13.96	18.07	27.08
2002	16.36	53.12	11.95	14.77	19.47	25.87
2003	16.93	47.89	15.10	16.03	70.92	24.53
2004	16.81	48.41	16.29	16.45	21.34	21.72
2005	16.98	63.85	20.12	19.25	20.02	20.40
2006	16.33	85.55	27.85	16.51	18.92	18.60
2007	16.39	67.30	14.24	17.63	18.17	17.15
2008	15.61	68.61	14.76	15.18	17.18	15.89
2009	16.39	66.87	11.50	11.52	15.88	15.58
2010	19.33	35.78	11.6	11.46	14.64	15.76
2011	19.01	31.16	12.45	7.49	12.86	16.58
2012	19.01	32.09	12.65	6.89	12.11	17.61
2013	19.65	26.8	12.6	15.68	11.12	17.03
2014	19.85	22.61	11.33	10.84	11.02	18.14

各类学校和在校学生数

表 12-26

(2014 年)

项目	全市	市区	#赣榆区	东海县	灌云县	灌南县
一、各类学校数(所)						
1.高等学校	4	4				
2.中等专业学校	9	8	2			1
3.普通中学	173	73	38	38	31	31
高中	36	19	9	8	5	4
初中	137	54	29	30	26	27
4.职业中学	5	3		1	1	
5.技工学校	13	9	1	2	2	
6.小学	449	178	108	112	112	47
二、在校学生数(人)						
1.高等学校	38042	38042				
2.中等专业学校	36268	21302	7191	3761	3961	7244
3.普通中学	225305	103432	56716	49206	40876	31791
高中	80525	39804	23159	18871	12361	9489
初中	144780	63628	33557	30335	28515	22302
4.职业中学	12125	8940		3185		
5.技工学校	10622	7757	1015	1564	1301	
6.小学	384162	159791	89934	102056	64895	57420

各类学校招生数和毕业生数

表 12-27 (2014年)

项目	全市	市区	#赣榆区	东海县	灌云县	灌南县
一、各类学校招生数(人)						
1.高等学校	11297	11297				
2.中等专业学校	12067	6654	1940	978	1921	2514
3.普通中学	74171	33555	18480	16222	13669	10725
高中	25012	12118	7121	5449	4419	3026
初中	49159	21437	11359	10773	9250	7699
4.职业中学	3671	2442		1229		
5.技工学校	4486	3330	407	730	426	
6.小学	74905	31004	17722	20755	12330	10816
二、各类学校毕业生数(人)						
1.高等学校	10495	10495				
2.中等专业学校	13667	7339	4131	2908	1292	2128
3.普通中学	80737	36730	20911	17554	15533	10920
高中	31876	15690	9007	7399	5021	3766
初中	48861	21040	11904	10155	10512	7154
4.职业中学	4211	2980		1231		
5.技工学校	2687	2046	664	413	228	
6.小学	50088	21628	11380	10767	9691	8002

各类学校教职员工数和专任教师数

表 12-28 （2014 年） 单位：人

项目	全市	市区	#赣榆区	东海县	灌云县	灌南县
一、教职员工数						
1.高等学校	2903	2903				
2.中等专业学校	1960	1666	485			294
3.普通中学	24454	11569	6717	5194	3711	3980
4.技工学校	1204	1044	88	83	77	
5.职业中学	1286	801		284	201	
6.小　　学	20649	9031	4836	5248	3382	2988
二、各类学校专任教师数						
1.高等学校	1916	1916				
2.中等专业学校	1604	1329	391			275
3.普通中学	20440	9920	5558	4506	3189	2825
4.技工学校	1204	1044	88	83	77	
5.职业中学	1119	674		258	187	
6.小　　学	21172	9121	4869	5384	3360	3307

入　学　率　和　升　学　率

表 12-29

指标	2014			2013		
	学龄儿童入学率	小学毕业生升学率	初中毕业生升学率	学龄儿童入学率	小学毕业生升学率	初中毕业生升学率
总　　计	**100**	**98.15**	**96.54**	**100**	**99.35**	**96.26**
市　　区	100	98.34	97.22	100	96.73	98.31
赣 榆 区	100	99.82	96.73	100	100	96.1
东 海 县	100	100.06	96.45	100	100	96.04
灌 云 县	100	95.45	96.01	100	100	95.44
灌 南 县	100	96.21	96.28	100	100	95.65

注：小学毕业生升学率和初中毕业生升学率不含赣榆区数据。

成 人 教 育 基 本 情 况

表 12-30　　(2014 年)　　单位:人

指　　标	学校数(所)	在校学生数	毕业生数	教职员工数	#专任教师
一、成人高等学校					
淮海工学院		4570	1390		
广播电视大学	1				
师专成教院		2598	593		
职技院成教部		903	245		
二、成人中等学校					
成人中等专业学校		2234	1362		
成人中学	63	3644	3019	524	484
三、成人初等学校					
四、其他成人教育学校	580	345242	339993	1686	1161

幼 儿 教 育 基 本 情 况

表 12-31　　(2014 年)　　单位:人

指　　标	幼儿园（个）	在园幼儿	教职工数		
				教师	保健人员
总　　计	**409**	**190990**	**15046**	**8354**	**456**
市　　区	211	80116	8953	4960	289
赣 榆 区	100	43897	4720	2671	162
东 海 县	90	45954	3923	2347	70
灌 云 县	55	36041	484	317	14
灌 南 县	53	28879	1686	730	83

艺术事业基本情况

表 12-32　(2014 年)

指　　标	单位	全市	市区	#赣榆区	东海县	灌云县	灌南县
一、艺术表演团体	个	8	3	1	1	1	1
#淮海戏剧团	个	3	1			1	1
京剧团	个	1	1	1			
二、演职员工数	人	166	87	22	33	16	30
三、艺术演出场次	场	1021	381	158	266	88	286
四、剧场、影剧院	个	12	7	3	2	2	1
五、座 席 数	个	8479	4237	1820	1796	1165	1281
六、观众人数	千人次	2232	1489	336	394	113	236
附:群众文化事业		94	48	16	20	14	12
文 化 馆	个	7	4	1	1	1	1
文 化 站(机构)	个	87	44	15	19	13	11

图书馆、博物馆基本情况

表 12-33　(2014 年)

指　　标	单位	全市	市区	#赣榆区	东海县	灌云县	灌南县
一、公共图书馆	**间**	**7**	**4**	**1**	**1**	**1**	**1**
公共图书馆藏书	册	3612122	1938823	504609	983703	399696	289900
#古　籍	册	4301	3110		595	196	400
累计发放有效借书证	个	102156	61040	4281	31302	3800	6014
图书流通人次	人次	2391713	1202186	63000	1054000	56600	78927
图书流通册次	册次	2023485	775899	61240	1051000	97760	98826
阅览座席数	个	2064	1264	274	320	240	240
二、博物馆	**个**	**10**	**6**	**2**	**2**	**1**	**1**
文物藏品件数(实际数量)	件	20478	13666	1154	2495	3007	1310
#一级品	件	28	24	1	4		
参观人数	人次	1540500	1499400	681500	283000	120000	8000

电视台及节目制作情况

表 12-34

指标	单位	2014 全市	2014 市区	2013 全市	2013 市区
一、电视台数	**座**	**5**	**1**	**5**	**1**
发射台及转播台	座	7	3	7	3
节目套数	套	6	2	6	2
平均每周播出时间	小时	756	252	817	370
电视人口复盖率	%	100	100	100	100
卫星电视地面站	座				
二、制作节目时间	**小时**	**9259**	**7701**	**8463**	**6591**
# 新闻资讯类	小时	2556	2193	1707	1205
综艺益智类	小时	1048	655	932	351
三、有线电视台数	**座**	5	1	1	1
节　　目	套	844	168		
有线电视入户数	万户	100	100	100	100

广播电台及节目制作情况

表 12-35

指标	单位	2014 全市	2014 市区	2013 全市	2013 市区
一、电　　台	**座**	**5**	**1**	**5**	**1**
发射台及转播台	座	7	3	7	3
# 调频广播	座	6	2	6	2
节目套数	套	7	3	7	3
平均每日播音时间	小时	126	57	111	
广播人口覆盖率	%	100	100	100	100
二、制作节目时间	**小时**	**21680**	**13548**	**21247**	**13130**
# 新闻资讯类	小时	5186	3262	4313	2392
综艺益智类	小时	7191	2944	1953	423

主要年份卫生机构、床位、人员数

表 12–36

年份	卫生机构数（个）	医院	医院床位数（张）	卫生技术人员数（人）	医生	每万人拥有医院床位数（张）	每万人拥有医生数（人）
1978	431	135	4800	6900	2000	14.9	6.2
1979	445	135	5067	7485	2221	15.6	6.9
1980	449	135	5535	7683	2426	16.9	7.4
1981	491	135	5182	7717	2504	15.5	7.5
1982	573	135	5263	7926	2875	15.4	8.4
1983	588	138	5372	8038	3178	15.5	9.2
1984	608	139	5411	8200	3272	15.4	9.3
1985	622	132	5325	8082	3102	15.0	8.7
1986	640	133	5566	8454	3288	15.4	9.1
1987	642	134	5787	8674	3253	15.7	8.8
1988	653	136	5859	9103	3647	15.6	9.7
1989	654	138	5830	9574	4062	15.2	10.6
1990	659	139	6195	9922	4347	15.6	11.0
1991	690	139	6398	10480	4563	15.7	11.2
1992	690	140	6559	10951	4656	15.8	11.2
1993	665	141	6452	11040	4850	15.4	11.6
1994	663	146	6433	11390	5037	15.2	11.9
1995	663	146	6501	12000	5230	15.3	12.3
1996	797	147	6603	12164	5130	15.3	11.9
1997	806	147	6712	12587	5421	15.4	12.5
1998	838	147	6739	12690	5593	15.3	12.7
1999	731	149	6882	12336	5531	15.4	12.4
2000	670	149	6962	12050	5276	15.4	11.7
2001	708	147	6983	12244	5497	15.2	11.9
2002	705	154	7336	11831	5115	15.8	11.0
2003	790	150	7419	12072	5346	15.9	11.5
2004	867	150	7672	11675	5236	18.8	11.2
2005	923	158	8240	11829	5248	18.2	11.5
2006	982	166	8979	12468	5455	18.7	11.4
2007	826	168	9248	13095	5481	20.7	12.3
2008	800	164	10453	13369	5465	23.5	12.3
2009	820	170	11085	14566	5748	24.5	12.5
2010	2620	205	11799	15774	6009	24.6	12.6
2011	2666	179	12555	17247	6409	28.6	14.6
2012	2619	179	15682	19040	7333	35.6	16.6
2013	2616	181	17141	20453	7647	38.7	17.3
2014	2702	184	17672	21896	8065	39.7	18.1

注：1、在1996年份后机构数中均包括个体办诊所。2、医院数包括医院、卫生院、社区卫生服务中心。3、医院床位同。4、卫生机构数含村卫生室

全市卫生机构、床位、人员数

表 12-37

(2014 年)

指标	机构数(个)	床位数(张)	卫生技术人员数(人)	执业医师数(人)	注册护士(人)
总计	**2702**	**18061**	**21896**	**8065**	**9429**
市区	1370	10029	13413	5017	5944
赣榆区	719	2892	3818	1401	1595
东海县	550	2823	3201	1140	1308
灌云县	414	2439	2559	888	1064
灌南县	368	2770	2723	1020	1113
一、医院合计	68	12484	12242	3906	6230
综合医院	50	9570	9660	3106	5056
中医医院	6	1822	1859	618	829
专科医院	11	1042	707	178	338
二、基层医疗卫生机构	2520	4807	7851	3559	2648
社区卫生服务中心	24	753	671	249	271
卫生院	91	4039	4193	1431	1489
村卫生室	1715		923	818	105
门诊部	47		464	818	194
诊所、卫生所、医务室	598		1384	743	508
三、专业公共卫生机构	109	706	1711	574	496
1、疾病预防控制中心	10		346	196	21
2、专科疾病防治所、站	1	200	4	2	
3、妇幼保健所、站	10	506	780	235	379
4、急救中心	1		49	26	22
5、采供血机构	1		80	4	53
6、卫生监管所	8		245		
四、其他卫生机构	5	64	92	26	55
疗养院	1	64	44	12	23

注:2002 年起执行新的卫生统计制度,卫生学校不列入卫生机构,医院不含疗养院数。

分 县 卫 生 机 构 情 况

表 12-38 (2014年) 单位:个

指标	全市	市区	#赣榆区	东海县	灌云县	灌南县
总计	**2702**	**1370**	**719**	**550**	**414**	**368**
#1.医院	68	42	11	8	9	9
#综合医院	50	31	7	5	7	7
中医医院	6	2	1	1	1	2
中西医结合医院						
专科医院	11	8	2	2	1	
2.妇幼保健院	1	1				
3.卫生院	91	34	26	21	19	17
4、社区卫生服务中心	24	23		1		
5.疗养院	1	1				

分 县 床 位 数

表 12-39 (2014年) 单位:张

指标	全市	市区	#赣榆区	东海县	灌云县	灌南县
总计	**18061**	**10029**	**2892**	**2823**	**2439**	**2770**
#1.医院	12484	7648	2016	1656	1615	1565
#综合医院	9570	5855	1589	1195	1185	1335
中医医院	1822	877	257	365	350	230
中西医结合医院						
专科医院	1042	1026	120	96	80	
2.妇幼保健院	396	396				
3.卫生院	4049	1063	796	987	794	1205
4、社区卫生服务中心	753	573		180		
5.疗养院	64	64				

各类卫生技术人员数

表 12-40 (2014 年)

指标	全市	市区	#赣榆区	东海县	灌云县	灌南县
1、卫生技术人员总计	**21896**	**13413**	**3818**	**3201**	**2559**	**2723**
#医院、卫生院	16435	9654	3225	2521	2187	2073
执业医师	8065	5017	1401	1140	888	1020
#医院、卫生院	5337	3347	1097	736	689	565
注册护士	9429	5944	1595	1308	1064	1113
药剂人员	1111	671	179	196	131	113
技师	1146	711	186	183	118	134
其他人员	2145	1070	457	374	358	343
2、其他技术人员	**1019**	**424**	**139**	**199**	**151**	**245**
3、管理人员	**1171**	**692**	**187**	**181**	**158**	**140**
4、工勤人员	**2647**	**1436**	**615**	**335**	**368**	**508**

医 院 工 作 情 况

表 12–41

指　　标	单位	2005	2006	2007	2008	2009	2010	2011	2012	2013	2014
医院数	个	53	60	62	58	56	59	64	65	66	68
诊疗人次	万人	316.2	322.7	380.6	392.9	430.1	454.5	481.4	544.5	612.1	652.7
#门诊人次	万人	302.7	280.8	312.6	348.2	378.8	396.5	423.2	477.6	527.7	579.9
急诊人次	万人	22.8	24.0	28.6	31.3	36.7	38.6	40.5	48.4	61.8	51.1
健康检查	万人	15.5	13.4	26.5	21.5	25.2	34.9	34.1	38.9	41	42.5
入院人数	人	154965	170547	198855	215493	242195	257629	287311	332991	376026	407816
出院人数	人	154408	169744	198066	216242	241643	259755	278885	332450	373476	408093
年底实有医院床位数	张	5780	6495	6763	7743	7958	8518	8804	11597	12213	12484
平均开放病床数	张	5580	6381	6542	7084	7904	8259	8488	10720	11487	11906.5
病床周转次数	次/年	27.7	26.6	30.3	30.5	30.6	31.5	32.9	31	32.5	34.3
病床工作日	日	294.6	286.5	310	301.7	299.7	296	299.9	273.9	293.2	298.6
病床使用率	%	80.7	78.5	85	82.65	82.12	81.11	82.15	74.83	80.1	81.81
出院者平均住院日	日	9.9	9.8	10.1	9.9	9.7	9.2	9	8.7	8.9	8.90

医院、卫生院运营情况

表 12-42

(2014 年)

指　　标	单位	医　院	综合医院	中医院	专科医院	卫生院	社区服务中心
机 构 数	个	68	50	6	11	91	24
诊疗人次	万人	652.7	514.2	118.4	20.0	594.5	69.7
#门诊人次	万人	579.9	452.8	108.0	19.1	563.7	59.1
急诊人次	万人	51.1	42.8	7.7	0.6	20.9	8.7
健康检查	万人	42.5	36.0	6.1	0.4	72.6	11.1
入院人数	人	407816	341180	51287	14060	107403	9600
出院人数	人	408093	341073	51733	14004	107079	9591
年底实有床位数	张	12484	9570	1822	1042	4039	753
平均开放病床数	张	11907	9138	1794	925	3831	708
病床周转次数	次/年	34.3	37.3	28.8	15.1	28	13.5
病床工作日	日	298.6	309.4	260.4	269.5	193.0	138.2
病床使用率	%	81.8	84.77	71.33	73.83	52.88	37.85
出院者平均住院日	日	8.9	8.2	9	25.8	6.9	10.1

注:相对指标不含疗养数字

13

民政、司法、城建、环保

优抚、社会救济和扶贫情况

表 13–1

指标	单位	2014		2013	
		全市	市区	全市	市区
一、优抚事业					
优抚收养单位数	个	3		3	
优抚收养单位床位数	张	190		190	
年末优抚收养人数	人	82		77	
优抚对象人数	人	22566	6889	23225	1777
# 革命伤残人员	人	2552	1111	2847	558
烈军属人数	人	604	183	649	47
在乡复员、退伍军人	人	6077	1575	6870	326
优待烈军属户数	户	4362	2237	4320	1175
优抚事业费用	万元	20134	8258	20026	3439
二、社会救济					
城镇居民最低生活保障对象人数	人	12944	8815	14226	8131
城镇居民最低生活保障对象户数	户	6438	4208	6988	3777
农村居民最低生活保障对象人数	人	111241	29761	123935	6044
农村居民最低生活保障对象户数	户	62953	14972	68760	2769
农村五保供养人数	人	7533	2378	7819	335
其中:集中供养	人	3412	1363	4448	243
分散供养	人	4121	1015	3371	92

社会福利事业基本情况

表 13-2 (2014 年)

指标	单位	全市	市区	#赣榆区	东海县	灌云县	灌南县
一、社会福利院	个	4	3	1		1	
社会福利院床位数	张	1118	1068	258		50	
#民政部门办社会福利院	个	1118	1068	258		50	
工作人员	人	148	143	12		5	
床位	张	1118	1068	258		50	
年末收养人数	人	228	195	20		33	
二、城镇收养性老年福利机构	个	35	27	1	5	1	2
工作人员	人	271	238	6	15	8	10
床位	张	3512	2096	60	676	300	440
年末收养人数	人	1146	787	11	153	46	160
三、农村收养性老年福利机构	个	90	24	16	22	16	28
工作人员	人	516	234	198	63	79	140
床位	张	10129	3691	2945	2660	2331	1547
年末收养人数	人	4206	1462	1266	1051	602	1091

社会福利企业基本情况

表 13-3

指标	2014年			2013		
	企业个数(个)	职工人数(人)		企业个数(个)	职工人数(人)	
			残疾职工			残疾职工
总计	**38**	**1665**	**551**	**36**	**1690**	**521**
一、民政部门办社会福利企业						
工厂	38	1665	551	36	1690	521
商业服务业						
二、社会办社会福利企业						

婚姻登记情况

表 13-4

单位:对

地区	2014年			2013		
	登记结婚对数		登记离婚对数	登记结婚对数		登记离婚对数
		复婚			复婚	
全市	**61408**	**2199**	**11003**	**66562**	**2349**	**9932**
一、市区	23745	916	4593	24383	845	4328
市本级(涉外)						
连云区	2536	147	700	2656	125	701
赣榆区	13441	302	1558	13547	248	1272
海州区	7768	467	2335	8180	472	2355
开发区						
二、四县	37662	1283	6410	30279	1504	5704
东海县	14833	487	2673	16357	882	2355
灌云县	12070	448	1966	13236	322	1775
灌南县	10759	348	1771	12586	300	1574

律 师 公 证 和 调 解 工 作

表 13-5

指　　标	单 位	2013		2014	
		全　市	#市　区	全　市	#市　区
一、律师机构人员					
律师事务所	所	44	20	48	20
律　　师	人	521	307	547	449
#专职律师	人	485	302	515	449
#女　性	人	80	55	91	76
兼职律师	人	18	18	19	19
聘请担任常年法律顾问的单位	个	3584	2252	3593	3036
民事诉讼代理	件	11291	6635	9532	6847
经济诉讼代理	件	4789	1246	3672	2900
刑事辩护及代理	件	1647	641	2014	1425
行政诉讼代理	件	94	66	101	73
非诉讼事件	件	4926	1380	6097	4852
法律咨询	件	12099	8023	9789	8201
代写法律事务文书	件	1967	1305		1643
二、公证工作					1418
公　证　处	个	8	4	7	4
公证人员	人	70	36	87	61
#公 证 员	人	31	17	32	22
公证员助理	人	39	19	36	20
办理公证文书	件	28743	18504	30110	20346
国内民事	件	14420	8289	10777	7002
国内经济	件	14323	7647	11994	9436
涉外(涉港澳台)	件	6166	2568	7339	3908
三、人民调解工作					
专职司法助理员	人	90	29	87	44
司法所工作人员	人	618	152	625	283
人民调解委员会	个	2255	418	1977	901
调解人员	人	11830	2090	10276	3793
调解民间纠纷	件	21296	2252	19177	7569

社 会 治 安 主 要 指 标

表 13-6 (2014 年)

指 标	单位	全 市	市 区	#赣榆区	东海县	灌云县	灌南县
一、刑事案件							
刑事案件立案数	件	3536	1786	699	802	514	434
罪犯人数	人	4044	1842	590	939	729	534
民事案件发案数	件	42784	25953	11341	7577	5036	4218
二、治安案件							
受 理 数	件	28401	17356	5031	5141	3411	2493
查 处 数	件	28166	17147	5031	5141	3411	2467
三、城市交通事故							
交通事故	件	400	183	89	76	71	61
受伤人数	人	316	154	70	59	56	44
死亡人数	人	231	82	43	66	48	27
损失金额	万元	135	59	13	8	8	5
四、火 灾							
火灾事故	件	2230	974	234	447	411	398
伤亡人数	人	9	6	1		2	1
受伤人数	人	11	7				4
损失金额	万元	1216	617	28	243	230	126

城市建设用地和市政设施情况

表 13-7

指　　标	2005	2006	2007	2008	2009	2010	2011	2012	2013	2014
一、建设用地情况										
城市面积(平方公里)	1022	804.11	990.72	1120	7434	7434	7223	7223	7223	7223
建成区面积(平方公里)	77.69	85.5	90	95	193.6	216.8	230	245.5	261.5	275
城市建设用地(平方公里)	77.69	78.2	109.74	115.27	240.54	263.81	274	283.27	294.46	307.38
#居住用地	26.62	29.3	44.02	45.55	101.99	112.78	116	115.72	119.06	122.6
公共设施用地	8.06	9.9	12.67	13.23	28.96	31.15	32	21.34	21.94	22.89
工业用地	16.9	19.1	22.65	26.51	46.59	50.97	56	55.83	60.2	64.22
仓储用地	4.18	3.8	3.95	4.77	9.58	10.93	11.05	11.75	12.38	14.41
交通用地	7.23	5.3	6.62	7.03	9.63	10.04	10.19	31.13	31.95	32.8
市政设施用地	2.61	2.8	2.93	3.01	4.52	4.87	4.78	4.72	4.96	5.13
二、市政设施情况										
道路长度(公里)	668.94	877	939	951.5	1791.8	1854	1914.56	1948.53	1992.96	2026.61
道路面积(万 M_2)	959.3	1304	1469	1519	2989.7	3155	3275	3358.51	3463.76	3561.93
人均道路面积(M_2)	13.67	18.38	20.21	21.61	20.89	22.03	20.35	20.12	20.27	20.58
人行道面积(万 M_2)	178.1	192	214	272	521.2	547	573	583.45	601.56	620.35
桥梁数(座)	101	136	147	197	212	217	232	239	258	267
排水管道长度(公里)	575.67	980	1084	1134	2051	2147	2296	2473.49	2563.7	2669.38
路灯盏数(盏)	39763	49000	77000	87900	93955	101947	106003	110749	122289	120432
污水日处理能力(万吨)	12.6	16	15.5	19.5	19.5	19.5	27.8	31.8	31.8	34.3
污水年处理量(万 M_3)	5608	4436	4648	4954	6106	6390	7201	7224	9156	9479
防洪堤长度(公里)	99.52	96	71	71	71	71	24	52		

说明:城市建设方面从 2009 年开始改为全市数,以前年份为市区数。

城市园林绿化和环境卫生情况

表 13-8

指　　标	2005	2006	2007	2008	2009	2010	2011	2012	2013	2014
一、园林绿化										
建成区园林绿地面积(公顷)	2526	2759	2951	3442	6521	7378	8303	9713	9556	10203
# 公共绿地	527.04	597	689	772	1412	1606	1918	2060	2138	2295
建成区绿化覆盖面积(公顷)	2883	3183	3375	3898	7334	8235	8975	8997	10348	10993
建城区绿化覆盖率(%)	37.1	37.2	37.5	41.03	37.88	37.98	39.6	36.65	36.54	39.98
人均公共绿地面积(m^2)	7.51	8.41	9.48	10.98	9.87	10.82	11.92	12.34	12.51	13.26
城市公园数(个)	10	10	11	11	27	28	32	34	37	39
公园面积(公顷)	183.97	184	189	189	517	590	691	822	878	894
公园游人数(万人次)	200	220	427	367	435	240		218.5	284.6	301
二、环境卫生										
实际清扫面积(万 m^2)	933.1	726	1033	1499	2650	2289	3228	2464	2851	2913
生活垃圾清运量(万吨)	29	31	41.46	42.26	46.07	49.65	48.26	51.82	52	54
粪便清运量(万吨)	2.5	3.4	4.04	4.67	5.33	4.41	3.62	4.67	4.77	7.63
垃圾无害化处理厂(座)	2	2	2	2	2	2	2	3	3	3
无害化处理能力(吨/日)	795	795	800	800	600	1600	1400	1880	1800	2100
垃圾无害化处理量(万吨)	29	34.6	17.8	22.5	19.5	18.34	18.56	36.9	42.85	51.35

城市供水和城市燃气情况

表 13-9

指　　标	2005	2006	2007	2008	2009	2010	2011	2012	2013	2014
一、城市供水										
水厂个数(个)	3	3	3	3	3	3	3	3	3	3
水厂综合生产能力(万吨/日)	38	44	52.9	52.3	55.05	55.7	55.8	64.3	66.3	78.3
供水管道长度(公里)	839.82	863	2005	2381	2382.64	2594.87	3325.55	3461.17	3641.19	3901.97
供水总量(万吨)	9046	8367	11774	13004	14016	14172	15017	14498.59	14783	15641.85
#生产用水	3412	2161	4320	4602	5173	4185	4792	4810.92	5023	4890.09
#家庭用水	3073	3753	3531	4266	4343	4027	4367	4784.29	5056	5347.67
用水人口	67.62	70.17	135.18	134.94	141.08	147.75	160.41	166.52	170.75	172.95
人均日生活用水量(升)	159.27	111.40	121.66	127.45	143.59	103.34	113.11	118.68	119.33	119
自来水普及率(%)	96.37	99.59	99.12	100	100	103.13	100	100	100	100
二、节约用水										
计划用水量(万立方米)	5889	5767	6662	11205	11120	16682	20080	22719	29642	160207
取水量(万立方米)	7488	7603	3236	7805	6629	9345	9753	10800	10853	11774
生产用水重复利用量(万立方米)	3338	2937	3426	3661	4491	7337	10327	11919	18789	148433
节约用水量(万立方米)	1739	1964	1682	3705	4596	7690	1899	3737	3978	4078
三、城市燃气										
液化石油气供气总量(吨)	22000	10169	30260	29994	31007	30705	32643	32967	31400	31924
#家庭用气	19850	9790	21890	19752	18824	19544	20202	20515	20469	21662
家庭用气户数(户)	132333	132458	282172	265140	251226	242429	230623	234239	224622	225580
用气人口(万人)	42.61	37.53	97.34	97.21	91.18	86.88	79.66	78.25	80.37	74.62
天然气供气总量(万立方米)	730.98	1695	2490	4992	5404	7604	8623	9211	10703	12637
#家庭用气	417.21	679	836	1047	1422	2006	2694	3039	3414	6072
家庭用气户数(户)	53200	67369	81744	99561	137256	183284	224528	247619	271895	296115
用气人口(万人)	17.1	23.52	27.34	34.14	45.96	57.04	71.92	82.23	85.83	95.34
天然气供气管道长度(公里)	242.97	446	628	807	1023	1127	1363	1554.6	1816.83	1988.97
煤气、液化气普及率(%)	99.9	99.9	99.9	99.9	99.9	100	100	100	100	100

工业"三废"排放及处理情况

表 13–10　　(2014 年)

指　　标	单 位	全 市	市 区	#赣榆区	东海县	灌云县	灌南县
一、废水排放量							
工业废水排放总量	万吨	6204	3557	1770	741	566	1304
二、废气排放量							
工业烟(粉)尘产生量	吨	1544957	1319083	438547	58169	30882	136823
工业烟(粉)尘排放量	吨	41368	17707	13722	2947	1763	18951
工业二氧化硫产生量	吨	114664	96206	46764	3049	1981	13428
工业二氧化硫排放量	吨	47569	34474	19351	2658	1793	8644
化学需氧量排放量	吨	10140	4666	2473	3217	889	1368
氮氧货物排放量	吨	27986	20667	3369	2045	1467	3807
三、工业固体废物产生量							
一般工业固体废物综合利用率	%	94	93	96	82	96	98

此表统计范围包括有污染排放的工业企业和生活及其他排污单位。

14

江苏市县区资料

三大区域主要经济指标

表 14-1

(2014 年)

指　　标	苏　南	苏　中	苏　北
年末常住人口(万人)	3318.80	1641.45	2999.81
土地面积(平方公里)	28084	22928	54865
地区生产总值(亿元)	38941.26	12721.49	15151.49
第一产业	816.27	776.18	1758.38
第二产业	18651.56	6395.54	6937.53
# 工业	16895.45	5404.15	5799.48
第三产业	19473.43	5549.77	6455.58
人均地区生产总值(元)	117477	77532	50603
地区生产总值指数(上年=100)	109.1	110.7	110.6
粮食产量(万吨)	540.55	976.64	2387.92
油料产量(万吨)	24.55	59.00	65.62
棉花产量(万吨)	0.66	5.72	9.92
规模以上工业利税总额(亿元)	6873.00	3750.30	4181.19
固定资产投资额(亿元)	21547.93	8510.39	11494.43
社会消费品零售总额(亿元)	13679.38	4197.79	5580.89
进出口总额(亿美元)	4818.13	525.52	293.96
# 出口	2860.03	363.40	195.27
实际外商直接投资(亿美元)	180.19	46.32	55.23
公共财政预算收入(亿元)	3826.96	1123.15	1670.73
公共财政预算支出(亿元)	3720.87	1388.52	2418.24
金融机构存款余额(亿元)	63733.93	16565.12	13436.55
# 居民储蓄存款	20654.26	8704.76	7221.57
金融机构贷款余额(亿元)	49015.65	10614.30	9942.72
居民人均可支配收入(元)	36472	24599	18623
城镇常住居民人均可支配收入(元)	42753	31969	24177
农村常住居民人均可支配收入(元)	20954	15476	12670
居民人均储蓄存款(元)	62234	53031	24073

沿海地区主要指标

表 14-2

(2014年)

指　　标	年末户籍人口（万人）	土地面积（平方公里）	人口密度（人/平方里）	从业人员（万人）	#第二产业	#第三产业
沿海三市合计	**2122.69**	**35096**	**605**	**1158.60**	**448.3**	**403.2**
沿海地带合计	**1664.83**	**28887**	**576**	**931.69**	**362.63**	**330.82**
南通市市区	212.83	2140	994	136.70	59.90	58.40
海　安　县	94.26	1184	796	54.50	28.80	14.10
如　东　县	104.37	2791	374	62.30	30.90	17.30
启　东　市	112.32	1715	655	67.90	29.60	18.70
海　门　市	100.16	1144	876	65.90	31.70	16.40
连云港市区	219.07	3012	727	109.87	39.10	44.04
灌　云　县	104.06	1538	676	47.98	12.95	16.38
灌　南　县	81.44	1028	792	36.53	10.99	10.33
盐城市市区	169.31	2123	798	96.94	35.86	43.47
响　水　县	62.48	1474	424	28.70	9.47	9.88
滨　海　县	121.48	1950	623	56.34	17.81	19.44
射　阳　县	96.78	2606	371	56.95	18.59	20.26
东　台　市	113.73	3176	358	65.11	22.04	24.51
大　丰　市	72.54	3008	241	45.97	14.92	17.61

表 14-2 续表 1　　(2014 年)

指　　标	地区生产总值(亿元)	第一产业	第二产业	#工业	第三产业	人均地区生产总值(元)
沿海三市合计	**11454.20**	**1091.05**	**5484.43**	**4522.21**	**4878.72**	**60415**
沿海地带合计	**9628.63**	**878.46**	**4621.79**	**3841.79**	**4128.38**	**63472**
南通市市区	2093.78	56.54	1021.67	835.10	1015.57	89766
海　安　县	624.14	51.27	304.13	245.80	268.74	72051
如　东　县	615.51	62.17	297.11	245.42	256.23	62631
启　东　市	739.13	62.93	369.03	287.41	307.17	77242
海　门　市	836.50	49.07	443.16	365.88	344.27	92697
连云港市区	1072.34	103.16	473.50	390.98	495.68	52035
灌　云　县	274.98	55.12	125.50	94.52	94.36	34532
灌　南　县	259.25	44.75	128.76	110.64	85.74	41364
盐城市市区	1095.68	76.77	609.49	526.41	409.42	67641
响　水　县	222.00	38.16	105.11	94.07	78.73	44170
滨　海　县	328.19	53.10	138.63	116.80	136.46	34806
射　阳　县	370.10	72.14	139.47	125.11	158.49	41510
东　台　市	610.33	84.60	261.81	228.01	263.92	61868
大　丰　市	486.70	68.68	204.42	175.65	213.60	69350

表 14-2 续表 2

(2014 年)

指标	三次产业占 GDP 比重				公共财政预算收入占 GDP 比重	外贸依存度
	第一产业	第二产业	# 工业	第三产业		
沿海三市合计	**9.5**	**47.9**	**39.5**	**42.6**	**10.7**	**25.3**
沿海地带合计	**9.1**	**48.0**	**39.9**	**42.9**	**10.9**	**27.4**
南通市市区	2.7	48.8	39.9	48.5	11.6	51.5
海 安 县	8.2	48.7	39.4	43.1	8.7	24.1
如 东 县	10.1	48.3	39.9	41.6	8.1	33.0
启 东 市	8.5	49.9	38.9	41.6	9.1	25.5
海 门 市	5.9	53.0	43.7	41.2	8.2	14.9
连云港市区	9.6	44.2	36.5	46.2	14.3	41.5
灌 云 县	20.0	45.6	34.4	34.3	12.9	4.1
灌 南 县	17.3	49.7	42.7	33.1	13.5	5.5
盐城市市区	7.0	55.6	48.0	37.4	12.7	20.6
响 水 县	17.2	47.3	42.4	35.5	12.5	11.3
滨 海 县	16.2	42.2	35.6	41.6	10.2	8.7
射 阳 县	19.5	37.7	33.8	42.8	4.7	5.2
东 台 市	13.9	42.9	37.4	43.2	10.0	6.7
大 丰 市	14.1	42.0	36.1	43.9	12.3	17.4

表 14-2 续表 3

(2014 年)

指　　标	规模以上工业企业个数（个）	工业总产值（亿元）	# 制造业	主营业务收入（亿元）	利税总额（亿元）	利润总额（亿元）
沿海三市合计	**9732**	**24602.72**	**24097.24**	**24381.96**	**2990.10**	**1819.46**
沿海地带合计	7787	20872.75	20391.75	20731.08	2623.64	1609.41
南通市市区	1580	4204.21	4105.44	4104.51	449.31	293.41
海　安　县	863	1789.96	1784.12	1786.35	203.64	131.75
如　东　县	658	1670.98	1636.54	1662.68	214.35	131.70
启　东　市	512	1508.48	1452.20	1486.23	180.01	107.85
海　门　市	648	1736.29	1730.91	1730.57	293.51	194.71
连云港市区	752	2933.23	2795.06	2935.06	400.85	242.12
灌　云　县	263	538.88	523.49	510.20	51.91	36.07
灌　南　县	171	578.87	578.44	573.03	71.51	38.69
盐城市市区	697	2561.47	2538.25	2538.13	401.91	216.67
响　水　县	166	583.35	551.44	599.98	93.77	67.91
滨　海　县	216	561.64	556.18	563.23	59.31	32.71
射　阳　县	269	529.30	497.92	512.52	41.78	20.92
东　台　市	554	948.78	937.31	987.51	92.89	52.02
大　丰　市	438	727.31	704.43	741.08	68.90	42.87

表 14-2 续表 4

(2014 年)

指 标	固定资产投 资(亿元)	#房地产开 发	社会消费品⊖零售总额⊖(亿元)	进出口总额(亿美元)	# 出口	实际外商直接投资(亿美元)
沿海三市合计	**8364.32**	**1247.84**	**4218.19**	**471.94**	**312.30**	**43.06**
沿海地带合计	**7207.09**	**1121.81**	**3554.85**	**429.91**	**278.24**	**37.13**
南通市市区	1589.61	445.70	856.60	175.54	127.33	11.08
海 安 县	448.95	52.48	221.95	24.52	21.44	3.32
如 东 县	427.93	31.47	257.89	33.11	12.89	3.43
启 东 市	483.41	47.03	266.41	30.72	23.05	0.55
海 门 市	501.40	43.71	282.48	20.36	14.55	1.55
连云港市区	1089.37	128.05	430.90	72.48	37.03	7.77
灌 云 县	198.41	13.35	94.93	1.84	1.60	0.59
灌 南 县	195.17	18.15	74.53	2.34	2.03	0.02
盐城市市区	857.51	195.72	448.71	36.73	16.20	3.58
响 水 县	203.95	7.85	53.60	4.09	3.36	0.75
滨 海 县	265.45	16.00	88.99	4.63	3.22	0.86
射 阳 县	213.43	37.94	135.28	3.13	1.58	0.60
东 台 市	409.82	48.02	203.37	6.61	6.24	0.96
大 丰 市	322.67	36.33	139.21	13.82	7.75	2.06

表14-2续表5 （2014年） 单位：亿元

指　　标	公共财政预算收入	#税收收入	公共财政预算支出	年末金融机构存款余额	#城乡居民储蓄存款	年末金融机构贷款余额
沿海三市合计	**1229.80**	**1012.17**	**1628.73**	**13884.95**	**7589.29**	**9247.69**
沿海地带合计	**1046.82**	**860.12**	**1353.37**	**12202.39**	**6439.13**	**8112.79**
南通市市区	242.62	200.71	260.88	3831.16	1718.21	2404.65
海　安　县	54.10	46.23	70.58	975.91	565.35	682.49
如　东　县	50.01	41.53	79.20	723.57	478.73	342.90
启　东　市	67.25	55.90	74.01	944.22	637.96	550.04
海　门　市	68.57	56.92	73.62	1015.12	626.34	630.58
连云港市区	153.86	120.82	205.93	1296.70	560.13	1125.06
灌　云　县	35.59	30.90	55.74	189.36	118.23	135.81
灌　南　县	35.12	30.38	52.54	124.08	82.92	106.95
盐城市市区	139.59	112.60	166.90	1517.70	555.70	1097.90
响　水　县	27.82	22.85	43.67	115.37	67.32	103.47
滨　海　县	33.45	27.32	58.07	207.93	131.76	156.74
射　阳　县	17.50	12.48	45.07	270.70	196.61	191.74
东　台　市	61.31	51.95	84.26	553.89	425.48	301.01
大　丰　市	60.02	49.52	82.90	436.68	274.38	283.43

表 14-2 续表 6

(2014 年)

指　　标	公路里程（公里）	民用汽车拥有量（万辆）	公路客运量（万人）	公路货运量（万吨）	全社会用电量（亿千瓦时）	#工业用电
沿海三市合计	**49264**	**191.49**	**24871**	**24628**	**769.29**	**562.35**
沿海地带合计	**39442**	**158.91**	**21863**	**20958**	**647.10**	**474.03**
南通市市区	3922	40.28	6702	5321	136.86	99.17
海　安　县	2355	9.51	841	1830	43.01	33.96
如　东　县	2534	10.66	418	1121	41.94	31.39
启　东　市	3576	12.21	891	816	26.87	17.35
海　门　市	2488	11.79	705	640	35.12	24.55
连云港市区	4436	20.43	3921	4982	95.45	66.61
灌　云　县	2592	5.22	513	887	10.46	5.04
灌　南　县	1920	3.52	418	705	31.20	26.04
盐城市市区	2917	17.17	4085	2318	47.19	26.67
响　水　县	1764	2.94	775	335	43.73	39.21
滨　海　县	2156	5.85	364	701	25.19	18.14
射　阳　县	2483	5.69	387	102	18.53	11.35
东　台　市	3211	6.98	868	796	38.82	29.92
大　丰　市	3088	6.66	974	404	52.74	44.62

沿东陇海线地区主要指标

表 14-3

(2014 年)

指标	年末户籍人口(万人)	土地面积(平方公里)	人口密度(人/平方公里)	从业人员(万人)	#第二产业	#第三产业
东陇海合计	**970.26**	**11788**	**823**	**464.70**	**145.82**	**181.48**
徐州市市区	331.46	3063	1082	166.27	51.54	80.95
新沂市	111.89	1592	703	54.30	14.92	14.42
邳州市	185.89	2085	892	77.54	22.40	22.02
连云港市区	219.07	3012	727	109.87	39.10	44.04
东海县	121.95	2037	599	56.72	17.86	20.05

表 14-3 续表 1

(2014 年)

指标	地区生产总值(亿元)	第一产业	第二产业	#工业	第三产业	人均地区生产总值(元)
东陇海合计	**5382.62**	**404.87**	**2576.51**	**2224.45**	**2401.24**	**62991**
徐州市市区	2792.94	91.60	1445.24	1279.52	1256.10	87618
新沂市	473.54	57.35	200.05	170.05	216.14	52195
邳州市	684.48	95.81	294.59	243.15	294.08	47761
连云港市区	1072.34	103.16	473.50	390.98	495.68	52035
东海县	359.32	56.95	163.13	140.75	139.24	37580

表 14-3 续表 2

(2014 年)

指标	规模以上工业企业个数(个)	工业总产值(亿元)	# 制造业	主营业务收入(亿元)	利税总额(亿元)	利润总额(亿元)
东陇海合计	**2995**	**12479.50**	**11823.33**	**12465.54**	**1771.98**	**983.83**
徐州市市区	804	5287.69	4879.42	5324.53	831.25	424.49
新沂市	478	1394.28	1374.56	1382.78	170.25	90.88
邳州市	498	2050.28	1976.61	2020.47	281.81	170.94
连云港市区	752	2933.23	2795.06	2935.06	400.85	242.12
东海县	463	814.02	797.68	802.71	87.82	55.41

表 14-3 续表 3

(2014 年)

指　　标	固定资产投资（亿元）	#房地产开发	社会消费品零售总额（亿元）	进出口总额（亿美元）	# 出口	实际外商直接投资（亿美元）
东陇海合计	**4186.81**	**539.72**	**2219.33**	**126.12**	**78.79**	**22.56**
徐州市市区	1931.56	299.68	1315.77	36.95	29.34	11.42
新 沂 市	386.29	35.00	135.72	4.29	2.28	0.34
邳 州 市	545.96	47.27	197.90	8.76	7.25	1.88
连云港市区	1089.37	128.05	430.90	72.48	37.03	7.77
东 海 县	233.63	29.72	139.03	3.65	2.90	1.15

表 14-3 续表 4

(2014 年)

指　　标	公共财政预算收入	# 税收收入	公共财政预算支出	年末金融机构存款余额	#城乡居民储蓄存款	年末金融机构贷款余额
东陇海合计	**533.51**	**427.84**	**726.08**	**4966.54**	**2443.38**	**3576.55**
徐州市市区	241.06	189.12	301.29	2845.60	1297.02	1796.50
新 沂 市	45.82	39.33	68.50	235.37	169.07	202.09
邳 州 市	55.58	47.25	88.62	346.34	254.42	271.39
连云港市区	153.86	120.82	205.93	1296.70	560.13	1125.06
东 海 县	37.20	31.31	61.74	242.53	162.74	181.51

表 14-3 续表 4

(2014 年)

指　　标	公路里程（公里）	民用汽车拥有量（万辆）	公路客运量（万人）	公路货运量（万吨）	全社会用电量（亿千瓦时）	#工业用电
东陇海合计	**17231**	**84.32**	**16920**	**19521**	**376.91**	**278.49**
徐州市市区	3928	40.62	10376	8931	197.92	153.02
新 沂 市	2849	5.88	979	1646	37.46	30.70
邳 州 市	3052	9.70	1063	2130	25.68	15.41
连云港市区	4436	20.43	3921	4982	95.45	66.61
东 海 县	2966	7.69	581	1832	20.40	12.76

省内各市市区主要指标

表 14-4

(2014 年)

城　　市	土地面积(平方公里)	年末户籍人口(万人)	#女	当年出生人口(万人)	当年死亡人口(万人)	年末常住人口(万人)
南京市区	6587	648.72	323.68	7.13	3.77	821.61
无锡市区	1644	245.74	124.41	2.50	1.61	361.38
徐州市区	3063	331.46	161.11	5.69	1.01	320.74
常州市区	1862	233.92	118.66	2.37	1.56	337.82
苏州市区	4653	337.50	171.11	4.31	2.13	548.30
南通市区	2140	212.83	108.65	1.87	1.68	233.55
连云港市区	3012	219.07	105.52	3.75	0.96	206.64
淮安市区	3203	291.49	141.34	4.53	1.28	268.94
盐城市区	2123	169.31	81.96	1.98	0.93	162.18
扬州市区	2306	231.84	116.57	2.06	1.62	242.03
镇江市区	1088	103.41	51.98	0.87	0.65	122.71
泰州市区	1567	163.82	115.25	1.51	1.31	162.06
宿迁市区	2153	172.00	83.42	4.25	0.62	154.62

表 14-4 续表 1　　(2014 年)　　单位:万人

城　　市	年末从业人员	#城镇私营企业从业人员	#城镇个体从业人员	从业人员按三次产业分		
				第一产业	第二产业	第三产业
南京市区	488.90	178.11	68.18	27.80	176.30	284.80
无锡市区	215.41	117.01	26.24	3.77	116.67	94.97
徐州市区	166.27	37.04	24.97	33.79	51.54	80.95
常州市区	196.49	108.07	32.32	12.59	103.50	80.40
苏州市区	348.29	143.48	45.30	11.29	203.82	133.18
南通市区	136.70	36.18	15.72	18.40	59.90	58.40
连云港市区	109.87	22.31	8.42	26.73	39.10	44.04
淮安市区	155.44	26.35	15.99	39.00	50.35	66.09
盐城市区	96.94	24.06	10.90	17.61	35.86	43.47
扬州市区	138.30	56.00	19.66	15.60	63.40	59.30
镇江市区	69.18	23.93	10.06	5.86	27.83	35.49
泰州市区	99.51	34.13	12.90	17.42	41.89	40.20
宿迁市区	89.16	17.20	11.37	29.48	33.87	25.81

表 14–4 续表 2　　　　　　　　　　(2014 年)

城　　市	地区生产总值（亿元）				人均地区生产总值Θ（元）	地区生产总值指数（上年=1000
		第一产业	第二产业	第三产业		
南京市区	8820.75	214.25	3623.48	4983.02	107545	110.1
无锡市区	4217.47	42.06	1932.20	2243.21	116861	108.5
徐州市区	2792.94	91.60	1445.24	1256.10	87618	110.0
常州市区	3744.81	64.10	1872.89	1807.82	110923	110.0
苏州市区	7086.92	74.55	3560.26	3452.11	129426	108.4
南通市区	2093.78	56.54	1021.67	1015.57	89766	110.2
连云港市区	1072.34	103.16	473.50	495.68	67673	109.9
淮安市区	1462.04	130.86	681.57	649.61	54503	110.7
盐城市区	1095.68	76.77	609.49	409.42	67641	111.1
扬州市区	2432.28	81.33	1251.27	1099.68	100578	111.5
镇江市区	1440.38	26.88	732.79	680.71	117544	110.9
泰州市区	1408.22	53.40	772.53	582.29	86997	110.9
宿迁市区	691.56	57.89	345.38	288.29	44991	111.1

表14-4续表3 (2014年) 单位:亿元

城　　市	固定资产投资	房地产开发投资	#住宅	新增固定资产	商品房屋销售建筑面积(万平方米)	#住宅
南京市区	5430.77	1125.49	796.27	3919.89	1207.58	1124.73
无锡市区	2986.09	806.14	533.65	2292.61	586.01	517.94
徐州市区	1931.56	299.68	180.22	1542.23	369.42	304.20
常州市区	2603.06	608.61	408.87	1939.47	648.83	555.01
苏州市区	3307.02	1027.36	742.54	2347.79	829.33	754.28
南通市区	1589.61	445.70	309.41	3674.33	583.88	538.42
连云港市区	1089.37	128.05	101.72	730.78	191.01	170.03
淮安市区	1058.30	224.65	170.36	507.15	387.52	357.13
盐城市区	857.51	195.72	136.56	739.33	271.47	220.40
扬州市区	1224.50	247.60	194.22	1184.09	355.79	310.41
镇江市区	1281.37	167.50	126.56	1164.98	247.96	229.73
泰州市区	1055.09	158.21	125.23	820.50	245.99	230.96
宿迁市区	609.98	163.23	112.95	458.79	176.43	158.30

表 14-4 续表 4　　(2014 年)　　单位:亿元

城　　市	工业企业单位数(个)	#大中型企业	资产总计	负债合计	主营业务收入	利税总额
南京市区	2748	530	10155.54	5834.64	13003.84	1724.87
无锡市区	2809	397	5893.51	2979.90	5924.59	568.80
徐州市区	804	192	4362.13	2309.10	5324.53	831.25
常州市区	3506	432	6378.22	3614.28	8795.21	742.21
苏州市区	4690	965	11109.50	5861.25	11821.76	869.41
南通市区	1580	185	3147.37	1710.74	4104.51	449.31
连云港市区	752	83	2129.18	1170.77	2935.06	400.85
淮安市区	1105	116	1501.19	630.08	3370.88	357.20
盐城市区	697	138	1291.57	649.51	2538.13	401.91
扬州市区	1484	411	2799.56	1460.36	5899.93	705.37
镇江市区	1071	138	2374.06	1324.87	3128.80	347.40
泰州市区	1062	110	2021.81	1118.83	4079.33	514.85
宿迁市区	621	81	1165.78	556.08	1097.63	177.64

表 14-4 续表 5　　　　(2014 年)　　　　单位:亿元

城　　市	工业总产值	内资企业	外商港澳台投资企业	# 国有控股⊖企　业	大中型企　业	#制造业
南京市区	13199.67	7647.59	5552.08	4387.20	9104.45	12894.79
无锡市区	5984.13	2651.64	3332.49	445.73	3941.63	5928.43
徐州市区	5287.69	4594.13	693.56	1020.48	3750.10	4879.42
常州市区	8484.43	5631.31	2853.12	324.76	4887.58	8381.32
苏州市区	11856.02	3294.31	8561.71	329.29	8488.63	11650.27
南通市区	4204.21	2261.52	1942.69	541.41	2396.73	4105.44
连云港市区	2933.23	1999.07	934.16	310.83	2131.10	2795.06
淮安市区	3386.17	2225.61	1160.56	324.00	1841.63	3266.12
盐城市区	2561.47	1268.64	1292.83	95.91	1737.82	2538.25
扬州市区	6154.36	4425.07	1729.29	645.06	4408.41	5978.43
镇江市区	3205.33	1774.62	1430.70	443.01	2137.04	3048.70
泰州市区	4254.93	3320.08	934.85	413.07	2379.37	4200.89
宿迁市区	1138.18	953.40	184.78	59.23	717.97	1113.73

表 14-4 续表 6

(2014 年)

单位:亿元

城　　市	公共财政预算收入	#税收收入	公共财政预算支出	存款余额	#居民储蓄存款	贷款余额
南京市区	903.49	757.21	921.20	20161.86	5055.77	15628.53
无锡市区	472.90	375.10	460.49	7328.89	2583.16	5145.48
徐州市区	241.06	189.12	301.29	2845.60	1297.02	1796.50
常州市区	353.14	278.77	340.46	5365.33	2221.15	3766.69
苏州市区	763.62	660.62	693.37	12783.28	3432.87	10532.51
南通市区	242.62	200.71	260.88	3831.16	1718.21	2404.65
连云港市区	153.86	120.82	205.93	1296.70	560.13	1125.06
淮安市区	204.39	164.14	260.38	1242.57	611.27	1004.87
盐城市区	139.59	112.60	166.90	1517.70	555.70	1097.90
扬州市区	203.94	166.18	233.33	3071.67	1371.30	2003.26
镇江市区	146.97	117.13	158.56	1803.04	640.11	1240.10
泰州市区	141.88	113.30	174.96	2010.46	846.09	1461.56
宿迁市区	88.00	77.71	132.29	782.57	276.30	701.83

表 14-4 续表 7　　(2014 年)

城　　市	社会消费品零售总额(亿元)	进出口总额(亿美元)			实际外商直接投资(亿美元)	星级饭店数(个)
			出　口	进　口		
南京市区	4167.19	572.64	326.39	246.26	32.91	102
无锡市区	1500.41	463.20	275.32	187.88	21.08	31
徐州市区	1315.77	36.95	29.34	7.61	11.42	79
常州市区	1348.58	262.77	194.32	68.45	26.21	39
苏州市区	2133.71	1597.17	941.57	655.60	47.16	72
南通市区	856.60	175.54	127.33	48.21	11.08	36
连云港市区	430.90	72.48	37.03	35.45	7.77	44
淮安市区	514.73	29.02	21.21	7.81	8.83	23
盐城市区	448.71	36.73	16.20	20.53	3.58	15
扬州市区	774.56	77.90	60.25	17.65	12.58	42
镇江市区	517.79	63.95	34.62	29.34	5.75	11
泰州市区	448.03	48.98	30.60	18.38	5.59	14
宿迁市区	255.27	17.52	10.79	6.73	3.50	15

表 14–4 续表 8

(2014 年)

城　　市	邮电业务收入(亿元)	固定电话用户(万户)	年末移动电话用户(万户)	互联网宽带接入用户(万户)	全年用电量(亿千瓦时)	#城乡居民生活用电
南京市区	175.07	261.13	1096.98	325.48	470.50	60.74
无锡市区	79.12	125.19	556.14	159.50	272.02	28.11
徐州市区	34.91	71.37	340.06	55.61	197.92	19.60
常州市区	59.00	103.38	366.28	122.84	280.49	24.45
苏州市区	151.27	156.34	892.71	190.43	545.46	46.14
南通市区	31.61	76.37	315.22	76.39	136.86	16.26
连云港市区	21.62	52.21	237.97	55.26	95.45	12.55
淮安市区	17.43	49.81	177.49	32.82	93.37	13.51
盐城市区	17.69	40.86	174.60	35.36	47.19	9.20
扬州市区	17.25	78.08	408.23	75.89	112.53	17.22
镇江市区	16.89	41.37	146.91	31.25	104.49	8.52
泰州市区	18.04	44.45	167.22	42.21	78.44	9.71
宿迁市区	32.65	23.31	156.51	28.96	71.02	7.00

表 14-4 续表 9

城市	城市常住居民人均可支配收入	城市常住居民人均消费性支出			
			食品烟酒	衣着	居住
南京市区	42568	25855	6713	2067	5711
无锡市区	40335	25524	7359	2124	5202
徐州市区	27031	18203	5352	1363	3067
常州市区	40356	24112	6849	1794	5165
苏州市区	46643	29291	8055	1998	6519
南通市区	35568	21099	6127	1634	4920
连云港市区	27057	17695	4955	2223	2711
淮安市区	26675	14623	4562	1490	2457
盐城市区	29616	17886	5759	1773	2226
扬州市区	32760	22642	6875	1710	4483
镇江市区	35315	22569	6391	2070	4751
泰州市区	31819	19683	5695	1696	4559
宿迁市区	21248	13507	4731	1040	2352

(2014 年)

单位:元

生活用品及服务	交通通信	教育文化娱乐	医疗保健	其他用品和服务	人均住房建筑面积(平方米)	居民消费价格指数(上年=100)
1549	3486	4058	1437	833	36.3	102.6
1418	3881	3188	1654	698	41.1	102.2
1441	2537	1917	1993	533	33.4	102.1
1482	3580	3070	1546	627	45.3	102.2
1624	5376	3774	1097	848	40.3	102.1
1228	3129	2078	1369	614	45.5	102.1
1328	1718	2290	1931	540	46.2	102.4
908	1720	1994	1035	457	42.6	102.1
1328	1779	3087	1208	725	42.3	102.3
1154	2589	3726	1499	606	40.7	102.1
1364	3005	3085	998	905	40.6	102.0
976	2470	2173	1484	630	49.1	102.1
859	1218	2323	810	174	43.5	102.4

表 14-4 续表 10　　　　(2014 年)　　　　单位:元

城　　市	高等学校在校学生数(万人)	专利申请受理量(件)	公共图书馆图书藏量(千册)	卫生机构数(个)	卫生机构床位数(万张)	执业(助理)医师(万人)
南京市区	80.53	56108	15672	2383	4.37	2.16
无锡市区	10.04	34808	2977	1181	2.25	0.97
徐州市区	13.72	9399	1700	1587	2.62	0.87
常州市区	10.86	34156	2436	760	1.83	0.85
苏州市区	15.35	51393	3857	1489	2.97	1.27
南通市区	8.09	14118	1838	1058	1.51	0.71
连云港市区	3.80	6079	1673	1370	1.00	0.50
淮安市区	6.73	7861	1603	1134	1.48	0.68
盐城市区	5.61	5029	1213	688	0.99	0.41
扬州市区	7.53	13136	2254	1034	1.29	0.58
镇江市区	7.52	9686	1784	416	0.84	0.39
泰州市区	4.93	11774	1322	645	0.90	0.41
宿迁市区	1.76	2413	615	731	0.64	0.26

市 辖 区 主 要 指 标

表 14-5

(2014 年)

城　　市	年末户籍人口(万人)	土地面积(平方公里)	地区生产总值(亿元)	#第二产业	#第三产业
南京市					
玄武区	49.53	75	626.29	39.76	586.53
秦淮区	70.61	49	718.20	65.78	652.42
建邺区	28.77	83	480.60	234.18	246.31
鼓楼区	93.53	53	1103.55	94.47	1009.08
浦口区	62.66	910	705.64	362.30	308.48
栖霞区	44.38	395	1165.77	792.59	365.37
雨花台区	25.17	132	468.73	137.80	329.87
江宁区	97.28	1563	1491.49	788.69	651.37
六合区	90.25	1471	892.69	537.86	303.02
溧水区	42.71	1064	543.65	278.84	231.78
高淳区	43.83	790	497.22	246.26	217.41
无锡市					
崇安区	18.60	16	455.26	24.71	430.55
南长区	32.39	24	253.85	76.14	177.71
北塘区	25.57	31	258.09	63.81	194.28
锡山区	43.16	399	620.71	325.55	274.43
惠山区	44.89	325	652.45	394.94	240.48
滨湖区	47.07	628	718.18	329.22	384.51
徐州市					
鼓楼区	30.27	219	197.30	49.32	147.78
云龙区	32.95	120	234.21	28.72	204.32
贾汪区	51.76	620	246.96	130.31	98.05
泉山区	56.11	100	442.85	79.31	363.13
铜山区	131.56	2004	835.27	450.81	319.75

表 14–5 续表 1　　　　　　　　　　　　(2014 年)

城　　市	年末户籍人口（万人）	土地面积（平方公里）	地区生产总值（亿元）	#第二产业	#第三产业
常州市					
天宁区	37.34	65	477.76	138.45	339.26
钟楼区	36.07	67	451.03	186.89	264.01
戚墅堰区	7.88	32	109.84	72.47	37.35
新北区	48.63	453	900.21	523.03	362.32
武进区	104.00	1246	1905.33	1047.46	808.83
苏州市					
虎丘区	35.85	332	950.28	661.81	286.45
吴中区	62.45	2231	915.18	459.56	435.06
相城区	40.02	490	578.26	289.65	277.96
姑苏区	74.20	83	568.35	73.81	494.54
吴江区	81.44	1237	1486.51	794.54	652.44
南通市					
崇川区	52.12	160	574.69	164.62	409.80
港闸区	19.22	152	284.14	168.32	113.79
通州区	126.66	1562	860.73	446.99	361.49
连云港市					
连云区	13.33	797	106.26	43.31	58.30
海州区	74.22	701	263.20	79.88	166.54
赣榆区	119.27	1514	426.87	212.19	152.48
淮安市					
清河区	28.44	32	151.48	28.99	122.49
淮安区	120.06	1452	365.53	149.53	159.19
淮阴区	93.15	1307	362.73	156.92	143.11
清浦区	32.24	277	161.12	52.22	99.76

表 14-5 续表 2 (2014 年)

城　　市	年末户籍人口（万人）	土地面积（平方公里）	地区生产总值（亿元）	#第二产业	#第三产业
盐城市					
亭湖区	71.05	855	327.82	129.53	168.25
盐都区	71.50	1050	370.01	192.45	138.12
扬州市					
广陵区	49.75	335	564.64	277.12	278.25
邗江区	58.27	553	602.74	256.19	329.45
江都区	106.90	1330	792.61	397.59	342.10
镇江市					
京口区	31.53	125	404.62	115.47	287.76
润州区	24.48	124	320.17	116.63	201.77
丹徒区	29.11	617	323.56	172.15	135.34
泰州市					
海陵区	42.66	237	430.56	214.98	208.95
高港区	26.23	287	338.88	217.84	110.65
姜堰区	79.44	928	488.52	242.99	210.37
宿迁市					
宿城区	92.43	917	237.10	92.75	126.63
宿豫区	65.55	1237	214.20	131.64	58.70

表 14-5 续表 3

(2014 年)

城市	公共财政预算收入(亿元)	固定资产投资(亿元)	#房地产开发	社会消费品零售总额(亿元)	进出口总额(亿美元)	#出口	实际外商直接投资(万美元)
南京市							
玄武区	43.97	111.59	58.13	390.72	58.22	27.68	17153
秦淮区	60.54	200.34	71.57	759.86	103.30	64.10	6223
建邺区	70.39	372.59	177.70	158.15	7.62	6.04	25146
鼓楼区	80.05	234.47	94.40	715.54	50.81	36.26	49226
浦口区	83.09	808.35	135.57	237.99	15.04	13.11	27224
栖霞区	77.20	460.17	140.04	196.30	129.04	55.69	50771
雨花台区	51.95	237.11	101.58	297.00	31.34	21.89	16504
江宁区	166.82	886.80	135.98	379.58	115.32	66.34	71787
六合区	64.99	725.58	97.50	309.29	19.65	9.94	38490
溧水区	41.07	460.41	47.34	155.96	5.17	5.05	14521
高淳区	29.37	395.06	38.51	154.79	5.18	4.60	12051
无锡市							
崇安区	20.91	134.19	64.63	374.70	15.61	13.64	3743
南长区	19.10	134.06	73.30	203.50	5.54	4.64	7845
北塘区	19.59	103.25	69.22	183.80	5.88	5.30	573
锡山区	60.55	596.83	138.38	135.87	46.22	35.63	33036
惠山区	70.76	517.10	109.13	147.78	27.11	22.46	30340
滨湖区	83.01	490.01	232.65	212.95	22.45	16.68	14043
徐州市							
鼓楼区	14.70	253.45	67.93	316.26	0.66	0.60	8053
云龙区	22.53	262.86	99.28	321.01	2.21	2.06	9001
贾汪区	19.21	216.72	11.39	56.40	1.82	1.31	4102
泉山区	23.91	260.98	69.08	420.46	2.57	2.00	23058
铜山区	68.32	566.54	30.15	190.26	8.62	7.38	22040

表 14-5 续表 4

(2014 年)

城　　市	公共财政预算收入(亿元)	固　定资产投资(亿元)	#房地产开　发	社会消费品零售总额(亿元)	进出口总额(亿美元)	#出　口	实际外商直接投资(万美元)
常州市							
天宁区	37.90	290.58	114.53	380.35	27.66	24.00	840
钟楼区	30.58	319.53	111.34	266.77	21.60	19.44	27094
戚墅堰区	9.82	81.80	15.18	18.63	6.03	5.11	4000
新北区	89.32	722.31	175.60	232.52	107.39	75.75	80038
武进区	129.63	1003.14	191.96	450.30	100.03	70.01	81891
苏州市							
虎丘区	100.18	498.75	145.63	206.26	376.92	255.15	70283
吴中区	110.90	499.21	137.71	313.01	115.55	71.21	50045
相城区	65.82	445.32	169.74	180.79	43.21	29.86	18380
姑苏区	58.03	209.72	129.96	722.50	25.29	21.28	39788
吴江区	137.36	754.90	197.10	392.50	233.36	144.88	97024
南通市							
崇川区	68.68	406.38	151.42	334.64	64.68	45.99	13344
港闸区	36.45	239.82	152.02	111.91	29.48	23.43	4676
通州区	68.40	520.12	67.79	279.88	33.19	29.38	33104
连云港市							
连云区	13.91	187.07	9.90	57.59	18.04	8.11	8318
新浦区	32.47	242.11	76.73	222.66	12.29	10.18	12249
海州区	40.17	252.80	23.19	136.57	6.28	4.15	15365
淮安市							
清河区	34.36	136.98	67.18	141.50	2.42	1.57	5971
淮安区	32.43	233.83	28.69	136.38	2.91	2.78	11118
淮阴区	39.22	223.86	38.09	94.47	4.82	3.24	15081
清浦区	24.58	112.83	23.50	87.91	1.64	1.59	9341

表 14-5 续表 5

(2014 年)

城　　市	公共财政预算收入(亿元)	固　　定资产投资(亿元)	#房地产开　发	社会消费品零售总额(亿元)	进出口总额(亿美元)	#出　口	实际外商直接投资(万美元)
盐 城 市							
亭 湖 区	32.00	276.16	88.18	202.34	3.29	3.14	6127
盐 都 区	51.72	249.36	24.22	168.04	5.75	3.09	8630
扬 州 市							
广 陵 区	38.43	232.09	74.51	240.41	17.24	14.70	23961
邗 江 区	56.03	309.13	87.78	238.28	19.62	16.43	28952
江 都 区	47.98	469.03	54.15	212.25	14.72	11.15	20740
镇 江 市							
京 口 区	19.04	314.91	64.56	235.30	8.66	6.75	11268
润 州 区	22.68	314.45	52.84	142.87	8.36	6.16	9227
丹 徒 区	24.95	258.71	17.48	55.54	5.73	4.96	17008
泰 州 市							
海 陵 区	36.05	194.26	63.82	199.61	14.87	11.79	5350
高 港 区	28.68	247.28	10.56	40.35	10.31	3.02	18362
姜 堰 区	30.35	345.56	51.93	137.63	10.69	9.06	15007
宿 迁 市							
宿 城 区	23.88	169.86	52.75	156.00	5.65	4.32	9550
宿 豫 区	20.82	197.24	29.79	43.00	4.47	3.23	7288

市县指标

表 14-6

（2014 年）

城市	年末户籍人口Θ(万人)	#女	年末常住人口Θ(万人)	出生人数(人)	死亡人数(人)	人口密度(人/平方公里)
南京市	**648.72**	**323.68**	**821.61**	**71302**	**37704**	**1247**
无锡市	**477.14**	**240.98**	**650.01**	**49285**	**32766**	**1405**
江阴市	123.21	61.81	163.47	13544	8373	1656
宜兴市	108.19	54.76	125.16	10749	8310	627
徐州市	**1023.52**	**493.15**	**862.83**	**205463**	**30120**	**733**
丰县	120.05	57.35	94.59	25677	6230	652
沛县	130.63	62.75	111.29	26533	2748	616
睢宁县	143.58	68.78	102.15	36490	5256	577
新沂市	111.89	53.96	90.74	26160	1845	570
邳州市	185.89	89.18	143.32	33740	3973	687
常州市	**368.64**	**185.73**	**469.64**	**37649**	**24962**	**1074**
溧阳市	79.39	39.27	76.02	8852	5131	495
金坛市	55.34	27.80	55.80	5132	4247	572
苏州市	**661.08**	**336.31**	**1060.40**	**76837**	**44178**	**1225**
常熟市	106.88	55.00	150.97	9344	8413	1183
张家港市	91.98	46.83	125.25	10450	6260	1269
昆山市	76.97	38.75	165.03	9965	4305	1772
太仓市	47.74	24.62	70.85	3967	3866	875
南通市	**767.63**	**389.35**	**729.80**	**57826**	**62098**	**692**
海安县	94.26	47.56	86.62	5966	7526	732
如东县	104.37	52.99	98.19	6341	9659	352
启东市	112.32	57.28	95.60	8101	8121	558
如皋市	143.69	72.01	125.61	11465	11849	797
海门市	100.16	50.86	90.23	7209	8094	789
连云港市	**526.52**	**251.76**	**445.17**	**97562**	**28522**	**585**
东海县	121.95	58.47	95.87	25897	6739	471
灌云县	104.06	49.46	79.79	18476	9186	519
灌南县	81.44	38.31	62.87	15642	3023	611

表 14–6 续表 1

(2014 年)

城　市	年末户籍人口⊖(万人)	#女	年末常住人口⊖(万人)	出生人数(人)	死亡人数(人)	人口密度(人/平方公里)
淮 安 市	**560.25**	**272.16**	**485.21**	**86533**	**25999**	**484**
涟 水 县	113.70	54.38	84.53	21500	3311	504
洪 泽 县	39.09	19.41	33.67	4797	1329	264
盱 眙 县	80.05	39.09	65.03	11725	5590	260
金 湖 县	35.92	17.94	33.04	3187	2941	240
盐 城 市	**828.54**	**401.27**	**722.28**	**93075**	**60600**	**427**
响 水 县	62.48	29.82	50.25	7208	4622	341
滨 海 县	121.48	57.56	94.28	14521	8665	484
阜 宁 县	112.09	53.24	83.88	17099	12188	583
射 阳 县	96.78	47.15	89.14	9910	6189	342
建 湖 县	80.13	38.79	73.70	8084	5422	637
东 台 市	113.73	56.43	98.66	10308	8617	311
大 丰 市	72.54	36.32	70.19	6188	5634	233
扬 州 市	**461.34**	**230.53**	**447.79**	**41036**	**30612**	**679**
宝 应 县	91.13	44.88	75.45	8575	3758	516
仪 征 市	56.56	28.04	56.40	5508	4494	625
高 邮 市	81.81	41.04	73.91	6341	6174	385
镇 江 市	**272.07**	**137.26**	**317.14**	**24285**	**19432**	**826**
丹 阳 市	81.35	41.11	97.86	7366	6266	934
扬 中 市	28.26	14.40	34.16	2601	2141	1044
句 容 市	59.05	29.77	62.41	5576	4496	453
泰 州 市	**508.51**	**248.95**	**463.86**	**48648**	**43052**	**802**
兴 化 市	158.00	74.98	125.47	18337	15023	524
靖 江 市	66.81	33.73	68.65	5072	4864	1047
泰 兴 市	119.88	58.76	107.68	10134	10037	921
宿 迁 市	**580.74**	**279.47**	**484.32**	**120941**	**29249**	**568**
沭 阳 县	193.57	92.60	155.20	39293	10240	675
泗 阳 县	106.32	50.74	84.50	17645	5897	613
泗 洪 县	108.85	52.72	90.00	21464	6938	334

表 14-6 续表 2

(2014 年)

城市	年末总户数(万户)	#乡村户数	土地面积(平方公里)	建成区面积(平方公里)	建成区绿化覆盖面积(公顷)
南京市	**221.60**	**64.67**	**6587**	**734**	**32416**
无锡市	**159.78**	**62.50**	**4627**	**522**	**22361**
江阴市	36.92	20.38	987	118	5019
宜兴市	37.68	21.10	1997	77	3286
徐州市	**277.82**	**176.97**	**11765**	**433**	**18375**
丰县	32.56	23.80	1450	28	1126
沛县	34.78	23.63	1806	36	1518
睢宁县	33.64	25.48	1769	33	1324
新沂市	31.91	21.83	1592	35	1444
邳州市	45.61	34.28	2085	45	1924
常州市	**129.42**	**74.65**	**4372**	**254**	**10863**
溧阳市	26.33	19.96	1535	28	1184
金坛市	20.47	14.03	976	22	922
苏州市	**217.46**	**89.08**	**8657**	**735**	**31563**
常熟市	32.95	17.99	1276	98	4424
张家港市	33.38	18.65	987	69	3022
昆山市	25.96	10.46	932	72	3179
太仓市	14.79	6.82	810	49	2072
南通市	**282.61**	**200.68**	**10549**	**329**	**13741**
海安县	34.19	21.84	1184	31	1222
如东县	37.06	30.62	2791	25	1004
启东市	45.37	38.68	1715	26	1067
如皋市	45.32	35.40	1576	34	1368
海门市	38.49	29.87	1144	25	994
连云港市	**140.75**	**89.85**	**7615**	**275**	**11034**
东海县	28.95	22.29	2037	28	1152
灌云县	26.29	19.41	1538	28	1100
灌南县	20.70	14.68	1028	26	1020

表 14-6 续表 3　　(2014 年)

城　　市	年末总户数(万户)	#乡村户数	土地面积(平方公里)	建成区面积(平方公里)	建成区绿化覆盖面积(公顷)
淮 安 市	**163.12**	**99.92**	**10030**	**255**	**10466**
涟 水 县	29.51	22.20	1678	33	1356
洪 泽 县	12.25	7.83	1273	18	706
盱 眙 县	21.60	15.26	2497	33	1382
金 湖 县	12.81	8.14	1378	21	884
盐 城 市	**273.10**	**184.26**	**16931**	**322**	**13166**
响 水 县	16.98	11.76	1474	21	858
滨 海 县	34.12	25.31	1950	32	1316
阜 宁 县	36.42	21.90	1439	44	1786
射 阳 县	31.92	21.31	2606	24	1004
建 湖 县	30.02	19.25	1157	27	1092
东 台 市	39.55	32.19	3176	36	1468
大 丰 市	27.59	20.93	3008	28	1159
扬 州 市	**150.08**	**101.81**	**6591**	**232**	**9905**
宝 应 县	28.19	20.59	1462	32	1316
仪 征 市	18.89	11.89	902	39	1607
高 邮 市	25.84	19.36	1922	26	1068
镇 江 市	**101.29**	**57.84**	**3840**	**205**	**8581**
丹 阳 市	28.02	19.61	1047	33	1332
扬 中 市	10.57	7.62	327	13	532
句 容 市	22.62	15.49	1378	25	1025
泰 州 市	**168.91**	**119.87**	**5787**	**196**	**7997**
兴 化 市	52.43	37.45	2395	38	1520
靖 江 市	21.47	14.37	656	34	1407
泰 兴 市	39.44	31.05	1170	25	1030
宿 迁 市	**149.47**	**108.51**	**8524**	**212**	**8801**
沭 阳 县	49.56	37.96	2299	63	2563
泗 阳 县	26.81	19.85	1378	36	1483
泗 洪 县	29.34	19.21	2694	35	1431

表 14-6 续表 4

(2014 年)

单位:万人

城　市	从业人员				私营企业从业人员	个体从业人员
		第一产业	第二产业	第三产业		
南京市	**453.0**	**47.4**	**149.9**	**255.7**	**222.90**	**74.14**
无锡市	**389.5**	**17.8**	**220.5**	**151.2**	**228.28**	**45.72**
江阴市	99.61	5.06	62.52	32.03	59.00	11.83
宜兴市	74.48	8.97	41.31	24.20	49.10	7.49
徐州市	**480.9**	**162.7**	**150.7**	**167.5**	**122.32**	**56.31**
丰　县	56.31	27.68	15.50	13.13	9.55	4.25
沛　县	66.55	25.01	23.66	17.88	12.10	5.32
睢宁县	59.93	18.15	22.68	19.10	11.51	4.37
新沂市	54.30	24.96	14.92	14.42	24.90	5.57
邳州市	77.54	33.12	22.40	22.02	14.86	8.81
常州市	**281.0**	**30.8**	**145.8**	**104.4**	**153.19**	**43.17**
溧阳市	49.37	11.35	25.81	12.21	19.97	6.14
金坛市	35.13	6.86	16.48	11.79	16.97	4.61
苏州市	**693.4**	**24.5**	**419.8**	**249.1**	**372.55**	**98.02**
常熟市	105.10	4.13	65.51	35.46	46.03	14.77
张家港市	77.69	4.58	47.48	25.63	51.60	10.90
昆山市	116.34	1.83	75.67	38.84	57.31	15.87
太仓市	45.98	2.68	27.32	15.98	21.38	5.11
南通市	**462.0**	**101.7**	**216.0**	**144.3**	**250.31**	**73.63**
海安县	54.5	11.6	28.8	14.1	31.50	9.81
如东县	62.3	14.1	30.9	17.3	31.16	5.96
启东市	67.9	19.6	29.6	18.7	28.34	7.19
如皋市	74.7	20.2	35.1	19.4	40.85	10.96
海门市	65.9	17.8	31.7	16.4	44.82	9.26
连云港市	**251.10**	**79.40**	**80.90**	**90.80**	**42.21**	**20.11**
东海县	56.72	18.81	17.86	20.05	5.77	4.08
灌云县	47.98	18.65	12.95	16.38	4.49	3.48
灌南县	36.53	15.21	10.99	10.33	4.90	2.89

表 14-6 续表 5　　(2014 年)　　单位:万人

城　　市	从业人员	第一产业	第二产业	第三产业	私营企业从业人员	个体从业人员
淮安市	**281.9**	**80.2**	**87.6**	**114.1**	**66.13**	**36.92**
涟水县	48.77	17.60	11.32	19.85	8.65	3.54
洪泽县	20.17	5.95	6.88	7.34	7.09	3.79
盱眙县	38.30	12.07	12.45	13.78	6.44	4.04
金湖县	19.20	5.59	6.57	7.04	6.17	2.77
盐城市	**445.5**	**126.0**	**151.4**	**168.1**	**133.72**	**45.70**
响水县	28.70	9.35	9.47	9.88	4.40	2.74
滨海县	56.34	19.09	17.81	19.44	14.33	4.89
阜宁县	51.37	17.44	16.50	17.43	22.27	5.11
射阳县	56.95	18.10	18.59	20.26	8.50	4.44
建湖县	44.12	12.41	16.21	15.50	11.72	4.06
东台市	65.11	18.56	22.04	24.51	22.01	5.14
大丰市	45.97	13.44	14.92	17.61	17.83	5.02
扬州市	**265.6**	**50.7**	**118.3**	**96.6**	**114.36**	**38.40**
宝应县	41.90	12.70	17.60	11.60	12.81	4.78
仪征市	39.50	9.30	18.10	12.10	11.71	4.77
高邮市	45.90	13.10	19.20	13.60	19.75	5.29
镇江市	**192.7**	**23.6**	**90.0**	**79.1**	**81.36**	**30.01**
丹阳市	63.01	6.13	34.35	22.53	26.58	9.32
扬中市	21.54	1.41	11.94	8.19	14.32	2.05
句容市	38.97	10.17	15.91	12.89	9.62	5.06
泰州市	**285.0**	**69.2**	**119.3**	**96.5**	**99.78**	**41.23**
兴化市	77.12	24.23	29.87	23.02	15.91	10.08
靖江市	42.14	8.11	21.04	12.99	17.66	5.47
泰兴市	66.23	19.44	26.50	20.29	20.33	9.93
宿迁市	**279.2**	**104.8**	**97.0**	**77.4**	**85.83**	**39.17**
沭阳县	89.45	34.62	30.36	24.47	42.48	11.69
泗阳县	48.71	19.37	16.50	12.84	11.66	6.58
泗洪县	51.88	21.33	16.27	14.28	11.07	5.64

表 14-6 续表 6　　(2014 年)　　单位:万人

城　　市	乡　村 从业人员	#农林牧渔业	#工业	#建筑业	#交通运输、仓储及邮政业	#批发和零售业
南 京 市	**119.21**	**25.71**	**36.37**	**23.89**	**7.40**	**8.31**
无 锡 市	**112.77**	**18.97**	**67.38**	**7.76**	**3.74**	**5.90**
江 阴 市	38.14	5.52	23.30	2.70	1.58	2.20
宜 兴 市	34.71	9.83	16.61	3.50	1.20	1.58
徐 州 市	**358.77**	**136.31**	**101.07**	**51.62**	**15.00**	**21.73**
丰　　县	53.18	25.28	13.80	7.29	1.51	2.36
沛　　县	48.94	16.57	14.27	9.62	1.76	2.31
睢 宁 县	59.97	23.59	17.21	8.53	1.42	2.86
新 沂 市	45.46	18.42	10.27	8.90	1.20	2.50
邳 州 市	67.02	21.89	20.95	6.90	4.16	5.63
常 州 市	**130.50**	**24.24**	**59.25**	**17.37**	**5.38**	**6.63**
溧 阳 市	31.67	7.97	8.78	9.07	1.77	1.76
金 坛 市	19.99	5.15	6.87	4.44	0.87	0.76
苏 州 市	**174.76**	**22.81**	**105.05**	**9.88**	**5.51**	**10.22**
常 熟 市	38.78	3.71	23.87	2.06	1.20	2.34
张家港市	30.70	3.21	19.72	1.65	1.31	1.69
昆 山 市	20.85	1.77	13.03	1.11	0.56	1.30
太 仓 市	15.73	3.07	9.94	0.60	0.36	0.36
南 通 市	**302.30**	**66.66**	**83.54**	**62.21**	**16.80**	**28.54**
海 安 县	37.45	7.19	11.03	8.38	3.11	3.41
如 东 县	47.86	8.62	16.27	10.12	2.57	2.74
启 东 市	50.15	12.81	12.26	9.64	2.55	5.49
如 皋 市	60.10	13.90	17.30	10.70	2.50	3.50
海 门 市	48.99	11.71	11.40	11.45	2.28	6.72
连云港市	**174.50**	**80.34**	**30.28**	**30.58**	**7.60**	**8.30**
东 海 县	44.07	19.37	7.77	8.62	2.25	1.97
灌 云 县	38.01	18.60	6.40	4.34	1.16	1.44
灌 南 县	30.79	15.90	4.26	4.31	1.87	1.57

(2014 年)

单位:万人

城市	乡村从业人员	#农林牧渔业	#工业	#建筑业	#交通运输、仓储及邮政业	#批发和零售业
淮安市	**211.47**	**86.59**	**41.18**	**31.09**	**6.84**	**8.40**
涟水县	49.41	20.62	5.03	4.89	1.02	1.35
洪泽县	17.29	6.16	4.96	2.72	0.78	0.79
盱眙县	32.82	12.55	6.61	3.89	1.09	1.21
金湖县	13.61	5.10	3.86	2.52	0.43	0.57
盐城市	**301.92**	**111.30**	**59.91**	**37.13**	**13.58**	**13.73**
响水县	21.37	9.03	5.50	1.35	0.73	0.83
滨海县	44.98	17.05	5.92	4.73	2.45	1.89
阜宁县	37.21	15.37	4.76	5.77	1.38	1.34
射阳县	34.88	12.71	5.38	3.79	1.70	1.92
建湖县	30.53	9.46	9.27	3.63	1.36	1.69
东台市	48.35	19.66	10.00	6.71	2.03	2.18
大丰市	31.06	9.90	7.47	2.78	1.39	1.34
扬州市	**182.48**	**34.09**	**65.25**	**34.40**	**7.48**	**11.99**
宝应县	41.88	9.94	11.97	10.11	1.90	3.22
仪征市	22.78	3.38	7.60	5.07	0.86	1.22
高邮市	36.25	8.99	13.78	6.68	1.31	2.00
镇江市	**99.94**	**23.30**	**47.80**	**11.49**	**3.59**	**3.63**
丹阳市	36.19	7.77	20.51	3.06	1.06	1.13
扬中市	13.08	2.13	8.09	0.71	0.37	0.51
句容市	25.42	8.03	7.48	5.50	1.02	0.78
泰州市	**211.48**	**44.30**	**61.60**	**36.99**	**13.50**	**17.01**
兴化市	61.05	20.12	10.35	5.98	4.29	5.62
靖江市	27.24	5.43	13.21	2.41	1.85	1.61
泰兴市	56.58	9.02	15.85	11.89	3.29	5.70
宿迁市	**224.76**	**87.38**	**61.57**	**29.19**	**7.87**	**12.78**
沭阳县	82.32	29.58	26.75	8.11	3.29	4.17
泗阳县	39.67	15.27	10.95	5.28	1.10	1.98
泗洪县	38.41	21.25	6.12	4.62	0.98	2.01

表 14-6 续表 8　　(2014 年)　　单位:亿元

城　市	地区生产总值	第一产业	第二产业	#工业	第三产业	人均地区生产总值(元)
南京市	**8820.75**	**214.25**	**3623.48**	**3119.12**	**4983.02**	**107545**
无锡市	**8205.31**	**138.13**	**4095.89**	**3747.59**	**3971.29**	**126389**
江阴市	2753.95	46.14	1520.54	1453.57	1187.27	168711
宜兴市	1233.89	49.93	643.15	547.32	540.81	98648
徐州市	**4963.91**	**473.54**	**2246.24**	**1883.70**	**2244.13**	**57655**
丰　县	341.63	62.97	153.97	114.69	124.69	36086
沛　县	564.96	80.46	260.78	210.11	223.72	50772
睢宁县	419.97	70.98	182.44	140.45	166.55	41087
新沂市	473.54	57.35	200.05	170.05	216.14	52195
邳州市	684.48	95.81	294.59	243.15	294.08	47761
常州市	**4901.87**	**138.46**	**2408.11**	**2170.19**	**2355.30**	**104423**
溧阳市	716.29	43.92	375.11	329.63	297.26	94224
金坛市	471.48	30.43	243.03	202.60	198.02	84495
苏州市	**13760.89**	**203.98**	**6892.98**	**6360.14**	**6663.93**	**129926**
常熟市	2009.36	38.40	1061.55	1011.19	909.41	133150
张家港市	2180.25	28.64	1186.39	1131.02	965.22	174148
昆山市	3001.02	27.46	1687.10	1592.57	1286.46	182222
太仓市	1065.33	35.24	556.65	522.60	473.44	150523
南通市	**5652.69**	**339.57**	**2812.34**	**2307.64**	**2500.78**	**77457**
海安县	624.14	51.27	304.13	245.80	268.74	72051
如东县	615.51	62.17	297.11	245.42	256.23	62631
启东市	739.13	62.93	369.03	287.41	307.17	77242
如皋市	743.64	57.60	377.24	311.08	308.80	59158
海门市	836.50	49.07	443.16	365.88	344.27	92697
连云港市	**1965.89**	**261.98**	**889.68**	**706.89**	**814.23**	**44277**
东海县	359.32	56.95	163.13	140.75	139.24	37580
灌云县	274.98	55.12	125.50	94.52	94.36	34532
灌南县	259.25	44.75	128.76	110.64	85.74	41364

城　市	地区生产总值	第一产业	第二产业	#工业	第三产业	人均地区生产总值(元)
淮安市	**2455.39**	**286.99**	**1085.96**	**903.34**	**1082.44**	**50736**
涟水县	302.35	49.97	120.82	96.94	131.56	35843
洪泽县	207.35	29.44	88.32	74.97	89.59	61812
盱眙县	290.04	48.42	118.86	93.77	122.76	44714
金湖县	193.61	28.30	76.39	66.77	88.92	58785
盐城市	**3835.62**	**489.50**	**1782.41**	**1524.64**	**1563.71**	**53115**
响水县	222.00	38.16	105.11	94.07	78.73	44170
滨海县	328.19	53.10	138.63	116.80	136.46	34806
阜宁县	330.62	50.84	148.14	109.18	131.64	39411
射阳县	370.10	72.14	139.47	125.11	158.49	41510
建湖县	392.00	45.21	175.34	149.41	171.45	53178
东台市	610.33	84.60	261.81	228.01	263.92	61868
大丰市	486.70	68.68	204.42	175.65	213.60	69350
扬州市	**3697.91**	**227.36**	**1885.75**	**1634.48**	**1584.80**	**82654**
宝应县	418.30	61.60	189.80	154.29	166.90	55525
仪征市	465.06	21.13	255.76	146.76	188.17	82633
高邮市	445.20	62.72	201.13	166.28	181.35	60203
镇江市	**3252.44**	**121.45**	**1631.10**	**1498.41**	**1499.89**	**102652**
丹阳市	1008.96	47.22	518.58	497.75	443.16	103187
扬中市	445.35	10.86	237.90	228.89	196.59	130467
句容市	440.96	37.26	215.42	195.43	188.28	70684
泰州市	**3370.89**	**209.25**	**1697.45**	**1462.03**	**1464.19**	**72706**
兴化市	624.83	89.08	264.28	228.22	271.47	49803
靖江市	666.19	19.84	349.18	314.50	297.17	97063
泰兴市	675.84	46.93	348.68	303.84	280.23	62772
宿迁市	**1930.68**	**246.37**	**933.24**	**780.91**	**751.07**	**39963**
沭阳县	579.96	78.83	268.55	236.82	232.58	37525
泗阳县	332.24	49.89	173.74	144.17	108.61	39365
泗洪县	330.00	51.87	141.42	116.81	136.71	36484

表 14-6 续表 10　　　　　　　　　　　　(2014 年)

城　　市	地区生产总值指数(上年=100)	三次产业占 GDP 比重(%)			公共财政预算收入占 GDP 比重(%)	外贸依存度(%)
		第一产业	第二产业	第三产业		
南 京 市	**110.1**	**2.4**	**41.1**	**56.5**	**10.2**	**39.8**
无 锡 市	**108.2**	**1.7**	**49.9**	**48.4**	**9.4**	**55.5**
江 阴 市	107.8	1.7	55.2	43.1	7.3	49.7
宜 兴 市	108.3	4.0	52.1	43.8	7.7	27.6
徐 州 市	**110.5**	**9.5**	**45.3**	**45.2**	**9.5**	**7.4**
丰　　县	111.6	18.4	45.1	36.5	11.2	3.0
沛　　县	111.4	14.2	46.2	39.6	9.4	3.8
睢 宁 县	112.0	16.9	43.4	39.7	9.2	6.9
新 沂 市	111.6	12.1	42.2	45.6	9.7	5.6
邳 州 市	111.7	14.0	43.0	43.0	8.1	7.9
常 州 市	**110.1**	**2.8**	**49.1**	**48.0**	**8.9**	**36.1**
溧 阳 市	111.1	6.1	52.4	41.5	7.1	8.6
金 坛 市	113.1	6.5	51.5	42.0	6.4	19.9
苏 州 市	**108.3**	**1.5**	**50.1**	**48.4**	**10.5**	**139.0**
常 熟 市	107.5	1.9	52.8	45.3	7.3	61.7
张家港市	106.0	1.3	54.4	44.3	7.5	92.5
昆 山 市	107.7	0.9	56.2	42.9	8.8	173.6
太 仓 市	108.6	3.3	52.3	44.4	10.0	79.5
南 通 市	**110.5**	**6.0**	**49.8**	**44.2**	**9.7**	**34.4**
海 安 县	111.0	8.2	48.7	43.1	8.7	24.1
如 东 县	110.2	10.1	48.3	41.6	8.1	33.0
启 东 市	110.6	8.5	49.9	41.6	9.1	25.5
如 皋 市	110.5	7.7	50.7	41.5	9.1	26.5
海 门 市	110.2	5.9	53.0	41.2	8.2	14.9
连云港市	**110.2**	**13.3**	**45.3**	**41.4**	**13.3**	**25.1**
东 海 县	111.5	15.8	45.4	38.8	10.4	6.2
灌 云 县	109.5	20.0	45.6	34.3	12.9	4.1
灌 南 县	110.1	17.3	49.7	33.1	13.5	5.5

表 14-6 续表 11　　　　　　　　　　(2014 年)

城　　市	地区生产总值指数(上年=100)	三次产业占 GDP 比重(%)			公共财政预算收入占 GDP 比重(%)	外贸依存度(%)
		第一产业	第二产业	第三产业		
淮安市	**110.9**	**11.7**	**44.2**	**44.1**	**12.6**	**10.3**
涟水县	111.3	16.5	40.0	43.5	9.8	8.2
洪泽县	111.2	14.2	42.6	43.2	10.7	7.0
盱眙县	111.0	16.7	41.0	42.3	10.6	4.4
金湖县	111.4	14.6	39.5	45.9	11.1	11.3
盐城市	**110.9**	**12.8**	**46.5**	**40.8**	**10.9**	**12.0**
响水县	110.7	17.2	47.3	35.5	12.5	11.3
滨海县	111.0	16.2	42.2	41.6	10.2	8.7
阜宁县	111.0	15.4	44.8	39.8	10.2	4.0
射阳县	109.8	19.5	37.7	42.8	4.7	5.2
建湖县	111.5	11.5	44.7	43.7	11.4	6.2
东台市	111.2	13.9	42.9	43.2	10.0	6.7
大丰市	112.1	14.1	42.0	43.9	12.3	17.4
扬州市	**111.0**	**6.1**	**51.0**	**42.9**	**8.0**	**16.6**
宝应县	111.2	14.7	45.4	39.9	6.5	11.4
仪征市	111.4	4.5	55.0	40.5	7.5	13.5
高邮市	111.0	14.1	45.2	40.7	6.6	5.8
镇江市	**110.9**	**3.7**	**50.2**	**46.1**	**8.5**	**19.5**
丹阳市	112.8	4.7	51.4	43.9	6.4	16.9
扬中市	112.4	2.4	53.4	44.1	6.9	7.7
句容市	112.5	8.4	48.9	42.7	8.1	8.1
泰州市	**110.8**	**6.2**	**50.4**	**43.4**	**8.2**	**19.8**
兴化市	111.0	14.3	42.3	43.4	5.9	5.7
靖江市	110.2	3.0	52.4	44.6	8.1	25.2
泰兴市	111.9	6.9	51.6	41.5	6.7	24.3
宿迁市	**110.8**	**12.8**	**48.3**	**38.9**	**10.9**	**11.9**
沭阳县	110.8	13.6	46.3	40.1	11.0	9.8
泗阳县	110.7	15.0	52.3	32.7	9.0	12.9
泗洪县	110.7	15.7	42.9	41.4	8.5	7.2

表 14-6 续表 12

(2014 年)

单位:亿元

城市	农林牧渔业总产值	农业	林业	畜牧业	渔业	农林牧渔服务业
南京市	**384.63**	**218.50**	**19.84**	**48.23**	**79.86**	**18.19**
无锡市	**253.76**	**137.08**	**19.82**	**32.81**	**36.93**	**27.12**
江阴市	88.61	40.12	7.59	18.26	10.87	11.78
宜兴市	88.45	49.56	5.32	8.24	18.08	7.25
徐州市	**893.65**	**547.88**	**13.36**	**264.21**	**40.33**	**27.87**
丰县	123.22	88.54	0.95	29.22	0.98	3.52
沛县	150.19	96.11	0.70	44.82	3.00	5.56
睢宁县	134.26	75.56	2.20	48.85	4.28	3.37
新沂市	117.55	58.13	3.91	35.83	15.88	3.80
邳州市	187.36	119.05	3.57	50.76	7.74	6.25
常州市	**256.81**	**138.75**	**1.81**	**37.43**	**64.73**	**14.09**
溧阳市	81.67	44.31	1.06	6.67	26.50	3.12
金坛市	62.16	27.10	0.37	12.27	18.71	3.71
苏州市	**392.49**	**161.45**	**24.47**	**38.82**	**122.64**	**45.10**
常熟市	72.28	39.97	2.75	6.61	14.26	8.70
张家港市	56.18	31.82	6.97	4.31	5.32	7.76
昆山市	49.16	14.01	4.59	2.06	25.66	2.83
太仓市	66.30	28.60	3.00	14.45	13.96	6.30
南通市	**631.32**	**278.66**	**4.06**	**144.96**	**147.77**	**55.87**
海安县	102.71	41.36	0.31	44.45	8.31	8.28
如东县	126.86	48.46	0.97	29.78	40.53	7.12
启东市	121.52	40.58	0.68	12.56	57.40	10.29
如皋市	98.98	55.10	0.23	32.14	5.41	6.10
海门市	86.38	42.78	0.72	11.64	21.09	10.15
连云港市	**507.39**	**242.27**	**14.08**	**105.73**	**117.16**	**28.16**
东海县	113.18	64.90	4.37	23.71	10.69	9.51
灌云县	109.09	54.46	2.67	30.67	12.84	8.45
灌南县	83.69	50.96	1.89	20.75	6.24	3.85

表 14-6 续表 13　　(2014 年)　　单位:亿元

城　　市	农林牧渔业总产值	农　业	林　业	畜牧业	渔　业	农林牧渔服务业
淮 安 市	**535.56**	**340.87**	**11.58**	**118.97**	**54.83**	**9.32**
涟 水 县	96.94	71.85	2.54	18.05	2.59	1.91
洪 泽 县	59.96	30.87	3.65	14.84	9.50	1.09
盱 眙 县	90.42	55.56	1.33	17.30	14.80	1.43
金 湖 县	53.20	31.43	1.58	6.11	12.54	1.54
盐 城 市	**1035.82**	**450.93**	**25.74**	**281.72**	**205.29**	**72.14**
响 水 县	71.20	34.19	1.32	18.01	11.25	6.43
滨 海 县	99.95	48.06	4.22	22.97	21.11	3.59
阜 宁 县	103.27	39.70	3.64	34.36	17.07	8.50
射 阳 县	170.61	66.01	4.36	40.18	46.33	13.73
建 湖 县	86.79	32.59	1.27	24.15	20.95	7.84
东 台 市	189.68	88.45	4.05	55.07	28.49	13.62
大 丰 市	162.02	78.91	3.84	34.67	33.88	10.72
扬 州 市	**431.98**	**201.81**	**10.13**	**73.42**	**125.10**	**21.53**
宝 应 县	115.39	43.54	1.86	18.16	47.08	4.75
仪 征 市	40.99	25.24	2.00	8.87	1.61	3.27
高 邮 市	121.72	45.64	1.79	20.19	47.63	6.47
镇 江 市	**214.02**	**119.06**	**9.11**	**28.17**	**28.98**	**28.69**
丹 阳 市	77.76	46.42	1.90	9.48	9.54	10.43
扬 中 市	21.69	10.58	0.82	3.03	3.15	4.11
句 容 市	63.69	37.20	4.41	7.08	6.85	8.14
泰 州 市	**361.94**	**201.06**	**3.55**	**66.56**	**72.21**	**18.55**
兴 化 市	155.84	75.01	1.53	15.63	54.98	8.69
靖 江 市	35.00	20.00	0.50	8.03	3.24	3.23
泰 兴 市	79.67	48.88	1.01	22.78	4.55	2.45
宿 迁 市	**463.16**	**272.94**	**18.18**	**90.73**	**70.83**	**10.48**
沭 阳 县	152.27	115.66	5.21	27.07	2.75	1.58
泗 阳 县	91.87	50.09	6.76	15.17	16.62	3.24
泗 洪 县	111.72	49.76	2.04	20.33	37.54	2.06

表 14-6 续表 14

(2014 年)

城　　市	农作物总播种面积（千公顷）	#粮食作物	农业机械总动力（万千瓦）	农用化肥施用量（万吨）	农村用电量（亿千瓦小时）
南京市	**320.62**	**157.11**	**221.00**	**7.73**	**31.81**
无锡市	**178.66**	**108.99**	**100.44**	**5.49**	**390.35**
江阴市	47.41	27.81	25.13	1.52	166.18
宜兴市	95.77	66.70	53.47	2.47	84.79
徐州市	**1127.21**	**732.96**	**657.01**	**64.08**	**64.82**
丰　县	147.41	86.71	80.27	9.02	4.28
沛　县	148.26	89.04	97.80	7.75	6.91
睢宁县	187.21	148.60	111.80	12.14	8.86
新沂市	160.19	100.37	94.93	8.05	3.61
邳州市	229.67	123.78	116.02	12.91	14.31
常州市	**221.64**	**147.56**	**154.75**	**6.24**	**177.46**
溧阳市	94.21	68.78	54.57	2.25	47.77
金坛市	55.55	36.71	41.45	2.23	21.16
苏州市	**253.02**	**151.29**	**163.28**	**7.85**	**581.42**
常熟市	72.95	42.36	33.48	2.78	78.43
张家港市	52.34	36.08	28.72	1.12	143.32
昆山市	22.69	15.65	18.11	0.98	99.83
太仓市	48.56	28.12	20.06	1.05	54.05
南通市	**835.55**	**515.56**	**387.02**	**22.74**	**159.47**
海安县	102.67	78.95	63.65	4.38	22.29
如东县	170.27	132.03	87.59	4.10	22.44
启东市	147.73	68.44	54.13	3.29	9.84
如皋市	151.11	108.79	83.81	3.20	34.40
海门市	106.87	38.81	34.87	4.61	25.27
连云港市	**631.98**	**501.82**	**563.02**	**34.58**	**31.81**
东海县	203.93	158.48	148.50	6.79	9.26
灌云县	135.32	112.52	125.85	10.14	6.27
灌南县	109.52	86.79	110.12	4.77	2.01

表 14-6 续表 15　　(2014 年)

城　市	农作物总播种面积（千公顷）	#粮食作物	农业机械总动力（万千瓦）	农用化肥施用量（万吨）	农村用电量（亿千瓦小时）
淮安市	**796.44**	**658.52**	**568.57**	**40.08**	**14.51**
涟水县	167.33	133.32	108.87	6.01	1.66
洪泽县	70.79	59.91	77.62	5.45	0.94
盱眙县	164.36	142.37	109.69	5.32	2.73
金湖县	82.61	74.79	78.82	2.97	2.11
盐城市	**1445.02**	**978.77**	**635.16**	**52.80**	**79.65**
响水县	113.05	78.79	70.24	4.61	2.76
滨海县	171.82	128.19	80.96	6.95	8.62
阜宁县	168.23	125.96	83.18	4.01	6.69
射阳县	207.95	155.30	92.04	10.16	9.54
建湖县	116.31	100.06	54.41	3.38	11.42
东台市	249.48	147.32	87.15	5.40	17.02
大丰市	239.63	119.34	80.59	10.29	13.31
扬州市	**510.93**	**422.36**	**252.33**	**19.97**	**60.03**
宝应县	138.16	120.36	50.60	3.50	10.19
仪征市	60.18	48.41	35.92	1.19	4.54
高邮市	142.65	117.15	69.05	5.09	11.28
镇江市	**235.83**	**175.82**	**152.44**	**5.46**	**79.15**
丹阳市	84.10	70.90	41.40	1.48	53.28
扬中市	18.36	13.51	21.79	0.38	10.06
句容市	77.20	50.02	54.14	2.12	6.19
泰州市	**581.98**	**438.66**	**260.23**	**17.14**	**122.04**
兴化市	229.44	185.19	113.18	6.58	38.23
靖江市	54.57	45.76	26.55	1.97	16.45
泰兴市	137.58	95.70	60.55	2.82	35.08
宿迁市	**709.84**	**576.79**	**534.73**	**39.45**	**42.39**
沭阳县	250.21	185.53	189.07	14.93	20.84
泗阳县	114.04	91.88	90.67	3.63	5.46
泗洪县	187.88	166.66	133.92	10.74	3.92

表 14-6 续表 16　　(2014 年)　　单位:万吨

城　市	粮食产量	油料产量	棉花产量(吨)	肉类总产量	#猪牛羊肉	水产品产量
南 京 市	**114.72**	**11.47**	**4175**	**11.83**	**7.12**	**22.88**
无 锡 市	**77.20**	**0.94**		**8.84**	**6.32**	**13.00**
江 阴 市	19.78	0.29		4.17	2.72	2.68
宜 兴 市	47.18	0.62		3.44	2.59	8.39
徐 州 市	**469.18**	**10.62**	**32426**	**99.77**	**49.62**	**18.60**
丰　县	53.49	0.48	16853	15.92	7.46	0.29
沛　县	60.71	0.26	1551	18.96	6.35	1.61
睢 宁 县	90.98	1.49	1442	14.21	8.13	2.25
新 沂 市	65.97	6.23		13.60	8.54	5.80
邳 州 市	80.85	1.47	5211	21.01	8.60	2.95
常 州 市	**112.16**	**4.17**	**433**	**14.62**	**7.48**	**18.68**
溧 阳 市	53.89	3.08	409	2.33	1.30	6.64
金 坛 市	27.55	0.83	24	5.02	2.41	4.63
苏 州 市	**110.46**	**2.04**	**882**	**11.43**	**7.74**	**26.70**
常 熟 市	31.09	0.55	545	1.83	1.62	3.77
张家港市	25.62	0.39	35	1.27	1.04	1.66
昆 山 市	11.37	0.16	44	0.50	0.45	4.39
太 仓 市	20.24	0.47	258	4.53	1.78	2.51
南 通 市	**334.02**	**39.06**	**43644**	**49.48**	**31.14**	**88.21**
海 安 县	64.12	1.53	12	9.37	6.39	3.46
如 东 县	92.74	4.64	11801	10.72	6.87	30.97
启 东 市	24.98	9.38	13616	5.80	2.87	36.02
如 皋 市	74.69	3.82	117	11.65	8.17	2.59
海 门 市	18.96	9.10	10669	4.34	1.66	9.40
连云港市	**359.33**	**11.39**	**1719**	**30.67**	**24.78**	**76.04**
东 海 县	111.91	4.80		7.74	6.44	6.43
灌 云 县	81.75	0.07	109	5.47	4.84	5.77
灌 南 县	63.11	0.20	40	5.50	5.06	3.44

表 14-6 续表 17　　(2014 年)　　单位:万吨

城　　市	粮食产量	油料产量	棉花产量（吨）	肉类总产量	#猪牛羊肉	水产品产量
淮 安 市	**467.19**	**9.16**	**82**	**31.29**	**20.33**	**26.51**
涟 水 县	91.32	3.39		6.50	4.77	1.88
洪 泽 县	45.41	0.27		2.37	1.45	5.75
盱 眙 县	98.56	1.85	82	7.53	3.37	5.85
金 湖 县	54.49	0.79		1.42	0.81	4.80
盐 城 市	**703.07**	**29.88**	**63851**	**90.82**	**59.80**	**114.32**
响 水 县	54.35	2.26	58	5.40	4.26	6.71
滨 海 县	96.52	3.99	390	11.80	7.32	9.95
阜 宁 县	94.40	1.67	79	18.82	13.18	7.45
射 阳 县	112.95	3.43	12146	8.56	5.73	20.95
建 湖 县	74.31	1.85	680	6.46	4.15	10.01
东 台 市	100.08	7.87	7137	14.34	8.82	18.11
大 丰 市	79.26	5.84	25939	11.88	7.09	17.41
扬 州 市	**314.10**	**7.39**	**2482**	**18.22**	**10.71**	**39.65**
宝 应 县	93.09	1.56		4.80	3.15	15.02
仪 征 市	33.69	1.02	28	2.18	1.34	0.63
高 邮 市	88.59	2.29	1277	4.71	2.68	16.12
镇 江 市	**126.02**	**5.93**	**1077**	**8.06**	**5.04**	**9.49**
丹 阳 市	51.56	1.02		2.44	1.87	3.89
扬 中 市	10.27	0.17		0.95	0.72	0.73
句 容 市	35.29	3.59	1027	1.54	1.05	2.63
泰 州 市	**328.53**	**12.55**	**11116**	**26.83**	**21.77**	**38.38**
兴 化 市	142.32	3.66	9754	5.92	4.26	29.29
靖 江 市	33.90	0.52		3.27	2.86	1.03
泰 兴 市	70.56	4.24		8.92	8.07	2.48
宿 迁 市	**389.15**	**4.56**	**1142**	**34.03**	**20.60**	**26.37**
沭 阳 县	130.15	1.45		10.12	7.65	1.81
泗 阳 县	60.98	0.91	12	5.03	3.61	8.44
泗 洪 县	106.40	1.81	1055	7.29	4.73	9.91

表 14-6 续表 18　　(2014 年)　　单位:亿元

城市	工业总产值	内资企业	外商港澳台商投资企业	# 国有控股企业	#大中型企业	# 轻工业
南京市	**13199.67**	**7647.59**	**5552.08**	**4387.20**	**9200.80**	**2709.85**
无锡市	**14425.66**	**9260.74**	**5164.92**	**753.74**	**9735.30**	**3625.16**
江阴市	5657.14	4223.21	1433.93	148.41	4428.84	1766.13
宜兴市	2784.39	2385.89	398.50	159.60	1371.14	294.34
徐州市	**11390.64**	**10300.78**	**1089.87**	**1077.21**	**6625.86**	**3538.78**
丰县	520.54	481.30	39.25	32.49	116.94	233.47
沛县	1355.17	1335.28	19.89		894.71	541.33
睢宁县	782.69	678.60	104.08		294.45	422.08
新沂市	1394.28	1322.62	71.66	0.29	314.69	433.60
邳州市	2050.28	1888.85	161.43	23.96	774.98	539.72
常州市	**11037.46**	**7575.43**	**3462.03**	**404.69**	**6998.05**	**2448.53**
溧阳市	1732.29	1288.84	443.44	24.84	977.24	115.20
金坛市	820.74	609.87	210.88	55.09	386.49	205.22
苏州市	**30322.17**	**11142.22**	**19179.95**	**1086.31**	**22348.00**	**7831.81**
常熟市	3668.70	2067.05	1601.64	62.31	2584.62	1537.01
张家港市	4863.71	3713.44	1150.27	425.96	3808.07	1157.92
昆山市	7852.39	1012.21	6840.18	126.85	6372.82	1066.85
太仓市	2081.35	1055.22	1026.14	141.89	1098.17	775.71
南通市	**12499.70**	**8233.93**	**4265.76**	**694.93**	**6422.65**	**3955.64**
海安县	1789.96	1458.90	331.06	1.59	984.80	675.63
如东县	1670.98	1153.38	517.60	27.85	686.81	728.01
启东市	1508.48	1042.64	465.83	85.96	589.88	307.64
如皋市	1589.78	1251.15	338.63	16.74	926.48	447.79
海门市	1736.29	1066.33	669.95	21.37	837.95	440.28
连云港市	**4865.00**	**3779.85**	**1085.14**	**324.40**	**2894.94**	**1437.26**
东海县	814.02	694.83	119.19	1.34	130.24	311.90
灌云县	538.88	524.16	14.72	9.48	169.99	176.81
灌南县	578.87	564.73	14.15	2.76	462.36	38.10

注:统计范围为年主营业务收入 2000 万元以上工业企业(下同)。

表 14-6 续表 19　　(2014 年)　　单位:亿元

城　　市	工业总产值	内资企业	外商港澳台商投资企业	# 国有控股企业	#大中型企　业	# 轻工业
淮 安 市	**5643.77**	**4270.95**	**1372.81**	**382.01**	**2499.04**	**2247.66**
涟 水 县	543.60	485.89	57.71	34.16	242.52	318.71
洪 泽 县	550.97	500.95	50.01	13.44	77.20	197.07
盱 眙 县	751.59	709.63	41.95	10.00	196.59	322.00
金 湖 县	411.44	348.87	62.57	0.42	141.09	176.24
盐 城 市	**7238.02**	**5356.44**	**1881.58**	**241.15**	**3533.24**	**2428.65**
响 水 县	583.35	494.11	89.24	6.31	346.31	180.88
滨 海 县	561.64	535.13	26.51		238.45	285.52
阜 宁 县	536.15	488.46	47.69	12.24	110.66	185.95
射 阳 县	529.30	471.22	58.08	41.93	99.75	356.06
建 湖 县	790.02	667.27	122.75		361.87	304.95
东 台 市	948.78	816.51	132.27	45.33	275.14	367.21
大 丰 市	727.31	615.10	112.21	39.43	363.24	251.61
扬 州 市	**8840.99**	**6564.35**	**2276.64**	**1583.81**	**5751.13**	**2054.12**
宝 应 县	886.33	812.08	74.25	221.60	525.08	178.50
仪 征 市	1396.11	730.49	665.62	717.15	888.60	182.77
高 邮 市	1020.37	883.12	137.25		389.76	360.53
镇 江 市	**8084.47**	**5461.79**	**2622.69**	**500.60**	**5460.63**	**1417.96**
丹 阳 市	2419.83	1767.06	652.77	7.12	1801.93	438.93
扬 中 市	1198.54	1052.85	145.69	0.85	924.77	52.52
句 容 市	1260.78	867.25	393.52	49.62	599.27	409.94
泰 州 市	**9456.36**	**7316.75**	**2139.60**	**625.24**	**4983.28**	**2623.40**
兴 化 市	1352.08	1228.68	123.40	11.58	232.95	326.73
靖 江 市	1982.31	1218.31	764.00	163.12	1515.09	267.97
泰 兴 市	2054.46	1576.46	477.99	37.47	1018.43	526.84
宿 迁 市	**3368.77**	**3076.15**	**292.62**	**95.10**	**1209.79**	**1700.87**
沭 阳 县	1103.51	1040.73	62.78	1.56	230.90	485.05
泗 阳 县	498.04	482.79	15.25	1.47	110.85	234.42
泗 洪 县	629.04	599.24	29.80	32.84	150.07	343.20

表14-6续表20　　(2014年)　　单位:亿元

城　　市	资产合计	负债合计	主营业务收入	利税总额	#利润总额	本年应交增值税
南京市	**10155.54**	**5834.64**	**13003.84**	**1724.87**	**879.39**	**491.29**
无锡市	**14454.12**	**8099.09**	**14190.87**	**1263.99**	**873.14**	**333.73**
江阴市	5941.93	3413.14	5532.39	534.30	356.16	153.36
宜兴市	2618.68	1706.05	2733.89	160.89	105.46	47.86
徐州市	**6085.92**	**3027.04**	**11311.94**	**1639.85**	**899.73**	**532.04**
丰县	203.55	86.08	505.64	71.77	41.84	27.08
沛县	306.61	163.84	1305.33	163.63	85.54	71.22
睢宁县	227.41	90.43	773.19	121.14	86.04	30.53
新沂市	410.46	214.79	1382.78	170.25	90.88	64.67
邳州市	575.76	162.80	2020.47	281.81	170.94	91.90
常州市	**8102.32**	**4797.60**	**11379.01**	**1006.41**	**618.49**	**345.38**
溧阳市	1039.46	721.73	1738.41	166.57	95.46	61.81
金坛市	684.63	461.59	845.39	97.35	68.36	24.39
苏州市	**26108.97**	**14400.82**	**30397.27**	**2074.08**	**1460.13**	**521.99**
常熟市	3747.40	2178.25	3642.64	247.11	172.77	60.42
张家港市	4339.97	2730.42	5044.54	240.29	131.34	97.66
昆山市	4874.84	2448.56	7855.64	549.55	398.61	133.50
太仓市	2037.26	1182.34	2032.69	167.72	112.70	46.51
南通市	**7558.80**	**4176.92**	**12351.36**	**1477.71**	**937.85**	**486.64**
海安县	878.09	463.25	1786.35	203.64	131.75	64.44
如东县	776.26	380.39	1662.68	214.35	131.70	75.86
启东市	940.43	529.77	1486.23	180.01	107.85	63.56
如皋市	996.58	658.19	1581.02	136.89	78.43	52.63
海门市	820.08	434.59	1730.57	293.51	194.71	91.68
连云港市	**2847.35**	**1527.04**	**4820.99**	**612.09**	**372.29**	**196.42**
东海县	286.98	116.57	802.71	87.82	55.41	26.20
灌云县	160.79	72.85	510.20	51.91	36.07	10.58
灌南县	270.40	166.85	573.03	71.51	38.69	27.68

表 14-6 续表 21　　(2014 年)　　单位:亿元

城　　市	资产合计	负债合计	主营业务收　　入	利税总额	#利润总额	本年应交增 值 税
淮 安 市	**2513.15**	**1135.39**	**5618.24**	**547.59**	**304.64**	**136.73**
涟 水 县	224.97	105.06	532.33	50.85	31.07	15.47
洪 泽 县	318.78	154.73	543.25	58.83	39.97	17.44
盱 眙 县	294.86	147.54	761.73	53.64	30.55	15.63
金 湖 县	173.36	97.96	410.05	27.07	18.70	7.15
盐 城 市	**4078.17**	**2229.09**	**7209.61**	**900.30**	**509.32**	**309.45**
响 水 县	390.86	205.98	599.98	93.77	67.91	24.32
滨 海 县	317.58	161.15	563.23	59.31	32.71	23.16
阜 宁 县	224.05	132.92	523.83	46.80	25.10	19.06
射 阳 县	291.36	169.83	512.52	41.78	20.92	15.33
建 湖 县	294.78	123.90	743.33	94.94	51.13	37.95
东 台 市	601.00	396.47	987.51	92.89	52.02	36.27
大 丰 市	666.98	389.33	741.08	68.90	42.87	23.02
扬 州 市	**4375.09**	**2267.35**	**8640.76**	**1051.82**	**606.82**	**362.20**
宝 应 县	443.75	234.78	823.55	73.78	44.25	26.60
仪 征 市	652.74	376.26	1364.52	174.33	106.37	49.29
高 邮 市	445.36	207.19	995.47	109.57	69.53	33.14
镇 江 市	**5352.23**	**3068.27**	**7897.58**	**803.65**	**516.58**	**258.50**
丹 阳 市	1400.54	850.06	2381.81	200.08	132.92	61.82
扬 中 市	860.82	464.80	1157.91	132.91	79.90	47.64
句 容 市	716.81	428.53	1229.05	123.27	65.07	50.34
泰 州 市	**4935.06**	**2705.19**	**9355.94**	**1220.77**	**713.87**	**440.96**
兴 化 市	508.19	227.97	1327.20	141.78	77.82	55.29
靖 江 市	1392.27	813.21	1902.10	257.22	160.34	88.81
泰 兴 市	1012.79	545.18	2047.31	306.54	187.96	102.46
宿 迁 市	**2525.87**	**1060.25**	**3282.89**	**481.36**	**333.59**	**121.74**
沭 阳 县	582.07	210.77	1084.36	153.98	104.89	41.51
泗 阳 县	344.76	126.91	495.24	54.98	37.79	15.71
泗 洪 县	433.26	166.48	605.65	94.76	59.74	24.83

表 14-6 续表 22

(2014 年)

城市	公路里程（公里）	#等级公路	公路客运量（万人）	公路货运量（万吨）	民用汽车拥有量(万辆)	#私人汽车
南京市	**11309**	**10355**	**10596**	**12143**	**172.20**	**148.55**
无锡市	**7655**	**7655**	**7222**	**12885**	**127.76**	**102.63**
江阴市	2362	2362	501	2871	31.86	27.00
宜兴市	2365	2365	703	1640	20.31	17.14
徐州市	**16428**	**15314**	**15063**	**16967**	**75.60**	**66.46**
丰县	1847	1847	573	1361	6.19	5.68
沛县	2290	2290	984	1295	6.29	5.55
睢宁县	2462	2281	1089	1603	6.93	6.29
新沂市	2849	2348	979	1646	5.88	5.20
邳州市	3052	2738	1063	2130	9.70	8.94
常州市	**8906**	**8856**	**6769**	**10705**	**87.31**	**72.64**
溧阳市	2520	2520	1181	1956	10.58	9.19
金坛市	2073	2023	836	1035	7.50	6.42
苏州市	**12665**	**12665**	**39432**	**11855**	**240.79**	**200.86**
常熟市	3093	3093	4487	1363	31.34	26.95
张家港市	1522	1522	4112	2123	26.95	23.06
昆山市	1796	1796	4830	1481	36.95	30.10
太仓市	1304	1304	1975	1405	15.76	13.22
南通市	**18094**	**18031**	**9998**	**11129**	**99.66**	**86.94**
海安县	2355	2334	841	1830	9.51	8.41
如东县	2534	2529	418	1121	10.66	9.72
启东市	3576	3566	891	816	12.21	11.21
如皋市	3219	3219	441	1552	15.21	13.94
海门市	2488	2474	705	640	11.79	10.71
连云港市	**11914**	**11839**	**5433**	**8406**	**36.87**	**31.83**
东海县	2966	2966	581	1832	7.69	7.03
灌云县	2592	2591	513	887	5.22	4.77
灌南县	1920	1897	418	705	3.52	3.20

表 14-6 续表 23　　　　　　　　　　　　　　(2014 年)

城　　市	公路里程(公里)	#等级公路	公路客运量(万人)	公路货运量(万吨)	民用汽车拥有量(万辆)	#私人汽车
淮安市	**13071**	**12197**	**8435**	**5572**	**34.72**	**29.62**
涟水县	2535	2281	1514	1316	5.16	4.56
洪泽县	1489	1380	579	256	1.78	1.48
盱眙县	2699	2699	1164	1272	3.25	2.59
金湖县	1427	1259	682	202	1.91	1.58
盐城市	**19256**	**17272**	**9440**	**5093**	**54.96**	**47.53**
响水县	1764	1684	775	335	2.94	2.50
滨海县	2156	1870	364	701	5.85	4.94
阜宁县	1870	1529	1091	166	4.71	4.26
射阳县	2483	1933	387	102	5.69	5.24
建湖县	1767	1652	895	271	3.73	3.20
东台市	3211	3001	868	796	6.98	6.23
大丰市	3088	2732	974	404	6.66	5.93
扬州市	**10525**	**9270**	**4792**	**6504**	**48.82**	**41.70**
宝应县	2263	1911	697	554	4.67	4.12
仪征市	1510	1510	337	839	5.65	4.85
高邮市	2535	2077	718	796	5.40	4.63
镇江市	**7263**	**7263**	**4461**	**6905**	**38.49**	**32.87**
丹阳市	2165	2165	950	1573	12.32	10.79
扬中市	1008	1008	449	420	4.57	4.06
句容市	2473	2473	795	1037	3.21	2.66
泰州市	**9457**	**9445**	**8895**	**2487**	**47.03**	**40.43**
兴化市	2716	2710	2153	396	8.00	7.24
靖江市	1323	1323	1335	321	9.42	8.09
泰兴市	2109	2109	1932	458	8.92	7.84
宿迁市	**10977**	**9683**	**6734**	**3797**	**37.33**	**33.62**
沭阳县	3486	2689	1958	1926	10.43	9.39
泗阳县	1735	1693	1266	457	5.64	5.18
泗洪县	2436	2428	2340	445	5.15	4.55

表 14-6 续表 24

(2014 年)

城　　市	邮电业务总量(亿元)	固定电话用户㊀(万户)	移动电话用户㊀(万户)	互联网宽带接入用户(万户)	全年用电量(亿千瓦时)	#工业用电
南京市	**237.94**	**282.52**	**1042.44**	**226.98**	**470.50**	**289.02**
无锡市	**169.57**	**213.23**	**832.53**	**153.00**	**598.18**	**477.47**
江阴市	28.38	44.68	241.48	54.58	237.87	212.09
宜兴市	17.67	32.92	122.73	36.94	88.28	69.51
徐州市	**100.72**	**145.91**	**751.01**	**107.65**	**332.47**	**247.48**
丰　县	6.08	10.21	70.87	8.17	18.04	10.80
沛　县	7.39	16.87	85.04	10.56	31.93	23.94
睢宁县	7.67	16.94	80.29	10.19	21.44	13.62
新沂市	7.67	13.88	73.74	10.62	37.46	30.70
邳州市	8.99	16.64	101.01	12.51	25.68	15.41
常州市	**110.90**	**151.73**	**520.18**	**116.86**	**395.06**	**316.09**
溧阳市	7.95	22.71	69.39	14.39	68.80	58.61
金坛市	6.29	18.34	55.66	11.75	45.77	38.56
苏州市	**337.66**	**340.53**	**1468.74**	**295.70**	**1268.12**	**1044.14**
常熟市	31.32	38.14	207.25	47.17	155.20	130.63
张家港市	26.50	29.84	170.68	37.22	283.05	262.80
昆山市	47.33	44.61	293.15	61.07	194.35	155.99
太仓市	14.50	17.77	97.20	21.40	90.05	77.08
南通市	**123.93**	**235.38**	**644.77**	**129.07**	**333.23**	**242.89**
海安县	7.51	32.21	87.67	23.61	43.01	33.96
如东县	7.72	26.28	86.91	20.95	41.94	31.39
启东市	8.87	32.25	87.91	22.54	26.87	17.35
如皋市	11.31	33.58	118.85	25.68	45.76	32.79
海门市	9.19	31.39	94.82	21.73	35.12	24.55
连云港市	**63.41**	**94.96**	**366.52**	**68.18**	**157.51**	**110.44**
东海县	8.27	15.88	84.43	17.40	20.40	12.76
灌云县	5.10	11.44	61.85	10.43	10.46	5.04
灌南县	3.85	9.12	49.22	8.37	31.20	26.04

表 14-6 续表 25　　(2014 年)

城　　市	邮电业务总　量(亿元)	固定电话用　户Θ(万户)	移动电话用　户Θ(万户)	互联网宽带接入用户(万户)	全　　年用电量(亿千瓦时)	#工业用电
淮安市	**73.95**	**88.99**	**375.99**	**58.57**	**151.53**	**106.89**
涟水县	4.18	10.60	44.40	6.26	15.43	9.58
洪泽县	1.91	5.67	21.54	4.43	17.00	14.07
盱眙县	3.32	7.92	36.25	6.06	15.29	9.43
金湖县	2.14	5.61	22.13	4.20	10.44	7.31
盐城市	**97.01**	**144.90**	**569.80**	**91.98**	**278.55**	**209.02**
响水县	3.35	8.82	40.34	7.51	43.73	39.21
滨海县	5.70	12.94	63.48	10.68	25.19	18.14
阜宁县	5.43	9.44	66.74	11.11	32.20	25.30
射阳县	6.01	17.99	80.15	12.01	18.53	11.35
建湖县	5.57	13.80	66.36	11.45	20.16	13.81
东台市	7.01	22.39	80.55	15.41	38.82	29.92
大丰市	6.47	11.17	80.80	14.80	52.74	44.62
扬州市	**84.42**	**134.04**	**422.42**	**82.80**	**204.36**	**147.89**
宝应县	6.92	15.35	78.88	13.43	16.70	10.45
仪征市	6.56	14.75	61.07	12.40	33.75	28.25
高邮市	7.75	17.63	63.18	13.85	29.86	22.56
镇江市	**64.39**	**97.28**	**317.37**	**61.98**	**209.41**	**162.44**
丹阳市	13.71	27.33	100.21	24.13	65.77	53.19
扬中市	5.11	12.06	38.68	8.23	16.45	12.06
句容市	6.91	15.81	54.24	11.25	22.69	15.36
泰州市	**76.61**	**131.08**	**382.88**	**75.29**	**232.30**	**180.73**
兴化市	7.99	25.71	87.80	19.22	63.58	52.93
靖江市	6.38	20.61	64.59	17.86	36.01	26.48
泰兴市	8.09	29.11	86.45	21.03	54.26	44.47
宿迁市	**84.12**	**73.07**	**375.70**	**55.29**	**146.38**	**103.90**
沭阳县	11.26	22.63	126.94	23.12	39.67	27.86
泗阳县	5.64	11.59	71.75	11.58	20.11	12.63
泗洪县	5.95	9.62	74.23	12.45	15.58	7.95

表 14-6 续表 26

(2014 年)

单位:亿元

城市	固定资产投资	房地产开发投资	#住宅	新增固定资产	商品房屋销售建筑面积(万平方米)	#住宅
南京市	**5430.77**	**1125.49**	**796.27**	**3919.89**	**1207.58**	**1124.73**
无锡市	**4610.77**	**1252.22**	**815.98**	**3429.44**	**839.15**	**738.48**
江阴市	1045.97	328.91	264.69	659.68	190.47	164.48
宜兴市	602.15	134.43	109.71	472.84	86.02	75.40
徐州市	**3671.56**	**468.88**	**316.95**	**3084.18**	**738.03**	**650.39**
丰县	180.14	27.68	22.25	155.59	47.77	44.55
沛县	409.06	17.31	12.28	393.86	46.11	41.75
睢宁县	218.55	41.93	30.58	190.72	74.09	68.40
新沂市	386.29	35.00	29.59	283.42	80.84	77.81
邳州市	545.96	47.27	42.04	518.35	119.80	113.67
常州市	**3310.05**	**681.53**	**461.05**	**2473.72**	**787.50**	**674.66**
溧阳市	438.01	51.52	41.04	357.77	80.04	72.56
金坛市	268.99	21.39	11.13	176.47	58.63	47.08
苏州市	**6054.00**	**1764.44**	**1303.50**	**4636.46**	**1599.16**	**1446.07**
常熟市	631.82	147.81	123.14	498.51	144.36	129.68
张家港市	763.62	145.74	108.12	702.03	99.75	88.15
昆山市	838.18	371.80	276.80	587.03	446.73	405.27
太仓市	513.36	71.74	52.90	501.10	78.99	68.69
南通市	**3896.39**	**678.92**	**492.67**	**3214.42**	**919.17**	**843.35**
海安县	448.95	52.48	41.53	331.32	63.11	57.00
如东县	427.93	31.47	24.05	353.15	29.10	27.73
启东市	483.41	47.03	42.96	435.28	87.84	84.24
如皋市	445.08	58.53	40.08	367.16	80.69	65.83
海门市	501.40	43.71	34.63	430.40	74.55	70.12
连云港市	**1716.57**	**189.28**	**150.89**	**1267.74**	**337.64**	**298.26**
东海县	233.63	29.72	23.04	149.04	65.74	57.27
灌云县	198.41	13.35	8.83	181.41	39.97	33.61
灌南县	195.17	18.15	17.30	206.52	40.92	37.34

表 14-6 续表 27　　(2014 年)　　单位:亿元

城　　市	固定资产投资	房地产开发投资	#住宅	新增固定资产	商品房屋销售建筑面积(万平方米)	#住宅
淮安市	**1795.73**	**357.66**	**270.18**	**998.97**	**614.53**	**538.37**
涟水县	215.84	35.77	28.92	54.54	75.59	62.34
洪泽县	132.98	20.61	14.94	83.57	39.70	33.54
盱眙县	260.08	57.83	44.26	136.34	76.75	57.77
金湖县	128.53	18.80	11.70	78.23	34.97	27.58
盐城市	**2751.35**	**379.64**	**274.60**	**2287.56**	**624.52**	**513.84**
响水县	203.95	7.85	4.94	151.25	27.41	22.85
滨海县	265.45	16.00	8.67	219.58	49.22	43.16
阜宁县	226.18	27.27	23.92	209.77	50.15	48.27
射阳县	213.43	37.94	31.51	192.43	38.12	36.71
建湖县	252.34	10.51	7.02	149.40	46.31	38.04
东台市	409.82	48.02	35.00	287.70	74.62	51.93
大丰市	322.67	36.33	26.98	338.11	67.22	52.48
扬州市	**2416.66**	**360.44**	**286.99**	**1948.24**	**635.07**	**569.75**
宝应县	237.39	33.82	30.91	241.59	112.59	107.38
仪征市	314.14	24.79	21.52	305.67	60.83	55.40
高邮市	280.20	54.23	40.35	204.13	105.86	96.56
镇江市	**2142.34**	**319.05**	**242.97**	**1849.68**	**520.15**	**473.87**
丹阳市	386.73	56.84	41.67	333.87	98.58	88.81
扬中市	216.09	15.11	11.59	181.90	23.89	20.29
句容市	258.16	79.60	63.15	168.93	149.73	135.05
泰州市	**2197.34**	**285.54**	**221.10**	**1828.99**	**440.21**	**404.89**
兴化市	284.80	21.46	17.45	228.92	53.26	45.70
靖江市	405.76	53.65	36.92	367.89	48.20	41.88
泰兴市	454.53	55.07	43.35	378.24	94.84	88.40
宿迁市	**1559.22**	**377.14**	**261.37**	**1217.07**	**584.12**	**524.29**
沭阳县	383.91	82.01	57.90	285.80	110.17	95.08
泗阳县	283.44	56.50	42.60	235.47	93.62	86.21
泗洪县	281.89	75.40	47.92	237.02	203.90	184.69

表 14-6 续表 28

(2014 年)

城　　市	社会消费品零售总额（亿元）	#批发和零售业	进出口总额（亿美元）	出　口	进　口	实际外商直接投资（亿美元）
南京市	**4167.19**	**3785.81**	**572.21**	**326.28**	**245.93**	**32.91**
无锡市	**2607.90**	**2409.67**	**741.70**	**442.31**	**299.39**	**29.04**
江阴市	643.07	606.94	223.04	130.23	92.80	8.55
宜兴市	464.42	442.21	55.46	36.76	18.70	1.53
徐州市	**2099.20**	**1925.89**	**59.88**	**46.77**	**13.12**	**16.58**
丰　县	118.06	108.85	1.66	1.62	0.04	1.00
沛　县	192.13	174.84	3.49	3.36	0.13	0.72
睢宁县	139.62	129.15	4.75	2.92	1.83	1.22
新沂市	135.72	123.78	4.29	2.28	2.01	0.34
邳州市	197.90	182.07	8.76	7.25	1.51	1.88
常州市	**1805.40**	**1659.89**	**288.10**	**213.64**	**74.46**	**24.09**
溧阳市	259.22	235.34	10.08	7.32	2.75	4.00
金坛市	197.61	179.25	15.25	12.20	3.05	1.00
苏州市	**4095.09**	**3610.36**	**3113.06**	**1811.78**	**1301.28**	**81.20**
常熟市	618.67	565.07	201.80	125.53	76.27	10.52
张家港市	458.32	396.30	328.26	148.10	180.16	6.72
昆山市	650.09	516.68	847.91	535.77	312.14	12.84
太仓市	239.04	204.35	137.91	60.80	77.11	3.96
南通市	**2166.10**	**1982.88**	**316.47**	**224.80**	**91.67**	**23.05**
海安县	221.95	191.99	24.52	21.44	3.08	3.32
如东县	257.89	243.37	33.11	12.89	20.22	3.43
启东市	266.41	243.44	30.72	23.05	7.67	0.55
如皋市	280.77	250.71	32.12	25.55	6.57	3.31
海门市	282.48	260.54	20.36	14.55	5.81	1.55
连云港市	**739.40**	**676.26**	**80.30**	**43.55**	**36.75**	**9.54**
东海县	139.03	125.97	3.65	2.90	0.75	1.15
灌云县	94.93	87.10	1.84	1.60	0.24	0.59
灌南县	74.53	67.52	2.34	2.03	0.31	0.02

表 14-6 续表 29 (2014 年)

城 市	社会消费品零售总额(亿元)	#批发和零售业	进出口总额(亿美元)	出 口	进 口	实际外商直接投资(亿美元)
淮 安 市	**864.80**	**778.19**	**41.06**	**31.61**	**9.45**	**11.99**
涟 水 县	103.90	93.33	4.03	3.50	0.53	0.22
洪 泽 县	75.13	67.22	2.36	2.10	0.26	0.79
盱 眙 县	99.08	86.20	2.10	1.34	0.76	0.94
金 湖 县	71.95	63.74	3.56	3.47	0.09	1.01
盐 城 市	**1312.70**	**1179.44**	**75.17**	**43.94**	**31.23**	**10.47**
响 水 县	53.60	48.93	4.09	3.36	0.73	0.75
滨 海 县	88.99	80.22	4.63	3.22	1.41	0.86
阜 宁 县	104.45	98.31	2.17	1.85	0.32	0.76
射 阳 县	135.28	120.62	3.13	1.58	1.55	0.60
建 湖 县	139.09	117.31	3.99	3.76	0.23	0.90
东 台 市	203.37	182.52	6.61	6.24	0.38	0.96
大 丰 市	139.21	127.06	13.82	7.75	6.07	2.06
扬 州 市	**1128.10**	**1016.65**	**100.12**	**76.82**	**23.30**	**13.88**
宝 应 县	122.94	112.35	7.79	6.10	1.69	0.32
仪 征 市	91.95	82.23	10.25	6.60	3.65	3.16
高 邮 市	138.65	122.07	4.19	3.86	0.32	0.29
镇 江 市	1003.80	**894.53**	**103.07**	**66.02**	**37.05**	**12.95**
丹 阳 市	255.71	226.11	27.73	22.41	5.32	3.48
扬 中 市	114.22	96.55	5.60	4.48	1.12	1.16
句 容 市	116.07	106.06	5.79	4.52	1.27	2.57
泰 州 市	**903.60**	**774.34**	**108.93**	**61.78**	**47.15**	**9.39**
兴 化 市	139.97	120.25	5.83	5.25	0.58	1.16
靖 江 市	144.85	119.70	27.35	12.71	14.64	0.26
泰 兴 市	170.75	137.41	26.75	13.25	13.49	2.38
宿 迁 市	**564.80**	**493.59**	**37.55**	**29.40**	**8.15**	**6.65**
沭 阳 县	145.53	126.70	9.21	8.02	1.20	1.47
泗 阳 县	80.00	68.91	6.96	6.88	0.08	0.96
泗 洪 县	84.00	76.99	3.85	3.70	0.15	0.73

表 14–6 续表 30　　（2014 年）　　单位:亿元

城　　市	公共财政预算收入	#税收收入	公共财政预算支出	年末金融机构存款余额	#居民储蓄存款	年末金融机构贷款余额
南 京 市	**903.49**	**757.21**	**921.20**	**20161.86**	**5055.77**	**15628.53**
无 锡 市	**768.01**	**620.34**	**748.06**	**11849.03**	**4341.45**	**8669.62**
江 阴 市	200.66	164.88	187.28	2813.03	938.76	2198.16
宜 兴 市	94.45	80.36	100.29	1707.10	819.53	1325.98
徐 州 市	**472.33**	**386.43**	**661.84**	**4286.46**	**2377.44**	**2724.79**
丰　　县	38.12	32.84	62.71	239.84	190.30	128.09
沛　　县	53.13	44.66	73.15	336.53	252.34	157.33
睢 宁 县	38.63	33.22	67.56	282.79	214.29	169.40
新 沂 市	45.82	39.33	68.50	235.37	169.07	202.09
邳 州 市	55.58	47.25	88.62	346.34	254.42	271.39
常 州 市	**433.88**	**348.38**	**434.93**	**6758.57**	**2934.19**	**4789.74**
溧 阳 市	50.62	43.11	57.01	848.45	414.03	604.06
金 坛 市	30.12	26.50	37.46	544.80	299.01	418.98
苏 州 市	**1443.82**	**1244.37**	**1304.83**	**21428.20**	**6753.44**	**17247.94**
常 熟 市	147.40	122.90	138.02	2265.93	1021.99	1816.30
张家港市	162.66	133.67	152.78	2323.83	877.06	1787.62
昆 山 市	263.66	236.19	222.98	2882.89	970.90	2043.47
太 仓 市	106.47	90.97	97.68	1172.26	450.61	1068.03
南 通 市	**550.00**	**457.34**	**649.58**	**8339.54**	**4602.87**	**5130.38**
海 安 县	54.10	46.23	70.58	975.91	565.35	682.49
如 东 县	50.01	41.53	79.20	723.57	478.73	342.90
启 东 市	67.25	55.90	74.01	944.22	637.96	550.04
如 皋 市	67.45	56.05	91.29	849.56	576.27	519.70
海 门 市	68.57	56.92	73.62	1015.12	626.34	630.58
连云港市	**261.77**	**213.42**	**375.95**	**1852.67**	**924.03**	**1549.34**
东 海 县	37.20	31.31	61.74	242.53	162.74	181.51
灌 云 县	35.59	30.90	55.74	189.36	118.23	135.81
灌 南 县	35.12	30.38	52.54	124.08	82.92	106.95

表 14-6 续表 31　　(2014 年)　　单位:亿元

城　市	公共财政预算收入	#税收收入	公共财政预算支出	年末金融机构存款余额	#居民储蓄存款	年末金融机构贷款余额
淮安市	**308.51**	**251.94**	**431.65**	**2005.72**	**1044.52**	**1617.55**
涟水县	29.72	25.19	54.09	238.69	138.76	164.07
洪泽县	22.23	18.72	36.33	140.36	69.62	114.23
盱眙县	30.77	25.25	47.12	218.15	122.45	203.46
金湖县	21.40	18.64	33.73	165.96	102.42	130.92
盐城市	**418.02**	**341.41**	**603.21**	**3692.75**	**2062.39**	**2567.98**
响水县	27.82	22.85	43.67	115.37	67.32	103.47
滨海县	33.45	27.32	58.07	207.93	131.76	156.74
阜宁县	33.57	27.92	56.46	283.95	193.77	198.17
射阳县	17.50	12.48	45.07	270.70	196.61	191.74
建湖县	44.76	36.77	65.88	306.53	217.38	235.52
东台市	61.31	51.95	84.26	553.89	425.48	301.01
大丰市	60.02	49.52	82.90	436.68	274.38	283.43
扬州市	**295.19**	**242.22**	**367.73**	**4269.75**	**2117.09**	**2732.42**
宝应县	27.28	22.37	46.25	342.32	228.51	229.71
仪征市	34.66	29.63	41.51	461.08	248.13	257.85
高邮市	29.32	24.04	46.64	394.68	269.15	241.60
镇江市	**277.76**	**228.82**	**311.85**	**3536.27**	**1569.40**	**2679.83**
丹阳市	64.16	54.81	74.93	872.00	453.55	791.74
扬中市	30.72	26.23	34.71	441.25	238.25	332.59
句容市	35.91	30.65	43.65	419.98	237.50	315.41
泰州市	**277.95**	**225.80**	**371.21**	**3955.84**	**1984.80**	**2751.51**
兴化市	36.95	30.61	73.56	514.93	374.06	352.54
靖江市	54.04	44.42	61.49	785.81	381.47	549.05
泰兴市	45.08	37.47	61.20	644.63	383.18	388.36
宿迁市	**210.10**	**180.69**	**345.59**	**1598.96**	**813.20**	**1483.05**
沭阳县	64.04	53.85	100.49	354.26	241.86	303.52
泗阳县	30.05	25.35	54.84	228.50	146.71	240.19
泗洪县	28.01	23.79	57.97	233.63	148.33	237.51

表 14-6 续表 32

(2014 年)

城　　市	专利申请受理量（件）	专利申请授权量（件）	普通中学在校学生（万人）	小学在校学　生（万人）	普通中学专任教师（人）	小学专任教　师（人）
南 京 市	**56108**	**22844**	**22.28**	**33.93**	**22414**	**21823**
无 锡 市	**51519**	**27937**	**20.91**	**33.62**	**19415**	**19483**
江 阴 市	15790	6607	5.48	9.10	5646	4706
宜 兴 市	3921	2546	4.27	6.04	3835	4042
徐 州 市	**14014**	**8468**	**35.93**	**75.45**	**34013**	**38210**
丰　　县	1049	676	4.45	7.81	4864	4167
沛　　县	1154	1311	3.72	8.96	3676	4982
睢 宁 县	602	583	5.73	8.17	5554	4916
新 沂 市	801	185	3.20	10.09	3545	4015
邳 州 市	1009	411	6.87	16.53	5250	8309
常 州 市	**37833**	**18152**	**16.25**	**25.33**	**13991**	**13053**
溧 阳 市	1447	840	2.78	3.84	2815	2376
金 坛 市	2230	870	1.89	2.54	2223	1819
苏 州 市	**103249**	**54709**	**27.96**	**60.63**	**26337**	**31985**
常 熟 市	12246	3990	4.21	8.13	3677	4577
张家港市	13232	10086	3.94	7.56	3466	3653
昆 山 市	18302	9867	3.97	10.62	3271	5217
太 仓 市	8076	4348	1.99	4.01	1752	2195
南 通 市	**27692**	**12391**	**24.74**	**32.04**	**24956**	**18741**
海 安 县	4245	2313	2.88	3.38	3186	2160
如 东 县	1049	581	2.85	3.01	2952	2162
启 东 市	3676	1378	3.06	3.76	3370	2539
如 皋 市	2890	1288	4.76	6.15	4774	3168
海 门 市	1714	627	3.45	4.63	3702	2702
连云港市	**10090**	**6341**	**22.53**	**38.42**	**20430**	**21326**
东 海 县	1893	1331	4.92	10.21	4506	5384
灌 云 县	821	238	4.09	6.49	3179	3360
灌 南 县	1297	736	3.18	5.74	2825	3461

表 14-6 续表 33

(2014 年)

城　　市	专利申请受理量(件)	专利申请授权量(件)	普通中学在校学生(万人)	小学在校学　生(万人)	普通中学专任教师(人)	小学专任教　师(人)
淮 安 市	**15101**	**6663**	**21.54**	**33.66**	**18883**	**20370**
涟 水 县	1543	636	4.47	8.08	3411	4393
洪 泽 县	2265	821	1.39	1.88	1279	1312
盱 眙 县	2130	922	3.01	5.23	3050	3171
金 湖 县	1302	764	1.08	1.42	982	969
盐 城 市	**19944**	**4549**	**27.19**	**42.57**	**27092**	**25194**
响 水 县	823	270	1.96	4.63	2046	2739
滨 海 县	1577	111	3.33	7.65	3412	3953
阜 宁 县	2469	226	3.41	5.88	3430	3353
射 阳 县	1163	175	3.14	4.72	3044	3017
建 湖 县	2553	802	2.66	4.15	2663	2402
东 台 市	3080	575	3.44	3.54	3806	2566
大 丰 市	3250	803	2.42	2.78	2507	2044
扬 州 市	**22709**	**11843**	**18.42**	**21.88**	**16626**	**13536**
宝 应 县	2915	1570	3.42	3.96	3155	2443
仪 征 市	3278	1651	2.01	2.42	1886	1645
高 邮 市	3380	1984	3.05	2.86	2908	1910
镇 江 市	**25179**	**12707**	**9.59**	**13.76**	**9915**	**9255**
丹 阳 市	7338	3528	3.24	4.74	3358	3179
扬 中 市	3329	1638	0.95	1.40	1061	960
句 容 市	4826	2086	1.75	2.34	1939	1640
泰 州 市	**26933**	**9118**	**17.74**	**21.94**	**19491**	**14560**
兴 化 市	3960	1193	4.10	5.82	4514	4260
靖 江 市	6248	2480	2.39	3.08	2880	2178
泰 兴 市	4951	1013	4.64	5.14	5379	3190
宿 迁 市	**8785**	**4306**	**23.52**	**38.26**	**18308**	**22106**
沭 阳 县	3582	2151	7.37	12.73	5969	7487
泗 阳 县	2056	915	4.91	7.93	3213	4354
泗 洪 县	734	254	4.64	7.53	3239	4161

表 14-6 续表 34

(2014 年)

城　　市	公共图书馆(个)	公共图书馆图书藏量(千册)	卫生机构数(个)	卫生机构床位数(张)	卫　生技术人员(人)	#执业(助理)医　师
南 京 市	**14**	**5188**	**2383**	**43688**	**62068**	**21602**
无 锡 市	**10**	**4498**	**2155**	**34998**	**41563**	**15562**
江 阴 市	1	996	538	7605	8435	3199
宜 兴 市	1	524	436	4856	7226	2708
徐 州 市	**8**	**3023**	**4620**	**46213**	**47007**	**17518**
丰　　县	1	206	559	3969	3883	1934
沛　　县	1	320	613	4476	4676	1985
睢 宁 县	1	411	620	3566	3356	1171
新 沂 市	1	128	468	3117	4058	1596
邳 州 市	1	438	773	4867	6271	2091
常 州 市	**4**	**3030**	**1182**	**23634**	**28090**	**11381**
溧 阳 市	1	344	232	2879	3812	1702
金 坛 市	1	250	190	2444	2747	1184
苏 州 市	**11**	**15099**	**3063**	**55218**	**64281**	**25352**
常 熟 市	1	2356	455	7052	8278	3495
张家港市	1	1990	418	8588	8441	3331
昆 山 市	1	2116	474	6300	10375	4194
太 仓 市	1	934	227	3577	4143	1615
南 通 市	**11**	**4455**	**3262**	**35136**	**39481**	**16366**
海 安 县	1	429	401	4232	4153	1869
如 东 县	1	404	461	3286	3780	1608
启 东 市	1	417	426	3815	3721	1555
如 皋 市	2	855	511	5189	5540	2533
海 门 市	1	511	405	3480	3800	1673
连云港市	**7**	**2485**	**2702**	**18061**	**21896**	**8065**
东 海 县	1	984	550	2823	3201	1140
灌 云 县	1	399	414	2439	2559	888
灌 南 县	1	290	368	2770	2723	1020

表 14-6 续表 35　　(2014 年)

城　　市	公共图书馆(个)	公共图书馆图书藏量(千册)	卫生机构数(个)	卫生机构床位数(张)	卫　生技术人员(人)	#执业(助理)医　　师
淮 安 市	**9**	**2368**	**2257**	**24642**	**28976**	**11599**
涟 水 县	1	129	480	3755	4176	1895
洪 泽 县	1	244	142	1503	1702	708
盱 眙 县	1	198	354	3106	3505	1470
金 湖 县	1	194	147	1477	1713	706
盐 城 市	**11**	**2831**	**3217**	**35282**	**36634**	**16233**
响 水 县	1	73	235	2278	2561	1199
滨 海 县	1	206	417	4390	4192	1791
阜 宁 县	2	272	392	3684	3087	1521
射 阳 县	1	200	337	3252	3795	1888
建 湖 县	1	238	363	3335	3364	1766
东 台 市	1	263	439	5246	4703	2236
大 丰 市	1	366	346	3216	3529	1750
扬 州 市	**7**	**2937**	**1782**	**19765**	**23338**	**9491**
宝 应 县	1	138	339	2203	2668	1230
仪 征 市	1	338	163	2080	2651	1039
高 邮 市	1	207	246	2536	2968	1376
镇 江 市	**8**	**2829**	**937**	**14490**	**18373**	**7516**
丹 阳 市	2	565	247	3314	4371	1912
扬 中 市	1	306	80	970	1593	705
句 容 市	1	174	194	1832	2349	1036
泰 州 市	**7**	**2439**	**1978**	**20926**	**22965**	**9708**
兴 化 市	1	239	667	4281	4330	1899
靖 江 市	1	493	276	3689	4011	1695
泰 兴 市	1	311	390	3964	4611	2062
宿 迁 市	**6**	**1132**	**2462**	**20240**	**23862**	**8158**
沭 阳 县	1	163	787	5608	7116	2694
泗 阳 县	1	262	423	4336	4326	1377
泗 洪 县	1	92	521	3904	4708	1531

表 14-6 续表 36

(2014 年)

城　　市	居民人均可支配收入(元)	居民人均生活消费支出(元)		居民恩格尔系数(%)	居民人均住房建筑面积(平方米)
			#食品烟酒		
南 京 市	**37283**	**23089**	**6107**	**26.4**	**40.9**
无 锡 市	36471	24049	7018	29.2	47.6
江 阴 市	39506	21864	6455	29.5	55.9
宜 兴 市	31765	20537	6361	31.0	52.5
徐 州 市	**18744**	**12167**	**3795**	**31.2**	**44.4**
丰　　县	15107	10694	3372	31.5	44.6
沛　　县	17769	11498	3230	28.1	45.3
睢 宁 县	15138	9052	3006	33.2	49.0
新 沂 市	15651	10588	3565	33.7	45.9
邳 州 市	17269	10234	3193	31.2	62.7
常 州 市	**32662**	**20608**	**5968**	**29.0**	**48.6**
溧 阳 市	26480	16181	5489	33.9	42.3
金 坛 市	27481	15546	5510	35.4	47.0
苏 州 市	**39780**	**24920**	**6684**	**26.8**	**51.8**
常 熟 市	38315	23709	6988	29.5	56.2
张家港市	38332	23218	6621	28.5	61.3
昆 山 市	39498	24150	6819	28.2	42.7
太 仓 市	37347	23935	7384	30.9	69.1
南 通 市	**25340**	**17007**	**4967**	**29.2**	**51.3**
海 安 县	22842	16036	4767	29.7	51.9
如 东 县	22454	14609	4429	30.3	53.5
启 东 市	23908	18776	5887	31.4	47.8
如 皋 市	22391	14550	4583	31.5	50.9
海 门 市	25262	17081	5090	29.8	49.5
连云港市	**17798**	**12247**	**3969**	**32.4**	**46.4**
东 海 县	16835	11825	4234	35.8	46.8
灌 云 县	14713	9546	3511	36.8	44.4
灌 南 县	14618	9819	3517	35.8	49.8

表 14-6 续表 37　　　　(2014 年)

城　　市	居民人均可支配收入（元）	居民人均生活消费支出(元)		居民恩格尔系数(%)	居民人均住房建筑面积(平方米)
			#食品烟酒		
淮安市	**19110**	**11373**	**3589**	**31.6**	**45.6**
涟水县	15291	9598	3341	34.8	57.6
洪泽县	19264	10678	3408	31.9	42.1
盱眙县	18353	9750	3115	31.9	49.2
金湖县	18836	13643	4502	33.0	50.0
盐城市	**20543**	**13241**	**4208**	**31.8**	**45.0**
响水县	16453	8844	3029	34.2	37.8
滨海县	16942	11235	3522	31.3	36.8
阜宁县	16950	11742	4153	35.4	38.5
射阳县	18205	13050	4405	33.8	41.8
建湖县	19259	11239	3610	32.1	41.2
东台市	22328	13241	4334	32.7	57.3
大丰市	21344	13141	4041	30.7	48.0
扬州市	**24157**	**15485**	**4812**	**31.1**	**47.6**
宝应县	18021	11747	4071	34.7	43.2
仪征市	22776	15694	4947	31.5	54.9
高邮市	20085	14230	4430	31.1	40.4
镇江市	**28850**	**18178**	**5236**	**28.8**	**49.3**
丹阳市	28027	17677	6081	34.4	54.3
扬中市	30201	17527	5736	32.7	58.4
句容市	24426	15756	4990	32.0	44.2
泰州市	**23833**	**15514**	**4585**	**29.6**	**53.0**
兴化市	20745	12730	4020	31.6	41.0
靖江市	24922	18361	5690	31.0	56.0
泰兴市	23430	14898	4409	29.6	63.1
宿迁市	**15888**	**10450**	**3789**	**36.3**	**48.0**
沭阳县	16072	10774	4202	39.0	47.7
泗阳县	15507	10771	3814	35.4	53.0
泗洪县	14808	9816	3615	36.8	43.0

表 14-6 续表 38

(2014 年)

城市	城镇常住居民人均可支配收入(元)	城镇常住居民人均生活消费支出(元)		城镇常住居民恩格尔系数(%)	城镇常住居民人均住房建筑面积(平方米)
			#食品烟酒		
南京市	**42568**	**25855**	**6713**	**26.0**	**36.3**
无锡市	41731	27358	7862	28.7	44.8
江阴市	46880	24976	7318	29.3	59.3
宜兴市	39492	25035	7712	30.8	46.5
徐州市	**24080**	**15005**	**4618**	**30.8**	**40.5**
丰县	19363	14573	4366	30.0	42.1
沛县	23078	14807	4171	28.2	42.5
睢宁县	19687	11315	3605	31.9	46.6
新沂市	20984	14215	4751	33.4	44.8
邳州市	24151	13726	4224	30.8	61.8
常州市	**39483**	**23590**	**6671**	**28.3**	**43.7**
溧阳市	35531	18900	6305	33.4	38.3
金坛市	36902	19781	6904	34.9	42.0
苏州市	**46677**	**28973**	**7807**	**26.9**	**44.0**
常熟市	46571	27412	8115	29.6	48.5
张家港市	46852	27760	7982	28.8	56.7
昆山市	46920	28332	7946	28.0	36.5
太仓市	46377	29250	8945	30.6	58.2
南通市	**33374**	**22035**	**6399**	**29.0**	**46.3**
海安县	31597	20125	5745	28.5	49.3
如东县	31557	18819	6512	34.6	53.5
启东市	31708	26249	8076	30.8	41.1
如皋市	31026	19116	5830	30.5	49.2
海门市	34280	22830	6803	29.8	43.0
连云港市	**23595**	**16016**	**5169**	**32.3**	**45.3**
东海县	23151	16504	5776	35.0	44.9
灌云县	19486	12093	4524	37.4	42.6
灌南县	20805	13569	4722	34.8	49.0

表 14-6 续表 39

(2014 年)

城　　市	城镇常住居民人均可支配收入(元)	城镇常住居民人均生活消费支出(元)		城镇常住居民恩格尔系数(%)	城镇常住居民人均住房建筑面积(平方米)
			#食品烟酒		
淮安市	**25798**	**14703**	**4602**	**31.3**	**43.6**
涟水县	21389	13760	4871	35.4	51.3
洪泽县	25751	12250	3901	31.8	37.5
盱眙县	26041	13913	4393	31.6	48.4
金湖县	26081	17137	5587	32.6	41.4
盐城市	**25854**	**15372**	**4902**	**31.9**	**42.7**
响水县	21710	9924	3265	32.9	32.5
滨海县	22432	13759	4265	31.0	32.4
阜宁县	21546	17578	6353	36.1	33.8
射阳县	22440	19234	6341	33.0	44.6
建湖县	25178	13801	4098	29.7	41.8
东台市	27800	15709	5143	32.7	53.9
大丰市	26354	15331	4907	32.0	40.0
扬州市	**30322**	**18417**	**5692**	**30.9**	**42.1**
宝应县	22739	14026	5011	35.7	37.3
仪征市	31123	18123	5813	32.1	45.4
高邮市	26632	18024	5570	30.9	38.5
镇江市	**35752**	**21310**	**6077**	**28.5**	**44.2**
丹阳市	35691	19498	7078	36.3	48.8
扬中市	39237	20972	6805	32.4	54.5
句容市	34678	19980	6288	31.0	42.0
泰州市	**31346**	**19517**	**5679**	**29.1**	**48.0**
兴化市	28691	16571	4971	30.0	38.0
靖江市	33864	23069	7088	30.7	51.5
泰兴市	31038	19644	6400	32.6	52.6
宿迁市	**20396**	**13463**	**4856**	**36.1**	**46.5**
沭阳县	20310	13691	5339	39.0	46.1
泗阳县	19909	13025	4578	35.2	55.8
泗洪县	19388	13202	4792	36.3	43.2

表 14-6 续表 40

(2014 年)

城市	农村常住居民人均可支配收入(元)	农村常住居民人均生活消费支出(元)	#食品烟酒	农村常住居民恩格尔系数(%)	农村常住居民人均住房建筑面积(平方米)
南京市	**17661**	**12818**	**3861**	**30.1**	**55.4**
无锡市	**22266**	**15114**	**4737**	**31.3**	**54.3**
江阴市	23965	15304	4637	30.3	50.3
宜兴市	20178	13792	4335	31.4	61.4
徐州市	**12811**	**9011**	**2879**	**32.0**	**49.7**
丰县	11757	7641	2601	34.0	46.9
沛县	13249	8682	2428	28.0	47.6
睢宁县	11600	7293	2390	32.8	51.4
新沂市	12140	7408	2517	34.0	46.6
邳州市	12846	7990	2531	31.7	63.7
常州市	**20133**	**13529**	**4300**	**31.8**	**59.7**
溧阳市	18222	13701	4736	34.6	47.2
金坛市	18733	11614	4223	36.4	53.0
苏州市	**23560**	**15390**	**4041**	**26.3**	**66.0**
常熟市	23767	17184	5003	29.1	68.3
张家港市	23722	15430	4288	27.8	69.3
昆山市	23921	15374	4456	29.0	49.9
太仓市	23590	15838	5005	31.6	77.8
南通市	**15821**	**11051**	**3271**	**29.6**	**58.6**
海安县	15155	12447	3908	31.4	54.6
如东县	14494	10928	2608	31.5	53.5
启东市	16762	11931	3814	32.0	59.6
如皋市	14210	10225	3272	32.0	52.9
海门市	17419	12081	3600	29.8	60.0
连云港市	**11698**	**8282**	**2706**	**32.7**	**47.9**
东海县	12171	8370	2980	35.6	48.6
灌云县	10864	7492	2694	36.0	45.9
灌南县	10442	7288	2704	37.1	50.6

表 14-6 续表 41

(2014 年)

城　　市	农村常住居民人均可支配收入(元)	农村常住居民人均生活消费支出(元)	#食品烟酒	农村常住居民恩格尔系数(%)	农村常住居民人均住房建筑面积(平方米)
淮 安 市	**12010**	**7836**	**2518**	**32.1**	**50.2**
涟 水 县	11206	6809	2315	34.0	64.8
洪 泽 县	13161	9199	2952	32.1	46.0
盱 眙 县	12175	6405	2088	32.6	50.5
金 湖 县	13131	10892	3649	33.5	59.7
盐 城 市	**14414**	**10782**	**3357**	**31.1**	**48.0**
响 水 县	11964	7922	2791	35.2	43.1
滨 海 县	12524	9204	2925	31.7	40.9
阜 宁 县	12959	6672	2311	34.6	42.6
射 阳 县	13848	6687	2414	36.1	38.9
建 湖 县	14345	9111	3205	35.2	40.7
东 台 市	16565	10643	3482	32.7	60.8
大 丰 市	16414	10988	3188	29.0	55.8
扬 州 市	**15284**	**11266**	**3544**	**31.5**	**53.7**
宝 应 县	14246	9923	3318	33.4	47.8
仪 征 市	14860	13389	4127	30.8	64.3
高 邮 市	14335	10898	3428	31.5	42.4
镇 江 市	**17617**	**13081**	**3868**	**29.6**	55.8
丹 阳 市	18250	15352	5084	33.1	59.9
扬 中 市	20078	13669	4538	33.2	62.1
句 容 市	15893	12241	4027	33.0	46.9
泰 州 市	**15076**	**10849**	**3309**	**30.5**	**62.0**
兴 化 市	14258	9594	3243	33.8	45.0
靖 江 市	16570	13963	4383	31.4	69.3
泰 兴 市	15066	9681	2736	28.3	73.7
宿 迁 市	**11677**	**7702**	**2822**	**36.6**	**49.8**
沭 阳 县	11828	8187	3193	39.0	49.2
泗 阳 县	11690	8691	3096	35.6	50.4
泗 洪 县	11405	6362	2404	37.8	42.8

15

区域资料

首批沿海开放城市主要经济指标

表 15-1

城市	地区生产总值		# 第一产业		第二产业	
	2014（亿元）	增长（%）	2014（亿元）	增长（%）	2014（亿元）	增长（%）
上海	23560.94	7.0	124.26	0.1	8164.79	4.3
天津	15722.47	10.0	201.53	2.8	7765.91	9.9
大连	7655.58	5.8	441.83	2.9	3696.51	5.0
秦皇岛	1200.02	5.0	174.66	3.6	447.68	4.8
烟台	6002.08	9.1	441.27	3.9	3212.35	8.8
青岛	8692.10	8.0	362.56	3.9	3882.41	8.4
连云港	1965.89	10.2	277.51	3.6	890.89	11.7
南通	5652.69	10.5	367.11	3.5	2873.83	10.3
宁波	7602.51	7.6	275.18	1.9	3935.57	7.9
温州	4302.81	7.2	117.92	2.1	2046.23	8.4
福州	5169.16	10.1	416.09	4.6	2352.15	11.5
广州	16706.87	8.6	237.52	1.8	5606.41	7.4
湛江	2258.72	10.0	447.96	4.3	895.95	11.3
威海	2790.34	9.8	214.50	4.2	1410.07	10.0

表 15-1 续表 1

城市	第三产业		规模以上工业增加值	
	2014（亿元）	增长（%）	2014（亿元）	增长（%）
上海	15271.89	8.8	—	4.5
天津	7755.03	10.2	—	10.1
大连	3517.23	7.0	—	4.3
秦皇岛	577.68	5.4	341.74	4.7
烟台	2348.46	10.4	—	9.6
青岛	4447.13	7.9	—	9.4
连云港	797.49	10.3	989.77	12.4
南通	2411.76	11.9	2864.24	11.4
宁波	3391.76	7.6	2540.18	7.4
温州	2138.66	6.2	976.60	6.2
福州	2400.92	9.4	1837.93	12.1
广州	10862.94	9.4	4859.55	8.1
湛江	914.82	11.2	734.91	12.1
威海	1165.77	10.6	1206.13	11.8

表 15-1 续表 2

城市	港口货物吞吐量		港口集装箱吞吐量		固定资产投资额	
	2014（万吨）	增长（%）	2014（万标箱）	增长（%）	2014（亿元）	增长（%）
上海	75529	-2.6	3529	5.0	6016.43	6.5
天津	54002	7.9	1406	8.1	11654.09	15.1
大连	42337	3.9	1013	1.2	6773.63	4.6
秦皇岛	27403	0.5	41	6.8	808.69	2.8
烟台	31971	11.5	236	9.6	4101.06	15.9
青岛	46802	0.4	1658	6.8	5766.00	16.1
连云港	21008	4.2	11036	4.1	1716.57	23.1
南通	22019	7.4	71	18.4	3896.39	18.1
宁波	52646	6.2	1870	11.5	3989.46	16.6
温州	7901	7.1	6038	5.9	3052.81	16.6
福州	11943	13.7	222	12.1	4388.62	14.9
广州	50036	5.9	1661	7.1	4889.50	14.5
湛江	20238	12.4	58	28.6	1020.76	36.2
威海	7110	1.6	—	—	2229.44	15.9

表 15-1 续表 3

城市	社会消费品零售总额		进出口总额		外商直接投资实际到位金额	
	2014 (亿元)	增长 (%)	2014 (亿美元)	增长 (%)	2014 (亿美元)	增长 (%)
上海	8718.65	8.7	4666.22	5.6	181.66	8.3
天津	4738.65	6.0	1339.12	4.2	188.67	12.1
大连	2828.42	12.0	657.74	-4.4	140.05	3.0
秦皇岛	571.28	12.2	43.13	-1.5	6.06	-17.9
烟台	2377.65	12.7	527.52	7.6	17.69	10.2
青岛	3268.79	12.6	798.88	2.5	60.81	10.2
连云港	740.47	13.0	80.30	20.9	9.54	18.7
南通	2153.52	11.8	316.47	6.2	23.05	0.9
宁波	2992.03	13.5	1047.04	4.4	40.25	22.9
温州	2410.36	12.8	207.82	0.9	5.33	6.2
福州	2991.98	14.6	346.10	10.4	15.47	8.1
广州	7697.85	12.5	1306.00	9.8	51.07	6.3
湛江	1162.10	13.3	63.16	14.5	1.50	14.0
威海	1181.87	12.9	165.87	-3.3	10.12	10.0

表 15-1 续表 4

城　市	公共财政预算收入		公共财政预算支出	
	2014（亿元）	增　长（%）	2014（亿元）	增　长（%）
上　海	4585.55	11.6	4923.44	8.7
天　津	2390.02	15.0	—	—
大　连	780.80	-8.2	989.5	-8.7
秦皇岛	113.66	3.8	211.35	5.9
烟　台	490.16	12.1	574.86	6.1
青　岛	895.20	13.5	1074.7	6.0
连云港	261.77	12.2	375.36	2.9
南　通	550.00	13.2	649.95	12.8
宁　波	860.61	8.6	1000.86	6.5
温　州	352.53	8.8	488.58	11.6
福　州	510.87	12.5	571.02	7.0
广　州	1241.53	8.7	1434.26	3.5
湛　江	114.42	8.0	287.62	13.7
威　海	220.79	13.1	280.6	6.3

表 15-1 续表 5

城市	金融机构存款余额		金融机构贷款余额	
	2014 (亿元)	增长 (%)	2014 (亿元)	增长 (%)
上海	73882.45	6.7	47915.81	8.0
天津	24777.75	6.3	23223.42	11.3
大连	12153.03	1.7	10959.36	7.4
秦皇岛	2278.27	7.3	1515.22	11.0
烟台	6417.97	6.6	4285.29	8.7
青岛	11908.00	4.2	10531.00	9.0
连云港	1887.31	10.4	1607.42	12.8
南通	8508.32	12.8	5258.93	12.5
宁波	13890.12	5.5	14569.78	9.4
温州	8309.34	2.6	7346.76	1.1
福州	9731.03	8.7	9766.85	15.9
广州	35469.29	4.9	24231.71	9.2
湛江	2430.26	11.8	1372.57	11.8
威海	2632.33	10.6	1735.28	10.9

表 15–1 续表 6

城 市	城市居民人均可支配收入		农民人均纯收入		居民消费价格总指数	
	2014（元）	增 长（%）	2014（元）	增 长（%）	2014（%）	增 长（%）
上 海	47710	8.8	—	—	102.7	—
天 津	31506	8.7	17014	10.8	101.9	—
大 连	33591	8.7	13547	9.7	102.0	—
秦 皇 岛	26053	8.5	9964	10.6	101.7	—
烟 台	35791	8.6	16656	11.4	101.9	—
青 岛	38294	8.7	17461	11.0	102.6	—
连 云 港	23595	9.9	11697	11.8	102.4	—
南 通	33374	8.9	15821	10.9	102.1	—
宁 波	44155	9.2	24283	11.0	101.9	—
温 州	40510	8.7	—	—	100.6	—
福 州	32451	9.4	14012	11.2	101.8	—
广 州	—	—	—	—	102.3	—
湛 江	—	—	—	—	103.1	—
威 海	34254	8.9	17296	11.0	102.4	—

淮海经济区主要经济指标

表 15-2

指标名称	地区生产总值		规模以上工业增加值		社会消费品零售总额	
	2014 (亿元)	增速 (%)	2014 (亿元)	增速 (%)	2014 (亿元)	增速 (%)
江苏省						
徐州市	4963.91	10.5	2514.00	11.2	1664.45	13.0
连云港市	1965.89	10.2	989.77	12.4	740.47	13.0
淮安市	2455.39	10.9	1266.41	12.9	814.81	13.1
盐城市	3835.62	10.9	1799.87	12.7	1314.04	13.0
宿迁市	1930.68	10.8	892.38	14.5	497.96	12.6
山东省						
菏泽市	2222.19	10.2		15.1	1147.88	13.0
聊城市	2516.40	9.4	2094.70	11.5	924.66	12.7
枣庄市	1980.13	9.0		10.5	706.35	12.7
济宁市	3800.06	9.6		11.7	1664.10	12.8
泰安市	3002.20	9.4		11.4	1188.10	12.8
日照市	1611.87	10.0	709.20	10.9	535.98	12.6
莱芜市	687.60	8.8	342.50	11.7	290.36	12.7
临沂市	3569.80	10.1	2020.30	14.5	2008.40	12.8
德州市	2596.08	10.0	1708.59	14.0	1116.79	12.8
安徽省						
亳州市	850.50	7.8	223.96	10.2	388.41	13.0
淮南市	789.30	-0.4	403.00	-5.8	316.30	9.0
蚌埠市	1108.44	10.1	599.95	12.8	481.50	13.7
淮北市	747.50	9.6	540.00	11.2	219.80	12.8
阜阳市	1146.10	8.6	445.60	11.5	573.30	13.2
宿州市	1126.10	9.7	336.01	11.8	344.20	13.6
滁州市	1184.82	9.4	564.23	12.2	382.29	13.3
六安市	1086.30	7.9	441.00	10.6	487.00	12.5
河南省						
周口市	1992.08	9.1	790.01	12.3	852.90	12.7
商丘市	1697.58	9.2	383.39	11.6	579.70	13.6
信阳市	1757.34	8.9	499.81	12.3	761.43	12.8

表 15-2 续表 1

指标名称	规模以上固定资产投资		公共财政预算收入		进出口总额	
	2014（亿元）	增速（%）	2014（亿元）	增速（%）	2014（亿美元）	增速（%）
江苏省						
徐州市	3671.56	18.8	472.33	11.7	59.88	-4.8
连云港市	1716.57	23.1	261.77	12.2	70.30	20.9
淮安市	1795.73	23.0	308.51	13.7	41.06	12.2
盐城市	2751.35	23.2	418.02	14.0	75.17	15.1
宿迁市	1559.22	20.8	210.10	13.5	37.55	13.0
山东省						
菏泽市	940.70	16.0	161.97	1.7	35.22	19.0
聊城市	1833.13	16.0	156.19	15.2	57.53	-6.9
枣庄市	1430.01	15.5	137.88	5.5	14.40	15.1
济宁市	2538.18	16.0	334.20	10.6	52.31	0.0
泰安市	2299.00	16.0	187.40	11.0	29.70	19.5
日照市	1234.75	15.5	111.07	11.0	347.69	5.2
莱芜市	545.43	15.4	49.60	6.1	22.19	-11.4
临沂市	2826.00	16.2	251.00	16.2	107.90	14.4
德州市	1961.34	16.3	171.26	14.2	35.07	-3.1
安徽省						
亳州市	650.90	20.2	72.70	12.9	3.69	-13.4
淮南市	755.30	-5.7	75.40	-31.9	4.50	-11.5
蚌埠市	1244.18	17.3	105.34	13.5	20.80	21.7
淮北市	840.80	20.0	52.80	4.2	5.48	17.0
阜阳市	805.10	24.8	103.50	21.1	16.10	17.9
宿州市	945.80	22.3	76.94	16.0	6.51	21.8
滁州市	1248.16	16.0	123.63	8.0	22.04	18.8
六安市	1003.80	18.8	94.86	15.9	6.87	-14.1
河南省						
周口市	1375.44	19.4	90.95	19.6		
商丘市	1233.83	19.5	100.75	17.4	3.41	35.3
信阳市	1723.17	19.1	80.33	18.2		

表 15-2 续表 2

指标名称	出口总额		金融机构存款余额		金融机构贷款余额	
	2014（亿美元）	增速（%）	2014（亿元）	增速（%）	2014（亿元）	增速（%）
江苏省						
徐州市	46.77	-4.50	4286.46	10.3	2724.79	15.4
连云港市	43.55	15.10	1852.67	10.8	1549.34	13.3
淮安市	31.61	13.60	2005.72	16.5	1617.55	17.6
盐城市	43.94	16.30	3692.75	15.5	2567.98	17.8
宿迁市	29.40	5.70	1598.96	8.4	1483.05	15.7
山东省						
菏泽市	21.58	23.30	2228.28	16.1	1447.04	17.6
聊城市	23.86	19.10	2270.43		1674.22	
枣庄市	11.54	21.90	1330.38	6.4	1018.20	4.4
济宁市	32.69	-2.00	3691.59	3.7	2563.04	3.6
泰安市	17.30	26.70	2458.40	8.7	1591.60	12.4
日照市	47.89	23.50	1921.49	7.9	1887.57	26.7
莱芜市	9.21	22.60	788.25	4.9	603.53	5.2
临沂市	56.90	22.90	4225.30	539.7	2992.60	517.0
德州市	22.27	9.90	2152.78		1444.85	
安徽省						
亳州市	3.23	-14.46	1060.80	14.4	641.74	23.0
淮南市	3.60	-12.20	1228.70	1.6	896.20	1.8
蚌埠市	16.23	30.40	1433.46	13.9	1003.22	23.8
淮北市	5.20	18.60	946.90	9.6	664.20	8.5
阜阳市	14.50	30.40	2047.50	17.1	961.20	22.5
宿州市	5.74	21.70	1314.59	13.7	686.70	22.9
滁州市	15.15	9.60	1421.83	10.7	1037.85	16.3
六安市	6.63	-14.60	1715.60	12.6	958.10	16.6
河南省						
周口市			1881.22	13.6	818.34	16.3
商丘市	2.84	34.50	1759.88	200.8	1007.19	173.8
信阳市			2094.96	14.5	1107.74	21.8

表 15-2 续表 3

指标名称	城镇居民人均可支配收入		农村居民人均可支配收入		城市居民消费价格指数	
	2014 (元)	增 速	2014 (元)	增 速	2014 (%)	增速(%)
江 苏 省						
徐 州 市	24080	9.4	12811	11.3	102.1	2.1
连 云 港 市	23595	9.9	11697	11.8	102.4	2.4
淮 安 市	25798	9.4	12010	11.6	102.1	2.1
盐 城 市	25854	9.2	14414	11.6	102.3	2.3
宿 迁 市	20396	10.4	11677	12.1	102.4	2.4
山 东 省						
菏 泽 市	23344	9.9	10436	12.1	101.9	1.9
聊 城 市	28382	8.8	11232	11.4	101.8	
枣 庄 市	27596	9.3	12145	11.6	101.9	1.9
济 宁 市	30428	8.8	12650	11.5	103.2	3.2
泰 安 市	30715	8.9	12913	11.8	101.8	1.8
日 照 市	27540	9.8	12635	11.8	101.8	1.8
莱 芜 市	31728	8.7	13540	11.3	102.0	2.0
临 沂 市	30345	10.3	11629	11.9	102.1	2.1
德 州 市	27180	9.5	12135	11.6	102.0	2.0
安 徽 省						
亳 州 市	21192	8.6	8967	12.0	101.4	1.4
淮 南 市	26267	7.5	10547	11.0	101.4	1.4
蚌 埠 市	24147	9.3	10511	11.8	102.2	2.2
淮 北 市	23787	8.2	9116	11.8	101.3	1.3
阜 阳 市	21715	9.2	8213	12.3	101.8	1.8
宿 州 市	21941	9.2	8332	12.4	101.4	1.4
滁 州 市	22091	9.1	9171	12.1	101.0	1.0
六 安 市	20610	9.1	8287	11.9	101.7	1.7
河 南 省						
周 口 市	19742	9.4	7742	11.4	101.7	1.7
商 丘 市	22274	10.2	8025	11.2	101.7	1.7
信 阳 市	21060	10.0	8868	11.1	101.7	1.7

注:江苏和安徽各市为农村居民人均可支配收入,山东和河南各市为农民人均纯收入。

中国统计出版社最新图书简目

(仅供参考,以实际出版为准)

统计资料

中国统计年鉴
中国统计摘要
中国发展报告
中国经济普查年鉴2013
国际统计年鉴
金砖国家联合统计手册
中国-东盟国家统计手册
中国区域经济统计年鉴
中国县域统计年鉴
中国城市统计年鉴
中国农村统计年鉴
中国地区经济监测报告
中国贸易外经统计年鉴
中国对外直接投资统计公报
中国商品交易市场统计年鉴
大中型批发零售和住宿餐饮企业统计年鉴
中国零售和餐饮连锁企业统计年鉴
中国住户调查年鉴
中国价格统计年鉴
中国农产品价格调查年鉴
全国农产品成本收益资料汇编
中国环境统计年鉴
中国能源统计年鉴
国外资源、能源和环境统计资料汇编
中国工业统计年鉴
中国建筑业统计年鉴
中国房地产统计年鉴
中国城市建设统计年鉴
中国城乡建设统计年鉴
中国第三产业统计年鉴
中国证券期货统计年鉴
中国科技统计年鉴
中国高技术产业统计年鉴
工业企业科技活动资料
中国劳动统计年鉴
中国人口和就业统计年鉴
中国人才资源统计报告
中国社会统计年鉴
中国文化及相关产业统计年鉴
文化及相关产业统计概览
中国教育经费统计年鉴
中国民政统计年鉴
中国民族统计年鉴
中国工会统计年鉴
中国残疾人事业统计年鉴
中国妇女儿童状况统计资料（英）
中国乡镇街道行政区域简册

省级综合统计年鉴系列

北京 天津 河北 山西 内蒙古 辽宁 吉林 黑龙江 上海 江苏 浙江 安徽 福建 江西 山东 河南 湖北 湖南 广东 广西 海南 重庆 四川 贵州 云南 西藏 陕西 甘肃 青海 宁夏 新疆 新疆生产建设兵团

市(县)级综合统计年鉴系列

天津滨海新区 石家庄 唐山 邯郸 保定 沧州 邢台 廊坊 承德 衡水 秦皇岛 张家口 太原 大同 阳泉 长治 晋城 朔州 晋中 运城 忻州 临汾 呼和浩特 呼和浩特新城区 鄂尔多斯 包头 沈阳 大连 长春 四平 哈尔滨 齐齐哈尔 黑龙江垦区 上海浦东新区 南京 无锡 徐州 常州 苏州 南通 连云港 淮安 盐城 扬州 镇江 泰州 宿迁 江阴 丹阳 杭州 宁波 温州 嘉兴 绍兴 金华 衢州 舟山 台州 丽水 合肥 安庆 马鞍山 福州 厦门 宁德 南昌 九江 上饶 新余 抚州 济南 青岛 枣庄 滕州 郑州 洛阳 平顶山 三门峡 南阳 商丘 济源 武汉 十堰 荆州 宜昌 荆门 咸宁 长沙 广州 深圳 惠州 东莞 南宁 柳州 桂林 来宾 海口 三亚 成都 贵阳 昆明 西安 兰州 庆阳 银川 乌鲁木齐 兵团一师 兵团十师

调查年鉴系列

天津 山西 内蒙古 辽宁 吉林 上海 福建 河南 湖北 湖南 广西 重庆 四川 云南 甘肃 宁夏 新疆

“十二五”规划教材

统计学（经济管理类专业本科适用，单薇 等）
抽样调查理论与方法（冯士雍 等）
贝叶斯统计（茆诗松 等）
统计学（黄良文 等）
试验设计（茆诗松 等）
统计学：从数据到结论（吴喜之）
医学统计学（于浩）
统计学（经济、管理类专业基础教材，张小斐）
概率论与数理统计三十三讲（魏振军）
概率论与数理统计三十三：学习指导与习题解答（魏振军）
非参数统计（吴喜之 等）
统计学：经济与管理中的数据分析（李慧云 等）
卫生管理统计学（新编医学院校基础课教材，尚磊）
医院统计学（新编医学院校基础课教材，徐天和 等）
社会统计学（蒋萍 等）
现代金融投资统计分析（李腊生 等）
国民经济核算初级教程（经济类、统计类、管理类专业适用，蒋萍 等）

重点图书

图解中国经济2015
新编英汉汉英统计大词典
中华医学统计百科全书
挑大学选专业2016—考研择校指南
挑大学选专业2015—高考志愿填报指南